2015年国家社科基金项目"近20年国际生育率新变动的空间分异研究"（15BRK012）

21世纪以来国际生育率变动的空间分异研究

张晓青 著

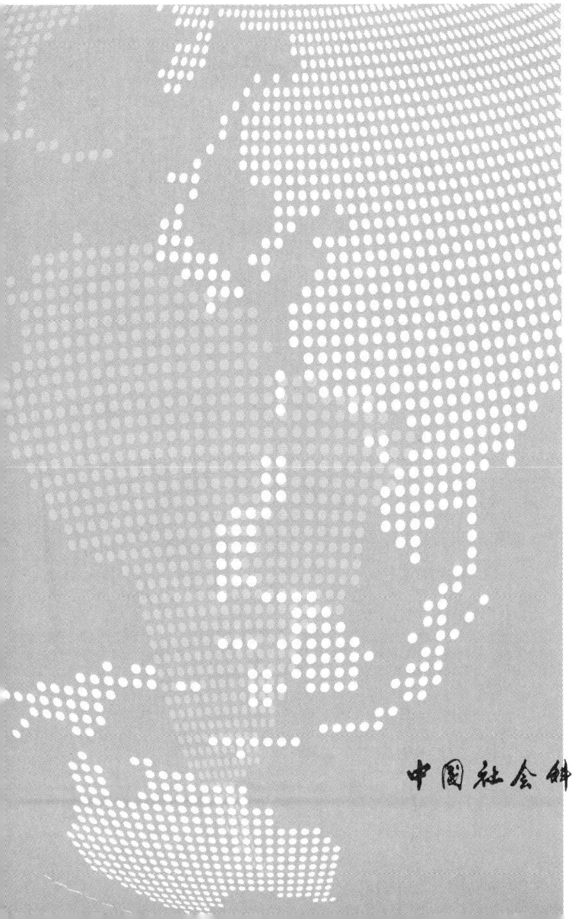

中国社会科学出版社

图书在版编目（CIP）数据

21世纪以来国际生育率变动的空间分异研究／张晓青著．—北京：中国社会科学出版社，2024.4

ISBN 978-7-5227-3305-0

Ⅰ.①2… Ⅱ.①张… Ⅲ.①生育率—研究—世界 Ⅳ.①C924.1

中国国家版本馆CIP数据核字（2024）第057672号

出 版 人	赵剑英
责任编辑	刘　艳
责任校对	陈　晨
责任印制	戴　宽

出　　版	中国社会科学出版社
社　　址	北京鼓楼西大街甲158号
邮　　编	100720
网　　址	http://www.csspw.cn
发 行 部	010-84083685
门 市 部	010-84029450
经　　销	新华书店及其他书店
印刷装订	北京明恒达印务有限公司
版　　次	2024年4月第1版
印　　次	2024年4月第1次印刷
开　　本	710×1000 1/16
印　　张	28.5
插　　页	2
字　　数	470千字
定　　价	159.00元

凡购买中国社会科学出版社图书，如有质量问题请与本社营销中心联系调换
电话：010-84083683
版权所有　侵权必究

目　录

序 ………………………………………………………………… (1)

前　言 …………………………………………………………… (1)

第一章　绪论 ………………………………………………… (1)
 一　研究背景与意义 ………………………………………… (1)
 二　基于 CiteSpace 的国际生育率研究热点分析
  （1999—2020 年） …………………………………………… (3)
 三　国际生育率变动相关研究综述 ………………………… (7)
 四　研究内容及方法 ………………………………………… (28)
 五　研究区域、研究时期与数据来源 ……………………… (33)
 六　生育率相关概念 ………………………………………… (40)
 本章小结 ……………………………………………………… (77)

第二章　国际生育率新变动的空间分异格局 ……………… (78)
 第一节　世界范围内生育率新变动的总体空间差异 ……… (78)
  一　总和生育率变动的空间差异 ………………………… (78)
  二　年龄别生育率及生育模式变动的空间差异 ………… (94)
  三　生育率转变及其动力机制的空间差异 ……………… (109)
  四　生育时间变动的空间差异 …………………………… (116)
  五　生育意愿变动的空间差异 …………………………… (122)
 第二节　不同生育率类型国家生育率新变动的空间差异 … (126)
  一　极低生育率国家生育率新变动比较 ………………… (127)

  二 适度低生育率国家生育率新变动比较 …………………… （134）
  三 中等生育率国家生育率新变动比较 ………………………（140）
  四 高生育率国家生育率新变动比较 ……………………………（143）
 第三节 生育率新变动的空间分异特征 ……………………………（146）
  一 全球生育率变动的空间分异格局 …………………………（146）
  二 不同生育率类型国家的空间分布演变特征 ………………（157）
 本章小结 ………………………………………………………………（171）

第三章 国际生育率新变动空间分异的影响因素及作用机理 ………（176）
 第一节 影响国际生育率新变动空间分异的理论解释 …………（176）
  一 基于孩子供给需求理论的转变前高生育率国家生育率
   变动影响因素分析 ……………………………………………（177）
  二 基于微观、中观和宏观层面的转变后低生育率国家
   生育率变动影响因素分析 ……………………………………（185）
  三 转变中国家生育率变动影响因素分析 ……………………（204）
 第二节 国际生育率新变动空间分异影响因素的计量分析 ………（207）
  一 各因素对生育率空间分异影响的变动分析 ………………（208）
  二 国际生育率新变动的影响因素模拟 ………………………（232）
 第三节 国际生育率新变动空间分异的形成机理和作用结果 ……（236）
  一 婴幼儿死亡率下降：生育率变动空间分异的根本
   驱动力 …………………………………………………………（237）
  二 经济社会发展：生育率变动空间分异的外部驱动力 ……（238）
  三 最接近因素：生育率变动空间分异的直接驱动力 ………（242）
  四 生育率新变动空间分异的综合形成机理及作用结果 ……（247）
 本章小结 ………………………………………………………………（252）

第四章 基于经验事实的低生育率变动理论解释 …………………（256）
 第一节 生育选择相关理论 …………………………………………（256）
  一 从人口学视角对生育选择的解释 …………………………（256）
  二 从福利国家视角对生育选择的解释 ………………………（258）
  三 从生物政治学视角对生育选择的解释 ……………………（259）

第二节 低生育率社会生育率变动的理论解释 ………………………… (259)
 一 转变后低生育率国家生育率变动的分歧及解释 ……………… (260)
 二 超低生育率是否持续及空间集聚的理论解释 ………………… (266)
 三 性别公平理论对极低生育率社会形成的理论解释 …………… (273)
 四 工作与家庭冲突理论对低生育率社会形成的理论解释 ……… (276)
第三节 适度低生育率的稳定机制 ……………………………………… (279)
 一 理想子女数在2附近是维持适度低生育率的前提条件 ……… (279)
 二 经济动力机制维持适度低生育率 ……………………………… (281)
 三 性别平等追赶效应导致生育率维持在更替水平附近 ……… (282)
 四 工作与家庭平衡、性别平等和发展等共同维持适度低生育率 ……………………………………………………………… (284)
本章小结 …………………………………………………………………… (285)

第五章 国际生育率新变动的社会经济效应及政策响应 ……………… (288)
第一节 生育率变动影响经济社会发展的理论分析 …………………… (289)
 一 生育率变动的人口自效应 ……………………………………… (289)
 二 生育率变动的社会经济效应 …………………………………… (298)
 三 生育率变动的资源环境效应 …………………………………… (305)
第二节 不同生育率类型国家生育率新变动的社会经济效应 ………… (308)
 一 低生育率国家生育率新变动的社会经济效应 ……………… (308)
 二 中等生育率国家生育率新变动的社会经济效应 …………… (326)
 三 高生育率国家生育率变动的社会经济效应 ………………… (332)
第三节 不同生育率类型国家生育率新变动的政策响应 ……………… (338)
 一 人口政策和家庭生育计划变动的区域差异 ………………… (339)
 二 低生育率国家生育率新变动的政策响应及评价 …………… (349)
 三 高生育率国家生育率新变动的政策响应及评价 …………… (360)
 四 中等生育率国家生育率新变动的政策响应及评价 ………… (362)
本章小结 …………………………………………………………………… (364)

第六章 国际视野中的中国生育率变动及未来调整思路探讨 ………… (368)
第一节 国际视野中的中国生育率变动及政策响应评价 ……………… (368)

  一 国内外学者对中国生育水平变动趋势、影响因素及政策响应的分析与判断 …………………………………………………… (368)
  二 中国生育率变动及政策响应的国际考察 ……………… (381)
 第二节 维持适度低生育率的国际经验及对中国的借鉴 ………… (396)
  一 维持适度低生育率的国际经验与教训 …………………… (396)
  二 对中国的借鉴与启示 ……………………………………… (412)
 第三节 未来中国生育政策调整的思路探讨 ……………………… (414)
  一 中国生育率调整目标及实现可能性分析 ………………… (414)
  二 中国生育政策调整的主要方向和路径选择 ……………… (419)
 本章小结 …………………………………………………………… (422)

参考文献 ……………………………………………………………… (424)

后 记 ……………………………………………………………… (442)

序

　　世界正在经历一场人口剧变，其中人口增长、生育率和死亡率的变化以及与之相关的人口年龄结构变化是变动的三个关键部分。特别是近年来生育率持续下降和人口老龄化蔓延全世界，越来越多的国家将生育率急剧下降以及由此导致的人口老龄化和人口缩减视为严重危机，认为如果生育率长期保持低下，将使经济停滞时间延长，代际间经济性、政治性紧张，最终形成"战略不安全"(strategic insecurity)。面对"全球生育率危机"(global fertility crisis)，各国政府亟待提出有针对性的解决方案。在部分国家总和生育率急剧降至"超低"水平或在"陷阱"门槛值1.5附近波动的同时，大多数欧洲国家和英语国家的总和生育率相对稳定在2附近，撒哈拉以南非洲有33个国家仍然保持着高于4的总和生育率和生育需求居高不下以及生育率缓慢下降。可见，随着全球生育率普遍下降这一主要趋势，存在着显著的生育率变动差异。

　　尽管生育率转变的理论学说已经得到学术界的广泛认可，但是极低生育率现象是否持续存在、形成机制等仍存在理论上的分歧，这进一步影响到对未来全球生育率变动长期趋势的判断。并且，生育率变动受到政策、经济、社会、文化等宏观因素与个人生活压力、发展抉择、婚姻意愿等微观因素的共同影响，宏观因素和微观因素之间又存在着复杂的互动关系。在实证分析中，影响不同国家生育率变动的具体因素表现出显著的差异，其中收入状况、受教育程度等对生育率变动产生了非线性影响。此外，在宏观、中观和微观等多层面影响下的各国生育率变动又对本国经济增长、劳动力市场、财政支出、女性劳动力参与等产生复杂挑战和诸多机遇。

　　因此，一方面需要学术界找出影响国际生育率普遍下降和生育率变动区域差异的关键因素，另一方面针对国际生育率变动引发的社会经济后果找寻快速响应和积极应对的政策措施。中国作为人口大国，需要站在全球视野高度，在世界人口发展格局中找准中国人口发展的战略定位，探索中国特色的优化生育政策举措。因此，综合研判国际生育率水平及近年来变动趋势的空间分异、成因及其影响，对了解国际人口发展规律和国内人口发展特点具有重要的现实意义。联合国、美国人口咨询局①、世界银行、经合组织等机构提供了世界各国关于人口发展和社会经济发展的统计数据，为项目研究提供了重要数据来源。本书以 21 世纪以来国际生育率变动的空间分异为研究对象，以人口地理学、人口经济学、区域经济学、计量经济学等学科的理论和方法为指导，重点运用《2019 年世界人口展望》和世界银行数据库中各国统计数据，分析世界生育率变动的空间分异特征与规律、因素与机制、后果及政策响应等，并探讨理论假说。在此基础上，将中国生育率变动及水平置于国际视野予以评价，并借鉴低生育率国家面向低生育率的政策响应提出中国逐步调整完善生育政策的方向和途径。

---

① 美国人口咨询局（Population Reference Bureau）为非营利机构，每年发布世界人口数据。

前　　言

　　本书首先分析21世纪以来国际生育率变动的步伐和时期特征，总结世界范围内生育率变动在6大区、20个分区、不同生育率类型国家、不同收入国家等的空间分异表现；其次分析社会经济发展因素及最接近因素对生育率变动的影响及其随时间的变化，进而总结国际生育率变动空间分异的形成机理及作用结果；再次在分析事实、成因、后果的基础上，讨论低生育率理论与假说，并探讨经济发达社会维持适度低生育率的重要机制；又次从理论和实证两方面探讨不同生育率类型国家生育率变动的社会经济后果和政策响应；最后基于国际视野的中国生育率变动及政策响应分析，提出未来中国生育政策调整及完善思路。研究内容共分为六章。

　　第一章基于Citespace和近20位国际知名学者在1999—2020年发表的国际生育率研究文献，归纳研究热点；进一步梳理文献，总结得出国际生育率错综变化的现实呼唤生育率转变理论及低生育率学说的进一步完善、缺乏对国际生育率新变动成因的综合考量、国内较少学者开展国际生育率新变动社会经济后果的区域比较以及典型国家生育状况及人口发展变化的跟踪研究等；进而确定研究内容和方法、研究区域、研究时期、数据来源以及界定相关概念等。为研究空间分异，根据总和生育率（Total Fertility Rate，TFR），本书将世界201个国家或地区划分为极低生育率国家（TFR≤1.5）、适度低生育率国家（1.5＜TFR≤2.1）、中等生育率国家（2.1＜TFR≤4.0）和高生育率国家（TFR＞4.0）四种类型。四种生育率类型国家与四种类型的人口红利国家、五种类型的抚养比国家一一对应。

　　第二章分析国际生育率新变动的空间分异格局。运用联合国数据和世界银行数据库，重点分析世界生育水平总体变动、年龄别生育率及生育模式变动、生育率转变及其动力机制、生育时间变动以及生育意愿变动的区域差异，揭示特点与规律。运用极差、变异系数、椭圆标准差、自相关分析、核密度分析以及趋同模型，分析全球生育率变动的整体空间分异特征，总结四种生育率类型国家目前及未来空间分布格局的演变特点。

第三章重点剖析国际生育率新变动空间分异的影响因素及作用机理。从理论层面，分析转变前、转变中、转变后生育率变动的影响因素，具体运用孩子供给与需求理论分析转变前高生育率国家生育率变动的影响因素，从个人或夫妇（微观）、社会关系和社会网络（中观）以及文化和制度环境（宏观）三个层面分析转变后低生育率国家生育率变动因素，以及分析生育率转变中国家生育率变动的影响因素。在使用截面数据——分析婴幼儿死亡率、受教育程度、性别平等指数、城镇化、人均 GDP、人类发展指数、女性劳动力参与率、经济波动、参与全球化程度、政策措施等因素对总和生育率变动的影响及其随时间变化的基础上，利用地理探测器比较各因素对总和生育率空间分异的不同影响并找出关键影响因素。随后，运用面板数据和构建计量模型综合分析社会经济发展各要素对总和生育率的影响，将各国按照生育率类型分组，对比分析不同生育率类型国家影响生育率变动的主要因素。基于以上理论分析和定量研究，总结国际生育率变动空间分异的形成机理，引入双组分趋势成图分析方法将国际生育率变动的时空动态变化分为九种类型。

第四章重点从理论层面探讨低生育率社会生育率变动的原因和趋势。首先，笔者分析低生育率国家生育率变动出现的明显分歧，从工作、结婚与生育的联系、性别平等、儿童护理和工作父母休假、教育体系、年轻家庭住房可得性、养育孩子的政府补贴、移民、频繁的政策变化等方面解释分歧的原因。其次，分析超低生育率是否持续存在，使用世界银行数据分析超低生育率国家出现的数量及持续时间，总结超低生育率国家的三种空间集聚模式。运用性别公平理论，从性别公平在不同社会领域的制度设置的不相容性来解释生育率从更替水平向极低生育率的变化；运用工作与家庭冲突理论，分析工作与家庭政策、育儿安排、劳动力市场设置等制度性条件在结构层面上导致了性别角色的不相容性，进而影响生育与主观幸福感的关系、工作与私人生活间的高度冲突影响已有一孩女性的再生育愿望等。最后，提出适度低生育率的稳定机制，包括普遍的两孩规范、高度经济社会发展水平下生育率与经济发展水平之间的关系出现逆转以及性别平等追赶效应导致生育率维持在更替水平附近；经济发展、工作与家庭平衡、性别平等等的互动作用是越来越多的国家维持适度低生育率的重要机制。

第五章从理论和实证两方面分析国际生育率变动的社会经济后果和政策效应。在理论上，生育率变动引起人口增长与分布、人口年龄结构、家庭规模和家庭结构、人口健康素质及文化素质等发生变化，进而继续作用于经济社会发展。将生育率变动对人口系统状态指标变化的影响界定为生育率变动的人口"自效应"，自效应进一步影响经济活动人口比例、抚养比、城市增长、社会流动性、国际汇款、家庭生活水平、储蓄、妇女在家庭中的角色、婚姻制度、工作年限以及生活态度和策略等发生变化，即产生经济社会发展"他效应"；此外，高生育率和高人口增长率可能对生态环境和自然资源产生负面影响。比较分析低生育率、中等生育率和高生育率国家生育率新变动的"自效应"和"他效应"，提出行为调整、技术创新、政策和体制变革等具有抵消低生育率国家各种负面影响的很大潜力。分析低生育率国家鼓励生育政策的具体措施并评价其实施效果，以及高生育率国家家庭计划生育、教育提升以及其他措施的实施效果。

第六章基于国际视野对中国生育率变动及政策效应予以评价，并探讨未来调整思路。总结国内外学者对中国1990年以来生育水平的判断、对中国目前是否落入低生育陷阱、全面两孩政策实施效果、未来中国人口政策新的定位和新的取向以及对中国生育率变动后果等的判断。运用联合国数据，对中国生育率水平及其变动进行国际考察，提出中国生育水平偏低且相对稳定以及未来略微上升，抑制生育政策时间长，对低于更替水平做出的政策响应缓慢和目前提升生育政策的措施偏少等。在分析中国总和生育率预期目标和实现可能性的基础上，借鉴典型国家鼓励生育政策的经验与教训，提出未来中国提高生育率和促进人口均衡发展的对策建议。

第一章

绪　　论

一　研究背景与意义

人口问题是影响一个国家或地区经济社会可持续发展的关键因素。生育率是影响人口增长和人口结构变化的主要因素之一，也是联合国人口与发展会议行动项目的核心。自 20 世纪 70 年代以来，随着各国社会政治状况的巨大改变和经济飞速增长，生育率迅速下降，世界范围内生育率的趋同速度超过其他社会经济变量，总和生育率（Total Fertility Rate，TFR）由 1970 年的 4.7 降至 1994 年的 3.2，2021 年进一步降至 2.3[①]。低生育水平和预期寿命延长成为驱动人口老龄化的两大主要因素，预计至 2060 年全球人口老龄化将给世界经济增长造成潜在负向影响。自 20 世纪 90 年代中期以来生育水平持续下降态势蔓延全球的同时，生育率的变动方向和幅度也出现显著的空间分异，比如高生育率区域进一步集中于撒哈拉以南非洲，低生育率区域则以欧洲国家为主扩散至亚洲、拉丁美洲及加勒比地区；东亚经济体因持续的低生育水平而取代欧洲成为低生育率的"全球热点地区"；整个欧洲在 1998—2008 年 TFR 出现明显回升。当今世界，死亡率越来越接近于稳定，各国人口增长和年龄结构变化都高度依赖于生育率的演变；并且，生育率的变动具有重要的制度和政策含义。那么，从全球尺度来看，近 20 年来全球范围内高或低生育率地区生育率的演变路径为何不同？随着时间的推移，在世界不同地区，与生育率变动相关的诸多因素中有哪些发生了变化？不同地区生育率新变动产生的社会经济后果

---

① United Nations, Department of Economic and Social Affairs, Population Division, *World Population Prospects* 2022: *Summary of Results*, UN DESA/POP/2022/TR/No. 3, 2022.

有何不同？政府又做出哪些积极的政策响应？未来世界生育率是继续下降还是缓慢回升？对上述问题的深入研究，将有助于进一步完善生育率转变理论、预测世界生育率变动趋势以及制定有效的调整生育政策。

我国政府在 2000 年颁布"稳定低生育水平"这一重大决定，实际上早在 20 世纪 90 年代初期我国就已经进入了低生育率国家的行列。在 2016 年 12 月 30 日公布的《国家人口发展规划（2016—2030 年）》中明确指出，"我国生育率已较长时期处于更替水平以下，虽然实施全面两孩政策后生育率有望出现短期回升，但受生育行为选择变化等因素影响，从长期看生育水平存在走低的风险"。党的十九大报告明确提出，要促进生育政策和相关经济社会政策配套衔接。党的十九届四中全会审议通过的《决定》提出"优化生育政策，提高人口质量"。关于全面两孩政策实施后如何构建鼓励生育的政策体系以增强我国生育率弹性，存在不同意见。并且，由于实行地区差异化的生育政策长达 20 余年，以及各地计划生育政策的实施力度、社会经济发展程度、文化习俗等不同，导致中国生育水平和人口发展存在显著的区域差异，生育率的区域差异性及未来变动趋势应引起高度关注[1]。此外，进入 2018 年以来全面放开生育的声音不断涌现[2]，如果近期全面放开生育将可能直接影响到中国生育率变动，进而对世界人口增长产生举足轻重的影响。因此，对 21 世纪以来世界生育率变动空间分异及其影响因素的研究，总结可供中国借鉴的应对低生育水平的经验或教训，对中国构建鼓励生育的政策体系和进一步调整生育政策提供重要借鉴。另外，随着中国崛起及中国于 2013 年提出"一带一路"战略，需要及时跟踪主要沿线国家人口及劳动力状况等，本书研究能够为中国实施出口、投资、产业转移等战略提供人口发展这一重要基础性数据。

因此，本书密切关注世界生育率变动的空间分异、不同路径及其影响机制，在实证研究的基础上，对维持适度低生育率的动力机制、低生育率陷阱的形成机制及政策响应等提出合理的理论性解释或假说。并且，全球

---

[1] 宋健：《转折点：中国生育率将往何处去——基于欧洲的经验与启示》，《探索与争鸣》2017 年第 4 期。
[2] 刘志彪、张晔：《提高生育率：新时代中国人口发展的新任务》，《新华日报》2018 年 8 月 14 日第 13 版。

经济一体化、市场化、城镇化、信息化等进程加快，对后发国家新型生育观念形成和生育行为产生了重要影响，本书力图将这一内容纳入传统的生育率经济理论。在政策探讨方面，上述研究最终要落实到对中国的借鉴，把中国生育状况及生育政策实施评估置于国际视野，找寻中国目前全面两孩政策实施所面临的突出问题及完善措施。当然，整体上，本书致力于提供国际生育率新变动及其影响下的世界人口地理格局从案例、实证到理论、对策的全面分析，以期丰富中国的世界人口地理研究。

二 基于CiteSpace的国际生育率研究热点分析（1999—2020年）

（一）文献选取

根据CiteSpace对数据的要求，笔者基于Web of Science（WoS）中的核心合集数据库进行统计和计量分析，选取近期国外从事国际生育率研究的高产和知名学者进行检索，包括Rindfuss, R. R.、Lutz, W.、Sobotka, T.、Bloom, D. E.、Canning, D.、Kohler, H. P.、Myrskylä Mikko、Morgan, S. P.、Billari, F. C.、Goldstein, J. R.、Bongaarts, J.、Lesthaeghe, R.、McDonald, P.、Van de Kaa, D. J.、Toulemon, L.、Frejka, T.、Andersson, G.、Merrick, T. W.、Holger Strulik、Stone L.、Matysiak A.等近20位欧美及澳大利亚学者（见表1-1），时间跨度为1999—2020年，确定主题词"fertility"（生育率）精练检索结果，并进一步剔除与研究对象无关的内容，共获得有效文献407篇，主要期刊有 The Lancet、Science、Nature、Demography、Population and Development Review、Studies in Family Planning、Population and Development、Population Research and Policy Review、Demographic Research、European Journal of Population、Population Studies、American Sociological Review、Vienna Yearbook of Population Research、Comparative Population Studies 等，其中 The Lancet、Science 的影响因子分别高达60.39、41.03。表1-1列出了从事世界生育率研究的近20位国外知名人口学者、所在机构以及主要研究领域。

表1-1　　　　国际生育率研究的西方学者及其研究领域

作者	所在机构	主要研究领域	作者	所在机构	主要研究领域
Andersson, G.	斯德哥尔摩大学社会学部人口系	北欧国家的家庭政策与生育行为、生育和移民、外国出生妇女的生育模式、孩子性别偏好和家庭动态	Lutz, W.	国际应用系统分析研究所（IIASA）、奥地利科学院维也纳人口研究所（VID）、牛津人口老龄化研究所	人口老龄化、21世纪世界人口增长终结、欧盟扩大后新一代欧洲人口与家庭、人口与环境、人口预测
Billari, F. C.	意大利博科尼大学政策分析与公共管理系	生育率和家庭变化、生命历程分析、人口预测、数字化和人口统计学以及比较调查	Stone L.	美国企业研究所（AEI），家庭研究所	移民、人口动态和区域经济
Bloom, D. E.	哈佛大学公共健康学院全球健康和人口系	健康、人口、教育和劳动等	Matysiak A.	奥地利科学院/维也纳大学人口研究所/维特根斯坦中心	家庭研究、公共政策、人口学、劳动经济学
Bongaarts, J.	前人口理事副主席	主要人口挑战，如人口惯性、生育率的决定因素、计划生育措施的影响、人口与环境的关系以及艾滋病的人口影响等	Morgan, S. P.	北卡罗来纳大学教堂山分校社会学系	家庭与生育率随时间变化和群体间生育率差异性
Canning, D.	哈佛大学公共健康学院全球健康和人口系	健康与财富的关系、人口红利	Myrskylä Mikko	伦敦政治经济学院马克斯普朗克人口研究所	人口健康、生育率分析和人口预测
Frejka, T.	奥地利科学院/维也纳大学人口研究所/维特根斯坦中心	人口统计学、人口预测	Rindfuss, R. R.	北卡罗来纳大学教堂山分校社会学系	家庭与生育率，人口与环境
Goldstein, J. R.	加州大学伯克利分校人口与经济系	生育率、婚姻、社会人口学、历史人口学、人口老龄化、人口统计学	Sobotka, T.	奥地利科学院/维也纳大学人口研究所/维特根斯坦中心	人口统计学，人口变化，生育率
Holger Strulik	德国哥廷根大学，法律、经济、社会科学学院	健康、老龄化、发展经济学和长期经济增长	Toulemon, L.	法国国家人口研究所	法国和欧洲生育率变化及其影响因素、法国家庭结构

作者	所在机构	主要研究领域	作者	所在机构	主要研究领域
Kohler, H. P.	宾夕法尼亚大学人口研究中心，社会学系	低生育率和极低生育率、撒哈拉以南非洲的HIV/AIDS、性和社会网络、生育率和相关行为的生物人口学、健康的社会经济决定因素以及测量和预测生育率的人口学方法等	McDonald, P.	澳大利亚国立大学文理学院人口学系	澳大利亚的人口政策、移民、劳动力和老龄化、印度尼西亚的人口统计、与低生育率有关的理论、低生育率对人口未来的影响以及相关的政策选择
Lesthaeghe, R.	密歇根大学和加州大学欧文分校	生育率和家庭变化，特别是第二次人口转变			

（二）基于关键词共现的研究热点

关键词共现分析来源于文献计量学，将期刊文章、学位论文等文献中两篇或多篇论文使用同一关键词的现象称为关键词共现。通过统计关键词共现的频率并进行多元统计分析，能够根据词汇间的亲疏关系分析预测其中的热点主题[①]。为此，使用软件 CiteSpace 对 1999—2020 年国外"fertility"（生育率）问题研究的关键词进行共现分析，得到国外"fertility"关键词共现图谱（见图 1-1）。图中节点代表着关键词之间的联系及联系的强度，节点的大小反映该领域研究热点的关注度，即节点越大和频次越高说明关注度越高，反之则越低。关键词"fertility"作为"生育率"研究领域的核心内容，其频次位居首位，高达 111；"transition"（转变）以频次 44 次居第二位，表明生育率转变具有较高程度的聚焦性；关键词"Europe"（欧洲）和"United States"（美国）以频次 41 次共同位居第三位，表明国外生育率研究区域集中在欧洲和美国。围绕"fertility"（生育率）的其他关键词频次依次为："country"（国家）（32 次）、"marriage"（婚姻）（27 次）、"education"（教育）（24 次）、"population"（人口）（23 次）、"family"（家庭）（23 次）、"childbearing"（分娩）（22

---

① 殷沈琴、张计龙、任磊：《基于关键词共现和社会网络分析法的数字图书馆研究热点分析》，《大学图书馆学报》2011 年第 4 期。

次)、"policy"(政策)(20 次),分别位居第四位到第十位。可以看出,国外"fertility"的研究领域主要集中在欧美生育率与婚姻、教育、家庭、政策、分娩等因素的关系研究,以及生育率变动对人口群体的影响等。

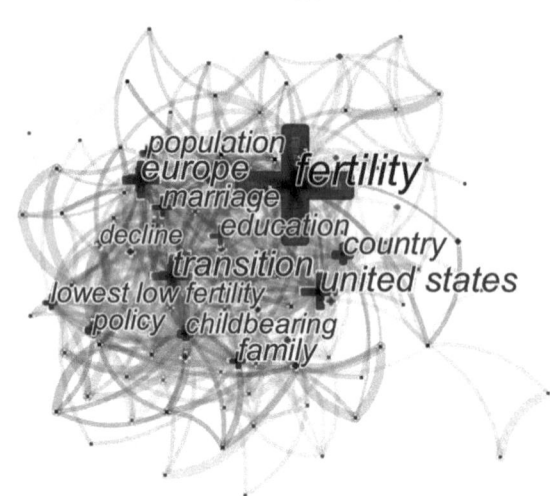

图 1-1 1999—2020 年国外文献"fertility"(生育率)关键词共现图谱

按照关注度,并依据 CiteSpace 所得分析结果,可以看出国外生育率研究重点聚焦在以下几个方面:(1)重点关注生育率变动态势,尤其关注极低生育率的出现,主要包括生育率转变(transition)、极低生育率(lowest-low Fertility)、下降(decline)、趋势(trend)等关键词;(2)生育率变动影响因素,主要包括婚姻状况(marriage)、生育(childbearing)、受教育程度(education)、死亡率(mortality)、家庭(family)、行为(behavior)、建模(model)等关键词,分析影响生育率变动的直接原因和社会经济因素;(3)生育率变动的社会经济影响及政策响应,主要包括影响(impact)、人口(population)、增长(growth)、政策(policy)等关键词;(4)欧美及部分典型国家生育率变动,包括欧洲(Europe)、美国(United States)、国家(country)等关键词,即国外学者重点关注发达国家特别是美国、欧洲国家的生育率状况(见表 1-2)。

表1-2　1999—2020年"fertility"（生育率）国外研究关键词分布

排序	关键词	频次	排序	关键词	频次
1	fertility	111	11	policy	20
2	transition	44	12	lowest low fertility	19
3	Europe	41	13	growth	16
4	United States	41	14	decline	16
5	country	32	15	trend	16
6	marriage	27	16	impact	13
7	education	24	17	children	13
8	population	23	18	model	12
9	family	23	19	behavior	10
10	childbearing	22	20	mortality	10

三　国际生育率变动相关研究综述

基于上述国际生育率研究的热点领域分析，笔者对相关文献进行梳理，总结主要研究内容、研究方法和研究结论。

（一）国际生育率变动趋势研究

不同的生育水平，如TFR为1.2还是2.1，对人口增长和人口年龄结构产生不同的影响，也就具有不同的制度和政策含义。正如Rindfuss所指出的，我们为什么关注极低生育率，特别是TFR为1.5，甚至更低？主要原因在于极低生育率将导致人口老龄化和最终人口减少，比如TFR为1.5的"平稳人口"（没有迁入或迁出，几代人也没有生育率和死亡率的变化）将在64年后减少一半，TFR为1.9的"平稳人口"将在230年后衰减一半[1]。因此，生育率变动趋势是人口学者和政策决策者持续关注的热点问题之一，保持生育水平在更替水平上下是许多国家的期望目标，包括中国也提出TFR为1.8的人口均衡发展目标。

联合国、美国人口咨询局、世界银行是提供世界各国生育状况的重要机构，他们不定期出版世界主要国家和地区的生育率数据，分析国际尺度

---

[1] Ronald, R. R. and Minja Kim Choe, *Low fertility*, *Institutions*, *and Their Policies*: *Variations across Industrialized Countries*, Springer International Publishing, 2016, p. 3.

生育状况及其最接近因素（比如结婚状况、家庭生育计划等）的变动趋势，收集和分析生育率与发展关系的相关信息，为政府间讨论生育率、家庭生育计划和发展等提供重要支持；此外，还发布各国政府对本国生育状况的观点和政策。这些为学者进一步开展深入研究提供了重要的基础数据和基本观点。

部分学者探讨世界生育率长期变动趋势及其空间分异。Bongaarts 指出，随着大多数发展中国家和地区历经 40 多年由传统的平均生育 6 个或以上迅速降至目前的 3 个左右，对发展中国家和地区生育率变动趋势的讨论焦点从生育率转变的早期阶段进入后期阶段，虽然传统的人口理论难以说清楚生育率下降的幅度和转变结束时生育率将平稳在何种水平，不过通常认为从进一步下降和长期看将接近更替水平；人类发展是生育率转变的主要决定因素；非意愿生育一直存在；即使没有独生子女政策，中国的生育率也就在 2 左右[①]。联合国将 Bongaarts 的观点长期融入各国或地区的未来人口预测中，比如按照 2019 年人口预测中方案，世界总和生育率由 2015—2020 年的 2.47 缓慢持续降至 2045—2050 年的 2.21。但是，Sobotka 认为，许多人口学者和政策制定者一直认为总和生育率在更替水平附近只是一个理想的长期目标和一些国家政府设计政策期望达到的目标；现实中，仅有几个转变后（post transition）国家经历了时期总和生育率平稳在更替水平附近和大多数国家在 2 以下，即没有转变后国家生育率的平衡点[②]。Stone L. 则提出，2007 年以来全球生育率下降不仅仅是周期性的，可能反映了大多数国家生育率在 1.4—1.9 之间的一种"新常态"，似乎全球生育率向 1.6 或 1.7 趋同；而联合国通常假定生育率平稳在 1.8—2.1[③]。Holger Strulik 运用系数混合模型分析 1950—2005 年世界生育率空间分布演变，提出存在高生育率类型和低生育率类型两类国家；虽然随时间推移双峰在减弱，但是两类国家在整个观测期持续

[①] Bongaarts, J., "The End of the Fertility Transition in the Developed world", *Population and Development Review*, Vol. 28, No. 3, September 2002, p. 422.

[②] Sobotka, T., "Post-transitional Fertility: Childbearing Postponement and the Shift to Low and Unstable Fertility Levels", *Journal of Biosocial Science*, Vol. 49, No. S1, November 2017, p. 22.

[③] Stone L., "The Global Fertility Crisis", National Review, https://www.nationalreview.com/magazine/2020/01/27/the-global-fertility-crisis/.

存在；在低生育率类型国家，存在 β 趋同和 δ 趋同，但高生育率类型国家不存在任何趋同[1]。

Kohler[2]、Billari[3]将时期 TFR 低于 1.3 命名为极低生育率（"lowest-low fertility"或"ultra-low fertility"）。这一术语并非指 TFR 的最低下限，而是世界范围内观察到的 TFR 的一个新低值。他们认为这一极低生育率具有"快速转向推迟生育、生育一孩后再生育可能性低、年长育龄组队列生育率滞后等"特征，从南欧蔓延至东欧，再蔓延至亚洲；极低生育率将持续几个世纪，尤其在东欧国家。进入 21 世纪以来，大多数经济发达国家 TFR 在不足 1 到 2.1 之间。为此，人口学者和政策制定者深度思考人口长期持续发展、生育意愿和实际生育之间差距不断扩大等问题，针对极低生育率现象先后提出了三个理论和假说予以解释，即进度效应（tempo effects）理论[4]、第二次人口转变（second demographic transition）理论[5]和低生育率陷阱（low-fertility trap）假说[6][7]。首先，一些学者认为 TFR 包含了进度效应的影响，即妇女生育年龄的普遍推迟压低了 TFR，比如意大利和西班牙去除进度效应后生育水平提高了 0.4 或以上；尽管瑞典在部分年份 TFR 降至 1.5 上下，但是 30 余年来终身生育率保持在每名育龄妇女大约生育 2 个孩子（见图 1 - 2），因此极低生育率只是一个暂时现象[8]。其次，第二次人口转变理论从后现代化欧洲国家的社会结构、文化和技术等方面的变革阐

---

[1] Strulik, H. and Vollmer, S., "The Fertility Transition around the World", *Journal of Population Economics*, Vol. 28, No. 1, January 2015, p. 32.

[2] Kohler, H. P., Billari C. F. and Ortega J. A., "The Emergence of Lowest-low Fertility in Europe During the 1990s", *Population and Development Review*, Vol. 28, No. 4, December 2002, p. 642.

[3] Billari, F. C. and Kohler, H. P., "Patterns of Low and Lowest-low Fertility in Europe", *Population Studies*, Vol. 58, No. 2, June 2004, p. 162.

[4] Lutz, W. and Skirbekk, V., "Policies Addressing the Tempo Effect in Low-fertility Countries", *Population and Development Review*, Vol. 31, No. 4, December 2005, p. 701.

[5] Lesthaeghe, R. and Kaa D. J., "Twee Demografische Transities? Bevolking: Groei en Krimp", Deventer: Van Loghum Slaterus, 1986, p. 10.

[6] Goldstein, J. R., Sobotka, T. and Jasilioniene, A., "The End of 'Lowest-low' Fertility?", *Population and Development Review*, Vol. 35, No. 4, December 2009, p. 663.

[7] Bongaarts, J. and Sobotka, T., "A Demographic Explanation for the Recent Rise in European Fertility", *Population and Development Review*, Vol. 38, No. 1, March 2012, p. 83.

[8] Sobotka, T., "Is Lowest-low Fertility in Europe Explained by the Postponement of Childbearing?", *Population and Development Review*, Vol. 30, No. 2, June 2004, p. 195.

释了导致欧洲低生育率的深层原因①②,其人口学特征是长期低于更替水平的生育率和结婚推迟,同居、离婚、非婚生育、无小孩率以及使用有效避孕手段等上升;转变后国家低生育率不会持续下降的一个重要理由是一些调查显示许多夫妇的理想子女数是2个或更多的孩子③。最后,低生育率陷阱假说不同于Bongaartz等学者的乐观观点,认为如果缺乏政策干预,低生育率国家的出生人数会因"自我强化机制"(self-reinforcing mechanisms)

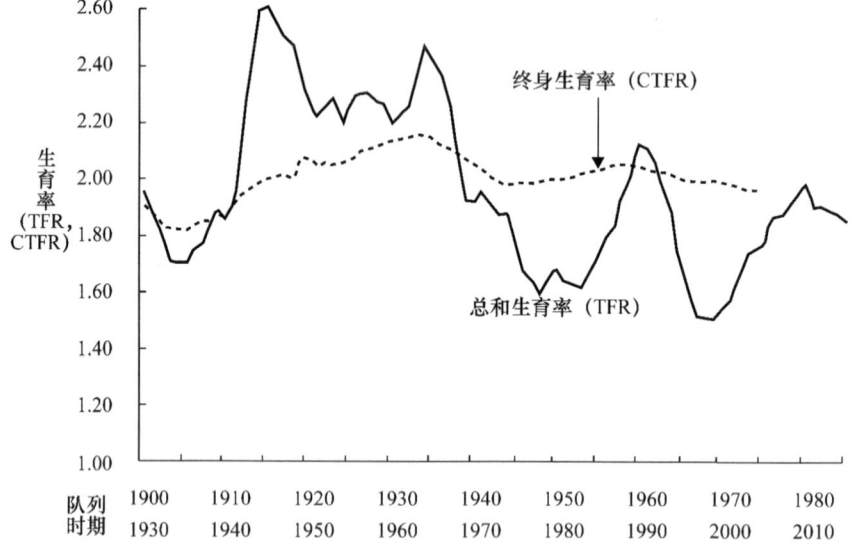

图1-2 瑞典1930—2015年总和生育率和1900—1974年终身生育率变化趋势

资料来源:Sobotka, T., "Post-transitional Fertility: Childbearing Postponement and the Shift to Low and Unstable Fertility Levels", *Journal of Biosocial Science*, Vol. 49, No. S1, November 2017, p. 22.

---

① Van De Kaa, D. J., "The Idea of a Second Demographic Transition in Industrialized Countries", paper presented at the 6th Welfare Policy Seminar, sponsored by the Japan National Institute of Population and Social Security, Tokyo, January 29, 2002.

② Lesthaeghe, R. and Surkyn, J., "When History Moves On: The Foundations and Diffusion of a Second Demographic Transition", in Jayakody R., Thornton A. and Axinn W. eds., *International Family Change Ideational Perspectives*, Routledge, 2007, p. 38.

③ Kane, J. B., "A Closer Look at the Second Demographic Transition in the US: Evidence of Bidirectionality from a Cohort Perspective (1982 - 2006)", *Population Research and Policy Review*, Vol. 32, No. 1, February 2013, p. 47.

而持续减少，包括三种机制：（1）人口学机制，因人口负增长惯性，潜在母亲数量的减少将导致出生人数的减少；（2）社会学机制，即年青一代人受父辈低生育率的影响而降低生育意愿；（3）经济学机制，即相对收入的减少会限制生育。这三个机制都是一种恶性循环，造成出生人数的"螺旋式"减少[①]。可见，尽管学术界提出了上述不同解释或假说，但尚未形成对低生育率国家生育行为的综合理解。

对低生育率国家或地区来说，近些年来初育年龄推迟是普遍现象，但未来生育率上升或下降也是学术界争论的重要焦点。有学者认为，生育率下降的趋势将会因人类普遍发展而被逆转，年长人群的生育以及性别平等因素将会提升生育水平[②]。但也有学者提出 21 世纪 20 年代欧洲各国将是长期的、结构性的、低于更替水平的生育率[③]。Sobotka 提出，近期一些极低生育率国家或地区时期生育率的明显回升，表明转变后生育率的不稳定性和生育率下降的地区差异性，有四股重要力量驱动转变后国家（post-transitional countries）生育率的推迟性、差异性和不稳定性（显著的上升和下降），即高等教育的扩张，经济不确定性（特别是年轻人的经济收入）增强，随着女性普遍参与劳动力市场的"性别革命"，观念及家庭特征的变化；转变后国家的时期 TFR 变动在 1 以上和更替水平以下，即便在同一个国家，比如俄罗斯，也同时存在极低生育率地区和高于更替水平的地区；没有理论上或实践中趋向于平稳的 TFR 门槛值；没有未来难以恢复的低生育率门槛值；40 多年来许多欧洲国家所经历的生育推迟对 TFR 产生了负向影响，一些进入转变后阶段的国家和地区，有可能在未来二三十年也会经历一个类似于欧洲的生育率变化，即 TFR 降至非常低的水平[④]。虽然

[①] Lutz, W., Skirbekk, V. and Testa M. R., "The Low-Fertility Trap Hypothesis: Forces that May Lead to Further Postponement and Fewer Births in Europe", *Vienna Yearbook of Population Research*, 2006, p. 167.

[②] Myrskylae, M., Kohler H. P. and Billari, F. C., "Advances in Development Reverse Fertility Declines", *Nature*, Vol. 460, No. 7256, August 2009, p. 741.

[③] Frejka, T. and Gietel-Basten, S., "Fertility and Family Policies in Central and Eastern Europe after 1990", *Comparative Population Studies*, Vol. 41, No. 1, March 2016, p. 3.

[④] Basten, S., Sobotka, T. and Zeman, K., "Future fertility in Low Fertility Countries", Vienna Institute of Demography Working Papers, No. 5/2013, Austrian Academy of Sciences (ÖAW), Vienna Institute of Demography (VID), Vienna.

人口学界普遍认同极低生育率时代的出现是生育推迟不断蔓延的直接后果；但是，极低生育率是否持续、是否除了推迟生育外还有其他因素维持极低生育率，存在两种截然不同的观点。支持进度效应的学者认为，一旦推迟生育停止，极低生育率将随之结束，比如许多政府官方的人口预测就采用这一观点，预测极低生育率将从低于1.3升至1.5以上。相反，另有一些学者认为极低生育率是持续现象，比如提出极低生育率有可能持续几个世纪，尤其在东欧[1]；这种观点又分为两个阵营，其一强调进度效应所导致的生育率下降的持续性和未来潜在后果，其二强调极低生育率国家的经济社会和文化条件[2]。

低生育率陷阱假说提出后，国内学者也进行了热烈讨论。宋健认为随着欧洲国家生育水平的回升，"掉入陷阱后，扭转生育率下降趋势将变得很困难甚至不可能"的论断就被否定了[3]。在中国，是否掉入低生育率陷阱和未来生育政策走向等讨论热烈，有学者提出在中国即将掉入低生育率陷阱的背景下要全面鼓励二孩；有学者判断中国已经进入低生育率陷阱和应努力创造再生育的良好环境[4]；有学者提出为避免落入低生育率陷阱，未来可能需要进一步放宽生育限制甚至取消生育限制[5]；还有学者提出，从目前生育意愿和生育行为调查数据结果来看，二孩递进生育水平稳定在50%左右或更低的可能性更大一些，对照中国总和生育率稳定在1.8左右的人口长期发展目标，目前的生育政策调整是无法实现的，同时当前和未来促进生育率持续下降的因素不断强化，跨越低生育率陷阱的任务非常艰巨[6]。

---

[1] Kohler, H. P., Billari, F. C. and Ortega J. A., "Low fertility in Europe: Causes, Implications and Policy Options", in Harris F. R. eds., *The Baby Bust: Who will do the Work? Who will Pay the Taxes?* Lanham, MD: Rowman and Littlefield Publishers, 2006, p. 48.

[2] Mcdonald, P., "Low Fertility and the State: the Efficacy of Policy", *Population and Development Review*, Vol. 32, No. 3, September 2006, p. 485.

[3] 宋健：《转折点：中国生育率将往何处去——基于欧洲的经验与启示》，《探索与争鸣》2017年第4期。

[4] 易富贤：《从全球视角探求中国人口新政》，《中国经济报告》2018年第5期。

[5] 蔡昉、张车伟：《人口与劳动绿皮书：中国人口与劳动问题报告 No.17》，社会科学文献出版社2016年版，第25页。

[6] 王广州：《中国人口预测方法及未来人口政策》，《财经智库》2018年第3期。

(二) 国际生育率变动的影响因素研究

生育率与其直接、间接影响因素的关系是人口学者、经济学者、社会学者以及其他相关领域学者长期关注的话题。西方学者陆续提出了影响生育行为的各种理论学说，比如边际孩子合理选择模型、孩子数量质量替代理论、生育率中介变量理论、代际财富流理论以及孩子供给—需求理论等。其中 Davis 和 Blake 认为，生育过程分为三个阶段：交配、怀孕和分娩，社会经济因素对生育过程以及生育率的影响是通过"中介变量"（intermediate fertility variables）间接地发生作用的；这些中介变量包括初婚年龄、永久性独身、不同居的时间、自愿的不同房、性交频率、无生育能力、避孕、绝育、非自愿的胎儿死亡、人工流引产等。Bongaarts 对上述"中介变量"理论加以完善，提出 5 个生育率最接近决定因素（proximate determinants of fertility），即已婚比率、避孕采用率、避孕效果、人工流产、产后不孕，并通过实证分析高生育率转变的影响因素，进而证实生育率最直接决定因素的概念框架是非常有价值的。然而，一旦生育率降至中等或低水平，Bongaarts 和 Potter's 模型就不那么有用了。因为，在低生育水平下最直接的因素通常是避孕和流产，而这与 Bongaarts 模型的其他方面（比如生育的生理极限和母乳喂养的时间长度）是基本无关的。因此，对于经济发达国家，低生育水平是个人期望拥有小家庭和使用避孕及流产的结果。于是，Bongaarts 提出了研究低生育水平及其差异的另一个更实用的理论模型，该模型将时间、期望家庭规模、不想要的和意外的子女数等要素都纳入低生育率的统一框架中，Morgan 进一步将其扩展，在大多数发达国家，生育期望接近更替水平，但实际生育率远低于更替水平，其原因在于降低实际生育低于生育期望的因素要强于提高实际生育高于生育期望的因素[①]。穆光宗提出宏观层面的经济社会发展通过四个中间环节影响微观的生育决策和生育行为，继而导致低生育率；这四个环节分别是婚姻家庭模式、孩子养育方式、养老保障方式和个人生活方式[②]。顾宝昌提出 2000 年以来年轻人群的推迟效应强劲而年长人群的补偿效应微弱导致我国的生育

---

① Morgan S. P., "Variation in U. S. fertility: Low and Not so Low, but Not Lowest Low", in Ronald R., Rindfuss and Minja Kim Choe, eds., *Low and Lower Fertility: Variations across Developed Countries*, Springer, 2015, p. 125.

② 穆光宗：《发展水平越高生育意愿越低吗》，《党政视野》2016 年第 1 期。

水平将不可避免地长期低于更替水平并继续走低①。

但是，即使在理论文献中将一系列清晰定义的社会、经济和人口学因素确定为生育率变化的主要驱动因素，但在实证研究中这些主要驱动因素及其影响程度也会因国家和时间的不同而不同。比如，关于人口转变，实证研究中最大的争论是生育率的长期决定因素主要是死亡率下降还是本质上由技术进步、人均收入长期增长以及人力资本需求所引发②，前者主要为人口学者的代表性观点，后者则为经济学者的代表性观点。并且，统一增长理论（unified growth theory）认为生育率变动既是经济发展的后果也是经济发展的原因，即既强调发展中国家生育率转变的开始对于成功经济社会发展是必然的，又强调驱动生育率下降的共同机制是孩子数量与质量均衡和技术进步的相互作用③。

整个20世纪，经济社会发展和生育率之间显著的负相关是社会学中最牢固确立的并普遍接受的经验规律之一，大量的实证研究表明降低生育率的根本原因是经济社会发展，即教育扩张、收入增加、性别平等提高、婴幼儿死亡率下降、预期寿命延长、女性劳动参与率的提高、思想变革、消费主义、城镇化、家庭解体、经济不确定性、全球化、获得现代避孕方法等是降低生育率的重要驱动力。全球尺度和国家层面的实证分析显示出生育率变动和社会发展具有显著的正相关④，在影响全球生育率变动的间接社会因素的实证研究中，最常确定的社会发展变量是母亲的受教育程度、5岁以下儿童死亡率和贫困以及一系列经济环境条件等⑤。比如，《2017年全球疾病负担研究》（Global Burden of Disease Study 2017）⑥的一项系统分析表明，女性受

---

① 顾宝昌、侯佳伟、吴楠：《中国总和生育率为何如此低？——推延和补偿的博弈》，《人口与经济》2020年第1期。

② Herzer, D., Strulik, H. and Vollmer, S., "The Long-run Determinants of Fertility: One Century of Demographic Change 1900 - 1999", Journal of Economic Growth, Vol. 17, No. 4, October 2012, p. 357.

③ Strulik H, Weisdorf J. L., "The Simplest Unified Growth Theory", Diskussionsbeitrag, No. 375, Leibniz Universität Hannover, Wirtschaftswissenschaftliche Fakultät, Hannover, 2007.

④ Bongaarts, J. and Watkins, S. C., "Social Interaction and Contemporary Fertility Transition", Population and Development Review, Vol. 22, No. 4, December 1996, p. 639.

⑤ Mohanty, S. K., Fink, G. and Chauhan, R. K., et al., "Distal determinants of fertility decline: evidence from 640 Indian districts", Demographic Research, Vol. 34, No. 7, March 2016, p. 373.

⑥ "全球疾病负担研究"提供了世界各国人口伤害、致残和死亡等资源，其中2017年一项研究为人口和生育率的全球趋势。

教育程度、生殖健康服务特别是现代避孕方法的可获得性、5 岁以下儿童死亡率下降等三个变量与生育率之间的显著相关性在近几十年持续存在；此外，生育率会对具有文化意义或政策变化的事件在每年或更短的持续时间内做出明显的变化[1]。陈沁使用世界银行 1970—2010 年数据对 241 个国家进行分析，结果显示，影响生育率的最重要参数是母亲的受教育年限，儿童死亡率是决定生育率的次重要变量[2]。在国家尺度，Potter 研究得出巴西农村地区女性受教育程度的提高促使 TFR 在 1960—1970 年、1970—1980 年、1980—1991 年期间分别下降 0.14、0.64、0.67，同期 5 岁以下儿童死亡率的下降促使 TFR 分别下降 0.07—0.10[3]；Dreze 则提出母亲受教育程度提高和儿童死亡率下降可以解释印度在 1981—1991 年期间 TFR 下降的一半[4]。全球尺度影响生育水平的重要变量已经取得了巨大进步，1990—2013 年期间全球 5 岁以下儿童死亡率由 100‰降至 50‰[5]，15 岁及以上女性平均受教育年限从 1990 年的 6.14 年升至 2010 年的 7.89 年[6]，按照购买力计算的每天收入不足 1.25 美元的贫困人口所占比例由 1990 年的 43%降至 2011 年的 17%[7]。一些学者分析各国生育率与人类发展指数（Human Development Index，HDI）的关系，比如 Bongaarts 提出，未来生育率进程主要取决于人类发展进步，HDI 高水平国家的生育率变动历程说明了预期寿命接近 75 岁和识字率接近 95%需要 TFR 平均接近更替水平[8]。Luci-Greulich 使用 30 个 OECD 国家 1960—2007 年

---

[1] GBD 2017 Population and Fertility Collaborators, "Population and Fertility by Age and Sex for 195 Countries and Territories, 1950 – 2017: A Systematic Analysis for the Global Burden of Disease Study 2017", *Lancet*, Vol. 392, No. 10, November 2018, p. 1995.

[2] 陈沁：《影响生育率的最重要参数是母亲的教育年限》，《东方早报》2014 年 6 月 17 日。

[3] Potter, J. E., Schmertmann, C. P. and Cavenaghi, S. M., "Fertility and Development: Evidence from Brazil", *Demography*, Vol. 39, No. 4, November 2002, p. 739.

[4] Dreze, J. and Murthi, M., "Fertility, Education and Development: Further Evidence from India", *Population and Development Review*, Vol. 27, No. 1, March 2000, p. 33.

[5] UNICEF, *Levels and Trends in Child Mortality* 2015, New York: the United Nations Children's Fund, September 2015.

[6] UNDP, *Human Development Report* 2014: *Sustaining Human Progress: Reducing Vulnerabilities and Building Resilience*", the United Nations Development Programme, July 24, 2014.

[7] IBRD, *Global Monitoring Report* 2014/2015, *Ending Poverty and Sharing Responsibility*, World Bank Group International Monetary Fund, 2015.

[8] Bongaarts, J., "Fertility Transitions in Developing Countries: Progress or Stagnation?", *Studies in Family Planning*, Vol. 39, No. 2, June 2008, p. 105.

数据分析人均 GDP 和生育率之间的关系，将人均 GDP 分解为劳动生产率、工作时间和就业，结果表明生育率与女性劳动参与率呈正相关。这一结论可以解释为什么同样发达国家有着不同的生育率及其变动趋势，是因为人均 GDP 和生育率的关系依赖于帮助育龄夫妇尤其是妇女将生育和工作结合的制度建设[1]。还有学者提出，比如 Enrico Spolaore 认为，欧洲地区间语言距离是 1830—1970 年欧洲生育率下降的决定因素，生育率下降是由于新的生育行为从法语地区逐渐扩散到欧洲其他地区所致，在语言和文化上更接近法国人的社会在采用新的社会规范和对控制生育的态度方面则面临较低的障碍[2]。

由于生育率向更替水平下降的演变是整个 20 世纪最具深远意义和最显著的变化，众多学者致力于欧洲、日本、加拿大、美国等发达国家向低和更低生育率转变的驱动因素研究。这些研究表明，处在第二次人口转变的国家生育率变动包含了未预料到的新模式，第二次人口转变前和转变后的生育率国家类型有着本质的不同；经济发展、女性平等、女性劳动参与率、离婚率及非婚生出生等因素和总和生育率之间的关系在第二次人口转变后呈显著正相关[3]，而在第二次人口转变前通常呈负相关。这与学者们关于经济发展与生育率是否存在反"J"形（inverse J-shaped）关系的讨论是不谋而合的。随着 21 世纪初部分高度发达国家生育率的重新上升，出现了两种观点。一是证实发展和生育率之间反"J"形模式的存在，即一旦一个国家获得了先进的经济地位，则经济发展和生育率呈现正相关；而且，生育率和经济发展同时上升。Myrskylae 提出，当 HDI 达到一定阈值后，HDI 与生育率的关系由正向转为负向，2005 年 HDI 的阈值为 0.85[4]。Lacalle-Calderon 指出，反"J"形不仅依赖于经济发展而且依赖于生育水

---

[1] Luci-Greulich A., Thévenon O., "Does Economic Advancement 'Cause' a Re-increase in Fertility? An Empirical Analysis for OECD Countries (1960 - 2007)", *European Journal of Population*, Vol. 30, No. 2, January 2014, p. 187.

[2] Enrico Spolaore, Romain Wacziarg, *Fertility and Modernity*, NBER Working Paper No. 25957, June 2019.

[3] Arpino, B., Espingandersen G. and Pessin L., "How Do Changes in Gender Role Attitudes Towards Female Employment Influence Fertility? A Macro-Level Analysis", *European Sociological Review*, Vol. 31, No. 3, June 2015, p. 370.

[4] Myrskylae, M., Kohler H. P. and Billari, F. C., "Advances in Development Reverse Fertility Declines", *Nature*, Vol. 460, No. 7256, August 2009, p. 741.

平；生育率越高，逆转生育率下降所需要的人均 GDP 越高，并且反"J"形负相关部分下降更快和正相关部分上升更快[①]。二是对所有的国家而言，发展和生育率之间呈现负相关和没有反"J"形的证据，比如 Harttgen 指出，难以支持这样一种简单的解释：当超过一定的经济发展水平，生育率会自动上升[②]；Schoumaker 也证实，在发展中国家特别是撒哈拉以南国家，由于严重的数据质量问题，生育率下降是虚假的[③]。

面对欧洲国家的低生育率和部分发达国家生育率回升，除了引致上述经济发展水平与生育率之间是否存在反"J"形关系的讨论外，很多研究从人口学因素和社会经济因素解释 1998—2008 年期间大部分欧洲国家 TFR 回升现象。比如 Goldstein 提出的人口学因素解释包括：妇女平均生育年龄重新上升，导致影响时期 TFR 失真的进度效应消失；以往推迟到较大年龄生育的育龄妇女恢复到在较年轻时完成生育；这些又进一步可追溯到影响生育数量和生育时间的社会经济因素和支持生育政策，特别是家庭政策的变化、2008 年之前经济增长和失业率下降、性别平等变化的潜在作用以及经济发展和生育率之间的负相关可能逆转等促进了欧洲国家生育率回升[④]。Kohler 把大部分欧洲国家 TFR 回升归因于经济和社会变化、社会互动过程、人口学因素改变和制度设置等最重要的人口学因素和行为因素，其中经济和社会变化包括新加入劳动力市场的经济不确定性和教育回报率增长，社会互动过程描述了个人决定如何响应广泛的社会经济变化，人口学因素改变指生育推迟导致时期生育指标的暂时下降，制度设置包括僵化的劳动力市场、缺乏儿童保育或坚持传统的性别期望[⑤]。总体上，最常被引用的驱动低生育率回升

[①] Lacalle-Calderon, M., Perez-Trujillo, M. and Neira, I., "Fertility and Economic Development: Quantile Regression Evidence on the Inverse J-shaped Pattern", *European Journal of Population*, Vol. 33, No. 1, February 2017.

[②] Harttgen K. and Vollmer S., "A Reversal in the Relationship of Human Development With Fertility?" *Demography*, Vol. 51, No. 1, November 2014, p. 173.

[③] Schoumaker B., "Male Fertility Around the World and Over Time: How Different is it from Female Fertility?", *Population and Development Review*, Vol. 45, No. 3, September 2019, p. 459.

[④] Goldstein, J. R., Sobotka, T. and Jasilioniene, A., "The End of 'Lowest-low' Fertility?", *Population and Development Review*, Vol. 35, No. 4, December 2009, p. 663.

[⑤] Kohler, H. P., Billari, F. C. and Ortega J. A., "Low Fertility in Europe: Causes, Implications and Policy Options", in Harris F. R. eds., *The Baby Bust: Who will do the Work? Who will Pay the Taxes?*, Lanham, MD: Rowman and Littlefield Publishers, 2006, p. 48.

潜在因素是妇女劳动力参与率提高、推迟结婚和女性离开家庭、推迟生育、抚养儿童的社会和经济成本提升等。

生育率变化与经济波动、家庭政策、政治变化和冲突等的变化是息息相关的。西方学者更加关注经济波动对生育率的影响，多数学者认为，2008年及以后的美国和欧洲金融危机与21世纪早期生育率上升国家再次出现生育率下降是息息相关的，1997年东亚金融危机导致了东亚国家生育率降至极低水平，以及中欧和东欧国家生育率随着1990年苏联解体和国家社会主义解体而急剧下降。2008年爆发世界金融危机后，进一步讨论宏观层面商业循环和生育率的关系再次成为研究焦点，大量研究找到支持发达经济体人口出生和经济波动具有顺周期关系的证据[1]。相关研究分为三支：第一支是研究生产率或经济增长与生育率的关系，比如 Morgan 研究自1975年以来美国经济衰退事件的周期性影响和提出生育率的顺周期响应，即经济下滑带来生育率随之下降[2]。第二支是聚焦失业，比如 Currie 使用假想队列分析危机后失业增加对生育率的短期和长期影响，结果表明失业率每增长1个百分点将引起怀孕率下降0.5个百分点[3]；Goldstein 研究28个欧洲国家2000—2010年期间失业率对年龄别生育率、分孩次生育率的影响[4]；Matysiak 运用28个欧盟国家数据，分析得出2002—2014年欧洲经济大衰退期间生育率下降与失业率上升密切相关，并且在南欧、爱尔兰和中东欧部分地区，即劳动力市场状况在衰退期间恶化最严重的国家和地区，生育率下降最为严重，而西欧和北欧国家的就业率与经济衰退指标没有密切关系[5]。第三支是少量学者

---

[1] Comolli C. L., "The fertility Response to the Great Recession in Europe and the United States: Structural Economic Conditions and Perceived Economic Uncertainty", *Demographic Research*, Vol. 36, No. 1, May 2017, p. 1549.

[2] Morgan, S. P., Cumberworth, E. and Wimer, C., "The Great Recession's Influence on Fertility, Marriage, Divorce and Cohabitation", in Grusky, D. B., Western, B. and Wimer, C., eds., *The Great Recession*, New York: Russell Sage Foundation, 2011, p. 220.

[3] Currie, J. and Schwandt H., *Short and Long-Term Effects of Unemployment on Fertility*, Iza Discussion Papers No. 9299, August 2015.

[4] Goldstein, J. R., Kreyenfeld, M. and Jasilioniene, A., et al., "Fertility Reactions to the 'Great Recession' in Europe: Recent Evidence from Order-Specific Data", *Demographic Research*, Vol. 29, No. 29, July 2013, p. 85.

[5] Matysiak, A., Sobotka, T. and Vignoli, D., "The Great Recession and Fertility in Europe: A Sub-national Analysis", *European Journal of Population*, Vol. 33, No. 1, April 2020, p. 1.

研究对经济衰退和未来经济不确定的认知可能影响生育，比如 Schneider 研究抵押品赎回率、经济衰退的新闻报道和消费者信心对出生率的影响①。当然，还有一些学者综合考量 20 世纪三次主要经济大衰退期间 GDP 增长率下降、消费者信心降低以及失业率上升等经济下滑指标与生育率变动的关系，考察经济下滑指标与间接影响生育率变化的夫妻关系形成、结婚、离婚等指标的关系，总结各项经济衰退表征影响个人生育行为和整体生育率的证据、机制和路径②。此外，部分研究得出，在经济衰退的前几个季度怀孕增长率就下降了，生育率和经济增长之间的关系在衰退一开始和衰退结束后是不同的③。面对 2020 年新冠疫情和对未来的不确定，欧洲的年轻夫妻纷纷表示主动推迟或取消生育计划。伦敦政治经济学院调查了英国、法国、德国、意大利、西班牙欧洲五国 18—34 岁年轻人的生育计划，发现新冠疫情和经济危机严重压制了人们的生育愿望，比如英国、德国、法国各有 58%、55%、51% 的受访者表示推迟生育，意大利、西班牙、英国各有 36%、29%、19% 的受访者表示放弃生育，本来生育率越低的国家倾向于放弃生育的比例更高，支持年轻人就业、减轻年轻家庭的贫困风险和支持生育选择是必要的④。在政策方面，部分学者将 TFR 低于 1.5 的极低生育率归因于国家儿童照护支持不足和劳动力市场在兼职工作或重新进入劳动力市场方面缺乏弹性等独特的制度背景。也有学者进一步指出，考虑到女性初育年龄推迟是影响国家低生育水平的重要因素，最有效的支持生育政策是那些不鼓励推迟生育的政策⑤，法国和北欧国家的实践表明协调的公共政策措施对促进生育率提升是有效的，低生育率不需要理解为一个危机，因为它可以通过增加移

---

① Schneider, D., "The Great Recession, Fertility, and Uncertainty: Evidence From the United States", *Journal of Marriage and Family*, Vol. 77, No. 5, July 2015, p. 1144.

② Sobotka, T, Skirbekk, V. and Philipov, D., "Economic Recession and Fertility in the Developed World", *Population and Development Review*, Vol. 37, No. 2, June 2011, p. 267.

③ Buckles, K., Hungerman, D. M. and Lugauer, S., *Is Fertility a Leading Economic Indicator?*, National Bureau of Economic Research working paper 24355, February 2018.

④ Francesca Luppi, Bruno Arpino and Alessandro Rosina, "There is No Evidence of a COVID-19 Baby Boom in Europe-But There is of A Bust", Blog Team June 16, 2020, https://blogs.lse.ac.uk/politicsandpolicy/covid19-baby-boom-bust/.

⑤ Lutz, W., O'Neill, B. C. and Scherbov, S., "Europe's Population at a Turning Point?", *Science*, Vol. 299, April 2003, p. 1991.

民规模而弥补①。当然,多数学者对政策影响低生育率回升持悲观态度,比如 Goldstein 认为,通过支持生育政策很难逆转理想家庭规模的下降②。整体上,目前现有研究存在的难题很难将任何具体政策的影响与可能影响生育率的广泛政策区分开来,而且在经验上确定一项具体政策是否有效是困难的,因为在政策启动和政策起作用之间存在时间滞后。此外,还存在政策的内生性问题,它们可能不仅影响生育率和诱导生育行为改变,而且往往是对生育率变化整体特征的具体反映。

对于发展中国家,学者们更加关注贫困和生育率之间的关系,引发了人口和贫困之间关系的激烈争论③。已有研究提出两种不同观点:第一,高生育率招致贫困和降低生育率是减少贫困的重要因素,比如 Eastwood 运用截面数据分析得出生育率和经济增长及穷人收入分配具有负相关关系④;Barro 提出巴西人口变化和贫困减少之间具有显著的正相关关系,人口变化解释约 15% 的经济增长⑤。第二,减贫导致生育率下降,比如孟加拉国和埃塞俄比亚生育率下降的根本原因是减少贫困,印度减贫对国家层面生育率下降的作用是非常有限的。总体上,国家层面的分析表明人口增长和贫困之间的关系并不支持马尔萨斯主义⑥。

除了上述分析国际生育率变动的影响因素外,还有学者分析世界各国生育意愿的变动趋势及其影响因素。人口学者研究生育意愿主要源自两个方面:其一,使用生育意愿以帮助预测某一人口群体的生育率变动趋势;其二,分析影响生育意愿达成或受挫的因素。早期研究认为现实的生育率非常接近于平均理想家庭规模,比如 Westoff 研究后提出,在 20 世纪 30 年代美国对 300

---

① Hoem, J. M., "Overview Chapter 8: The Impact of Public Policies on European Fertility", *Demographic Research*, Vol. 19, No. 1, July 2008, p. 249.

② Goldstein, J., Lutz, W. and Testa, M. R., "The Emergence of Sub-replacement Family Size Ideals in Europe", *Population Research and Policy Review*, Vol. 22, No. 5, 2003, p. 479.

③ Merrick, T. W., "Population and Poverty: New Views on an Old Controversy", *International Family Planning Perspectives*, Vol. 28, No. 1, 2002, p. 41.

④ Eastwood, R. and Lipton, M., "The Impact of Change in Human Fertility on Poverty", *The Journal of Development Studies*, Vol. 36, No. 1, 1999, p. 1.

⑤ Barro, R. J. and Lee, J. W., "A new Data Set of Educational Attainment in the world, 1950 - 2010", *Journal of Development Economics*, Vol. 104, No. 1, 2013, p. 184.

⑥ Walle, V. D., "Population Growth and Poverty: Another Look at the Indian Times Series Data", *Journal of Development Studies*, Vol. 21, No. 3, October 1985, p. 29.

名育龄夫妇展开调查,结果显示平均理想家庭规模为 2.7,20 年后实际家庭规模为 2.6[1]。但是,在个体水平,生育意愿显著高于或低于终身生育水平,比如 Bumpass 研究得出妇女的意愿家庭规模和实际家庭规模的相关系数仅为 0.56。Icek Ajzen 提出,对发达国家的研究表明持续的"生育差距",即尽管欧洲国家的平均理想家庭规模差异悬殊,但是都表现出完整家庭的理想孩子数通常超过实际拥有孩子数;爱尔兰的理想子女数约为 3,实际生育率低于 2;奥地利的理想子女数仅为 2,实际生育率低于 1.3[2]。Goldstein 认为,假如不随着家庭理想子女数的变化,极低生育率是不可能长期持续的[3]。Sobotka 运用 1979—2012 年 37 个欧洲国家开展的 168 项调查,分析理想家庭规模的时空演变和讨论主宰整个欧洲 2 个孩子为理想家庭规模的原因[4]。同样,联合国人口基金也提出,在夫妻和个人都得到充分权利的情况下,生育率往往徘徊在每名妇女生育 2 个孩子左右,即被认为足以在没有移民的情况下保持稳定人口规模的生育水平[5]。在分析生育意愿影响因素方面,Yoon-Jeong Shin 研究年龄、教育、收入、性别意识等对日本生育意愿的影响,指出:在日本已婚和未婚成年人中,生育意愿越强的个体,其在随后约 10 年的时间里生育孩子的可能性也越大;更年轻的个体以及子女数更少的个体具有更强的生育意愿;教育水平越高,则生育意愿越强;持有更强性别平等意识的女性,其生育意愿更弱[6]。Frye 利用 32 个国家 1993—2011 年的人口和健康调查(Demographic and Health Survey, DHS)数据,分析发展中国家对生育偏好非数字回答(对生育偏好回答"不知道"或"这取决于上帝")占比下降及其影响因素,提出非数字生育偏好回答占比在一个国家生育率转变的早期阶段下降

---

[1] Westoff, C. F., Mishler, E. G. and Kelly, E. L., "Preferences in Size of Family and Eventual Fertility Twenty Years After", *American Journal of Sociology*, Vol. 62, No. 5, 1957, p. 491.

[2] OECD Family Database, "Ideal Number of Children and Expected Number of Children", Updated 17 - 12 - 2016, http://www.oecd.org/els/family/database.htm.

[3] Goldstein, J., Lutz, W. and Testa, M. R., "The Emergence of Sub-replacement Family Size Ideals in Europe", *Population Research and Policy Review*, Vol. 22, No. 5, December 2003, p. 479.

[4] Sobotka, T. and Beaujouan, É., "Two Is Best? The Persistence of a Two-Child Family Ideal in Europe", *Population and Development Review*, Vol. 40, No. 3, September 2014, p. 391.

[5] United Nations Population Fund, *State of World Population* 2018: *The Power of Choice-Reproductive Rights and the Demographic Transition*, October 2018.

[6] 田渊六郎、雷妍贞(译)、朱安新(校):《日本年轻人生育意愿的影响因素》,《青年探索》2017 年第 1 期。

最为显著,受教育程度和避孕知识是最有力的影响因素①。

(三) 国际生育率变动的社会经济效应研究

生育率下降和平均预期寿命提升正在改变世界人口结构。许多经济发达国家,面临着持续的低生育水平,正经历着少儿及劳动年龄人口所占比重的下降和老年人口所占比重的上升。这些人口结构变化对制定与劳动力市场、社会保障及健康护理等相关的一系列政策措施产生深远的影响,也因此改变了人口增长和经济增长之间关系的观点。两个多世纪以来,人们普遍认为快速人口增长阻碍了生活质量的提高。然而,在 20 世纪 80 年代和 90 年代的大部分时间里,新的证据让许多经济学家考虑人口增长本身并不对经济增长产生影响。进入 21 世纪以来,学者广泛讨论劳动年龄人口占比提高刺激经济显著增长的作用机制②。研究发现,当生育率和死亡率由高向低转变和二者转变的不同步所产生"婴儿潮"时,劳动年龄人口与非劳动年龄人口的比例不可避免地上升,一方面使青年人的抚养负担减轻,另一方面也为提高人均收入注入相当大的潜力,潜力主要源于劳动力资源丰富和人均储蓄水平提高。生育率下降所带来的上述两方面效应还将通过生育率下降所带来的女性劳动参与率提高而进一步放大,并且随着预期寿命延长,人们储蓄更长的退休时间,导致储蓄增加,以及社会有能力去合理配置投资于儿童、物质资本、工作训练、技术进步以及加强其他制度等。这些联合效应,就是著名的"人口红利"(demographic dividend)。人口红利可以解释东亚地区 1965—1990 年期间"奇迹"般快速经济增长的 1/3;类似地,由于非洲保持高生育水平而缺乏生育率下降,有可能是阻碍整个大洲经济缓慢增长的决定性因素。不过,人口红利不会自动获得,只有国家进行人力资本投资,特别是教育投资,就业增长和优良管制,激励金融投资和储蓄等,才能从人口年龄结构变化中获得经济收益③④;许多中等收入国家因生育率下降过快而没有允

---

① Frye, M. and Bachan L., "The Demography of Words: The Global Decline in Non-numeric Fertility Preferences, 1993–2011", *Population Studies*, Vol. 71, No. 2, April 2017, p. 187.

② Bloom, D. E. and Canning, D., "Global Demographic Change: Dimensions and Economic Significance", *Population and Development Review*, Vol. 34, No. 2, August 2004, p. 17.

③ Bloom, D. E., Canning, D. and Sevilla, J., "The Demographic Dividend: A New Perspective on the Economic Consequences of Population Change", *RAND Corporation*, 2003, p. 25.

④ Eloundou-Enyegue, Parfait, *Harnessing A Demographic Dividend: Challenges and Opportunities in High and Intermediate Fertility Countries*, Expert Paper No. 2013/7, January 1, 2013.

裕的时间来适应所产生的一系列宏观社会经济变化①；人口红利也不是无限期的存在，随着死亡率尤其是老年人死亡率的持续下降，老年被抚养人口占总人口的比重增加，人口红利机会则可能越来越少。

持续低生育率的最显著长期后果是人口老龄化、越来越依赖移民以满足劳动力市场需求以及在生育水平长期低于更替水平的情况下人口规模开始缩减。Bloom 以欧洲国家为例分析生育率对人均收入的影响，研究得出：短期看欧洲生育率下降将降低年轻人抚养比和增加劳动年龄人口比例，从而提升人均收入；但从长期看，在缺少大规模人口流入的情况下持续低生育水平将导致劳动年龄人口比例减少②。越来越多的学者致力于低生育水平及人口负增长研究，以及人口减少及相关的年龄结构变化对地缘政治的长期负面影响等研究，比如 Lutz 开创了人口负惯性研究，提出 2000 年前后欧洲人口进入人口转变的关键阶段，人口开始产生"负惯性"，欧洲各国政府开始考虑一系列政策选择以应对人口减少和快速老龄化的负面影响③。黄文政从大国关系、经济运行、领土完整、社会稳定、文化安全等方面分析低生育率对中国国家安全的威胁，2010 年我国已经趋近人口惯性的正负转折点，"十三五"末期将成为我国人口惯性转为负增长的拐点，人口负增长惯性会逐渐被强化④。Stone 提出，如果长期低生育率，将导致经济停滞加剧、代际经济和政治紧张加剧以及最终导致战略不安全⑤。当然，也有学者指出，目前关于低生育率的积极方面在政府决策和学者研究中往往被忽视。

相反，持续高生育率对人口增长、年龄结构、公共服务提供、妇女和儿童健康、生态环境保护、自然资源利用等产生深远的影响。比如，降低高生育率与降低妇女死亡率呈正相关，高生育率下降的财富效益还可以延伸到儿童，通过降低高生育率以降低未打算的高孩次出生从而有助于降低

---

① United Nations, Department of Economic and Social Affairs, Population Division, *World Fertility Report* 2013: *Fertility at the Extremes*, ST/ESA/SER. A/331, December 31, 2013.

② Bloom, D. E., Canning, D., Fink, G., et al., "The Cost of Low Fertility in Europe", *European Journal of Population*, Vol. 26, No. 2, July 2010, p. 141.

③ Lutz, W., O'Neill, B. C. and Scherbov, S., "Europe's Population at a Turning Point?", *Science*, Vol. 299, April 2003, p. 1991.

④ 黄文政：《中国人口政策需要重大逆转》，《中国发展观察》2015 年第 8 期。

⑤ Stone L., "The Global Fertility Crisis", National Review, https://www.nationalreview.com/magazine/2020/01/27/the-global-fertility-crisis/.

儿童死亡率[1]。高生育率及其导致的人口高速增长对环境保护和资源持续利用具有负面影响，21世纪后半叶高生育率国家生育率下降所带来的世界总人口缓慢增长对全球环境来说是利好的，意味着地球上更少的碳排放、更少的全球粮食系统压力和更少越过地球边界的可能性[2]。另外，高生育率对教育的影响是复杂的：随着高生育率的人口迅速增长使得学校公共服务提供面临更多挑战；生育率迅速下降的地区，儿童具有更高的受教育程度，有更大的资金积累和更多可利用的预防性健康服务[3]。在发展中国家，家庭兄弟姐妹的数量与他们的受教育程度呈负相关[4]。在撒哈拉以南非洲，生育数量和教育质量之间的负向关系会加剧儿童间的不平等，因为生育率通常在受过高等教育的母亲中最先降低[5]。

生育率和女性劳动力供给、女性劳动参与率之间的关系是近40年来劳动经济学和人口学中的一个重要议题。在20世纪后期飞速增长的国家，家庭规模和母亲决定是否工作被用来解释家务劳动时间分配和女性劳动力供给变化，发展经济学者将生育率与工作之间的关系与人口转变联系起来，并研究生育率与工作之间的关系对经济增长的影响。Aaronson运用发达国家历史数据和目前发展中国家截面数据，研究得出生育率对女性劳动力供给的影响是非常小的，在低收入水平时接近0，随着收入水平的提高，生育率对女性劳动力供给产生负向影响[6]。

在20世纪90年代国内许多学者探讨中国生育率变动的社会经济影响，进入21世纪以来典型文献有：钱明亮以生命表人口为对象，分析生育率变

---

[1] United Nations, Department of Economic and Social Affairs, Population Division, *World Fertility Report* 2013: *Fertility at the Extremes*, ST/ESA/SER. A/331, December 31, 2013.

[2] Vollset, S. E., et al., "Fertility, Mortality, Migration, and Population Scenarios for 195 Countries and Territories from 2017 to 2100: A Forecasting Analysis for the Global Burden of Disease Study", *The Lancet*, Vol. 396, No. 10258, October 2020, p. 1285.

[3] Bongaarts, J. and Casterline, J., "Fertility Transition: Is Sub-Saharan Africa Different?" *Population and Development Review*, Vol. 38, Suppl 1, February 2013, p. 153.

[4] National Research Council and Institute of Medicine, *Growing up Global: The Changing Transitions to Adulthood in Developing Countries*, Washington: The National Academies Press, 2005, p. 28.

[5] Eloundou-Enyegue P. M. and Williams L. B., "Family Size and Schooling in Sub-Saharan African Settings: A Reexamination", *Demography*, Vol. 43, No. 1, February 2006, p. 25.

[6] Aaronson, D., Dehejia, R. H. and Jordan, A., et al., *The Effect of Fertility on Mothers' Labor Supply over the Last Two Centuries*, NBER Working Paper 23717, February 2018.

动在人口总量、人口老龄化、抚养比等方面的效应及其时间分布特征[1]；尹文豪则以现实人口为对象，分析中国生育率转变时期的生育率、非生育率（指死亡、生育间隔、出生性别比等影响人口变动的因素）变动对未来人口总量、老年人口比重、抚养比等方面的影响及其时间分布特征[2]。

（四）国际生育率变动的政策响应研究

生育政策是人口自我纠正机制之外的另一种选择。关于生育政策对生育率下降的影响，Hoorens[3]、Oláh[4]、Valerio Filoso[5]等认为社会、文化和经济发展对低生育率国家生育水平的影响远比政策干预重要得多；东亚经济体出现极低生育率的主要原因是经济上的巨大成功以及教育素质显著提升，未来政策倾向应考虑创建孩子—家庭友好型环境以及家庭、经济和政府都要克服父权情感和态度[6]。国内学者提出国际上形成低生育水平的主导方式有自发型、混合型和约束型三种[7]，中国低生育率主要是严格生育政策的结果，但也反映了中国社会静悄悄的变革[8]。此外，国内学者越来越关注各国政府对生育率态度的转变、各国生育政策调整的实践及成效以及提出中国应谨防掉入低生育陷阱和未来人口政策调整等[9][10][11][12][13][14]。

---

[1] 钱明亮：《生育水平变动的人口效应分析》，《中南大学学报》（社会科学版）2007年第2期。

[2] 尹文耀、钱明亮：《中国生育率转变的人口自效应研究》，《浙江大学学报》（人文社会科学版）2010年第4期。

[3] Hoorens Stijn, Jack Clift, Laura Staetsky, et al., *Low fertility in Europe: Is there still reason to worry*? RAND Corporation, 2011, p. 15.

[4] Oláh L. S., "Should Governments in Europe be More Aggressive in Pushing for Gender Equality to Raise Fertility? The Second 'Yes'", *Demographic Research*, Vol. 24, No. 9, February 2011, p. 217.

[5] Filoso, V., Papagni E., "Fertility Choice and Financial Development", *European Journal of Political Economy*, Vol. 37, March 2015, p. 160.

[6] OECD, *Looking to 2060: Long-term Global Growth Prospects*, OECD Economic Policy Papers No. 03, November 2012.

[7] 陆杰华：《极低生育率现象：现实、判断与应对》，《市场与人口分析》2005年第4期。

[8] Baochang G., Yong C., *Fertility Prospects in China*, United Nations Population Division Expert Paper, No. 2011/14, United Nations New York, 2011.

[9] 沈可、王丰、蔡泳：《国际人口政策转向及对中国的启示》，《国际经济评论》2012年第1期。

[10] 盛亦男、杨文庄：《西方发达国家的家庭政策及对我国的启示》，《人口研究》2012年第4期。

[11] 沈可、王丰、蔡泳：《国际生育政策调整的实践及成效》，《行政管理改革》2013年第5期。

[12] 蔡昉：《生育政策调整的路径选择》，《现代人才》2013年第6期。

[13] 汤梦君：《中国生育政策的选择：基于东亚和东南亚地区的经验》，《人口研究》2013年第6期。

[14] 王茜、张芷凌：《部分发达国家生育率变动及政策启示》，《人口与健康》2020年第3期。

越来越多的国家把低生育率导致的本国人口缩减和老龄化看作严重危机，特别是极低生育率的出现，促使俄罗斯、白俄罗斯、日本、韩国、伊朗、新加坡和土耳其等国家出台了直接或间接鼓励生育的政策措施。西方学者评价低生育率国家政府对低生育率所做出的政策响应，比如McDonald将直接逆转低生育率的政策分为三大类，即财政刺激、支持父母把工作和家庭结合起来、支持育儿和养育的广泛社会改革[1]。在全球范围内，截至2019年，近3/4的国家的政府制定了与生育率有关的政策。其中，69个国家的政府制定了降低生育率的政策，55个国家的政府旨在提高生育率，19个国家的政府专注于维持当前的生育水平，54个国家的政府没有正式的生育政策；大多数低生育率国家的政府，包括那些没有影响生育水平的官方政策的国家，都采取了鼓励生育的措施，包括有工作保障的带薪或无薪育儿假、有补贴的儿童保育、父母的灵活或兼职工作时间、受抚养子女的税收抵免以及儿童或家庭津贴等；尽管降低生育率的各种方法和举措已经取得了成效，但事实证明，扭转生育率长期下降的趋势要困难得多[2]。

很多学者探讨了深陷极低生育水平的欧洲和东亚国家的生育政策调整与本国生育水平、人口惯性变化的关系。研究结果表明，生育政策调整促使近年来欧洲生育率有所回升，尚未出现显著回升，刺激生育的各项政策对生育率回升的积极作用并未达到预期。当然，鼓励生育政策需要长期实施才能显示出效果；生育政策出台涉及政府对人口的战略规划，长期坚持政策要比短期内密集出台多种鼓励生育政策措施更为重要。盖文·琼斯提出，总和生育率在1.8左右是调整生育政策较为理想的水平；生育率一旦降到极低水平，生育意愿与行为将会固化，生育政策调整达不到预期效果[3]。茅倬彦则认为，从东亚和欧洲经验来看，将总和生育率作为生育政策调整的判断标尺有些简单[4]。

---

[1] Mcdonald, P., "Sustaining Fertility through Public Policy: The Range of Options", *Population*, Vol. 57, No. 3, May 2002, p.417.

[2] United Nations Department of Economic and Social Affairs, Population Division, *World Population Policies* 2021: *Policies related to fertility*, UN DESA/POP/2021/TR/No.1, March 2022.

[3] 盖文·琼斯：《东亚国家和地区的低生育率：原因和政策回应》，载王丰、彭希哲、顾宝昌等《全球化与低生育率：中国的选择》，复旦大学出版社2011年版，第128页。

[4] 茅倬彦、申小菊、张闻雷：《人口惯性和生育政策选择：国际比较及启示》，《西北人口》2018年第2期。

（五）评述

纵观国内外世界生育率变动的相关研究，发现具有以下特点与不足。

1. 目前研究特点

第一，由于世界范围内各国人口发展及经济社会发展存在巨大差异，学者们通常分为发达国家和发展中国家、不同生育率类型国家分别研究其生育率变动态势，并在上述分类的基础上基于多个国家较长时期的历史数据进行空间分异变动特点的剖析和规律性总结。

第二，许多学者采用定量方法和构建计量模型开展国际生育率变动特点及影响因素研究。比如，部分学者借鉴趋同理论和建立趋同模型探讨世界生育率空间分布的演变特点；部分学者构建TFR与人均GDP、人类发展指数、婴幼儿死亡率、受教育程度、女性劳动参与率等影响变量的计量模型，分析不同因素对世界生育率变动的影响，研究结论存在很多相同之处。

第三，在数据来源方面，绝大多数学者为便于国际比较和时期比较，多数使用联合国或世界银行关于人口的统计数据作为基础数据来源。当然，也有个别机构或学者在推算部分国家多年生育率的基础上对变动的特征进行深入分析。

第四，西方学者在判断发达经济体低生育水平变动趋势及其影响机制方面存在很大争论，对鼓励生育政策的作用效果尚未达成一致性的评价。学者们或者在实证研究的基础上提出不同的理论性解释，或者在已有理论假说基础上进行实证研究，比如以第二次人口转变理论、低生育陷阱的三种形成机制、性别公平理论等为基础，开展实证分析。

第五，学者分析生育率下降的直接后果和间接后果，特别是间接后果，国内外学术界基本基于相同的研究视角和得出基本一致的结论，即从生育率转变影响人口年龄结构进而促进经济增长这一角度开展研究。但是，关于国家之间生育率后果的比较研究还相对较少。

2. 现有研究不足

第一，在理论探索方面，虽然传统的生育率转变理论学说非常成熟，但是这些理论学说几乎不涉及生育率下降时间和下降幅度的差异；低生育率国家低生育行为千差万别，学术界尚未形成一致的全面理解；现有的生育率理论学说在解释生育政策效应方面也还存在较大的研究空间。国际生育率错综变化的现实呼唤生育率转变理论及低生育率学说的进一步完善。

第二，虽然联合国不定期出版世界生育率变动的工作论文，但是往往基于对世界各国生育状况基础数据的分析，缺乏深入的空间分析、建模分析等。虽然国内外学者对发达或发展中等不同经济类型国家、高或低不同生育率类型国家开展了比较分析，但是缺乏各因素对生育率变动影响程度的时期比较，缺乏对世界不同类型国家生育率变动影响因素的比较，也就缺乏对国际生育率变动成因的综合考量；国内运用经济计量模型解析国际生育率变动影响因素的文献偏少。

第三，与国外相关研究相比，国内研究主要集中于对国际生育率变动的描述性分析和经验借鉴研究，比如王金营、翟振武、汤梦君、石人炳、张帆、陈友华、靳永爱、茅倬彦、张羽等学者曾开展过世界及部分国家生育率变动的分析。国内较少学者开展国际生育率新变动经济社会后果的区域比较分析，较少学者对典型国家生育状况及人口发展变化进行跟踪研究。

四 研究内容及方法

(一) 研究内容

本书以1990年以来国际生育率变动的空间分异为研究对象，以人口地理学、人口经济学、区域经济学、计量经济学等学科的理论和方法为指导，运用联合国、美国人口咨询局、世界银行、经合组织等机构关于生育、人口发展、社会经济发展的统计数据，探讨空间分异的特征与规律、因素与机制、后果及政策响应等，并提出理论假说。具体来说，首先，探讨近期国际生育率变动的步伐和时期特征，总结世界范围内生育率变动的空间分异特点；其次，分析生育率与社会、经济及人口发展变化的许多衡量指标之间的时间联系，揭示其路径依赖特征；再次，在分析事实、成因、后果的基础上，讨论低生育率理论与假说，探讨在经济发达社会低生育率是否存在不可避免性；又次，探讨不同生育率类型国家生育率变动的社会经济后果和政策响应；最后，提出基于国际经验的中国生育政策调整及完善思路。研究框架及内容如图1-3所示。

1. 1990年以来国际生育率变动的空间分异格局分析

这一部分从全球尺度和区域尺度，分析并总结国际生育率新变动的空间分异特征及规律。

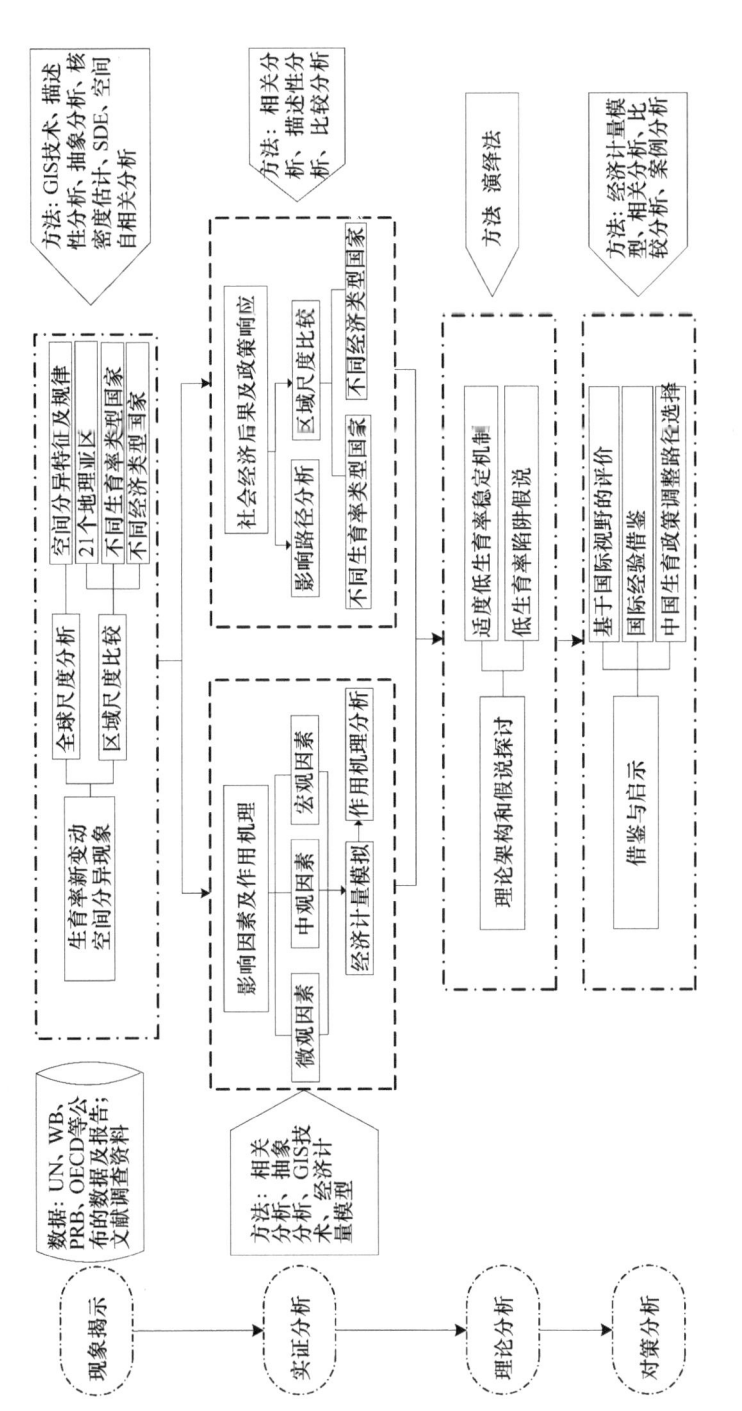

图 1-3 本书研究框架

(1) 世界范围内生育率新变动的总体区域差异：分析 6 大地理分区、20 个地理亚区各项生育指标（包括 TFR、年龄别生育率、曾生子女数、非婚生子女所占比例、平均结婚年龄、初育年龄、避孕措施使用率、生育政策等）的变动方向和幅度，利用 GIS 技术揭示区域差异。

(2) 不同生育率类型国家生育率新变动比较：比较 1990 年以来不同生育率类型国家各项生育指标的变动方向和幅度，判断不同生育率类型国家是否存在生育率趋同现象。

(3) 全球尺度下的国际生育率新变动空间分异特征及规律：运用核密度估计、空间自相关分析方法和空间统计标准差椭圆（SDE）方法，在 GIS 技术支持下，整体上定量刻画国际生育率新变动的空间分异特征及规律。

2. 国际生育率新变动空间分异的影响因素及作用机理分析

该部分从微观、中观、宏观层面，对比分析不同类型国家生育率新变动的核心影响变量；进而建立经济计量模型，模拟各变量对不同类型国家生育率变动的作用机理。

(1) 生育率新变动空间分异的微观影响因素：从家庭和个人生育决策角度，分析生育意愿、婚姻稳定性、女性劳动力分工、收入、教育与人力资本、经济与就业不确定性、生育偏好、生育价值和行为的代际传递、社会经济地位、家庭起源的文化背景等微观因素对不同类型国家生育率新变动的直接影响，并比较这些微观因素的影响程度在近期发生的显著变化。

(2) 生育率新变动空间分异的中观影响因素：从社会关系角度，分析社会交往、社会资本、社会网络、城乡居住地选择等中观因素对各国生育率新变动的间接影响，并比较这些中观因素的影响程度在近期发生的显著变化。

(3) 生育率新变动空间分异的宏观影响因素：从文化和制度背景角度，分析经济发展趋势、就业增长趋势、生育政策与法律、福利体制、生育观念、历史文化传承性、避孕措施和辅助生殖技术等宏观因素对各国生育率新变动的间接影响，并识别哪些宏观因素在近期发生了显著变化；着重探讨世界经济格局变动、经济一体化、科技创新深化与扩散等国际发展环境变化对生育观念和生育行为的影响。

(4) 生育率新变动空间分异的模型模拟及作用机理：运用面板数据，模拟各因素及其交互作用对国际生育率新变动的影响，进而构建生育率微观—中观—宏观影响因素的相互作用模型以揭示各因素对不同类型国家生育率新变动的作用机理。

3. 基于经验事实的低生育率变动理论架构及假说探讨

本部分针对低生育率国家不断增多和低生育率陷阱争论两大焦点问题，运用实证分析所得出的结论，进一步开展理论探讨。

（1）低生育率陷阱假说探讨：目前没有证据表明，部分东亚经济体将出现与欧洲国家相似的生育率回升现象[①]；中国接近低生育率陷阱或面临低生育率陷阱的高度风险。对于国际范围内低生育率将持续走低还是回升这一问题，还没有一个完善的理论学说。为此，深入分析部分国家低生育率陷阱事实，在理论上论证 Lutz 所提出的陷阱形成机制的合理性、两孩理想家庭规模能否持续存在等问题，并对能否逃脱低生育率陷阱做出理性判断。

（2）适度低生育率稳定机制的理论架构：2019 年低生育率国家或地区达到 96 个，比 1994 年增加 40 个，联合国预测其中 25 个国家未来将出现微弱上升，这也印证了对经合组织国家研究的结论，即当经济发展突破一定门槛后，人均 GDP 与 TFR 之间的负相关关系转变为正相关关系。为此，借鉴西方生育率决定因素分析框架和低生育率国家生育率变动事实，探讨维持适度低生育率的动力机制。

4. 不同生育率类型国家生育率新变动的社会经济效应及政策响应比较

生育状况反映并塑造着个人、家庭、国家乃至世界的福利水平。本部分比较不同生育率类型国家生育率新变动对社会经济发展的影响，以及政府所作出的政策响应。

（1）生育率新变动影响社会经济发展的路径分析：生育率和经济增长之间的联系是通过劳动力市场实现的，生育率对劳动力市场的影响更多的是通过滞后效应和队列效应实现的。生育率新变动对家庭和社会的影响首先表现在引发家庭结构、婚育模式、死亡模式、迁移模式等的变化，继而产生对养老保障、医疗服务等需求的变化。分析上述影响的具体实现路径。

---

① Sobotka, T., *Pathways to Low Fertility: European Perspectives*, United Nations Department of Economic and Social Affairs, Population Division, 2013, p. 1.

(2) 不同生育率类型国家生育率新变动的社会经济效应及政策响应比较：比较不同类型国家生育率新变动对人口自身发展、经济增长、社会发展等的影响，比较各国政府在生育政策调整、财政刺激、教育投入、育儿补贴等方面所作出的政策响应。

5. 基于国际经验的中国生育政策调整思路

(1) 国际视野中的中国生育率变动及政策响应评价：开展中国与相似经济社会发展水平的国家、人口大国、某期生育水平接近国家等生育率变动的比较，评价中国自 20 世纪 90 年代以来的生育率变动特征及政策效应。

(2) 生育政策实践的国际经验：生育政策对实际生育率、期望家庭规模和生育偏好均具有显著的影响，分析典型国家维持适度低生育率的政策实践及效果。

(3) 未来中国生育政策调整路径选择：借鉴国际生育政策调整的经验与不足，探究中国完善生育政策及配套措施的主要路径选择等。

(二) 研究方法

1. 定性分析与定量研究相结合

笔者使用多种定量分析方法。比如，在分析世界生育率变动的空间分异及影响因素时，首先使用极差、变异系数、空间自相关、标准差椭圆等对基础数据进行描述性分析，总结大区、亚区、国家之间生育率变动的基本特点与差异；通过建立趋同模型分析不同生育率类型国家生育率的变动态势，运用地理探测器分析各因素对生育率变动空间分异的影响及其变化，建立计量模型模拟不同生育率类型国家各因素对生育率变动的影响，以及利用双组分趋势成图分析方法将世界生育率新变动的时空动态变化划分类型等。

2. 宏观分析与微观分析相结合

笔者在分析影响国际生育率变动空间分异的影响因素时，首先从理论层面对生育率变动的微观、中观、宏观因素进行详细分析；其次通过构建定量模型分析宏观因素、最接近因素对生育率变动的影响及影响程度随时间的变化。

3. 还原论与整体论相结合

由于国际生育率变动的影响因素、社会经济效应及政策响应等内容非常繁杂，又涉及 201 个国家在 1990—2020 年的较长时期分析，因此，笔者首先运用还原论方法，通过分析、分解，从感性具体到抽象；再运用整体论方法，通过综合、整合，从抽象到理性具体。因此，从感性具体—抽象—理性具体，从分析、分解到综合、整合，即采用还原论与整体论辩证统一的辩证思维途径。

4. GIS 技术

随着 GIS 技术日趋成熟，利用探索性空间数据分析方法研究要素空间布局的成果日趋增多。笔者在 GIS 技术支持下，利用标准差椭圆（SDE）及分布重心、空间自相关、地理探测器等，分析国际生育率在 1990—2020 年变动的空间特征及规律，展示不同生育率类型国家在世界分布的变动。

5. 案例分析法

即使发达国家或发展中国家内部，国家之间生育水平和人口发展状况也存在显著差异，经济社会发展状况更是千差万别，各国采取了不同的人口政策以响应生育率变动。笔者通过对典型国家（比如低生育率国家、人口大国等）生育政策调整及其作用效果的案例分析，总结中国可供借鉴的政策措施。

6. 比较分析法

笔者在分析国际生育率变动的空间分异时，采用时期比较、区域比较等。比较大区、亚区、国家在 1990—2020 年期间生育率变动，一方面对同期不同空间尺度的生育率变动幅度进行静态比较，另一方面对不同空间尺度的生育率变动幅度和变化率进行动态对比。并且，在建模分析的基础上，对比不同时期各因素对生育率影响的变动情况，对比高生育率国家、低生育率国家生育率变动影响因素的差异。此外，还对比分析类似生育政策在不同国家的作用效果。

五 研究区域、研究时期与数据来源

（一）研究区域及样本国家选择

本书关注世界生育率的空间分异及其变动格局，因此研究对象是世界上能够获取生育统计数据的国家或地区。在研究样本的选择上尽可能地扩大范围，选择的国家覆盖欧洲、亚洲、非洲、南美洲、北美洲、大洋洲。凡是具有良好的国民统计数据资料，具有一定国际影响的发达国家、发展中国家、欠发达国家都尽量纳入空间分异的分析中，从而尽量保证研究样本足以代表全球生育率变动状况及规律。在具体分析过程中，笔者将联合国提供数据的 201 个国家作为全部样本（见表 1-2），并按照不同地缘政治背景、不同生育率类型、不同经济发展类型等对样本国家进行分类；在影响因素建模时，因有些国家的经济社会数据缺失而不得不缩小样本容量。

联合国将全球划分为 6 大地理区域（geographic region）和 20 个地理亚区（subregion），本书将大洋洲的美拉尼西亚、密克罗尼西亚、波利尼西亚合并为大洋洲其他地区，再加上北美、澳大利亚和新西兰，形成 20 个地理亚区（见表 1-3）；比较各亚区 1990 年以来各项生育指标的变动方向和幅度，进一步分析影响生育率变动因素，探究生育变动的社会经济效应和政策响应。

表 1-3　　　　　　本书研究中使用的区域及国家/地区

大区	亚区	国家/地区
非洲（57）	北非（7）	Algeria、Egypt、Libya、Morocco、Sudan、Tunisia、Western Sahara
	西非（16）	Benin、Burkina Faso、Cabo Verde、Côte d'Ivoire、Gambia、Ghana、Guinea、Guinea-Bissau、Liberia、Mali、Mauritania、Niger、Nigeria、Senegal、Sierra Leone、Togo
	东非（20）	Burundi、Comoros、Djibouti、Eritrea、Ethiopia、Kenya、Madagascar、Malawi、Mauritius、Mayotte、Mozambique、Réunion、Rwanda、Seychelles、Somalia、South Sudan、Uganda、United Republic of Tanzania、Zambia、Zimbabwe
	中非（9）	Angola、Cameroon、Central African Republic、Chad、Congo、Democratic Republic of the Congo、Equatorial Guinea、Gabon、Sao Tome and Principe
	南非（5）	Botswana、Lesotho、Namibia、South Africa、Swaziland
拉丁美洲和加勒比地区（38）	中美（8）	Belize、Costa Rica、El Salvador、Guatemala、Honduras、Mexico、Nicaragua、Panama
	加勒比地区（17）	Antigua and Barbuda、Aruba、Bahamas、Barbados、Cuba、Curaçao、Dominican Republic、Grenada、Guadeloupe、Haiti、Jamaica、Martinique、Puerto Rico、Saint Lucia、Saint Vincent and the Grenadines、Trinidad and Tobago、United States Virgin Islands
	南美（13）	Argentina、Bolivia（Plurinational State of）、Brazil、Chile、Colombia、Ecuador、French Guiana、Guyana、Paraguay、Peru、Suriname、Uruguay、Venezuela（Bolivarian Republic of）
北美洲（2）	北美（2）	Canada、United States of America

续表

大区	亚区	国家/地区
亚洲（51）	西亚（18）	Armenia、Azerbaijan、Bahrain、Cyprus、Georgia、Iraq、Israel、Jordan、Kuwait、Lebanon、Oman、Qatar、Saudi Arabia、State of Palestine、Syrian Arab Republic、Turkey、United Arab Emirates、Yemen
	中亚（5）	Kazakhstan、Kyrgyzstan、Tajikistan、Turkmenistan、Uzbekistan、
	南亚（9）	Afghanistan、Bangladesh、Bhutan、India、Iran（Islamic Republic of）、Maldives、Nepal、Pakistan、Sri Lanka
	东南亚（11）	Brunei Darussalam、Cambodia、Indonesia、Lao People's Democratic Republic、Malaysia、Myanmar、Philippines、Singapore、Thailand、Timor-Leste、Viet Nam
	东亚（8）	China、China, Hong Kong SAR、China, Macao SAR、China, Taiwan Province of China、Dem People's Republic of Korea、Japan、Mongolia、Republic of Korea
欧洲（40）	北欧（11）	Channel Islands、Denmark、Estonia、Finland、Iceland、Ireland、Latvia、Lithuania、Norway、Sweden、United Kingdom
	西欧（7）	Austria、Belgium、France、Germany、Luxembourg、Netherlands、Switzerland
	东欧（10）	Belarus、Bulgaria、Czechia、Hungary、Poland、Republic of Moldova、Romania、Russian Federation、Slovakia、Ukraine
	南欧（12）	Albania、Bosnia and Herzegovina、Croatia、Greece、Italy、Malta、Montenegro、Portugal、Serbia、Slovenia、Spain、TFYR Macedonia
大洋洲（13）	澳大利亚和新西兰（2）	Australia、New Zealand
	其他国家和地区（11）	Fiji、New Caledonia、Papua New Guinea、Solomon Islands、Vanuatu、Guam、Kiribati、Micronesia（Fed. States of）、French Polynesia、Samoa、Tonga

（二）研究时期

本书是2015年立项的国家社科项目"近20年来国际生育率变动的空间分异研究"，随着研究时间的不断推进和研究内容的不断深入，尤其是获取联合国在2019年6月颁布的2015—2020年世界各国生育率数据，笔者将研究时期确定为1990—2020年，即着重探讨跨越30年的世界生育率变动的空间分异、影响因素、社会经济效应及政策响应。研究起点为20世纪90年代，主要出于以下三方面考虑。

其一，20世纪90年代部分国家出现超低或极低生育率现象，进入21世纪，部分富裕国家出现超低或极低生育率的重新回升。学术界对此解释不同，至今尚未形成统一的认识；这又进一步影响到对未来国际生育率变动趋势的判断。整体上，1990—2020年期间一些低生育率国家的生育水平在1.5或1.3上下波动起伏，这一特点不同于以往历史时期。

其二，自从1994年联合国人口与发展大会（International Conference on Population and Development，ICPD），低生育率不再是高收入国家特别是欧洲国家的显著特征，也成为中等收入国家的明显特征。相比于高收入国家，中等收入国家拥有更加有限的资源来解决低生育率的各种后果。而且，许多中等收入国家以更快的速度完成了生育率转变，因而仅有较少时间来适应所产生的宏观层面的变化。中国就是这一状况的典型。

其三，20世纪90年代早期，中国总和生育率开始低于更替水平，即中国进入低生育率国家行列。按照联合国2020年估算，2000—2005年降至1.61，达到历史最低点，此后慢慢回升；2015—2020年升至1.69。生育率低于更替水平，发生在重要经济变革和经济增长的时代，这些发展引发了生育意愿和生育行为的根本性变化。大量年轻人由农村流向城市、城镇化进程加速、高等教育扩张、生活水平改善以及国际化程度加大等，形成刺激生育率趋于下降的两个重要力量，即育儿成本从社会完全转向家庭、与经济高速增长相联系的机遇和不确定性加大了取得成功的压力。与此同时，持续20多年的低生育率导致人口老龄化进程加速，对劳动力供给、储蓄、投资和税收负担、消费模式等多方面施加了重要挑战[1]。因此，总体上中国自1990年以来生育率低于更替水平的事实、原因及后果与西方国家有着很多的相似性，把中国置于世界生育率变动研究视野，有助于借鉴低生育率国家政策响应的经验教训和提出中国未来优化生育政策以促进人口长期均衡发展的战略决策。

（三）数据来源

本书使用的数据都是对已有的、公开资料的再利用和开发。各种数据及资料主要源自联合国、美国人口咨询局、经合组织等官方网站，数据的权威性和准确性能够在最大程度上得到保证。其中，联合国通过经济和社会事务部的联合国人口司和人口基金的工作来解决人口方面复杂且相互关

---

[1] Wang F., "China's Long Road toward Recognition of Below-Replacement Fertility", in Rindfuss, R. R. and Minja Kim Choe eds, *Low and Lower Fertility: Variations across Developed Countries*, Springer International Publishing Switzerland, 2015, p. 15.

联的问题。

1. 联合国经济和社会事务部人口司

联合国经济和社会事务部人口司（Population Division of the Department Economic and Social Affairsof the United Nations）是世界人口研究的领导者，研究人口动态并监控全世界人口统计学趋势及政策，持续更新所有国家的人口估算和预测，包括生育率、死亡率、国际迁移、城市化和人口规模及结构等方面，数据被联合国、许多政府、学术界、媒体和全球企业用户等广泛使用。人口司监测1994年国际人口与发展会议行动纲领及其后续承诺的执行情况，制定了与千年发展目标中生殖健康目标有关的选择性指标，并协助联合国大会在国际人口移徙和发展领域进行审议。截至2012年7月底，该司颁布了1997年、2004年、2007年、2012年、2013年、2015年、2017年、2019年、2022年世界各国生育状况数据，包括总和生育率、净再生产率、青少年生育率、以5岁为一组的育龄妇女年龄别生育率、20岁以下妇女生育占全部生育的比例、平均生育年龄等指标。由于各国在统计生育状况的时点不尽一致，人口司往往采取5年的时间段来表达生育率，对于部分欠发达国家的数据是根据不完全的数据和人口学模型的假设推算出来的，但2022年提供了各国每年的生育率。除了发布专门分析生育状况的报告外，人口司还定期出版《世界人口展望》（World Population Prospects），其中也涉及各国生育状况的现状评估和未来预测。人口司所发布的上述资料，包括总人口在9万人以上的201个国家。另外，人口司对早些年份发布的数据进行不断更新，为此，本书以《2019年世界人口展望》关于人口、生育、死亡、迁移等数据作为分析的基础数据。

2. 联合国人口基金

联合国人口基金（United Nations Population Fund）为全世界人口和生殖健康项目提供最大的多国资金来源，目标是普及性健康与生殖健康（包括计划生育），促进生育权，降低产妇死亡率，同时加速实现国际人口与发展会议议程以及千年发展目标的进程等，在人口和发展战略方面主要关注的焦点是人口迁移、老龄化、气候变化和城市化等议题。目前人口基金在性健康和生殖健康、人权与性别平等、人口与发展三大领域开展工作，并制定了青年方案。人口基金自1999年以来出版《世界人口状况》（State of World Population）年度报告，提供了世界各国近期TFR、平均初育年龄、避孕措施使用率、未满足需求的家庭生育计划等生育相关数据以及人口数量及增长、人口年龄结构等人口统计学数据。比如，中国 2018 年和 2019 年 TFR 均为 1.6，2015—2020 年平均初育年龄为 27.4 岁，2018 年、2019 年 15—49 岁育龄妇女各种避孕方法使用率分别为 83%、82%，2018 年和 2019 年未满足需求的家庭计划生育率均为 4%。

3. 美国人口咨询局

美国人口咨询局（Population Reference Bureau）向世界各地提供人口、健康和环境等方面的信息，并授权使用者利用这些信息以促进当前和未来世代的福祉。自 1985 年以来该咨询局每年出版《世界人口数据集》（World Population Data Sheet），包括年中人口数、人口出生率、死亡率、净迁移率、未来人口预测数、婴儿死亡率、终身生育率、按照购买力计算的人均国民收入、城镇化率、人口密度、15—49 岁妇女避孕措施使用率、出生时平均预期寿命、15—24 岁现状及未来人口数、15—24 岁 HIV/AIDS 患者百分比、15—19 岁青少年生育率、男性和女性初中入学率、男性和女性高等教育入学率等指标，这些指标详细地反映了世界各国人口自然增长及机械增长、城镇化、受教育程度、人口分布以及卫生医疗、收入、家庭生育计划和再生产健康等人口发展状况。

4. 世界银行

分析生育状况空间分异的影响因素，离不开大量经济社会发展数据的支持。世界银行（World Bank）网站提供了世界各国 1960 年以来人口发展、经济与增长、社会发展、资源环境等数据。其中，人口发展方面，涵盖人口增长、人口总数、男女两性出生时平均预期寿命、每千人医院床位数、在熟练医护人员护理下的分娩比例、总和生育率、难民数、接受产前护理的孕妇所占比重、未能满足的避孕需求、粗死亡率、婴儿死亡率、新生儿死亡率、5 岁以下儿童死亡率、粗出生率、营养不良发生率、避孕普及率、孕产妇死亡率、15—19 岁青少年生育率、0—14 岁和 15—64 岁及 65 岁及以上人口各自所占比重、抚养比、总人口性别比、艾滋病病毒感染率等指标。经济与增长方面，包括 GDP 增长率、人均 GDP、按购买力评价（PPP）计算的人均 GDP、人均 GDP 增长率、农业增加值所占比重、工业增加值所占比重、进出口额等指标。社会发展方面，提供了中小学女生与男生的入学比例、识字率、研发人员数、专利申请量、研发支出占 GDP 的比例、男性和女性劳动力参与率、劳动力总数、女性劳动力比例、城镇化率等指标。资源环境方面，涵盖年淡水抽取量、二氧化碳排放量、初级能源强度、森林覆盖率、人均土地面积等指标。本书在构建计量模型时采用这一数据库。

不同国际机构发布的数据略有差异。比如世界银行发布的中国TFR由1990年的2.5降至1992年的1.977，即开始低于更替水平；继续降低，1999年达到最低点，为1.595；此后缓慢上升，2012—2017年均在1.6以上，2017年达到1.63。联合国的数据显示，中国在1990—1995年降至更替水平以下，2000—2005年最低，为1.61。可见，从世界银行和联合国所提供的数据看，中国完成生育率转变和至今为止达到最低点的时期是基本一致的。美国人口咨询局对中国2015年以来的生育水平估计是明显偏高的（见表1-4）。

表1-4　　　　国际不同机构发布的中国时期总和生育率

年份	联合国	美国人口咨询局	世界银行
1985	2.52（1980—1985年）	—	2.650
1990	2.73（1985—1990年）	—	2.350
1995	1.83（1990—1995年）	—	1.639
2000	1.62（1995—2000年）	—	1.596
2005	1.61（2000—2005年）	1.6	1.612
2010	1.62（2005—2010年）	1.5	1.627
2015	1.64（2010—2015年）	1.6	1.665
2016	—	1.8	1.675
2017	—	1.8	1.683
2018	1.69（2015—2020年）	1.8	1.690

资料来源：联合国数据见 *World Population Prospects 2019*，美国人口咨询局数据见历年 *World Population Data Sheet*，世界银行数据见 *World Development Indicators* 数据库。

5. 其他数据来源

（1）经合组织国家家庭及经济社会发展数据库①。该数据库汇集了经合组织国家以及其他国家的家庭结构、家庭劳动力市场地位、家庭和儿童

---

① 见网页https://www.oecd.org/els/family/database.htm。

公共政策、儿童成果四个方面的 70 项指标。在分析低生育率国家生育率的影响因素时，采用经合组织官方网站及部分国家官方网站的公开数据，比如经合组织国家的家庭福利开支占 GDP 比例、男女两性就业率差距等。

(2) 人类生育率数据库 (Human Fertility Database，HFD)。该数据库让使用者以用户友好的途径免费获取详细且高质量的时期和队列生育率数据，促进对过去和现代生育率变化以及国家间差异的研究。HFD 完全基于各国官方的重要统计数据，并非常重视数据检查和文档记录，通过统一的方法保证数据在时间和国家之间的可比性。目前提供了大部分欧洲国家、美国、日本、中国台湾等 32 个国家或地区 1960—2017 年的总和生育率、平均生育年龄、平均初育年龄、终身生育率、时期无孩率 5 项主要生育指标[①]。

(3)《2017 年全球疾病负担研究》人口和生育率合作者[②]首次评估了世界 195 个国家或地区 1950—2017 年总和生育率和年龄别生育率，笔者在分析各国生育水平变动时将国际机构公布数据与这一数据进行比对。比如，日本 2016 年的总和生育率，该研究估算为 1.35，HFD 估算为 1.43，WB、PRB 分别提供的数据为 1.44、1.40；再如，美国 2016 年的总和生育率，该研究估算为 2.07，HFD 估算为 1.82，WB、PRB 提供的数据均为 1.80。可见，该研究与其他数据源提供的各国生育率数据相差较大。但是，该研究提供了绝大多数国家分年度分年龄组生育率。为此，本书采用这一数据源对各国 25 岁以下和 30 岁及以上育龄妇女生育率进行时间比较、区域比较。

综上，考虑到研究内容要求数据的时间连续性和空间分异性，笔者主要使用联合国发布的 5 年时间段数据和世界银行年度数据，辅以美国人口咨询局年度数据以及其他来源数据，用以分析全球、区域和国家生育率变动的空间分异及成因。

六 生育率相关概念

对生育状况的测量主要是生育数量、孩次结构和生育时间，这三者往往相辅相成。生育水平和生育模式是同一测量的两个方面，生育的数量和结构受生育政策等因素影响，比如中国从独生子女政策生育模式进入全面两孩政

[①] 见网页 https://www.humanfertility.org/cgi-bin/main.php。
[②] 见网页 http://ghdx.healthdata.org/gbd-2017。

策生育模式。生育水平测量的指标很多,既可以用总和生育率方法测量,也可以用总和递进生育率方法测量。此外,生育率变动的各种影响也需要依据相关指标进行分析。在此,对生育率相关概念做出解释和界定。

(一) 生育水平相关概念

生育率为总出生数与相应人口中育龄妇女人数之间的比例,也称为育龄妇女生育率。因分析目的不同,有一般生育率、年龄别生育率、孩次生育率、分年龄孩次生育率、标准化生育率、总和生育率、累计生育率、终身生育率等概念。

1. 总和生育率、去进度效应总和生育率与孩次递进总和生育率

总和生育率(TFR),也称为时期总和生育率,是对生育率进行分析时使用最广泛的一个指标,其含义是一批进入生育年龄的妇女,假使其按照当年的年龄别生育率度过整个育龄期,她们每个人平均生育的子女数。

$$\text{TFR} = \sum_{15}^{49} f_x = \sum_{15}^{49} \frac{B_x}{W_x}$$

Bongaarts 认为,TFR 中既包含数量效应也包含进度效应,进度效应是妇女婚育在年龄、间隔、年份上的变化对 TFR 产生的时期影响;如果 TFR 中包含了由于婚育推迟导致的进度效应等因素,则在新的生育机制下会呈现出较低的生育率数值;去除了这一效应的新的度量指标即去进度效应 TFR 所反映的生育水平会更高一些[1]。从这一思路出发,他们对以年龄别生育率为基础的 TFR 加以调整,提出一种控制进度效应的调整总和生育率指标(TFR′)以更好地估计终身生育率。但是,去进度效应总和生育率既不是时期度量,也不是队列度量,并未得到广泛应用。去进度效应总和生育率的计算公式[2]如下:

$$\text{TFR}'_0 = \frac{\text{TFR}_0}{1 - m_0}$$

式中,TFR_0 表示出生第 0 孩的观测 TFR,TFR'_0 为出生第 0 孩不受时期影响的 TFR,m_0 为在 TFR 观测期间出生第 0 孩的年龄别生育率进度的平均

---

[1] Bongaarts, J. and Feeney, G., "On the Quantum and Tempo of Fertility", *Population and Development Review*, Vol. 24, No. 2, June 1998, p. 271.

[2] Bongaarts, J., "The End of the Fertility Transition in the Developed", *Population and Development Review*, Vol. 28, No. 3, January 2004, p. 288.

年龄的绝对变化率。通过在任何给定的生育顺序 0 中将观察到的 TFR 除以 $1-m_0$，可以获得如果不推迟生育时间而观察到的 TFR 估计值。将此方程分别应用到所有出生顺序，并加总求和，就可以得到所有去进度效应总和生育率TFR′。TFR′与TFR的差等于绝对进度效应。

孩次递进总和生育率是另一种测量生育水平的统计指标，其基本思想是用假设一代人的方法来计算孩次递进比（Period Parity Progression Ratio, PPPR），即把同一年份15—49 岁育龄妇女生育不同孩次的统计信息，看成是同时出生的一批妇女在不同年龄时的结婚和生育经历，将时期资料处理成队列资料，最后计算出不同年份的孩次递进比；将孩次递进比换算成递进总和生育率[1]。由于这一指标能够控制育龄妇女的孩次结构，因而被认为在测量和分析时期生育水平上优于时期 TFR。郭志刚提出，TFR 指标反映出中国 1990 年生育率仍在更替水平以上，而 PPPR 由于控制了育龄妇女的孩次结构，则反映出 1990 年生育率已经低于更替水平[2]。因此，总和生育率方法受时期进度效应的影响较大，特别是政策调整造成的测量失真问题比较突出；孩次总和递进生育率方法更接近对育龄妇女终身生育水平的测量。

2. 年龄别生育率及其分布

年龄别生育率（Age-Specific Fertility Rates，ASFR）是指某时点某地区某年龄组每千名育龄妇女平均生育的活产数。在各年龄别生育率中，处在育龄期两端的最年轻（15—19 岁）和年长（40—44 岁，45—49 岁）年龄组生育率下降有着重要的人口学原因、社会因素以及健康因素等，学者们及政府对这两个年龄组生育率特别关注。此外，上述两个年龄组生育率变动还深刻影响 25 岁以下生育率和 30 岁及以上生育率的变动以及各年龄组生育率分布。

（1）青少年生育率

青少年生育率（Adolescent Birth Rates，ABR）是指每千名 15—19 岁育龄妇女平均生育子女数。青少年怀孕生育引发人口、社会和健康等一系列问题，比如由于过早生育，青少年母亲面临着健康危险以及降低她们理

---

[1] Feeney, G., "Parity Progression Projection", Paper Delivered to International Population Conference, Florence 1985, Vol. 4, p. 125.

[2] 郭志刚：《中国 90 年代的生育水平分析》，《中国人口科学》2000 年第 4 期。

应享受的受教育及就业机会。因此，减少青少年女性怀孕和生育是各国政府的主要政策目标之一。

（2）40—44岁育龄妇女生育率

40—44岁育龄妇女生育率是指每千名40—44岁育龄妇女平均生育的孩子数。超过40岁的高龄育龄妇女怀孕生育，具有非常大的健康风险，比如超过40岁的产妇死亡率更高，易导致婴儿出生体重低、早产、出生缺陷及围产期死亡率等比例偏高，以及由于生育推迟而导致不孕。目前，在很多低生育率国家，由于年轻人推迟结婚和生育年龄，出现40—44岁育龄妇女生育率上升趋势。如果40—44岁育龄妇女生育率下降，则通常是由这些年龄较大的妇女限制生育行为所致。

（3）25岁以下生育率和30岁及以上生育率

一方面，生育行为的推延主要发生在年轻人群之中，即更多地体现在生育高峰期如20—29岁妇女生育行为的推延中，因此会在生育旺盛期年龄组生育率的下降中反映出来，并对反映时期生育水平的TFR产生抑制作用。另一方面，生育行为的补偿主要发生在年长人群之中，即更多地体现在30—39岁晚育人群的生育行为的补偿上，因此会在年长年龄组生育率的上升中反映出来，并对反映时期生育水平的TFR产生抬升作用。为此，许多学者考虑25岁以下育龄妇女生育率、30岁及以上育龄妇女生育率的变动趋势及其影响因素。如果某一人口群体在某一时期25岁以下育龄妇女生育率下降幅度大，即反映推延效应强劲，而30岁及以上育龄妇女生育率抬高幅度小，也即补偿效应乏力，则可能出现TFR下滑；相反，如果25岁以下育龄妇女生育率下降幅度小，即反映推延效应微弱，而30岁及以上育龄妇女生育率抬高幅度大，则可能出现时期TFR上升。

（4）年龄别生育率分布

即使生育水平相似的国家或地区，年龄别生育率分布（overall distribution of age-specific fertility rates）也会存在显著的差异。通过绘制生育年龄模式（age pattern of childbearing）曲线，能够发现峰值生育年龄、峰值生育率以及生育率的年龄分布特点。比如，高生育率国家的生育率峰值年龄往往偏低，峰值生育率高，不同年龄组育龄妇女生育率的差异较小；低生育率国家的生育峰值年龄较高，不同年龄组育龄妇女生育率的差异较大。另外，通过生育率曲线还可以看出生育年龄分布的显著特征，比如，山东省自 1986 年开始，在完善政策的基础上逐步实行了农村独女户可以有间隔地生育二胎的政策，直至 2013 年 5 月取消生育间隔；在这期间，生育率曲线呈现典型的双峰模式，两个峰值年龄分别出现在 23 岁、31 岁。

3. 终身生育率和无子女率

终身生育率，也称为队列终身生育率，是指每个妇女在整个生育年龄期间生育的子女数。妇女终身生育率的高低决定着人口增长的程度。计算公式为

$$f_c = \frac{B_c}{W_c}$$

式中，f_c 为终身生育率，B_c 为该批妇女在整个育龄期生育的全部子女数，W_c 为已经历整个育龄期的某批妇女人数。一般使用 45—49 岁育龄妇女平均曾生子女数（children ever born）作为终身生育率。年龄别生育率提供了某一时点的生育水平，终身生育率则是育龄妇女经历整个生育期的历史生育率的函数。由于时期生育率对生育时间和转向年长妇女生育（即进度效应）更加敏感，通常情况下，时期生育率能够下降到比队列终身生育率更低的水平。换言之，如果育龄妇女决定推迟生育到年长育龄组，推迟发生的年份将记录更少的出生和更低的时期总和生育率。

终身生育率忽视了当前正处于生育年份的妇女生育率的信息。总和生育率具有将处于不同队列的年龄别生育率加总求和的缺陷，但是具有提供当前育龄妇女最新生育信息的优势。时期总和生育率受到进度效应的影响而波动起伏明显且不能反映理想家庭规模，队列终身生育率则表现出更强的平稳性。比如，相比于时期总和生育率，捷克和瑞典的队列终身生育率实际上表现出转变后国家生育水平平稳在更替水平上下长达 30 年的状况（见图 1-4）。正是考虑到终身生育率比 TFR 更具稳定性，美国华盛顿大学健康指标与评估研究所（The Institute for Health Metrics and Evaluation，IHME）的研究团队开发了 50 岁终身生育率（Completed Cohort Fertility at age 50 years，CCF50）统计模型以预测 2017—2100 年全球生育水平及人口变动趋势[1]。

---

[1] Vollset, S. E., et al., "Fertility, Mortality, Migration, and Population Scenarios for 195 Countries and Territories from 2017 to 2100: A Forecasting Analysis for the Global Burden of Disease Study", *The Lancet*, Vol. 396, No. 10258, October 2020, p. 1285.

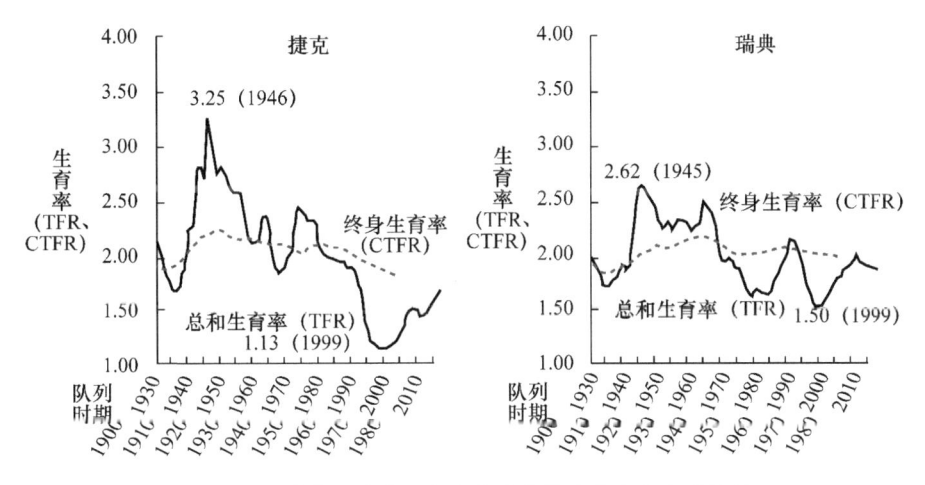

图 1-4 捷克、瑞典总和生育率和终身生育率变动比较

资料来源：人类生育率数据库。

无子女率是 40—44 岁育龄妇女中没有活产婴儿的妇女所占比例。一般情况下，在使用避孕方法的社会中，无子女率是非常低的，在 3% 上下[①]；因为生育意愿非常高，结婚或同居极其普遍，女性一旦结婚随后就生育，如果无子女率超过 3%，通常是由于推迟生育到生育力极低年龄或者明确不想生育孩子。在几乎所有孩子均为婚生子女的国家，无子女率也依赖于从未结婚女性的比例和结婚年龄。在非洲的部分地区，性交传播感染是 20 世纪 70 年代及以前不孕的主要原因，目前主要由于性交传播感染的成功治疗，无子女率大大降低；相比之下，世界其他地区无子女率的上升主要是由于推迟生育到生育力极低年龄或有意不生育所致。

4. 超低和极低生育率

20 世纪 80 年代中期，世界范围内出现了生育率的异常持续低水平，Kohler、Billari 将 TFR 在 1.3 及以下界定为超低生育率（lowest-low fertility）；在东亚则称为"ultra-low fertility"，因为东亚超低生育率与欧洲的不同之处在于它不排除进一步下降的可能性[②]。

[①] Bongaarts, J., "Fertility, Biology, and Behavior: An Analysis of the Proximate Determinants", *Social Forces*, Vol. 9, No. 3, June 1985, p. 1115.

[②] Jones, G. and Tay-Straughan P. C., *Ultra-low Fertility in Pacific Asia: Trends, Causes and Policy Issues*, London: Routledge, 2008, p. 120.

Caldwell[①]、Billari[②] 等学者将 TFR 低于 1.5 定义为极低生育率（very low fertility）。其原因在于：使用稳定人口增长率近似计算公式，假定结婚生育为 30 岁，人口增长率 r = log（0.4886 * TFR）/30；如果 r ≈ 0，则 TFR = 2.045，即更替水平；如果更替水平的一半，即 TFR = 1.0225，则 r ≈ -2.31%；如果 r ≈ -1.155%，则 TFR = 1.47。因此，可以粗略估计并定义 2 为更替水平，1 为更替水平的一半，1.5 为中间点。Kohler 也指出，在低生育率的情况下，人口的精确测量变得越来越重要，就稳定的人口增长率而言，1.0 和 1.3 之间的 TFR 差异相当于 3.2% 和 4.2% 之间的差异[③]。

极低生育率的门槛是 TFR 为 1.5 还是 1.3 成为 21 世纪以来人口学争论的最突出特征。Goldstein 指出，尽管界定极低生育率的门槛为 1.3 具有任意性，然而，1.3 是长期不持续的极低生育率的有用标识。McDonald 认为富裕国家分为两组：一组是 TFR 在 1.5 以上，适度地低于更替水平；另一组是 TFR 低于 1.5 这一"安全地带"，意味着一代人规模将快速下降和需要人口大量迁移才能弥补人口数量下降。Rindfuss 进一步提出，TFR 低于 1.5，意味着人口逐渐老化和最终人口缩减；富裕国家存在 TFR 为 1.5 这一门槛的明显分歧，即出现了 TFR 高于 1.5 和低于 1.5 两类不同生育率国家和相当多的国家被困在 TFR 低于 1.5。

本书将 TFR 在 1.3 及以下界定为超低生育率，TFR 在 1.5 及以下界定为极低生育率。

5. 更替水平、净再生产率与更替水平生育率

更替水平（Replacement Level）是产生人口增长率（Population Growth Rate）为 0 的总和生育率，也就是人口净再生产率等于 1。早期的人口转变理论认为，生育率会稳定在更替水平附近。如 Easterlin 提出生育率具有队列效应，会呈现出小规模队列的高生育率和大规模队列的低生育率交替进行的

[①] Caldwell, J. and Caldwell, B., "Pretransitional Population Control and Equilibrium", *Population Studies*, Vol. 57, No. 2, July 2003, p. 199.

[②] Billari, F. C., "A Great Divergence in Fertility?" in Poston L. D., eds., *Low Fertility Regimes and Demographic and Societal Change*, Springer Cham, 2018, p. 15.

[③] Kohler, H. P., Billari C. F. and Ortega J. A., "The Emergence of Lowest-low Fertility in Europe During the 1990s", *Population and Development Review*, Vol. 28, No. 4, December 2002, p. 645.

周期性特点①，因此，下降后的生育率将在更替水平附近周期性地振荡。简言之，如果生育水平保持在更替水平以上，就会出现下一代比上一代人数更多的情况，人口规模就会越来越大；如果生育水平保持在更替水平以下，则会出现下一代比上一代人数更少的情况，人口规模会越来越小。因此，生育水平保持在更替水平以上还是以下，是考察一个国家生育水平高低及其对人口增长影响的重要标志②。

净再生产率（Net Reproductive Rate，NRR）是指一个妇女所生的女孩数存活到再生育下一代时能代替自己的程度。它是衡量人口再生产水平的一个较精确的指标，具体方法是将各年龄组妇女生育的女婴数乘以女婴活到母亲生育年龄的生存率。净再生产率的计算公式为

$$\text{NRR} = \delta \sum_{i=1}^{7} f_i \cdot \frac{L_i}{L_0}$$

式中，δ 为新生婴儿中女婴所占比重，f_i 为年龄别生育率，L_i 为生命表中的某年龄生存人年数，l_0 为生命表人口基数，$i=1, 2, \cdots, 7$，分别对应 15—19 岁，20—24 岁，…，45—49 岁组。

如果用人口净再生产率来衡量，更替生育水平是不变的；但如果用妇女生育率来衡量，则更替生育水平受到生育率、生育模式、死亡率、死亡模式、出生性别比等的影响，比如更替水平会随着预期寿命的提高而下降，也会随着出生婴儿性别比的提高而上升。学者将更替水平生育率（Replacement Rate of Fertility，RRF）定义为在假定不考虑人口迁移的情况下代际之间替代的 TFR，总体上，随着社会的文明与进步，一方面，RRF 在不断下降，在人类开始现代人口转变之前，RRF 在 6.0 左右；另一方面，RRF 是有下限的，这一下限大约在 2.05。大于 2 的原因是一些活产女婴不能生存到育龄期，因此，出生婴儿性别比异常高或婴儿、儿童或孕产妇死亡率相对较高的人群中，要高于这一阈值。比如，由于中国存在出生人口性别比严重失调现象，目前 RRF 在 2.3 左右③。关于 RRF 的值，学者看法不一，出版在 *Science*、*the Lancet* 等著名期刊以及联

---

① Easterlin R. A., *Birth and Fortune: The Impact of Numbers on Personal Welfare*, University of Chicago Press（Second edition），April 15, 1987, p. 265.
② 顾宝昌：《世界对低生育水平时代到来的困惑》，《第一财经日报》2008 年 7 月 7 日 A11 版。
③ 翟振武、刘爽、陈卫等：《稳定低生育水平：概念、理论与战略》，《人口研究》2000 年第 3 期。

合国报告的 RRF 依次为 2.05[①]、2.1[②]。也有学者提出，RRF 由育龄妇女死亡率和出生婴儿性别比决定，在儿童抚养年龄段死亡率高与出生性别比失调并存的国家，RRF 不可能是 2.05 和 2.1[③]。

6. 出生婴儿性别比

出生婴儿性别比（Sex Ratios at Birth，SRB）是指每出生每千名男婴所对应的出生女婴数。标准生物学意义上的出生婴儿性别比在 104—106 之间，超过这个范围表明为实现强烈的生男偏好而使用了性别选择性的堕胎等方法。在大多数国家，出生婴儿性别比处于 103—107 之间的狭窄范围内。但也有一些国家，自 20 世纪 80 年代早期获得 B 超检查以来，出生婴儿性别比就开始增加，比如中国出生婴儿性别比从 1982 年的 108.5 升至 2005 年的 118.6，2021 年仍高达 113.5[④]。婴幼儿性别比对人口动态产生持久影响，比如亚洲出生婴儿性别比最高的 10 个国家或地区中有 9 个国家或地区的婚育适龄男性数量超出了婚育适龄女性数量。从人口增长的角度来看，高出生婴儿性别比将降低净再生产率，即高出生婴儿性别比将净再生产率降低到低于仅从 TFR 预测的水平。比如中国，低 TFR 和高出生婴儿性别比导致净再生产率仅为 0.69。

7. 人口惯性

对于任何人口群体，规模和结构随着时间的变化受到生育率、死亡率和人口迁移、人口结构四个变量水平及变动的影响。人口惯性（population momentum）是指人口在达到更替水平后继续增长的趋势。生育率达到或低于更替水平的人口，由于过去的高生育率导致年轻人高度集中，这可能使得人口在几十年内仍会继续增长；随着这些年轻人成为父母，总出生人数继续超过总死亡人数；最终，这一群体变老和死亡人数增加到等于或超过

---

① Myrskylae, M., Kohler H. P. and Billari, F. C., "Advances in Development Reverse Fertility Declines", *Nature*, Vol. 460, No. 7256, August 2009, p. 741.

② Smallwood, S. and Chamberlain, J., "Replacement Fertility, What Has it Been and What Does it Mean?" *Population Trends*, Vol. 119, Spring 2005, p. 16.

③ Gietel-Basten S. and Scherbov S., "Is half the World's Population Really Below 'Replacement-rate'?", *PLoS ONE*, Vol. 14, No. 2, December 2019.

④ Wu X., Ali A., Zhang T., et al., "An Empirical Analysis of the Impact of Gender Inequality and Sex Ratios at Birth on China's Economic Growth", *Frontiers in Psychology*, Vol. 13, October 2022, p. 3.

出生人数。其间，可能需要2—3代人（50—70年）才能使每一个新生儿被人口中的死亡人数所抵消。比如，尽管瑞典生育率在20世纪60年代末就达到了更替水平，但至今每年的出生人数仍比死亡人数多22万人。

人口惯性概念是Keyfitz首次正式提出的，即假定初始稳定人口分年龄生育率相应比例的下降，使得人口再生产率等于1[①]。当生育率和死亡率保持在更替水平不变时，人口会继续增长，直到达到最终静止人口规模和年龄结构。Keyfitz将最终静止人口规模与初始稳定人口规模之比来表示人口惯性。现有关人口惯性的研究几乎都是以Keyfitz为基础发展的。

8. 非婚生育比例

非婚生育比例是指每100个活产中未结婚（从未结婚、丧偶或离婚）女性所生育的活产数量。这一指标将未结婚女性的生育率与总出生率联系起来。1970—2000年期间，世界范围内生育率的下降与晚婚、更多同居、离婚率和非婚生育比例提高等是一致的。1970年，欧盟非婚出生仅占10%，20世纪90年代中期增长至20%，此后飞速增长，2015年增至40%以上，翻了一番，特别是法国、西班牙的非婚生育比例自1990年以来增长趋势更为明显。瑞典、美国和俄罗斯等国家，非婚生育比例在2004年达到顶峰后上升趋势出现逆转。目前部分欧美国家非婚生出生所占比例高达40%—60%[②]。相比之下，日本非婚生出生所占比例非常低，一直在5%以下，即东亚国家依旧保持着结婚与生育的密切关系。

（二）生育时间相关概念

对大多数国家而言，生育水平的下降伴随生育时间的变化。表征生育时间变动的概念包括平均生育年龄、平均初育年龄、进度效应等。

1. 平均生育年龄

平均生育年龄（Mean Age of Childbearing，MAC）是女性生育孩子时的平均年龄，计算时以各年龄别生育率和各年龄组的中间值相乘再除以各年龄组生育率之和。

[①] Keyfitz, N., "On the Momentum of Population Growth", *Demography*, Vol. 8, No. 1, February 1971, p. 71.

[②] 欧盟关于"Marriage and divorce statistics"的统计。见欧盟统计网站https://ec. europa. eu/eurostat/statistics-explained/index. php? title = Marriage_ and_ divorce_ statistics。

$$\mathrm{MAC} = \frac{\sum_a x_a f_a}{\sum_a f_a}$$

式中，x_a 表示每 5 岁组的平均年龄（比如，17.5，22.5，…，47.5），f_a 表示每 5 岁组的年龄别生育率。

2. 平均初育年龄、初婚年龄中位数

平均初育年龄界定了成为父母的年龄，具有社会、经济和健康的含义。当平均初育年龄变大时，整个生育期将缩短，因此，平均初育年龄影响整个生育状况。初婚年龄的中位数是特定年份各有一半的初婚育龄人群在该年龄之上和之下，通常是男性和女性分开计算的，因为女性一般结婚较早。初婚年龄中位数对人口的生育能力具有影响，这一因素的重要性取决于生育对婚姻的限制程度。2009 年，法国男性、女性初婚年龄中位数分别为 31.7 岁、29.8 岁，男性和女性的初婚年龄中位数分别比 10 年前推迟 4.1 岁、4.2 岁。有些国家男女两性的初婚年龄中位数差异很大，2006 年，尼日尔初婚年龄中位数女性为 16 岁、男性为 23 岁，相差 7 岁；印度 2005—2006 年男性、女性初婚年龄中位数分别为 23 岁、17 岁，相差 6 岁。在 71 个有数据的国家中，平均初婚年龄可以解释 80% 的生育时间变化。美国初婚平均年龄只有 27 岁多一点，在澳大利亚、加拿大和英国，人们在 30 岁左右结婚，法国和挪威大约 31 岁，瑞典超过 33 岁[①]。

3. 生育进度改变

生育进度（tempo）和生育数量（quantum）是构成生育行为的两个因素。当育龄妇女推迟或提前生育，意味着发生了生育进度改变（tempo distortion）。假如生育行为提前，即使育龄妇女在其生育经历中没有多生孩子，因生育进度改变也可导致更高的 TFR；相反，如果育龄妇女推迟生育行为，即使她们生育和以前一样的孩子数，生育进度改变也会导致 TFR 降低。比如，一个人口群体中的所有育龄妇女都在 25 岁生育双胞胎，那么，总和生育率为 2.0；如果由于某些原因，这些妇女推迟到 26 岁生育双胞胎，那么，推迟的这一年 TFR 将降为 0；当然，育龄妇女在整个生育经历中所实际

---

① Stone L., *Declining Fertility in America*, Washington: American Enterprise Institute, December 17, 2018, p. 14.

拥有的孩子数没有发生变化。

经合组织国家自 20 世纪 70 年代以来，平均初育年龄上升，而且在生育群体中年长母亲所占比例越来越高，即出现明显的生育推迟。在转变后时期，生育时间改变造成 TFR 测度的生育水平变动趋势的其中一部分，这通常会造成误导性理解，解决的办法是要么使用队列生育率，该指标相对平滑和不会被生育推迟而导致测度的生育水平失真；要么使用更加复杂的、少受生育时间改变所影响的其他时期生育率指标，比如进度与孩次调整后的 TFR。

(三) 生育意愿与生育缺口

越来越多的研究表明，生育意愿（fertility intentions 或 fertility desire）具有很高的预测力，特别是在特定时间间隔内生育意愿是预测生育率变动的一项良好因素。生育意愿是出于个人或家庭对子女的偏好、考虑到各种限制条件后的生育想法表达，包括期望生育的子女数量、性别、生育时间和间隔。一般认为，个人生育意愿转化为个人生育行为，由个人生育行为聚集成为群体生育水平。有证据表明，家庭计划生育措施可能对期望家庭规模（Ideal/desired Family Size，IFS）和生育偏好（fertility preferences）产生影响。生育意愿与生育偏好和理想子女数或理想家庭人数（ideal number of children，ideal family size）是比较接近的，均属于观念的范畴。关于生育意愿和生育行为之间的关系，在理论上分为四类：(1) "等同论"，生育行为＝生育意愿；(2) "无关论"，生育行为≠生育意愿；(3) "大于论"，生育行为＞生育意愿；(4) "小于论"，生育行为＜生育意愿[1]。

Philipov 将理性层面的生育意愿与实际生育行为之间存在的一定程度的偏差称为生育缺口（fertility gap）[2]。发达国家主要表现为生育意愿大于实际生育水平，很多发展中国家则主要表现为实际生育水平高于生育意愿[3]。欧美大量的实证研究表明，生育水平低于更替水平并非生育意愿过低所致；欧美人口的生育意愿以两个孩子为主，平均打算家庭规模往往作为生育率预测的上限，比终身生育率的可能水平要高出 0.3—0.7（见表 1-5）。理想家庭规模和实际家

---

[1] 顾宝昌：《生育意愿、生育行为和生育水平》，《人口研究》2011 年第 2 期。

[2] Philipov, D., "Fertility Intentions and Outcomes: The Role of Policies to Close the Gap", European Journal of Population, Vol. 25, No. 4, December 2009, p. 355.

[3] 杨菊华：《意愿与行为的悖离：发达国家生育意愿与生育行为研究述评及对中国的启示》，《学海》2008 年第 1 期。

庭规模之间存在差异的原因有很多，在某些情况下，这些差异仅仅是因为人们随着时间的推移而改变主意。比如，一个20岁出头的女性所表达的理想儿童数量可能和她30多岁实际拥有的孩子数是非常不同的。也有其他情况，比如由于无法怀孕，造成这种差异。还有些情况，人们可能缺乏达到自己生育目标的手段。例如，在高生育率的发展中国家，许多妇女正在养育的孩子数比她们想要的孩子数要多，原因在于她们获得首选避孕方法的途径有限和意外怀孕。根据联合国2018年统计，每年在发展中国家，有8900万妇女意外怀孕，计划外怀孕占43%。相比之下，在高收入、低生育率的国家，实际生育率往往低于平均理想家庭规模，有时是因为妇女在兼顾职业和抚育孩子中面临诸多困难、缺乏负担得起的托儿服务或者女性比男性花在家务劳动中的时间更多。由于这些国家的人往往结婚晚，妇女可能难以怀孕，而辅助生殖技术，如体外受精，可能不容易获得或负担不起。多年来家庭实际规模低于理想家庭规模是许多欧洲和东亚国家的重要现象，近期美国也出现这一状况，美国女性想要孩子数（2.7个）与可能实际拥有子女数（1.8个）之间的差距达到近40年来的最大[①]。

表1-5　世界部分国家或地区18—34岁妇女平均打算家庭规模

区域或国家	平均打算家庭规模	2015—2020年TFR	二者差距
西欧	2.36	1.68	0.68
北欧	2.35	1.75	0.60
南欧	1.81	1.37	0.44
奥地利和德国	1.88	1.53，1.59	0.35，0.29
中东欧	2.04	1.66	0.38
欧盟27国	2.06	—	—

资料来源：Harry Dent, "The Demographic Cliff: How to Survive and Prosper During the Great Deflation Ahead", Portfolio, August 2015, p. 235.

（四）人口政策和家庭生育计划

1. 人口政策

人口政策在不同国家有不同的表现，大致分为直接干预性计划生育政策

---

① Stone L., *Declining Fertility in America*, Washington: American Enterprise Institute, December 17, 2018, p. 15.

和间接引导性人口政策两种类型，后者主要表现为移民政策、就业政策、家庭福利政策等。联合国颁布的《2017年世界人口政策》提出了各种人口政策变量的界定及各国对人口政策变量做出的不同类型响应（见表1-6），其中人口规模及增长、生育率、生殖健康和计划生育三组政策变量与生育水平直接相关，健康和死亡、空间分布和城镇化、国际迁移三组政策变量间接

表1-6　　　　　　　　　　人口政策变量的界定

变量名称	变量定义	对政策的不同类型响应
1. 人口规模及增长		
1.1 对增长的看法	表示政府如何看待本国的人口增长率	过低 适中 过高
1.2 增长政策	表示政府政策对本国人口增长率的影响	提高 保持 降低 无干预 没有官方政策
2. 人口年龄结构		
2.1 对劳动年龄人口规模的关注程度	表示政府对目前劳动年龄人口相对于国内劳动力市场或相对于受抚养人口规模的关切程度	密切关注 较少关注 不关注
2.2 对人口老龄化的关注程度	表示政府在多大程度上关注老年人口规模或比例不断增加及其对卫生和社会福利的影响①	密切关注 较少关注 不关注 没有官方立场
2.3 应对人口老龄化问题的措施	表示政府是否在过去五年采取了具体的政策措施来解决本国的人口老龄化问题	1. 提高最低退休年龄 2. 提高职工社会保障水平 3. 实施或加强非缴费型养老保障制度 4. 推广个人退休金储蓄计划
3. 生育率		
3.1 对生育水平的看法	表示政府如何看待本国的生育水平	过低 适中 过高

---

① 在目前老年人比例相对较小的情况下，包括政府对未来老年人口增长所带来挑战的关注。

续表

变量名称	变量定义	对政策的不同类型响应
3. 生育率		
3.2 生育政策	表示政府政策对本国生育水平的影响	提高
		保持
		降低
		无干预
		没有官方政策
3.3 关于出生登记覆盖范围的措施	表示政府在过去5年是否采取任何政策措施，以改善出生登记的覆盖范围	是
		否
		不适用①
3.4 关于平衡工作和家庭的措施	表示政府是否采取了具体的政策措施来改善生育和育儿的家庭与工作的平衡	1. 有工作保障的产假（带薪或无薪）
		2. 有工作保障的陪产假（带薪或无薪）
		3. 在家照顾子女的育儿假（带薪或无薪）
		4. 婴儿奖金（一次性支付）
		5. 子女或家庭津贴
		6. 受抚养子女的税收抵免
		7. 父母弹性或兼职工作时间
		8. 儿童保育公共补贴
		9. 其他
3.5 对青少年生育率的关注程度	表示政府认为本国青少年生育率值得关注的程度	密切关注
		较少关注
		不关注
3.6 降低青少年生育率的政策	表示政府是否采取了任何政策或方案来降低青少年生育率	是
		否
4. 生殖健康与计划生育		
4.1 政府对计划生育的支持	表示政府是否为计划生育提供直接或间接支持②	直接支持
		间接支持
		没有支持
		不允许

---

① "不适用"表示本国的出生登记覆盖率接近普遍水平（96%或更高）。

② 直接支持意味着计划生育服务是通过政府运营的设施或渠道提供的。间接支持意味着政府不通过政府机构提供计划生育服务，而是支持包括非政府组织在内的私营部门提供这些服务。没有支持意味着政府允许私营部门在不提供任何物质支持的情况下提供计划生育服务。不允许是指政府不允许在其管辖范围内实施计划生育方案或提供计划生育服务。

续表

变量名称	变量定义	对政策的不同类型响应
4. 生殖健康与计划生育		
4.2 限制获取避孕服务的政策	表示政府是否实施根据某些标准限制获得避孕服务的政策	1. 最小年龄
		2. 婚姻状况
		3. 父母同意（未成年人）
		4. 紧急避孕药
		5. 妇女绝育
		6. 男性绝育
		其他①
4.3 关于青少年生殖健康和性健康的措施	表示政府是否采取了改善青少年性健康和生殖健康的具体政策措施	1. 提高或强制规定结婚时的最低年龄
		2. 扩大女子中学入学/保留率
		3. 提供以学校为基础的性教育
		4. 其他
4.4 允许流产的法律依据	表示政府允许在本国进行人工流产的法律规定②	1. 挽救妇女的性命
		2. 保护妇女的身体健康
		3. 维护妇女的心理健康
		4. 在强奸或乱伦的情况下
		5. 因为胎儿损伤
		6. 出于经济或社会原因
		7. 根据要求
		不允许
4.5 对不安全流产的关注程度	表示政府对本国不安全堕胎数量的关注程度	密切关注
		较少关注
		不关注
		没有官方立场
4.6 对暴力侵害妇女行为的关注程度	表示本国政府在多大程度上关注暴力侵害妇女的行为③	密切关注
		较少关注
		不关注

---

① 包括根据现有信息无法确定最低年龄、婚姻状况或父母（未成年人）同意的情况。

② 人工流产是指有意终止妊娠而采取的蓄意行动引起的流产；所有其他流产都被认为是自发的。

③ 对妇女的暴力行为包括在家庭、社区和机构环境中对妇女进行任何基于性别的身体、性、情感、心理或经济虐待，或威胁进行此类虐待的行为。

续表

变量名称	变量定义	对政策的不同类型响应
4. 生殖健康与计划生育		
4.7 阻止家庭暴力的政策	表示政府是否采取了具体的法律规定或政策来解决家庭环境中对妇女的暴力行为①	1. 法律规定 2. 政策 都没有
5. 健康和死亡率		
5.1 关于出生时预期寿命的看法	表示政府是否认为本国出生时预期寿命水平是可接受的	可接受 不可接受
5.2 关于5岁以下儿童死亡率的看法	表示政府是否认为本国5岁以下儿童死亡率是可接受的	可接受 不可接受
5.3 关于儿童营养不良的看法	表明政府是否认为本国5岁以下儿童的营养不良水平是可接受的	可接受 不可接受
5.4 关于产妇死亡率的看法	表示政府是否认为本国产妇死亡率水平是可接受的	可接受 不可接受
5.5 解决新生儿和产妇死亡率的措施	表示政府在过去5年内是否采取了具体的政策措施，以减少本国新生儿和产妇的死亡人数	1. 扩大全面产前护理的覆盖范围 2. 扩大产科护理的覆盖范围 3. 扩大产后基本护理和新生儿护理的覆盖范围 4. 扩大招聘和/或培训熟练助产士 5. 其他
5.6 对超重和肥胖的关注程度	表示政府对国民超重和肥胖水平的关注程度	密切关注 较少关注 不关注
5.7 对非传染性疾病的关注程度	表示政府对本国非传染性疾病流行情况的关注程度②	密切关注 较少关注 不关注
5.8 对结核病的关注程度	表示政府对本国结核病流行情况的关注程度	密切关注 较少关注 不关注
5.9 对疟疾的关注程度	表示政府对本国疟疾流行情况的关注程度	密切关注 较少关注 不关注

① 家庭暴力是一种关系中的虐待行为。它通常涉及亲密的伴侣或家庭成员或亲属，但也可能涉及前配偶或非婚姻、非同居伴侣和关系。家庭暴力不一定发生在家庭内部。
② 主要的非传染性疾病包括心脏病、Ⅱ型糖尿病、中风、慢性肺病和癌症。

续表

变量名称	变量定义	对政策的不同类型响应
5. 健康和死亡率		
5.10 对 HIV/AIDS 的关注程度	表示政府对本国艾滋病毒/艾滋病流行情况的关注程度	密切关注 较少关注 不关注
5.11 解决艾滋病毒/艾滋病的措施	表示政府为解决本国的艾滋病毒/艾滋病流行而采取的具体政策措施	1. 血液筛查 2. 信息/教育活动 3. 抗逆转录病毒治疗 4. 非歧视政策（法律措施） 5. 分发避孕套 6. 预防母婴传播（PMTCT）
6. 人口空间分布与国内人口迁移		
6.1 对人口空间分布的看法	表示政府是否认为本国人口空间分布令人满意，或是否希望改变	需要进行重大改变 需要进行细微改变 满意
6.2 人口空间分布政策	表示政府过去五年中是否采取了具体政策或战略来影响人口空间分布	1. 减少从农村到城市地区的移民 2. 将大型城市中心转移到较小的城市，郊区或农村地区 3. 搬离环境脆弱或受威胁的地区 4. 其他
6.3 区域间人口分布政策	表示政府是否采取了任何政策措施或方案来影响国内各地区间人口分布	是 否①
6.4 城乡人口空间分布政策	表示政府是否采取了任何政策措施或方案来影响国内城乡人口分布	是 否
6.5 农村向城市迁移政策	表示政府政策对本国人口由农村向城市迁移流动的影响	提高 保持 降低 无干预 不适用②

---

① 在数据库中编码为"无干预"。
② 在城市人口100%的国家，"不适用"。

续表

变量名称	变量定义	对政策的不同类型响应
6. 人口空间分布与国内人口迁移		
6.6 农村向农村迁移政策	表示政府政策对本国人口由农村向农村迁移流动的影响	提高
		保持
		降低
		无干预
		不适用
6.7 城市向农村迁移政策	表示政府政策对本国人口由城市向农村迁移流动的影响	提高
		保持
		降低
		无干预
		不适用
6.8 城市向城市迁移政策	表示政府政策对本国人口由城市向城市迁移流动的影响	提高
		保持
		降低
		无干预
6.9 城市群迁移政策	表示政府政策对本国人口迁移流向城市群的影响①	提高
		保持
		降低
		无干预
		不适用②
6.10 农村发展政策	表示政府在过去5年是否采取了促进农村发展的具体政策或战略	1. 鼓励在农村建立或保留产业
		2. 工业从大城市中心转移到农村地区
		3. 农村基础设施建设
		4. 其他
		5. 不适用
6.11 关于城市中心生活条件和可持续性的政策	表示政府在过去5年是否采取了具体政策或战略，以改善大型城市中心的生活条件和可持续性	1. 提高运输和住房能源效率
		2. 对大型城市中心内或周围行业制定更严格的环境条例
		3. 完善固体废物管理体系
		4. 确保城市贫民获得水和卫生设施
		5. 保障城市贫困人口的土地使用权和住房保障
		6. 其他

① 进入城市群的移民可以来自农村和城市地区。
② 在没有城市群或整个国家是一个城市群的国家，向城市群迁移是"不适用"的。

续表

变量名称	变量定义	对政策的不同类型响应
7. 国际移民		
7.1 对入境移民的看法	表明政府如何看待有证件或定期进入本国的移民总量①	过低
		适中
		过高
7.2 入境移民政策	表示政府政策对有证件的移民进入本国的影响	提高
		保持
		降低
		无干预
		不适用
7.3 现行入境移民政策的原因	表示政府制定当前移民政策的根本原因	1. 应对长期人口下降
		2. 解决人口老龄化问题
		3. 满足某些经济部门的劳动力需求
		4. 保障国民的就业机会
		5. 其他
		6. 不适用
7.4 永久安置政策	表示政府政策对永久定居移民规模的影响	提高
		保持
		降低
		无干预
7.5 临时工政策	表示政府政策对临时工人入境规模的影响②	提高
		保持
		降低
		无干预
7.6 高技能工人政策	表示政府政策对高技能工人移民到本国的影响③	提高
		保持
		无干预
		没有官方政策

---

① 它包括永久定居、临时工作或家庭团聚的移民。政府对寻求庇护者、难民和非法移民的看法不予考虑。

② 临时劳动力迁移可能包括季节性工人、合同工和项目相关工人、外来工和其他跨境工人，这些工人在固定期限内被接纳，但不希望获得永久居民身份。

③ 高技能移民通常包括具有职业技术或专业教育或工作经验的高技能工人，特别是在东道国具有所需资格或技能的工人。

续表

变量名称	变量定义	对政策的不同类型响应
7. 国际移民		
7.7 家庭团聚政策	表示政府政策对因家庭团聚而移民规模的影响①	提高
		保持
		降低
		无干预
7.8 非国民融合政策	表示政府是否有任何旨在将非国民纳入东道国社会的政策或方案②	是
		否
7.9 移入移民整合措施	表示政府是否采取了旨在将移民纳入东道国社会的具体政策或方案	1. 语言技能培训
		2. 专业证书的转让
		3. 防止歧视
		4. 其他
7.10 入籍政策	表示是否有法律规定允许移民在特定条件下入籍	是，限制较少③
		是，限制较多
		否
7.11 对非正常移民的关注程度	表示本国关注无证或非正常移民进入本国的程度④	密切关注
		较少关注
		不关注
7.12 非正规移入民措施	表示政府是否采取了具体的政策措施来解决非正规移民问题	1. 处罚对非正常移民的雇主
		2. 对非正常移民罚款、拘留或驱逐出境
		3. 在规定的方案或条件下法律地位的规范化
		4. 其他
7.13 促进移民返回本国的方案	表明政府是否采取了任何方案来鼓励或促进移民回国⑤	是
		否
7.14 对跨国迁出移民的看法	表示政府如何看待跨国迁出移民规模	过低
		适中
		过高

① 为家庭团聚而进行的移民主要包括被视为受抚养的家庭成员，通常包括配偶和未成年子女（即使配偶没有经济上的依赖）。

② 这些条款可能包括社会服务、参与公民和社区活动、语言培训和法律条款，以确保不歧视外国人。

③ 只有特定类别的移民才能获得入籍，或居住要求为 10 年或更长时间的国家被归类为具有"更严格"的入籍政策。

④ 非正常情况下的移民是指未经适当文件或授权而进入一个国家的移民，或超出其授权期限的移民。政府不考虑本国公民在国外不正常生活的问题。

⑤ 这类方案可包括协助回返方案和使回返移民重新融入其原籍国的方案。

续表

变量名称	变量定义	对政策的不同类型响应
7. 国际移民		
7.15 跨国迁出政策	表示政府政策对跨国迁出公民规模的影响	提高
		保持
		降低
		无干预
		没有官方政策
7.16 鼓励公民回返的政策	表示政府是否采取了任何方案，鼓励居住在国外的公民返回	是
		否
7.17 接受双重国籍	表示政府是否允许其公民在获得另一国公民身份时保留其原始公民身份，如果允许，在什么条件或限制下可以保留①	是，无限制
		是，有限制
		否
7.18 处理侨民问题的特别政府部门	表示政府是否有专门的单位、部门或部委来处理与本国侨民有关的事务	是
		否
7.19 吸引海外侨民投资的措施	表示政府为鼓励或促进侨民在本国投资而采取的具体政策措施②	1. 降低汇款成本
		2. 税收例外或减免
		3. 在提供信贷或分配许可证方面的优惠待遇
		4. 其他

资料来源：United Nations, *World Population Policies* 2017: *Abortion Laws and Policies*, ST/ESA/SER, A/447, 2020.

影响生育水平，老龄化政策变量是对生育水平影响所做出的政策响应。

2. 家庭生育计划

欧美大多数国家在人口转变进程中，并没有采取直接干预性计划生育政策，生育率是随着社会经济的发展和人们生育观念与行为的变化缓慢下降的，人口转变历程长达数百年。与此同时，美国、加拿大等通过有选择的移民政策，维持劳动力数量与结构，并保持 TFR 在 1.8 左右的适度水平。虽然

---

① 这些限制可能涉及：(1) 所涉国家 (在涉及某些特定国家但不涉及其他国家的情况下接受双重国籍)；(2) 所涉权利 (接受双重国籍，但对充分的公民权利有一些限制)。

② 响应类别指 2015 年修订的世界人口政策数据库。以前版本中此变量的响应类别为：1. 税收例外或减免；2. 减少海外公司的货物关税或进口关税；3. 提供信贷的优惠待遇；4. 许可证分配的优惠待遇；5. 简化投资的官僚程序；6. 散居债券/共同基金；7. 其他。

有些国家也采取了直接干预性政策，但并未取得控制人口增长的预期效果。比如印度早在20世纪50年代就开始实施计划生育，2018年TFR仍维持在2.22，人口继续增加。当然，像中国、新加坡、韩国等国家，实施了控制人口增长的计划生育政策，对生育率的下降起到了重要的推动作用。

中国的计划生育是第二次世界大战以后全球兴起的家庭生育计划（family planning）社会运动的组成部分。但是与全球提供干预和服务的家庭生育计划不同，中国的计划生育内嵌于计划体制而产生，目的是实现"有计划地生育"，并通过行政性手段和政策规定对家庭生育行为进行直接调控[1]。相对地，世界的家庭生育计划主要是在尊重个体和家庭的生育权利和生育选择的基础之上，利用社会经济手段、避孕节育技术服务来间接地调整人们的生育行为、提供生育和健康服务。

尽管结婚模式和生育意愿的变化对生育率下降发挥了重要作用，但是，获得安全、有效、便宜、可接受的避孕方法是影响人们实现期望生育水平的关键因素之一。家庭生育计划本质上是指通过现代或传统（也称为自然）避孕方法的使用，使个人和夫妇能在既定时间、既定间隔获得既定数量的子女。家庭生育计划包括避孕措施总使用率和不同方法使用率、未满足生育间隔计划的需求和未满足数量有限的生育计划的需求[2]、由现代避孕方法满足的避孕节育需求等度量指标。未满足的家庭生育计划需求是以未使用避孕药具、报告不再要孩子或希望推迟下一个孩子的已婚和同居妇女数占全部已婚和同居妇女数的比率来衡量，表明实际避孕药具使用水平和潜在避孕药具使用水平之间的差距。当然，未满足的需求并不一定意味着计划生育服务不可获得，育龄妇女会因各种原因而报告不使用避孕方法，比如推迟或停止生育，因个人、宗教原因或丈夫拒绝而反对使用避孕方法，认为自己不可能怀孕的信念，以及避孕相关成本、途径等[3]。此外，

---

[1] 梁中堂：《中国生育政策研究》，山西人民出版社2014年版，第35页。

[2] 未满足的需求可以是限制生育（当一名妇女希望不再拥有更多的孩子时），也可以是推迟或间隔生育（如果一名妇女想在两年或两年后生孩子）。区分这一点很重要，因为不同类型的避孕措施与不同类型的未满足需求有关。在避孕措施使用率较低的高生育率国家，绝大多数未满足的需求是间隔生育。

[3] Westoff, C. F., *Unmet Need for Modern Contraceptive Methods*, DHS Analytical Studies No. 28, Maryland: United States Agency for International Development, 2012, p. 45.

未满足需求的定义还可以扩大到包括未能满足更有效避孕方法。

(五) 人口转变和生育率转变

1. 传统人口转变

传统人口转变 (Conventional Demographic Transition, CDT) 最早由汤姆森和诺特斯坦提出,后来戴维斯进一步拓展。传统人口转变是指生育率和死亡率从剧烈波动的高水平到相对稳定的低水平的长期变化,这一历史进程是影响人类社会的最重要变化之一,与民主政府的传播、工业革命、城镇化进程、人口受教育程度逐步提高等相提并论[1]。根据传统人口转变理论,随着工业化、城市化水平的不断提高,以及受教育程度的不断提高,养育孩子的成本上升,拥有大家庭的好处下降。这些结合通常会导致想要少生孩子的愿望。一旦一个国家开始了生育率转变,生育水平通常会持续降至替代水平上下。

1968年7月,联合国经济社会事务部人口司在《世纪转换之际的世界人口》的报告中,根据当时世界人口的生育水平、死亡水平变动的实际情况,运用平均预期寿命和总和生育率两项指标划分和测定了人口转变的四个阶段。第一阶段是人口转变之前的阶段,其特点是高死亡率 (25‰)、高出生率 (35‰) 和低人口增长率,平均预期寿命不足45岁,总和生育率高于6。第二阶段是人口转变的起步阶段,其特点是死亡率的率先大幅下降,出生率维持现状甚至略有增长,人口增长速度大大加快。第三阶段是人口转变的关键阶段,其特点是出生率出现下降,死亡率降至15‰左右,自然增长率达到低水平,人口再生产趋于零增长或负增长。第四阶段是人口转变的完成阶段,其特点是出生率和死亡率大致相当,平均预期寿命高于65岁,总和生育率低于3。一些学者和机构将上述第二和第三阶段合并,将人口转变分为三个阶段:转变前阶段 (a pre-transitional stage)、转变中阶段 (a transitional stage) 和转变后阶段 (a post-transitional stage)。其中生育率转变开始 (onset of fertility transition),常见的定义为总和生育率比其最大值下降了10%时,也有学者定义为生育率开始持续下降并没有逆转的最初年份[2]。上述传统人口转变也被称为第一次人口转变 (First Demographic Transition, FDT)。

---

[1] David, S. R., "Economic and Social Implications of the Demographic Transition", *Population and Development Review*, Vol. 37, 2011, p. 11.

[2] Hertrich, V., "Trends in Age at Marriage and the Onset of Fertility Transition in Sub-Saharan Africa", *Population and Development Review*, Vol. 43, 2017, p. 112.

人口学者在一系列不同的模型中对人口转变机制进行了理论分析，比如生育率新家庭经济学模型、人口转变和响应理论、生育率的代际财富流理论、相对收入假设、生育率社会经济理论、生育率变化的观念理论等。

2. 第二次人口转变

进入20世纪80年代，Van De Kaa、Lesthaeghe等人口学者将随着生育价值观、规范和行为等变化而出现的生育率持续降至更替水平以下称为第二次人口转变（Second Demographic Transition，SDT）。第二次人口转变导致人们质疑TFR的长期下降是否应该停止在更替水平。由于目前研究人口转变的文献很少提供低生育水平人口群体的生育率变化，故第二次人口转变成为目前欧洲和西方国家更广泛研究家庭和生育率变化的概念和理论框架。关于第二次人口转变，引用文献最多的是Van De Kaa给出的定义，该学者在考察30个欧洲国家人口变化的基础上，提出"这次转变的人口基本特征是生育率从略高于更替水平2.1降至低于更替水平"，转变背后的驱动力是观念的变化，即从利他主义到利己主义规范和态度的剧烈转变；向低于更替水平转变具有四个特征：作为唯一家庭结构的婚姻关系松散，导致离婚率和同居比例上升；家庭关系从以孩子为中心转向以夫妇为中心；从预防避孕转向自我实现避孕；从统一家庭（夫妻家庭）开始让位于更加多元化的家庭形式[1]。引用文献次多的是Lesthaeghe's将第二次人口转变划分为三个历史阶段：第一阶段（1955—1970年），离婚率上升，生育率下降，开始避孕革命，结婚年龄下降的趋势停止；第二阶段（1971—1985年），婚前同居现象上升，非婚生育率上升；第三阶段（1985年以后），离婚率居高不下，再婚率下降，30岁及以上育龄妇女生育率恢复性上升以及推动总和生育率上升[2]。不过，第二次人口转变理论也受到质疑与挑战，特别是有学者提出，该理论忽视了性别平等的变化和全球化这两个影响生育率的重要力量[3]。

---

[1] Van De Kaa, D. J., "Europe's Second Demographic Transition", *Population Bulletin*, Vol. 42, No. 1, March 1987, p. 1.

[2] Lesthaeghe, R., "The Second Demographic Transition in Western Countries: An Interpretation", in, Mason, K. O. and Jensen, A. M. eds., *Gender and Family Change in Industrialized Countries*, Oxford, UK: Clarendon Press, 1995, p. 17.

[3] Zaidi, B. and Morgan, S. P., "The Second Demographic Transition Theory: A Review and Appraisal", *Annual Review of Sociology*, Vol. 43, No. 1, July 2017, p. 473.

第二次人口转变与传统人口转变相比,所观察到的生育率变化的驱动力是不同的,前者以自我实现和自我满足为主要目标而减少生育,后者主要因为对孩子的大量情感投资和金钱投资导致了生育率的下降。并且,两次人口转变的人口学和社会学特征在西方国家存在显著差异,具体如表1-7所示。

表1-7 西方国家第一次人口转变(FDT)和第二次人口转变(SDT)的人口学和社会学特征

第一次人口转变(FDT)	第二次人口转变(SDT)
婚姻	
结婚比例上升,初婚年龄下降	结婚比例下降,初婚年龄上升
同居率低或下降	婚前和婚后同居增多
离婚率低	离婚率上升
丧偶或离婚后的再婚率高	再婚率下降,分开同居(living-apart-together, LAT)关系
生育率	
年长育龄妇女生育率下降,初育年龄降低	生育推迟,平均生育年龄增加
避孕不足,分娩和时间安排失误	有效避孕
非法生育率下降	婚外生育率上升,婚外为人父母(同居夫妻,单身母亲)
已婚夫妇的无孩率低	明确不要子女的女性所占比例不断上升
社会背景	
关注基本物质需求:收入、工作条件、住房、儿童和成人健康、教育、社会保障;相互支持是首要的	"高层次"需求兴起:个体自治、表现性工作和社会化价值观、自我实现、基层民主、认同;宽容是首要的
政治、公民和社区网络的成员增加 教会和国家的强力规范,第一次世俗化浪潮,政治和社会出现"极化" 性别角色隔离,家庭政策,以养家糊口模式为核心的家庭"阶级化" 向有序的生命历程转变和单核心家庭为主	脱离面向公民和社区的网络 政府退出,第二次世俗化浪潮,性革命,拒绝权威,政治"平民化" 性别角色日益对称,女性教育水平不断提高,女性经济自主性不断增强 灵活的生命历程形式,多种生活方式,以及开放的未来

资料来源:Lesthaeghe R., "The Second Demographic Transition: A Concise Overview of its Development", *Proceedings of the National Academy of Sciences*, Vol. 111, No. 51, December 2014, p. 18112.

3. 第三次人口转变

随着 Coleman 对低生育率国家依靠移民而维持人口规模这一现象的不断关注，人口转变理论又得到进一步修正。这一现象意味着"一些国家的人口祖先将被来自偏远地区的大量移民而根本性地和永久性地改变"和一些国家伴随着"国内人口中移民数量加速增长"。这些变化被称为第三次人口转变（Third Demographic Transition，TDT）。第一次和第二次人口转变都没有考虑国际人口迁移的作用，正是对国际移民所承担的关键作用的忽视导致了第三次人口转变的提出。第三次人口转变涉及越来越多的移民流入低生育率国家，并且由此导致"国民人口结构的显著变化，以及移民的文化、外貌、社会经验和自我认知的认同"①。并且，第三次人口转变具有重要的指导作用，"新移民已经改变了美国人的基本特征，移民已成为一个国家而不仅仅是一个州或地方的政治问题"②，"美国种族结构的变化首先出现在儿童和年轻人身上，这些移民的孩子是重塑美国第三次人口转变的先锋"③。

4. 生育率转变

Mason 将生育 4 个及以上孩子降至生育两个或更少孩子的长期下降过程称为生育率转变④。类似地，Wilson 提出，许多欠发达国家生育率降至更替水平附近，进入了发展的"转变后"阶段，"转变后"中的"转变"狭义指生育率从高位下降到更替水平附近⑤。由于生育率转变仅仅聚焦于生育率的变化，并不讨论死亡率变动趋势或者人口发展动态，因此，学者们在文献中交互使用的"转变后国家"和"低生育率国家"都是指在 1950—1980 年期间生育率早期下降到更替水平或降至低于更替

---

① Coleman, D., Demeny, P. and Mcnicoll, G., "Immigration and Ethnic Change in Low-Fertility Countries: A Third Demographic Transition", *Population and Development Review*, Vol. 32, No. 3, Septemper 2006, p. 401.

② Lichter, D. T., "Natural Increase: A New Source of Population Growth in Emerging Hispanic Destinations in the United States", *Population and Development Review*, Vol. 34, No. 2, June 2008, p. 327.

③ Lichter, D. T., "Integration or Fragmentation? Racial Diversity and the American Future", *Demography*, Vol. 50, No. 2, April 2013, p. 359.

④ Mason, K. O., "Explaining Fertility Transitions", *Demography*, Vol. 34, No. 4, November 1997, p. 443.

⑤ Wilson, C., "Thinking about Post-transitional Demographic Regimes: A Reflection", *Demographic Research*, June 2013, Vol. 28, p. 1373.

水平的国家。Kohler 首次提出生育推迟导致的生育率转变和进度效应导致的生育率转变两个术语，其含义是两性结合家庭从年轻生育组转向年长生育组[①]。

（六）两次人口红利及人口红利类型国家

1. 两次人口红利

人口红利是建立在人口机会窗口上的经济学概念。1997 年，Bloom 和 Williamson 提出了该概念，他们认为，由人口转变所导致的人口增长速度和年龄结构的变化与经济增长出现高度相关。也就是说，人口经济学家认识到，要评价生育率以及随之带来的人口增长对经济增长的影响，必须考虑人口年龄结构。将人口分为三个年龄组：少儿组、劳动年龄人口组、老年人口组。这种分类适用于生育率三阶段转变的典型模式。第一阶段，生育率很高，人口年龄结构很年轻，少儿所占比例高，死亡率下降使得人口年龄结构更年轻；第二阶段，生育率开始下降，出生人数逐渐减少，劳动年龄人口大幅增长；第三阶段，较低的生育率持续数十年，人口年龄结构显著老化，老年人口占较高比例。人口红利的概念就是源于上述生育率转变三阶段的典型历史模式。

Lee 对人口红利进行了细化，提出了第一次人口红利和第二次人口红利的概念。在生育率转变的第二阶段，劳动年龄人口所占比例增长，抚养比相应下降。在其他条件相同的情况下，劳动年龄人口所占比重高导致整个人口的人均生产率提高，从而促进经济增长；当持续较低的生育率导致劳动力资源减少和抚养比恢复较高时，这一阶段结束；在这一阶段人均生产率的提高称为"第一次红利"。假如没有高生育率的下降，第一次人口红利是无法实现的；人口理论模型表明，高生育率社会必然具有青年抚养比高的特征。另外，利用第一次人口红利的机会是转瞬即逝的，尽管在一些国家这种机会可能长达 50 年。因此，将人口红利称为"人口机会窗口"。经济增长的相关研究确定当劳动年龄人口所占比重超过 65% 时将预计出现人口红利的经济效益即人口红利潜力。如果人口年龄结构的变化刺

[①] Kohler, H. P., Billari C. F. and Ortega J. A., "The Emergence of Lowest-low Fertility in Europe During the 1990s", *Population and Development Review*, Vol. 28, No. 4, December 2002, p. 644.

激储蓄增长,那么人口老龄化会引起"第二次人口红利"。随着老年人口数量不断增多,国家或家庭则可能不能提供足够的养老支持。这时反过来会促使个人积累资产,以便在退休后利用这些资产。因此,在其他条件不变的情况下,当储蓄不断积累并且可以提高人力资本和物质资本的投资时,就会促进经济增长。这便是出现了"第二次红利"。

两次人口红利相比,第一次人口红利所提供的红利是短暂的,而第二次人口红利带来持久的益处,即更高的生产力增长和更强的可持续发展。第二次人口红利并不是生育率下降的直接后果,可以无限期地持续下去。不过,两次人口红利的成果并非自动产生的,它们取决于有效的政策;两次人口红利都是一个增进繁荣和提高生活水平的机会,而非保证。

2. 四种人口红利类型国家

在世界银行和国际货币基金组织联合发布的《2015/2016 全球监测报告:在人口变化时代实现发展目标》中,提出了一种新的类型学,用于区别各国把握并利用人口红利的能力。在人口变化的方向和步伐方面,各国之间和各国内部存在显著差异。一个国家的人口学特征和趋势可能与另一大陆的国家拥有更多共同点,而非其区域邻国。各国在把握第一次和第二次人口红利的能力方面,既存在差异性,也具有相当多的共同点。联合国发布的《2015 年世界人口展望》中,进一步以一种新的全球类型学来体现这些共同因素,并将人口变化与发展潜力联系在一起分析人口变化影响各国繁荣的各种途径。该类型学的划分主要依据 1985 年 TFR、2015 年 TFR、2015—2030 年期间 15—64 岁人口所占比重变化三项指标(见表 1-8),将世界 191 个国家划分为以下四种类型。

表 1-8　　　　　　　　　　人口红利划分依据

2015—2030 年期间 15—64 岁劳动年龄人口所占比重的变化	1985 年总和生育率		2015 年总和生育率	
	<2.1	≥2.1	≤4	>4
≤0	后人口红利时期国家	人口红利晚期国家	—	—
>0	—	—	人口红利早期国家	前人口红利时期国家

第一类，前人口红利时期国家（Pre-dividend countries），主要是低收入国家，其关键的人类发展指标仍然落后，2015 年 TFR 高于 4，面临非常快速的人口增长。随着越来越多的儿童进入劳动年龄，这些国家的高少儿抚养比预计会下降。这些国家需要为实现第一次人口红利奠定基础。该类型包括 37 个国家，主要分布在非洲，特别是撒哈拉以南非洲。

第二类，人口红利早期国家（Early-dividend countries），大多是中低收入国家，仍然处于生育率转变的过程中。2015 年 TFR 已降至 4 以下，劳动年龄人口比例可能将大幅上升。这些国家需要把握第一次人口红利并为实现第二次人口红利奠定基础。该类型包括 62 个国家，主要分布在拉丁美洲、北非、南非、西亚、东南亚等地区。

第三类，人口红利晚期国家（Late-dividend countries），大多是中高等收入国家，TFR 一般高于更替水平，但正持续下降。劳动年龄人口比例正在缩减，但是总体人口年龄结构依然有利于第一次人口红利。这些国家正面临快速老龄化，因此，获得第二次人口红利至关重要。该类型包括 54 个国家，比如地处拉丁美洲和加勒比地区的委内瑞拉以及部分东南亚国家属于该类型，中国、巴西、智利、俄罗斯等国家尽管 TFR 低于更替水平，也属于该类型。

第四类，后人口红利时期国家（Post dividend countries），大多是高收入国家，TFR 已低于更替水平，劳动年龄人口比例持续缩减，拥有全球最高比例的老年人口。虽然这些国家已经越过可以获得第一次人口红利的额外收益阶段，但是他们依然可以从不断上升的储蓄和投资中获得第二次人口红利。该类型包括 38 个国家，美国、加拿大、日本、澳大利亚、新西兰以及北欧、西欧和南欧的部分国家属于该类型。

目前全球大部分人口生活在人口红利早期和人口红利晚期国家。2000—2015 年期间，85% 以上的全球经济活动和 78% 的全球经济增长来自人口红利晚期和后人口红利时期国家。四种类型的人口红利国家面临把握人口红利的不同机遇。处于前人口红利时期和人口红利早期的国家需要促进人口转变，投资于人类发展并为激增的年轻劳动力创造就业机会。处于人口红利晚期和后人口红利时期的国家需保持生产力持续增长以应对人口阻力，并调整体制和政策以应对快速人口老龄化。为此，联合国提出不同类型人口红利国家利用人口变化的主要政策优先事项（见表 1-9）。

表1-9　　　　不同人口红利国家利用人口变化的政策优先事项

国家类型	政策优先性	建议
前人口红利时期国家	引发人口转变，提高人类发展指数以降低生育率	加强基本医疗保健服务的供应，提高孕产妇和儿童健康 扩大教育机会，女孩应齐头并进 妇女赋权，让妇女享有全面的计划生育服务
人口红利早期国家	加速创造生产性就业机会，扩大劳动年龄人口比例，以获得第一次人口红利	投资人力资本，包括职业及技术培训 加强劳动力市场灵活性 减少妇女劳动力参与率的阻碍因素 加强有利于提高储蓄和创造就业机会的条件，包括支撑私营行业的公共服务、合同执行、金融包容性和劳动权利保护等
人口红利晚期国家	保持生产力持续增长，创造获得第二次人口红利所需的条件并开始为人口老龄化做好准备	持续调动储蓄用于生产性投资 确保公共政策，提高男女两性劳动力参与率 设计具有成本效益的可持续性体制，增进人类福祉和人类发展，这些可持续性体制既可以解决健康、儿童医疗、教育以及支持脆弱老人等当前需求，也要适当地满足老龄化进程中出现的需求
后人口红利时期国家	适应人口老龄化，在劳动年龄人口比例不断下降而老年人口比例不断上升的情况下保持并增进福祉	完成社会福利制度改革，包括养老金、医疗保险和长期医疗保障，确保财政可持续性以及对脆弱人口、老年人口和其他人口的保护，并鼓励有劳动能力的人参与工作 提高劳动力参与率和生产力，包括制定提高妇女和老年人口参与率的奖励措施以及鼓励全民终身学习 探索能够促进较高生育率的政策，让夫妻双方能够更轻松地结婚生育和参与劳动力市场

资料来源：World Bank, *Development Goals in an Era of Demographic Change*: *Global Monitoring Report* 2015/2016, WB/IMF Report, October 7, 2015.

（七）抚养比及抚养比类型国家

1. 抚养比

抚养比是体现人口年龄结构的重要指标之一，是被抚养人口（15岁以下少儿和65岁及以上人口）与劳动年龄人口（15—64岁）之比，分为少儿抚养比（Child-Age Dependency Ratio，CADR）和老年抚养比（Old-Age Dependency Ratio，OADR）[①]。人口年龄结构对国家政策制定和资源配置具有重要意义。生育率和少儿抚养比相对较高的国家，在向年轻人

[①] 在联合国工作报告和欧美等国家的抚养比分析中，往往采用65岁及以上人口占20—64岁人口的比例表示老年抚养比。不过，在世界各国之间横向比较时，更多采用世界银行和联合国统计的65岁及以上人口占15—64岁人口的比例来表示老年抚养比。

人力资本的发展投入足够的资源方面面临挑战。如果进行这种投资,这些国家就有机会从更大、受过更好教育的劳动年龄人口中获得经济增长效益。老年抚养比较高或少儿和老年人口抚养比均较高的国家则面临不同的挑战,他们必须解决老年人的医疗和长期护理需求的高成本,同时为年青一代的福祉和未来机会进行投资。因此,不同的人口年龄结构面临不同的挑战,通过监测和预测人口年龄结构,国家可以更好地规划以满足人口的各种需求。

2. 抚养比类型国家

美国人口咨询局依据联合国颁布的《2017年世界人口展望(修订版)》中基础数据,按照少儿抚养比和老年抚养比将世界各国划分为五种年龄抚养比类型,以更好地说明人口方面的挑战和机遇:(1)高少儿抚养比国家,少儿抚养比高于45%和老年抚养比低于15%;(2)中等少儿抚养比国家,少儿抚养比在29%—45%之间和老年抚养比低于15%;(3)双重较高抚养比国家,少儿抚养比在29%—45%之间和老年抚养比高于15%[①];(4)高老年抚养比国家,少儿抚养比低于29%和老年抚养比高于15%;(5)低抚养比国家,少儿抚养比低于29%和老年抚养比低于15%。按照这一划分,2010—2015年中国属于低抚养比国家,但是,根据2017年中国统计年鉴,2016年中国少儿抚养比和老年抚养比分别为22.9%和15%,即2016年转变为高老年抚养比国家。

(八)生育率类型国家

1. 联合国人口司对各国生育率类型的划分

自20世纪60年代以来,世界范围内主要地区的生育水平划分为发达地区和发展中地区。正如联合国指出,直至20世纪70年代,全球生育率依旧表现为"发达"和"发展中"国家的显著差异,后者TFR在1970—1975年为5.42,前者为2.15[②]。然而,到2004年,世界绝大多数人口生活在低于更替水平的国家或地区,为此,在全球尺度下"发达"和"发展中"国家生育水平的比较逐渐消失,联合国通常根据TFR高低划分为高生育率(high-

---

① 以色列是唯一一个少儿抚养比高于45%和老年抚养比高于15%的国家,包括在双重较高抚养比国家之内。

② United Nations, Department of Economic and Social Affairs, Population Division, *World Population Prospects: The 2015 Revision*, ESA/P/WP. 241, July 29, 2015.

fertility）国家、中等生育率（intermediate-fertility）国家和低生育率（low-fertility）国家三种类型（见表 1-10）。不过，三种类型生育率国家的界限略有不同，比如，在《2012 年世界生育率报告》中将 TFR 不低于 3.2 的国家视为高生育率国家，选择依据是比更替水平额外多一个孩子视为高生育率，在《2019 年世界人口前景》中将中等生育率国家界定为 TFR 介于 2.1—4.0 之间。另外，联合国又进一步在低生育率国家中划分出 TFR 低于 1.5 的极低生育率（very low fertility）国家。

表 1-10　联合国关于高、中、低生育率类型国家的划分

联合国颁布的《世界人口展望》报告	高生育率国家	中等生育率国家	低生育率国家
World population prospects: the 2010 revision	≥5（5 or more）	2.1—5.0	<2.1
World Fertility Report 2012	≥3.2	2.1—3.1	<2.1
The World Fertility Report 2013: Fertility at the Extremes; World Population Prospects: The 2012 Revision	>3.2	2.1—3.2	≤2.0
World Population Prospects: the 2015 Revision	≥5（5 or more）	2.1—5.0	<2.1
World Population Prospects: the 2017 Revision	>5（more than 5 births per woman）	2.1—5.0	<2.1
World Population Prospects 2019	>4	2.1—4.0	<2.1
World Population Policies Database 2015	>5（more than 5 births per woman）	2.1—5.0	<2.1；其中 1.5 以下，为极低生育率国家

2. 联合国人口基金对各国生育率类型的划分

在联合国人口基金发布的《2018 年世界人口状况》中，根据生育率的长期变动趋势和现状特征将各国划分为四种生育率类型，并提出每种生育率类型国家具有自身的驱动力和伴随着各自不同的挑战，具有不同的社会、经济和制度含义。第一种，高生育率类型，平均生育 4 个及以上，包括撒哈拉以南非洲的大部分国家，以及半数近期发生冲突或危机的国家或地区；通常这些国家或地区经济贫困，获得医疗保健和教育的机会有限，根深蒂固的性别歧视阻碍了妇女的自主性，诸如早婚等与早育相关的习俗很普遍。第二种，生育率显著下降后趋于平稳，在某些情

况下甚至开始再次提升,其原因在于家庭计划生育措施的中断,或者受到冲突和经济危机的影响;目前该类型国家的 TFR 在 2.6—3.9。第三种,生育率早在 20 世纪 60 年代就开始平稳下降,或者某些情况下在 20 世纪 80 年代开始下降,目前仍在持续下降。属于该类型的大部分国家是中等收入国家,也有个别是比较贫穷和相对富裕的国家;这些国家实施了强有力的家庭生育计划并为实现再生产权利而做出了持续的努力。目前该类型国家的 TFR 在 1.7—2.5。第四种,长期低生育率国家,主要是亚洲的发达国家或地区、欧洲国家、北美,目前 TFR 低于更替水平。它们具有较高的受教育水平和收入水平,在实现妇女权利方面走在前列,基本生殖权和其他权利大多得到满足。然而,在负担得起的优质儿童保育方面的差距可能会使工作和家庭生活之间的平衡变得困难,导致人们实际拥有的孩子比想要的少。随着老年人口的增加和劳动力的减少,这些国家近期面临潜在的经济疲软。

3. 部分学者和机构对世界低生育率国家的认识和划分

一方面,如前已述,在 20 世纪 80 年代中期出现极低生育率;另一方面,发达国家出现生育率长期趋异现象。为此,一些学者使用总和生育率和终身生育率作为生育水平的概括性指标,划分为适度低生育率(moderately low fertility)和极低生育率(very low fertility)两种低生育率类型国家,前者 TFR 在 1.7—2.2,后者 TFR 在 1.6 及以下。Caldwell 将更替水平以下的生育率国家分为极低生育率国家(TFR 低于 1.5)和适度低生育率国家(TFR 在 1.5—2.0)[①]。Rindfuss 提出,21 世纪一开始,经济发达国家出现生育水平的显著分歧,一组国家的总和生育率在适度范围,即在 1.9 附近;另一组国家在 1.3 附近;仅 1 个国家在 1.50—1.75[②]。McDonald 对 28 个总和生育率低于 1.5 的国家进行实证分析后提出一个假设,即一旦生育率下降到 1.3 或者 1.4 的水平而不是维持在 1.6 左右,那么这个国家的生育率就很难提高到 1.6 的水平。根据这一假设,他得出的

---

① Caldwell, J. C. and Mcdonald, C. P., "Policy Responses to Low Fertility and its Consequences: A Global Survey", *Journal of Population Research*, Vol. 19, No. 1, March 2002, p. 1.

② Rindfuss, R. R., Choe, M. K. and Brauner-Otto, S. R., "The Emergence of Two Distinct Fertility Regimes in Economically Advanced Countries", *Population Research and Policy Review*, Vol. 35, No. 3, March 2016, p. 287.

政策建议是各国应努力将生育率保持在 1.5 的临界水平以上。综上可见，学者们认同低于更替水平的生育率国家存在差异和分为两组，但是两组的分界线尚未达成共识。

4. 本书对世界各国生育率类型的划分

本书借鉴国际机构和国外学者根据生育率变动趋势和研究所需对世界各国生育率类型的划分，同时为了进一步考察极低生育率的空间分布及其演变特征，将极低生育率国家从低于更替水平的低生育率国家中划分出来，在研究过程中采用四种类型的划分方法：极低生育率国家（TFR≤1.5，lower low-fertility）、适度低生育率国家（1.5＜TFR≤2.1，moderate low-fertility）、中等生育率国家（2.1＜TFR≤4.0，intermediate-fertility）和高生育率国家（TFR＞4.0，high-fertility）。如果没有特别说明，不同类型国家即上述四种生育率类型国家。另外，将极低生育率国家和适度低生育率国家合并称为低生育率国家。

5. 生育率类型国家与人口红利类型国家、抚养比类型国家的联系

生育率变动是影响人口年龄结构的重要变量，为此，将生育率类型国家与四种人口红利国家、五种抚养比类型国家联系起来，可以看出它们之间的对应关系（见表 1 - 11）。

表 1 - 11　　四种生育率类型国家与四种人口红利国家、五种抚养比国家的对应关系

生育率类型国家	人口红利类型国家	抚养比类型国家
高生育率国家（21）	前人口红利时期国家（21）	高少儿抚养比国家（21）
中等生育率国家（89）	前人口红利时期国家（16） 人口红利早期国家（59） 人口红利晚期国家（14）	高少儿抚养比国家（56） 中等少儿抚养比国家（31） 双重较高抚养比国家（2）
适度低生育率国家（54）	人口红利早期国家（1） 人口红利晚期国家（33） 后人口红利时期国家（20）	中等少儿抚养比国家（15） 高老年抚养比国家（25） 双重较高抚养比国家（8） 低抚养比国家（6）
极低生育率国家（25）	人口红利晚期国家（8） 后人口红利时期国家（17）	高老年抚养比国家（22） 低抚养比国家（3）

从四种生育率类型看，高生育率国家是前人口红利时期国家和高少儿抚养比国家；中等生育率国家，以人口红利早期国家为主，同时也以高少儿抚养比国家为主；适度低生育率国家，以人口红利晚期国家和后人口红利时期国家占据绝对优势，同时以高老年抚养比国家和中等少儿抚养比国家为主；极低生育率国家，以后人口红利时期国家为主，同时以高老年抚养比国家为主。

从四种人口红利国家看，（1）前人口红利国家：TFR 自 1990 年以来略有下降，2016 年仍高居 5.2，即属于高生育率国家。抚养比自 1990 年以来呈现小幅下降态势，1990—2017 年期间年均下降 0.28 个百分点；2017 年仍然高居 90% 以上，这主要由于高生育率导致少儿抚养比居高不下，少儿抚养比自 1990 年的 90.4% 降至 2017 年的 83.2%，仅下降 7.2 个百分点；2017 年，老年抚养比仅为 5.4%，比 1990 年上升了 0.4 个百分点；因此，属于高少儿抚养比国家。（2）人口红利早期国家：TFR 自 1990 年以来稳步下降，2016 年仍高于更替水平，属于中等生育国家；抚养比呈现明显下降态势，由 1990 年的 76.8% 降至 2017 年的 54.1%，年均下降 0.84 个百分点；总抚养比的下降主要是由于少儿抚养比持续下降所致。总抚养比中继续以少儿抚养比为主；目前仍属于高少儿抚养比国家。（3）人口红利晚期国家：TFR 在 1990—2000 年期间下降，2001—2016 年期间保持在 1.7，为低生育率国家；自 1990 年以来表现出总抚养比先下降后上升，下降主要是少儿抚养比下降所致，目前为中等少儿抚养比国家或双重较高抚养比国家。（4）后人口红利时期国家：TFR 在 1990—2016 年期间基本保持在 1.6—1.7，为低生育率国家；由于老年抚养比的上升导致总抚养比自 2000 年以来稳步小幅，目前为高老年抚养比国家（见表 1-12）。因此，总体上，前人口红利国家的抚养负担最重，人口红利晚期国家的抚养负担相对最轻，后人口红利时期国家的抚养负担已恢复较重；前人口红利国家的抚养负担主要来自少儿抚养，后人口红利时期国家的抚养负担以老年人的抚养为主。

表 1-12　四种人口红利国家 1990 年以来生育水平、劳动年龄人口占比及抚养比的变动趋势

	1990年	2000年	2008年	2009年	2010年	2011年	2012年	2013年	2014年	2015年	2016年	2017年
总和生育率												
前人口红利时期国家	6.6	6.1	5.7	5.7	5.6	5.5	5.5	5.4	5.3	5.2	5.2	...
人口红利早期国家	4.2	3.3	2.9	2.8	2.8	2.7	2.7	2.6	2.6	2.6	2.5	...
人口红利晚期国家	2.5	1.7	1.7	1.7	1.7	1.7	1.7	1.7	1.7	1.7	1.7	
后人口红利时期国家	1.7	1.6	1.7	1.7	1.7	1.6	1.7	1.6	1.6	1.6	1.6	
15—64岁人口所占比例												
前人口红利时期国家	51.0	51.9	52.1	52.1	52.2	52.2	52.3	52.5	52.6	52.8	52.9	53.1
人口红利早期国家	56.7	59.9	62.7	63.0	63.4	63.6	63.9	64.2	64.4	64.7	64.9	65.1
人口红利晚期国家	64.4	67.5	71.8	72.0	72.2	72.2	72.1	71.9	71.7	71.4	71.1	70.7
后人口红利时期国家	67.3	67.3	67.2	67.2	67.0	66.8	66.6	66.3	66.0	65.7	65.4	65.1
少儿抚养比												
前人口红利时期国家	90.4	87.4	86.8	86.7	86.4	86.3	86.0	85.6	85.0	84.4	83.9	83.2
人口红利早期国家	70.0	60.0	52.1	51.3	50.4	49.7	48.9	48.1	47.4	46.7	46.0	45.4
人口红利晚期国家	46.2	37.6	27.9	27.4	27.0	26.7	26.6	26.6	26.7	26.7	26.8	26.9
后人口红利时期国家	29.8	27.4	25.4	25.3	25.1	25.1	25.1	25.0	25.0	25.1	25.1	25.1
老年抚养比												
前人口红利时期国家	5.8	5.5	5.4	5.4	5.4	5.4	5.4	5.4	5.4	5.3	5.4	5.4
人口红利早期国家	6.8	7.4	7.8	7.8	7.9	8.0	8.0	8.1	8.2	8.3	8.5	8.7
人口红利晚期国家	9.3	10.7	11.5	11.6	11.8	12.0	12.3	12.6	13.0	13.5	14.0	14.7
后人口红利时期国家	18.0	21.3	23.5	23.8	24.3	24.8	25.4	26.0	26.7	27.4	28.1	28.7

资料来源：世界银行数据库。

本章小结

  本章通过梳理近20位国际知名学者在1999—2020年期间发表的国际生育率研究文献，总结得出国际生育率变动趋势、影响因素、社会经济效应及政策响应是四大热点领域，国际生育率错综变化的现实呼唤生育率转变理论及低生育率学说的进一步完善，现有研究缺乏各因素对生育率变动影响程度的时期比较，缺乏对世界不同类型国家生育率变动影响因素的比较，以及需要结合世界经济社会发展格局变动来分析国际生育率新变动的差异等。

  本书旨在探讨世界生育率变动空间分异的特征与规律、因素与机制、后果及政策响应等，并形成理论假说。为便于研究，将世界201个国家或地区划分为极低生育率国家（TFR≤1.5）、适度低生育率国家（1.5＜TFR≤2.1）、中等生育率国家（2.1＜TFR≤4.0）和高生育率国家（TFR＞4.0）四种类型，各种生育率类型国家对应四种类型的人口红利国家、五种类型的抚养比国家。为更科学合理地开展对比分析和深入研究，本章概括主要数据来源，并对生育率相关概念进行界定。

第二章

国际生育率新变动的空间分异格局

在过去的几个世纪里,世界范围内生育率普遍下降的同时,生育率的变动特征也表现出强烈的区域差异性。生育水平及其变动的空间差异直接影响到人口和经济社会发展的地区差异,与2030年可持续发展议程的实施、各国的政策制定和规划又是直接相关的。因此,分析全球范围内生育率变动的空间格局具有重要的现实意义。本章着力从全球尺度和中观尺度分析并总结21世纪以来国际生育率变动的空间分异表现,进而探析变动的空间分异格局特征。具体包括三个部分:一是分析总和生育率、年龄别生育率及生育模式、生育率转变及其动力机制、生育时间、生育意愿等的变动在洲际、地理亚区、不同生育率类型国家之间的差异;二是进一步深入分析四种生育率类型内部国家之间生育水平、生育模式、生育年龄等变动的差异,特别是重点分析各生育率类型内部人口大国生育率变动差异;三是运用变异系数、标准差椭圆(Standard Deviational Ellipse,SDE)、核密度分析、空间自相关分析、自然断裂点等方法,在地理信息系统技术支持下,定量刻画1990年以来世界生育率新变动的空间分异格局,以及探析不同生育率类型国家在1990—2020年变动的空间分布及动态演进特征。

第一节 世界范围内生育率新变动的总体空间差异

一 总和生育率变动的空间差异

生育水平下降是绝大部分国家的普遍现象。同时,生育水平变动在6大区、20个亚区、201个国家之间也表现出强烈的空间差异,进而影响不同生育率亚区和国家在世界分布的格局变动,以及影响世界人口分布的格局变动。

（一）洲际和地理亚区 TFR 变动比较

1. 非洲、拉丁美洲及加勒比地区、亚洲的 TFR 下降幅度大，北美和大洋洲 TFR 维持稳定，欧洲进入 21 世纪 TFR 回升

根据《2019 年世界人口展望》中的数据，全球总和生育率由 20 世纪 90 年代初期的 3.02 降至 2015—2020 年期间的 2.47，即 20 年间平均减少了 0.55 个孩子，下降了 17.9%。全球生育水平的下降主要是由于发展中国家生育率下降所造成的。许多发展中国家随着工业化进程、受教育程度提高以及城镇化推进，养育孩子的各种成本上升和大家庭的效益下降，导致期望拥有更少的孩子。

非洲、拉丁美洲及加勒比地区、亚洲是 TFR 下降幅度超过世界平均水平的三大区域，其中非洲 TFR 从 1990—1995 年的 5.72 降至 2000—2005 年的 5.08，2015—2020 年进一步降至 4.44，即 25 年来育龄妇女减少生育 1.28 个孩子，下降了 22.5%。拉丁美洲及加勒比地区 TFR 由 1990—1995 年的 3.06 降至 2000—2005 年的 2.49，2015—2020 年进一步降至 2.04，即降至更替水平，1990—2020 年期间减少生育 1.02 个孩子，下降了 33.5%。亚洲 TFR 由 1990—1995 年的 2.9 降至 2000—2005 年的 2.45，2015—2020 年进一步降至 2.15，同样接近更替水平，1990—2020 年期间减少生育 0.75 个孩子，下降 25.7%。可见，1990—2020 年期间非洲 TFR 下降幅度最大，拉丁美洲及加勒比地区 TFR 的下降速度最快。并且，3 个大区均显示出 TFR 在 20 世纪 90 年代下降速度更快一些而进入 21 世纪以来下降速度减缓。

作为 20 世纪 90 年代初期就处在较低生育水平的北美洲和大洋洲，1990—2020 年期间 TFR 基本稳定。其中北美洲 TFR 在 1990—2005 年期间基本保持在 2.0 附近，2010—2015 年略微降至 1.85，2015—2020 年进一步降至 1.75。大洋洲 TFR 自 1990 年以来几乎没有变化，基本维持在 2.4—2.5，不过，同北美洲一样，2010 年以来呈现持续微弱下降态势。

欧洲是唯一一个自 1995 年以来生育水平下降趋势逆转和回升的大洲。20 世纪 90 年代，大多数欧洲国家生育率降至历史最低点，整个欧洲 TFR 由 1990—1995 年的 1.57 降至 1995—2000 年的 1.43，特别是南欧和东欧下降更为迅速；进入 21 世纪，生育率下降趋势逐渐逆转，2010—2015 年升至 1.6，2015—2020 年保持在 1.61。对于欧洲国家 TFR 回升，可以从人口

学的两种视角加以解释：其一是从时期因素出发，由于更早一段时期生育年龄不断推迟的势头进入21世纪后显著减缓，因而时期进度效应的减小使TFR向真实水平回归；其二是从队列因素出发，当妇女队列处于年长生育年龄时，会促使其将以前推迟的生育做弥补性完成，即前者的依据是时期生育年龄推迟减缓，后者的依据是年长生育者显著增多[①]。不过，2008年经济衰退后许多欧洲国家TFR趋于平稳或再次略微下降。从经济社会发展来看，经济状况变好特别是东欧国家经济和复原、大学教育持续扩张、女性就业率上升、女性就业参与率增长更快、实施扩大家庭规模政策、婚姻的长期推迟以及结婚和生育的脱钩等是促使欧洲国家TFR逆转的宏观经济社会背景。

总体上，目前欧洲是唯一一个所有国家TFR低于更替水平的大洲，TFR最高的非洲（4.44）与TFR最低的欧洲（1.61），相差1.75倍；亚洲和拉丁美洲及加勒比地区的TFR均略高于更替水平，均高于北美洲、低于大洋洲。仅撒哈拉以南非洲仍然保持着高生育率，2015—2020年TFR为4.72。

2.11个亚区生育率持续下降，4个低生育率亚区进入21世纪后生育率下降趋势逆转和持续上升

纵观20个亚区TFR的变动态势，表现出亚区之间变化幅度存在显著差距。1990—2020年下降幅度较大的有东非、南亚、西亚、中美、西非、中非、南非、南美8个亚区，分别下降1.94、1.66、1.38、1.27、1.21、1.13、1.13、1.00，即减少生育1个以上孩子。北非、大洋洲其他地区、东南亚、中亚、加勒比地区5个亚区同期TFR分别减少0.97、0.96、0.88、0.82、0.60；北美、东亚分别减少0.24、0.16；澳大利亚和新西兰、南欧、北欧均减少0.05，西欧、东欧则表现为TFR略微增长，分别增加0.20、0.03。可见，18个地理亚区在1990—2020年出现不同程度的生育率下降。与1970—1995年各亚区生育率的变化相比，仅东非、西非和中非3个亚区在1990—2020年TFR的下降幅度要高于1970—1995年，大多数亚区在1990—2020年TFR的下降幅度低于1970—1995年。

在1990—2020年呈现整体性下降的18个亚区中，东南亚、南亚、西

---

① 郭志刚：《常规时期生育率失真问题及调整方法的新进展》，《人口研究》2012年第5期。

亚、西非、南非、中非、东非、大洋洲其他地区、南美、中美、加勒比地区等11个亚区呈现持续性下降。西欧、北欧、东欧和东亚4个低生育率亚区表现为TFR在更替水平以下波动起伏以及2000年前后TFR下降趋势逆转为上升趋势。比如，东欧10个国家均表现出21世纪以来生育率的明显上升；北欧11个国家和地区中，拉脱维亚、立陶宛、爱沙尼亚、瑞典、芬兰、英国、冰岛7个国家呈现生育率的明显转折，即先降后升。这些国家生育率变动趋势的逆转导致TFR低于1.3的欧洲国家数量自2003年以来快速减少。上述国家TFR回升的原因如同前面所述的时期生育年龄推迟减缓和年长生育者显著增多所致。至2015—2020年，除东亚外，其余5个低生育率亚区TFR回升至超过1990—1995年的TFR。

从各国或地区TFR下降比例看，阿联酋、马尔代夫、尼泊尔、不丹、沙特阿拉伯、佛得角、斯里兰卡、老挝、阿曼、也门、吉布提、柬埔寨12国的TFR在1990—2020年期间分别下降了63.8%、63.6%、61.1%、60.0%、57.8%、54.7%、54.2%、54.1%、53.3%、53.2%、52.9%、50.8%，即下降一半以上。从各国或地区的TFR下降幅度看，2015—2020年的TFR与1990—1995年的TFR相比，下降幅度最大的5个国家是也门、阿曼、马尔代夫、沙特阿拉伯、老挝，分别减少4.36个、3.34个、3.28个、3.21个、3.18个孩子，即全部是亚洲国家。从1990—1995年初期TFR位居世界前10的国家来看，也门由1990—1995年平均生育8.2个孩子降至2015—2020年平均生育3.84个孩子[1]，阿富汗、乌干达[2]、埃塞俄比亚[3]由平均生育7个以上孩子分别降至生育4—5个孩子。在2015—2020年达到更替水平之下的国家中，1990—2020年期间TFR下降幅度最大的是马尔代夫、尼泊尔、不丹、阿联酋、孟加拉国，分别减少3.28个、3.04个、3.00个、2.51个、2.01个孩子，TFR分别降至1.88、1.93、2.00、

---

[1] 也门战争是进入21世纪以来爆发的最大战争，也门是目前世界上最穷的国家，粮食有一半靠进口，经济陷入严重衰退之中。

[2] 阿富汗和乌干达在1980—2015年期间经历战乱和政局动荡。

[3] 埃塞俄比亚政府从20世纪90年代开始开展家庭计划工作。2000—2010年，埃塞俄比亚是撒哈拉以南非洲接受国际节育援助最多的国家，避孕普及率从2000年的6.3%升至2011年的27.3%。与此同时，埃塞俄比亚成为撒哈拉以南非洲生育率下降最快的国家之一，2015—2020年TFR降至4.40。

1.42、2.05。可见，1990—2020 年期间 TFR 快速下降的国家主要分布在南亚、西亚以及东非。

3. 低生育率亚区和国家增加，高生育率亚区和国家减少

由于非洲、拉丁美洲及加勒比地区的 TFR 显著下降，导致低生育率亚区数量增多，高生育率亚区数量减少。1990—1995 年，南欧、西欧、东欧、北欧、东亚、澳大利亚和新西兰、北美 7 个亚区的 TFR 低于更替水平，为低生育率亚区；2015—2020 年除上述 7 个亚区继续维持低于更替水平外，南美亚区也进入低生育率类型。TFR 超过 5 的高生育率亚区由 1990—1995 年的中非、西非和东非 3 个亚区减少到 2015—2020 年的中非、西非 2 个亚区。总人口在 9 万人以上的 201 个国家或地区中，1990—1995 年 56 个国家或地区 TFR 在 2.1 及以下，其中在 1.3 及以下的有 4 个；2015—2020 年 TFR 在 2.1 及以下的国家或地区增加到 94 个，其中在 1.3 及以下的国家或地区增长到 9 个；1990—1995 年 TFR 高于 5 的高生育率国家或地区达到 58 个，2015—2020 年减少到 11 个，且全部分布在撒哈拉以南非洲。

根据 2015—2020 年亚区 TFR，将 20 个亚区划分为三组：第一组，较高生育率亚区，包括中非、东非和西非 3 个亚区，TFR 高于 4；第二组，中等生育率亚区，包括加勒比地区、中美、东南亚、南亚、中亚、西亚、北非、南非、大洋洲其他地区 9 个亚区，TFR 介于 2.1 和 4 之间；第三组，低生育率亚区，包括南欧、西欧、东欧、北欧、东亚、澳大利亚和新西兰、北美、南美 8 个亚区，TFR 低于 2.1。前两个组，即高于更替水平的国家或地区，可以合并为撒哈拉以南非洲、大洋洲其他地区、北非和西亚、中亚和南亚等区域，TFR 分别为 4.6、3.4、2.9 和 2.4。

4. 低生育率国家由欧洲向亚洲和拉丁美洲扩散，高生育率国家进一步向非洲集中

首先，从各亚区低生育率国家或地区的变化看，自 1990—1995 年以来，欧洲、北美、澳大利亚和新西兰等低生育率国家数量在 40—44 个之间波动，东亚低生育率国家或地区也相对稳定在 7—9 个；除东亚之外的亚洲其他地区、拉丁美洲和加勒比地区则出现低生育率国家数量的较大幅度增长，比如除东亚之外的亚洲其他地区，低生育率国家或地区数量由 1990—1995 年的 3 个增至 2015—2020 年的 15 个；同期，拉丁美洲和加勒比地区，低生育率国家或地区数量由 5 个增至 20 个。因此，低生育率国家或地区由欧洲和东亚向

亚洲其他地区、拉丁美洲及加勒比地区显著扩散。

其次，从生育率最低的10个国家或地区看，20世纪90年代，主要集中在东欧及西欧，亚洲国家和地区仅占据2席；2015—2020年，亚洲国家或地区占据了一半（见表2-1-1）。其中主要原因在于20世纪末，欧洲很多低生育率国家的生育率下降趋势得以扭转，而韩国、新加坡等亚洲低生育率国家的生育水平则持续下降。除希腊、西班牙、葡萄牙、荷兰、卢森堡、波黑、匈牙利、丹麦之外，大多数欧洲国家的TFR在2015—2020年期间比2000—2005年期间增长了0.1—0.45，像俄罗斯、白俄罗斯、捷克、拉脱维亚分别增长了0.52、0.45、0.45、0.43。作为生育率最高的10个国家，1990—1995年有8个位于非洲，2个位于亚洲；2015—2020年则全部分布在非洲，其中西非4个国家，东非、中非各3个国家。在1990—2020年期间，地处亚洲的也门和阿富汗退出了生育率前10位国家，TFR出现了大幅度下降；目前全球生育率最高的10个国家位于撒哈拉以南和南非以北的非洲中部地区，它们或是伊斯兰国家或是正处于伊斯兰教和基督教激烈竞争的国家，其中非洲第一大国，人口已逼近2亿的尼日利亚就是典型。

表2-1-1　　1990—2020年期间总和生育率最低和最高的10个国家或地区

时间	总和生育率最低的10个国家或地区	总和生育率最高的10个国家或地区
1990—1995年	西班牙（1.2），中国香港（1.2），保加利亚（1.2），意大利（1.3），德国（1.3），爱沙尼亚（1.3），拉脱维亚（1.3），斯洛文尼亚（1.3），罗马尼亚（1.3），中国澳门（1.4）	也门（8.2），尼日尔（7.8），索马里（7.5），阿富汗（7.5），布隆迪（7.4），乍得（7.4），马里（7.2），安哥拉（7.1），埃塞俄比亚（7.1），乌干达（7.1）
2000—2005年	中国澳门（0.91），中国香港（0.93），捷克共和国（1.14），乌克兰（1.19），斯洛伐克（1.20），斯洛文尼亚（1.21），拉脱维亚（1.21），西班牙（1.24），保加利亚（1.24），意大利（1.24）	尼日尔（7.7），索马里（7.5），乍得（7.4），阿富汗（7.2），东帝汶（7.0），布隆迪（6.9），马里（6.9），乌干达（6.8），刚果民主共和国（6.7），安哥拉（6.6）
2005—2010年	中国澳门（0.85），中国香港（0.98），乌克兰（1.18），捷克共和国（1.19），斯洛伐克（1.19），白俄罗斯（1.20），韩国（1.21），保加利亚（1.21），斯洛文尼亚（1.21），摩尔多瓦（1.22）	尼日尔（7.6），索马里（7.1），乍得（6.9），马里（6.7），刚果民主共和国（6.6），东帝汶（6.5），布隆迪（6.5），乌干达（6.4），阿富汗（6.4），安哥拉（6.4）

续表

时间	总和生育率最低的10个国家或地区	总和生育率最高的10个国家或地区
2015—2020年	韩国（1.11）、中国台湾（1.15）、中国澳门（1.2）、新加坡（1.21）、波多黎各（1.22）、摩尔多瓦（1.26）、波黑共和国（1.27）、葡萄牙（1.29）、希腊（1.3）、中国香港（1.33）	尼日尔（6.95）、索马里（6.12）、刚果民主共和国（5.96）、马里（5.92）、乍得（5.8）、安哥拉（5.55）、布隆迪（5.45）、尼日利亚（5.42）、冈比亚（5.25）、布基纳法索（5.23）

资料来源：United Nations, Department of Economic and Social Affairs, Population Division, *World Population Prospects* 2019, ST/ESA/SER. A/423, November 2019.

5. 分布在低生育率国家的人口增多，各有四成人口生活在适度低生育率和中等生育率国家

从世界人口在四种生育率类型国家的分布看，分布在适度低生育率国家的人口所占比重大幅度上升，分布在中等生育率国家的人口所占比重持续下降（见表2-1-2）。具体来看，适度低生育率国家的人口占世界总人口的比重先降后升，首先由1990年的接近两成大幅度降至2000年的略高于一成，其主要原因在于很多欧洲国家在20世纪90年代进入极低生育率国家行列；2016年和2018年增至四成，主要由于中国及许多极低生育率国家TFR回升至1.5以上。中等生育率国家的人口占世界总人口的比重持

表2-1-2　1990—2018年不同生育率类型国家人口占世界总人口的比重

年份	极低生育率国家（%）	适度低生育率国家（%）	中等生育率国家（%）	高生育率国家（%）
1990	3.8	19.8	64.1	13.6
2000	32.9*	11.7	45.1	10.3
2010	7.8	38.5	45.1	8.6
2016	6.9	40.9	43.2	7.0
2018	6.5	43.5	37.6	12.4

注：* 世界银行估计中国2000年TFR为1.497，其余年份TFR均高于1.5，所以2000年中国归入极低生育率国家，从而导致全部极低生育率国家人口总量占世界总人口的比重远远高于1990年、2010年、2016年、2018年。

资料来源：世界银行数据库。

续下降，由 1990 年的六成以上降至 2018 年的不足四成。高生育率国家的人口占世界总人口的比重由 1990—1995 年的 13.6% 持续降至 2010—2015 年的 7%，2018 年又升至 12.4%。极低生育率国家的人口所占比重出现显著的波动起伏，这主要是由于世界银行判断 2000 年中国 TFR 低于 1.5 而将中国归于极低生育率国家，导致 2000 年极低生育率国家的人口所占比重达到 32.9%。

根据《2019 年世界人口展望》和 2019 年美国人口普查局颁布的世界各国人口数据，在人口规模前 20 位的国家中，低生育率国家包括中国、美国、巴西、俄罗斯、日本、越南①、土耳其、孟加拉国、德国、泰国 10 国（依据人口规模排序），即 5 个国家分布在亚洲；中等生育率国家有印度、印度尼西亚、巴基斯坦、墨西哥、菲律宾、埃及、伊朗 7 国（依据人口规模排序），其中 5 国分布在亚洲；高生育率国家有尼日利亚、埃塞俄比亚、刚果（金）3 国（依据人口规模排序），均分布在非洲。由表 2-1-3 可以看出，在人口规模前 20 位的国家中，1990—1995 年低生育率国家共计 6 个，人口合计占 34.5%；2015—2020 年低生育率国家增至 10 个，人口合计占 35.6%。

表 2-1-3　世界前 20 位人口大国总和生育率及人口规模变动比较

排名	国家	生育率类型		总和生育率		人口数量		人口占世界比例	
		1990—1995 年	2015—2020 年	1990—1995 年	2015—2020 年	1990—1995 年	2015—2020 年	1990—1995 年	2015—2020 年
1	中国	适度低生育率	适度低生育率	1.83	1.69	11.77	14.34	22.1	18.6
2	印度	中等生育率	中等生育率	3.83	2.24	8.73	13.67	16.4	17.7
3	美国	适度低生育率	适度低生育率	2.03	1.78	2.52	3.29	4.7	4.3
4	印度尼西亚	中等生育率	中等生育率	2.90	2.32	1.81	2.71	3.4	3.5
5	巴西	中等生育率	适度低生育率	2.72	1.74	1.49	2.11	2.8	2.7
6	巴基斯坦	高生育率	中等生育率	5.96	3.55	1.08	2.17	2.0	2.8
7	尼日利亚	高生育率	高生育率	6.37	5.42	0.95	2.01	1.8	2.6
8	孟加拉国	高生育率	适度低生育率	4.06	2.05	1.03	1.63	1.9	2.1

---

① 越南是全球除中国外唯一实施过强制性生育限制政策的国家。越南允许每对夫妇生育 2 个孩子，另对生育间隔有所限制。

续表

排名	国家	生育率类型 1990—1995年	生育率类型 2015—2020年	总和生育率 1990—1995年	总和生育率 2015—2020年	人口数量 1990—1995年	人口数量 2015—2020年	人口占世界比例 1990—1995年	人口占世界比例 2015—2020年
9	俄罗斯	适度低生育率	适度低生育率	1.55	1.82	1.48	1.46	2.8	1.9
10	日本	极低生育率	极低生育率	1.48	1.37	1.25	1.27	2.3	1.6
11	墨西哥	中等生育率	中等生育率	3.23	2.14	0.84	1.28	1.6	1.7
12	埃塞俄比亚	高生育率	高生育率	7.09	4.30	0.48	1.12	0.9	1.5
13	菲律宾	高生育率	中等生育率	4.14	2.58	0.62	1.08	1.2	1.4
14	越南	中等生育率	适度低生育率	3.23	2.06	0.68	0.96	1.3	1.3
15	埃及	高生育率	中等生育率	4.15	3.33	0.56	1.00	1.1	1.3
16	德国	极低生育率	适度低生育率	1.30	1.59	0.79	0.84	1.5	1.1
17	伊朗	中等生育率	中等生育率	3.70	2.15	0.56	0.83	1.1	1.1
18	土耳其	中等生育率	适度低生育率	2.90	2.08	0.54	0.83	1.0	1.1
19	刚果（金）	高生育率	高生育率	6.77	5.96	0.35	0.87	0.6	1.1
20	泰国	适度低生育率	适度低生育率	1.99	1.53	0.57	0.70	1.1	0.9

资料来源：United Nations, Department of Economic and Social Affairs, Population Division, *World Population Prospects* 2019, ST/ESA/SER.A/423, November 2019.

6. 东亚和东南亚成为极低生育率的新"热点"亚区

1992年，意大利和西班牙TFR降至1.3以下，成为欧洲最早经历超低生育率国家，随后希腊在20世纪90年代末也加入超低生育率国家。Adsera认为这是由20世纪80年代末90年代初高失业率导致生育推迟所致[1]；又有学者进一步提出，与教育程度快速扩张和随后女性进入劳动力市场晚有关的进度效应使南欧国家在20世纪90年代末TFR下降了0.3。

进入21世纪，低生育率不再是欧洲的主要特征，亚洲、拉丁美洲及加勒比海的许多国家正经历着向生育率低于更替水平的转变，特别是东亚成为极低生育率地区，东亚正取代欧洲成为极低生育率的"全球热点地区"。进入21世纪，韩国、日本、新加坡、中国香港、中国台湾5个国家和地区的TFR降至1.5以下，其中韩国下降趋势最为明显，TFR由2000年的1.5

---

[1] Adsera, A. and Menendez, A., "Fertility Changes in Latin America in Periods of Economic Uncertainty", *Population Studies*, Vol. 65, No. 1, March 2011, p. 37.

降至2018年的0.96①，成为目前世界上唯一TFR低于1的国家。此外，2000年以来中国和上述5个国家或地区的TFR在大多数年份低于欧盟国家整体水平。并且，中国香港、中国台湾等超低生育率的出现是自1990年以来生育率的真实下降，表现在一胎终身生育率的持续下降。而在欧洲，生育率的生育进度效应逐渐减弱，一胎的终身生育率相对稳定，即欧洲超低生育率的出现可能只是进度效应导致的暂时现象。

进一步分析东亚这些超低生育率社会，具有以下共同特点：(1) 尚未形成支持生育的家庭和性别政策，公私领域的性别不平等持续存在，降低了女性的生育意愿。强大的家族主义和父权制的长期存在，家庭内部传统性别分工的延续、经济和社会的现代化发展与家庭中的传统习俗发生交锋，导致女性面临较严重的工作与家庭冲突。育儿设施相对有限，女性不得不面临工作时间长、工作时间不灵活、不友好的育儿假等工作环境，以及劳动力市场对女性的歧视等，对婚姻和生育起到了抑制和推迟作用。(2) 无孩率上升是导致该地区极低生育率的一个重要原因。比如，日本和韩国，随着女性受教育程度的提升，她们更加看重个人发展和职业成就，也更加追求性别平等，然而，国家的制度变化未能跟上工作场所和家庭内部性别规范快速变化的脚步，竞争激烈的环境导致超长的工作时间和巨大的社会压力，生活成本高昂，养育子女和照顾年迈父母的经济负担过重，以及公共政策对未婚单亲家庭、离异单亲家庭、同居伴侣、单身人士以及同性伴侣提供极为有限的支持。在上述因素的共同作用下，很多年轻人害怕或者逃避组建家庭而导致无孩率上升②。(3) 重视子女教育，强调人力资本投资与竞争。父母希望为孩子提供一等教育而使得养育孩子的时间和金钱成本昂贵。比如日本2004年父母投入0—24岁子女教育经费占其个人私有财富的26%，韩国和中国台湾地区的民众更是使用过半，韩国为54.2%，台湾地区为66.8%，"教育热"是极低生育率背后的一股重要力量。(4) 鼓励提高生育的诸多政策并没有产生显著的影响。比如，新加坡有各种补贴儿童费用的计划，各种政府计划补贴高达18

---

① 不同机构和不同学者对世界各国生育率的估计存在差异，比如世界银行和人类生育率数据库分别估计2018年韩国为1.1和0.96。

② Wei-Jun Jean Yeung, Shu Hu, *Family and Population Changes in Singapore: A Unique Case in the Global Family Change*, Routledge, 2018, p.123.

岁儿童抚养成本的1/3，但在21世纪头十年TFR仍是全世界最低的[1]。再如，韩国政府将应对低生育率预算的70%—80%投入生育奖励补贴等短期政策中，但学者指出这种做法并不明智，要想避免"人口断崖"，韩国必须制定综合性低生育率对策，从根本上解决青年人就业和住房问题，为他们创造有利的生育条件[2]。(5) 初育年龄不断上升，日本由2005年的28.6岁推迟到2015年的30.0岁，韩国由2005年的28.9岁推迟到2015年的30.9岁，中国台湾由2005年的27.6岁推迟到2015年的30.0岁。因此，总体上，东亚成为超低生育率地区与欧洲存在显著不同，即不同的驱动力和不同的制度因素。

需要进一步指出的是，东亚和东南亚是世界上人口最多的两个亚区，2019年拥有23亿人口，占全球人口的30%。这两个亚区部分国家或地区降至极低生育率，将直接影响到世界人口增长。

7. 北欧、西欧、北美等亚区自2012年以来进入生育低谷期

2012年世界经济恢复以来，芬兰、挪威、冰岛等北欧国家，英国、爱尔兰、比利时、法国等西欧国家，以及美国、加拿大、澳大利亚、新西兰，并未出现所预料的生育率回升，即富裕国家并没有表现出通常的"顺周期"生育率[3]。比如，冰岛的TFR由2011年的2.04持续降至2018年的1.71；芬兰的TFR从2010年的1.87降至2018年的1.41[4]；美国从2007年的2.12降至2012年的1.88，2018年进一步降至1.73，达到1976年以来的最低水平。分析上述国家自2012年以来TFR持续下降的原因，首先，在于再次转向晚育成为经济衰退后的持续趋势，比如美国平均初育年龄由2007年的25岁上升至2017年的27岁，欧洲目前平均初育年龄达到29岁，美国因女性延迟生育导致实际生育率下降多达25%。其次，25岁以下年轻女性生育率下降，特别是表现在一孩出生。再次，由于美国移民、少数民族以及受教育程度较低者的生育率明显下降，尤其是美国经济条件较差和

---

[1] Jones G. W. and Hamid W., "Singapore's Pro-natalist Policies: To What Extent Have They Worked?" in Ronald R., Rindfuss and Minja Kim Choe eds, *Low and Lower Fertility: Variations across Developed Countries*, Springer, 2015, p. 33.

[2] 刘阳编译：《制定综合性政策应对低生育率》，《中国社会科学报》2018年9月7日。

[3] 在经济危机和经济复苏时大体都遵循一个规律：在经济衰退时期下降的生育率，在经济恢复时期就会上升。

[4] 根据美国人口咨询局颁布的《2018年世界人口数据集》，2018年冰岛、芬兰的终身生育率分别为1.7、1.5。

人口增长最快的拉丁裔人群,生育率受到的经济冲击最大,导致美国整体人口的生育水平下降。又次,2008年经济大衰退加速了美国制造业的衰落,制造业岗位大量减少抑制女性生育率降低[①]。最后,北欧国家民众感到2008年之后社会整体安全感下降,导致部分资源不足以抵消下一代发展风险的家庭选择放弃生育,表现在社会较低层出生率下降,尤其是选择不婚和丁克的人数快速增加。这样,在经济不平稳的情况下,现代避孕技术允许育龄夫妇能够灵活应对不断变化的时期条件、经济和劳动力市场趋势、家庭政策、扩大教育及其他因素,从而有意或无意在某种程度上推迟或提前或放弃生育行为。

(二) 不同生育率类型国家TFR变动比较

1. 中等生育率国家TFR平均降幅最大

通过比较四种生育率类型国家TFR变动,从中总结区域差异特征。极低生育率国家1990—2020年期间平均每年减少0.02个孩子,2015—2020年平均TFR为1.36。其中TFR下降幅度最大的是阿联酋,2015—2020年比1990—1995年减少2.5个孩子;有3个国家出现TFR的上升,但是增长幅度甚小,比如意大利2015—2020年仅比1990—1995年增加0.066个孩子。

适度低生育率国家在1990—2020年期间平均每年减少0.024个孩子,2015—2020年平均TFR为1.81。其中TFR下降幅度最大的是马尔代夫,2015—2020年比1990—1995年减少3.3个孩子;14个适度低生育率国家出现TFR上升,增长幅度最大的是俄罗斯,2015—2020年升至1.82,比1990—1995年增加0.29个孩子。

中等生育率国家在1990—2020年期间平均每年减少0.06个孩子,2015—2020年平均TFR为2.82。其中TFR下降幅度最大的是也门,2015—2020年降至3.84,比1990—1995年减少4.4个孩子;仅哈萨克斯坦、以色列、瓜德罗普3个国家或地区出现TFR上升,其中哈萨克斯坦TFR增长幅度最大,2015—2020年比1990—1995年增加0.21个孩子。

高生育率国家在1990—2020年期间平均每年减少0.054个孩子,2015—2020年TFR平均为4.81。其中TFR下降幅度最大的是阿富汗,2015—2020

---

① Seltzer, N., "Beyond the Great Recession: Labor Market Polarization and Ongoing Fertility Decline in the United States", *Demography*, Vol. 56, No. 4, June 2019, p. 1463.

年降至4.56，比1990—1995年减少2.9个孩子；没有国家出现TFR上升。

可见，中等生育率国家在1990—2020年期间TFR平均下降幅度最大，其次是高生育率国家，适度生育率和极低生育率国家的下降幅度相对较小。另外，四种生育率类型均有TFR出现上升的国家，不过适度低生育率类型出现上升的国家最多，即适度低生育率国家的生育水平相对不稳定和各国之间变化差异较大（见表2-1-4）。

表2-1-4　　不同生育率类型国家总和生育率变化幅度比较

不同生育率 类型国家	2015—2020年 平均TFR	1990—2020年 TFR平均每年变化	1990—2020年 TFR下降的最小值	1990—2020年 TFR下降的最大值
极低生育率国家	1.360	-0.020	-0.066	2.500
适度低生育率国家	1.810	-0.024	-0.290	3.300
中等生育率国家	2.820	-0.060	-0.210	4.400
高生育率国家	4.810	-0.054	0.800	2.900

资料来源：United Nations, Department of Economic and Social Affairs, Population Division, *World Population Prospects* 2019, ST/ESA/SER. A/423, November 2019.

2. 低生育率类型在中等收入国家迅速扩散

根据世界银行数据，目前107个国家属于中等收入国家，其中包括中国、印度、印度尼西亚、巴西、巴基斯坦、尼日利亚、孟加拉国、墨西哥、菲律宾、越南、埃及、伊朗、土耳其、刚果（金）、泰国15个人口大国。自20世纪90年代以来许多中等收入国家出现生育水平的显著下降，目前TFR降至2附近或2以下。例如，伊朗TFR由1990年的4.8降至2017年的1.64，2018年升至2.14[①]；墨西哥TFR由1990年的4.37降至2018年的2.13；孟加拉国TFR由1990年的4.5降至2018年的2.04；印度TFR由1990年的4.04降至2018年的2.02；土耳其TFR由1990年的3.11降至2018年的2.07（见图2-1-6）。上述15个前20位人口大国且为中等收入国家中，仅刚果（金）和尼日利亚的TFR下降缓慢且目前仍为高生

[①] 面对生育率的迅速下降，2014年，伊朗政府发起了一场广告活动，敦促年轻夫妇多生孩子。德黑兰的户外广告牌上写着"更多的孩子，更快乐的生活"。伊朗最高领导人号召伊朗人要有"四五个孩子"来为国家的发展做出贡献。

育率国家。推迟生育在许多中等收入国家迅速扩散成为这些国家纷纷进入低生育率类型的重要原因，例如：巴西国家卫生局系统中的出生信息表明，1998—2017年期间，在40—44岁、30—34岁生育的女性分别增加了50%、37%，在20—29岁生育的女性减少了15%。另外，政策也是导致上述中等收入国家生育率快速下降的重要原因，例如：越南在1988年再次实行计划生育，规定生育二胎的间隔；伊朗是唯一实行计划生育的伊斯兰国家，自1988年开始，主张夫妇生育3个孩子；泰国自1971年起实施没有强制性的计划生育政策。

3. 低生育率类型在发达经济体出现分歧

笔者进一步比较39个发达国家[①] 2015—2020年的生育水平，除以色列外分为三组：第一组，TFR在适度范围内，在1.64—1.90之间，主要包括北欧和西欧国家（法国、瑞典、爱尔兰、冰岛、丹麦、英国、比利时、挪威、荷兰）、新西兰、澳大利亚、美国、立陶宛、拉脱维亚、捷克15个国家或地区；第二组，TFR在1.5以下，即更接近于1而不是2，主要包括南欧、东欧以及东亚和东南亚等国家或地区，比如希腊、葡萄牙、意大利、西班牙、日本、新加坡、韩国、中国台湾、中国香港、中国澳门、塞浦路斯、卢森堡、马耳他13个国家或地区，2015—2020年TFR在1.1—1.45之间；第三组，TFR在1.5—1.6之间，包括加拿大、奥地利、芬兰、瑞士、德国、爱沙尼亚、斯洛文尼亚、斯洛伐克8个发达经济体（见图2-1-1）。上述分歧自2002年就开始了，直至最近依旧非常显著。总和生育率接近1而不是2的第二组国家，与总和生育率接近更替水平的第一组国家相比，具有一个共性特征：年轻人的地位相对较弱。这被视为达到极低生育率的一个必须条件，而非充分条件；并且可能通过人口老龄化过程而自我增强，因为青年选民在选举竞争中变得越来越不重要。事实上，推迟家庭形成，特别是推迟成为父母，被视为发达国家极低生育率出现的一个关键性决定因素。另外，也有学者总结得出，低生育现象在欧洲国家

[①] 根据国际货币基金组织出版的《2019年世界经济前景数据库》，"发达经济体"（advanced economies）包括全球39个国家或地区，具体包括欧洲28个国家，美国和加拿大，澳大利亚和新西兰，亚洲的日本、韩国、新加坡、以色列、中国台湾、中国香港，以及波多黎各。联合国定义的"发达国家"（more developed regions）包括全部欧洲国家、北美、澳大利亚和新西兰、日本。本书使用国际货币基金组织对"发达经济体"的定义，但缺失圣马力诺和波多黎各的生育率数据。

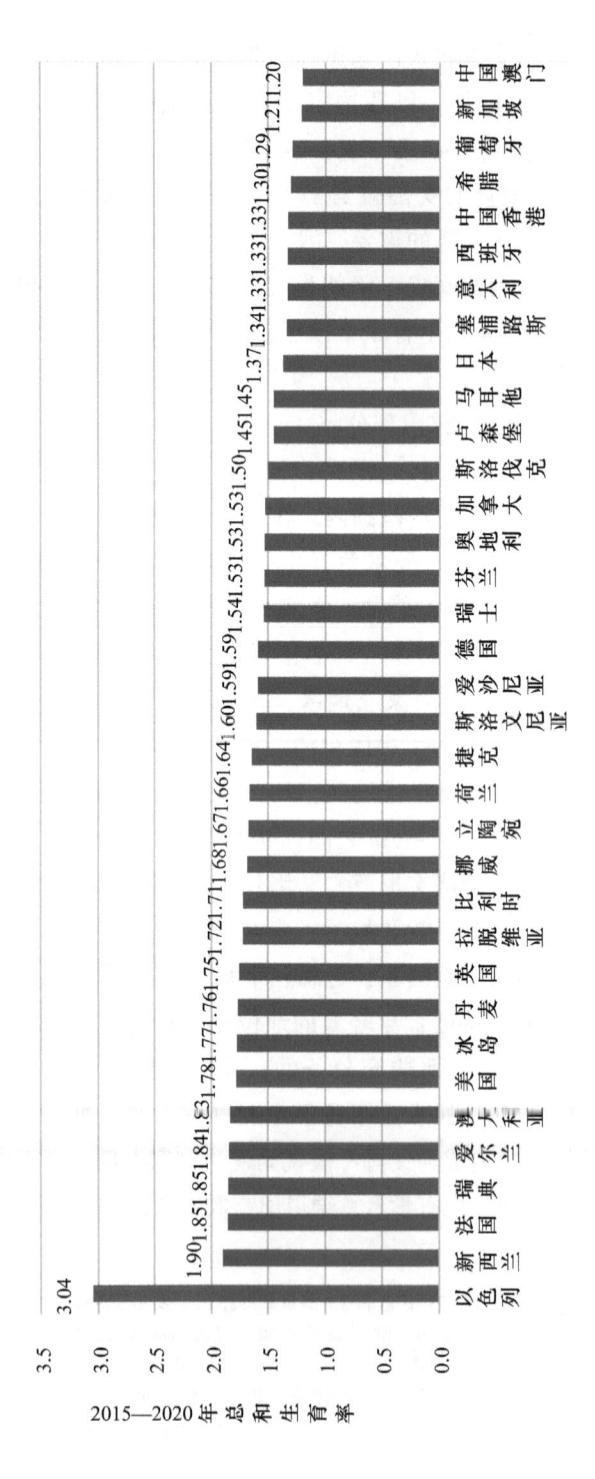

图 2-1-1 2015—2020 年世界 37 个发达经济体总和生育率比较

资料来源：United Nations, Department of Economic and Social Affairs, Population Division, *World Population Prospects 2019*, ST/ESA/SER. A/423, November 2019.

的分化表现在那些女性劳动参与率较低、传统价值观和家庭观念较强的国家，生育水平明显低于女性劳动参与率较高、传统家庭观念较弱的国家[1]：比如在北欧国家，相对较高的女性劳动参与率和接近更替水平的生育率并行不悖，相对较高的生育率通常被解释为慷慨的家庭政策和高度的性别平等[2]；地中海国家，由于家庭友好政策相对缺乏，家庭安排模式非常传统，加之长期低迷的经济形势，较低的女性劳动参与率和超低生育率长期并存。

4. 世界四大经济体TFR趋低和趋同

低生育率可谓现代化的副产品。世界范围内低生育率国家的分布及扩散与经济体的现代化发展是大体同步的，即从20世纪初开始，先是欧洲的法国、德国，再到东亚的日本、韩国以及东南亚的新加坡和中国香港等地。从世界经济前20位国家[3]看，2019年仅沙特阿拉伯、印度尼西亚、印度3国的总和生育率略高于更替水平，并且这3个国家生育水平在1990—2019年期间呈现显著下降，特别是沙特阿拉伯由1990年的5.9降至2019年的2.4，印度尼西亚由1994年的2.8降至2019年的2.3，印度由1990年的4.0降至2019年的2.3[4]。世界排名前四的经济体，即美国、中国、日本和德国的生育水平总体上呈现持续走低的态势。美国TFR在2007年达到峰值2.12，此后持续缓慢下降，2020年降至1.72；中国TFR在1999年达到最低点1.49，此后缓慢上升，2018年升至1.7；日本TFR在1990—2005年波动下降，2005年降至最低点1.26，此后缓慢上升，2012—2018年保持在1.4及以上；德国TFR在1995年达到最低点（1.25），此后缓慢上升，2018年升至1.6（见图2-1-2）。

此外，四大经济体TFR的差距在逐渐缩小，1990年美国和中国的TFR均在2以上，德国和日本的TFR在1.5左右；2018年，美国和中国的TFR均为1.7，德国和日本的TFR在1.4—1.6。即四大经济体TFR呈现趋同态势。

---

[1] Chesnais, J. C., "Fertility, Family, and Social Policy in Contemporary Western Europe", *Population and Development Review*, Vol. 22, No. 4, December 1996, p. 729.

[2] Rønsen M., and Skrede K., "Can Public Policies Sustain Fertility in the Nordic Countries?", *Demographic Research*, Vol. 22, No. 13, December 2010, p. 321.

[3] 根据国际货币基金组织出版的《2018年世界经济展望》，2018年名义GDP的国家排名（前20名）分别是美国、中国、日本、德国、法国、英国、印度、意大利、巴西、加拿大、韩国、俄罗斯、澳大利亚、西班牙、墨西哥、印度尼西亚、土耳其、荷兰、瑞士与沙特阿拉伯。

[4] 数据源自《2019年世界人口状况》。

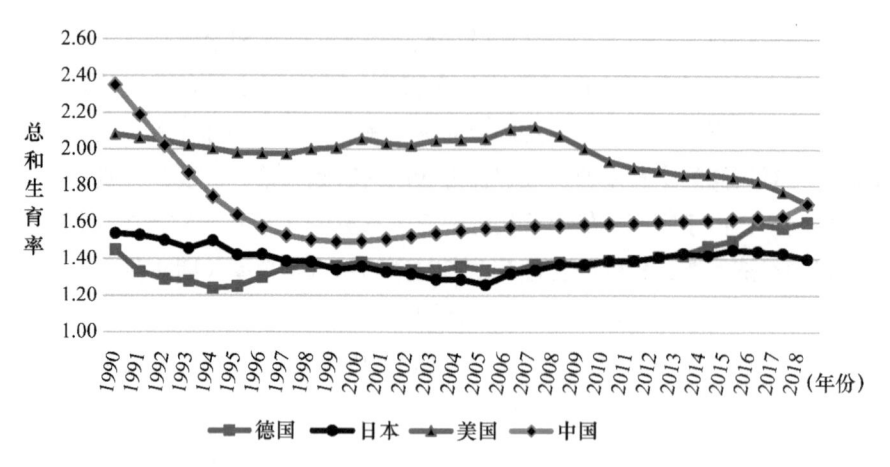

图 2-1-2　1990—2018 年世界四大经济体总和生育率变动趋势
资料来源：世界银行数据库。

二　年龄别生育率及生育模式变动的空间差异

如前所述，1990 年以来，全球整体生育水平趋于下降，2015—2020 年比 1990—1995 年减少 0.54 个孩子。如果继续细分 5 岁组的生育率变化幅度，可以看出，20—24 岁下降幅度最大，减少 0.22 个孩子；其次是 25—29 岁组，减少 0.12 个孩子；再次是 15—19 岁组，减少 0.11 个孩子；其余年龄组减少孩子数在 0.01—0.03。即生育率下降的 85% 源自 15—29 岁组。从各年龄组生育率的中位数变化看，15—19 岁由 1990—1995 年的 65‰降至 2015—2020 年的 36.2‰，下降了 44%；20—24 岁由 1990—1995 年的 175‰降至 2015—2020 年的 100.9‰，下降了 34%；25—29 岁由 1990—1995 年的 183‰降至 2015—2020 年的 121.7‰，下降了 30%；30—34 岁由 1990—1995 年的 131‰降至 2015—2020 年的 109.8‰，下降了 16%；35—39 岁由 1990—1995 年的 75.7‰降至 2015—2020 年的 61.4‰，下降了 19%；40—44 岁由 1990—1995 年的 27.7‰降至 2015—2020 年的 17.1‰，下降了 38%；45—49 岁由 1990—1995 年的 4.6‰降至 2015—2020 年的 2.2‰，下降了 52%。以上显示了分年龄组生育率中位数的下降幅度呈现"U"形即两头高中间低的特征，30—34 岁生育率下降幅度最小。当然，不同国家各年龄组生育率下降的幅度存在显著差异性。

（一）ABR 变动的区域差异

青少年生育率（ABR）的降低和未来整体生育水平的进一步下降紧

密相关，降低青少年生育率是许多政府关注的重要问题之一。ABR 是联合国监测朝向持续发展目标获得的一项全球性指标。怀孕和分娩的妇女在她们的生命中以及她们的新生儿出生时都会受到健康风险的影响，特别是在低收入和中等收入国家，15—19 岁少女母亲所生婴儿的死亡风险比 20—29 岁母亲所生新生儿的死亡风险高出大约 50%。不安全的堕胎往往造成孕产妇死亡及延续的健康问题，年轻女性特别容易受到伤害，因为她们比年长女性更容易发生晚期流产，并且更容易出现重复流产。据世界卫生组织估计，全球每年约有 300 万名少女发生不安全的堕胎[1]。除了对母亲和儿童的健康风险之外，青春期怀孕还减少了年轻女孩服务社会经济发展的机会，迫使她们中断教育，剥夺她们接受高等教育的机会和安全的就业机会，在许多情况下导致未来收入降低、贫困周期性延续以及社会和政治排斥。

1. 洲际和地理亚区 ABR 变动比较

在 1994 年联合国人口与发展大会上，179 个国家的政府同意"大幅度减少所有青少年怀孕"。从那时起，世界 ABR 下降了将近 30%，即 ABR 由 1990—1995 年的 65‰降至 2015—2020 年的 42.5‰[2]。各区域 ABR 的下降幅度存在显著差异，1990—2015 年期间全球 ABR 下降的 22.5 个千分点中，85% 是源于亚洲 ABR 的下降，拉丁美洲和加勒比地区及北美 ABR 的下降贡献了 13%，其他地区 ABR 的下降贡献了 2%。非洲的 ABR 在全球最高，并且下降缓慢，从 1990—1995 年的 122‰降至 2015—2020 年的 95‰，目前仍是世界平均水平的 2 倍多；2015—2020 年 20 岁以下育龄妇女生育占全部育龄妇女生育的 10.7%。拉丁美洲及加勒比地区的 ABR 也一直偏高，不过降幅相对较大，由 1990—1995 年的 82‰降至 2016 年的 67‰[3]，2015—2020 年 20 岁以下育龄妇女生育占 15%。1990—2020 年期间，北美、欧洲和亚洲的 ABR 下降比例最大，2015—2020 年 ABR 比 1990—1995 年 ABR 分别下降了

---

[1] Shah, I. H. and Åhman, E., "Unsafe Abortion Differentials in 2008 by Age and Developing Country Region: High Burden among Young Women", *Reproductive Health Matters*, Vol. 20, No. 39, July 2012, p. 169.

[2] 该数据源自《2019 年世界人口展望》；根据美国人口咨询局颁布的《2018 年世界人口数据集》，2017 年世界 ABR 为 50‰。

[3] 数据源自美国人口咨询局颁布的《2017 年世界人口数据集》。

66%、59%和56%；拉丁美洲和加勒比地区、大洋洲以及非洲的 ABR 下降比例较低，同期分别下降了28%、28%和21%。目前亚洲、大洋洲和北美洲 ABR 在18‰—30‰，2015—2020 年依次为24.5‰、28‰、18.9‰，20 岁以下育龄妇女生育所占比例依次为7%、6%、5%；欧洲 ABR 最低，仅为12.7‰，20 岁以下育龄妇女生育所占比例仅为4%。

在20个亚区中，2015—2020 年中非、西非和东非观察到最高的 ABR，分别为130‰、111‰、94‰；ABR 高于世界平均水平的亚区还有中美、南美和加勒比地区3个亚区，分别为64‰、63‰、60‰；东亚、南欧和西欧是 ABR 特别低的3个亚区，每千名15—19 岁妇女生育不到8人，其源于1990—1995 年以来 ABR 的大幅度下降（见图2-1-3）；美国和新西兰的 ABR 相对较高，2015—2020 年分别为29‰和19‰，加拿大和澳大利亚的

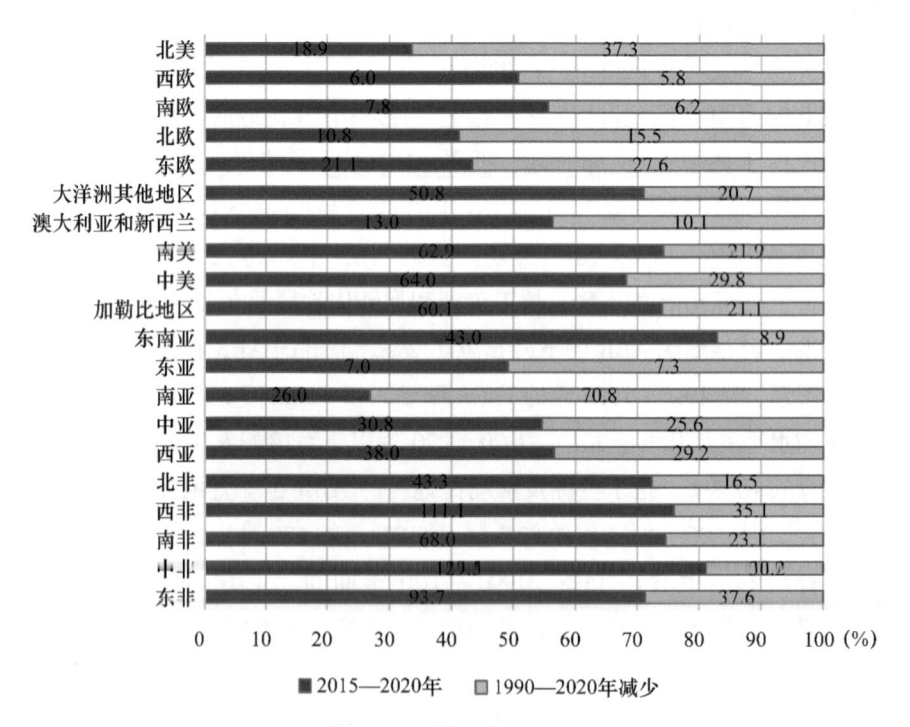

亚区	2015—2020年	1990—2020年减少
北美	18.9	37.3
西欧	6.0	5.8
南欧	7.8	6.2
北欧	10.8	15.5
东欧	21.1	27.6
大洋洲其他地区	50.8	20.7
澳大利亚和新西兰	13.0	10.1
南美	62.9	21.9
中美	64.0	29.8
加勒比地区	60.1	21.1
东南亚	43.0	8.9
东亚	7.0	7.3
南亚	26.0	70.8
中亚	30.8	25.6
西亚	38.0	29.2
北非	43.3	16.5
西非	111.1	35.1
南非	68.0	23.1
中非	129.3	30.2
东非	93.7	37.6

图2-1-3　世界20个地理亚区青少年生育率下降幅度和
2015—2020 年青少年生育率比较

资料来源：United Nations, Department of Economic and Social Affairs, Population Division, *World Population Prospects* 2019, ST/ESA/SER. A/423, November 2019.

ABR 相对较低，2015—2020 年分别为 8‰和 12‰。从国家看，将 ABR 高于 100‰视为高青春期生育率国家，2015—2020 年全世界共有 23 个，主要分布在中非、西非和东非，ABR 最高的 5 个国家是尼日尔（187‰）、马里（169‰）、乍得（161‰）、赤道几内亚（156‰）、安哥拉（151‰）；ABR 最低的 5 个国家或地区是朝鲜（0.3‰）、韩国（1.4‰）、中国澳门（2.4‰）、中国香港（2.7‰）、瑞士（2.8‰）。将 1990—2020 年期间 ABR 下降速度与 TFR 相比，前者低于或等于后者的有东非、东南亚、西亚、中美、南美等亚区，前者超过后者的亚区有除东非以外的其他非洲亚区、除东亚和东南亚之外的其余亚洲亚区、所有欧洲亚区、北美、大洋洲其他地区等。

2. 四种生育率类型国家 ABR 变动比较

不同生育率类型国家 ABR 变化率相比，极低生育率国家不仅具有整体上最低水平的 ABR，而且 ABR 下降速度最快。1990—2020 年期间，89% 的极低生育率国家和 85% 的适度低生育率国家 ABR 下降速度超过 30%，接近一半的极低生育率国家 ABR 下降速度超过 50%，1/3 的适度低生育率国家 ABR 下降速度超过 50%。同期，六成中等生育率国家 ABR 下降速度超过 30%，1/7 的中等生育率国家 ABR 下降速度超过 50%。四成的高生育率国家 ABR 下降速度超过 30%，7% 的高生育率国家 ABR 下降速度超过 50%。

不同生育率类型国家 ABR 的变化幅度相比，多数国家降低 30 个千分点以内。ABR 下降幅度在 30—50 个千分点的国家有 47 个，其中 14 个高生育率国家、16 个中等生育率国家、13 个适度低生育率国家和 4 个极低生育率国家。ABR 下降幅度超过 50 个千分点的国家有 27 个，其中 11 个高生育率国家、10 个中等生育率国家、5 个适度低生育率国家和 1 个极低生育率国家。另外，7 个国家的 ABR 在 1990—2020 年期间出现上升趋势（见表 2-1-5）。整体上，高生育率国家在 1990—2020 年期间 ABR 的平均下降幅度最大，为 39 个千分点；极低生育率 ABR 平均下降幅度最小，为 17 个千分点；中等生育率国家、适度低生育率国家 ABR 分别平均下降 27 个、24 个千分点。

表2-1-5　　不同生育率类型国家青少年生育率下降幅度比较

不同类型国家（数量）	1990—2020年期间青少年生育率下降幅度			
	< 0	0—30‰	31‰—50‰	>50‰
极低生育率类型国家（27）	2	20	4	1
适度低生育率类型国家（66）	2	45	13	6
中等生育率类型国家（69）	3	40	16	10
高生育率类型国家（39）	0	14	14	11

资料来源：United Nations, Department of Economic and Social Affairs, Population Division, *World Population Prospects* 2019, ST/ESA/SER. A/423, November 2019.

3. 影响 ABR 下降的重要因素

大多数国家随着入学率的提高、对避孕方法的需求量增加以及青少年女性已婚率的下降，ABR 呈下降趋势。早婚、受教育机会以及家庭生育计划需求依然是目前影响 ABR 的重要因素。

首先，ABR 高的国家也是青少年女性已婚率高的国家。在可得到数据的 103 个国家中，31 个国家 15—19 岁女性已婚率在 20% 或以上；在这 31 个国家中，有 22 个非洲国家和 2 个亚洲国家（孟加拉国和尼泊尔）及 3 个加勒比地区国家（多米尼加、洪都拉斯和尼加拉瓜）的 ABR 高于 80‰。另外，3 个非洲国家（肯尼亚、莱索托和斯威士兰）和 3 个拉丁美洲及加勒比地区国家（厄瓜多尔、萨尔瓦多和圭亚那）的 15—19 岁女性已婚率低于 20%，但是 ABR 依然很高[1]。

其次，女性接受教育的水平越高和持续时间越长，ABR 越低。表征受教育机会有三个维度，即到小学最后年级的女孩保存率、小学到初中女孩学校受教育年限、初中低年级女孩的辍学率，这三个维度表现较差的国家通常比表现较好的国家 ABR 要高。在非洲，小学到初中女孩学校受教育年限短的大多数国家，其 ABR 也较高。非洲初中低年级女孩的辍学率也是全世界最高的。不过，尽管一些非洲国家（如佛得角、肯尼亚和纳米比亚）和拉丁美洲及加勒比国家（如玻利维亚、哥伦比亚、多米尼加和委内瑞

---

[1] United Nations, Department of Economic and Social Affairs, Population Division, *Adolescent Fertility since the International Conference on Population and Development (ICPD) in Cairo*, ST/ESA/SER. A/337, 2013.

拉）初中低年级女孩的辍学率较低，但其 ABR 仍较高。

最后，青少年生育率与未满足的家庭生育计划需求所占比例是密切联系的。在可得到数据的 41 个国家中，23 个国家未满足需求的比例在女性青少年中超过 50%，其中 18 个国家分布在撒哈拉以南非洲。中等 ABR（ABR 介于 19‰—80‰之间）国家，青少年未满足家庭生育计划需求的比例相对低一些。

2015 年，全球 91% 的政府制定了旨在改善青少年生殖和性健康的政策或方案。在考虑的政策措施中，包括提高或实施最低结婚年龄、扩大女孩的中学入学率或留校率，以及提供以学校为基础的性教育。在区域层面，上述三项措施中至少实施了一项的政府所占比例，北美洲高达 100%，拉丁美洲和加勒比地区较低，为 84%，提供以学校为基础的性教育是目前最盛行的干预措施，全球 76% 的政府实施了这一措施，57% 的政府采取扩大女孩就学率或阻止其辍学，52% 的政府采取提高或强制实施最低结婚年龄（见图 2 - 1 - 4）。

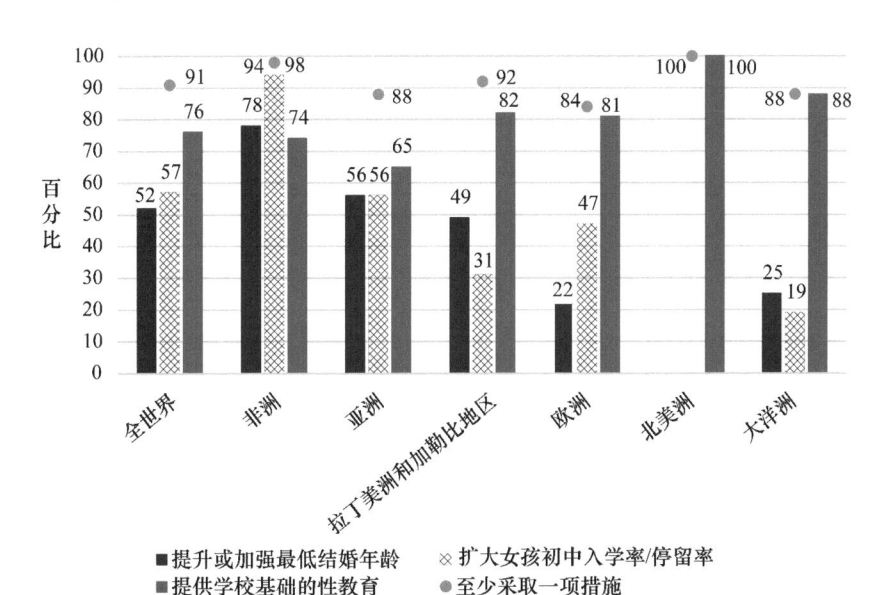

图 2 - 1 - 4　2015 年世界 6 大区采取不同提升青少年生殖和性健康政策的政府所占比例

资料来源：United Nations, *World Population Policies* 2017: *Abortion Laws and Policies*, ST/ESA/SER.A/447, 2020.

（二）TFU25 和 TFO30 变动的区域差异

1. TFU25 和 TFO30 变动在不同生育率类型国家的差异

首先，从 25 岁以下育龄妇女生育率（TFR under age 25 years，TFU25）的变动趋势看，全世界仅 1 个中等生育率国家出现 2015—2020 年比 1990—1995 年有所提高，即几乎全部国家 TFU25 下降。从 25—29 岁组育龄妇女生育率变动看，24% 的适度低生育率国家、不足一成的高生育率国家出现该年龄组生育率的上升，其他两种类型生育率国家出现该年龄组生育率上升的国家所占比例很低。从 30 岁及以上育龄妇女生育率（TFR over age 30 years，TFO30）变动看，接近 3/4 的极低生育率国家、略多于一半的适度低生育率国家出现该年龄组生育率的上升，说明了这两种生育率类型国家可能存在生育年龄推迟现象；其他两种类型生育率国家出现该年龄组生育率上升的国家所占比例偏低（见表 2-1-6）。因此，概括来说，TFU25 下降是四种生育率类型国家的共同趋势，TFO30 变动在四种类型国家之间存在明显差异，即大多数低生育率国家表现出 TFO30 上升，几乎所有的中等生育率和高生育率国家表现出 TFO30 下降。

表 2-1-6　不同生育率类型国家 TFU25 和 TFO30 变动比较

不同类型国家（数量）	TFU25 变动的国家数量		25—29 岁生育率变动的国家数量		TFO30 变动的国家数量	
	下降	上升	下降	上升	下降	上升
极低生育率类型国家（27）	27	0	26	1	7	20
适度低生育率类型国家（66）	66	0	53	15	32	34
中等生育率类型国家（69）	68	1	66	3	60	9
高生育率类型国家（39）	39	0	38	1	38	1

注：均为 2015—2020 年与 1990—1995 年比较。

资料来源：United Nations, Department of Economic and Social Affairs, Population Division, *World Population Prospects* 2019, ST/ESA/SER. A/423, November 2019.

其次，一些低生育率国家具有 TFO30 先降后升的"U"形变动趋势，绝大多数国家的 TFU25 则基本表现为持续性下降。德国、比利时、荷兰、瑞典等西欧、北欧国家，美国和加拿大，澳大利亚和新西兰，以及日本和新加坡，在1975—1980年TFO30降至最低点，此后逐渐上升或波动上升；希腊、意大利、西班牙和匈牙利等国家，进入20世纪80年代TFO30降至最低点，此后逐渐上升；中国在20世纪90年代TFO30降至最低点，此后缓慢上升。上述国家除希腊之外，其余国家TFU25在1970年以来均表现为持续性下降。

再次，许多低生育率国家TFO30转为上升和TFR转为上升的时间是基本一致的。比如表2-1-7中所示的东欧10国及北欧7国，14个国家的TFR在2000—2005年或2005—2010年出现明显转折；10个国家表现出同期的TFO30由下降转为上升，即TFO30的变动趋势直接影响TFR的变动趋势。

表2-1-7　东欧10国和北欧7国TFR和TFO30变动比较

	TFR					TFO30（‰）				
	1990—1995年	1995—2000年	2000—2005年	2005—2010年	2015—2020年	1990—1995年	1995—2000年	2000—2005年	2005—2010年	2015—2020年
白俄罗斯	1.68	1.31	1.26	1.43	1.71	52.5	43.9	52.6	75.4	105.1
保加利亚	1.55	1.20	1.24	1.45	1.56	35.9	34.3	50.0	81.0	99.6
捷克	1.65	1.17	1.19	1.43	1.64	48.9	51.4	76.0	123.7	147.2
匈牙利	1.74	1.38	1.30	1.33	1.49	69.6	69.9	89.0	115.7	149.1
波兰	1.95	1.51	1.26	1.37	1.42	87.6	81.9	79.2	105.5	128.9
摩尔多瓦	2.11	1.70	1.24	1.27	1.26	72.7	61.1	55.0	64.2	72.4
罗马尼亚	1.51	1.34	1.32	1.45	1.62	50.7	47.9	60.9	85.9	117.4
俄罗斯	1.55	1.25	1.30	1.44	1.82	50.8	45.9	60.6	84.2	142.2
斯洛伐克	1.87	1.40	1.22	1.32	1.39	62.1	59.5	69.3	99.9	120.5
乌克兰	1.62	1.24	1.15	1.38	1.49	49.6	38.2	44.1	69.2	89.1
爱沙尼亚	1.63	1.33	1.39	1.66	1.59	61.6	62.4	88.7	129.8	144.4
芬兰	1.82	1.74	1.75	1.84	1.53	145.7	154.2	165.6	183.9	167.0
冰岛	2.19	2.06	1.99	2.13	1.77	170.5	168.0	175.4	200.6	186.1
拉脱维亚	1.63	1.17	1.29	1.49	1.72	66.3	57.0	81.7	112.4	159.2
立陶宛	1.82	1.47	1.28	1.42	1.67	72.0	66.6	70.7	100.1	162.7
瑞典	2.01	1.56	1.67	1.89	1.85	159.2	141.1	171.9	208.4	213.7
英国	1.78	1.74	1.66	1.87	1.75	126.1	138.2	144.8	175.8	188.1

资料来源：United Nations, Department of Economic and Social Affairs, Population Division, *World Population Prospects* 2019, ST/ESA/SER. A/423, November 2019.

最后，由于仅大多数低生育率国家表现出 TFO30 上升和几乎全部国家出现 TFU25 下降，由此导致 TFU25 高于 TFO30 的国家或地区数量显著减少。1990—1995 年，76 个国家 TFU25 高于 TFO30，2015—2020 年，减少至 47 个。并且，TFU25 高于 TFO30 的国家或地区进一步集中在中等生育率国家。在 1990—1995 年 TFU25 高于 TFO30 的 76 个国家中，包括 7 个高生育率国家、40 个中等生育率国家、25 个适度低生育率国家和 4 个极低生育率国家，即中等生育率国家占 52%；2015—2020 年，TFU25 高于 TFO30 的 47 个国家中①，包括 28 个中等生育率国家、15 个适度低生育率国家和 4 个极低生育率国家，即中等生育率国家占 60%。

2. 国家之间 TFU25 和 TFO30 差异的变动

2015—2020 年，TFU25 最低的是韩国，仅为 0.06 个孩子，占全部生育孩子数的 6%；TFU25 最高的是尼日尔，为 2.5 个孩子，占全部生育孩子数的 36%；不满 25 岁的育龄妇女生育少于 0.25 个孩子的 28 个国家或地区主要是西欧国家、日本、韩国、中国台湾、中国香港，多于 1.5 个孩子的 26 个国家或地区主要分布在西非、东非和中非以及塔吉克斯坦。TFO30 最低的是尼泊尔，仅为 0.35 个孩子，占全部生育孩子数的 18%；TFO30 最高的是尼日尔，为 3 个孩子，占全部生育孩子数的 43%；30 岁及以上育龄妇女生育多于 2 个孩子的 21 个国家主要分布在西非、东非和中非。计算 201 个国家或地区 TFU25、TFO30 的变异系数，结果显示，1990—2020 年期间，国家之间 TFU25 的变异系数由 0.47 增至 0.62，表明差距扩大；国家之间 TFO30 的变异系数由 0.65 降至 0.50，表明差距减少。并且，1990—1995 年国家之间 TFO30 的差距大于国家之间 TFU25 的差距，2015—2020 年转为前者低于后者。

（二）生育旺盛期育龄妇女生育率和生育模式变化的区域差异

1. 6 大区和不同生育率类型国家生育模式变化比较

从 6 大区的生育峰值年龄看，依旧存在显著差异，其中拉丁美洲及加勒比地区的生育率峰值出现在 20—24 岁，亚洲、非洲国家的生育率峰值出现在 25—29 岁，欧洲、北美洲、大洋洲国家的生育率峰值则出现在 30—34 岁。

---

① 《2017 年全球疾病负担研究》人口和生育率合作者分析结果是 2017 年仍有 50 个国家 TFU25 高于 TFO30。

欧洲、北美洲、大洋洲的生育模式非常相似，生育年龄主要集中在25—34岁，该年龄段育龄妇女生育占70%左右；亚洲和拉丁美洲及加勒比地区的生育模式比较接近，生育年龄主要集中在15—34岁，亚洲15—34岁育龄妇女生育占90%，拉丁美洲及加勒比地区为86%；非洲的生育模式相对独立，各年龄组的生育率都远高于其他各大洲，具有生育年龄跨度大、峰值高的特点，其中20—24岁、25—29岁组的生育率均超过200‰（见图2-1-5）。因此，从6大区的差异看，总体上随着生育率降低，生育峰值年龄推后，生育曲线变得越来越平缓，比如欧洲和北美洲25—29岁和30—34岁年龄组生育率已经非常接近。不断推迟的峰值生育年龄的极限是多少？西方学者通过访谈发现峰值生育年龄的极限在30岁左右，平均生育年龄的极限在35岁左右。通过6大地区生育模式的比较，似乎可以证实这一点。根据图2-1-5，将6大区生育模式分为三类：第一类，仅包括非洲，具有生育年龄跨度大、峰值高的显著特点；第二类，包括拉丁美洲和亚洲，二者共同表现为20—24岁生育率明显高于其他年龄组、生育时间跨度较小等特征；第三类，包括欧洲、北美洲和大洋洲，三者表现为生育峰值年龄推后至30—34岁以及25—29岁和30—34岁生育率非常接近等特征。

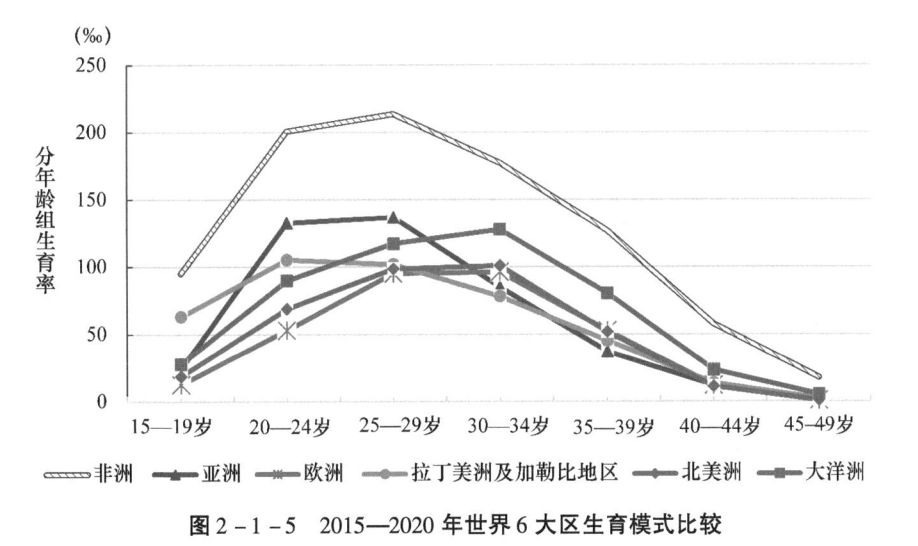

图2-1-5 2015—2020年世界6大区生育模式比较

资料来源：United Nations, Department of Economic and Social Affairs, Population Division, *World Population Prospects* 2019, ST/ESA/SER. A/423, November 2019.

其次，高生育率国家之间生育模式较为相似，低生育率国家之间生育模式差别较大。在高生育率国家，国家之间 ABR 的差异相对较小，各年龄别生育率分布的差异也较小。比如，2015—2020 年，科特迪瓦和阿富汗的 TFR 分别为 4.7 和 4.6，科特迪瓦 30 岁以下的育龄妇女生育了全国出生人口的 56.2%，阿富汗该比例为 56.4%；两国 20—24 岁组、25—29 岁组、30—34 岁组生育率都非常接近。在低生育率类型国家，国家之间年龄别生育率分布的差异更大。比如，印度和利比亚的 TFR 均为 2.2，印度 30 岁以下的育龄妇女生育了全国出生人口的 73%，利比亚该比例仅为 34%；印度的生育峰值年龄在 20—29 岁，利比亚在 30—34 岁，两个国家的生育峰值年龄相差 5 岁以上（见图 2-1-6）。

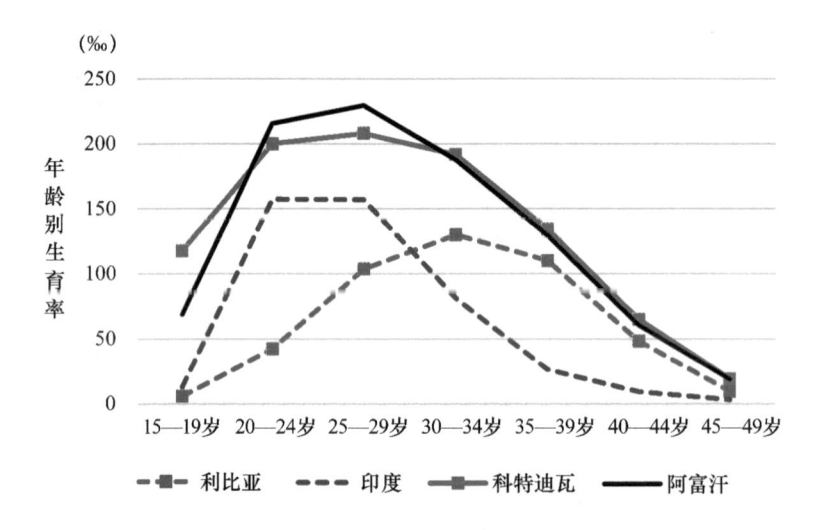

图 2-1-6 2015—2020 年不同生育率类型国家年龄别生育率比较

资料来源：United Nations, Department of Economic and Social Affairs, Population Division, World Population Prospects 2019, ST/ESA/SER. A/423, November 2019.

2. 各亚区生育模式变化比较

相比于 1990—1995 年，2015—2020 年各亚区生育模式均发生明显变动。

第一，非洲各亚区的生育模式主要表现在 20—29 岁生育旺盛期育龄妇女生育率的明显下降，特别是东非下降幅度最大（见图 2-1-7-1）。此外,仅中非生育峰值年龄推后至 25—29 岁。目前,南非亚区的生育水平明显低于其他非洲亚区。

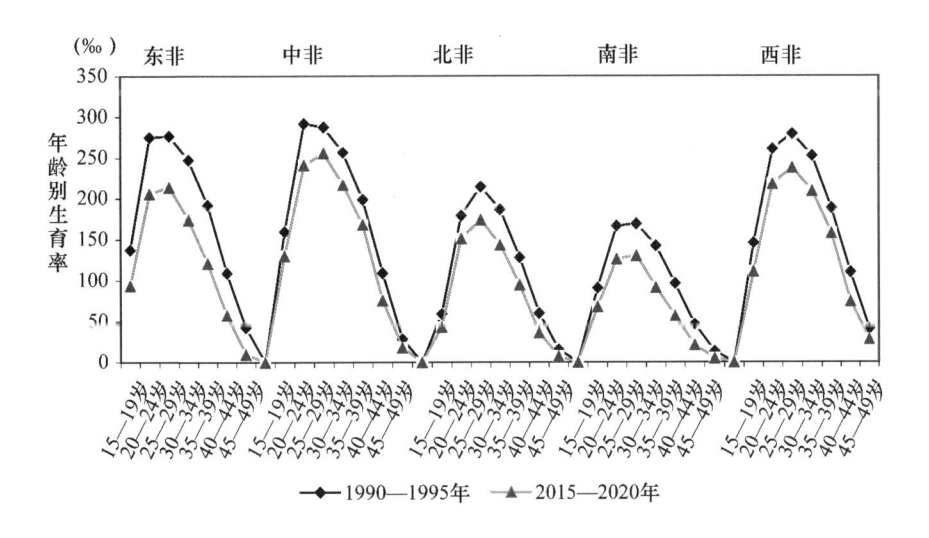

图 2-1-7-1 非洲各分区生育模式变动比较

资料来源:United Nations, Department of Economic and Social Affairs, Population Division, *World Population Prospects* 2019, ST/ESA/SER. A/423, November 2019.

第二,亚洲 5 个分区共同表现出峰值生育率的大幅度下降,特别是南亚、西亚和中亚的峰值生育率下降幅度更大;仅东亚的峰值生育年龄发生变化,由 1990—1995 年的 20—24 岁推迟到 2015—2020 年的 25—29 岁;仅东亚表现出 30—39 岁育龄妇女生育率出现上升,中亚、南亚、东南亚、西亚 4 个亚区表现为 30—39 岁育龄妇女生育率的明显下降;南亚由 20—24 岁年龄组生育率明显高于其他年龄组转向集中于 20—24 岁和 25—29 岁生育率明显高于其他年龄组,西亚则由明显集中于 20—24 岁和 25—29 岁生育率明显高于其他年龄组转向 25—29 岁生育率明显高于其他年龄组(见图 2-1-7-2)。

第三,在拉丁美洲和加勒比地区,3 个亚区 20—34 岁育龄妇女生育率的下降趋势更为显著,特别是中美和南美亚区 20—29 岁育龄妇女生育率的下降幅度在 20 个亚区最大(见图 2-1-7-3)。此外,3 个亚区的峰值生育年龄没有发生变化。

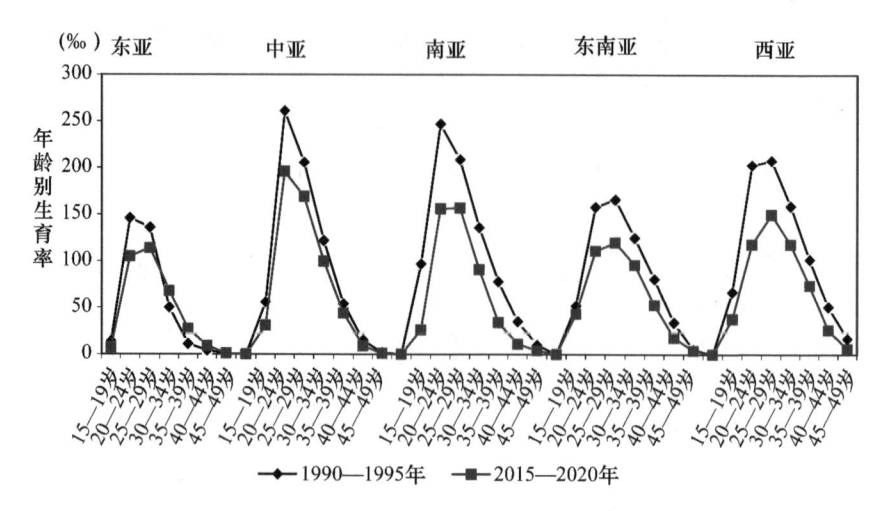

图 2-1-7-2 亚洲各分区生育模式变动比较

资料来源：United Nations, Department of Economic and Social Affairs, Population Division, *World Population Prospects* 2019, ST/ESA/SER. A/423, November 2019.

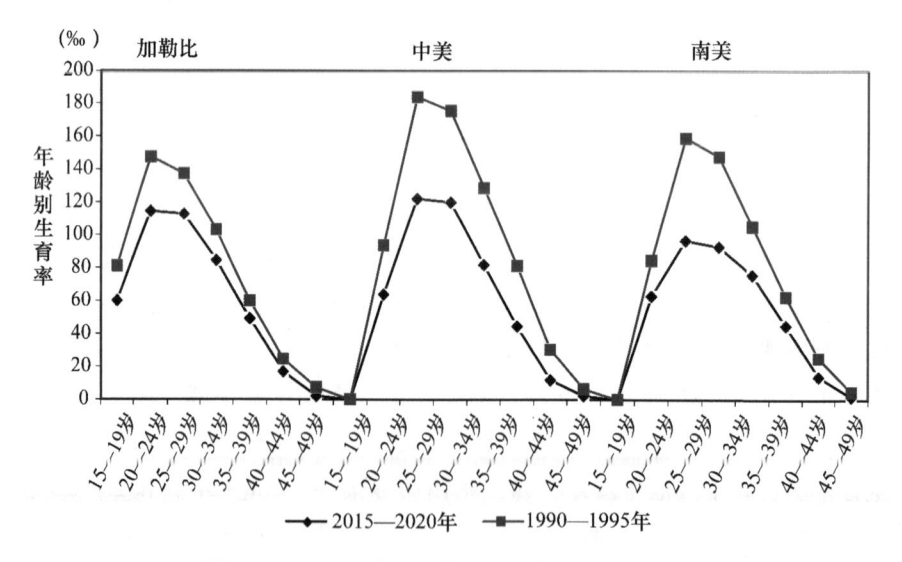

图 2-1-7-3 南美洲各分区生育模式变动比较

资料来源：United Nations, Department of Economic and Social Affairs, Population Division, *World Population Prospects* 2019, ST/ESA/SER. A/423, November 2019.

第四，欧洲最显著的变化是生育峰值年龄的推迟，其中北欧、南欧和西欧的生育峰值年龄由 1990—1995 年的 25—29 岁推迟到 2015—2020 年的 30—34

岁，东欧的生育峰值年龄则由 20—24 岁推迟到 25—29 岁。此外，25 岁及以上年龄组育龄妇女生育率较大幅度提高，特别是西欧、东欧和北欧更加明显，比如西欧 30—34 岁育龄妇女生育率由 1990—1995 年的 79‰ 升至 2015—2020 年的 118‰，35—39 岁育龄妇女生育率由 28‰ 升至 66‰；东欧 30—34 岁育龄妇女生育率由 1990—1995 年的 38‰ 升至 2015—2020 年的 82‰；相应地，西欧、北欧和南欧 3 个亚区表现出 25 岁之前生育率的显著下降（见图 2-1-7-4）。

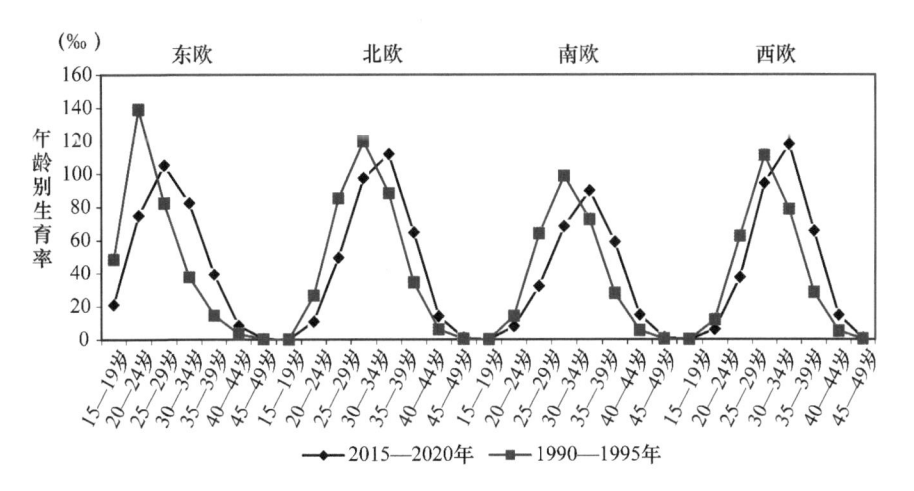

图 2-1-7-4 欧洲各亚区生育模式变动比较

资料来源：United Nations, Department of Economic and Social Affairs, Population Division, *World Population Prospects* 2019, ST/ESA/SER. A/423, November 2019.

第五，北美类似于欧洲，生育模式的变化突出表现为生育峰值年龄推迟到 30—34 岁，分年龄组生育率的变化主要体现在 15—29 岁育龄妇女生育率的明显下降以及 30—39 岁育龄妇女生育率上升（见图 2-1-7-5）。

第六，大洋洲分年龄组生育率和生育模式的变动主要表现在大洋洲其他地区 20—24 岁和 25—29 岁育龄妇女生育率的明显下降和澳大利亚和新西兰的生育峰值年龄推迟。不论是 1990—1995 年还是 2015—2020 年，大洋洲其他地区的生育峰值年龄均在 20—24 岁和 25—29 岁两个年龄组，这两个年龄组生育率出现几乎等幅的下降。澳大利亚和新西兰的生育峰值年龄推迟到 30—34 岁，35—39 岁育龄妇女生育率出现明显上升和 25—29 岁育龄妇女生育率明显下降（见图 2-1-7-6）。

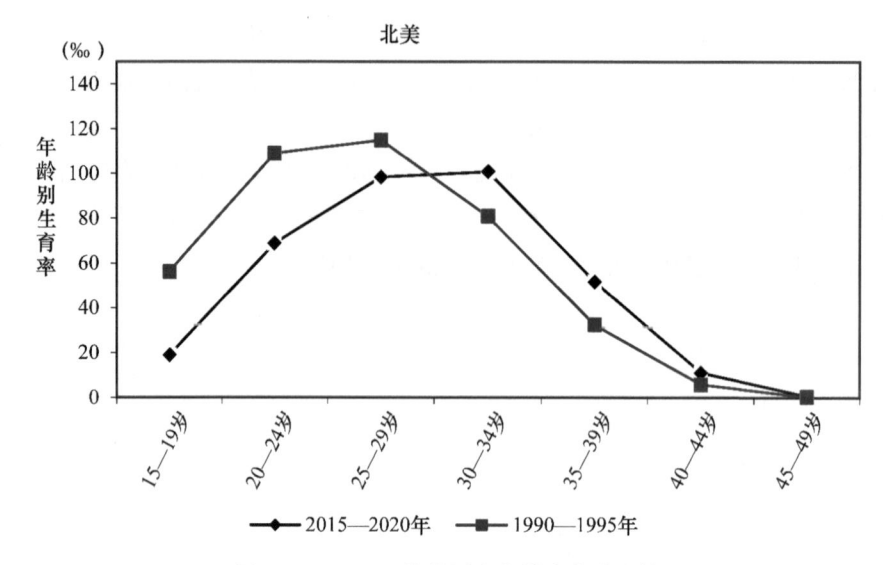

图 2-1-7-5　北美洲生育模式变动比较

资料来源：United Nations, Department of Economic and Social Affairs, Population Division, *World Population Prospects* 2019, ST/ESA/SER. A/423, November 2019.

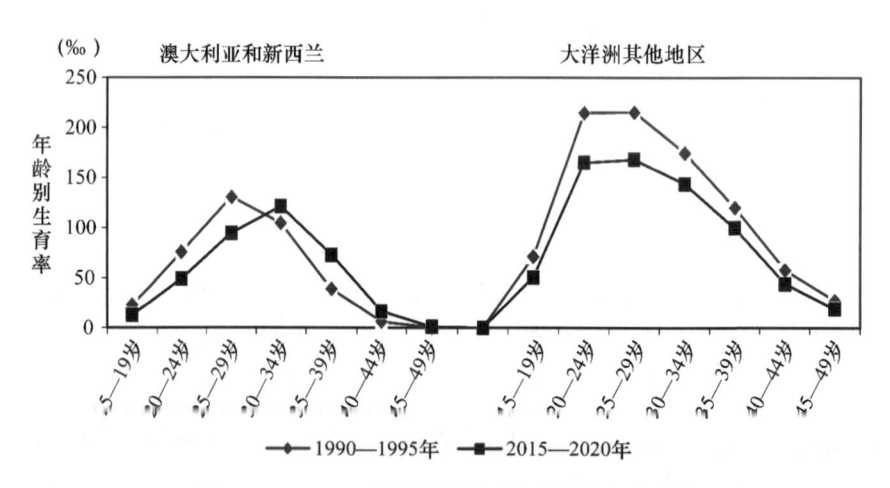

图 2-1-7-6　大洋洲各亚区生育模式变动比较

资料来源：United Nations, Department of Economic and Social Affairs, Population Division, *World Population Prospects* 2019, ST/ESA/SER. A/423, November 2019.

因此，整体上，1990—2020 年期间生育模式变化显著的主要是加勒比、中美、南美、中亚、南亚、东南亚、西亚、东欧、北欧、东非、大洋洲其他地区等亚区，主要体现在25—34岁育龄妇女生育率的变化上；北欧、南欧、西欧、北美、澳大利亚和新西兰等亚区表现出生育峰值年龄推迟到30—34岁。因此，总结1990—2020年期间世界生育模式变化特点，首先是25—34岁生育率旺盛期育龄妇女生育率随着生育孩子数量的减少而下降，当生育率降至更替水平后则峰值年龄开始快速推迟。

三 生育率转变及其动力机制的空间差异

在历史上，可以观察到生育率转变时间、最初生育水平、发展水平和生育率下降轨迹等存在相当大的区域差异。为了便于分析世界各地生育率转变时间和轨迹的差异，联合国将生育率转变分为转变早期（early-transition）、转变中期（mid-transition）和转变后期（late-transition）三个阶段。相应地，根据TFR变动分为三种类型国家：（1）转变早期国家，TFR在4.5以上；（2）转变中期国家，TFR介于3.0—4.5之间；（3）转变后期国家，TFR介于2.1—3.0之间。自1950年以来峰值TFR低于4.5的国家被认为是在1950年之前就开始生育率转变，至今峰值TFR还没有下降10%的国家被认为是转变前国家，TFR最高值下降10%的时间为生育率转变开始时间，TFR达到更替水平时视为生育率转变完成时间。根据需要和可利用的情况，联合国考虑了诸如饥荒或"婴儿潮"等历史事件对生育率的暂时影响，虽然这些事件不一定改变长期生育趋势；并且对保加利亚、希腊、爱尔兰、荷兰、波兰、罗马尼亚和美国等国生育率在更替水平附近长期波动的国家，将生育率转变的完成时间设定为生育率达到稳定。此外，联合国采用历史数据内差得到的每年生育率作为世界范围内生育率转变分析的基础数据，对201个国家或地区生育率转变开始和结束时间进行估计。笔者使用联合国这一基础数据对生育率转变区域差异进行深入分析。

（一）生育率转变的区域差异

1. 生育率转变开始时间比较

欧洲和北美洲的大多数国家早在1950年之前就开始了生育率转变，但亚洲、拉丁美洲及加勒比地区、大洋洲的少数国家在1950年生育率开始下降。在亚洲，早期生育率下降发生在日本和苏联的一些加盟共和国（如亚美尼亚、阿塞拜疆和格鲁吉亚）以及塞浦路斯。在拉丁美洲和加勒比地区，早期生育率下降发生在阿根廷、古巴及乌拉圭。在大洋洲，早期生育率下降发生在澳大利亚和新西兰。在亚洲、拉丁美洲及加勒比地区以及大洋洲的大多数国家，生育率转变开始于20世纪60—70年代（见图2-1-8）。

非洲生育率开始下降则发生在更晚的时间。1970年，仅埃及、留尼汪岛、毛里求斯及南非4个国家或地区开始了生育率转变；1980年，另有7个国家开始生育率转变，其中6个是北非国家。在随后的30年，即1980—2010年，非洲的多数国家开始生育率转变。2010年，刚果（金）、冈比亚、马里以及尼日尔4个国家依然保持稳定的高生育水平，并且，刚果（金）、马里曾经有过早期生育率下降的迹象，因此，目前仅冈比亚和尼日尔2个国家尚属于转变前国家。

综上，1990年以来开始生育率转变的国家仅分布在非洲和亚洲，包括26个非洲国家和5个亚洲国家，其他国家在1990年之前已经开始了生育率转变。

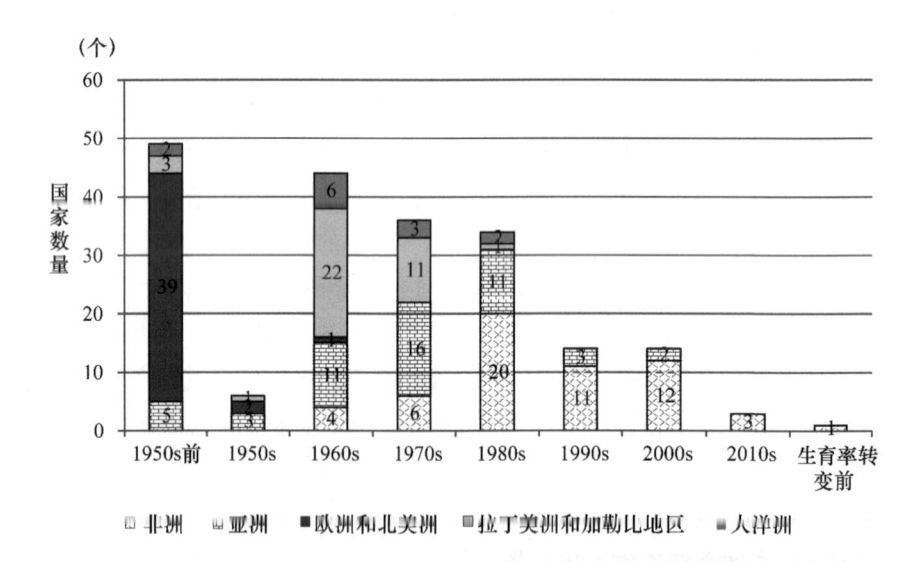

图2-1-8 世界6大区在不同年份开始生育率转变的国家数量

资料来源：United Nations, Department of Economic and Social Affairs, Population Division, *World Population Prospects: The 2015 Revision*, ESA/P/WP.241, July 29, 2015.

2. 不同生育率转变阶段的国家分布比较

图2-1-9显示了2015—2020年处在不同生育率转变阶段的国家分布。

在201个国家中，93个国家已经完成了生育率转变，46个国家处在生育率转变后期，37个国家处在转变中期，25个国家处在转变早期或转变前。降至更替水平即生育率转变完成国家，包括所有欧洲和北美的42个国家、26个亚洲国家（主要分布在东亚）、20个拉丁美洲及加勒比地区国家、4个大洋洲国家以及1个非洲国家（毛里求斯）。处在生育率转变后期的国家以分布在拉丁美洲和加勒比地区、亚洲为主，分别有17个、16个国家；此外，还有10个非洲国家，大部分位于北非；以及3个大洋洲国家。处在生育率转变中期的国家分布在非洲和剩余其他地区，其中非洲22个国家，剩余其他地区包括8个亚洲国家、6个大洋洲国家、1个拉丁美洲及加勒比国家。处在生育率转变早期和转变前的国家几乎全部分布在撒哈拉以南的非洲，24个转变早期国家中23个分布在东非、中非和西非，1个分布在亚洲（东帝汶）。在2015—2020年，非洲接近1/5的国家进入生育率转变后期，其余各大洲均有较高比例的国家进入转变后期或低于更替水平，比如大洋洲一半国家、亚洲八成国家、拉丁美洲及加勒比地区97%的国家，欧洲和北美洲则全部国家。

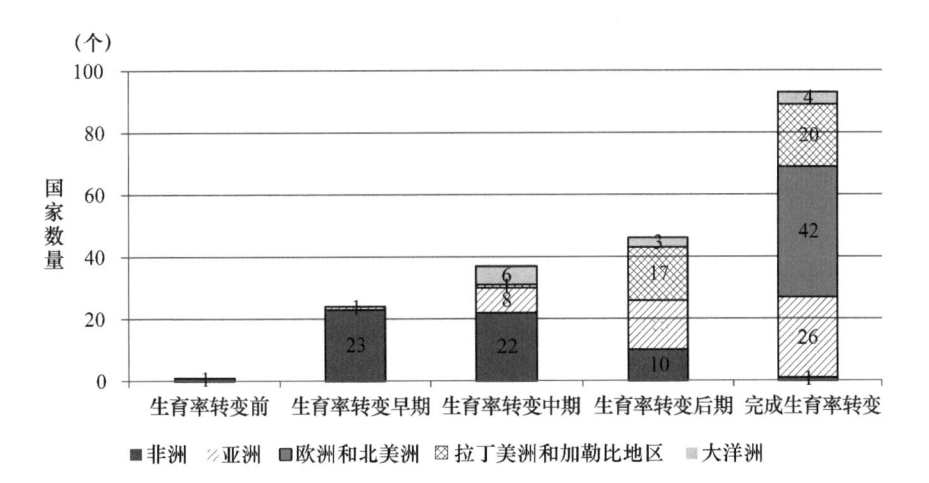

图2-1-9 2015—2020年世界6大区处在生育率转变不同阶段的国家分布

资料来源：United Nations, Department of Economic and Social Affairs, Population Division, *World Population Prospects: The 2015 Revision*, ESA/P/WP. 241, July 29, 2015.

3. 生育率转变过程中TFR下降速度比较

在全球范围内，生育率下降的后果主要取决于下降的速度、下降的数量和时间。生育率下降的速度随着生育率转变阶段的不同而不同，总体上朝向生育率转变完成阶段而减慢。在生育率转变早期阶段，生育率下降的速度要快于转变中期和转变后期阶段。比如处在生育率转变早期的许多国家，目前已降至平均出生3个孩子，每10年内减少1.2个孩子；处在转变中期的国家，生育率下降的速度毫无疑问地要减缓，每10年内平均减少0.8个孩子；处在转变后期的国家，生育率下降速度进一步降低，变为每10年平均减少0.3个孩子。

在转变过程中，各国各地区生育率下降速度存在相当大的差异。处在生育率转变早期的国家，以亚洲下降速度最快，每10年平均减少1.4个孩子；其次是拉丁美洲及加勒比地区，每10年平均减少1.3个孩子；非洲生育率下降的速度低于世界平均水平，每10年平均减少接近1个孩子；大洋洲最低，每10年平均减少0.9个孩子。另外，撒哈拉以南非洲，生育率下降速度比整个非洲低8%，即接近于大洋洲的下降速度。

处于生育率转变中期的国家，亚洲、非洲和拉丁美洲及加勒比地区下降的速度基本是一致的，均为每10年减少0.9个孩子；欧洲、北美洲和大洋洲的下降速度要低一些，每10年减少0.5个孩子。在撒哈拉以南非洲，当处于生育率转变中期时，生育率下降速度略高于0.8个孩子。

所有处在生育率转变后期的国家和地区，生育率下降速度均接近于世界平均水平，即每10年减少0.3个孩子。在撒哈拉以南非洲，生育率下降的速度低于世界平均水平，但是高于欧洲和北美洲。图2-1-5并没有显示非洲的生育率转变一旦开始就比世界其他地区要慢得多。但是，在大洋洲，除澳大利亚和新西兰之外的国家，通常生育率下降缓慢；在这些国家中，早期和中期转变阶段的生育率下降速度与世界其他地区相比异常缓慢。

对于单个国家和地区而言，生育率转变持续时间也就是生育率转变开始和完成之间时间跨度的估计。截至2015年底，44个国家生育率下降的平均速度为每10年减少0.98个孩子，并且其中一半国家生育率平均下降速度为每10年减少0.67—1.34个孩子。生育率下降最快的是中国澳门，每10年减少2.89个孩子；其次是伊朗，每10年间减少2.59个孩子；再次是新加坡，每10年减少2.33个孩子。生育率下降最慢的国家是安提瓜和巴布达、巴哈马，平均生育率下降速度比最快国家的降速低4倍，仅分别为每10年减少0.43和0.56个孩子。这些国家生育率转变持续时间的中位数为33年，其中一半国家在22—39年之间。非常短的生育率转变持续时间发生在中国澳门，仅用9年就完成了生育率转变；其次是安提瓜和巴布达岛，为13年；再次是巴巴多斯和中国香港，为14年。相反，法属波利尼西亚、土耳其和文莱达鲁萨兰3国使用了接近50年才完成生育率转变[1]。通常来说，生育率转变开始时的生育率水平越高，则完成生育率转变所需要的时间越长。

（二）生育率转变动力机制的区域差异

由于欧洲国家、亚洲国家和拉丁美洲国家促使生育率转变的因素存在明显的差异，在此以这三大分区为典型区域，分析生育率转变动力机制的区域差异。

1. 欧洲模式：社会经济因素主导推动

学者普遍认同全球生育率转变最早开始于19世纪后半叶，首先是法国，然后是英语国家和北欧国家。当时能够成功转向较低生育率的夫妇一定是受到少要孩子的强烈动机，因为那时的制度力量支持生育，许多夫妇依靠禁欲而避免或延迟生育孩子。而且欧洲国家生育率转变发生在大多数夫妇可以获得现代避孕方法之前。虽然新的避孕方式让家庭有更多的权力来控制家庭规模，但是对于普通人来说负担不起，因此，有些人依靠廉价的自制方法如海绵和奎宁阴道栓剂进行避孕。在社会层面，初婚年龄提高有助于生育开始时间延迟，尤其是在社会对婚前性行为强烈反对的情况下，夫妇通过分娩后定期禁欲而少要孩子。当然，也有证据表明一些怀孕的妇女会堕胎。

改变工作模式、经济繁荣、改善健康和营养、提高新生儿和儿童的存活率以及更广泛地接受教育等因素有利于推动欧洲国家生育率转变[2]，在上述因素的综合作用下，几十年后，欧洲国家的家庭规模缩小了。对于20世纪早期的英国和随后的澳大利亚来说，少要孩子的一个重要动机是年轻人经济欲望的提升速度远快于他们的获得速度，在这种情况下，许多人负担不起大家庭。许多妇女少要孩子的另一个动机是希望减轻连续怀孕的负

---

[1] United Nations, Department of Economic and Social Affairs, Population Division, *World Population Prospects*: *The 2015 Revision*, ESA/P/WP.241, July 29, 2015.

[2] McDonald, P. and Moyle H., "Women as Agents in Fertility Decision-making: Australia, 1870-1910", *Population Development Review*, Vol.44, No.2, April 2018, p.203.

担和每次怀孕的风险。婴幼儿死亡率下降也是趋向小家庭的一个动机。欧洲生育率转变与19世纪下半叶免费义务教育的扩张相吻合，随着义务教育扩张，女孩入学率提高和女性担当教师的角色流行；女孩受教育程度提高有助于提升其在社会和家庭中的地位，这就为女性提供了更大的自主权和决策权，包括控制家庭预算方面；当她们了解到多要一个孩子的额外成本很高时，就产生了少要孩子的愿望。当时的欧洲经济发生种种变化，创造了发展的机会和愿望，为更大规模的中产阶级铺平了道路，抓紧这些新机遇的愿望刺激许多人拥有小家庭。欧洲社会也变得越来越世俗化，导致宗教机构在避孕和生育决策方面的影响减弱，在确定家庭规模方面的个人选择范围扩大。一般来说，城市生育率下降速度比镇或农村更快，城市化促使人们就怀孕时间和生育间隔做出自己的决定，当他们离开小社区前往大城市时，他们也就将来自亲朋好友的大家庭社会压力置于脑后。知识是小家庭的一个重要前提，在19世纪新的交流形式和原有交流形式更加广泛促使在社会各阶层迅速地传播思想，并激起人们对少生孩子的兴趣。

美国、加拿大、澳大利亚和新西兰的生育率转变均类似于欧洲国家。

2. 亚洲模式：政府限制家庭规模和经济社会发展共同推动

亚洲生育率转变开始于20世纪50年代。不同于19世纪80年代违背政府和机构意愿的欧洲生育率转变，亚洲生育率转变是由政府限制家庭规模而推动的。一些政府提倡家庭计划生育，因为他们相信夫妇少生孩子能够带来经济增长机会。该观点认为，随着时间的推移，出生人口的减少将导致劳动年龄人口的比例更高，18岁以下的人口所占比例更低；儿童是国家资本的净消费者，劳动年龄人口是净生产者；如果没有大量的孩子要养活，各国可以将更多的资源转移到资本投资上，而资本投资将刺激劳动年龄人口的生产性就业，继而更多的生产性就业将有助于减轻家庭的经济负担，使他们能够在教育每个孩子上花费更多。亚洲生育率转变促成了该地区在20世纪80年代和90年代的"经济奇迹"，但这一奇迹也依赖于各国的社会经济政策和政治制度，这些政策和制度使他们能够实现由生育转变所带来的经济增长潜力。韩国和新加坡，生育率迅速下降是与对女童教育进行大量投资和采取措施增加女性劳动力参与率同时发生的，此外，两国的城市化率高也导致了更低的生育率。特别是韩国，生育率从1960年的6.0降至1983年的2.06，即完成生育率转变是由于韩国实施了抑制生育率政策，同时伴随着社会经济发展，韩国人被刺激和鼓励拥有小规模家庭。

作为政府主导的计划生育的一部分，亚洲各国开展的各项活动强调了家庭孩子多的成本以及少生孩子对母婴健康的益处。个人实施计划生育的速度以及随之而来的生育率迅速下降表明了对小家庭的强烈潜在需求或动机。即使在没有政府主导的计划生育措施的国家，潜在需求也十分明显，比如缅甸的育龄夫妇依靠邻国（泰国和孟加拉国）的避孕药来限制家庭规模，从而实现了生育率下降。在孟加拉国和印度尼西亚，20世纪70年代和80年代，由于政府资助的信息运动和计划生育服务，越来越多的妇女获得了现代避孕方法，即使在贫穷的农村地区也出现生育率下降；在这些地区，计划生育有助于增强妇女的权力和自主性，例如，允许一些妇女在没有男性亲属陪同的情况下自行前往当地计划生育服务机构[1]。

20世纪70年代和80年代，一些亚洲国家制定了声势浩大的计划生育方案，这些方案为达到或未达到避孕措施使用者数量的目标而采用奖惩措施，或采取对最贫困家庭的妇女和男子强制绝育的方式。另外一些国家，比如伊朗，则采取了更为慎重的做法，其方案旨在保护个人决定是否、何时和多久生孩子的权力，同时降低总体人口增长率。信息、教育和通信等促进两孩家庭，即鼓励夫妇追求健康且繁荣的小家庭。还有一些国家支持1979年《消除对妇女一切形式歧视公约》，但还是向夫妇施压，要求他们最多生育两个孩子。

尽管有针对性的政府行动可能促进或加速亚洲国家生育率的变化，但生育率变化还是主要受社会经济发展、现代避孕技术以及有利于小家庭规模的新价值观和规范等一系列因素所驱动的，生育率转变是"生育态度和生育行为全球化"的表现[2]。

3. 拉美模式：避孕措施和社会经济变化共同推动

拉丁美洲及加勒比地区的大多数国家自20世纪60年代开始出现生育率下降，当然阿根廷和乌拉圭的生育率下降可能更早。比如，巴西、哥斯达黎加、智利、哥伦比亚、多米尼加共和国和委内瑞拉等国家自20世纪

---

[1] Simmons, R., "Women's Lives in Transition: A Qualitative Analysis of the Fertility Decline in Bangladesh", *Studies in Family Planning*, Vol. 27, No. 5, October 1996, p. 251.

[2] Caldwell J. C., "The Globalization of Fertility Behavior", *Population and Development Review*, Vol. 27, Supplement: Global Fertility Transition, 2001, p. 93.

60年代以来都出现了TFR快速下降，其他国家则出现了起初的缓慢下降和随后的迅速下降。与亚洲不同的是，尽管20世纪60年代末该地区的大多数国家制定了国家计划生育方案①，但是大多数政府基本上不关心人口增长。不过，避孕措施的普及促使生育偏好发生变化。因此，该地区的避孕措施是生育率下降的促进因素，而不是主要驱动因素。

20世纪60年代和70年代的调查数据表明，该地区妇女理想家庭子女数比实际生育率低1—2个孩子。因此，在避孕措施一旦获得后，妇女和夫妇就迫不及待地采取避孕措施，从而导致整个生育率迅速下降。导致该地区生育率下降的经济原因与欧洲和亚洲的情况大致相似。在该地区生育率下降之前，婴儿和女性死亡率的下降降低了生育许多孩子的动机，父母更确信自己的孩子能活到成年。快速的经济变化既刺激也加强了生育及其相关的社会规范的持续变化，特别是快速的电气化和城市化等因素尤为重要。制造业的出现、消费为基础的经济等刺激了正规教育，为女性进入有偿劳动力市场提供了机会，加速了城市化进程。同时，这些因素形成了夫妇少生孩子的社会环境。

总的来说，整个地区的生育水平一直对经济变化作出反应。例如，在20世纪80年代的经济危机期间，该地区的生育率明显下降；进入21世纪以来，生育率伴随着快速经济增长和中产阶级扩大而加速下降。与此同时，拉丁美洲妇女的社会地位显著提高，使她们在生活的各个方面，包括生殖方面都有更大的影响力，这导致了计划生育的更大需求。

四　生育时间变动的空间差异

（一）初育年龄的变化及区域差异

考察生育水平的变化，不仅指生育的全部孩子数量的变化，而且包括生育时间的变化。受数据所限，笔者利用《2013年世界生育率报告：极端国家》中的原始数据，仅从TFR高于3.2的29个较高生育率国家和TFR不高于2.0的49个低生育率国家分析世界范围内初育年龄的变化及其地区差异。

---

① 墨西哥政府在1965年成立人口研究基金会，开展避孕节育措施的研究和推广。巴西从1980年至今，推广避孕和绝育措施，生育率从1980年的4.07降至2014年的1.79。

1. 低生育率国家初育年龄变化

初育年龄提高引起的"生育推迟转变"是过去几十年中出现的一个重要现象，生育推迟成为生育率研究中关于生育时间研究的中心议题。在1994年没有一个国家初育年龄在30岁或以上，2010年以来希腊、澳大利亚、瑞士、卢森堡和意大利等国家的平均初育年龄均在30岁以上。

自1994年以来平均初育年龄增长10%的低生育率国家主要是东欧10国、南欧7国及北欧2国。即东欧和南欧的平均初育年龄自20世纪90年代以来上升最为显著，罗马尼亚、葡萄牙、波兰、爱沙尼亚、拉脱维亚、立陶宛、塞尔维亚、斯洛文尼亚、乌克兰等国家均上升3岁以上，这些国家大多数由20世纪90年代的23岁上下推迟到2010年以来的接近27岁。北欧、西欧、东亚和东南亚的大多数低生育率国家则维持着最高的平均初育年龄，比如丹麦、芬兰、挪威、瑞典、法国、德国、英国、爱尔兰、日本、韩国、新加坡等国家2010年以来的平均初育年龄在28—30岁。相比之下，中亚和西亚的低生育率国家则初育年龄相对年轻（塞浦路斯除外）。

另外，平均初育年龄的延迟趋势与青少年怀孕率的降低趋势是一致的。自1994年以来平均初育年龄增长10%以上的东欧和北美国家，也是2000年以来青少年生育率下降最为显著的地理亚区。

2. 较高生育率国家初育年龄变化

自1994年以来，许多较高生育率国家的平均初育年龄在增长。尽管中非和西非国家整体上趋向于降低平均初育年龄，但是这两个亚区的一些国家也出现了平均初育年龄的显著增长。在东非和南非以及加勒比地区的许多较高生育率国家同样出现了平均初育年龄的显著增长，比如卢旺达平均初育年龄由1992年的22岁推迟到2010年的22.9岁；不过，厄立特里亚和马达加斯加2个国家出现平均初育年龄的下降。亚洲的巴基斯坦、菲律宾等4个较高生育率国家的平均初育年龄持续增大，达到22岁以上。有数据的29个较高生育率国家，其中19个国家的平均初育年龄在20世纪90年代不足20岁，自2001年以来布基纳法索、乍得、科特迪瓦、马里、莫桑比克、尼日尔、坦桑尼亚、乌干达、赞比亚、喀麦隆、几内亚等14个国家的平均初育年龄依然不足20岁（见图2-1-10）。

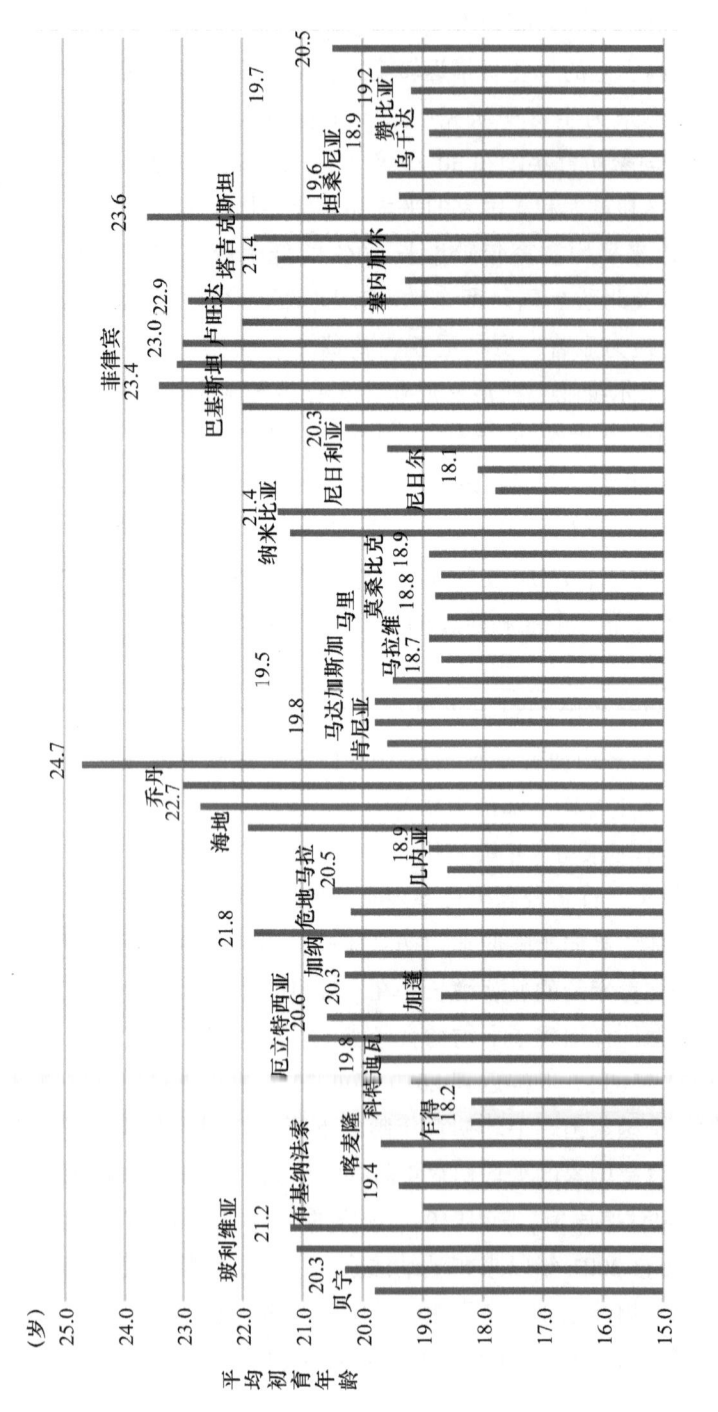

图 2-1-10 较高生育率国家在 1994 年前后和进入 21 世纪以来的平均初育年龄

资料来源：United Nations, Department of Economic and Social Affairs, Population Division, *Fertility at the Extremes*, *World Fertility Report 2013*: ST/ESA/SER. A/331, December 31, 2013.

生育率变化和女性平均初婚年龄、女性平均初育年龄的关系表明，大多数较高生育率国家伴随着女性平均初婚年龄和平均初育年龄的提高，青少年生育率呈下降趋势。莫桑比克和赞比亚是两个例外，尽管平均初婚年龄和平均初育年龄推后，但是青少年生育率上升。尽管初婚年龄和初育年龄的推迟和青少年生育率下降具有重要联系，但是初婚年龄推迟和整个生育水平变动之间的关系是非常微弱的①。

(二) 平均生育年龄的变化及其区域差异

1. 平均生育年龄随生育率转变阶段而变化

伴随着生育率向低水平转变，世界见证了生育率年龄分布的巨大变化。在生育率转变开始，大多数国家和地区的生育水平接近于自然状态；尽管各国自然生育率②水平相差很大，但是生育率的年龄分布是相当一致的。转变前生育率模式以具有一个平坦顶部的分散分布为特征，30岁及以上妇女生育孩子占很大比例，比如芬兰在1880—1890年期间平均生育年龄（MAC）是非常高的，接近于30岁或以上，比较1880—1890年、1970—1975年、2010—2014年芬兰生育率模式，可以看出，1970—1975年具有最低的平均生育年龄。

芬兰之所以出现MAC的变化，可以从生育率转变的不同阶段来解释。历史上，在生育率转变早期，通过控制已婚妇女生育率达到有意的分产次家庭规模限制成为主要的行为模式。由于高产次的出生发生在较高年龄，因此即使没有每个孩次出生时间的变化，限制更高产次的出生也会直接带来MAC下降。并且，限制更高产次的出生间接地表现在年长妇女生育率的显著下降。尽管在生育率转变初期阶段低孩次生育率的下降也是非常普遍的，但是，和每个孩次出生时间的变化一样，这些变化通常很小，难以抵消MAC的下降。在生育率转变末期，当总和生育率接近更替水平，更高孩次出生率的下降对MAC施加的直接影响要小得多，而是主要影响到初育年龄。20世纪60年代末，许多发达国家受益于避孕措施的广泛可得

---

① Garenne, M., *Trends in Marriage and Contraception in Sub-Saharan Africa: A Longitudinal Perspective on Factors of Fertility Decline* (*English*), DHS Analytical Studies No. 42, Rockville, Maryland, USA: ICF International, January 2014.

② 自然生育率（natural fertility）是指很少或没有自愿控制的生育率，自愿控制定义为随着产次增加而任何影响生育率的行为。

性而开始推迟初育年龄,并推迟随后孩次的出生时间,故平均生育年龄开始逐步增大。MAC 开始再次增长,在许多国家达到30岁或以上。芬兰即是如此。芬兰在20世纪初至20世纪40年代初期进行生育率转变,TFR 从4.8降至更替水平大约花了40年的时间。随后在1940s 至1950s 期间的婴儿激增期,TFR 显著上升;而后 TFR 再次出现显著下降,在1970s 降至观测到的历史最低点。随着生育率转变,MAC 从接近32岁降至30岁左右;直至1970s 早期,MAC 持续下降,仅在第二次世界大战时下降趋势中断。从1970s 至2014年,TFR 趋于增加,不过仍旧保持在更替水平以下;与此同时,由于出生的推迟,同期 MAC 从26.5岁显著地增长至30岁。

2. 欧美及大洋洲国家的平均生育年龄明显推迟,其他地区推迟缓慢甚至有所提前

从全球范围看,1990年以来 MAC 基本维持在27.5岁(见图2-1-11)。其中亚洲、拉丁美洲及加勒比地区的 MAC 一直低于世界平均水平,并且同世界整体变动趋势相似,即1990年以来变动非常微弱;欧洲、北美洲的 MAC 显著上升,由1990—1995年低于世界平均水平转变为2010—2015年高出世界平均水平;大洋洲和非洲的 MAC 始终高于世界平均水平,但是大洋洲 MAC 呈现显著上升,非洲 MAC 则呈现缓慢下降。

亚洲、拉丁美洲及加勒比地区和非洲作为近20年生育水平显著下降的3个大洲,由于年长龄妇女生育率下降,导致年长龄妇女生育数所占比例下降,进而影响 MAC 推迟缓慢甚至有所提前。亚洲的 MAC 由1997年的27.4岁略微推迟至2015—2020年的28.2岁。拉丁美洲及加勒比地区的MAC 由1990—1995年的27.5岁缓慢提前至2015—2020年的27.3岁;其间该地区的37个国家中有27个国家 MAC 下降,仅7个国家上升了0.5岁,拉丁美洲及加勒比地区也是唯一一个生育年龄越来越集中在年轻育龄妇女和青少年生育率保持很高的一个区域。尽管20世纪90年代以来许多非洲国家生育水平逐渐下降,但是由于仍然停留在生育率转变早期阶段,MAC 依旧保持在29岁以上;不过,整个非洲 MAC 还是缓慢下降,由1990—1995年的29.6岁缓慢提升至2015—2020年的29.2岁。欧洲、北美洲,早在1970—1975年期间生育率就相对较低,生育推迟导致了 MAC 上升。其中欧洲 MAC 由2001年的27.8岁延后至2015—2020年的30岁,其间推迟了2.2岁;欧洲生育推迟所导致的 MAC 上升,首先在20世纪60年

代末表现在北欧,在整个70年代表现在西欧,在70年代末和80年代初则表现在南欧;2015—2020年17个欧洲国家的MAC超过30岁,阿尔巴尼亚是唯一一个2000年TFR降至更替水平而同期MAC由31岁提前至27.5岁的欧洲国家。北美洲的MAC由1999年的27.4岁推迟至2015—2020年的29.4岁,其间推迟了2岁。大洋洲的MAC由1992年的28.9岁推迟至2015—2020年的29.1岁,其间推迟了0.2岁;目前澳大利亚的MAC已超过30岁,新西兰的MAC接近30岁,其余大洋洲国家1990年以来生育时间的变动不显著。

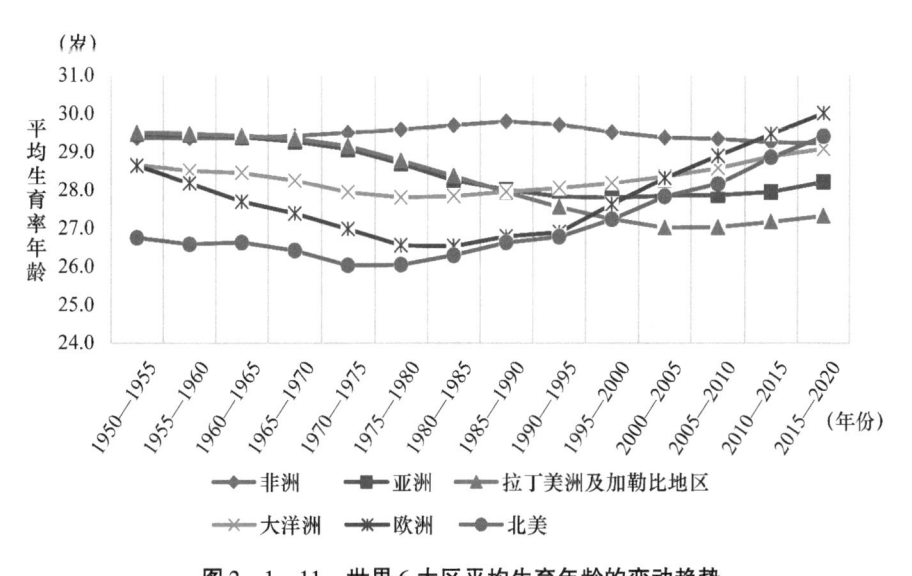

图2-1-11 世界6大区平均生育年龄的变动趋势

资料来源:United Nations, Department of Economic and Social Affairs, Population Division, *World Population Prospects: The 2017 Revision*, ESA/P/WP/248, 2017.

从不同生育率类型国家MAC变动看,存在显著差异。即高生育率国家表现出MAC的平稳下降,极低和适度低生育率国家表现出MAC的显著上升,中等生育率国家MAC则表现出先降后升。目前中等生育率国家的MAC比低生育国家还略低一些。1990—1995年至2015—2020年,MAC增幅最大的是捷克和爱沙尼亚,这两个国家均为极低生育率国家,其中捷克从25岁增至29.8岁,爱沙尼亚从25.3岁增至29.4岁。MAC降幅最大的是阿联酋和柬埔寨,这两个国家均出现TFR的显著下降,其中阿联酋TFR

从1990—1995年的3.9降至2015—2020年的1.8，20年间减少了2.1个孩子，同时MAC从30.6岁降至27.3岁；柬埔寨TFR从1990—1995年的5.1降至2015—2020年的2.7，20年间减少了2.4个孩子，同时MAC从30岁降至27.6岁。2015—2020年，利比亚的MAC位居全球首位，达到32.9岁；尼泊尔的MAC最低，为25.2岁。在发达国家中，爱尔兰的MAC最高，为31.5岁；摩尔多瓦的MAC最低，为26.8岁。在MAC超过30岁以上的59个国家中，其中利比亚、吉布提和沙特阿拉伯等7个国家的MAC超过32岁。仅阿塞拜疆、孟加拉国、多米尼加共和国和尼泊尔4个国家的MAC低于26岁。

五 生育意愿变动的空间差异

已有研究表明，生育意愿可以有效预测已婚人群随后的生育行为。日本代际与性别项目调查（JGGPS）数据表明已婚女性在第一轮调查中的生育意愿，与其在后来多轮调查中的生育行为之间关系密切。即在那些很想再生育孩子（回答"绝对生"）的女性当中，大约有80%的人在9年内生育了一个（或以上）孩子，而那些不想再生育孩子（回答"可能不"）的女性中，只有不到20%的人发生生育行为[1]。因此，分析生育意愿变动及其区域差异，为分析生育水平变动及其区域差异提供重要基础。

（一）理想家庭规模变动及其区域差异

15—49岁育龄妇女的平均理想子女数在国家之间和国家内部不同阶层人群之间均存在着显著差异。受数据所限，笔者仅对欧洲低生育率国家和非洲高生育率国家的生育意愿展开对比分析。

1. 欧洲国家理想家庭规模缓慢持续下降

尽管近20年一些文献深入探讨低生育率国家短期生育意愿及其影响因素以及生育意愿实现等内容，但总体上对生育偏好的关注相对偏少。欧洲调查数据显示，理想家庭规模的平均值从1979—1983年的2.53下降到2008—2012年的2.21，即每10年下降约0.1，目前已降至接近替代水平（见表2-1-8）。理想家庭规模更倾向于拥有两个孩子，表现在超过一半

---

[1] 田渊六郎、雷妍贞（译）、朱安新（校）：《日本年轻人生育意愿的影响因素》，《青年探索》2017年第1期。

受访者表示两个孩子最理想的比例随着时间的推移而上升，从20世纪90年代和21世纪初的76%—78%到2008—2012年的85%。平均理想家庭规模的逐渐下降是由表达3个或更多孩子最理想的女性所占比例下降所推动的，认为3个及以上最理想的比例由20世纪80年代初期的40%降至目前的28%；同时，表达不要或1个孩子最理想的女性所占比例增长较慢，由20世纪80年代初期的5%升至目前的11%。此外，理想家庭规模高的国家数量趋于减少，推动了平均理想家庭规模在不同调查和国家的差异在下降。比如，奥地利和德国可能是最早经历生育意愿下降的国家，这两个国家的平均理想家庭规模已降至每名妇女1.6—1.7个孩子，并且预计其他低生育率国家也可能出现类似的下降[①]。

2. 撒哈拉以南非洲各国理想家庭规模居高不下

撒哈拉以南非洲各国对孩子的需求远高于世界其他亚区。不过，尽管如此，撒哈拉以南非洲各国也存在显著差异，15—49岁育龄妇女的平均理想孩子数从卢旺达的3.6个至尼日尔的9.5个。该亚区大多数国家的理想子女数高于4，理想子女数在4以下的国家仅仅包括肯尼亚（3.9）、马拉维（3.9）和卢旺达（3.6），并且除卢旺达之外几乎全部国家已婚男性比已婚女性更倾向于多要孩子。该亚区各国对孩子的高需求受制于家庭经济依赖程度以及伴随着家庭经济依赖程度的再生育观念。降低家庭经济依赖程度的因素包括增加正式教育、在现代经济中创建财富的成功、迁移以及受到其他观念的影响，特别是受到与个人权利和女性地位有关的观念的影响。此外，该亚区各国对孩子的需求还受到年龄的影响，通常年青一代比他们的父母一辈更倾向于少要孩子。

（二）理想家庭规模与实际家庭规模差距的区域差异

平均生育水平对各国都很重要，但对个人而言，重要的是他们实际拥有的子女数量。受数据所限，在此重点分析目前低生育率国家实际家庭规模的差距。根据图2-1-12所示的部分低生育率国家和地区1974年出生的女性终身生育率，澳大利亚、芬兰、荷兰和英国等适度低生育率国家的妇女，无孩率很高，同时3个或更多孩子的妇女中比例很高，1个孩子的

---

① Goldstein, J. R., Sobotka, T. and Jasilioniene, A., "The End of 'Lowest-low' Fertility?", *Population and Development Review*, Vol. 35, No. 4, December 2009, p. 674.

表2-1-8　欧洲不同时期15—49岁女性的理想家庭规模

时期	调查数	国家数	平均理想家庭规模 均值	平均理想家庭规模 中位数	平均理想家庭规模 标准差	超过一半受访者陈述2个孩子最理想的调查所占比例（%）	认为2个孩子最理想的女性所占比例（%）	对无应答者进行调整后各理想家庭规模所占百分比（%）认为0个或1个孩子最理想	认为2个孩子最理想	认为3个及以上孩子最理想
1979—1983年	19	11	2.53	2.38	0.44	58	51	5	55	40
1987—1991年	38	27	2.45	2.42	0.26	63	54	5	56	38
1993—1997年	36	27	2.35	2.38	0.23	78	58	7	60	33
1998—2002年	25	19	2.34	2.36	0.20	76	55	8	59	33
2005—2007年	23	23	2.25	2.22	0.19	78	57	9	62	29
2008—2012年	27	24	2.21	2.19	0.19	85	56	11	61	28

资料来源：Sobotka, T. and E. Beaujouan, "Two Is Best? The Persistence of a Two-Child Family Ideal in Europe", *Population and Development Review*, Vol. 40, No. 3, September 2014, p.391.

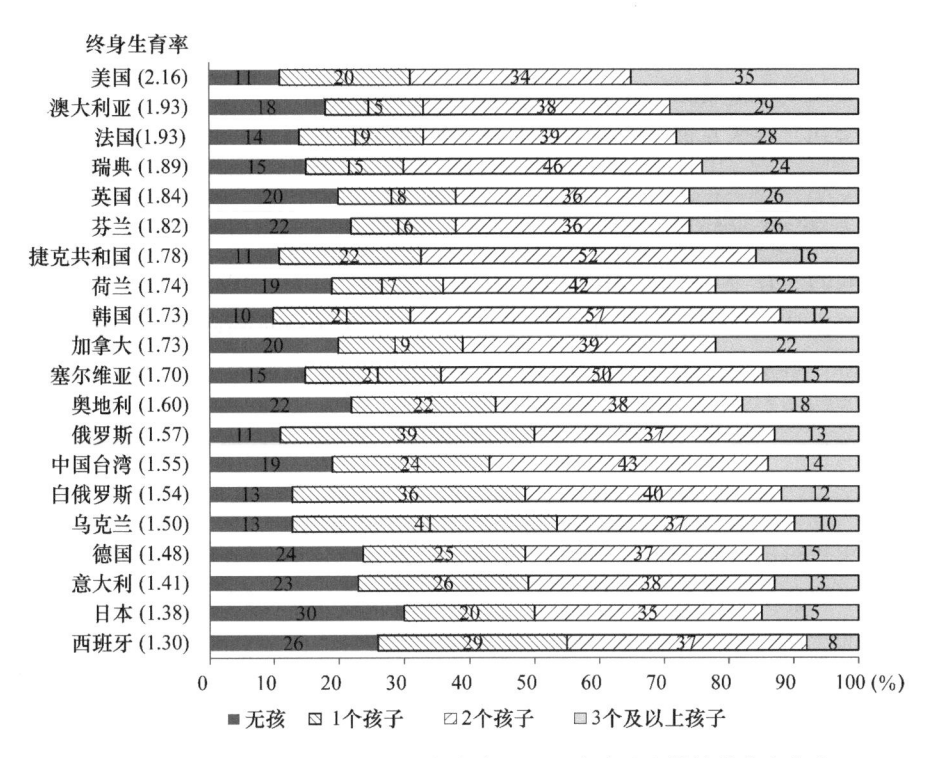

第二章　国际生育率新变动的空间分异格局　125

图 2-1-12　部分低生育率国家或地区 1974 年出生女性的终身生育率

资料来源：United Nations Population Fund, *The Power of Choice: Reproductive Rights and the Demographic Transition*, October 2018.

比例较低；美国有 3 个或更多孩子的妇女比例相对较高；俄罗斯、白俄罗斯等东欧国家的独生女比例较高，但没有孩子的比例较低，反映出对无子女的接受度较低；在南欧和德国，平均生育率很低，这既是无子女率高的结果，也是有一个孩子的妇女比例很高的结果；日本是世界上无子女率最高的国家，10 名 40 岁以下的妇女中有 3 名无孩子。总的来说，终身生育率与有 2 个孩子的妇女的比例不相关，与有 3 个或更多孩子的妇女的比例高度相关。

在许多低生育率国家，人们想要的孩子数量和他们实际拥有的孩子数量存在相当大的差距。育龄夫妇没有达到他们想要的孩子数量，有的因为生活中优先考虑竞争或是因为经济困难等情况，有的则是因为疾病或离婚等事件。对家庭规模的决定通常随着时间的推移而变化，以响应生活经历。对于 20 个欧洲国家和美国在 20 世纪 60 年代末 70 年代初出生的妇女来说，实际生育率与平均理想生育子女数的差距存在区域差异，其中南欧国家和瑞士相差最多，为 0.5—0.7 个孩子，这与南欧国家以不稳定的劳动力市场和支持不足的工作与家庭平衡为基础的低终身生育率是吻合的；大多数中东欧国家，相差 0.3—0.4 个孩子，这一相对较大的差距显示了该区域国家经济发展较弱；英国、比利时、法国等西欧国家以及美国，由于相对较高的生育率和相对较高的生育意愿，影响了二者差距相对较小和相对适中。上述差异表明，父母的行为规范、工作与家庭平衡政策、失业等社会经济背景塑造了妇女的生育目标、家庭总规模以及两者之间的差距，这一结论可以运用社会认知模型[1]来解释。此外，从不同人群看，在大多数国家，具有大学文化程度女性的实际生育率与生育意愿差距最大[2]。

东亚国家和许多欧洲极低生育率国家基本相似，生育水平基本上都不是理想小家庭规模的直接反映。平均理想家庭规模大约是每个妇女生育 2 个孩子，但实际生育率较低。这个理想家庭规模和实际家庭规模之间的差距表明，男女不能完全实现其生育权利。比如日本，虽然理想家庭子女数在逐渐下降，由 1987 年的 2.67 降至 2010 年的 2.42，但是，2015 年仍高于 2.3 个孩子；期望家庭子女数也在逐渐下降，由 1987 年的 2.23 降至 2010 年的 2.07，但 2015 年仍接近 2 个孩子，TFR，1990 年以来降至 2 以下，2005 年达到最低点；实际拥有子女数也逐渐下降，由 1987 年的 1.93 降至 2010 年的 1.71；2010 年实际拥有子女数比期望家庭子女数少 0.36 个，这一差距比 1987 年有所扩大[3]。

第二节 不同生育率类型国家生育率新变动的空间差异

2015—2020 年，极低、适度低、中等和高生育率四种类型国家分别包

---

[1] Bachrach, C. A. and Morgan, S. P., "A Cognitive-Social Model of Fertility Intentions", *Population and Development Review*, Vol. 39, No. 3, September 2013, p. 459.

[2] Beaujouan, E. and Berghammer C., "The Gap Between Lifetime Fertility Intentions and Completed Fertility in Europe and the United States: A Cohort Approach", *Population Research and Policy Review*, Vol. 38, No. 4, February 2019, p. 507.

[3] National Institute of Population and Social Security Research, Department of Population Dynamics Research, *The Fourteenth Japanese National Fertility Survey in 2010: Marriage Process and Fertility of Married Couples: Highlights of the Survey Results of Married Couples*, Tokyo, October 2011, p. 25.

括 27 个、66 个、69 个、39 个国家，在每种类型国家中，国家之间经济社会发展基础存在显著差异，因此，经济、社会、文化及政策等因素综合作用下的各国生育率及其变动态势也就存在明显差异。本部分将重点分析四种生育率类型内部国家之间生育率变动的不同特征。

一 极低生育率国家生育率新变动比较

（一）总和生育率变动比较

比较 2015—2020 年和 1990—1995 年的 TFR，27 个极低生育率国家或地区生育率变动态势分为三种类型：（1）显著下降型，9 个国家或地区（包括位于亚洲的中国台湾、新加坡、韩国、阿联酋，位于欧洲的塞浦路斯、摩尔多瓦，位于加勒比地区的波多黎各、圣卢西亚，以及位于非洲的毛里求斯等）表现出显著的持续下降，TFR 下降超过 30%；（2）较明显下降型，斯洛伐克、马其顿、匈牙利、塞尔维亚、马耳他、卢森堡、乌克兰、波兰、葡萄牙、波黑、中国澳门 11 个国家或地区，TFR 下降在 10%—30% 之间；（3）微弱变动型，即变动幅度在 10% 以内，其中海峡群岛、克罗地亚、日本、西班牙、意大利、希腊、中国香港 7 个国家或地区。

从 1990—2020 年期间整体变动趋势看，卢森堡、毛里求斯等 11 个极低生育率国家 TFR 持续下降，16 个极低生育率国家在 1990—2020 年期间 TFR 先降后升。各国 TFR 逆转的时间有所不同，其中意大利和西班牙在 1995—2000 年 TFR 下降趋势出现逆转，希腊、日本、中国香港等 11 个国家或地区在 2000—2005 年 TFR 降至最低和出现逆转，韩国、中国台湾、北马其顿 3 个国家或地区在 2005—2010 年 TFR 降至最低和出现逆转。

（二）年龄别生育率变动比较

1. 各年龄组生育率下降幅度和生育模式比较

首先，从生育率下降的年龄组分布看，16 个极低生育率国家表现出 15—29 岁年龄组生育率不同程度的下降和 30—49 岁年龄组生育率上升；6 个国家表现出 15—34 岁年龄组生育率不同程度的下降和 35—49 岁年龄组生育率上升；仅塞浦路斯和毛里求斯表现出 15—49 岁所有年龄组生育率不同程度的下降；拉脱维亚和捷克表现出 15—24 岁年龄组生育率不同程度的下降和 25—49 岁年龄组生育率上升；马耳他则表现出 20—34 岁年龄组生育率不同程度的下降和其他年龄组生育率上升。可见，大多数极低生育率国家表现出30岁之前各年龄组生育率下降和30岁及以上各年龄组生育率上升。

其次,从各年龄组生育率下降的幅度看,18个极低生育率国家表现出20—24岁年龄组生育率下降幅度最大,特别是20—24岁年龄组生育率下降幅度远远高于相邻的15—19岁和25—29岁年龄组,其中波兰、斯洛文尼亚、捷克、摩尔迪瓦20—24岁年龄组生育率下降了100个千分点以上;9个国家或地区则表现出25—29岁年龄组生育率下降幅度最大,比如韩国25—29岁年龄组生育率下降了135个千分点,日本25—29岁年龄组生育率下降了55个千分点(见图2-2-1)。

最后,从生育年龄分布看,14个极低生育率国家生育峰值年龄由1990—1995年的25—29岁推迟到2015—2020年的30—34岁,比如日本、韩国、摩尔迪瓦均是如此,并且均呈现显著的单峰模式(见图2-2-1)。

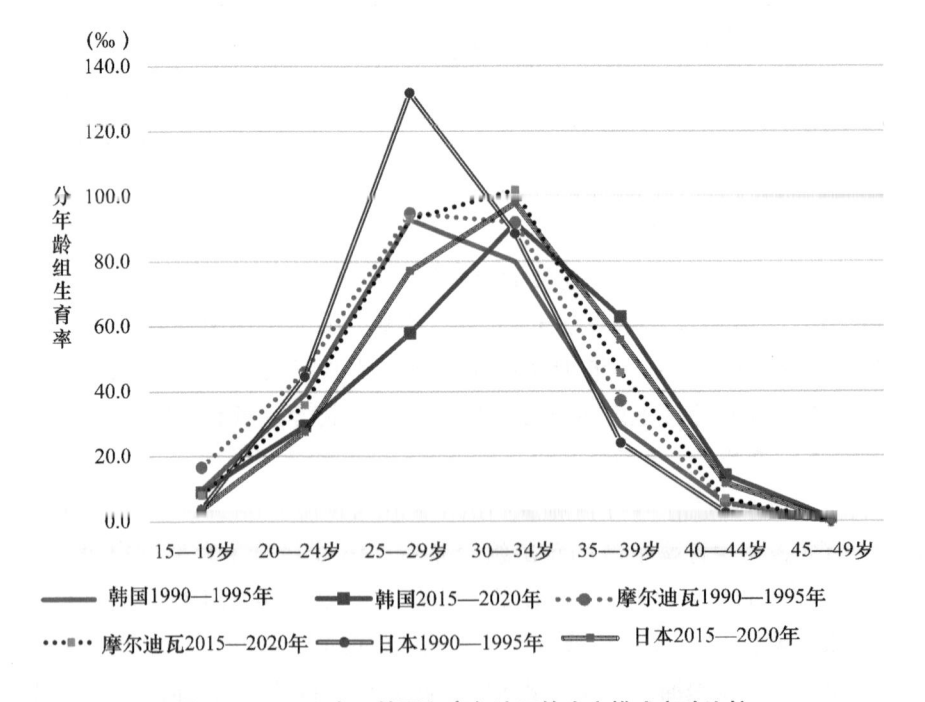

图2-2-1 日本、韩国和摩尔迪瓦的生育模式变动比较

资料来源:United Nations, Department of Economic and Social Affairs, Population Division, *World Population Prospects* 2019, ST/ESA/SER. A/423, November 2019.

2. 青少年和年长女性生育率的下降幅度比较

从 15—19 岁青少年生育率变动看，仅日本和马耳他出现上升，日本 1990—1995 年青少年生育率仅为 3.7‰，在全世界是最低的；2010—2015 年略升至 4.5‰，仍为全世界最低水平。马耳他 1990—1995 年青少年生育率也很低，为 11.9‰，2010—2015 年升至 17.5‰。西班牙 2015—2020 年青少年生育率与 1990—1995 年一致，均为 7.7‰。比较 24 个青少年生育率下降的国家，其中圣卢西亚、波多黎各、摩尔多瓦、阿联酋、乌克兰、马其顿 6 个国家或地区的青少年生育率下降幅度超过 20 个千分点。

从 40—44 岁育龄妇女生育率变动看，阿联酋出现大幅度下降，圣卢西亚、毛里求斯、塞浦路斯、波多黎各、马耳他、摩尔多瓦、波黑 7 个国家出现小幅度下降，其余 19 个国家表现为上升。上升幅度最大的是南欧、西欧及东亚的极低生育率国家，日本、中国台湾、卢森堡、匈牙利、西班牙、意大利、希腊、韩国、中国香港、斯洛伐克、克罗地亚、乌克兰、葡萄牙 13 个国家或地区增长了 50% 以上。大多数极低生育率国家 40—44 岁育龄妇女生育率出现不同程度的上升，主要是生育推迟所致。从 40—44 岁育龄妇女生育占全部育龄妇女生育的比例看，全部 27 个超低生育率国家均表现出 2015—2020 年高于 1990—1995 年，其中上升较大的是中国澳门、西班牙、意大利等。2015—2020 年，40—44 岁育龄妇女生育占全部生育的比例较高的是西班牙、阿联酋、意大利、卢森堡、中国香港等国家或地区，在 5% 以上；其余 22 个国家或地区该比例在 1.7%—5% 之间。

3. TFU25 和 TFO30 变动比较

1990—2020 年期间，全部 27 个极低生育率国家表现出 TFU25 下降，22 个极低生育率国家表现出 TFO30 上升，毛里求斯、塞浦路斯、摩尔多瓦、马耳他、中国澳门 5 个国家或地区出现 TFO30 下降。目前 24 个极低生育率国家显示出 TFO30 高于 TFU25，仅摩尔多瓦、乌克兰和罗马尼亚 3 个国家前者低于后者。2015—2020 年，全部极低生育率国家 30 岁及以上育龄妇女平均生育 0.7 个孩子，是 25 岁以下育龄妇女平均生育孩子数 (0.27 个) 的 2.6 倍。

(三) 生育年龄变动比较

前已述及，14 个极低生育率国家的生育峰值年龄从 1990—1995 年的 25—29 岁推迟到 30—34 岁，9 个极低生育率国家的生育峰值年龄从

1990—1995年的20—24岁推迟到25—29岁，匈牙利的生育峰值年龄则从1990—1995年的20—24岁推迟到30—34岁。个别国家生育峰值年龄未变，比如波多黎各在1990—2020年期间一直保持在20—24岁，塞浦路斯、中国澳门则一直保持在25—29岁。2015—2020年，韩国、日本、新加坡、西班牙、意大利等15个国家或地区的生育峰值年龄在30—34岁，塞浦路斯等11个国家的生育峰值年龄在25—29岁，仅波多黎各的生育峰值年龄仍在20—24岁。

从平均生育年龄的变动看，全部极低生育率国家的平均生育年龄均增大，其中韩国、中国台湾、希腊、斯洛伐克、匈牙利分别增长4.5岁、4.4岁、3.8岁、3.8岁、3.7岁，增长最小的是阿联酋，仅为0.3岁。2015—2020年，韩国、中国香港、中国澳门、中国台湾、日本、新加坡、阿联酋、意大利、葡萄牙、西班牙、克罗地亚、卢森堡、海峡群岛、马耳他14个国家或地区的平均生育年龄超过30岁，即主要分布在东亚和南欧。全部极低生育率国家的平均生育年龄达到30.1岁，即超过30岁，在四种生育率类型国家居于首位。

从平均初育年龄的变动看，许多极低生育率和适度低生育率国家自1990年以来出现显著上升，其中2010年以来希腊、意大利、瑞士、卢森堡4个极低生育率国家推迟到30岁以上；西班牙、葡萄牙、中国香港在29—30岁；日本、韩国和新加坡也均推迟2岁以上，2010年分别升至29.9岁、29.9岁和29.8岁。2010年以来，乌克兰、捷克、斯洛伐克、罗马尼亚等东欧国家，地处南欧的马耳他、克罗地亚，以及北欧国家拉脱维亚，平均初育年龄相对较小且在28岁以下；摩尔多瓦最低，2011年仅为23.7岁。

(四) 终身生育率和无子女率变动比较

完成或即将结束生育年龄的妇女所生育子女数量的分布提供了各国达到低生育率的不同途径的信息。以40—44岁妇女所生育子女数量来衡量的终身生育规模反映了过去的生育行为。目前最高的无子女率国家分布在欧洲和东亚的低生育率国家。如图2-2-2所示，东亚和南欧国家1972年出生的育龄妇女的无子女率比1960年出生的育龄妇女要高，其中日本和新加坡上升最快，两国1972年出生的育龄妇女无孩率均达到23%以上，超过德国、意大利等欧洲国家。东欧、中亚、西亚和一些南欧国家的无子女率往往较低，其中一些国家甚至有所下降。例如，黎巴嫩、毛里求斯和葡萄牙40—44岁妇女的无子女率均低于5%。

在低生育率国家，即使达到了同样的生育水平，有3个或3个以上孩子的年长妇女所占比例也各不相同。与较低水平的无子女率一样，40—44岁妇女中有3个或更多孩子的比例最高的国家往往是最近转变到更替水平以下的国家。然而，即使达到低生育率几十年的国家，家庭规模仍然存在很大差异。在许多国家，特别是东欧，有3个或3个以上孩子的妇女相对较少，因为大多数妇女只有1个或2个孩子；相比之下，北欧和西欧国家，有3个或3个以上孩子的妇女或无子女更为普遍。

1960年出生女性的无孩率

国家	比例
摩尔多瓦	5.5
韩国	5.6
白俄罗斯	5.8
捷克共和国	6.2
俄罗斯	6.2
保加利亚	6.5
芬兰	17.8
加拿大	17.9
德国	18.4
新加坡	19.0
英国	19.0
瑞士	20.7

1972年出生女性的无孩率

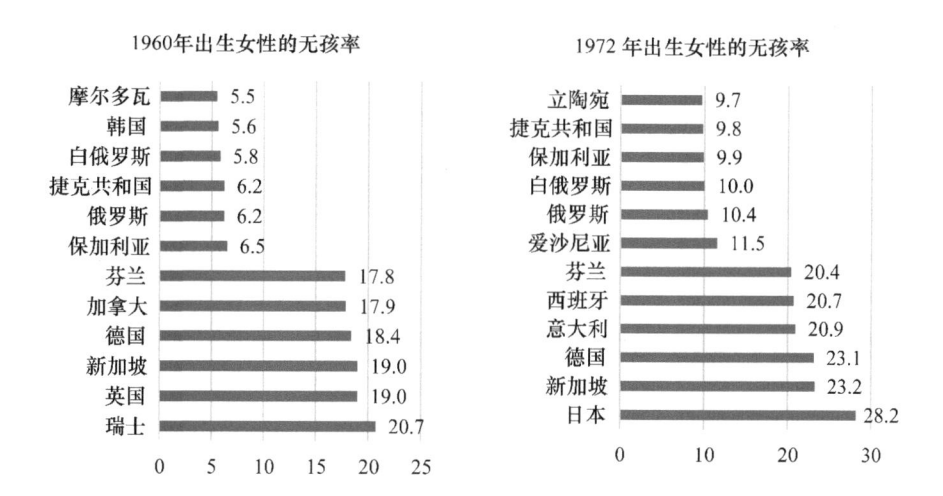

国家	比例
立陶宛	9.7
捷克共和国	9.8
保加利亚	9.9
白俄罗斯	10.0
俄罗斯	10.4
爱沙尼亚	11.5
芬兰	20.4
西班牙	20.7
意大利	20.9
德国	23.1
新加坡	23.2
日本	28.2

图2-2-2 东亚和南欧国家1960年出生和1972年出生的育龄妇女无孩率位序及变化（前6位和末6位）

资料来源：人类生育率数据库。

（五）非婚生育和结婚变动比较

婚姻模式包括结婚时间和曾经结婚的男性和女性比例，都会影响生育水平和孩子出生时间。对生育和婚姻的分析是复杂的，因为生育发生的两性结合不仅包括正式婚姻，还包括双方同意的两性结合和其他类型的结合。此外，各国之间关于两性结合的可比数据是非常有限的。尽管存在这些分析上的挑战，但还是可以分析得出低生育率国家在生育和两性结合方面的一些变化特征。

1. 非婚生育率变化

1990年以来世界生育率最深刻的变化之一是婚外生育率上升。虽然婚外生育可能不会发生在正式婚姻中，但它们可能仍在同居结合中。不同地区在婚外生育方式上存在着明显的差异。在1994年前后和2010年以来都有数据的49个低生育率国家中，婚外生育比例明显增加。2010年以来，15个极低生育率国家至少有20%的出生发生在正式婚姻之外，而在1994年前后仅有3个极低生育率国家非婚生育超过20%（见表2-2-1）。在欧洲，历史上北欧国家就是非婚生育比例偏高的地区，东欧和南欧大多数国家的非婚生育水平低于北欧和西欧；然而，自1994年以来，东欧和南欧的大多数国家非婚生育率出现了大幅增长，比如匈牙利、波兰、捷克增长了2倍多，意大利、西班牙增长了3倍多；2012年前后，匈牙利、葡萄牙、捷克增至40%以上（见表2-2-1）。在亚洲的极低生育率国家或地区中，婚外生育相对少见，比如中国香港1995年非婚生育率不足5%，2012年不足10%；日本1995年和2010年分别为1.2%和2.1%。

表2-2-1　部分极低生育率国家在20世纪90年代和21世纪以来的非婚生育比例和初婚年龄

国家	非婚生育比例				女性平均初婚年龄			
	年份	比例	年份	比例	年份	岁	年份	岁
拉脱维亚	1995	29.9	2012	45.0	2000	26.7	2011	29.9
奥地利	1995	27.4	2011	40.4	1991	26.1	2011	31.0
匈牙利	1995	20.7	2012	44.4	1990	22.2	2011	31.1
罗马尼亚	1995	19.8	2012	31.1	1992	22.1	2011	26.6
葡萄牙	1995	18.7	2012	45.6	1991	23.9	2001	25.6
毛里求斯	1995	17.5	2010	27.3	1990	23.8	2000	22.6
德国	1995	16.1	2012	34.5	1994	27.5	2011	31.7
捷克	1995	15.6	2012	43.3	1991	21.9	2011	30.2
乌克兰	1995	13.6	2012	21.4	1999	21.6	2007	23.1
摩尔多瓦	1995	13.3	2012	22.4	1989	21.1	2005	21.9
斯洛伐克	1995	13.3	2012	22.4	1991	22.6	2010	29.1
西班牙	1995	11.1	2012	39.0	1991	26.0	2001	29.3

续表

国家	非婚生育比例				女性平均初婚年龄			
	年份	比例	年份	比例	年份	岁	年份	岁
波兰	1995	9.5	2012	22.3	1996	24.4	2002	25.3
马其顿	1995	8.2	2011	11.6				
意大利	1995	8.1	2011	24.5	1991	26.1	2010	30.6
波黑	1991	7.9	2010	10.8			2004	25.1
克罗地亚	1995	7.5	2012	15.4	1991	23.8	2001	26.2
中国香港	1995	4.7	2009	8.3	1991	27.7	2006	30.3
马耳他	1995	4.6	2012	25.7	1995	21.9	2010	28.2
希腊	1995	3.0	2012	7.6	1991	24.5	2001	26.9
塞浦路斯	1995	1.4	2012	18.6	2005	25.2	2011	27.9
日本	1995	1.2	2010	2.1	1995	27.7	2010	29.7
新加坡	1995		2012		1990	27.0	2010	27.9
韩国	1995		2012		1995	26.1	2005	28.8

资料来源：United Nations, Department of Economic and Social Affairs, Population Division, *World Fertility Report* 2013: *Fertility at the Extremes*, ST/ESA/SER. A/331, December 31, 2013.

2. 平均结婚年龄

男性和女性结婚的平均年龄越高，生育的推迟和最终未结婚的男性和女性比例也越高，生育和婚姻之间的联系也越弱。在几乎所有有趋势数据的极低生育率国家中，初婚年龄有所增加。比如匈牙利、捷克、斯洛伐克、马耳他、奥地利、罗马尼亚、德国，从1994年前后到2010年以来，女性平均初婚年龄分别上升了8.9岁、8.3岁、6.5岁、6.3岁、4.9岁、4.5岁和4.2岁。目前，奥地利、意大利、德国、匈牙利、捷克、中国香港6个极低生育率国家或地区的女性初婚年龄在30岁以上，即除中国香港外，另外5个国家都在欧洲（见表2-2-1）。

3. 从未结婚的女性所占比例变化

在低生育率国家，从未结婚的女性所占比例的变化也是影响生育趋势的部分原因。在一些国家，特别是拉丁美洲和加勒比地区，自愿结合有效地取代了婚姻。在北欧和西欧，这种情况也越来越普遍，未婚妇女通常生活在双方同意的两性结合中。自1994年以来，在大多数极低生育率国家，

40—44岁从未结婚的妇女比例有所增加，东亚国家的增长尤其显著。由于在亚洲的大部分地区婚外生育并不常见，从未结婚的女性所占比例提高意味着推迟或拒绝结婚是影响生育水平的一个重要因素。

二 适度低生育率国家生育率新变动比较

（一）总和生育率变动比较

纵观2015—2020年66个适度低生育率国家在1990—2020年期间TFR的变动态势，划分为四种类型：（1）显著持续下降型，分布在亚洲、拉丁美洲及加勒比地区等22个国家表现出TFR显著持续下降，TFR下降超过30%，比如孟加拉国、巴西等TFR持续下降且分别了下降50%和36%；再如，越南TFR由1990—1995年的3.23降至2000—2005年的1.92，下降了60%，达到历史最低点，此后开始缓慢上升，2015—2020年逐渐升至2.06。（2）较明显下降型，土耳其、泰国、美国、加拿大等17个国家，TFR下降在10%—30%之间，比如土耳其、泰国分别下降28%、23%；美国TFR由1990—1995年的2.03持续降至2015—2020年的1.78，下降了13%。（3）微弱变动型，24个国家，包括西欧、北欧、东欧等欧洲17国、加勒比地区3国、新西兰、澳大利亚、中国等，表现为TFR变动低于10%，比如澳大利亚和新西兰在1990—2020年期间TFR分别在1.7—1.9和1.9—2.1波动，中国自1995年以来TFR在1.6—1.7。（4）较明显上升型，德国、斯洛文尼亚和俄罗斯3个国家表现出生育水平上升，TFR增长率均超过10%，分别增长22%、20%和18%。总体上，3/4的适度低生育率国家表现出1990—2020年期间TFR下降。

另外，部分适度低生育率国家还具有TFR先降后升的变动特征，主要是俄罗斯、德国、罗马尼亚、拉脱维亚、斯洛文尼亚、立陶宛、白俄罗斯、捷克、保加利亚、爱沙尼亚、奥地利、瑞典等欧洲国家，比如俄罗斯TFR由1990—1995年的1.55降至1995—2000年的1.25，此后持续上升，2015—2020年升至1.82，可谓在降至最低点后经历了最大幅度的TFR上升。

（二）分年龄组生育率比较

1. 生育模式变动比较

比较各适度低生育率国家在1990—2020年期间生育年龄分布曲线形

状、峰值年龄和生育率峰值的变动,归纳为三种不同类型。第一种,生育年龄分布曲线平移,比如德国,1990—1995 年和 2015—2020 年生育年龄分布曲线形状相似,仅仅生育峰值年龄由 25—29 岁推迟到 30—34 岁,并且生育峰值变化相对较小;类似地,还有俄罗斯、英国、加拿大(见图 2-2-3)。第二种,生育年龄分布曲线的变动仅表现在峰值,比如巴西 1990—1995 年和 2015—2020 年生育年龄分布曲线形基本相似,峰值年龄一致,仅仅峰值出现大幅度下降;类似地,还有孟加拉国(见图 2-2-3)。第三种,生育年龄分布曲线的形状、峰值年龄、生育率峰值等均发生显著变动,比如美国由 1990—1995 年的单峰转变为 2015—2020 年的双峰,中国由 1990—1995 年的单峰转变为 2015—2020 年的平峰(20—24 岁和 25—29 岁两个峰值),泰国则表现出峰值大幅度下降和峰值年龄由 20—24 岁推迟至 25—29 岁(见图 2-2-4)。

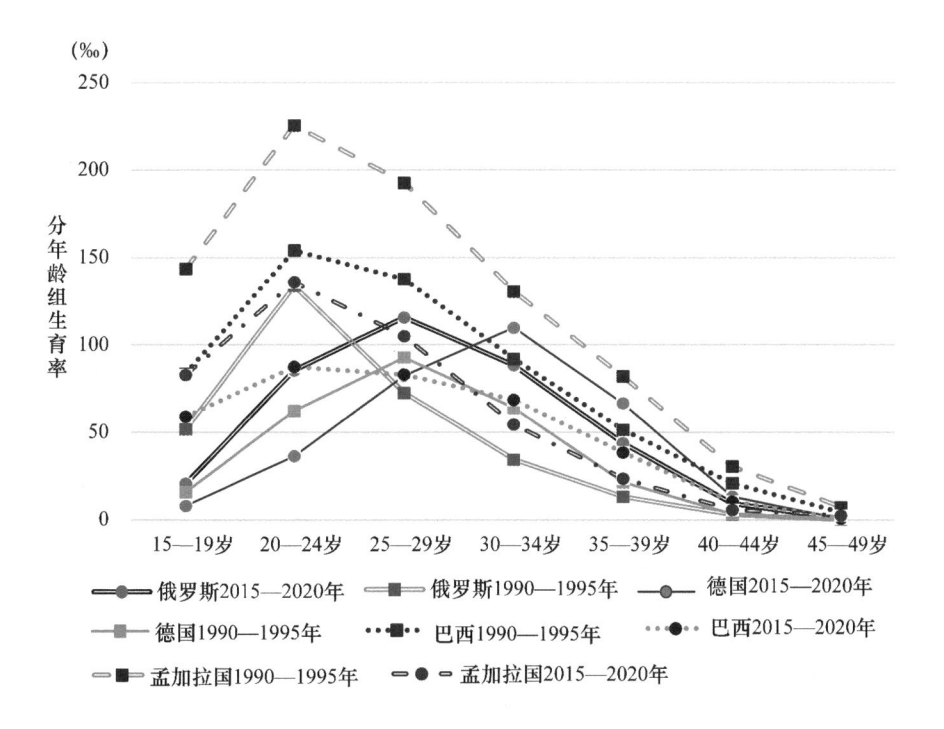

图 2-2-3 德国、俄罗斯、巴西和孟加拉国的生育模式变动比较

资料来源:United Nations, Department of Economic and Social Affairs, Population Division, *World Population Prospects* 2019, ST/ESA/SER. A/423, November 2019.

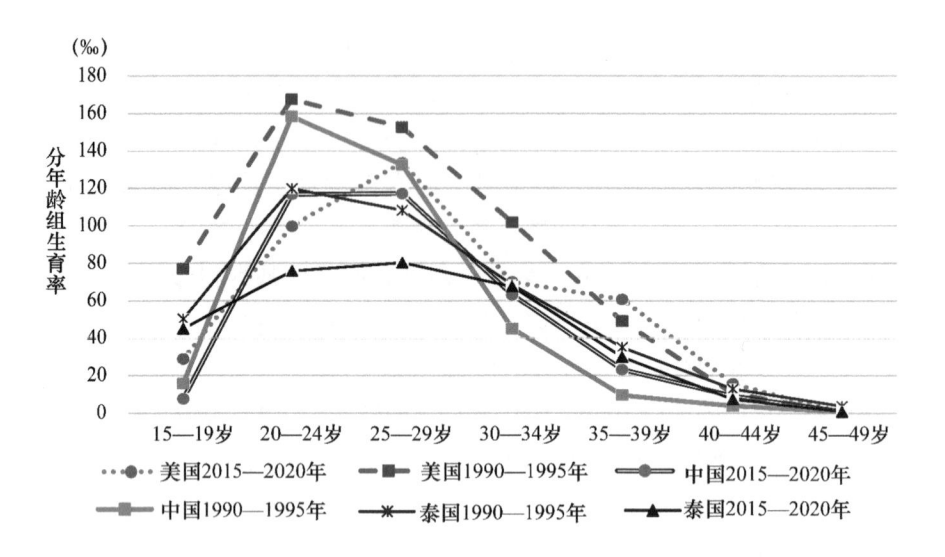

图 2-2-4 美国、中国和泰国的生育模式变动比较

资料来源：United Nations, Department of Economic and Social Affairs, Population Division, *World Population Prospects* 2019, ST/ESA/SER. A/423, November 2019.

2. 青少年和年长女性生育率变动比较

1990—2020 年期间，64 个适度低生育率国家出现 ABR 下降，仅阿塞拜疆、阿尔巴尼亚 2 个国家出现 ABR 上升。在 ABR 下降的 64 个适度低生育率国家中，57 个国家下降 30% 以上，其中马提尼克、朝鲜、爱沙尼亚、不丹 4 个国家下降幅度在 80% 以上。拉丁美洲及加勒比地区的 12 个适度低生育率国家，ABR 及其变动差异悬殊，其中 8 个国家 ABR 在 1990—1995 年至 2015—2020 年期间下降了不足 1/3，4 个国家 ABR 则下降了 1/3—1/2。比如巴西 ABR 由 1990—1995 年的 84‰ 降至 2015—2020 年的 59‰，下降了 30%；而同期亚美尼亚由 80‰ 降至 22‰，下降了 72%。同样作为适度低生育率国家，2017 年马提尼克 ABR 仅为 19‰，而巴西高达 63‰。另外，该亚区不同社会经济和教育群体的 ABR 还存在显著差异。

1990—2020 年期间，近一半的适度低生育率国家出现 40—44 岁年龄组生育率上升，其中上升幅度较大的有尼泊尔、孟加拉国、不丹、马提尼克、萨尔瓦多、越南等，上升 100% 以上。另外，近一半适度低生育率国家出现 40—44 岁年龄组生育率下降，其中下降幅度最大的是捷克，下降了

77%，其次是斯洛文尼亚、保加利亚和俄罗斯，降幅均在70%以上。40—44岁育龄妇女生育占全部生育的比例变动较大的有爱沙尼亚、瑞士、巴巴多斯、比利时、澳大利亚等，该比例提高了3个百分点；相反，马提尼克、萨尔瓦多、尼泊尔等该比例下降了3个百分点。2015—2020年，40—44岁育龄妇女生育占全部生育的比例在3%以上的适度低生育率国家主要有爱尔兰、卡塔尔、科威特、巴林等32个国家或地区，即近一半的适度低生育率国家或地区，即以西欧、北欧、北美洲、大洋洲国家为主；其余一半适度低生育率国家该比例在0.6%—2.9%之间。

3. TFU25和TFO30变动比较

1990—2020年期间，66个适度低生育国家全部表现出TFU25下降，34个表现出TFO30上升和32个表现出TFO30下降。TFO30上升的适度低生育率国家主要分布在北欧、西欧、东欧、北美，以及澳大利亚和新西兰、中国、古巴等。2015—2020年，全部适度低生育国家25岁以下育龄妇女平均生育0.5个孩子，比1990—1995年减少0.41个；30岁及以上育龄妇女平均生育0.78个孩子，比1990—1995年仅平均减少0.03个孩子；25—29岁育龄妇女平均生育0.53个孩子，比1990—1995年平均减少0.17个孩子。因此，对适度低生育国家来说，TFU25下降对生育水平下降的贡献最大。

目前，49个适度低生育率国家表现为TFO30高于TFU25，比如大部分欧洲国家、美国、加拿大、澳大利亚和新西兰等，特别是西欧、北欧国家，30岁及以上育龄妇女平均生育孩子数占全部育龄妇女生育的比例一般在50%以上，比如瑞士、德国、法国、比利时、荷兰、瑞典、丹麦、澳大利亚该比例在57%—65%之间。17个适度低生育率国家则表现为TFO30低于TFU25。比如中国，30岁以上育龄妇女平均生育0.48个孩子，25—29岁、25岁以下育龄妇女分别平均生育0.58个、0.62个孩子，30岁及以上育龄妇女平均生育孩子数占全部育龄妇女生育的比例为29%。未来中国可能生育年龄继续推迟和导致TFO30高于TFU25，如同现在大多数的欧美国家。

（三）生育年龄变动比较

从生育峰值年龄变动看，11个适度低生育率国家由1990—1995年的25—29岁推迟到30—34岁，主要分布在西欧、北欧；15个适度低生育率国家由1990—1995年的20—24岁推迟到25—29岁，主要分布在东欧、拉丁美洲及加勒比地区以及东南亚；其余31个适度低生育率国家的生育峰值年龄在 1990—2015 年期间没有发生变化。2015—2020 年，11 个适度低生育率国家的生育峰值年龄在 20—24 岁，主要分布在拉丁美洲及加勒比地区，以及中国、阿塞拜疆、亚美尼亚；33 个适度低生育率国家的生育峰值年龄在 25—29 岁，分布地区广泛；13 个适度低生育率国家的生育峰值年龄在 30—34 岁，这 13 个国家主要分布在西欧、北欧、澳大利亚和加拿大等。

从平均生育年龄的变动看，56 个适度低生育率国家出现增长，10 个适度低生育率国家出现下降。其中增长幅度较大的是爱沙尼亚、捷克、立陶宛、斯洛文尼亚、拉脱维亚等，分别增长了 5.1 岁、5.0 岁、4.3 岁、4.3 岁和 4.0 岁；尼泊尔、孟加拉国、萨尔瓦多、阿塞拜疆同期分别下降了 2.5 岁、1.5 岁、1.4 岁、1 岁。2015—2020 年，66 个适度低生育率国家的平均生育年龄为 29.03 岁，比极低生育率国家的平均生育年龄小 1.04 岁，与世界平均生育年龄（29.13 岁）非常接近。其中，瑞士、卢森堡、斯洛文尼亚、加拿大、芬兰、丹麦、荷兰、比利时、挪威、瑞典、澳大利亚、法国、冰岛、爱尔兰、科威特、马来西亚等 23 个国家的平均生育年龄超过 30 岁，即大部分位于北欧和西欧。另外，平均生育年龄低于 28 岁的国家有 21 个，主要是拉丁美洲及加勒比地区、东欧国家以及中国、越南、泰国、孟加拉国、尼泊尔等亚洲国家。

从平均初育年龄的变动看，在有数据的适度低生育率国家中，澳大利亚最高，2006 年就推迟到 30.5 岁，比 1995 年增长了 1.9 岁；瑞士，2012 年推迟到 30.4 岁，比 1995 年增长了 2.3 岁；另外，2010 年以来，加拿大、爱尔兰、芬兰、法国、挪威、瑞典、英国、比利时、斯洛文尼亚等国家推迟到 28 岁以上，而阿塞拜疆、白俄罗斯、俄罗斯等国家，仍低于 25 岁。

（四）非婚生育和结婚变动比较

1. 非婚生育比例变化

不同地区在婚外生育方式上存在着明显的差异，历史上北欧、拉丁美洲和加勒比就是非婚生育比例偏高的地区。但是，20 世纪 90 年代以来，比利时、荷兰、卢森堡、法国、瑞士、保加利亚、智利、波多黎各、澳大利亚等许多适度低生育率国家均出现非婚生育比例的显著增长；相反，加拿大、斯洛文尼亚等个别国家出现非婚生育比例的下降（见表 2-2-2）。

表2-2-2　　部分适度低生育率国家在20世纪90年代和
21世纪以来的非婚生育比例和初婚年龄

国家	非婚生育比例				女性平均初婚年龄			
	年份	比例	年份	比例	年份	岁	年份	岁
亚美尼亚	1995	15.2	2009	35.3	2001	23.4	2010	24.4
澳大利亚	1995	26.6	2010	56.3	1996	27.7	2006	29.7
阿塞拜疆	1996	4.9	2011	15.5	1999	23.9	2009	24.4
巴哈马	1996	56.4	2012	61.5	1990	27.2	2000	27.4
白俄罗斯	1996	14.9	2012	18.2	1999	22.8	2009	24.6
比利时	1992	13.6	2011	50.0	1991	25.1	2009	30.7
保加利亚	1995	25.7	2012	57.4	2001	24.2	2011	26.2
加拿大	1995	30.1	2009	28.6	1996	26.0	2006	26.6
智利	1995	40.5	2009	67.4	1992	23.4	2011	27.4
格鲁吉亚	1995	29.2	2011	33.8	1999	22.5	2005	23.4
哥斯达黎加	1995	46.6	2009	66.6	1992	21.5	2011	23.9
丹麦	1995	46.1	2009	50.6	1995	25.0	2011	31.0
法国	1995	37.6	2012	55.8	1999	30.7	2009	31.6
爱尔兰	1995	22.3	2012	35.1	1996	28.7	2011	31.8
立陶宛	1995	12.8	2012	28.8	2001	24.8	2011	29.1
卢森堡	1995	13.1	2012	37.1	1991	26.0	2001	27.8
马提尼克	1992	66.0	2007	73.0	1990	31.0	1999	33.3
荷兰	1995	15.5	2011	46.6	1995	28.2	2011	31.5
挪威	1995	47.6	2012	55.0	1996	29.9	2010	31.8
波多黎各	1994	41.9	2008	61.2	1990	23.8	2001	25.6
俄罗斯	1995	21.1	2011	24.8	1989	21.8	2010	24.4
瑞典	1995	51.6	2012	54.5	1995	31.3	2010	31.4
瑞士	1995	6.8	2012	20.2	1995	27.5	2009	29.8
英国	1995	33.6	2012	47.3	1991	26.4	2009	31.8
斯洛文尼亚	1995	29.8	2012	27.6	1991	24.8	2011	30.7

资料来源：United Nations, Department of Economic and Social Affairs, Population Division, *World Fertility Report* 2013: *Fertility at the Extremes*, ST/ESA/SER. A/331, December 31, 2013.

2. 平均结婚年龄变动

在1994年前后，只有法国和瑞典2个适度低生育率国家的女性初婚平均年龄在30岁以上。目前，马提尼克、爱尔兰、法国、荷兰、挪威、瑞典、丹麦、英国、斯洛文尼亚、比利时10个适度低生育率国家或地区的女性初婚年龄在30岁以上，澳大利亚、瑞士、立陶宛3个国家也非常接近30岁。从1994年前后到目前，适度低生育率国家的女性平均初婚年龄出现不同程度的推迟，其中丹麦推迟了6岁，斯洛文尼亚推迟了接近7岁，比利时和英国分别推迟了5.6岁和5.4岁。

3. 从未结婚的女性比例变化

在巴哈马、智利和黎巴嫩等适度低生育率国家，40—44岁的未婚女性比例已达到20%以上。

三 中等生育率国家生育率新变动比较

（一）总和生育率变动比较

考察2015—2020年69个中等生育率国家在1990—2020年期间TFR变动态势，分为三种类型：（1）显著下降型，38个国家表现出TFR持续下降且降幅超过30%，其中亚洲的沙特阿拉伯、老挝、阿曼、也门、柬埔寨等国家以及非洲的佛得角下降超过50%；（2）较明显下降型，25个国家TFR显著持续下降且降幅在10%—30%之间；（3）微弱变动型，6个国家或地区（包括以色列、哈萨克斯坦、瓜德罗普、塞舌尔、斯里兰卡、留尼汪岛）表现出TFR基本持平，即变动率低于10%。可见，55%的中等生育率国家TFR显著持续下降且降幅超过30%，35%的中等生育率国家TFR持续下降且降幅在10%—30%。从分布区域看，下降幅度较大的中等生育率国家主要分布在中美洲、东南亚、西亚等亚区。另外，吉尔吉斯斯坦和塔吉克斯坦两国表现出TFR在2000—2005年降至最低点后上升。

（二）分年龄组生育率变动和生育年龄变动比较

1. 生育模式变动比较

纵观2015—2020年全部中等生育率国家在1990—2020年期间的生育年龄分布，可以看出，大多数国家表现出生育旺盛期20—39岁育龄妇女生育率的显著下降和生育峰值年龄保持在25—29岁或20—24岁，即生育模式表现出形状和峰值年龄的变化较小、生育年龄分布曲线面积显著减少的特点。就各年龄组生育率下降幅度而言，2015—2020 年 20—24 岁年龄组生育率比 1990—1995 年下降了 67 个千分点，降至 134‰；25—29 岁年龄组生育率降至 150‰，比 1990—1995 年下降了 62 个千分点；30—34 岁年龄组生育率降至 124‰，比 1990—1995 年下降了 49 个千分点；35—39 岁年龄组生育率降至 76‰，比 1990—1995 年下降了 43 个千分点；15—19 岁、40—44 岁、45—49 岁年龄组生育率同期分别下降 27 个、27 个、10 个千分点。可见，20—39 岁年龄组生育率下降的幅度更大。并且，20—39 岁年龄组生育率的下降直接影响到整体生育水平的变动。比如，印度、印度尼西亚、巴基斯坦、菲律宾、墨西哥 5 个人口 1 亿以上的中等生育率国家，1990—2020 年期间 TFR 分别下降了 42%、20%、40%、38% 和 30%，其中 20—39 岁年龄组生育率下降对该国整体生育水平下降的贡献率分别为 68%、76%、74%、95%、80%（见图 2-2-5）。

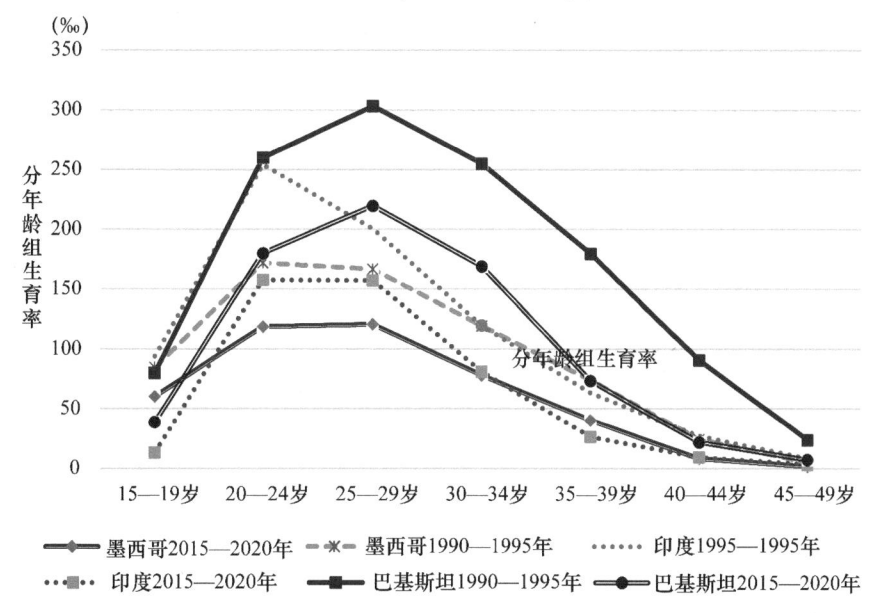

图 2-2-5 墨西哥、印度、巴基斯坦的生育模式变动比较

资料来源：United Nations, Department of Economic and Social Affairs, Population Division, *World Population Prospects* 2019, ST/ESA/SER. A/423, November 2019.

2. TFU25 和 TFO30 变动比较

1990—2020 年期间，68 个中等生育率国家 TFU25 呈现下降态势，仅塔吉克斯坦 TFU25 上升；60 个国家表现出 TFO30 下降，哈萨克斯坦、蒙古等 9 个国家 TFO30 上升；并且，绝大多数中等生育率国家 TFO30 下降幅度超过 TFU25 下降幅度。2015—2020 年，全部中等生育率国家 30 岁及以上育龄妇女平均生育 1.14 个孩子，比 25 岁以下育龄妇女平均多生育 0.23 个孩子；塔吉克斯坦等 25 个中等生育率国家 TFU25 高于 TFO30，其余 44 个国家表现为前者低于后者。

3. 青少年和年长女性生育率变动比较

首先，66 个中等生育率国家 15—19 岁 ABR 下降，其中下降比例较大的是沙特阿拉伯、印度、阿曼、密克罗尼西亚、基里巴斯、乌兹别克斯坦、西撒哈拉 7 国，2015—2020 年比 1990—1995 年分别下降了 88%、86%、82%、71%、71%、65%、61%，即下降比例较大的 7 个国家中 4 个国家分布在亚洲。仅伊拉克、菲律宾、莱索托 3 个国家 15—19 岁 ABR 在 1990—2020 年表现出上升趋势，分别上升了 6.3%、6.2%、5.5%。

其次，61 个中等生育率国家表现出 40—44 岁年长育龄妇女生育率不同程度的下降，其中柬埔寨、老挝、塔吉克斯坦、巴基斯坦、乌兹别克斯坦、伊朗等国家下降了 200% 以上；斐济、哈萨克斯坦、以色列等 8 个国家表现出上升趋势，其中斐济、哈萨克斯坦、以色列分别上升了 54%、49% 和 44%。1990—2020 年期间，中等生育率国家 40—44 岁年长育龄妇女生育孩子数占全部育龄妇女生育孩子数的比例下降最大的是柬埔寨、老挝、巴基斯坦，分别下降了 5.7 个、4.8 个和 4.5 个百分点；比例提高最多的是斐济、以色列和法属圭亚那，分别提高了 3.1 个、2.2 个和 2.1 个百分点。2015—2020 年，31 个中等生育率国家 40—44 岁年长育龄妇女生育孩子数占全部育龄妇女生育孩子数的比例在 5%—11% 之间，37 个国家在 0.6%—4.9% 之间，其中利比亚该比例最高，为 10.7%，乌兹别克斯坦最低，仅为 0.6%。

4. 生育峰值年龄和平均生育年龄变动比较

就生育峰值年龄的变动而言，尽管绝大多数中等生育率国家各年龄组育龄妇女生育率下降，但是生育峰值年龄发生变动的国家相对较少。2015—2020 年，29 个中等生育率国家的生育峰值年龄依旧保持在 1990—1995 年的 25—29 岁，17 个中等生育率国家的生育峰值年龄依旧保持在 1990—1995 年的 20—24 岁，2 个中等生育率国家的生育峰值年龄依旧保持在1990—1995年的30—34岁，即七成中等生育率国家的生育峰值年龄没有发生变化。比如，巴基斯坦、伊朗保持在25—29岁，印度保持在20—24岁，印度尼西亚和墨西哥由20—24岁推迟到25—29岁，菲律宾、埃及由25—29岁提前至20—24岁。

就平均生育年龄的变动而言，69个中等生育率国家的平均生育年龄基本在28—29岁之间，平均水平由1990—1995年的28.98岁略微降至2015—2020年的28.78岁。其中43个国家的平均生育年龄出现不同程度的下降，下降幅度较大的是柬埔寨、老挝、伊拉克、塔吉克斯坦，分别下降2.8岁、2.4岁、2.3岁、1.9岁；26个国家的平均生育年龄出现不同程度的上升，上升幅度较大的是哈萨克斯坦、关岛、法属圭亚那、以色列、斐济等，分别上升了2.1岁、2.0岁、1.7岁、1.6岁和1.3岁。2015—2020年，沙特阿拉伯、阿曼、以色列、马来西亚、塞内加尔、也门等11个国家的平均生育年龄超过30岁，其中利比亚和沙特阿拉伯超过32岁；其余大多数国家的平均生育年龄在25.6—29.9岁之间，像孟加拉国、墨西哥分别为25.6岁、26.9岁。

四　高生育率国家生育率新变动比较

研究高生育率国家的变动趋势是非常重要的，这些国家不仅对世界主要人口增长担负越来越重要的责任，而且大多数高生育率国家也是低收入国家，在这些国家，不断增长和年轻人口对教育和健康等公共服务的提供提出了严峻挑战。

（一）总和生育率变动比较

高生育率国家由1990—1995年的84个减少至2015—2020年的39个，这些国家在生育率下降开始时间、使用时间和下降速度方面是显著不同的。

首先，从开始生育率转变的时间看，根据Coale（1986）提出的，生育率开始转变是从最高生育率下降10%和下降后的生育率不再回升到最高生育率[1]，截至1994年国际人口和发展大会，拉丁美洲和加勒比海、大洋

---

[1] Coale, Ansley., "The Decline of Fertility in Europe since the Eighteenth Century as a Chapter in Demographic History" in Coale, A. and Watkins, S. eds., *The Decline of Fertility in Europe*, Princeton: Princeton University Press, 1986, p.21.

洲的所有高生育率国家和亚洲80%的高生育率国家已开始生育率转变；然而，只有1/3的中非国家和大约一半的东非和西非国家已开始生育率转变。在20世纪90年代初期尚未转变的23个高生育率国家中，直至2015—2020年，全部进入生育率转变阶段。

其次，从39个高生育率国家下降幅度看，10个国家在1990—2020年期间TFR显著下降，分别是埃塞俄比亚、阿富汗、卢旺达、塞拉利昂、厄立特里亚、马拉维、马达加斯加、利比里亚、几内亚比绍、科摩罗，TFR下降超过30%，即属于显著下降型；29个国家TFR下降率在10%—30%之间，属于较明显下降型，其中尼日尔、索马里、刚果（布）、刚果（金）、冈比亚、尼日利亚6个国家或地区TFR下降更为缓慢，1990—2020年期间下降幅度在10%—15%之间。另外，尼日尔、索马里和刚果（金）3国2015—2020年TFR比最高值下降超过10%，即刚刚开始生育率转变。

（二）分年龄组生育率和生育年龄变动比较

1. 各年龄组生育率下降幅度比较

首先，34个高生育率国家出现15—49岁年龄组7个5岁组育龄妇女生育率不同程度的下降，5个国家出现15—34岁年龄组育龄妇女生育率下降和35—49岁年龄组育龄妇女生育率的略微上升。

其次，1990—2020年期间，39个高生育率国家全部呈现TFU25下降，38个高生育率国家呈现TFO30上升。2015—2020年，除马拉维、马达加斯加、赤道几内亚3国之外，36个高生育率国家显示出TFO30高于TFU25；全部高生育率国家30岁及以上育龄妇女平均生育2.11个孩子，比25岁以下育龄妇女平均多生育0.53个孩子。

最后，从生育模式看，大多数高生育率国家的生育峰值年龄依旧保持在25—29岁；目前TFR接近于5或高于5的高生育率国家，1990年以来生育峰值下降缓慢，生育年龄分布曲线变化较小，比如尼日利亚、刚果（金）、坦桑尼亚；目前TFR略高于4的高生育率国家，1990年以来生育峰值下降幅度较大，生育年龄分布曲线变化较大，比如埃塞俄比亚（见图2-2-6）。

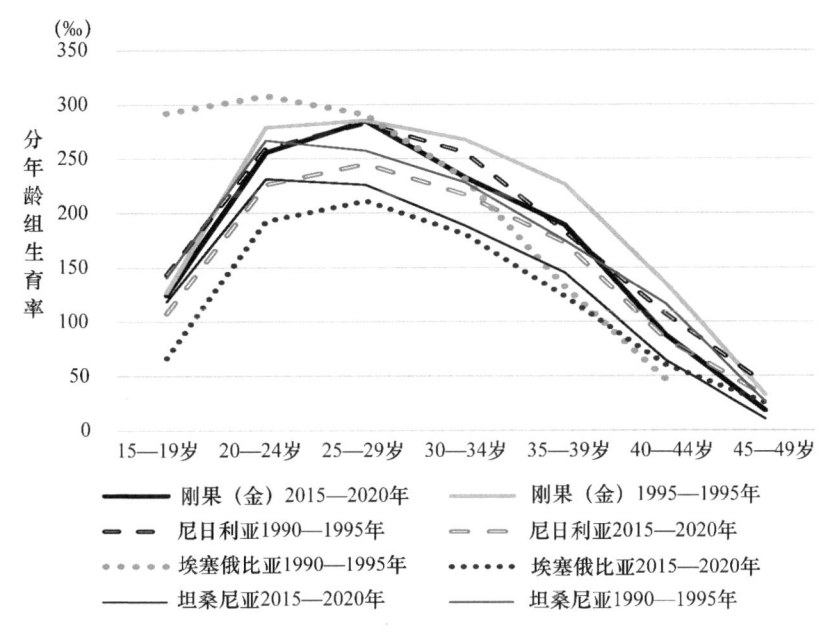

图 2-2-6 尼日利亚、埃塞俄比亚、刚果（金）和坦桑尼亚的生育模式变动比较

资料来源：United Nations, Department of Economic and Social Affairs, Population Division, *World Population Prospects* 2019, ST/ESA/SER. A/423, November 2019.

2. 青少年和年长女性生育率下降幅度比较

与1990—1995年相比，2015—2020年全部高生育率国家ABR下降，其中大幅度下降的有阿富汗、南苏丹、厄立特里亚、东帝汶、塞内加尔、喀麦隆、苏丹7个国家，下降幅度在40%以上。目前，23个高生育率国家ABR在100‰以上，另外，东帝汶和卢旺达分别为33.8‰、39.1‰，是高生育率国家中ABR较低的2个国家。

与1990—1995年相比，2015—2020年37个高生育率国家40—44岁年龄组育龄妇女生育率下降，其中塞拉利昂、马拉维、埃塞俄比亚等9个国家下降50%以上；索马里、厄立特里亚、塞拉利昂、坦桑尼亚的40—44岁育龄妇女生育子女数占全部生育子女数的比例下降幅度最大，分别下降了4.2个、3.4个、3.3个和3.1个百分点，2015—2020年分别降至6.7%、6.1%、5.7%、6.6%。2015—2020年，布隆迪、毛里塔尼亚和塞内加尔40—44岁育龄妇女生育子女数占全部生育子女数的比例明显高于其他高生育率国家，分别为 10.6%、9.1% 和 8.6%。

3. 平均生育年龄和平均初育年龄变动比较

39 个高生育率国家的平均生育年龄由 1990—1995 年的 29.64 岁略微降至 2015—2020 年的 29.26 岁，其中马拉维、马达加斯加等 30 个国家的平均生育年龄出现不同程度的下降，马拉维、马达加斯加、利比里亚分别下降了 1.6 岁、1.3 岁、1.3 岁；冈比亚、东帝汶等 9 个国家的平均生育年龄出现不同程度的上升，其中冈比亚上升了 1.5 岁。2015—2020 年，安哥拉、东帝汶、卢旺达等 8 个国家的平均生育年龄超过 30 岁，其余 31 个国家的平均生育年龄在 28—29.8 岁之间。另外，尽管 20 世纪 90 年代以来，许多高生育率国家的平均初育年龄推迟，但是自 2001 年以来布基纳法索、乍得、科特迪瓦、马里、莫桑比克、尼日尔、坦桑尼亚、乌干达、赞比亚、喀麦隆、几内亚等国家的平均初育年龄依然不足 20 岁。

第三节　生育率新变动的空间分异特征

一　全球生育率变动的空间分异格局

（一）生育率空间分异的变动

1. 全球空间分异变动

变异系数是样本标准差与平均值的比，是度量区域差异的一个重要指标。以世界各国或地区为样本，计算 1990—2020 年 TFR、MAC 及分年龄组生育率的极差和变异系数（见表 2-3-1），以此分析生育状况的空间差异变动趋势。

首先，TFR 的变异系数呈现先扩大后缩小的趋势，2000—2005 年变异系数达到最大，为 0.54。分析其中原因，主要在于极低生育率国家的蔓延和数量增长，导致 2000—2005 年期间世界范围内国家之间生育水平的差距有所扩大；2005 年以来随着一些极低生育率国家生育率慢慢回升，世界范围内国家之间生育水平的差距再次出现缩小趋势。

其次，1990—2020 年期间 MAC 的变异系数非常小，且 1990—2010 年 MAC 的变异系数和极差均略微减少，2010—2020 年变异系数和极差均略有增大。理论上，随着全球生育率的降低，各国育龄妇女的生育主体会进一步集中在 25—34 岁生育旺盛期，因此国家之间的平均生育年龄差距很小。但是，由于世界范围内既有较高龄女性生育率下降所导致的平均生育年龄提前现象，也存在初育年龄推迟导致的平均生育年龄推后现象，二者可能导致国家之间平均生育年龄的差异呈扩大趋势。因此，整体上 MAC 的区域差异小，且变动微弱。

再次，ABR 的极差呈持续缩小和变异系数呈持续扩大态势。分析其中原因，随着各国经济社会发展，尤其是女性受教育程度的提高，ABR 持续下降；并且，一般情况下，某国整体生育水平的降低首先源自 ABR 下降，特别是中等生育率国家。然而，很多高生育率国家依旧保持 ABR 很高态势或微弱下降。因此，导致世界范围内 ABR 区域差异趋于扩大。相比于 MAC 和 TFR 的区域差异，ABR 的区域差异最大。

最后，TFU25 的变异系数呈现持续扩大的态势，TFO30 的变异系数在进入 21 世纪后呈现缩小趋势。尽管绝大多数国家 TFU25 呈现下降趋势，但是欧洲低生育率国家 TFU25 下降的幅度更大（见图 2-3-1），从而导致国家之间 TFU25 的差距有所扩大。一方面，几乎全部欧洲国家的 TFO30 在全世界处于较低水平，出现了 TFO30 上升；另一方面，绝大多数中等生育率国家的 TFO30 本来在全世界较高，出现 TFO30 下降（见图 2-3-2）；二者共同导致世界范围内 TFO30 的差距有所缩小。

表 2-3-1　1990—2020 年期间世界主要生育指标的极差和变异系数

年份	极差					变异系数				
	总和生育率	平均生育年龄（岁）	青少年生育率（‰）	25 岁以下年龄组生育率(‰)	30 岁及以上年龄组生育率(‰)	总和生育率	平均生育年龄（岁）	青少年生育率(‰)	25 岁以下年龄组生育率(‰)	30 岁及以上年龄组生育率(‰)
1990—1995	6.94	8.5	221	512	785	0.49	0.057	0.68	0.47	0.65
1996—2000	6.64	8.2	219	526	787	0.52	0.054	0.75	0.53	0.66
2001—2005	6.80	7.4	215	517	738	0.54	0.050	0.81	0.58	0.65
2006—2010	6.57	7.1	209	516	619	0.52	0.048	0.83	0.60	0.60
2011—2015	6.24	7.3	202	507	568	0.49	0.050	0.83	0.60	0.55
2016—2020	5.84	7.6	194	481	529	0.47	0.052	0.85	0.62	0.50

资料来源：United Nations, Department of Economic and Social Affairs, Population Division, *World Population Prospects* 2019, ST/ESA/SER. A/423, November 2019.

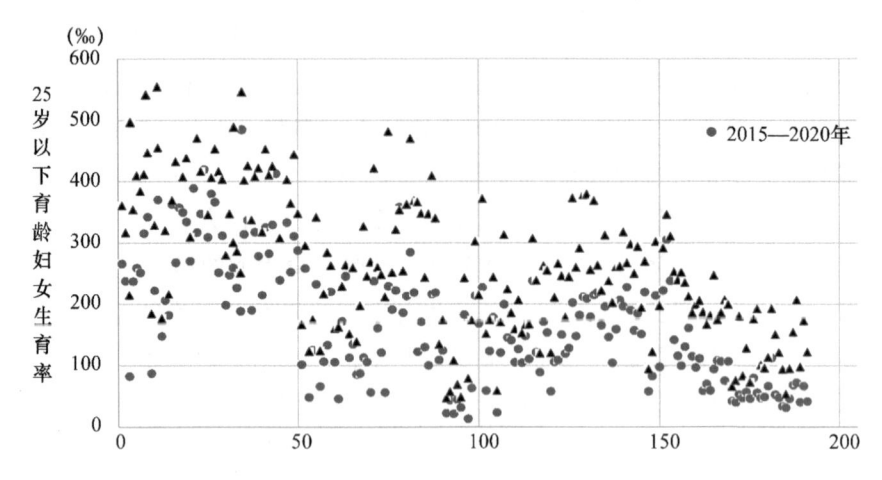

图 2-3-1　世界各国 25 岁以下育龄妇女生育率比较

注：图中的每一个点代表一个国家，其中低生育率国家主要分布在欧美，在横轴上 1—59 为非洲国家；60—110 为亚洲国家，111—150 为欧洲国家，151—188 为拉丁美洲和加勒比国家，189—192 分别为加拿大、美国、澳大利亚和新西兰，193—201 为大洋洲其他国家。

资料来源：United Nations, Department of Economic and Social Affairs, Population Division, *World Population Prospects* 2019, ST/ESA/SER. A/423, November 2019.

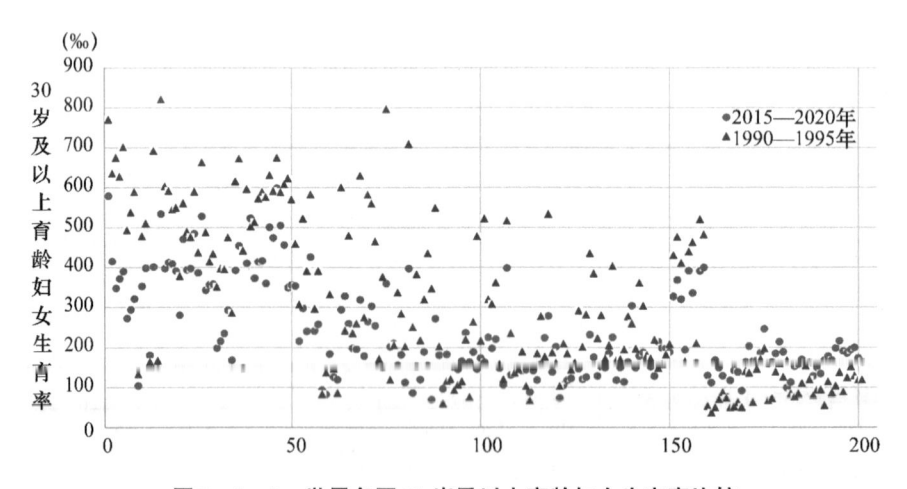

图 2-3-2　世界各国 30 岁及以上育龄妇女生育率比较

注：图中的每一个点代表一个国家，其中低生育率国家主要分布在欧美，在横轴上 1—59 为非洲国家；60—110 为亚洲国家，111—150 为欧洲国家，151—188 为拉丁美洲和加勒比国家，189—192 分别为加拿大、美国、澳大利亚和新西兰，193—201 为大洋洲其他国家。

资料来源：United Nations, Department of Economic and Social Affairs, Population Division, *World Population Prospects* 2019, ST/ESA/SER. A/423, November 2019.

2. 各亚区空间分异变动

考虑到亚区之间和亚区内部生育水平的差异悬殊可能影响全球生育率变动的空间差异，进一步分析亚区内部生育率变动差异。结果显示，6大区内部生育水平变动的区域差异同样是十分显著的。其中亚洲各亚区的差异较大，特别是东南亚各国之间生育率的差异相对显著且2000—2010年期间呈扩大趋势；欧洲、北美洲、大洋洲等不仅生育水平较低，而且洲内各国之间生育率差异相对较小，特别是西欧、东欧、北欧、澳大利亚和新西兰，变异系数均保持在0.2以下；非洲、南美洲及加勒比地区的各地理亚区，内部差异小于亚洲，高于欧洲、北美洲和大洋洲（见表2-3-2）。整体上，1990年以来，大多数亚区内部生育率的差异变动微小；仅北非、南亚、东南亚分区在2000—2005年差异明显扩大，2005年以后区内差异又迅速下降。分析原因，主要在于这3个亚区内的多数国家在1990年时处在较高生育水平，进入21世纪以来出现分化，即部分国家开始显著下降，部分国家仍保持着较高生育水平，从而导致了区内差异的明显扩大；2005年越来越多的国家生育率下降，则引发区内差异逐渐缩小。

目前20个亚区内差异最显著的是东亚和东南亚，东亚8国中，蒙古为中等生育率国家，TFR接近3；韩国、中国澳门、中国台湾、中国香港、日本为极低生育率国家或地区；中国、朝鲜为适度低生育率国家。东南亚11个国中，有新加坡1个极低生育率国家，东帝汶1个高生育率国家，文莱、泰国、越南、马来西亚4个适度低生育率国家，以及印度尼西亚、菲律宾、柬埔寨等7个中等生育率国家，即区内分布着全部四种生育率类型国家，也是目前唯一一个拥有四种生育率类型国家的亚区。

表2-3-2　　世界20个地理亚区总和生育率的变异系数

地理分区	1990—1995年	1995—2000年	2000—2005年	2005—2010年	2010—2015年	2015—2020年
东非	0.28	0.30	0.30	0.30	0.29	0.28
中非	0.13	0.15	0.16	0.16	0.15	0.14
北非	0.22	0.31	0.36	0.34	0.29	0.28
南非	0.16	0.16	0.15	0.15	0.13	0.12

续表

地理分区	1990—1995年	1995—2000年	2000—2005年	2005—2010年	2010—2015年	2015—2020年
西非	0.10	0.13	0.16	0.18	0.20	0.21
东亚	0.34	0.28	0.32	0.36	0.37	0.38
中亚	0.22	0.26	0.22	0.15	0.16	0.15
南亚	0.30	0.39	0.48	0.45	0.43	0.37
东南亚	0.38	0.47	0.53	0.53	0.35	0.33
西亚	0.43	0.41	0.41	0.40	0.36	0.31
东欧	0.11	0.12	0.04	0.05	0.09	0.10
北欧	0.11	0.17	0.16	0.14	0.11	0.07
南欧	0.26	0.22	0.16	0.09	0.10	0.10
西欧	0.09	0.10	0.13	0.14	0.12	0.08
加勒比地区	0.32	0.29	0.26	0.23	0.19	0.20
中美	0.22	0.22	0.23	0.19	0.16	0.15
南美	0.21	0.22	0.20	0.20	0.20	0.20
美国和加拿大	0.13	0.17	0.21	0.16	0.11	0.11
澳大利亚和新西兰	0.07	0.06	0.07	0.07	0.05	0.03
大洋洲其他地区	0.22	0.23	0.24	0.25	0.24	0.24

资料来源：United Nations, Department of Economic and Social Affairs, Population Division, *World Population Prospects* 2019, ST/ESA/SER. A/423, November 2019.

（二）生育率变动的核密度分布及趋同状况

1. 核密度分析

核密度估计（kernel density estimation）是在概率论中用来估计未知的密度函数，属于非参数检验方法之一。该方法不依据事先的假定分布，只依据数据本身来研究事件的分布形态特征，计算散布在空间上的要素在周围邻域中的密度；核密度值越高，说明空间事件的集聚程度越高，反之就越低[①]。频数分布直方图是最简单的概率密度非参数估计，可作为总体变

---

① Barro, J. R. and Sala-I-Martin, X., "Convergence", *Journal of Political Economy*, Vol. 100, No. 2, June 1992, p. 223.

量连续密度函数的一种近似，但因直方图是非连续的，而 Kernel 密度估计通过平滑的方法，用连续的密度曲线代替直方图，从而更好地描述变量的分布形态。设随机向量 X 的密度函数为 $f_x = f(x_1, x_2, \cdots, x_n)$，$X_1$，$X_2$，…，$X_n$ 为一组独立同分布的样本，则这组样本在点 x 的密度为：

$$f_x = \frac{1}{N_h} \sum_{i=1}^{n} K(\frac{X_i - x}{h})$$

式中：N 是观测值的个数，h 为带宽，$K(\cdot)$ 是核函数。核函数是一种加权函数或平滑函数，包括高斯（正态）核、Epanechnikov 核、三角核、四次核等类型。笔者基于国家层面的分析尺度，使用 Stata14.0 软件估计世界生育率分布的 Kernel 密度曲线，采用的是高斯正态分布核函数，带宽设定为 $h = 0.9Se N^{-1/5}$，Se 是随机变量观测值的标准差，从而揭示不同类型国家生育率动态变化的方向和幅度，以定量刻画 1990—2018 年不同类型国家生育率变动的趋势性规律。

由核密度分布图（见图 2-3-3）看出，世界生育率的分布模式先由明显双峰变为不明显单峰再变化为明显双峰，其中不明显的双峰模式出现在 1996—1999 年。双峰模式的左峰，峰值在 2 附近，一直存在；右峰，1990—1995 年在 6 附近，1996—1999 年期间变得不明显，2000 年后又逐渐明显，且峰值逐渐提前，2006 年提前到 5，2018 年进一步提前至 4。可见，世界生育率的空间分异在绝大部分年份表现出高低两个峰，即显著存在高生育率和低生育率两大群体；低生育群体的峰值相对稳定，在 2 附近；高生育率群体的峰值由 6 逐渐降至 5 再降至 4 附近。这也肯定了前面以总和生育率 2.1 和 4 为分界点进行生育率类型国家划分是合理的。

2. 趋同分析

笔者借鉴 Barro 和 Sala-i-Martin 所提出的 β 趋同[①]，以 1990—1995 年 TFR 为 x 轴、以 2015—2020 年 TFR 相对于 1990—1995 年 TFR 的变化幅度为 y 轴，制作散点图（见图 2-3-4），计算散点图所示趋势线的线性回归方程系数即 β 趋同速度。可以看出，出现显著的 β 趋同，如果 1990—1995 年生育相差 1 个孩子，2015—2020 年则降低为相差 0.38 个孩子，即下降速度为 0.62 个；进一步根据线性回归模型 $\Delta TFR = 0.366 - 0.382TFR$，计

---

① 刘华军、张权：《中国高等教育资源空间非均衡研究》，《中国人口科学》2013 年第 3 期。

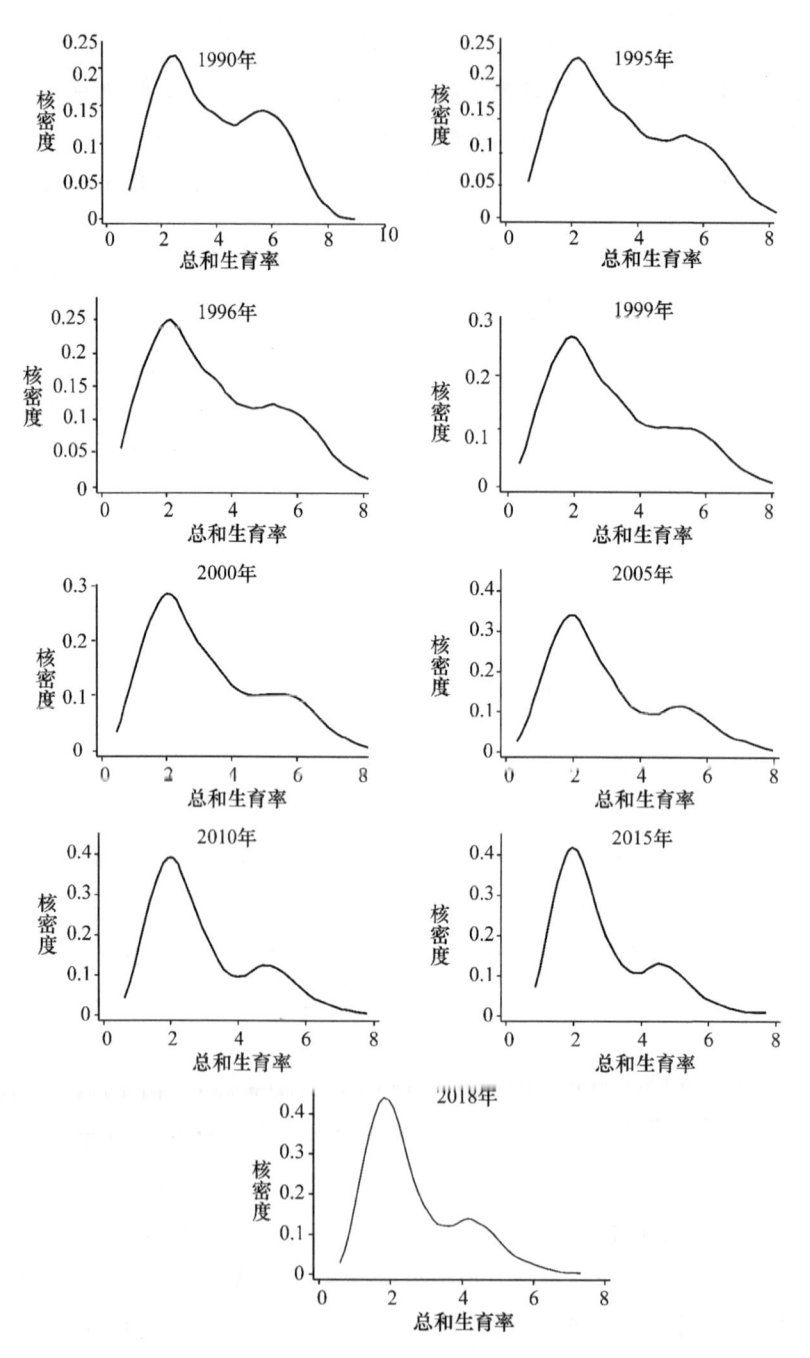

图 2-3-3　1990—2018 年世界总和生育率核密度分布图

资料来源：世界银行数据库。

算全部生育率国家生育率转变的长期稳态水平，即 ΔTFR = 0 时，TFR = $\frac{0.366}{0.382}$ = 0.96。这意味着稳态水平接近于1，远低于更替水平。从不同生育率类型国家看，仅低生育率国家显示 β 趋同，中等生育率国家和高生育率国家均没有表现出 β 趋同（见表 2-3-3）。

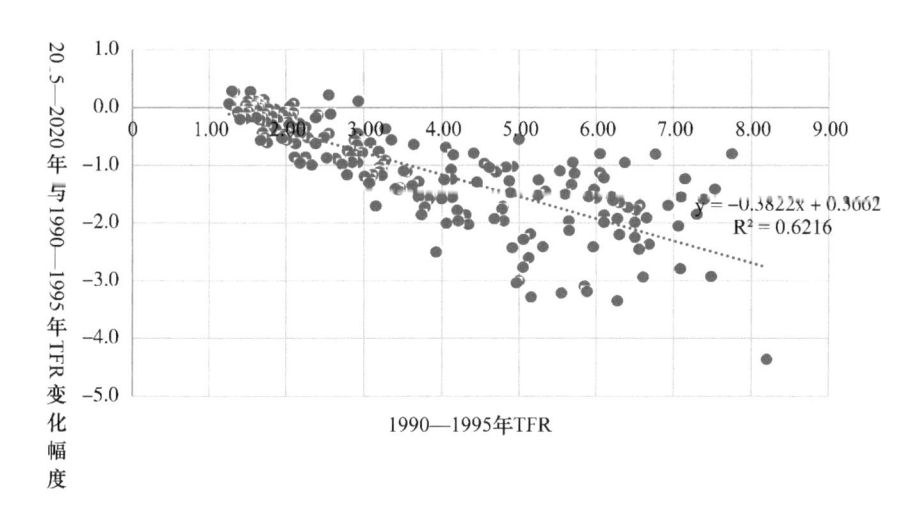

图 2-3-4　世界全部国家总和生育率 β 趋同

表 2-3-3　　　　不同类型国家总和生育率 β 趋同计算结果

	全部样本	1990—1995 年低生育率国家	1990—1995 年中等生育率国家	1990—1995 年高生育率国家
截距	0.366	0.649	-0.935	-0.777
	(4.144)	(3.302)**	(3.118)**	(-1.743)
1990—1995 年生育率	-0.382	-0.451	-0.014	-0.181
	(-18.08)***	(-3.947)***	(-0.167)	(-2.335)*
R^2	0.622	0.23	0.00	0.062
N F 统计量	201 326.89***	54 15.567***	63 0.028	84 5.45*

注：**、* 分别表示在 1%、5% 的显著性水平。

(三) 生育率变动的空间轴向和速度

标准差椭圆（Standard Deviational Ellipse, SDE）方法已在多学科得到

广泛的应用。它的主要参数有中心点、长轴、短轴和方位角，中心点表示全部地理要素在空间上的中心位置，长轴和短轴分别表示地理要素在空间上的分布方向和分布范围，长轴越长表明地理要素方向性越强，短轴越长表明地理要素离散化程度越高，方位角是以 x 轴的正北方向为基准顺时针旋转和椭圆长轴形成的夹角。因此，SDE 方法较好地从中心性、方向性、离散化等方面揭示了地理要素的空间分布形态[1]。为此，笔者运用标准差椭圆及重心迁移轨迹分析方法揭示生育率变动地域分异的整体格局。

结果显示，1990—2020 年期间不同年份生育率标准差椭圆的中心均位于非洲乍得西南部地区，中心的变动幅度相对较小，基本以中非为核心，范围涵盖了非洲、欧洲的全部地区及美洲、亚洲和大洋洲的大部分地区。从转角 θ 的变化来看，在 87.90°—88.54°范围内波动，表明全球 TFR 整体上呈现东西方向的分布格局且变动范围较小。其中转角 θ 由 1990—1995 年的 87.90°逐年增加至 2005—2010 年的 88.54°，即东西方向出现小幅弱化；2015—2020 年转角 θ 又减少至 88.44°，即东西方向有所增强；2015—2020 年转角 θ 为 88.38°，东西方向继续增强。

从主轴方向看，标准差由 1990—1995 年的 182.50km 减少至 2010—2015 年的 181.43km，说明生育率在主轴方向上略有集聚；2015—2020 年，增加至 181.76km，说明主轴方向上出现扩散的态势，即 TFR 在主轴上呈现先集聚后扩散的特征。从辅轴方向看，辅轴标准差由 1990—1995 年的 60.43km 降至 1995—2000 年的 60.16km，下降速度为 54m/年；2000—2005 年增至 63.65km，2005—2010 年以 270m/年的速度减少，2010—2015 年、2015—2020 年分别以 162m/年、108m/年的速度增加，说明 TFR 在南北辅轴方向上呈现"集聚—扩散—再集聚—再扩散"的态势。可见，世界生育率变动在南北方向上变化相对复杂，在东西方向上变化相对单一。

从 TFR 重心迁移的轨迹看，呈现"V"形：1990—1995 年，重心位于乍得境内；1995—2000 年以 15.13km/年的速度向乍得的西南方向迁移，2000—2005 年迁移速度减慢至 9.02km/年；2005—2010 年、2010—2015 年、2015—2020 年 TFR 重心则分别以 11.13km/年、11.37km/年、11.43km/年的速度不

---

[1] 许昕、赵媛、张新林等：《江苏省人口老龄化空间分异演变及影响因素》，《地理科学》2017 年第 12 期。

断向东北迁移。即整体上 TFR 重心表现出先向西南方向迁移再向东北方向迁移的特点，其中重心变化的转折点发生在 2000 年。

因此，世界生育率空间格局显示出明显的阶段性特征，即进入 21 世纪后 TFR 分布重心向东北迁移，2010 年后 TFR 标准差椭圆的南北辅轴转为扩散。这与不同国家生育率变动历程是密切相关的。20 世纪 90 年代随着欧洲国家生育率的进一步下降及亚洲东部发达地区生育率跌至更替水平以下，TFR 分布重心向西南方向迁移；进入 21 世纪后，西欧、北欧、东欧、东亚 4 个低生育率亚区的生育率下降趋势得以扭转，以及南美洲国家生育率的持续下降，共同致使 TFR 重心向东北迁移。

（四）生育率变动的空间关联性

空间自相关是指变量的观测值之间因观测点在空间上邻近而形成的相关性，可分为全局空间自相关和局部空间自相关。全局空间自相关是对属性值在整个区域的空间特征的描述，测度指标主要有全局 Moran's I、全局 Geary's C 和全局 Getis-Ord G，这些指标都是通过比较邻近空间位置观察值的相似程度来测量全局空间自相关。Moran's I 公式为：

$$I = \frac{n \sum_{i=1}^{n} \sum_{j=1}^{n} \omega_{ij}(x_i - \bar{x})(x_j - \bar{x})}{\sum_{i=1}^{n} \sum_{j=1}^{n} \omega_{ij} \sum_{i=1}^{n}(x_i - \bar{x})^2}$$

式中 ω_{ij} 表示空间权重矩阵。

其中 Moran's I 取值范围为 -1—1，当 I>0 时，表示正相关，即某区域与其临近区域的相似性大于差异性，说明相似的观测值趋于空间集聚；反之，则表示区域与周边地区存在显著的差异；仅当 Moran's I 为零时，表示观测值相互独立，随机分布。

由于 Moran's I 值，仅能表明属性相似的单元间是否呈现聚集状态，对于属性相似聚集区空间分布位置则无从观察。为此，采用局部空间自相关（Local Indicators of Spatial Association，LISA）。LISA 是利用位于聚集区内的空间自相关值远较非聚集区高，辅以 GIS 空间显示功能，便可获知聚集区在空间分布的位置。通过分析测算 LISA 显著水平，采用 Moran 散点图、局部 Moran'I 统计量来分析每个区域与周边地区间的空间差异程度。其中局部 Moran'I 是全局 Moran's I 的分解。对第 i 个区域而言，其公式为：

$$I_i = \frac{(x_i - \bar{x})}{S^2} \sum_j \omega_{ij}(x_j - \bar{x})$$

1. 全局空间自相关

笔者采用全局 Moran's I 对全球 TFR 变化率和变化幅度进行空间关联分析。其中，根据两个国家或地区的邻接关系构建地理空间权重矩阵。计算结果显示，Moran's I 均为正，且 Z 值均大于 0.05 显著性水平的阈值 1.96（见表 2-3-4）。这表明各时期世界各国生育率变动均存在显著的空间正相关。从时序变化看，2000—2005 年比 1995—2000 年 TFR 变化幅度的全局 Moran's I 最大，随后，TFR 变化幅度的 Moran's I 随时间推移而下降；2005—2010 年比 2000—2005 年 TFR 变化率的全局 Moran's I 最大，随后，TFR 变化率的 Moran's I 随时间推移而下降。尽管不同时期 TFR 变化幅度和变化率的 Moran's I 有所下降，但依旧显著。因此，即使生育率变动的空间集聚程度略有减弱，但总体上依旧呈现明显的空间集聚特征。分析其中原因，主要由于相邻国家的经济文化基础及生育政策等比较相似，并且具有显著的空间溢出效应，这些直接或间接作用于育龄妇女的生育意愿和生育行为，从而引起世界范围内毗邻国家的生育率变动特征是相似的。

表 2-3-4　世界总和生育率变动幅度与变化率的全局 Moran's I 值

不同时期 TFR 变化幅度与变化率	Moran's I	Z 值	P 值
1995—2000 年比 1990—1995 年变化幅度	0.206	5.697	0.001
2000—2005 年比 1995—2000 年变化幅度	0.303	8.6060	0.001
2005—2010 年比 2000—2005 年变化幅度	0.287	8.340	0.001
2010—2015 年比 2005—2010 年变化幅度	0.176	4.927	0.001
2015—2020 年比 2010—2015 年变化幅度	0.292	8.458	0.001
2015—2020 年比 1990—1005 年变化幅度	0.388	10.611	0.001
1995—2000 年比 1990—1995 年变化率	0.159	4.53	0.001
2000—2005 年比 1995—2000 年变化率	0.245	6.653	0.001
2005—2010 年比 2000—2005 年变化率	0.289	7.843	0.001
2010—2015 年比 2005—2010 年变化率	0.146	4.148	0.002
2015—2020 年比 2010—2015 年变化率	0.173	4.982	0.001
2015—2020 年比 1990—1005 年变化率	0.289	7.788	0.001

2. 局部空间自相关

在判断 TFR 变动存在显著空间自相关的基础上，进一步分析 1990—2020 年期间 TFR 变化幅度的局部空间自相关状况，可以看出，TFR 减少幅度较大的高—高聚集区主要是东非（以埃塞俄比亚、肯尼亚、索马里和苏丹为中心）、西亚（以也门、沙特阿拉伯、阿曼为中心）、南亚（以印度、巴基斯坦为中心）、中美（以墨西哥、尼加拉瓜、哥斯达黎加为中心）、西非（以塞内加尔、冈比亚、几内亚比绍）等亚区；减少幅度较小的低—低聚集区主要是北欧、西欧、东欧、南欧等亚区以及土耳其、加拿大；自身减少幅度小、周边国家或地区减少幅度大的低—高聚集区主要位于西非的尼日尔和科特迪瓦、东非的刚果（金）和坦桑尼亚、中亚的哈萨克斯坦和毗邻的蒙古、南亚的斯里兰卡；自身减少幅度大、周边国家或地区减少幅度小的高—低聚集区，面积很小，主要位于东南亚的老挝和柬埔寨。

整体上，减少幅度较大的高—高聚集区基本上位于南北纬 0—30°以内的基期 TFR 高值国家，减少幅度较小的低—低聚集区则基本上位于欧洲和北美等基期 TFR 低值国家。

二 不同生育率类型国家的空间分布演变特征

由于四种生育率类型国家在 1990—2020 年期间具有不同的空间分布，分析分布格局的变化，进而揭示演变特征。

（一）极低生育率国家的空间分布演变

1. 空间分布变动

1990—1995 年全球极低生育率国家或地区共计 11 个，仅占国家总数的 5.5%，主要零星分布在南欧、西欧、东亚及北欧（见表 2-3-5）。在 11 个极低生育率国家或地区中，以中国澳门、中国香港 TFR 最低，分别为 0.83、0.95；在欧洲 8 个极低生育率国家中，以意大利和西班牙 TFR 最低，分别为 1.27 和 1.28。

1995—2000 年，极低生育率国家或地区的数量出现大幅度增长，增至 24 个。2000—2005 年，继续增长至 31 个，占国家总数的 15.4%（见表 2-5-5）。除了 1990—1995 年 11 个极低生育率国家或地区保持不变外，另有 19 个适度低生育率国家或地区转变为极低生育率国家或地区，还有 1 个国家由中等生育率类型转变为极低生育率类型。这 20 个新增的极低生育率国家或地区有地处东亚的中国台湾、韩国，地处东南亚的新加坡，全部10个东欧国家，爱沙尼亚、拉脱维亚和立陶宛3个北欧国家，波黑、克罗地亚、马耳他3个南欧国家，以及地处西欧的瑞士。可见，21世纪初期，极低生育率国家遍布欧洲所有亚区，以及在东亚和东南亚零星分布。其中东欧10国，受原苏联解体经济形势的影响而经济下滑并直接作用于生育行为，致使生育率急剧下降至1.5及以下。例如，摩尔多瓦TFR由1990—1995年的2.11降至2000—2005年的1.24，同期乌克兰由1.62降至1.15，捷克共和国由1.65降至1.19。北欧的立陶宛、拉脱维亚和爱沙尼亚生育率相对于1990—1995年分别下降42.19%、26.36%和17.27%。另外，由于亚洲新增了新加坡、韩国、中国台湾3个极低生育率国家或地区，这样，亚洲成为除了欧洲以外的拥有6个极低生育率国家或地区的大洲，其中韩国由1990—1995年的1.68降至2000—2005年的1.21，新加坡由1.73降至1.35，中国台湾由1.76降至1.33。

2005—2010年，极低生育率国家数量降至28个。2010—2015年，进一步降至27个；其中2000—2005年的24个极低生育率国家或地区TFR仍然在1.5及以下，塞浦路斯、马其顿、毛里求斯3个国家由2000—2005年的低生育率类型转变为极低生育率类型，俄罗斯、白俄罗斯、保加利亚、立陶宛、爱沙尼亚、斯洛文尼亚、瑞士7个国家由2000—2005年的极低生育率类型转变为适度低生育率类型（见表2-3-5）。即部分东欧国家出现生育水平回升，北欧国家也在各种刺激人口增长政策的引导下生育率逐渐回升。

2015—2020年，极低生育率国家数量保持在27个，其中斯里兰卡、卢森堡、海峡群岛、阿联酋4个国家由2010—2015年的适度低生育率类型转变为极低生育率类型，奥地利、捷克、德国、拉脱维亚4个国家由2010—2015年的极低生育率类型转变为适度低生育率类型。目前，南欧、东欧和东亚分别有9个、5个、5个极低生育率国家或地区，西亚、加勒比地区各2个极低生育率国家或地区；东南亚、北欧、西欧、东非各1个极低生育率国家或地区（见表2-3-5）。总体上，欧洲分布着16个、亚洲分布着8个极低生育率国家或地区。从分布广度看，南欧、东亚和东欧的极低生育率国家分布最广，各有75%、62.5%、50%的国家属于极低生育率类型。

从极低生育率国家或地区的分布变动看，1990年以来，日本、中国澳门、中国香港、希腊、葡萄牙、西班牙、意大利、斯洛文尼亚8个国家或地区一直是极低生育率国家。德国和奥地利在1990—2015年期间一直是极

第二章 国际生育率新变动的空间分异格局

表2-3-5 世界20个地理亚区不同生育率类型国家数量比较

地理亚区	1990—1995年 极低生育率	1990—1995年 适度低生育率	1990—1995年 中等生育率	1990—1995年 高生育率	2000—2005年 极低生育率	2000—2005年 适度低生育率	2000—2005年 中等生育率	2000—2005年 高生育率	2010—2015年 极低生育率	2010—2015年 适度低生育率	2010—2015年 中等生育率	2010—2015年 高生育率	2015—2020年 极低生育率	2015—2020年 适度低生育率	2015—2020年 中等生育率	2015—2020年 高生育率
北非(7)	0	0	3	4	0	1	5	1	0	0	6	1	0	0	6	1
西非(16)	0	0	0	16	0	0	1	15	0	0	1	15	0	0	2	14
东非(20)	0	0	3	17	0	1	3	16	1	0	3	16	1	0	6	13
中非(9)	0	0	0	9	0	0	0	9	0	0	0	9	0	0	1	8
南非(5)	0	0	1	4	0	0	5	0	0	0	5	0	0	0	5	0
中美(8)	0	0	4	4	0	0	7	1	0	1	7	0	0	2	6	0
加勒比(17)	0	5	11	1	0	8	8	1	1	10	6	0	2	12	3	0
南美(13)	0	0	10	3	0	1	12	0	0	4	9	0	0	4	9	0
北美洲(2)	0	2	0	0	0	2	0	0	0	2	0	0	0	2	0	0
西亚(18)	0	1	10	7	0	4	11	3	2	7	7	0	2	8	8	0
中亚(5)	0	0	3	2	0	1	4	0	0	0	5	0	0	0	5	0
南亚(9)	0	0	3	6	0	1	6	2	0	1	7	1	0	4	4	1
东南亚(11)	0	2	5	4	1	2	7	1	1	3	6	1	1	4	5	1
东亚(8)	3	3	2	0	5	3	0	0	5	2	1	0	5	2	1	0
北欧(11)	0	10	1	0	4	7	0	0	1	10	0	0	1	10	0	0

续表

地理亚区	1990—1995 年			2000—2005 年				2010—2015 年				2015—2020 年			
	极低生育率	适度低生育率	中等生育率	高生育率	极低生育率	适度低生育率	中等生育率	高生育率	极低生育率	适度低生育率	中等生育率	高生育率	极低生育率	适度低生育率	中等生育率	高生育率
西欧 (7)	2	5	0	0	3	4	0	0	2	5	0	0	1	6	0	0
东欧 (10)	0	9	1	0	10	0	0	0	6	4	0	0	5	5	0	0
南欧 (12)	5	5	2	0	8	4	0	0	9	3	0	0	9	3	0	0
澳大利亚和新西兰 (2)	0	2	0	0	0	2	0	0	0	2	0	0	0	2	0	0
大洋洲其他 (11)	0	0	4	7	0	0	5	6	0	1	8	2	0	2	8	1
合计	10	44	63	84	31	41	74	55	27	55	71	48	27	66	69	39

资料来源：United Nations, Department of Economic and Social Affairs, Population Division, *World Population Prospects 2019*, ST/ESA/SER. A/423, November 2019.

低生育率国家。2000年以来，日本、中国澳门、中国香港、中国台湾、韩国、新加坡6个亚洲国家或地区一直保持极低生育率类型，并且在全部极低生育率国家中保持着相对更低的生育水平。东欧是极低生育率国家分布变动显著的亚区，2000—2005年全部10个东欧国家成为极低生育率国家，2015—2020年则缩减至5个极低生育率国家。南欧是极低生育率国家分布最广泛且相对稳定的亚区，该亚区的西班牙、葡萄牙、意大利、希腊、马耳他、波黑、克罗地亚7个国家自2000年以来一直属于极低生育率类型。

因此，概括起来，1990—2020年期间极低生育率国家在世界范围内的空间分布演变具有三个特点：一是由南欧、西欧、北欧向东欧扩散，由东亚向东南亚、西亚扩散，以及向加勒比地区、东非扩散；二是在2000年前后扩散趋势显著，2010年以来则相对集中在南欧、东亚和东欧3个亚区；三是极低生育率国家在亚洲和南欧的分布相对稳定，在东欧的分布变动显著。

2. 分布演进特征

笔者进一步利用非参数核密度模型，制作Kernel密度估计分布图，刻画极低生育率国家在1990—2020年期间TFR的动态变化（见图2-3-5），进而总结极低生育率国家生育率变动的分布演进特征。

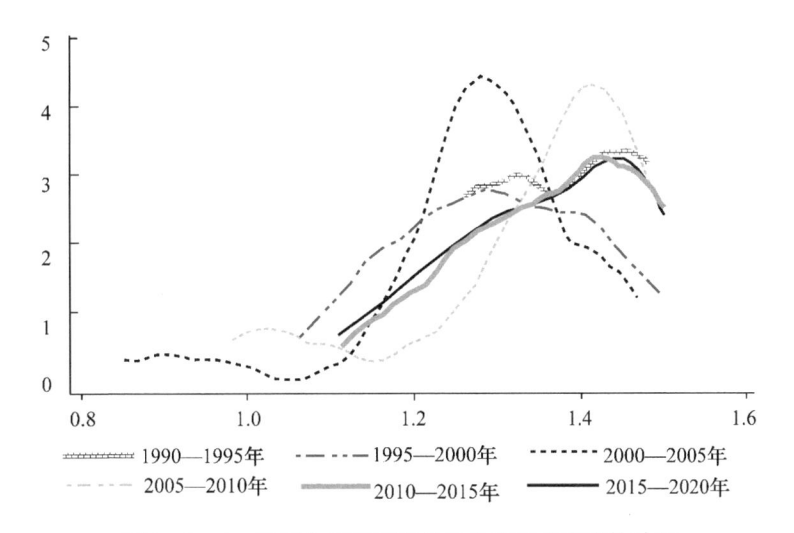

图2-3-5 极低生育率国家总和生育率核密度估计图

资料来源：United Nations, Department of Economic and Social Affairs, Population Division, *World Population Prospects* 2019, ST/ESA/SER. A/423, November 2019.

首先，从位置上看，1990—2005 年，曲线整体向左移动，表明极低生育率国家的平均生育水平在下降；2005—2010 年，曲线则呈现向右平移，表明部分极低生育国家的 TFR 出现回升；2010—2015 年、2015—2020 年两条曲线的位置和峰值与 2005—2010 年非常接近。其次，从峰度上看，2005 年以来峰值明显高于其他时期，反映该时期极低生育率国家整体生育水平相对较高；1990—2000 年峰值偏低，其中 1990—1995 年峰值偏右，1995—2000 年左峰值向左延伸的幅度较大，反映了该时段有更多极低生育率国家落入非常低的生育率范围；2005—2020 年峰值右移，反映出更多的极低生育率国家集聚在相对较高的极低生育率范围；2010—2015 年和 2015—2020 年，曲线峰值偏右且回落至略高于 20 世纪 90 年代的水平，呈左拖尾状，曲线整体面积减少，说明极低生育率国家数量在减少。最后，从形状上看，1990—2000 年，由不明显双峰向明显双峰转变，表明极低生育率国家两极分化凸显；2000—2010 年由近似正态分布向右偏态左拖尾转变，峰值进一步升高，说明进入 21 世纪一些极低生育率国家生育率回升所致；2010—2020 年再次呈现不显著双峰，高峰值明显增大至 1.45，曲线宽度范围缩减，说明极低生育率国家再次出现不明显的两极分化和向 1.45 趋同。

总之，从位置、峰度和形状综合来看，极低生育率国家生育率的核密度曲线变动具有三大特点：第一，经历了由显著的两极非均衡化分布到趋同均衡化分布再到弱极化非均衡化分布的演变历程；第二，在整个时间尺度波动性较强，是唯一在 2005 年之后曲线显著右移的生育率类型国家；第三，高峰值由 1990 年的 1.3 左右逐渐扩大至 1.45，即趋同值呈现增长态势。

(二) 适度低生育率国家的空间分布演变

1. 空间分布变动

1990—1995 年适度低生育率国家或地区共计 44 个，占国家总数的 21.9%，主要分布在欧洲各亚区、东亚、东南亚、加勒比地区、北美、澳大利亚和新西兰。其中北欧和东欧低生育率国家集中连片分布的态势明显，各占适度低生育国家总数的 21%（见表 2-3-5）。

1995—2000 年适度低生育率国家或地区降至 40 个，2000—2005 年增至 45 个。其中 1990—1995 年的 23 个适度低生育率国家或地区保持不变，19 个国家或地区转变为极低生育率类型，1个国家（安提瓜和巴布达岛）转变为中等生育率类型，另有2个中等生育率国家转变为适度低生育率类型。变化最大的亚区是：加勒比地区由1990—1995年的5个适度低生育率国家增至2000—2005年的10个，东欧9个适度低生育率国家因生育率下降至极低生育率范围而全部退出适度低生育率类型，西亚新增4个适度低生育率国家，北非和东非各新增1个适度低生育率国家。因此，21世纪初期，适度低生育率国家或地区遍布了各大洲，其中加勒比、北欧仍是适度低生育率国家集中分布区域，这2个地理亚区的适度低生育率国家占全部适度低生育率国家的22.7%、16.0%（见表2-3-5）。

2005—2010年适度低生育率国家或地区增至48个，2010—2015年进一步升至55个。其中2010—2015年新增的适度低生育率国家主要分布在东欧、北欧、南美和加勒比地区，其中东欧和北欧各有4个和3个国家由极低生育率国家转变为适度低生育国家，南美和加勒比地区各有3个和2个国家由中等生育率国家转变为适度低生育率国家（见表2-3-5）。

2015—2020年，适度低生育率国家数量进一步升至66个，新增的12个国家全部是由2010—2015年略高于更替水平的中等生育率国家转变为适度低生育率国家，包括南亚4个国家、加勒比地区3个国家、西亚2个国家进入适度低生育率类型。目前，适度低生育率国家主要分布在欧洲、拉丁美洲和加勒比地区、北美洲、澳大利亚和新西兰以及亚洲，其中北欧10国（占北欧全部国家的91%）、西欧6国（占西欧全部国家的86%）、南欧3国（占南欧全部国家的25%）、东欧5国（占东欧全部国家的50%）、加勒比12国（占全部加勒比国家的92%）、南美4国（占南美全部国家的31%）、北美洲2国（全部）、大洋洲4国、东南亚4国（占全部东南亚国家的36%）、西亚8国（占全部西亚国家的44%）、东亚2国（占全部东亚国家的25%），即北欧、西欧、加勒比等亚区的大部分国家，美国、加拿大、澳大利亚和新西兰，南欧、东欧、南美、东南亚、西亚和东亚等亚区的少部分国家，都属于适度低生育率类型（见表2-3-5）。

综上可见，1990—2020年期间适度低生育率国家的空间分布演变具有三个特点。首先，20世纪末空间分布变化显著，其间退出和进入适度低生育率类型的国家数目均在20个左右，占原先适度低生育率国家的一半；在地域分布上的变动主要体现在20世纪末欧洲该类型国家减少，以及亚洲、拉丁美洲和加勒比地区该类型国家增多。其次,2015年以来,分布更加广泛,主要表现在进一步向南亚、加勒比、西亚等亚区扩散。最后,在北欧、西欧、北美、澳大利亚和新西兰等亚区的分布相对稳定。

2. 分布演进特征

笔者利用非参数核密度模型,制作 Kernel 密度估计图,刻画 1990—2020 年适度低生育率国家（1.5＜TFR≤2.1）总和生育率的动态变化（见图 2-3-6）,总结适度低生育率国家生育水平的动态演进特征。

首先,从形状看,与极低生育率国家类似,即由左峰高于右峰的左偏态双峰分布变为右峰高于左峰的右偏态分布再到多峰分布,分布曲线左偏态密度先增后减,曲线的整体移动幅度较小。其次,从位置看,1990—2005 年三条曲线的位置逐渐右移,2000—2005 年曲线移至最右侧。说明适度低生育率国家的总和生育率逐年提高,2000—2005 年达到最大。最后,从波峰和波宽看,波宽略有扩大,波峰先增后减,呈现双峰,1990—2000 年左峰高于右峰,2005—2010 年右峰高于左峰,表明适度低生育率国家总和生育率的异质性在增大,呈极化趋势。具体来看,2005—2010 年曲线

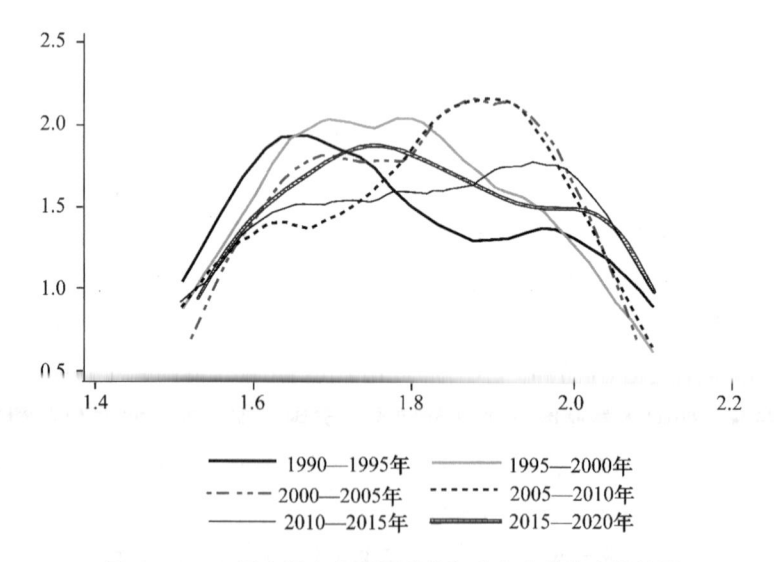

图 2-3-6 适度低生育率国家总和生育率核密度估计图

资料来源：United Nations, Department of Economic and Social Affairs, Population Division, *World Population Prospects* 2019, ST/ESA/SER. A/423, November 2019.

逐渐向左移动，左端尾部的面积增加，峰值也逐渐向左移动，仍呈双峰状，但左右峰值均向低生育水平转移，右峰值略有上升，左峰值略有下降，双峰高度差增大，表明适度低生育率国家生育率的差异性进一步扩大，即两极分化加剧。2010—2015年，密度曲线宽度扩展，呈多峰分布；高峰值相对于2005—2010年大幅下降，仅相当于2000—2005年的低峰水平；曲线分布较为平缓，曲线左右尾部面积相差较小，表明2010—2015年适度低生育率国家呈现多极化离散分布。2015—2020年，密度曲线略显双峰分布，其中左峰明显，左峰峰值明显高于右峰峰值，即2005—2010年之后再次显示较弱的两极分化趋势。

总之，从形状、位置和峰度综合来看，适度低生育率国家的核密度曲线变动具有两大特点：一是空间分布表现为从两极化到多极化再到两极化的非均衡发展趋势；二是曲线左右移动和峰值不断变化，即1990—2010年期间曲线显著右移、2010—2015年曲线显著左移，并且高峰值由接近1.7先变大至接近1.9，再变小至接近1.8。

(三) 中等生育率国家的空间分布演变

1. 空间分布变动

1990—1995年中等生育率国家或地区达到62个，占国家总数的30.8%，主要分布在南美、加勒比和西亚，各有11个、10个、10个中等生育率国家；另外，大洋洲其他地区、非洲、欧洲也有零星分布（见表2-3-5）。

1995—2000年中等生育率国家或地区增至69个，2000—2005年进一步略增至71个。其中南非、北非、南亚、中美、东南亚分别有4个、3个、3个、2个、2个国家由1990—1995年的高生育率类型在1995—2000年转变为中等生育率类型；同期，东亚、南欧、北欧、东欧各有1—2个中等生育率国家转变为适度低生育率国家（见表2-3-5）。

2005—2010年中等生育率国家进一步增至74个，2010—2015年略微降至71个。其中南美、西亚和加勒比分别有2—3个国家由2000—2005年的中等生育率类型在2005—2010年转变为低生育率类型；大洋洲其他地区、北非、中亚、南亚分别有1—2个国家由2000—2005年的高生育率类型在2005—2010年转变成为中等生育率类型（见表2-3-5）。

2015—2020年，中等生育率国家数量进一步略微下降，降至69个。其中变动较大的是南亚、加勒比地区，各有3个国家由2010—2015年的中等生育率类型转变为适度低生育率类型；东非3个国家由2010—2015年的高生育率类型转变为中等生育率类型。目前中等生育率国家主要分布在南美、大洋洲其他地区、西亚、北非、中美、南非、东南亚、中亚等亚区，上述各亚区依次有9个、8个、8个、6个、6个、5个、5个、5个国家为中等生育率国家；在中亚、北非、南美、大洋洲其他地区分布最为广泛，其中中亚全部国家、北非国家的86%、南美国家的69%、大洋洲其他地区国家的62%为中等生育率国家（见图2-3-7和表2-3-5）。

整体上，中等生育率国家数量显著增多且数量最多的是21世纪头10年，主要是由于该时期许多高生育率国家生育率降至4以下而变成中等生育率国家。自2010年之后，中等生育率国家数量逐渐减少，则主要源于一些中等生育率国家生育率降至更替水平以下而成为低生育率国家。中等生育率国家在1990—2020年期间分布演变具有三大特点：一是与其他三种生育率类型相比，中等生育率国家分布最广泛且相对稳定，主要集聚在拉丁美洲及加勒比地区、亚洲以及近期生育率迅速下降的非洲；二是分布变化显著的区域是非洲、拉丁美洲及加勒比地区，即21世纪以来非洲该类型国家逐渐增多、拉丁美洲及加勒比地区该类型国家减少；三是空间分布先扩大再缩小，在2005—2010年期间分布最广泛，此后空间分布缩小。

2. 分布演进特征

笔者利用非参数核密度模型，制作1990—2020年中等生育率国家总和生育率Kernel密度估计图（见图2-3-7），刻画中等生育率国家生育水平的分布演进特征。

首先，从位置看，进入21世纪后核密度分布曲线整体显著向左移动，表明中等生育率国家TFR明显下降，与世界生育率变动态势一致；2010—2015年和2015—2020年两条曲线向左移动的幅度偏小，表明TFR下降幅度减少。其次，从形状看，1990—1995年和2010—2015年为明显单峰，2005—2010年和2015—2020年则为明显双峰，表明区域分布两极分化的态势先增强后减弱又增强，其中2015—2020年的高峰值在2.4左右，低峰值在3.6左右。最后，从峰度看，20世纪90年代两条曲线的峰值偏低，反映了该时段有更多国家向低水平范围内扩展；其中2005—2010年左峰值最高，右拖尾面积最小，反映出更多中等生育率国家集聚在相对较窄的生育区间内。2010—2020年两条曲线峰值偏左且逐渐回落，呈右拖尾状，曲线整体面积减少,说明整体生育水平降至更低且向低值集聚。

总之,从位置、形状和峰度综合来看,中等低生育率国家的核密度曲线变动具有以下两大特点:第一,2000年以来的四条曲线基本相似,表明进入21世纪后空间分布特征整体上未出现明显波动;第二,具有趋同均衡化分布和两极非均衡化分布交替出现的空间分布演进特征,目前两极非均衡化分布特点明显。

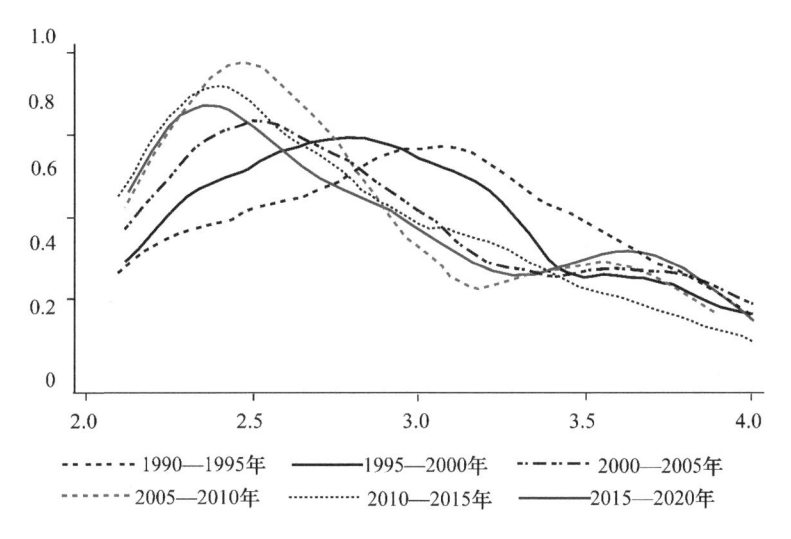

图2-3-7 中等生育率国家总和生育率核密度估计图

资料来源:United Nations, Department of Economic and Social Affairs, Population Division, *World Population Prospects* 2019, ST/ESA/SER. A/423, November 2019.

(四)高生育率国家的空间分布演变

1. 空间分布变动

1990—1995年高生育率国家为84个,在四种生育率类型国家中数量最多,占世界国家总数的42.3%;主要分布在撒哈拉以南的东非、西非、中非、西亚、南亚、美拉尼西亚等亚区(见表2-3-5)。1995—2000年,高生育率国家数量减少至68个;2000—2005年,进一步减少至54个,即1990—2000年10年间减少了19个;其中1990—1995年的40个高生育率国家依旧保持不变,16个高生育率国家转变为中等生育率国家(见表2-3-5)。2005—2010年,减少至49个;2010—2015年,减少至48个;其中 2000—2005 年 21 个高生育率国家保持不变，19 个高生育率国家转变为中等生育率类型（见表 2-5-5）。2015—2020 年，高生育率国家继续减少至 39 个，其中 36 个集中分布在撒哈拉以南非洲，另外亚洲的阿富汗和东帝汶以及大洋洲的所罗门群岛也属于该类型；西非、东非和中非 3 个亚区的分布数量最多和分布范围最广，其中西非 88% 的国家、东非 65% 的国家、全部中非国家仍是高生育率类型（见表 2-3-5）。

总体上，1990 年以来世界范围内高生育率国家或地区的分布范围不断缩小，2000—2005 年南非、南美和中亚 3 个各亚区不再有高生育率国家，2000—2005 年北非、中美、西亚、南亚、东南亚、大洋洲其他地区等亚区的高生育率国家数量均大幅度减少，即高生育率国家的显著减少和分布范围缩小主要发生在 21 世纪初期。与此同时，西非、东非、中非的高生育率国家在 1990—2020 年期间相对稳定，其中西非、东非仅分别有 2 个、4 个国家退出高生育率国家，中非全部 9 个国家一直保持着高生育率国家类型。

2. 分布演进特征

笔者利用非参数核密度模型，制作 1990—2020 年高生育率国家总和生育率 Kernel 密度估计图（见图 2-3-8），刻画高生育率国家的分布演进特征。

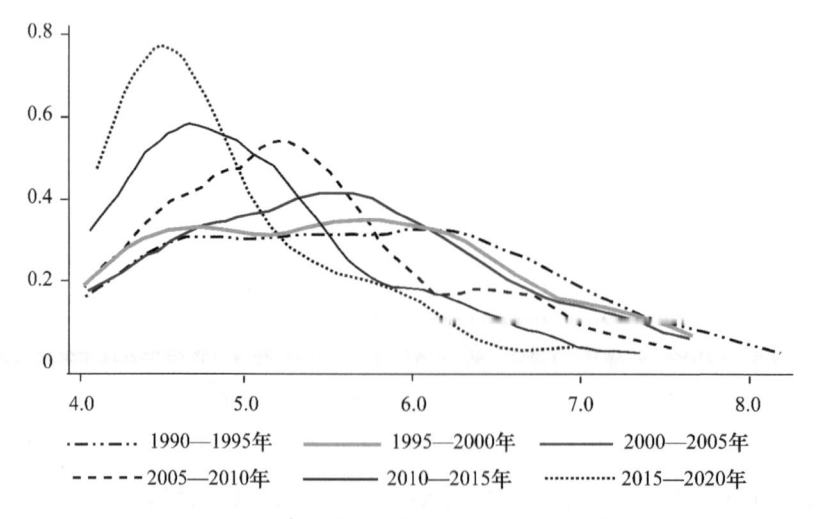

图 2-3-8　高生育率国家总和生育率核密度估计图

资料来源：United Nations, Department of Economic and Social Affairs, Population Division, *World Population Prospects* 2019, ST/ESA/SER. A/423, November 2019.

首先，从位置看，高生育率国家TFR核密度曲线不断向左平移，宽度范围逐渐缩小，这与高生育率国家TFR整体下降是一致的。其次，从形状看，1990—2005年曲线基本呈现单峰左偏态右拖尾分布，峰值逐渐升高，分布曲线右边密度不断下降，且左移动幅度大于右移动幅度，右尾部面积不断减小，表明高生育率国家中偏低生育率的国家不断增多，即高生育率国家向偏低的高生育水平集聚。2005—2010年曲线呈现不明显双峰，左峰明显高于右峰，左峰坡度较大，右峰高度较小，表明高生育率国家呈现微弱的两极分化态势，但仍以偏低的高生育率国家集聚为主；曲线宽度变小，表明高生育率国家地区分布的范围趋于缩小。最后，从峰度看，2010—2015年和2015—2020年，曲线峰值进一步向较低的生育率平移，曲线宽度范围进一步减少且坡度明显变陡，一方面说明很多高生育率国家由于避孕措施的广泛应用和人们生育观念革新等，生育水平进一步降低；另一方面说明高生育率国家的地区分布范围继续缩小和进一步向偏低的高生育水平（4.5左右）集聚。总之，从位置、形状和峰度综合来看，高生育率国家的核密度曲线变动过程主要表现为向不断降低的生育水平集聚和分布范围逐渐缩小。

（五）未来不同生育率类型国家的空间分布演变

综合以上分析，可以看出，1990—2020年期间四种生育率类型国家的空间分布发生显著变化，具体表现在：极低生育率国家先由西欧蔓延到整个欧洲、东亚、东南亚等，目前主要集中在南欧、东欧和东亚；适度低生育率国家由欧洲、北美洲和澳大利亚及新西兰蔓延到拉丁美洲及加勒比地区、亚洲，2000年以来数量持续增长，空间分布不断扩散；中等生育率国家的空间分布范围则先扩大后缩小，先由20世纪90年代主要集聚在拉丁美洲和亚洲转到21世纪初期蔓延广布于整个世界，特别是蔓延到南非和西非，而后空间分布范围缩小；高生育率国家的空间分布范围不断缩小，由20世纪90年代广泛分布在非洲、除东亚之外的亚洲、拉丁美洲及加勒比地区、大洋洲其他地区持续缩小至目前仅分布在撒哈拉以南非洲。正是6大区基期生育率和期间变动存在显著差异，导致四种生育率类型国家的空间分布在1990—2020年期间发生显著变动。

从全球来看，四种生育率国家的数量分布由显著的金字塔型逐渐向中间凸出、两头小的垂直型演变。根据《2019年世界人口展望》中方案预测，未来高生育率国家在经济社会发展影响下生育率继续下降，低生育率国家因生育偏好依旧保持2个孩子以及人们通过学会管理和减轻某些或所有阻碍因素而促使生育率略有增加。即未来高生育率国家数量还将继续减少，适度低生育率国家数量还将持续增长。预计到2045—2050年，仅尼日尔TFR超过4；适度低生育率国家将增至121个，比目前增加40个，即到21世纪中叶，世界六成国家TFR在1.5—2.1之间，包括中国内地、中国香港、中国澳门、朝鲜、日本5个国家或地区，欧洲37个国家，拉丁美洲及加勒比地区34个国家，北美2国，澳大利亚和新西兰等；极低生育率国家仅剩12个；低生育率国家合计133个[①]。

从2045—2050年各种生育率类型国家的空间分布看，分布在南欧和东欧的极低生育率国家数量显著减少，比如南欧极低生育率国家由目前的9个减少至3个，东欧由目前的5个减至2045—2050年没有极低生育率国家。适度低生育率国家空间分布变化明显的是南美、中美、南欧、东南亚、东欧、西亚、东亚等亚区，分别比目前增加8个、6个、6个、5个、5个、4个、3个国家或地区，即适度低生育率国家向欧洲、拉丁美洲及加勒比地区、亚洲等扩散。中等生育率国家的空间分布演变主要体现在非洲的蔓延和扩散以及在拉丁美洲及加勒比地区、亚洲的分布范围进一步显著缩小，非洲由目前的20个中等生育率国家增至2045—2050年的49个国家或地区；相应地，拉丁美洲及加勒比地区由目前的18个中等生育率国家减少至2045—2050年的4个，亚洲由目前的23个中等生育率国家减少至2045—2050年的13个。高生育率国家的空间分布范围大大缩小，由目前的39个减少至2045—2050年的1个。

从未来不同生育率国家的人口分布来看，分布在两头即极低生育率国家和高生育率国家的人口占世界总人口的比重明显缩减，分布在适度低生

---

① 华盛顿大学（2020）预测，世界总和生育率将从2018年的2.36下降到2034年的更替水平，此后就在更替水平以下，到世纪末是1.66；联合国（2019）预测是2015—2020年TFR为2.47，到21世纪末为1.94，2065—2070年达到更替水平。可见，华盛顿大学（2020）预测的生育率下降速度快于联合国（2019）预测，基期生育率也偏低。根据华盛顿大学（2020）预测，到2050年，将有151个国家或地区生育率低于更替水平，到21世纪末将增加到183个，即到2050年低生育率国家数量多于联合国（2019）预测。

育率国家的人口占比显著提高，分布在中等生育率国家的人口占比也明显减少。到2050年，世界3/5的人口分布在适度低生育率国家，比2015—2020年提高17个百分点。

本章小结

第一，1990—2020年世界生育水平新变动的总体区域差异表现在：（1）从6大区看，非洲、拉丁美洲及加勒比地区的TFR下降幅度最大，北美洲和大洋洲TFR维持稳定，欧洲进入21世纪TFR回升；亚洲、非洲、拉丁美洲及加勒比地区4大区均显示出TFR在1990s下降速度更快和进入21世纪以来降速减缓。（2）从20个地理亚区看，11个亚区生育率持续下降，4个低生育率亚区进入21世纪后生育率下降趋势逆转且持续上升；低生育率国家由欧洲向亚洲和拉丁美洲扩散，高生育率国家进一步向非洲集中，世界低生育率亚区和国家增加、高生育率亚区和国家减少；分布在低生育率国家的人口增多，各有四成人口生活在适度低生育率和中等生育率国家；东亚和东南亚成为极低生育率的新"热点"亚区，其中尚未形成支持生育的家庭和性别政策以及公私领域的性别不平等持续存在、无孩率上升、重视子女教育和强调人力资本投资与竞争、鼓励提高生育的诸多政策没有产生显著的影响等共同特征，这与欧洲极低生育率国家在驱动力和制度因素方面是显著不同的；由于再次转向晚育成为经济衰退后的持续趋势、25岁以下年轻女性生育率下降等原因，2012年以来北欧、西欧、北美等亚区的生育率趋于下降。（3）从不同生育率类型国家看，1990—2020年期间中等生育率国家TFR平均降幅最大；低生育率类型在中等收入国家迅速扩散，其中推迟生育和政策措施是这些国家纷纷进入低生育率类型的重要原因；低生育率类型在发达经济体出现分歧，表现在女性劳动参与率较低、传统价值观和家庭观念较强的国家相较于女性劳动参与率较高、传统家庭观念较弱的国家，TFR要偏高一些；世界范围内低生育率国家的分布及扩散与经济体的现代化发展是大体同步的，2019年世界经济前20位国家中仅沙特阿拉伯、印度尼西亚、印度3国的TFR略高于更替水平，美国、中国、日本和德国这世界前四大经济体的TFR呈现持续走低且趋同的态势。

第二，年龄别生育率及生育模式变动的区域差异表现在：(1) 分年龄组生育率中位数的下降幅度呈现"U"形即两头高中间低的特征，30—34岁生育率下降幅度最小；1990—2020年期间全球ABR下降的85%是源于亚洲ABR的下降，拉丁美洲和加勒比地区以及北美洲ABR的下降贡献了13%，其他地区的贡献相对较小；入学率提高、对避孕方法需求增加以及青少年已婚率的下降均有助于ABR下降，早婚、受教育机会以及家庭生育计划需求依然是影响ABR的重要因素；TFU25下降是四种生育率类型国家的共同趋势，TFO30变动在四种类型国家之间存在明显差异，即多数低生育率国家表现出TFO30上升，几乎所有的中等生育率和高生育率国家则表现为TFO30下降；随着时间推移和经济社会发展，TFO30呈"U"形变化，而TFU25则没有出现"U"形变化。(2) 高生育率国家之间生育模式较为相似，低生育率国家之间生育模式差别较大；非洲各亚区的生育模式变化主要表现在20—29岁生育旺盛期育龄妇女生育率的明显下降，亚洲5个分区共同表现出峰值生育率的大幅度下降，拉丁美洲和加勒比地区的3个亚区显示出20—34岁育龄妇女生育率的显著下降；欧洲、北美洲及澳大利亚和新西兰最显著的变化是生育峰值年龄推迟到30—34岁，大洋洲其他地区则20—24岁和25—29岁育龄妇女生育率出现明显下降。

第三，生育率转变及其动力机制的区域差异表现在：(1) 在全球范围内，生育率下降的后果主要取决于下降的速度、下降的数量和时间，各国降低生育率所用的时间差异很大，生育率下降的速度随着生育率转变阶段的不同而不同，总体上朝向生育率转变完成阶段而减慢。(2) 2015—2020年，93个国家已经完成了生育率转变，46个国家、37个国家、25个国家分别处在生育率转变后期、转变中期、转变早期或转变前阶段。(3) 改变工作模式、经济繁荣、改善健康和营养、提高新生儿和儿童的生存率以及更广泛地接受教育等因素有助于推动欧洲国家生育率转变。亚洲生育率转变是由政府限制家庭规模而推动的，但生育率变化还是主要受社会经济发展、现代避孕技术以及有利于小家庭规模的新价值观和规范等一系列因素所驱动。拉丁美洲及加勒比地区的大多数国家生育率下降则受到避孕措施和社会经济变化的共同推动。

第四，生育时间变动的区域差异表现在：(1) 不论是低生育率还是较高生育率国家，1994年以来初育年龄都在推迟；目前北欧、西欧、东亚和东南亚的大多数低生育率国家维持着最高的平均初育年龄，中亚和西亚的低生育率国家的初育年龄相对年轻；大多数较高生育率国家伴随着女性平均初婚年龄和平均初育年龄的提高，ABR 呈下降趋势。（2）欧美及大洋洲国家的 MAC 明显推迟，其他地区推迟缓慢甚至有所提前；亚洲、拉丁美洲及加勒比地区和非洲作为近 20 年生育水平显著下降的 3 个大洲，由于更高年龄育龄妇女生育率下降，导致更高年龄育龄妇女生育所占比例下降，进而影响 MAC 推迟缓慢甚至有所提前；高生育率国家表现出 MAC 的平稳下降，极低和适度低生育率国家则表现出 2000—2011 年期间比 1990—1999 年期间 MAC 的显著上升，中等生育率国家则表现出先下降后上升的变动趋势。

第五，生育意愿变动的区域差异表现在：欧洲国家理想家庭规模缓慢持续下降，理想家庭规模更倾向于拥有 2 个孩子，撒哈拉以南非洲对孩子的高需求受制于家庭经济依赖程度以及伴随着家庭经济依赖程度的再生育观念；终身生育率与有 2 个孩子的妇女的比例不相关，而与有 3 个或更多孩子的妇女的比例高度相关；实际生育率与平均理想生育子女数的差距存在区域差异，其中南欧国家和瑞士相差最多，为 0.5—0.7 个孩子，这与南欧国家以不稳定的劳动力市场和支持不足的工作与家庭平衡为基础的低终身生育率是吻合的；大多数中东欧国家，相差 0.3—0.4 个孩子，这一相对较大的差距显示了该区域国家经济发展较弱；英国、比利时、法国等西欧国家以及美国，由于相对较高的生育率和相对较高的生育意愿，促成了二者差距相对较小和相对适中。

第六，运用极差、变异系数、椭圆标准差、核密度分析等方法和趋同模型，分析全球生育率新变动的整体空间分异特征，具体表现在：（1）TFR 的变异系数呈现先扩大后缩小的趋势，2000—2005 年达到最大，主要在于极低生育率国家的蔓延和数量增长；1990—2015 年期间 MAC 的变异系数非常小，且 1990—2010 年略微减少；ABR 的极差呈持续缩小和变异系数呈持续扩大态势；TFU25 的变异系数呈现持续扩大态势，TFO30 的变异系数在进入 21 世纪后呈现缩小趋势。（2）显著存在高生育率和低生育率两大群体，低生育群体的峰值相对稳定，在 2 附近；作为低生育率、中等生育率、高生育率三种类型国家，仅低生育率国家出现趋同状况。（3）世界生育率总体格局在东西主轴上呈现先集聚后扩散的特征，在南北辅轴方向上呈现"集聚—扩散—再集聚—再扩散"的态势，TFR重心迁移的轨迹呈"V"形，即整体上TFR重心表现出先向西南方向迁移后再向东北方向迁移，其中重点变化的转折点发生在2000年。（4）生育率变动呈现明显的空间集聚特征，这主要由于相邻国家的经济文化基础及生育政策等比较相似，并且具有显著的空间溢出效应，进而直接或间接作用于育龄妇女的生育意愿和生育行为，从而引起世界范围内毗邻国家的生育率变动是相似的；减少幅度较大的高—高聚集区基本上位于南北纬0—30°以内的基期TFR高值国家，减少幅度较小的低—低聚集区则基本上是位于欧洲和北美等基期TFR低值国家。

最后，四种不同生育率类型国家在1990—2020年期间的空间分布格局具有不同的演变特点：（1）极低生育率国家在南欧、东亚的内部扩散，由南欧、西欧、北欧向东欧扩散，由东亚向东南亚、西亚扩散，以及向加勒比地区、东非的扩散；从时间看，2000年前后扩散趋势显著，2010年以来则相对集中在南欧、东亚和东欧3个亚区；总体上东亚和南欧的极低生育率国家分布相对稳定，东欧的极低生育率国家变动相对频繁。（2）20世纪末是适度低生育率国家空间分布变化显著的时期，其间退出和进入适度低生育率类型的国家数目均在20个左右，占原先适度低生育率国家的一半；在地域分布上主要体现在20世纪末欧洲该类型国家的减少，以及亚洲、拉丁美洲和加勒比地区该类型国家的增多。2015年以来，适度低生育率国家或地区的分布更加广泛，主要表现在进一步向南亚、加勒比地区、西亚等亚区扩散。总体上适度低生育率国家在北欧、西欧、北美、澳大利亚和新西兰4个亚区的分布相对稳定。（3）中等生育率国家分布最广泛且相对分布稳定，主要集聚在拉丁美洲及加勒比地区、亚洲以及近期生育率迅速下降的非洲；分布变化最显著的区域是非洲、拉丁美洲及加勒比地区，即21世纪以来非洲该类型国家逐渐增多、拉丁美洲及加勒比地区该类型国家减少。总体上，空间分布先扩大再缩小，在2005—2010年期间分布最广泛，此后空间分布呈缩小趋势。（4）从位置、形状和峰度综合来看，高生育率国家的核密度曲线变动过程主要表现为向不断降低的生育水平集聚和地区分布范围逐渐缩小，高生育率国家的显著减少和分布范围缩小主要发生在21世纪初期。（5）未来高生育率国家数量还将继续减少，适度低生育率国家数量还将持续增长。到21世纪中叶，世界六成国家TFR在1.5—2.1之间；极低生育率国家在南欧、东欧的空间分布大大减少，适度低生育率国家在欧洲、拉丁美洲及加勒比地区、亚洲 3 大区扩散，高生育率国家的空间分布范围进一步大大缩小。

第三章

国际生育率新变动空间分异的影响因素及作用机理

由于不同生育率类型国家自1990年以来生育率变动趋势及特征存在显著差异,难以使用同一理论模型或者选择相同的影响因素模拟各自生育率变动趋势。为此,本章首先在理论层面展开分析,一方面分析转变前高生育率社会生育率变动的诸多影响因素,另一方面从微观、中观、宏观层面分析转变后低生育率国家生育率变动的影响因素。接着,展开实证分析,即比较社会因素、经济因素、政策措施等对生育率变动的影响及其随时间的变化,在此基础上,运用地理探测器解析影响生育率新变动的核心变量,以及建立经济计量模型,模拟不同生育率类型国家生育率新变动的影响因素。最后,依据实证分析结果,总结国际生育率新变动空间分异的作用机理,并利用双组分趋势法划分生育率新变动的作用结果。

第一节 影响国际生育率新变动空间分异的理论解释

在第一章提及,生育率转变是生育4个及以上孩子降至生育2个或更少孩子的长期下降过程,据此,本节将分别分析生育率转变前的高生育率国家(TFR≥4)TFR影响因素和生育率转变后的低生育率国家(TFR≤2.1)TFR影响因素,也就是说,从理论上分析如何促使目前高生育率国家完成生育率转变,又有哪些因素正在影响目前低生育率国家的生育水平变动。虽然影响高生育率社会和低生育率社会的很多宏观因素是相同的,但存在着诸多不同的影响因素。首先,找寻促使高生育率社会生育率下降的因素需要从宏观经济社会背景方面考虑,比如婴幼儿死亡率下降、受教育程度提高、收入水平提高、城镇化进程等;影响低生育率社会生育率变动的因素则更多从个人及家庭等微观层面考虑，比如生育偏好、价值观和行为的代际传递、家庭角色等。其次，影响高生育率社会生育率变动的相关理论基本成熟，且集中在人口学方面，但是影响低生育率社会生育率变动的理论还有待于完善，且需要从社会学理论加以阐释。最后，从已有实证研究结论看，宏观经济社会因素对转变前后两类生育率社会的影响存在差异，所以，大多数文献通常分别研究高低两种生育率社会生育率变动，并且在构建模型时采用分组方法进行模拟。

一 基于孩子供给需求理论的转变前高生育率国家生育率变动影响因素分析

对低收入环境下生育率决定因素的学术研究可以追溯到20世纪60年代，这期间产生了丰富的理论和实证文献。Easterlin 提出的孩子供给需求理论提供了高生育率影响因素的概念框架[1]，其应用于目前高生育率社会的关键问题是夫妻是否以及何时准备通过节育行为（比如避孕、人工流产）来有意识地调控他们的生育，包括将生育数量限制在少于4个孩子。孩子供给需求理论（见图3-1-1）认为，节育行为是节育动机（motivation to regulate）和节育成本（cost of fertility regulation）的函数。节育动机又取决于孩子需求（demand for children, Cd）（例如期望孩子数）和目前的孩子供给（supply of children, Cn）的关系，当孩子供给与孩子需求相匹配或孩子供给超过孩子需求时，就有动机采取行动避免怀孕。节育动机主要是由对孩子需求所驱动的，但也受到生理因素的影响，而生理因素本身又受到社会和文化因素的制约。在女性拥有生育能力后，生理因素就会影响生育间隔，也就是孩子供给。生育间隔越近，女性越有可能随时拥有与期望相符的孩子数或超过期望的孩子数。初育年龄和妊娠间隔是影响孩子供给的直接因素。节育成本从广义来看，不仅包括获得计划生育服务的经济成本和时间成本，还包括其他社会成本和心理成本，此外还要关注由于避孕方法的使用而造成的副作用。婴幼儿存活率通过影响现有孩子数和孩子需求来影响节育动机，经济社会因素对节育动机和节育成本均有影响，对节育动机的影响主要通过影响孩子需求

---

[1] Easterlin, R. A., "An Economic Framework for Fertility Analysis", *Studies in Family Planning*, Vol. 6, No. 3, March 1975, p. 54.

来实现。人口政策通过影响孩子需求来影响节育动机或节育成本,家庭计划生育措施主要是为了降低节育成本,另外家庭计划生育措施能否影响孩子需求一直存在着激烈的争论。

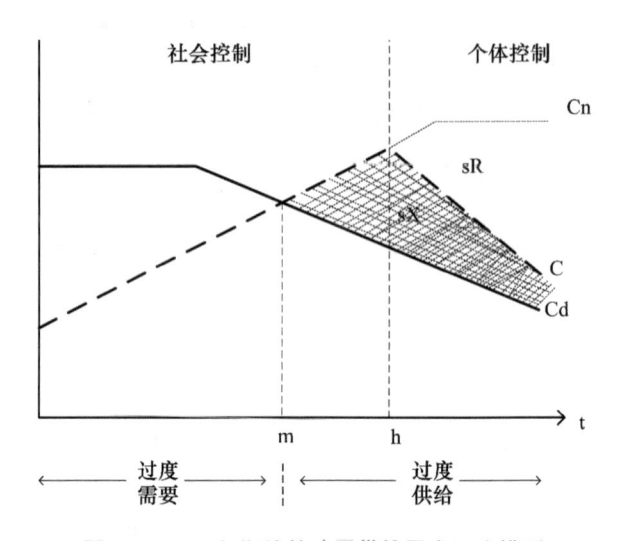

图 3-1-1　伊斯特林孩子供给需求理论模型

注：以下定义均指"代表性"家庭生育历程的总数。
Cn：指夫妇在不受管制的生育制度下所能拥有的存活孩子数；
Cd：一个完善的避孕社会中期望存活孩子数；
C：实际存活孩子数；
sX：不需要的孩子,即期望孩子数超出实际拥有孩子数；
sR：自愿生育调节的程度,采用避免生育孩子数来测度。
资料来源：Easterlin, R. A., "An Economic Framework for Fertility Analysis", *Studies in Family Planning*, Vol. 6, No. 3, March 1975, p. 54.

(一) 影响孩子供给的直接因素：初育年龄和妊娠间隔

女性在具有生殖能力之后,决定生育间隔的一个基本因素是初育年龄,初育年龄又通常在很大程度上取决于结婚年龄,初婚年龄与终身生育孩子数之间存在着确定的关系[1]。目前高生育率国家的特点是初婚年龄较小以及导致的初育年龄较小。2010 年人口与健康调查（DHS）数据显示,

---

[1] Bongaarts J., "The Fertility-Inhibiting Effects of the Intermediate Fertility Variables", *Studies in Family Planning*, Vol. 13, No. 6, July 1982, p. 179.

在总和生育率 5.0 及以上的高生育率国家，初婚年龄中位数平均为 17.7 岁，比 TFR 介于 2.1 和 5.0 之间的中等生育率国家低 2 岁，比 TFR 低于 2.1 的低生育率国家低 2.5 岁[①]；从变动趋势看，高生育率国家的初婚年龄在推迟，但速度相对较慢，随着平均初育年龄的推迟，带来 TFR 下降。由于目前高生育率国家的初婚年龄和初育年龄都很年轻，通过初婚年龄推迟带来 TFR 下降的空间还很大。

妊娠间隔是由母乳喂养（产后闭经时间的主要决定因素）和性交频率（尤其是产后禁欲）等行为决定的。这些行为对个体生育模式和社会整体生育水平具有重要影响。就个体而言，在其他条件相同的情况下，如果缩短原先较长的产后哺乳期和禁欲期时间，将导致多生育孩子。但是，由于哺乳和产后禁欲的持续时间长是大多数高生育率国家的常态，高生育率国家并没有实施干预妊娠间隔的措施来达到降低生育率的目的。就社会整体而言，一般情况下，生育间隔延长，不会导致生育率的实质性下降；生育间隔延长只在广泛采用诸多避孕行为时才会出现，目的在于达到一定数量的存活孩子数后终止生育[②]。不过，Timaeus 分析南非调查数据后发现，推迟生育对本国生育率下降的贡献很大；但是，是否可以将南非案例复制在非洲的其他地方尚不确定；如果可行，将对许多非洲高生育率国家的人口政策和方案制定产生直接影响[③]。

（二）影响生育动机的主要因素：死亡率变化

高生育率国家的特点是儿童存活率相对较低。根据联合国的统计，2000—2005 年期间，2/3 的高生育率国家婴儿死亡率超过 10%，但在总和生育率低于 5.0 的国家中只有一个国家超过 10%[④]。高生育率国家降低儿童存活率本身就是所期望的健康结果，能否成为生育率下降的一种推动

[①] 人口与健康调查（Demographic and Health Surveys）是由全球咨询和技术服务公司（ICF International）负责实施的调查，通过在 90 多个国家进行的 400 多项调查，收集、分析并传播关于人口、健康、艾滋病毒和营养的准确和有代表性的数据。

[②] Van De Walle, E., "Fertility Transition, Conscious Choice, and Numeracy", *Demography*, Vol. 29, No. 4, November 1992, p. 487.

[③] Timaeus, I. M. and Moultrie, T. A., "On Postponement and Birth Intervals", *Population and Development Review*, Vol. 34, No. 3, November 2008, p. 483.

[④] United Nations, Department of Economic and Social Affairs, Population Division, *World Fertility Report* 2013: *Fertility at the Extremes*, ST/ESA/SER. A/331, December 31, 2013.

力量?

在传统的人口转变理论中,死亡率下降和生育率下降交织在一起,死亡率下降导致并引发了随后的生育率下降。从社会视角看,降低生育率似乎是对死亡率下降所做出的一种不可避免的反应,尽管这种反应往往是滞后的;否则,人口将无限增长。Cleland 将这一观点引申为符合逻辑的结论,认为死亡率下降是生育率下降的必要和充分条件,但是,没有任何超越个体的机制来保证生育率一定会对死亡率下降做出反应[1]。

在个人层面,复杂的生理和行为因素将个人生育率与婴儿死亡率、儿童死亡率联系在一起。在生理上,婴儿死亡导致母乳喂养突然终止,触发月经和排卵恢复,使妇女面临再次怀孕的风险,进而影响以后的生育状况。仅出于这一原因,提高儿童存活率理应可以减少活产婴儿数量。作为这种生理反应的补充,人们提出了另外三种反应,即替代反应、保险反应和孩子质量与数量权衡。首先,父母可能会试图通过多生育代替早逝的孩子,以努力获得期望的孩子数量。其次,他们可能会通过多生孩子来保护自己的生育目标,以避免可能的死亡。最后,最重要的一点,随着生存前景的改善,父母更有可能在孩子身上投入时间和金钱,导致孩子质量和孩子数量之间的权衡。经验表明,尽管上述四种机制作用的大小仍存在争议,但都是发挥作用的。

上述个体层面的四种反应累积将促成 TFR 下降。Angeles 通过对 1960—2000 年期间国家尺度的计量经济模型分析得出,死亡率的变化是 1960 年以来生育率下降的主要原因,其作用远远超过人均 GDP 提高和城市化率提高的影响;生育率下降比死亡率下降平均滞后 10—20 年[2]。这为高生育率国家预期通过提高儿童存活率而促使生育率下降提供了有力依据。事实上,在 20 世纪 80 年代和 90 年代生育水平显著下降的非洲国家也是在降低婴幼儿死亡率方面取得了若干成功的国家,比如博茨瓦纳、加纳和肯尼亚。另外,印度的案例表明,死亡率和女性受教育程度的变化可以解释印度在 1991—2011 年期间生育率下降的绝大部分;当然,经济社会状

---

[1] Cleland, J., "The Effects of Improved Survival on Fertility: A Reassessment", *Population and Development Review*, Vol. 27, Supplement: Global Fertility Transition, 2001, p. 60.

[2] Angeles, L., "Demographic Transitions: Analyzing the Effects of Mortality on Fertility", *Journal of Population Economics*, Vol. 23, No. 1, January 2010, p. 99.

况的改善对生育率下降也有贡献，但是贡献相对微弱①。

由于大多数高生育率国家是非洲国家，HIV/AIDS 在该区域流行最为严重，因此，不得不重视 HIV/AIDS 的流行是否对生育率转变具有影响。该问题可以通过单独考虑艾滋病毒呈阳性和艾滋病毒呈阴性的妇女来回答。前者由于较高的胎儿丢失，生育率会降低 10%—50%。艾滋病毒阳性人群生育率的下降对一些非洲地区生育率下降做出了巨大贡献，例如占南非生育率下降的 12%，占津巴布韦 1980 年以来生育率下降的 1/4。但是，高生育率国家的生育率下降不能通过该机制来实现。根据学者们的估计，成年女性艾滋病毒流行率每增加 1% 导致生育率下降 0.4%，这意味着总和生育率一次性减少 20% 需要将艾滋病毒流行率提高 50%，而这完全是一场艾滋病毒的大暴发②。另外，未感染的妇女是否出于对艾滋病毒感染的关注也存在生育方面的反应？由于对 HIV/AIDS 的关注，在特定环境中，性行为方面发生一些变化，特别是妇女初次性行为的推后和性伴侣数量的减少，前一变化与较低的生育率有关，而后一变化对生育率的影响尚不清楚。其他的变化，例如初婚推迟产生难以区分的影响，比如既可能引起婚前活动增加也可能带来婚姻稳定性提升；单纯的增加避孕套的使用量也有不确定的影响，只有当它不能替代更有效的激素避孕方法时，才会增加避孕保护。因此，目前还没有充足的证据证明 HIV/AIDS 的流行会促使生育率大幅下降。

（三）影响孩子需求的社会经济决定因素

经济社会因素对高生育率社会孩子需求及生育行为的影响突出表现在宏观和微观两个层面，其中主要的社会经济宏观因素包括收入、城镇化和受教育程度等。

1. 收入

学者们利用国家尺度的截面数据研究得出收入和生育率之间具有显著的相关性，但是在分析生育率变化时二者的相关性并不明显。比如，

---

① Mohanty, S. K., Fink, G. and Chauhan, R. K., et al., "Distal Determinants of Fertility Decline: Evidence from 640 Indian Districts", *Demographic Research*, Vol. 34, No. 1, March 2016, p. 378.

② Zaba B., Gregson S., "Measuring the Impact of HIV on Fertility in Africa", *AIDS*, Vol. 12, Suppl 1, January 1998, p. 41.

Angeles 对1960—2000年期间世界各国生育率下降的回归分析表明，人均国内生产总值对生育率变化的影响为负，但其影响程度远远低于婴幼儿死亡率和受教育程度。

2. 城镇化

与农村地区相比，城市居民的生育率偏低。城市地区对儿童的需求较低。城乡居民的生育率差异通过控制受教育程度等变量而持续存在。不过，在实证分析中城镇化对生育率下降的影响并不突出，部分原因在于城镇化的变化通常比生育率的变化要缓慢得多。Angeles认为城镇化对生育率下降的净效应显著，其程度小于婴幼儿死亡率下降和受教育程度提高的影响，但大于收入增长对生育率下降的影响。

3. 受教育程度

许多学者们对发展中国家的研究表明，接受正规教育的程度与生育率呈负相关，比如Cochrane、Castro Martin、Jejeebhoy、Bledsoe等学者利用截面数据分析得出，受教育程度是在宏观和微观两个层面对生育率影响最显著的因素[1]。

4. 社会经济因素对生育率变动的重要影响被重新确立

收入、城镇化和正规教育是构成传统意义上"社会经济发展"的一系列因素中的三大关键因素。以Bongaarts为代表的20世纪80年代和90年代研究的一个共同主题是，在过去欧洲和目前发展中国家，社会经济发展与生育率下降具有微弱的相关性，甚至可能低于生育态度、现代避孕知识等观念变化和社会传播与生育率下降之间的相关性[2]。但是，进入21世纪以来，学校教育等社会经济因素对生育率变动的重要影响作用被重新确立，传统的发展指标与生育率下降是密切相关的[3]。而且，大多数在发展指标上排名较低的国家，生育率仍然很高，这些国家主要是非洲国家，这

---

[1] World Bank, "Determinants and Consequences of High Fertility: A Synopsis of the Evidence", World Bank, Washington, DC. https://openknowledge.worldbank.org/entities/publication/c8ffabc1-8d9d-5aa7-b989-d154a6af85cc.

[2] Bongaarts, J. and Susan C. W., "Social Interactions and Contemporary Fertility Transitions", *Population and Development Review*, Vol. 22, No. 4, November 1996, p. 639.

[3] Bryant, J., "Theories of Fertility Decline and the Evidence from Development Indicators", *Population and Development Review*, Vol. 33, No. 1, March 2007, p. 101.

一事实促成了社会经济原因解释生育率下降的早期理论得以复兴。

(四) 对孩子数量的需求高：高生育率国家的当前模式

1. 高生育率社会未来生育率下降的先决条件是降低对儿童数量的高需求

虽然学者和政策制定者研究过去生育率下降的情况，从中得出经验教训以应用到目前的高生育率社会；但是，过去的经验主要来自亚洲和拉丁美洲，与目前集中在撒哈拉以南非洲的高生育率社会的相关性还远远不能确定。Caldwell 曾多次警告，亚洲的经验可能不适用于撒哈拉以南的非洲[①]。非洲生育制度独特性的一个表现是对儿童的高需求。人口与健康调查（DHS）的数据显示，在所有高生育率的非洲国家，平均期望生育4个孩子，有时大于6个[②]。同样，在大多数高生育率的非洲国家，已经生育4个孩子的女性中，表示不愿再生育的比例不到50%；西非和中非对儿童的需求尤其高。虽然目前非洲社会 DHS 数据提供的全面标准化调查记录是20世纪50—70年代亚洲和拉丁美洲社会开始生育率下降时所没有的，但是少数经验证据表明，总体上当时亚洲和拉丁美洲社会对儿童的需求没有那么高。

从1990年到2008年连续进行的 DHS 数据显示，东非和南部非洲国家对儿童的需求有所变化，但中部或西部非洲国家，特别是西非的萨赫勒国家，变化很小。虽然 DHS 数据表明非洲高生育率国家对儿童的需求量很大，但调查同样也揭示了对计划生育的未满足需求水平，这种需求至少是中度的，甚至在一些国家相对较高，即目前非洲妇女计划生育的未满足需求为15%到40%不等。这表明，在不改变生育数量需求的情况下，可以通过提供计划生育服务而部分地实现生育率下降。但是，如果大多数目前高生育率国家要将生育率降到较低水平，降低对儿童的需求才是先决条件。在这一方面，目前高生育率国家生育率下降的性质与20世纪60年代至今亚洲和拉丁美洲生育率下降的性质大不相同。亚洲和拉丁美洲在生育率下降中对儿童数量的需求变化相当小，但目前高生育率国家未来生育率的下降更接近孩子需求驱动生育率下降这一假设。

因此，如果儿童数量需求的下降是必需的，那么目前高生育率社会的

[①] Caldwell, J. C., Orubuloye I. O. and Caldwell P., "Fertility Decline in Africa: A New Type of Transition?", *Population and Development Review*, Vol. 18, No. 2, Jun1992, p. 211.

[②] Westoff, C. F., *Desired Number of Children*: 2000 – 2008, DHS Comparative Reports No. 25, ICF Macro: Calverton, USA, February 2010, p. 120.

生育率下降将对婴幼儿死亡率、学校教育和城镇化等因素的变化特别敏感，因为这些因素与生育需求密切相关。另外，这些因素对于目前高生育率社会生育率下降的影响甚至比对过去更具决定性。当然，这些因素的变化并不容易实现，必须寻求额外的政策杠杆。

2. 高生育率社会对孩子数量的需求依旧旺盛

根据联合国人口基金颁布的《2018年世界人口报告》，撒哈拉以南非洲地区对儿童的平均需求高于其他地区，并且，15—49岁妇女的平均理想儿童数量在不同国家和不同社会阶层之间存在很大差异，从卢旺达的3.6到尼日尔的9.5不等。只有肯尼亚（3.9）、马拉维（3.9）和卢旺达（3.6）妇女的平均期望儿童数低于4；已婚男性通常比已婚女性更喜欢孩子，但卢旺达例外，卢旺达妇女的平均期望儿童数为3.6个孩子，比男性高出0.5个孩子，布隆迪男性和女性期望孩子数均为4.3个；乍得已婚男性对孩子数量的偏好是最高的，为13.2个。

过去一个世纪影响高生育率的观念和实践在今天大多数农村地区仍然很普遍。如今对儿童的需求受家庭经济依赖程度及其对生育观念的影响，减少这种依赖性的因素包括增加正规教育、在现代经济中成功创造财富、移民、接受与个人权利和性别角色有关的观念等。在总和生育率超过4的任何地方，接受中等教育比接受初等教育的人想要拥有更少的孩子；同样，拥有更多财富的人比穷人更喜欢少要孩子；对孩子的需求也受到年龄的影响，即年轻一代通常比他们的父母更喜欢少要孩子。

（五）节育成本：计划生育服务的获取及其影响

使用避孕药具的障碍，即在未满足避孕需求中占重要地位的社会和心理因素，能够解释未得到的大部分避孕需求。虽然使用避孕药具的障碍和对副作用的恐惧在某些社会中占主导地位，但是目前对高生育率社会使用避孕药具的非物质障碍几乎没有系统的研究，比较而言，对计划生育服务获取障碍（如经济费用、时间成本）的研究要相对较多。计划生育措施是有组织地降低生育率的最明确的干预措施。诸多研究结论表明，在大多数情况下，所采取的计划生育措施对生育率下降产生了净影响，从相对较弱措施产生6%的影响到强有效措施产生32%的影响不等。另外，关于计划生育服务影响再生育行为的最好证据是提供实地试验。亚洲和非洲的很多地方进行计划生育实验，实验结果表明，在大多数情况下，加强计划生育服务导致避孕药具使用增加或降低生育率，或两者兼而有之。比如，在孟加拉国 Matlab Thana 地区，1977 年开始大力开展计划生育工作，促使实验区避孕药具使用率稳步上升，远远超过对照区使用率的增长速度，从而促成了实验区生育率持续下降；Joshi 在仔细考虑实验区和对照区之间的初始差异之后，计算得出实验区 5 年后存活儿童的数量比对照区低 18%，14 年后存活儿童的数量比对照区低 10%[1]。

加强计划生育服务是否影响生育需求，这一问题对高生育率国家生育率下降是至关重要的。理论上，提高控制生育的能力会降低对儿童的需求。即小规模家庭越可行，也就使得小规模家庭越满意，即自我效能效应。然而，实证记录和这一论点并不一致[2]。因此，目前仍然维持高生育率的社会，以平均期望家庭规模高为特征；与过去亚洲和拉丁美洲国家的情况相比，这些高生育率社会对儿童的相对特殊需求，会对增强使用现代避孕手段以限制家庭规模的能力做出更大的反映。

二 基于微观、中观和宏观层面的转变后低生育率国家生育率变动影响因素分析

在解释低生育社会的理论尝试中，工作与家庭冲突理论和性别公平理论的影响力最大[3]。工作与家庭冲突理论主要基于对欧洲不同国家低生育率现象的研究，认为各国的家庭模式和文化背景可能会影响与生育相关的公共政策的效果。性别公平理论从性别公平在不同社会领域的制度设置的不相容性来解释生育率从更替水平向超低生育率的变化[4]。考察转变后低生育率社会生育率变动的影响因素，综合已有理论学说，可从个人/夫妇（微观层面）、社会关系和社会网络（中观层面）、文化和制度环境（宏观层面）三个层面考虑。宏观的社会环境，比如现代化程度、生育政策和文化制度等，作用于

---

[1] Joshi, S. and Paul S. T., *Family Planning as an Investment in Development*: *Evaluation of a Program's Consequences in Matlab*, *Bangladesh*, IZA DP No. 2639, February 2007.

[2] Freedman, R., "Do Family Planning Programs Affect Fertility Preferences? A Literature Review", *Studies in Family Planning*, Vol. 28, No. 1 March 1997, p. 1.

[3] 计迎春、郑真真：《社会性别和发展视角下的中国低生育率》，《中国社会科学》2018 年第 8 期。

[4] McDonald, P., "Gender Equity in Theories of Fertility Transition", *Population and Development Review*, Vol. 26, No. 3, September 2000, p. 427.

中观的城乡区域及社会资本因素以及微观的个体与家庭，从而既影响家庭和个体的特征，也影响人们的生育观念。同时，社会环境、家庭因素和个人特征的综合作用，又导致不同家庭、不同人群对孩子成本和效用的不同认识，从而形成各自特定的生育意愿和生育行为。下文重点分析上述三个层面的各要素对转变后低生育率社会生育率变动的影响。

(一) 影响低生育率社会生育率变动的微观决定因素

从微观层面讲，生育行为抉择是个体或育龄夫妇在各种环境和因素影响下对拥有孩子时间和数量的决策过程。大量丰富的研究已经表明结交伙伴、受教育程度、就业状况、经济状况等生活环境与轨迹和生育行为具有紧密联系。当然，也有研究认为社会阶层和家庭出身塑造一个人的价值观和偏好，包括生育观念和生育偏好。但是，在微观层面研究各因素与生育行为关系的主要障碍是难以建立因果关系，也就是说，能够凭借经验确定哪些生命历程因素是决定生育率的现实因素，但是难以确定某种生命历程因素和生育行为是否同时受到其他因素的影响。

事实上，家庭层面对生育的考虑，长期以来都是在成本收益的基础上做出决策的。当生育一个孩子给家庭带来的回报上升以及养育孩子的成本下降时，家庭会增加孩子的生育；当回报下降以及养育成本上升，家庭会减少孩子的生育。孩子给家庭带来的回报，除了孩子本身作为父母的效用函数的一部分以外，更重要的是孩子成年后的收入和发展。孩子养育成本，除了抚养孩子的直接费用，更重要的是父母因养育孩子所放弃的工作时间和收入，尤其是母亲的时间和收入。以下各微观层面的因素都是通过影响孩子成本与收益而作用于生育率变动的。

1. 生育决策过程中的生育意愿

许多学者使用生育意愿作为实际生育行为的最接近因素，考察哪些因素影响生育意愿的形成、实现或变化。当然也有学者提出，由于生育意愿揭示的是对孩子的"未满足需要"，生育意愿与实际生育之间不可避免的差距是影响低生育率的主要原因之一。但是，更多研究表明生育意愿是实际生育率的有效预测因子，这些研究大多借鉴了社会心理学中的计划行为理论（the Theory of Planned Behavior，TPB）。根据TPB，生育意愿是由三个具有前因后果联系的因素组合而成的：（1）态度，比如对育儿成本和育儿收益的认识；（2）主观规范，如受亲朋好友的影响；（3）对生育行为的自我控制，即生育行为被视为个体控制的程度。Miller 使用社会—心理学方法，采用"特性—欲望—动机—行为"框架（Traits-Desires-Intentions-Behavior framework，T-D-I-B）将生育意愿置于一个复杂的决策框架中分析[1]，他认为生孩子是一系列生育动机转化成生育期望的结果，生育期望反过来又形成了生育意愿，然后生育意愿转化为避免或实现怀孕的行为[2]。另一种解释生育率的模型是"联合行动"理论（Theory of Conjunctural Action，TCA），由 Morgan 提出，该理论认为生育行为是一系列独特的社会环境因素和生育计划相互作用的结果[3]。两个理论的不同之处在于前者承认生育行为不仅是理性思考的结果也是自动无意识处理的结果。

在现有文献中，主要研究两方面的生育意愿：（1）数量意愿，即期望家庭规模；（2）进程意愿，即在整个或特定时间范围内再生一个（或几个）孩子的意愿。事实已经证明，数量意愿难以预测实际拥有或实现拥有孩子总数，因为意愿在实际生育过程中受制于向下或向上的调整。导致数量意愿变化的主要因素包括配偶的期望、婚姻关系的变化、经济地位以及实际生育行为等。尽管有些研究表明生育进程意愿和实际生育行为并不相匹配，但是生育进程意愿被认为是更稳定和更可靠的，比如指定一个两年或三年的时间框架可以显著地提高生育进程意愿的预测价值[4]。

2. 婚配关系

在过去的几十年里，发达国家经历的婚配关系变化与推迟生育密切相关。越来越多的研究显示出延迟结婚和延迟生育具有平行变动趋势，并且生育第一个孩子之前拥有几个伴侣的频率提高、未婚同居现象增加等都与推迟结婚年龄密切相关。

---

[1] Miller, W. B. and Pasta, D. J., "The Behavior of Child Behavior Ratings: Measurement Structure of the Child Behavior Checklist Across Time, Informants, and Child Gender", *Journal of Applied Social Psychology*, Vol. 29, No. 4, August 1994, p. 218.

[2] Miller, W. B., "Comparing the TPB and the T-D-I-B Framework", *Vienna Yearbook of Population Research*, Vol. 9, 2011, p. 19.

[3] Morgan, S. P. and Bachrach, C. A., "Is the Theory of Planned Behavior an Appropriate Model for Human Fertility?", *Vienna Yearbook of Population Research*, Vol. 9, 2011, p. 11.

[4] Billari, F. C., Philipov, D. and Testa, M., "Attitudes, Norms and Perceived Behavioral Control: Explaining Fertility Intentions in Bulgaria", *European Journal of Population*, Vol. 25, No. 4, November 2009, p. 439.

伴侣的生育意愿在实现个人生育意愿方面也具有重要作用，因为在大多数情况下生育行为是一对夫妻共同决定和实现的。如果夫妻双方对生育期望产生分歧，那么其中一方的积极生育意愿就不太可能实现。婚姻关系状况也是生育率的一个重要信号。如果没有稳定的婚姻关系，也就不太可能生育孩子。初次生育与婚姻关系相脱离的现象出现了增长，显然，这与未婚生育的上升有关。尽管同居情况下初育的可能性比正式婚姻中更低，但是，各国同居的角色及其与生育的关系不尽相同。在法国，同居的夫妇与已婚的同龄人生育孩子的可能性是大致相等的；而在美国，同居夫妇生育孩子的可能性会更低。除了伴侣的生育期望之外，伴侣或者夫妇的其他特征同样也会影响生育行为。

随着不稳定婚姻关系以及分居和离婚的比例不断增长，婚姻关系的稳定性以及婚姻质量的高低对生育的影响也成为重要研究方向。虽然二者之间的因果关系很复杂并且存在重要的反馈机制，但是现有文献提供了二者对立机制的证据。一方面，一些研究发现低质量或不稳定的婚姻关系和生育孩子之间存在负相关关系。婚姻不稳定的夫妇，由于性生活频率降低，或者因为他们认为孩子可能会提高离婚成本，所以他们生育孩子的比例更低。另一方面，由于孩子被视为减少婚姻不确定性的重要来源和促进婚姻稳固的重要方面，因此，婚姻的不稳定会导致早育。另外，婚姻关系的质量和生育率之间呈现非线性关系：经历着中等质量婚姻关系的女性最有可能再生一个孩子，因为她们最渴望投资于婚姻关系。婚姻关系的质量对生育时间也有重要影响，同样有两种不同的可选机制：一是高质量的婚姻关系为养育孩子提供有利环境；二是拥有孩子可能是恢复婚姻关系的手段。

3. 劳动力性别分工

家庭内部家务劳动的性别分工也是影响生育率的重要因素之一。目前已有研究建立在性别生育理论[①]基础之上。该理论认为，面向家庭的社会制度中持续的性别不平等被打断导致了低生育率。另外，Esping-Andersen 认为女性转换角色的"不完全"革命导致了低生育率[②]。在微

---

① Eloundou-Enyegue, Parfait, *Harnessing A Demographic Dividend: Challenges and Opportunities in High and Intermediate Fertility Countries*, Expert Paper No. 2013/7, January 1, 2013.

② Esping-Andersen, G., *Incomplete Revolution: Adapting to Women's New Roles*, Cambridge: Polity Press, 2009, p. 123.

观层面,对性别平等的实证研究论证了家庭中的女性角色影响生育孩子的可能性。Matthews 通过对加拿大妇女生育率的研究提出,妇女通过生育更少的孩子以响应过重的家庭负担[1]。Miller 利用美国数据,研究发现性别平等和生育率之间存在"U"形关系,即在性别平等程度非常低或者非常高的家庭中,生育第二个孩子的可能性更高。Tazi-Preve 等论证了奥地利家庭劳动的分配不均降低了男性生育意愿[2],这与 Oláh 的研究是一致的。Oláh 通过比较瑞典和匈牙利,发现转向家务劳动更平等的性别分工有利于生育第二个孩子,并且瑞典具体政策支持这一转向[3]。Cooke 通过比较意大利和西班牙,发现夫妻之间的就业公平性增长提高了家庭劳动分工的公平性,这有利于推进生育第二个孩子的进程。然而,上述影响在各个国家有所不同。Mills 通过比较荷兰和意大利,发现当妇女们已经有了沉重的负担时,比如更多的工作时间、养育孩子等,家庭劳动分工的不平等会显著影响她们的生育意愿,这对意大利的职业妇女来说尤其突出。Begall 也证明了工作与家庭冲突的程度对于许多欧洲国家妇女角色具有重要影响,兼职工作盛行和越来越认为能够控制工作机会都会显著地影响成为母亲的生育意愿[4]。

4. 再婚

不稳定的婚姻关系和结婚次数的增长促进了对再婚家庭生育率的研究。许多研究表明,那些已经和前任有了孩子的育龄人群更有可能结合后再生育孩子,这通常被视为婚姻承诺效应(union commitment effect)。例如,Jefferies 发现几乎有一半经历过离婚的英国女性在后来 12 个月内经历了怀孕,妇女年龄和最小孩子年龄是影响再婚的最重要因素[5]。因此,再

---

[1] Matthews, B., "The Gender System and Fertility: An Exploration of the Hidden Links", *Canadian Studies in Population*, Vol. 26, No. 1, December 1999, p. 21.

[2] Tazi-Preve, I., Bichlbauer, D. Goujon, A., "Gender Trouble and its Impact on Fertility Intentions", *Yearbook of Population Research in Finland*, Vol. 40, Jaunary 2004, p. 5.

[3] Oláh, L. S., "Gendering fertility: Second births in Sweden and Hungary", *Population Research and Policy Review*, Vol. 22, No. 2, April 2003, p. 171.

[4] Begall K., Mills M., "The Impact of Subjective Work Control, Job Additional contact information Strain and Work-Family Conflict on Fertility Intentions: a European Comparison", *European Journal of Population*, Vol. 27, No. 3, November 2011, p. 433.

[5] Jefferies, J., Berrington, A., and Diamond, I., "Childbearing Following Marital Dissolution in Britain", *European journal of Population*, 16, September 2000, p. 193.

婚可能会进一步提高生育孩子数量。考虑到一个孩子就足以表明对婚姻关系的承诺，多次结婚和随后的婚姻关系可能会显著地促进总和生育率的提升。

5. 收入、教育和人力资本等个人社会经济状况

个人的社会经济状况也被视为影响生育数量和生育时间的重要因素。学者们采用不同的经济模型研究收入特别是工资对生育的影响，得出不同的结果。家庭经济学模型，主张个人从生育和抚养孩子以及孩子创造的财富中获得快乐。因此，孩子们及其质量水平就类似于在父母效用函数中的消费品。虽然这一理论最初的表述暗示了收入和孩子数量之间具有正相关关系，但随后大量的文献聚焦于收入与生育率之间呈负相关关系，并强调了两种方法。第一种方法侧重于孩子数量质量替代，由 Becker、Willis 等学者提出，其观点是收入增加导致生育更少的孩子[1]。这是因为，收入较高的父母看重孩子的质量，但关注孩子的高质量会提高养育孩子的成本，从而可能降低生育水平。Lee 使用这个模型证明了随着收入增加生育率降低与孩子的人力资本支出增加是密切相关的[2]。第二种方法关注养育孩子的机会成本，尤其是对女性而言。由于抚养孩子需要父母尤其是母亲花费时间，对于那些收入较高的母亲来说，养育孩子的机会成本更高，因此也就期望拥有较少的孩子数量。这与那些证明"母亲工资惩罚"（motherhood wage penalty）的研究是相关联的，即延迟生育为那些受过高等教育或从事专门职业的女性提供了可观的收益回报。例如，Miller 证明延迟一年生育会使妇女收入增加9%、工作经验增加6%、平均工资率提高3%[3]。另外一些学者以生育机会成本最小化、"工资惩罚"和收入损失等基础，建立女性初育最佳时间的动态经济模型，从而扩展了 Becker 的静态模型。该模型证明了在教育过程中人力资本积累程度越高或教育回报越高，女性成为母亲的时间就会越晚。Gustafsson 论证了女性的职业规划是推迟生育的主要

---

[1] Becker, G. S. and Lewis, H. G., "On the Interaction between the Quantity and Quality of Children", *Journal of Political Economy*, Vol. 81, No. 2, April 1973, p. 279.

[2] Lee, R. and Mason, A., "Fertility, Human Capital, and Economic Growth over the Demographic Transition", *European Journal of Population*, Vol. 26, No. 2, May 2010, p. 159.

[3] Miller, A. R., "The Effect of Motherhood Timing on Career Path", *Journal of Population Economics*, Vol. 24, No. 3, July 2010, p. 1071.

原因①，这一结论在瑞典、英国、爱尔兰、美国和意大利等国家的实证研究中均得到了验证。

大量文献采用相似的方法研究教育、劳动力市场轨迹和初育时间之间的关系。他们认为，由于人力资本积累，女性受教育程度越高，越有可能追求事业和提高挣钱能力，也就促使她们因为经济原因而摆脱结婚生子的压力。随着生育孩子的机会成本以及养育孩子人力资本的增加，受过高等教育的女性更有可能推迟结婚和生育。但是，Oppenheimer 对上述观点提出不同看法，他认为，受过高等教育的女性更有可能找到同样也受过高等教育的伴侣；这会激励受过高等教育的女性一旦完成教育就结婚生子②。其他研究也发现，受过高等教育的人更有可能拥有一个或多个孩子，从而导致总和生育率更高。这是因为：（1）她们可能拥有一个接受过更高教育的配偶，因此工资收入更高；（2）夫妻关系中她们拥有更强的议价能力，促使家庭劳动分工更公平；（3）外包家务。尽管受过高等教育的女性初育时间比受教育程度较低的女性要晚，但是受过高等教育的女性更有可能在较大年龄时再次生育，换句话说，晚育在更高次序出生率（即第二胎或第三胎）的累积影响将消失。Munnell 研究得出，受过大学教育的妇女人数的增加、儿童保育费用与收入比率增加以及男女工资比率增加，可以解释 2001—2003 年和 2014—2016 年期间美国 TFR 下降的一半以上③。但是，一些实证研究结果显示了教育对生育率的影响是复杂的。比如 McCrary 使用自然实验方法研究加州和德克萨斯州的学校入学政策，发现教育对生育率没有显著的影响④。一些研究发现，在美国、英国、挪威、法国、西班牙等国家受教育程度与初育时间之间存在着显著的反比关系。此外，还有一

---

① Galasso, V., Gatti, R. and Profeta, P., "Investing for the Old age: Pensions, Children and Savings", *International Tax and Public Finance*, Vol. 16, No. 4, April 2009, p. 538.

② Oppenheimer, V. K., "Women's Rising Employment and the Future of the Family in Industrial Societies", *Population and Development Review*, Vol. 20, No. 2, June 1994, p. 293.

③ Munnell A. H., Chen, A. and Sanzenbacher G. T., "Is the Drop in Fertility Due to the Great Recession or a Permanent Change?", CRR WP 2019 - 7, SSRN: https://ssrn.com/abstract=3362478, March 2019.

④ McCrary, J., and Royer, H., "The Effect of Female Education on Fertility and Infant Health: Evidence from School Entry Policies Using Exact Date of Birth", *American Economic Review*, Vol. 101, No. 1, February 2011, p. 158.

些学者提出，将所接受的学习领域与社会化或自我选择效应相联系融入以后职业中，才影响到生育率。

6. 经济和就业的不确定性

大多数社会学研究关注就业状况特别是经济不确定性对生育结果的影响。最早开展此项研究的是 Easterlin，他于 1976 年提出了经济剥夺理论（Theory of Economic Deprivation），该理论认为，在经济普遍不确定和失业率上升的历史时期，结婚和生孩子的倾向性减少[1]。越来越多的研究将失业和不稳定的劳动力市场等经济不确定性与推迟生育联系在一起。为了实证测度跨国背景下经济不确定性对为人父母的影响，Mills 提出了包括经济、时间和雇佣关系三类不确定性的框架[2]。他们发现，在经济不确定的情况下，个人的就业情况也会变得经济收入不稳定，比如收入降低或失业，年轻人推迟做出为人父母的长期承诺，因为为人父母需要一个安全的经济基础或生育孩子的"各方面支付能力"；时间的不确定性（通常以临时或定期合同的就业形式）减弱了年轻人做出诸如为人父母之类的长期承诺的能力；降低雇佣关系的不确定性（例如依赖于雇主的雇员或合同工）会被处于更危险的处境所阻碍。然而，上述三种不确定性的影响会受到国家层面制度的高度保护，例如年轻的成年人受到来自福利国家的大量保护使他们免受不确定性和性别制度的影响，这导致了不同国家背景下女性对经济不确定性做出不同的生育行为反应。Kreyenfeld 研究发现，在教育水平作为潜在影响因素的情况下，客观的经济不确定性（如失业）和主观的不确定性（如对经济状况和工作安全的恐惧）对受较低教育程度女性推迟生育几乎没有影响。换句话说，尽管受过高等教育的母亲会推迟生育，但是受教育程度较低的女性会通过母亲的角色来应对客观和主观的经济不确定性[3]。

---

[1] Easterlin, R . A., "The Conflict Between Aspirations and Resources", *Population and Development Review*, Vol. 2, No. 3, September 1976, p. 417.

[2] Mills, M. and Blossfeld, H. P., "Globalization, Uncertainty and the Early Life Course: A theoretical Framework", in Blossfeld H. P., Klijzing E., Mills M., eds. *Globalization, Uncertainty and Youth in Society*, London/New York: Routledge Advances in Sociology Series, 2005, p. 120.

[3] Kreyenfeld, M., "Uncertainties in Female Employment Careers and the Postponement of Parenthood in Germany", *European Sociological Review*, Vol. 26, No. 3, June 2010, p. 351.

7. 生育偏好

一些学者强调个人的生育决定是由他或她的喜好形成的，而且是在他或她的生命早期就形成了。偏好理论将女性生活方式偏好的异质性置于发达国家生育和劳动力市场选择的核心，该理论认为，生活方式的偏好在整个生命过程中是相当稳定的，存在以职业为导向、以家庭为导向、以工作和家庭相结合为导向三种主要类型，这些生活方式偏好被视为生育率的主要驱动因素，要求国家在制定方针政策时要考虑到这种异质性①。在实证研究中，学者们研究发现，以家庭为导向的女性具有最强的生育能力，而以工作为导向的女性通常生的孩子很少，甚至根本没有孩子。其他研究也发现，个人偏好在维持自愿无子女或没有孩子的决定中具有至关重要的作用。对孩子性别构成偏好的研究表明，性别偏好可能导致生育更多孩子，不过各国存在相当大的差异；对儿女双全的偏好，即更倾向于至少有一个男孩和一个女孩，将促使为达成这一目标而更有可能生育第三个孩子②。

8. 价值观和行为的代际传递

连续几代人生育史的相似性也一直是重要的核心研究领域，研究结果非常稳定，主要集中在兄弟姐妹数量和自己生育子女数量之间具有正相关关系或者父母初育年龄和孩子初育年龄之间具有正相关关系。行为的代际传递被认为是在儿童和青少年时期所发生的家庭内部社会化过程所驱动的，即假设父母会传递家庭价值观、喜好和态度，以及避孕知识等。然而，也有学者提出，跨代传递的知识、态度和价值观具有长期影响的个体特征，就像基因由父母传递给孩子一样，父母的影响完全是由孩子自己的宗教信仰程度所调和的。

9. 生物学和遗传因素

除了社会化机制，生物学和遗传因素也被用来解释在生育偏好和生育行为方面的代际相似性。一系列的研究将生物学和遗传因素与生育行为联

---

① Hakim, C., "A New Approach to Explaining Fertility Patterns: Preference Theory", *Population and Development Review*, Vol. 29, No. 3, September 2003, p. 349.

② Andersson, G., Hank, K., Rønsen, M., et al., "Gendering Family Composition: Sex Preferences for Children and Childbearing Behavior in the Nordic Countries", *Demography*, Vol. 43, No. 2, May 2006, p. 255.

系起来，重点探讨生育率、环境和个体基因构成之间的相互作用，并证明个体基因组成的差异影响生育结果和与生育相关的行为。学者们经常采用"双胞胎设计"，将同卵双胞胎（几乎完全相同的基因组成）与异卵双胞胎进行比较，可以在共享环境（即在相同的家庭、环境中成长）或非共享环境（即所有其他因素，如不同的伴侣）下，分离出多大比例的生育率差异来自遗传。例如，Kohler 利用丹麦的双胞胎数据来分析基因和社会因素对生育孩子数量遗传性的影响，发现对年轻群体来说基因的影响在很大程度上超过了共享社会和家庭环境的影响①。

上述作为一个跨学科的生育研究，不仅结合了社会学、经济学等社会科学理论，还运用了来自行为和分子遗传学、神经内分泌学和进化理论的方法。其中心前提是，个体的基因和生物性格直接通过遗传变异影响生育率，因为调节生育率的许多方面都具有相当大的意愿控制，比如决定初育年龄、生育偏好等，这些意愿通过控制潜在的性格或个性影响生育决策。也有越来越多的证据表明，遗传变异随着时间和教育水平的变化而变化，这意味着社会规范和个人决策对生育率的重要性也随着时间的推移而改变。

10. 社会经济地位和家庭出身的文化背景

社会经济地位和家庭出身的文化背景对育龄夫妇选择生育年龄和生育数量也具有显著的影响。一些研究表明，不仅父母的受教育程度和初育年龄、生育孩子数量之间存在负相关关系，而且父母的经济地位和期望孩子数、初育年龄之间也存在负相关关系。包括组建家庭在内的一系列目标，与对物质产品的渴望一样，在受过高等教育和地位较高的家庭中更容易传播；如果物质消费热情高涨，就会减少生育数量或至少推迟为人父母的时间。这与就业母亲对其子女初育年龄具有负相关影响的结论是一致的，相反，父母的宗教信仰与他们孩子的生育率具有正相关影响。

（二）影响低生育率社会生育率变动的中观决定因素

近些年来，许多学者致力于发展并应用将个人定位为社会行为者的理

---

① Kohler, H. P., Rodgers, J. L., and Christensen, K., "Is Fertility Behavior in Our Genes? Findings from a Danish Twin Study", *Population and Development Review*, Vol. 25, No. 2, June 1999, p. 253.

论，即个体在与亲属和同伴的社会关系网络中做出决策和行动。其中一些学者侧重于研究人际关系相互作用在影响个人生育决策方面的作用，另有学者研究则探讨了居住地与生育选择的关系，此外，还有一些研究将社会网络看作社会资本的来源。不过，社会网络对解释所观察到的生育模式的重要意义还没有令人信服的实证研究，主要原因在于缺乏合适的数据，难以建立模型和正确识别社会互动效应，并难以将他们从影响生育率的各种因素中剥离出来。

1. 社会相互作用

社会相互作用对生育选择具有显著的影响。这一结论主要集中于发展中国家避孕方法的传播和识别社会相互作用发生的两个渠道。第一个渠道是社会学习，即个人如何从他人那里获得知识；第二个是社会影响，即同伴群体的共识如何影响个体的态度和行为。在发达国家中，少量定性研究说明人际关系，如同事或朋友，对决策生育时间和生育孩子数量具有关键性作用。例如，个人会把目光投向同事，作为社会学习的一个重要来源，看看同事们如何以及是否成功地将生育孩子和职业结合在一起。Mansk 在社会互动的基础上解释了以色列生育率转变特点[1]。Billari 将基于网络的方法整合到计划行为理论中，发现来自相关他人的社会压力极大地影响了女性生育意愿[2]。Balbo 认为，来自亲戚朋友再生育一个孩子的社会压力对自己生育第二个或第三个孩子的生育意愿具有正向影响[3]。少数几项开展社会互动作用的定量研究表明，当兄弟姐妹生孩子时，个人生孩子的概率也会增加。总体上，存在短期的"U"形效应，即在相关人员生育孩子后的第 12 个或第 24 个月里，个人受到影响的"传染效应"非常强烈并且增加；然后"传染效应"会下降，从长期来看可以忽略不计。另外，Aparicio Diaz 采用了基于代理的仿真模型研究

---

[1] Manski, C. F., and Mayshar, J., "Private Incentives and Social Interactions: Fertility Puzzles in Israel", *Journal of the European Economic Association*, Vol. 1, No. 1, March 2003, p. 181.

[2] Billari, F. C., Philipov, D., and Testa, M., "Attitudes, Norms and Perceived Behavioral Control: Explaining Fertility Intentions in Bulgaria", *European Journal of Population*, Vol. 25, No. 4, November 2009, p. 439.

[3] Balbo, N., and Mills, M., "The Effects of Social Capital and Social Pressure on the Intention to Have a Second or Third Child in France, Germany, and Bulgaria, 2004 – 2005", *Population Studies*, Vol. 65, No. 3, November 2011, p. 335.

1984—2004 年期间奥地利社会相互作用对为人父母的影响，模拟结果表明个体之间的社会相互作用可以解释奥地利在过去几十年里初育年龄推迟这一重大转变[①]。

2. 居住地

人口由在农村从事农业工作转向在城市从事有工资工作刺激了生育经济学的发展。不同居住地的生育率存在差异，期望家庭规模的差异一方面表现在小城镇和农村之间生育率的差异，另一方面表现在城市地区之间生育率的差异；在城市内部，郊区的生育率一直较高，同时单亲家庭的生育率也较高；当控制了地区的社会经济结构变量时，上述生育率的差异持续存在，表明了社会经济环境影响生育决策；而且，城乡生育数量的差异一旦出现，随着时间的推移将持续存在[②]。另外，推迟生育在较大的居住地比在较小的居住地更为明显。

3. 社会资本

社会资本是指个人通过人际关系获得的资源，包括商品、信息、金钱、工作能力、影响力、权力或积极的帮助等。一些人口学研究证明了社会资本以及经济和文化资源影响生育决策，这些研究着眼于个人或夫妇与家庭成员、祖父母、密友或亲戚等之间长期、稳定和信任的关系为其提供与生育相关的支持性资源。因此，尽管这些社会资源只是在特定的情况下也就是被需要时才发生，例如在孩子还小的时候使用非正式的托幼服务，但是，这些关系很可能在整个生命过程中都是稳固的。

目前关于社会资本影响低生育率的大部分研究集中于前共产主义的东欧国家。在苏联解体后，东欧国家经历了一段极端的社会经济不确定时期。Bühler 提供了社会资本如何与社交网络相联系以及如何影响生育意愿，研究结果表明，支持性的网络关系和资源在个人生育决策中起着至关重要的作用[③]。其他对俄罗斯、保加利亚、匈牙利、波兰等国的实证研究也表

[①] Aparicio Diaz, B., Fent, T. and Prskawetz, A., et al., "Transition to Parenthood: The Role of Social Interaction and Endogenous Networks", *Demography*, Vol. 48, No. 2, May 2011, p. 559.

[②] Kulu, H., "Why Do Fertility Levels Vary between Urban and Rural Areas?", *Regional Studies*, Vol. 47, No. 6, July 2013, p. 895.

[③] Bühler, C., and Philipov, D., "Social Capital Related to Fertility: Theoretical Foundations and Empirical Evidence from Bulgaria", *Vienna Yearbook of Population Research*, Vol. 3, 2005, p. 53.

明，社会资本越大，拥有（或想要）一个（或多个）孩子的可能性越高，并且会越早地生育孩子。Bühler 进一步发现了社会资本对生育率的积极影响在高胎次特别是在第二胎表现得尤为强烈。就西欧国家而言，在西德由祖父母提供的非正式护理会增加初育的可能性，Balbo 展示了非正式托幼和德国男人想要第二个或第三个孩子的可能性之间呈倒"U"形的非线性关系，即得不到任何支持和得到太多来源的支持都与想再生一个孩子的较低可能性有关联，后者可能是因为难以协调各种来源支持[1]。美国的相关研究聚焦于亲属向母亲提供的支持，包括照顾孩子和帮助抚养孩子，尤其是对于单身母亲，亲属被视为提供了"安全网"。考虑到婚姻关系不稳定和高比例的单亲家庭，这一点尤其重要。Harknett 发现，多次婚姻增加了维系亲属网络的困难，也就降低了对母亲在经济、住房和托儿等方面的支持；能够回报的母亲更有可能得到亲戚朋友的支持，相反，困难家庭会得到较少的生育支持[2]。

（三）影响低生育率社会生育率变动的宏观决定因素

影响育龄夫妇生育决策的宏观因素可分为经济与文化两个方面。一些研究考察经济趋势、社会政策、制度约束和福利制度等对生育进度和生育数量的影响，另一些相关研究则集中在价值观、态度和文化等对生育行为的影响。此外，在这两种广泛研究的基础上，其他宏观层面的研究还着眼于避孕技术在生育率变动中的作用。上述研究依旧面临着如何处理内生性和因果关系等主要挑战。

1. 经济发展趋势

经济因素被视为短期影响生育率变动的最大驱动力。首先，学者们通常把总和生育率与 GDP、失业率等宏观经济指标联系起来，考察经济趋势对生育率是否具有周期性影响。已有研究发现发达国家经济增长率与生育率之间存在顺周期性的关系。例如，Martin 发现，澳大利亚较高 GDP 与较高生育率是相联系的；在经济衰退期间生育率的下降是生育推

---

[1] Balbo, N., and Mills, M., "Social Capital and Pressure in Fertility Decision-making: Second and Third Births in France, Germany and Bulgaria", *Population Studies*, Vol. 65, No. 3, 2011, pp. 335 – 351.

[2] Harknett, K., and Knab, J., "More Kin, Less Support: Multipartnered Fertility and Perceived Support among Mothers", *Journal of Marriage and Family*, Vol. 69, No. 1, February 2007, p. 237.

迟的结果，尤其是初育时间推迟，在经济繁荣时期生育率在很大程度上得以补偿[1]。Sobotka 使用 26 个 OECD 国家 1971—2008 年期间的数据，分析得出 GDP 变化率与时期总生育率之间呈弱相关，并认为这可能是不同国家之间的差异造成的。经济衰退带来的不确定性会导致生育推迟，比如 Sobotka 指出，发生在欧洲和美国的 2008—2009 年经济危机带来的生育率下降主要是推迟生育所致。然而，另有一些研究认为经济趋势对生育率变动很可能具有反周期的影响，比如 Butz 认为经济上升带来了女性就业增加，使养育孩子成本在经济繁荣期更高[2]，Billingsley 发现 1990 年后东欧 GDP 变化与推迟生育呈正相关[3]。这些文献往往采用经济危机的论据来解释中东欧国家在东欧剧变后所经历的生育率急剧下降。

其次，社会经济发展解释国家之间生育模式和生育率的差异。Myrskyla 认为，虽然中低水平的 HDI 与持续低生育率有关，但是更高的 HDI 提升了生育率以及扭转了生育率下降的局面[4]。还有一些学者并不使用 GDP，而认为消费者信心指数是衡量经济衰退的更佳指标，因为它们反映了人们对危机的主观看法，比如 Fokkema 发现荷兰消费者信心指数与 TFR 之间具有正相关关系[5]。

最后，资产价值、净资产和房屋所有权是最能预测生育的经济变量。当租房价格上涨时，生育率下降；当利率震荡导致的抵押贷款支付减少时，则刺激负债家庭的生育率；当购买新房的价格上升时，较年轻者的生育率下降，而较年长者的生育率上升。也就是说，影响生育率的经济决定因素不仅仅是人们目前的收入和生活成本，还有人们对未来收入和支出的预期。

---

[1] Martin, J., "The Ultimate Vote of Confidence: Fertility Rates and Economic Conditions in Australia, 1976 – 2000", *Australian Social Policy*, 2002 – 2003, January 2002, p. 31.

[2] Butz, W. P., and Ward, M. P., "The Emergence of Countercyclical U. S. Fertility", *The American Economic Review*, Vol. 69, No. 3, June 1979, p. 318.

[3] Billingsley, S., "The Post-Communist Fertility Puzzle", *Population Research and Policy Review*, Vol. 29, No. 2, April 2010, p. 193.

[4] Myrskylae, M., Kohler H. P. and Billari, F. C., "Advances in Development Reverse Fertility Declines", *Nature*, Vol. 460, No. 7256, August 2009.

[5] Fokkema, T., de Valk, H., de Beer, J., et al., "The Netherlands: Childbearing within the Context of a 'Poldermodel' Society", *Demographic Research*, Vol. 19, July 2008, p. 743.

2. 就业和失业趋势

经济不确定性通过失业趋势对 TFR 产生影响，通常失业率越高，生育数量越少，或者推迟生育的概率越高。生育率的周期性变化主要是由于出生率和队列群体规模的波动，较大规模的队列群体中的成员面临着更多的竞争，从而减少了经济机会，进而导致生育率下降。经合组织国家女性劳动力参与率（Female Labor Force Participation，FLFP）和 TFR 之间的关系在 20 世纪 80 年代由负相关转为正相关。不过，要评估 FLFP 和 TFR 两个变量之间因果关系的变化具有挑战性，比如 Mishra 通过排除内在性的计量经济分析，发现 FLFP 和 TFR 的因果关系从 TFR 的变化转向 FLFP 的变化[1]。

3. 政策措施

劳动力市场、财政、家庭或住房政策等政策措施，对生育时间和生育数量具有重要影响。类似于经济因素，各种政策措施对生育率的影响同样依赖于制度背景和个体层面因素的不同。关于社会政策对调整生育率的效用存在好坏参半的证据。实证研究表明德国、瑞典、加拿大和美国等国家的财政激励对生育数量具有积极影响。关于托幼服务对生育率的影响，许多实证研究显示出不同的结论：一些研究发现托幼服务覆盖率较低的地区，生育率较高；但也有学者将内生性考虑在内，发现托幼服务的公共可用性对生育率具有积极的影响。一般而言，税率越高，生育率越低。社会保障制度及其改革已成为影响生育率的重要因素。在发达国家，社会保障对生育决策的影响也与养儿防老的观念有关。关于政策措施和生育时间之间关系的多数研究，既包括微观层面个人或夫妇的研究，其中政策变量作为解释变量之一；也包括跨国研究，涉及各国实施的不同政策。

4. 福利制度

不同的福利制度与生育推迟联系在一起，影响生育率和生活方式的跨国差异。各种福利制度的差异主要体现在：（1）积极就业支持的劳动力市

---

[1] Mishra, V., Nielsen, I., and Smyth, R., "On the Relationship between Female Labor Force Participation and Fertility in G7 Countries: Evidence from Panel Cointegration and Granger Causality", *Empirical Economics*, Vol. 26, No. 1, January 2013, p. 361.

场政策，比如，承诺充分就业；（2）福利支持的就业退出政策，即为那些在劳动力市场之外的人，如年轻人、失业人员、病人、贫穷的人、家庭护理人员、退休人员等，提供各种福利；（3）家庭津贴和服务的范围和充裕程度，比如产假/陪产假、托幼服务等；（4）劳动力在公共部门中的比重。这一系列政策影响失业者可以利用的安全网，就业法规和与家庭育儿相关的托幼服务、产假等，继而促使或限制人们做出为人父母或再生育孩子的决策[1]。

家庭福利和照顾责任等制度，主要在福利国家得到支持，比如北欧的社会民主国家，或盎格鲁撒克逊自由市场制度国家，促使生育率更高。相反，家庭主义国家，比如保守国家，特别是南欧国家，大多数经济和照护的责任都在家庭中，体制也支持传统的家庭劳动分工，即所谓的"男性养家"模式，这些制度限制了生育，导致极低生育水平。但是，荷兰例外。荷兰是一个拥有高素质人口的富裕国家，但也是"男性养家"模式，女性被期望待在家里照顾幼儿，而且幼儿照护中心只供兼职者使用，房价昂贵，男性陪产假非常短，推动性别平等的举措相当温和，几乎没有鼓励生育的政策，基本上没有宗教信仰；然而，荷兰长期维持着适度低生育率，即表现出"荷兰生育率悖论"（Dutch fertility paradox）。对此，Mills 构建国家层面的制度措施影响生育率的多层理论框架（见图 3-1-2）以解释"荷兰生育率悖论"[2]。Mills 认为，荷兰宏观层面逐渐形成的直接和无意的政策、制度变革和文化规范等，塑造了荷兰人在微观层面思考家庭、儿童及其行为形成的方式，或者说影响了荷兰人如何实现生育愿望；这些又反过来维持或改变宏观层面的生育率变动；具体来说，可能在于享有无工资歧视的兼职工作的权利和可获得极其灵活且几乎完全免费的教育制度对生育率发挥了突出作用，因为这些权利和机会更容易使父母将工作和养育家庭结合起来。

---

[1] Mills, M. and Blossfeld, H. P., "Globalization, Uncertainty and the Early Life Course: A Theoretical Framework", in Blossfeld H. P., Klijzing E., Mills M., eds., *Globalization, Uncertainty and Youth in Society*, London/New York: Routledge Advances in Sociology Series, 2005, p. 165.

[2] Mills, M., "The Dutch Fertility Paradox: How the Netherlands Has Managed to Sustain Near-Replacement Fertility", in Ronald R., Rindfuss and Minja Kim Choe, eds., *Low and Lower Fertility: Variations across Developed Countries*, Springer, 2015, p. 161.

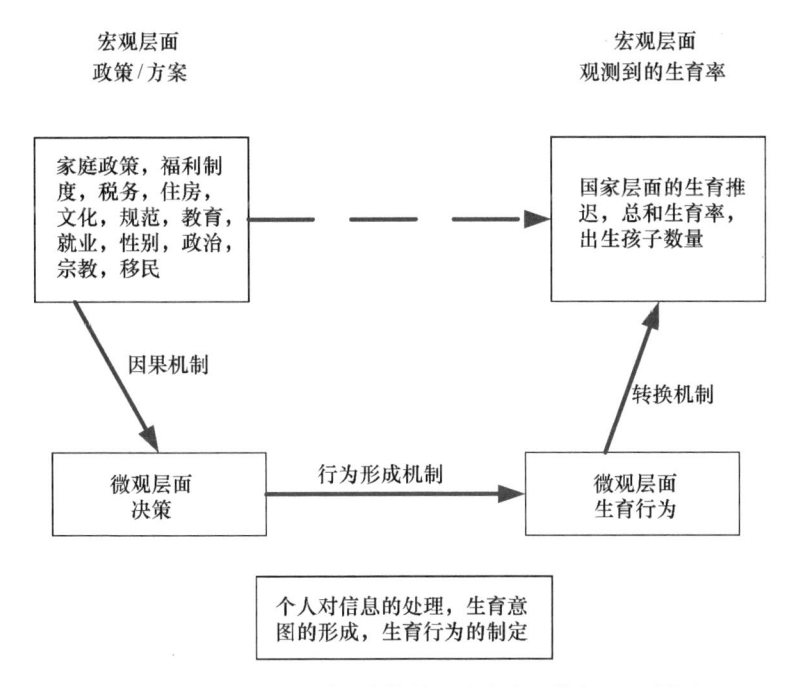

宏观层面　　　　　　　　　　　　　　宏观层面
政策/方案　　　　　　　　　　　　　　观测到的生育率

```
┌─────────────────┐                    ┌─────────────────┐
│ 家庭政策，福利制 │                    │ 国家层面的生育推 │
│ 度，税务，住房， │ ─ ─ ─ ─ ─ ─ ─ ─ ─→│ 迟，总和生育率， │
│ 文化，规范，教育， │                   │ 出生孩子数量     │
│ 就业，性别，政治， │                   │                 │
│ 宗教，移民       │                    │                 │
└─────────────────┘                    └─────────────────┘
        │  因果机制                              ↑
        │                                        │ 转换机制
        ↓                                        │
┌─────────────────┐    行为形成机制    ┌─────────────────┐
│ 微观层面         │ ─────────────────→│ 微观层面         │
│ 决策             │                    │ 生育行为         │
└─────────────────┘                    └─────────────────┘

              ┌──────────────────────┐
              │ 个人对信息的处理，生育意│
              │ 图的形成，生育行为的制定│
              └──────────────────────┘
```

图 3-1-2　国家层面的制度措施影响生育率的多层理论框架

资料来源：Mills, M., "The Dutch Fertility Paradox: How the Netherlands Has Managed to Sustain Near-Replacement Fertility", in Rindfuss, R. R. and Minja Kim Choe eds., *Low and Lower Fertility: Variations across Developed Countries*, Springer International Publishing Switzerland, 2015, p. 161.

以上研究主要是在理论层面的探讨，研究者关注的是各国缺乏对生育支持的不同表现，描述了各种因素如何使工作和家庭难以结合，尤其是对于女性而言，迫使她们在事业与做母亲之间做出选择，从而导致推迟生育或放弃生育孩子。由于模拟这些福利制度是非常复杂的，因此明确地将具体福利制度与生育率相联系的实证研究是很有限的，并且类似于社会政策和生育率关系的研究，它包括在微观层面上分析由简单的虚拟变量所表征的不同福利制度对生育率的影响，也涉及对具有不同制度安排的国家之间二者关系的分析。

5. 价值观和态度的改变

价值观和态度对生育率的影响主要源于"第二次人口转变"，该概念用来解释工业化社会中的人口变化。根据该理论，观念改变主要包括个体拒绝制度控制、强调个人自主性和自我实现需求的上升，这些是自

1960s 以来推迟生育、孩子数量减少以及无子女等在内的新家庭模式和行为的驱动力。在随后经济周期影响生育数量变化的研究中，SDT 理论框架用作新的解释理论之一。虽然 SDT 理论充分认识到宏观结构变化和微观经济考量的共同影响，但是，没有考虑到将文化变革作为内生变量置入计量模型，而是作为一个必要的附加力对人口发展施加外在的影响。

价值观的改变可能发生在不同时期和不同地区的变化强度不同。比如，推迟生育与自主性和独立性的增强有关，观念的影响及其与结构性因素的交互作用是苏联解体后中欧和东欧生育率下降的主要驱动力①。社会规范改变对生育率具有显著的影响。比如 Stone 提出，"超越"（transcendent）是导致生育率下降的更抽象原因，在过去，人们拥有更多的孩子并不因为是一种必需，而是因为对上帝、对家庭、对人民的责任，或者仅仅是对于"人性"。根据该理论，生育率代表了个人视"自身是跨越寿命的超越性群体一部分"这一想法的支配程度。随着社会更加富裕，预期寿命更长，生育成本更高，实现"超越性群体"的"价格标签"（price tag）上升。因此，很少有人再持有上述价值观；反过来，也很少有孩子是伴随这样的价值观长大的。这种循环的最终结果是低生育率陷阱②。

与福利制度的研究类似，由于收集社会层面有关观念变化的数据实在困难，上述文献主要是理论层面的探讨。为了解决这一问题，一些研究采用微观层面的个人测量方法，对价值观和规范的变化进行了实证研究。不过，更多学者认为价值观的变化应该是在社会层面上发生的。

6. 历史和文化的延续性

一些研究将历史和文化的延续或路径依赖作为影响当前生育行为的根源，这类文献过于强调文化背景的重要性，认为文化塑造了制度环境。目前研究主体以将欧洲划分为东部和西部、南部和北部为特色。欧洲东

---

① Thornton, A., and Philipov, D., "Sweeping Changes in Marriage, Cohabitation and Childbearing in Central and Eastern Europe: New Insights from the Developmental Idealism Framework", *European Journal of Population*, Vol. 25, No. 2, May 2009, p. 123.

② Stone L., "The Global Fertility Crisis", National Review, https://www.nationalreview.com/magazine/2020/01/27/the-global-fertility-crisis/.

西分界线是沿着特里斯特和圣彼得堡（Trieste and St. Petersburg）的假想连线；在该线的西部，特点是晚婚和不普遍的婚姻，东部则是早婚和普遍的婚姻；历史的延续性解释了为什么东部生育更早。欧洲生育率具有南北分歧，即南部国家的特点是家庭关系牢固，而北部国家的家庭关系普遍较弱；在以强烈的血缘和代际关系为特征的体系中，如南欧的家庭主义国家，生育率较低，并且年轻人推迟成年。无论是从制度还是从文化的角度看，家庭主义制度并非"有害于"生育率，在教育和劳动力市场体系中女性地位的提高以及缺乏将工作和家庭结合起来的制度支持体系是导致低生育率的根本原因。对家庭政策项目的支出增加，帮助女性将家庭和就业结合在一起，从而降低孩子的机会成本，对生育数量产生积极影响。对移民问题的研究也显示了文化延续以及行为延续的相关性，移民是将原始地的生育率与目的地的个人生育行为联系起来。不过，移民往往表现出与目的地趋同的行为，证明适应性在生育选择性占据主导。

7. 避孕和生殖技术

宏观层面上的生育率差异不仅仅通过经济因素和文化因素来解释，育龄夫妇使用避孕手段的比例逐渐增长，特别是现代避孕方法的使用，是促使世界范围内生育率下降的主要原因之一。避孕革命，即现代避孕的普及，尤其是避孕药，从根本上改变了生育决策的性质，对减少孩子数量和推迟生育发挥了关键作用。比如，在20世纪70年代和80年代早期，英格兰和威尔士生育率的短期变化可以更好地解释为避孕药使用的波动，原因在于担心避孕药的副作用。Bailey利用法律许可美国各州避孕药具销售的变化作为一项自然实验，证明了避孕是导致生育率下降的原因[1]。Stone提出，经济学家将1957年以来生育率下降的40%归因于不断改善的避孕途径[2]。

随着生育年龄的推迟，生育力的生物学限制越来越成为重要因素。考虑到理想家庭规模仍然相对稳定，推迟生育意味着期望家庭规模可能无法

---

[1] Bailey, M. J., "'Momma's Got the Pill': How Anthony Comstock and Griswold v. Connecticut Shaped US Childbearing", *American Economic Review*, Vol. 100, No. 1, March 2010, p. 98.

[2] Stone L., "The Global Fertility Crisis", National Review, https://www.nationalreview.com/magazine/2020/01/27/the-global-fertility-crisis/.

实现，从而导致实际生育率与期望生育率之间的差异，或称为"对孩子的需求未得到满足"。因此，对辅助生殖技术的需求和使用也在增加。覆盖欧洲 31 个国家的人类生殖和胚胎学欧洲学会报告展示了医学辅助生殖治疗（Assisted Reproductive Technologies，ART）的使用量每年都在继续地增加，ART 包括辅助生殖技术周期和宫内受精周期。14 个欧洲国家在 1997—2009 年期间的医学辅助生殖治疗数据分析显示，随着时间的推移，辅助生殖所导致的生育比例在增加。此外，ART 的发展挑战了延期生育的生物学限制，比如 ART 在多大程度上影响成为高龄父母的可能性。

三 转变中国家生育率变动影响因素分析

（一）关于生育率转变的讨论

对目前处在生育率转变中的国家而言，分析生育率变动的影响因素和未来变动趋势是非常困难的。首先，越来越多的发展中国家完成生育率转变时低于更替水平而不一定保持更替水平的稳定状态，比如包括中国在内的东亚国家、东南亚以及加勒比地区的一些国家，经验表明向低生育率转变时其并未停留在更替水平。其次，单靠社会经济因素难以解释生育率的最初下降，特别是考虑到正在向低生育率社会转变的国家，其社会、经济和文化环境具有多样性。一些研究表明，生育率转变主要由生育控制的信息、观念、价值观和规范的传播所驱动。并且，生育率下降的普遍性和隐含的规范和行为变化表明，类似的过程正推动发达国家长期维持生育率低于更替水平；这种扩散可能导致其他社会的类似行为变化，导致低于更替水平的生育率从一个社会群体蔓延到另一个社会群体，从一个国家蔓延到另一个国家。

尽管如此，人口学者普遍认为中等生育率国家在经历生育率转变后会降至更替水平，但是对于以多快的速度完成生育率转变，学者们表达了不同的看法。有学者提出，生育率的变化率取决于所达到的生育水平。在生育率较高的情况下，生育率开始转变时生育率下降的速度往往要慢于转变惯性增强和生育率达到较低水平时。然而，随着生育率接近每名妇女两个孩子，生育率下降的速度又将会减缓。即生育率转变不是线性下降模式。

(二) 促进生育率转变的主要因素

1. 女性地位变化和性别平等是生育率转变的重要预示器

在生育率转变中，性别平等对生育行为和生育率下降具有至关重要的影响。女性自治包括经济决策权、个人行动自由、免受身体伤害威胁的自由度以及获得经济资源的机会等方面。在传统模型中，高生育率与低妇女自治性有关；在现代模型中，低生育率与妇女的高自治性有关。将性别平等纳入生育率转变的理论框架是非常必要的，因为到目前为止，大多数研究只考察避孕意图和期望家庭规模，并没有区分由于推迟或避免结婚而导致的生育率下降和使用避孕措施而导致的生育率下降。性别平等制度影响生育率转变的速度，一是女性自治在生育行为中发挥重要作用，比如赋予女性权力和女性使用避孕措施呈正相关；二是强有力的证据表明，即使控制妇女自主权这一变量，性别平等制度在解释生育行为方面仍具有重要作用。

2. 家庭结构变化和生育率转变

很多中等生育率国家，特别是西非国家，生育率受到社会规范和家庭安排的强烈影响。人们偏爱大家庭，孩子们受到他们血统中的成年成员和他们的父母一样多的照顾。家庭对婚姻决定的影响已经下降，表现在平均结婚年龄增加，配偶之间的年龄差距缩小，有利于高生育率的婚姻制度正在发生变化，离婚率增加，以及一些受过教育的城市年轻成年人正在采取一种更核心的以家庭为中心的生活方式，这些都意味着限制生儿育女的数量。女性结婚年龄上升的最重要影响是年轻女性变得更加独立并在涉及她们的决策中发挥更大的作用。在很多中等生育率国家，避孕并不常见，可以得到的避孕措施也是有限的，生育间隔、夫妻分居和没有共同居住权的结合是生育率下降的原因。

3. 教育和生育率转变

Cleland 提出了生育率转变过程中教育和生育率变化之间关系的简单模型[①]。在转变前社会，教育和生育率之间的关系是微弱且易变的。大多数人很少或根本没有受过正规教育，生育率差别很小。随着生育率开始下降，拥

---

① Cleland J., Wilson C., "Demand Theories of the Fertility Transition: an Iconoclastic View", *Population Studies*, Vol. 41, No. 1, March 1987, p. 5.

有不同教育程度人群之间的生育率差异增加，因为受教育程度最高的，家庭规模首先下降，而受教育程度最低的，家庭规模最后下降。但是，当受教育程度最低的家庭规模经过一段时间下降后，不同受教育程度人群之间的生育率差异开始下降；在生育率转变结束时，差异往往会消失（见图3-1-3）。大量的证据支持这种教育和生育之间关系变化的时间模型。

因此，时间视角比截面视角更能洞察学校教育在未来生育率下降中可能发挥的作用。受过良好教育的精英阶层的生育行为可能为其他人口提供了未来行为的最佳指南。受过良好教育的夫妇代表着一个变革的先锋队，而那些没有受过良好教育的夫妇将来很可能会效仿。历史证据有力地表明，随着生育率转变的结束，教育阶层之间的趋同将出现。因此，在从国家层面预测生育率变动趋势时，应详细考虑学校教育的未来趋势及其对生育率的影响。

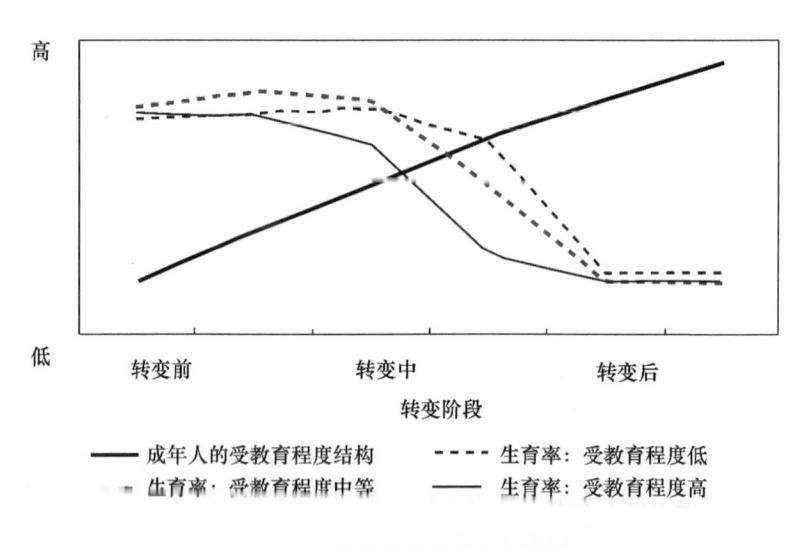

图3-1-3 生育率转变中教育的作用

资料来源：Jeffery and Basu, *Girls' Schooling, Women's Autonomy and Fertility Change in South Asia*, New Delhi: Sage Publications, 1996, p. 220.

但是，绝大多数学者认同即使教育差异对生育率的影响在未来变得越来越不重要了，但是教育仍然在生育率转变过程中具有重要作用，比如印度教育结构的变化可以解释生育率变化的20%；并且随着教育越来越普及，来自学校以外的知识不断增长，很少或没有受过教育的妇女也可能认识到子女在质量和数量上的均衡而选择少生孩子[①]。华盛顿大学健康指标与评估研究所认为女性受教育程度提升和获得便捷避孕药具将加速生育率下降和延缓人口增长；他们采用多个变量，包括把教育程度和避孕药具使用作为两个驱动因素纳入生育率变动的因果分析中，并开发了50岁完全队列生育率统计模型，构建总和生育率与教育程度和避孕需求满足的时间序列随机变动模型[②]。

4. 女性劳动力参与率和生育率转变

作为中等生育率国家，女性劳动力参与率的提高不一定会导致低生育率。只有在一定的条件下，女性劳动力参与率和生育率之间才会出现反向关系。其中最重要的两个条件：一是环境使妇女难以同时从事生育和劳动力参与；二是妇女从工作中获得的满足超过了她们从生孩子中获得的满足。然而，妇女从事的许多工作并不能提供优越的满足感，而且许多工作与生育没有严重冲突。因此，女性劳动力参与率的提高可能伴随着工作质量的普遍下降，不能认为会导致生育率下降。目前有许多衡量妇女劳动力参与质量的指标，包括在工资和薪金就业中女性所占比例、就业提供的收入保障水平、就业是否以家庭为基础、职业隔离程度以及就业是否对使用童工提供激励等，如果尝试将女性劳动力参与率与生育率联系起来，应该超越劳动力参与率本身并考察就业质量。

第二节　国际生育率新变动空间分异影响因素的计量分析

本节将在前面理论分析的基础上展开三部分的实证分析。首先，使用截面数据，分析各因素对生育率空间分异影响的变化，进而利用地理探测器分析方法比较各因素对生育率空间分异的不同影响及其变化。其次，运用面板数据和构建计量模型，定量分析社会经济发展各要素对总和生育率

---

① Mohanty, S. K., Fink, G. and Chauhan, R. K., et al., "Distal determinants of fertility decline: evidence from 640 Indian districts", *Demographic Research*, Vol. 34, No. 1, March 2016, p. 373.

② Vollset, S. E., et al., "Fertility, Mortality, Migration, and Population Scenarios for 195 Countries and Territories from 2017 to 2100: A Forecasting Analysis for the Global Burden of Disease Study", *The Lancet*, Vol. 396, No. 10258, October 2020, p. 1285.

的影响，进而解析影响生育率空间分异变动的主要来源。最后，按照不同生育率类型分组，通过构建模型对比分析高生育率国家、中等生育率国家和低生育率国家影响生育率变动的主要因素。

一　各因素对生育率空间分异影响的变动分析

（一）社会因素对总和生育率和年龄别生育率空间分异的影响

理解不同驱动力及各驱动力共同对整体生育水平和年龄别生育率变动趋势的影响，对把握未来生育水平及年龄别生育率是非常重要的。为此，笔者借鉴国内外相关研究，利用世界银行和联合国数据，重点探析5岁以下婴幼儿死亡率、女性受教育程度、城镇化进程、人均GDP和人类发展指数、女性劳动参与率、经济波动、参与全球化程度等宏观社会经济变量以及人口政策因素对总和生育率及年龄别生育率的影响及其随时间的变化，从而总结影响生育率变动及其空间分异的主要因素。

1. 婴幼儿死亡率

婴幼儿死亡率下降被认为是生育率下降的先决条件，高生育率社会未来生育率变化首先取决于5岁以下婴幼儿死亡率变化。

（1）婴幼儿死亡率对总和生育率空间分异的影响

首先，笔者使用世界银行2018年全部国家的总和生育率（y）和5岁以下婴幼儿死亡率（x）建立散点图（见图3-2-1），拟合公式为：$y = 0.0393x + 1.5891$（$R^2 = 0.7482$），即5岁以下婴幼儿死亡率每下降1个千分点，总和生育率将下降0.0393。接着，进一步使用《2019年世界人口展望》中总和生育率（y）和5岁以下婴幼儿死亡率（x）数据，建立不同时期线性拟合模型，即：

1990—1995年：$y = 1.4541\ln(x) - 1.6224$　　$R^2 = 0.7342$

1995—2000年：$y = 0.0252x + 1.8899$　　$R^2 = 0.7488$

2000—2005年：$y = 0.0283x + 1.7084$　　$R^2 = 0.7669$

2005—2010年：$y = 0.0318x + 1.6794$　　$R^2 = 0.7667$

2010—2015年：$y = 0.0356x + 1.6578$　　$R^2 = 0.7656$

2015—2020年：$y = 0.0374x + 1.6299$　　$R^2 = 0.7501$

可见，不管是根据世界银行数据还是联合国数据，婴幼儿死亡率对总和生育率的影响程度基本是一致的，5岁以下婴幼儿死亡率每下降1个千分点，总和生育率将下降 0.025—0.039 之间。并且，随着时间的推移，婴幼儿死亡率对总和生育率空间分异的影响程度呈现增大的态势，影响系数由 1995—2000 年的 0.025 提高到 2015—2020 年的 0.037—0.039。

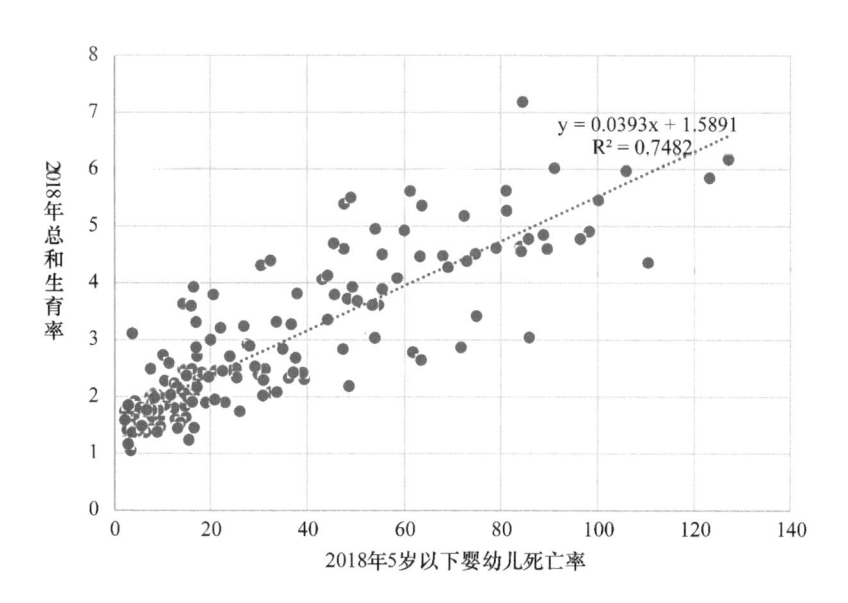

图 3-2-1　世界各国总和生育率与 5 岁以下婴幼儿死亡率散点图

（2）婴幼儿死亡率对分年龄组生育率空间分异的影响

首先，笔者利用《2019 年世界人口展望》中 201 个国家分年龄生育率和 5 岁以下婴幼儿死亡率数据，做出 25 岁以下育龄妇女生育率（y）和 5 岁以下儿童死亡率（x）的散点图，进而建立线性拟合模型，即：

1990—1995 年：y = 1.135x + 173.04　　R^2 = 0.468

2000—2005 年：y = 1.7194x + 116.57　　R^2 = 0.573

2010—2015 年：y = 2.2687x + 97.751　　R^2 = 0.5800

2015—2020 年：y = 2.8818x + 82.59　　R^2 = 0.6903

可以看出，随着 5 岁以下婴幼儿死亡率的下降，25 岁以下育龄妇女生育率也随之呈现下降；而且，婴幼儿死亡率对 25 岁以下育龄妇女生育率空间分异的影响逐渐增大，比如 1990—1995 年，婴幼儿死亡率每下降 1 个千分点，25 岁以下育龄妇女生育率随之下降 1.14 个千分点；2015—2020 年，婴幼儿死亡率每下降 1 个千分点，25 岁以下育龄妇女生育率随之下降 2.88 个千分点。

其次，笔者做出 30 岁及以上育龄妇女生育率（y）和 5 岁以下儿童死亡率（x）的散点图，进而建立线性拟合模型，即：

1990—1995 年：y = 1.9332x + 170.58　　R^2 = 0.482
2000—2005 年：y = 2.4531x + 137.71　　R^2 = 0.556
2010—2015 年：y = 2.6961x + 145.03　　R^2 = 0.538
2015—2020 年：y = 3.0523x + 146.1　　R^2 = 0.5784

可以看出，自 1990 年以来，随着 5 岁以下婴幼儿死亡率的下降，30 岁及以上育龄妇女生育率也随之呈现下降；而且，婴幼儿死亡率对 30 岁及以上育龄妇女生育率空间分异的影响显著增大，其中 1990—1995 年，婴幼儿死亡率每下降 1 个千分点，30 岁及以上育龄妇女生育率随之下降 1.93 个千分点；2015—2020 年，婴幼儿死亡率每下降 1 个千分点，30 岁及以上育龄妇女生育率随之下降 3.05 个千分点。

2. 受教育程度

提高女性受教育程度对于高生育率国家生育率持续转变同样至关重要。提高受教育程度既直接影响生育率变动，又通过晚婚、获得和使用避孕措施的需求和能力、婴幼儿死亡率下降等间接影响生育率变动。

（1）受教育程度对总和生育率空间分异的影响

笔者利用联合国开发计划署（United Nations Development Programme，UNDP）发布的《人类发展指数和指标：2019 年统计更新》中 2018 年世界各国 25 岁及以上女性受教育年限，制作 2018 年女性受教育年限和 2018 年总和生育率的散点图（见图 3 - 2 - 2）。建立拟合公式，发现二次函数拟合优度最高，即 y = 0.0148x^2 - 0.4647x + 5.346（R^2 = 0.4198）。即 TFR 首先随着女性受教育程度的提高而下降，然后随女性受教育程度的提高而提高。拐点出现在（15.7，1.7），即当女性受教育程度达到 15.7 年，也就是接近于大学本科，TFR 将达到最低值 1.7；此后 TFR 再随着受教育程度的提高而上升。另外，如果女性没有接受任何教育，总和生育率将达到最高值 5.35。

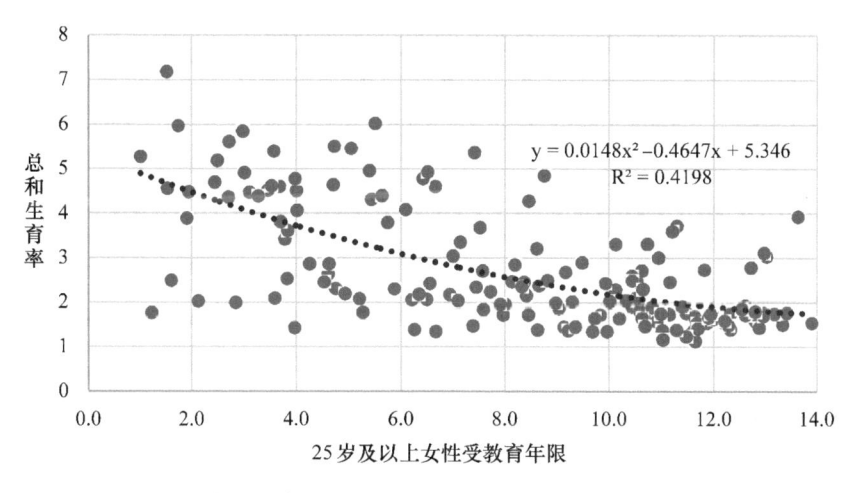

图 3-2-2 2018 年世界各国总和生育率与 25 岁及以上女性受教育年限散点图

同样，笔者利用 UNDP 发布的其他年份 25 岁及以上女性受教育年限和世界银行数据库中的总和生育率，建立以下二次曲线模型：

1990 年：$y = 0.0397x^2 - 0.9241x + 7.2661$ $R^2 = 0.702$

2000 年：$y = 0.0356x^2 - 0.8559x + 6.8236$ $R^2 = 0.679$

2010 年：$y = 0.0345x^2 - 0.8145x + 6.621$ $R^2 = 0.644$

可以看出，1990 年以来，TFR 随着女性受教育年限的提高衰减得更快。进一步计算出现拐点的女性受教育年限和 TFR，1990 年分别为 11.6 年、1.89；2000 年分别为 11.8 年、1.708；2010 年分别为 11.7 年、1.82。即 1990—2010 年期间出现拐点时的 TFR 先降至最低点，而后逐渐上升。

(2) 受教育程度对分年龄组生育率空间分异的影响

笔者利用 2015—2020 年 30 岁及以上育龄妇女生育率 y 与 2018 年 25 岁以上女性平均受教育年限 x 的数据，建立散点图，从而得到二次曲线拟合模型：

$y = 4.1644x^2 - 82.856x + 574.02$ $R^2 = 0.5292$

同样，利用 2000—2005 年数据得到二次曲线拟合模型：

$y = 4.6385x^2 - 95.679x + 639.57$ $R^2 = 0.6062$

同样，利用 1990—1995 年数据得到二次曲线拟合模型：

$y = 5.3609x^2 - 107.35x + 669.1$ $R^2 = 0.6718$

可以看出，30 岁及以上育龄妇女生育率随女性平均受教育程度的提高先降后升。并且，30 岁及以上育龄妇女生育率出现拐点的女性平均受教育年限变动较大，1990—1995 年为 10.0 年，2000—2005 年提高到 10.31 年，2010—2015 年则降至 9.95 年。

(3) 生育水平因受教育程度而变动的原因

我们为什么在讨论生育率时要格外关注受教育程度的变动趋势？首先，历史上生育率随受教育程度的提高而下降，主要是因为不同受教育程度的女性社会地位不同，生育率随着女性社会地位的不断提高而下降。其次，受教育程度更高的女性，通常因为无孩率高而生育率更低。再次，生育率随着教育程度提高而下降的梯度曲线通常是无意的，这与学者研究得出生育意愿随着女性受教育程度提高而提高的观点[1]并不一致。最后，整体上未来高学历人群的生育趋势将推动总人口的生育趋势。

通过上述分析，可以得出结论：在拐点左右两侧不同的受教育程度会出现相同的 TFR，这意味着不同受教育程度女性的生育率差异趋于减少，女性受教育程度对生育率空间分异的影响在减弱。并且，随着时间推移，出现拐点的受教育程度先升后降。为什么不同受教育程度者的生育率差异正在逐渐缩小？Sobotka 认为主要存在以下原因：第一，女性更加平等，目前处在"性别革命"的第二阶段[2]，男性更多参与家庭，有希望提高生育率和正式婚姻的比例；第二，两性结合的模式发生改变，转变为夫妇双收入和女性获得挣钱的潜在新优势；第三，受过高等教育的妇女更"有权"执行自己的家庭计划；第四，高等教育对性别的选择性趋于下降；第五，劳动力市场不稳定和受教育程度较低者在社会地位中处于劣势，接受中等教育者面临着失业；第六，北欧国家出现生育率趋同，比利时、美国也出现趋同[3]。综上，受教育程度对生育率的影响在衰减。

---

[1] 田渊六郎（2017）对日本的研究表明，受教育水平越高，生育意愿越强；而生育意愿越强，在此后约 10 年的时间里，生育孩子的可能性也越大。

[2] 当女性走出家庭进入公共领域，工业化国家开始第一阶段的女性革命。妇女承担的新角色为家庭提供的支持超过了她们仅仅在家庭中角色所能产生的支持，特别是一个世纪前技术变革使男性从农业家庭经济中脱离出来。第二阶段的女性革命是指育龄夫妇被施加压力，让他们妥协，推迟承担婚姻和生育的主要家庭角色，降低了终身生育率。

[3] Sobotka T., "Global low fertility: Key trends", paper delivered to International Seminar on Indicators and Policies on Low Fertility, KOSIS-UNFPA, December 10, 2018.

3. 性别平等

女性和女孩处于劣势是性别不平等的主要来源之一，也是实现人类发展进步的最大障碍之一。在生育率下降的相关研究中社会性别视角已成为国际人口学解释低生育率的主流理论取向。性别平等即女性社会地位提升不仅对生育水平产生直接影响，而且女性受教育程度、劳动参与以及妇女家庭地位等都与性别平等、妇女发展有关，性别平等也通过上述三种因素对生育率下降产生间接影响。因此，女性社会地位同时影响女性生育意愿、生育性别偏好以及最终的生育决策[1]。

联合国开发计划署设计两个统计指标以衡量性别平等。第一个指标是性别发展指数（Gender Development Index, GDI），该指标使用男女两性预期寿命、两性受教育程度、调整后的两性实际收入三项指标来评价性别发展程度，指数越大说明两性平等发展的程度越高。2018年世界GDI为0.941，经合组织国家高达0.976；在地理分区中，南亚最低，为0.828，拉丁美洲和加勒比最高，为0.978；从国家看，立陶宛、拉脱维亚、斯洛文尼亚、卡塔尔、俄罗斯、乌拉圭、白俄罗斯、越南、布隆迪、尼加拉瓜等国家高于1。世界范围内性别平等指数的差距主要因为许多国家女性收入和受教育程度较男性偏低所致。第二个指标是性别不平等指数（Gender Inequalities Index, GII），该指标反映了女性在生殖健康、受教育程度和劳动力市场中所受到的不平等程度，GII数值越大，表明女性不平等性越严重。2018年全世界GII为0.439，经合组织国家仅为0.182；在各地理分区中，欧洲和东亚较低，为0.276，撒哈拉以南非洲、阿拉伯国家和南亚分别高达0.573、0.531和0.510。

笔者依据数据可得性，制作168个国家2018年GDI和TFR散点图（见图3-2-3）。通过建立并比较线性拟合和二次多项式拟合，发现二次多项式拟合程度更高，即呈现倒"U"形，公式为 $y = -27.585x^2 + 34.422x - 5.045$（$R^2 = 0.477$），即整体上TFR先随着GDI的提高而提高；当达到一定拐点后，TFR随着GDI的增大而下降；当GDI为0.62时，TFR达到最高，为5.69。分析其中原因，性别意识更为平等的已婚和未婚年轻

---

[1] 石智雷、杨雨萱：《女性权益、社会地位与生育选择：相关文献评述》，《人口学刊》2019年第1期。

人倾向于持有更低的生育意愿，性别更为平等的人会更难在多生育子女和实现夫妻间性别平等之间找到平衡，因而其生育意愿会更低；此外，性别意识更为平等的未婚者也更难找到婚姻伴侣，进而间接影响生育率。

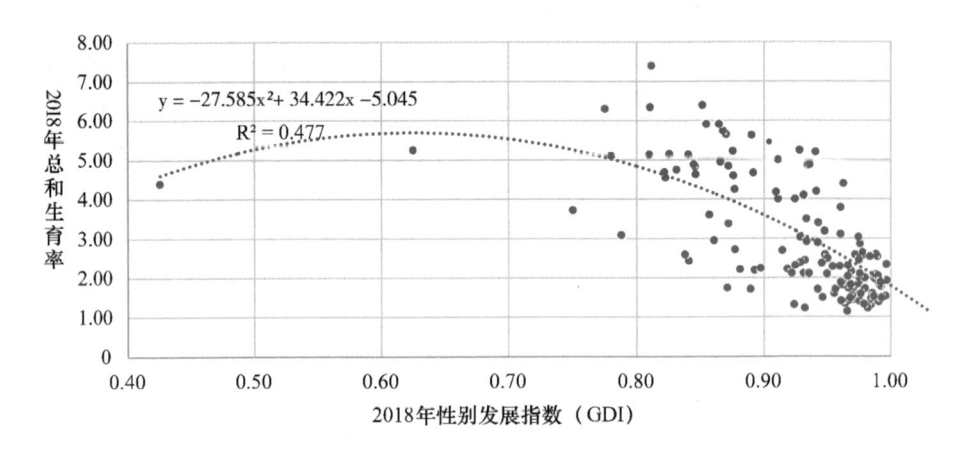

图 3-2-3　2018 年世界各国总和生育率和性别发展指数散点图

同样，制作 168 个国家 2018 年 GII 和 2018 年 TFR 散点图，建立线性方程、二次多项式方程和指数方程，可以看出，二次多项式方程的拟合程度最高，即 $y = 9.2803x^2 - 0.8009x + 1.5704$，$R^2 = 0.685$（见图 3-2-4）。也就是说，TFR 首先随着 GII 的下降而下降，然后再随着 GII 的上升而上升，即呈现"J"形。这与 Miller 利用美国数据研究发现性别平等和生育第二个孩子的可能之间存在"U"形关系的结论基本一致。进一步计算得到，在 GII 为 0.043 时，TFR 降至最低，为 1.55。北欧国家 GII 一般低于 0.043，TFR 高于 1.55 且一般在 1.7—1.9 之间，即在拐点的左侧。这一实证结果与理论解释是一致的。正如有学者将女性社会地位和生育的关系划分为三个阶段，第一阶段，女性社会地位极低，她们用生育来保障生存，导致旧社会和穆斯林地区生育率非常高；第二阶段，女性得到了通过劳动提升地位的机会，很多女性选择降低对家庭和生育的依赖来提升自己的地位，这也是大部分妇女刚刚进入社会工作的国家生育率下降的根源；第三阶段，随着保障和法规的完善，女性发现不再有什么真正影响自己的生存和社会地位了，生育成为女性在安全环境下的自由选择，故生育率回升。

第三章　国际生育率新变动空间分异的影响因素及作用机理　215

$$y = 9.2803x^2 - 0.8009x + 1.5704$$
$$R^2 = 0.6847$$

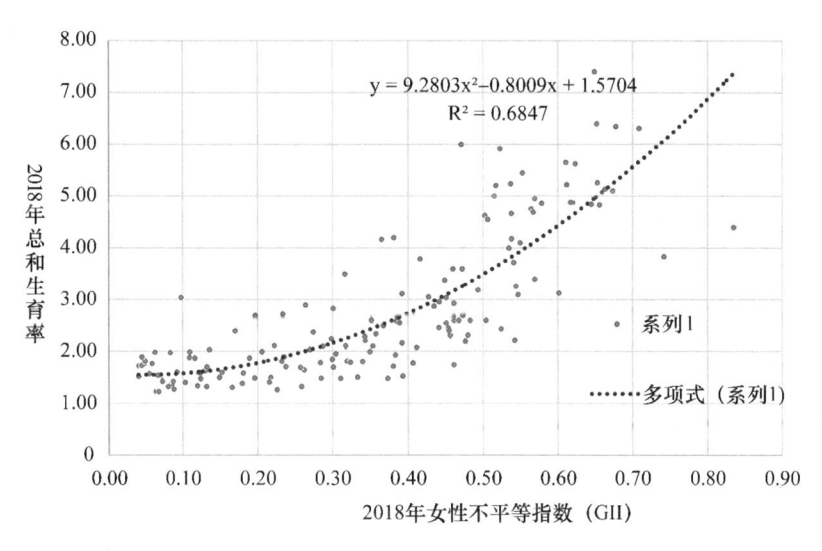

图3-2-4　2018年世界各国总和生育率和性别不平等指数散点图

4. 城镇化进程

世界各国基本上均呈现农村生育率高于城镇生育率。在国家层面，城镇化水平对TFR的空间分异也具有显著影响。笔者利用世界银行城镇化率和TFR的数据，建立1990年、2000年、2018年城镇化率和TFR散点图，进而构建拟合模型，分别为：

1990年：$y = -0.0512x + 6.5551$　　$R^2 = 0.421$

2000年：$y = -0.046x + 5.7135$　　$R^2 = 0.378$

2010年：$y = -0.0357x + 4.9367$　　$R^2 = 0.311$

2018年：$y = -0.0279x + 4.298$　　$R^2 = 0.267$

可见，TFR随着城镇化率的提高而下降，城镇化进程对TFR的影响程度显著地持续减弱，影响系数由1990年的0.0512降至2018年的0.0279，即影响程度下降了一半。

（二）经济因素对总和生育率和年龄别生育率空间分异的影响

1. 经济发展

"发展是最好的避孕药"阐明了一个道理，即发展作为一种绿色的力量，会对生育行为产生一种自发抑制的作用，通过生育成本的提高、生育效用的减少、初育年龄的推后以及生育意愿的弱化等方面促使生育率下降；节制生育的自觉欲望会使人们在内生力量的驱使下避孕节育，从而使生育处在一种理性自觉的状态当中。并且，已有研究表明，以人均 GDP 为主要衡量指标的发展水平提高到某个拐点后生育率会随着人均 GDP 的上升而上升。那么，人均 GDP 对世界生育率空间分异的影响如何？在此试图加以实证分析。

(1) 人均 GDP 对总和生育率空间分异的影响

笔者运用世界各国 2018 年人均 GDP 的对数值和 2018 年各国 TFR 建立散点图（见图 3 - 2 - 5），得到拟合公式为：$y = 0.1367x^2 - 3.04x + 18.461$（$R^2 = 0.6479$），即呈现反"J"形关系，随着人均 GDP 增长，TFR 先降后升；在人均 GDP 为 67431 美元时，TFR 达到最低点 1.56。二者之间的关系和大多数学者的研究结论是一致的。

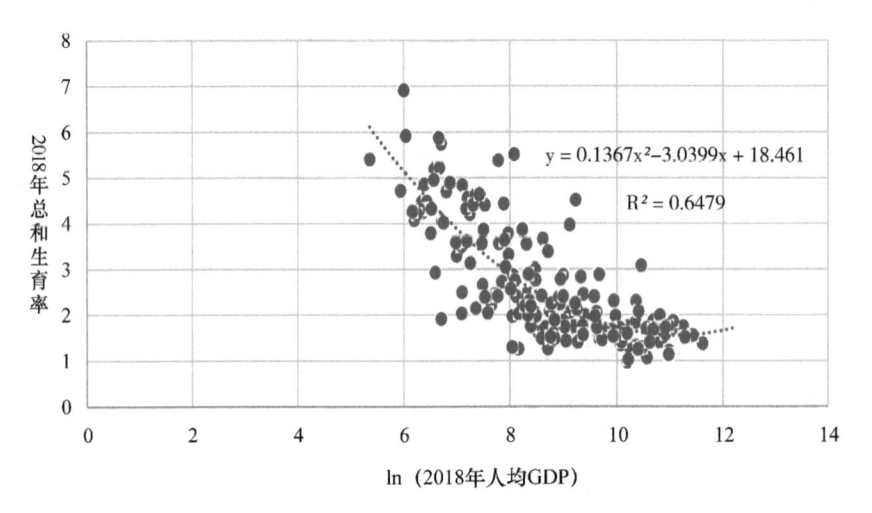

图 3 - 2 - 5　2018 年世界各国总和生育率与人均 GDP 散点图

(2) 人类发展指数对总和生育率空间分异的影响

同样，利用世界各国人类发展指数，制作世界各国 2018 年 HDI[①] 和 2018 年 TFR 散点图（见图 3 - 2 - 6）。以全部 183 个国家为样本，拟合散

---

① 人类发展指数是根据预期寿命、教育获得和生活水平三个方面进行综合测度，2010 年以来新的计算公式中修正了教育指数和收入指数，其中教育指数按照平均学校教育年数指数和预期学校教育年数指数进行计算，收入指数以按照购买力计算的人均国民收入的对数进行计算。

第三章 国际生育率新变动空间分异的影响因素及作用机理 ◀◀ 217

点图分布，拟合优度较高的是二次函数曲线，公式为 y = 10.585x² - 22.298x + 13.114（R² = 0.7563），即呈现反"J"形关系。利用上述公式计算得到，当 HDI = 1.05 时，TFR = 1.37，为最低。由于 HDI 不会超过 1，所以只能判断 TFR 随着 HDI 的不断提高而下降。而且，当 HDI = 1 时，TFR = 1.4，即接近于低生育陷阱的临界值 1.3。目前尼日尔的 HDI 最低，为 0.354，代入上述公式，得到 TFR 为 6.55，接近 2018 年尼日尔的实际生育水平（6.91）。进一步考察世界各国 2005 年人类发展指数和总和生育率之间的关系，得到拟合公式为 y = 12.745x² - 25.26x + 13.996（R² = 0.7826），计算得到 HDI = 0.99 时，TFR = 1.48。比较 2005 年和 2018 年 HDI 对 TFR 的影响，反"J"形左侧曲线变陡，右侧曲线出现拐点的 HDI 推后，这说明 HDI 提高对降低 TFR 的影响在 2018 年更大，当达到更高 HDI 时才能出现两者关系由负相关转为正相关。

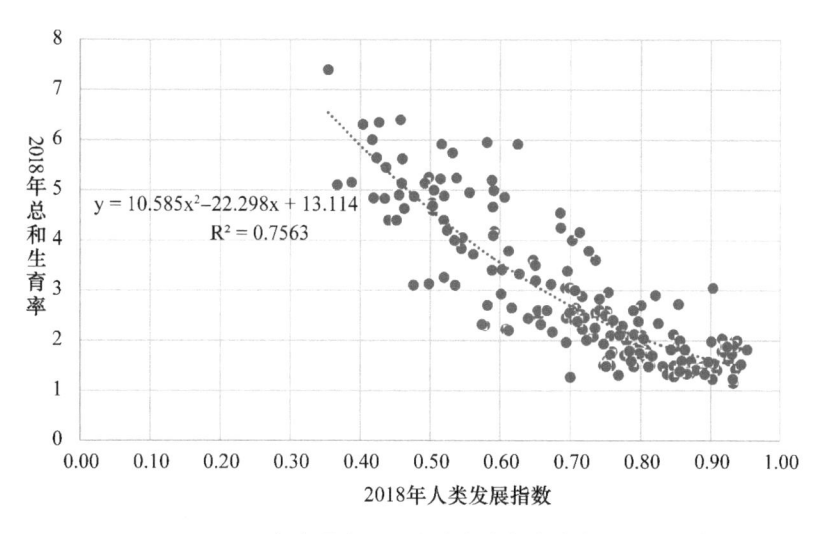

图 3-2-6 2018 年世界各国总和生育率与人类发展指数散点图

（3）人类发展指数对分年龄组生育率空间分异的影响

图 3-2-7 显示，25 岁以下育龄妇女生育率受到 HDI 的显著影响，具体表现在随着 HDI 的上升，25 岁以下育龄妇女生育率下降；HDI 每上升 0.1，25 岁以上育龄妇女生育率则下降 60.2 个千分点。图 3-2-8 显示，30 岁及以上育龄妇女生育率受到 HDI 的显著影响，具体表现在随着 HDI

的上升，30 岁及以上生育率先降后升，拐点出现在 HDI = 0.86 时，30 岁以下生育率出现最低值 159.2‰。

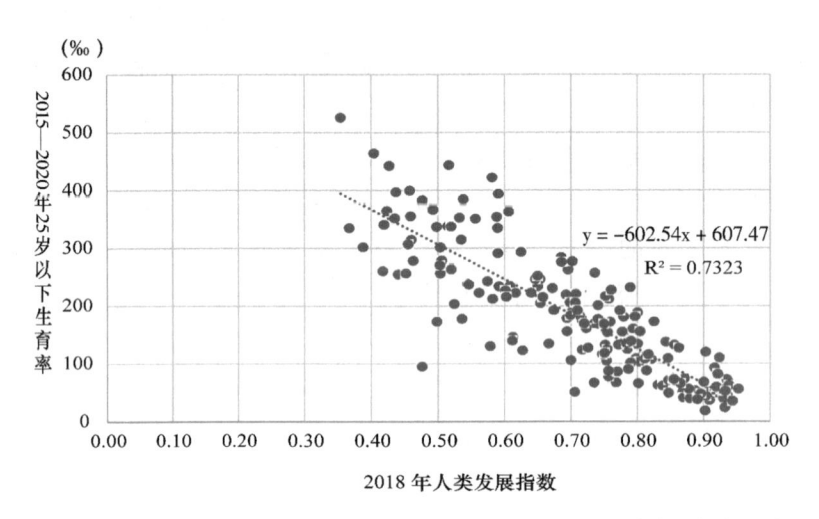

图 3-2-7 2018 年世界各国 25 岁以下育龄妇女生育率与人类发展指数散点图

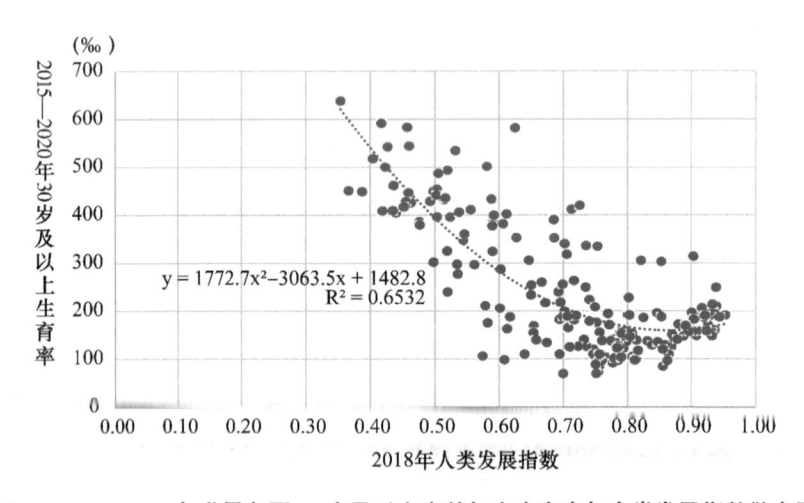

图 3-2-8 2018 年世界各国 30 岁及以上育龄妇女生育率与人类发展指数散点图

（4）人力资本指数对总和生育率空间分异的影响

世界银行公布了世界各国的人力资本指数，该指数以教育年限、考试成绩、医疗保健、孩子和成人存活率五个指标评估 157 个国家或地区对新一代人力资本的投资效率，从而推算未来生产和经济增长潜力。人力资本指数在 0—1 之间，如果某国该数值越接近于 1，则人口的生产力就越高，表示本国的生活环境极佳，受教育程度也很高。笔者绘制出 2018 年各国人力资本指数和 TFR 散点图，结果显示，TFR 随着人力资本指数的提高而下降。建立拟合模型，为 $y = -4.276\ln(x) + 0.1793$（$R^2 = 0.7444$），即人力资本指数每上升 1 个百分点，TFR 将下降 0.0428。

（5）原因分析

为什么经济发展水平和生育率的关系呈反"J"形即由负相关转变为正相关？

首先，经济水平相对落后区域，城镇化水平较低，正处在工业化时期，随着城镇化水平的提升和工业化的加速推进，生育投资属性的文化没有随着经济发展水平的提高而改变；同时生育成本逐渐转向工业和服务品，工业化下随着对工业品和服务品无上限需求，加之育婴市场发展不成熟和生育保险发展不充分，进而生育成本无上限上扬且由家庭承担；社会养老保险发展不完善，家庭养老还占据较重要地位，家庭养老资源和生育资源存在冲突；在养儿防老的生育投资属性下，生育保障制度的不完善、生育成本的上升、较高的养老负担及生育收益的下降，引致生育水平逐渐下降。

其次，经济较发达区域，完成了工业化，城镇化水平较高，成熟的育婴市场和完善的生育保险降低了家庭的生育成本；城镇化过程中不断弱化了生育的投资属性，塑造了消费属性的生育文化；养老保障制度的完善把养老从家庭中分离出来，降低了家庭的养老负担，释放了家庭的生育资源，即完善的生育保障制度，相对较低的生育成本和养老负担，加上消费属性的生育文化，引致生育水平呈上升趋势。

最后，2000 年以来，西方国家出现女性就业机会增加、女性就业和生育行为的态度改变、对社会投资增加和实施增加儿童照护服务的家庭政策以促进女性将家庭和工作有效结合、两性更加平等、育儿相对成本降低、年长年龄组妇女生育率提高以及推迟生育进程结束等，也有利于刺激生育率重新上升和生育率随经济发展水平的上升而上升，即两性平等制度和家庭平等规范是影响生育率重新上升的关键[1]。

---

[1] Anderson T. and Kohler H. P., "Low Fertility, Socioeconomic Development, and Gender Equity", *Population and Development Review*, Vol. 41, No. 3, September 2015, p. 381.

2. 女性劳动参与率

长期以来，人们一直认为，高收入国家低生育率的一个原因是妇女生孩子（或有几个孩子）和为工资工作之间固有的不相容性。在高收入国家，女性普遍参与社会经济活动提高了她们的社会地位，使她们在决定生育和避孕方面具有更大的自主权，同时，由于家庭内部的传统性别分工并未发生根本性改变，使得女性的育儿负担与劳动参与产生了冲突。因此，女性劳动参与率提高、结婚推迟、女性离开家庭、生育推迟、抚养孩子的社会成本和经济成本上升是最被经常引证的低生育率潜在驱动因素。女性劳动力参与率提高与结婚生育推迟和永不结婚、低生育率和极低生育率以及离婚率提高等趋势有关。然而，越来越多的证据表明，这些长期观察到的联系正在减弱，有些甚至正在逆转。近期关于探讨欧洲低生育率各影响因素重要性的研究，揭示了一些新模式，比如生育率与"离开父母家、结婚和妇女劳动参与率等关键生育相关行为"之间的关系在1975年至20世纪90年代期间发生了逆转；这些弱化和逆转根源于不断变化的性别关系，因为女性就业不仅是普遍存在的，而且是所期望的，比如意大利、西班牙、希腊等南欧国家，曾经拥有欧洲最高生育率和最低女性劳动参与率，目前具有极低生育率和依旧很低的女性劳动参与率。也就是说，女性劳动参与率与生育率的关系依赖于经济发展水平和性别平等。

笔者运用世界银行各国2018年女性劳动参与率与2018年总和生育率数据，分析二者的相关性。散点图显示，二者不存在显著的线性关系（见图3-2-9）。但是，使用1990年女性劳动参与率与1990年总和生育率数据分析二者的相关性，如果仅以适度低生育率国家为样本，能够看出生育水平随着女性劳动参与率的提高而下降；同样利用2000年女性劳动参与率与总和生育率数据分析二者的相关性，散点图同样显示二者不存在显著的线性关系。因此，可以认为，女性劳动参与率对全球生育率空间分异的影响不显著，这主要由于女性劳动参与率与生育率的关系分为两种情况：一是女性参与劳动为家庭带来收入效应，则有利于生育；二是在性别歧视度较高的情况下，女性劳动参与率越高，生育的机会成本越大，女性越不愿意生育。

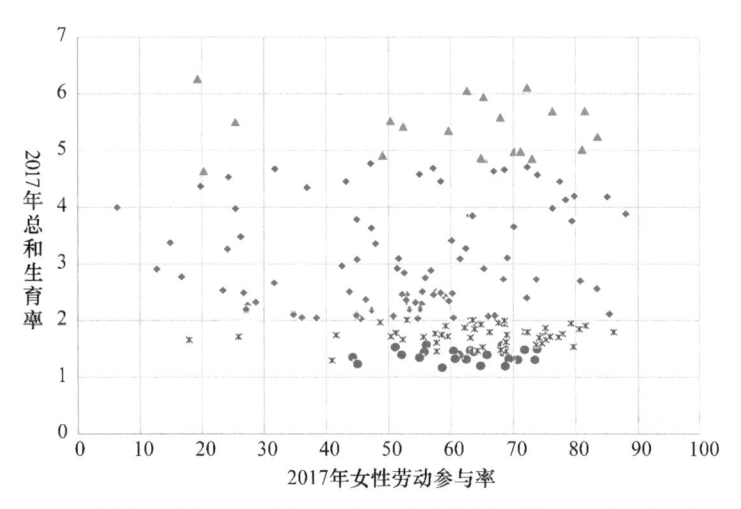

图 3-2-9 2017 年世界各国总和生育率和女性劳动参与率散点图

3. 经济波动

经济衰退往往影响家庭形成、生育率、离婚率、死亡率以及迁移等。前面已述及，不同国家背景下育龄夫妇对经济不确定性具有不同的生育行为反应，在经济衰退期个人生育决策因性别、年龄、种族、社会经济地位、目前家庭孩子数等而存在显著差异，这种差异化的生育率响应在一定程度上是经济衰退期育儿机会成本的显著不同所造成的。另外，公共政策也会在衰退期以各种形式影响生育率，比如对家庭、育儿机构、产假等的直接补贴的改变会影响到生育决策和生育行为。

绝大多数西方学者通常考察发达国家经济衰退期生育率的短期波动，然而，这往往会忽略通常由其他因素引起的生育模式的重要长期变化。为此，笔者重点讨论 1990—2017 年期间经济波动与 TFR 变动趋势的关系。从选取的代表性国家人均 GDP 增长率与 TFR 散点图看，存在显著差异，大致可以划分为以下四种类型：(1) TFR 简单线性变化。比如毛里求斯、新加坡，不管经济增长率怎样波动，TFR 下降或缓慢下降，二者基本没有交叉。(2) "U" 形或 "V" 形。又分为两类：一是经济增长率和生育率变化率共同出现拐点，比如 1990—1998 年西班牙 TFR 随着经济增长率的下降而下降，1999—2008 年随着经济增长率的上升而缓慢上升；类似地，还有德国、日本等。二是经济发展水平拐点在前、TFR拐点在后，比如乌克兰经济增长率在1998年降至最低点，TFR在2001年降至最低，说明经济变动对生育水平的影响具有滞后性；再如美国，2007年经济增长率出现明显下降，随后2008年TFR出现明显下降。（3）转折型。比如塞浦路斯，1990—2008年期间随着经济发展水平的提高，TFR下降；2009年之后，经济衰退且呈现负增长，TFR继续下降。（4）交叉型。比如中国，2007年以来经济增长率基本上持续下降，TFR由2007年的1.58微弱升至2018年的1.62，即经济增长和TFR的变动呈交叉型。

4. 参与全球化程度

全球化是经济增长的主要驱动力。瑞士经济学会（KOF Swiss Economic Institute, ETH Zurich）对各国参与全球化的程度加以测算和排名，其中经济全球化主要测量跨国界贸易、资本、服务以及市场交换的流通程度，社会全球化测量国家的思想、观念、信息和人员交流的程度，政治全球化测量政府政策的跨国扩散和影响程度。KOF使用大多数客观数据测度上述各国三种全球化指数，通过加权①计算得到全球化指数（Index of Globalization），该指数越高，表明参与全球化的程度越高。数据来源主要包括世界银行、联合国贸易和发展会议、国际货币基金组织、国际电信联盟、万国邮政联盟、联合国贸易统计数据库、联合国教科文组织、欧罗巴年鉴、中情局世界各国年鉴等。根据KOF计算的全球化指数，1990年以来世界全球化程度呈加速上升态势，由1990年的45升至2017年的59.4，而1970—1990年期间仅上升了5；中国由1970年的27升至1989年的32，2007年升至62.6，首次超过世界平均水平，2008—2017年波动在60—63之间；2018年KOF全球化指数前10位的国家分别是比利时、荷兰、瑞士、瑞典、奥地利、丹麦、法国、英国、德国、芬兰，即基本是西欧和北欧国家。

笔者利用各国全球化指数分析全球化对总和生育率的影响。运用2011年数据，可以看出，全球化程度对总和生育率具有非线性影响，同样呈现"J"形关系，拟合公式为 $y = 0.0017x^2 - 0.2761x + 13.026$（$R^2 = 0.41$），计算得到拐点为当全球化指数达到81.2时TFR为1.81。继续利用2018年数

---

① 不同年度测量时三种全球化指数的权重是不同的，比如2017年KOF全球化指数中，经济全球化、社会全球化、政治全球化的权重分别是36%、37%、27%。

据，分析得出，全球化对 TFR 的影响仍然为非线性（见图 3-2-10），拟合公式为 $y = 0.0007x^2 - 0.1393x + 8.5773$（$R^2 = 0.40$），即当全球化指数达到 99.5 时，TFR 为 1.65。可见，出现拐点时的 TFR 随时间推移在降低。

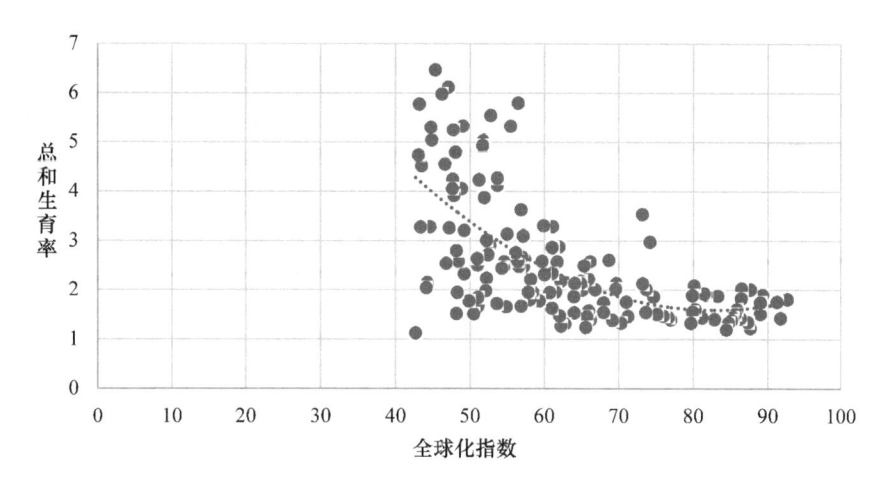

图 3-2-10　2018 年世界各国总和生育率与全球化指数散点图

资料来源：根据世界各国全球化指数和总和生育率绘制。

（三）政策措施对总和生育率空间分异的影响

制度因素对理解国家层面的生育水平差异具有重要性。制度视为指导社会交往中关系的正式和非正式规范，政策是由立法或行政法令制定的正式规则。学者们通常使用"制度因素"来涵盖正式政策和非正式规范，相关制度包括教育体系、劳动力市场、住房和相关部门、家庭以及性别安排的制度化方面等。具体来说，所涉及的政策可能是为了有意促进父母角色和工作角色的结合，比如育儿假政策，也可能是无意中影响两个角色结合的政策，比如开放的小学小时数。对于大多数国家，相关制度和相关政策是在国家层面制定的，当然，也可以在州/省级实施扩大儿童保育的政策。妇女或夫妇的实际生育状况是多时期生育决策的结果，而个人或夫妇做出的多时期生育决策受到各种制度的约束。当然，一些制度可以很快改变，而有些制度相对稳定。关于制度和生育水平关系的一般观点是，任何使年轻人更容易地将父母角色和工作角色结合起来，并更容易地进入成年人生命历程角色的制度安排和相关政策，都会导致更高的生育率。相反，如果很难兼顾劳动力和母亲角色，更多的妇女将继续不生育，或者一旦她们意识到将两个角色结合起来有多么困难就停止生育。

1. 对结婚年龄的政策干预

在大多数女孩 18 岁之前结婚的国家，促进晚婚的政策和方案可以有效地减少早育。例如，在埃塞俄比亚实施 Berhane Hewan[①] 项目，向在项目期间没有女儿出嫁的家庭提供经济奖励，并向已经出嫁女儿的家庭提供支持；实验区青少年女孩上学的可能性是对照区女孩的 3 倍，结婚的可能性则降低 90%；使用计划生育方法的可能性是对照区女孩的 3 倍[②]。笔者根据联合国《2013 年世界生育率格局》中的数据，制作 77 个国家初育年龄和总和生育率的散点图（见图 3-2-11），可以看出，随着初育年龄的提高 TFR 先降后升，即 $y = 0.0339x^2 - 1.9582x + 29.779$（$R^2 = 0.910$）；在 TFR 高于 3.0 的较高生育率国家，总和生育率则随着初育年龄的提高而明显下降。

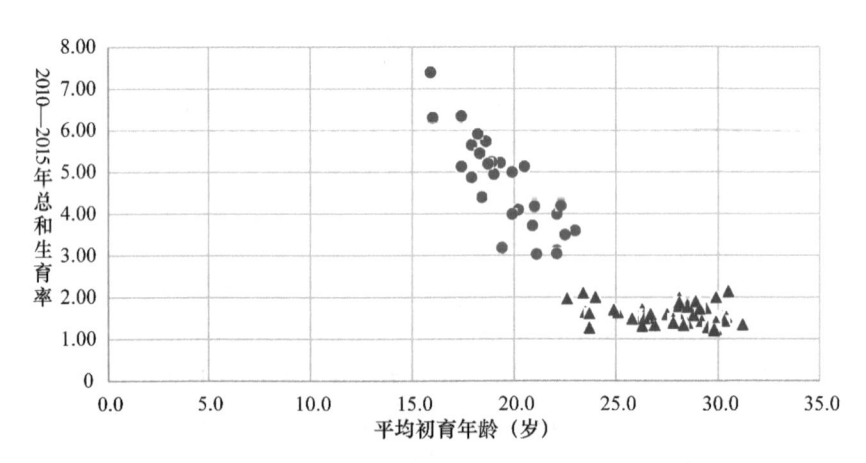

● TFR高于3.0的较高生育率国家　▲ TFR低于2.1的较低生育率国家

图 3-2-11　部分国家总和生育率和平均初育年龄散点图

资料来源：United Nations, Department of Economic and Social Affairs, Population Division, *World Fertility Report* 2013: *Fertility at the Extremes*, ST/ESA/SER. A/331, December 31, 2013.

[①] Berhane Hewan 是 2004—2006 年进行的一个为期两年的试点项目，旨在降低埃塞俄比亚农村童婚的普遍性，受联合国人口基金资助。

[②] Annabel S. Erulkar and Eunice Muthengi, "Evaluation of Berhane Hewan: A Program to Delay Child Marriage in Rural Ethiopia", *International Perspectives on Sexual and Reproductive Health*, Vol. 35, No. 1, March 2009, p. 6.

2. 避孕措施使用率

根据美国人口咨询局出版的《2018年世界人口数据集》中的终身生育率和避孕措施使用率，分析避孕方法使用率对生育水平的影响。通过建立拟合关系，二次函数的拟合优度更高，即 $y = 3.7831x^2 - 8.6293x + 6.1998$ ($R^2 = 0.6109$)（见图 3-2-12）。这表明终身生育率首先随着全部避孕方法使用率的提高而下降，当使用率提高到某一点后，终身生育率会降至最低点；然后终身生育率再随着使用率的上升而上升。根据上述公式计算，当全部避孕方法使用率达到100%时，终身生育率将达到1.35。如果使用2000年全部避孕方法使用率和终身生育率的原始数据（仅78个国家有原始数据），拟合模型为 $y = 7.2619x^2 - 13.232x + 7.6892$ ($R^2 = 0.8034$)；据此计算，当全部避孕方法使用率达到100%时，终身生育率将达到1.46。可见，2000年和2018年全部避孕方法使用率对终身生育率的影响是基本一致的，不过，随着时间推移，终身生育率出现的最低值进一步降低。

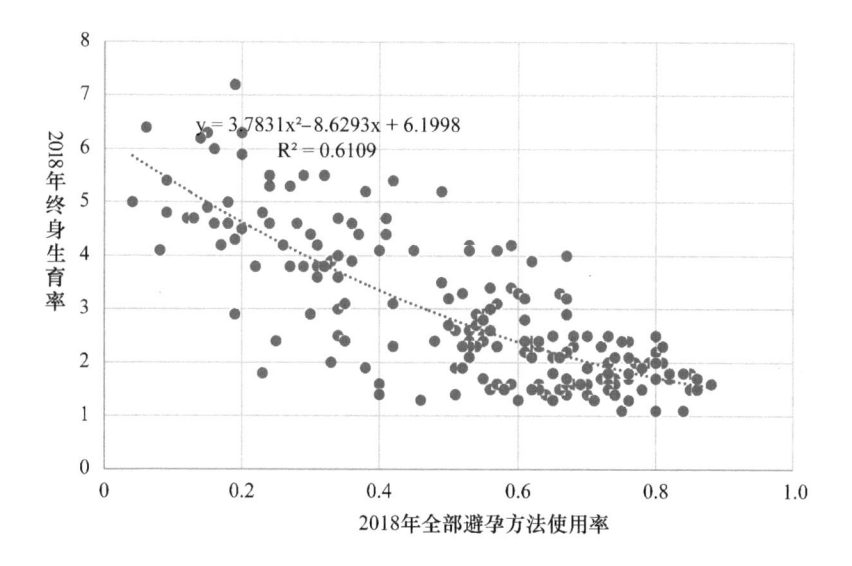

图 3-2-12　2018年世界各国终身生育率和避孕方法使用率散点图

资料来源：根据2018 *World Population Data Sheet* 中终身生育率和避孕方法使用率数据绘制。

3. 家庭生育计划实施

家庭生育计划的变化如削减资金可能减缓生育率下降或导致生育率上升。例如，Blanc 研究提出，埃及生育率从 1988 年的 4.5 稳步下降到 2008 年的 3.0，然后在 2014 年回升到 3.5。在 2008 年之前，政府在外国捐赠者的支持下投入了大量资金用于家庭生育计划实施，这些投资在全国范围内提供了服务，让人们广泛了解避孕方法，并几乎普遍认识到现代避孕方法可以使个人和夫妇拥有更少的孩子。2000—2007 年，埃及得到计划生育国际援助平均每年 3300 万美元。然而，从 2008 年开始援助额骤降，2011 年和 2012 年降至每年 300 万美元，即明显地削弱了实施方案；政府增加了自己的资金来填补缺口，但是数额远远不足以将实施项目和服务恢复到 2007 年以前的水平[1]。因此，家庭生育计划的资金削减导致埃及生育率反弹。

4. 家庭发展支持政策

欧洲是现代家庭政策的发源地，真正意义上的家庭政策最早出现于 20 世纪二三十年代的欧洲。欧洲国家的家庭政策最初是对工业化和现代化过程中家庭面临的困境所做出的反应。第二次世界大战以后，家庭政策成为欧洲福利国家的重要标志，尤其是经历了 20 世纪七八十年代的改革，家庭政策演变为欧洲国家社会政策的主要方面和重点领域。尽管各国的家庭政策价值取向和目标有所不同，具体的原则和模式也有差别，但鼓励生育是重要考虑之一。虽然一些国家的政府宣称其家庭政策并非鼓励生育，但从其政策具体内容看，都有利于儿童成长和降低生育成本。进入 21 世纪以来，因老龄化对社会经济的挑战日益严重，欧洲各国家庭政策鼓励生育的色彩也越来越强烈。到 20 世纪 90 年代，已经形成了一个比较完善的家庭政策体系，主要内容包括四个方面：一是平衡家庭与工作；二是妇幼保健服务；三是包括育儿补贴在内的现金补贴及减免税收等福利；四是儿童照料和儿童发展的公共服务。因政治体制、社会结构、传统和文化等方面因素的影响，各国的家庭政策存在着明显差别。Esping-Andersen 从国家、家庭和市场角度把 20 世纪 80 年代发达国家的家庭政策划分为自由主义、保

---

[1] Blanc, Ann K. and Amy O. Tsui, "The Dilemma of Past Success: Insiders' Views on the Future of the International Family Planning Movement", *Studies in Family Planning*, Vol. 36, No. 4, December 2005, p. 263.

守主义和社会民主主义三种模式。Gauthier则从国家与家庭关系的角度区分了四种类型家庭政策，即丹麦的平均主义家庭政策、法国的亲家庭主义和鼓励生育的家庭政策、德国的传统主义家庭政策，以及英国的亲家庭、不干预、基于收入调查提供有限支持的家庭政策。从理论上讲，无论哪类政策都可以降低生育和育儿的直接成本和机会成本，因而具有鼓励生育的功能。但是，研究者对于家庭政策是否会影响生育率或者在多大程度上影响生育率的看法并不一致。有研究者观察到欧洲各国的生育率模式与家庭政策模式有着高度的契合，也有研究者认为二者之间呈弱相关，没有确定的结论；还有一些研究者认为家庭政策的不同在一定程度上导致了欧洲各国生育率的差异。

大多数经合组织国家重视儿童早期教育和养护（Early Childhood Education and Care，ECEC）方面的投入，笔者以此为例分析家庭发展支持政策对生育率的影响。由表3-2-1可以看出，丹麦、冰岛、荷兰、挪威、法国、比利时、韩国、卢森堡、以色列9个国家2岁以下婴幼儿参与正式公共ECEC的比例在50%以上，其中除韩国、卢森堡之外的7个国家2016年TFR在1.66以上；同时，冰岛、挪威、芬兰、比利时、新西兰5国公共教育支出占GDP比例在6.6%以上，这5国2016年TFR在1.7以上。综上，法国、英国、北欧福利国家用于家庭福利和公共教育的支出占GDP比例高，有助于降低家庭的养育成本，生育率相对较高；希腊、意大利、西班牙、日本、韩国等国家则相反，社会福利制度对稳定生育率起到了很大的作用，但是难以持续。

表3-2-1　　经合组织国家儿童早期教育养护投入、教育投入、老年人公共支出等比较

国家	2016年0—2岁婴幼儿参与正式公共ECEC的比例（%）	2016年政府购买ECEC相关服务的支出占GDP比例（%）	2016年公共教育支出占GDP比例（%）	2015年对老年人的公共支出占GDP比例（%）
澳大利亚	39.0	0.9	5.3	5.2
奥地利	20.2	0.7	5.5	12.2
比利时	59.8	1.0	6.6	9.1

续表

国家	2016年0—2岁婴幼儿参与正式公共ECEC的比例（%）	2016年政府购买ECEC相关服务的支出占GDP比例（%）	2016年公共教育支出占GDP比例（%）	2015年对老年人的公共支出占GDP比例（%）
加拿大	—	0.2	—	4.4
智利	19.8	—	4.9	2.3
捷克	6.8	0.6	5.8	7.7
丹麦	61.8	2.2	—	10.2
爱沙尼亚	28.5	—	5.2	7.0
芬兰	30.5	1.7	7.1	12.2
法国	56.7	1.4	5.5	12.7
德国	37.3	1.1	4.8	8.3
希腊	11.5	0.3	—	14.3
匈牙利	16.7	1.1	4.6	8.6
冰岛	59.7	2.4	7.7	2.5
爱尔兰	16.6	0.9	3.8	3.6
以色列	56.3	—	5.9	4.7
意大利	35.5	0.7	4.1	13.6
日本	22.5	0.5	3.5	9.9
韩国	53.4	1.0	5.3	2.7
拉脱维亚	26.4	—	5.3	7.2
立陶宛	23.1	—	4.2	6.5
卢森堡	53.1	0.9	3.9	6.7
墨西哥	2.3	0.6	5.2	2.1
荷兰	55.9	0.7	5.4	6.1
新西兰	42.7	1.1	6.3	4.9
挪威	55.3	1.8	7.6	8.5
波兰	12.2	0.6	4.8	—
葡萄牙	36.3	0.5	4.9	11.6
斯洛伐克	5.4	0.5	4.6	6.8
斯洛文尼亚	38.7	—	4.9	9.8

续表

国家	2016年0—2岁婴幼儿参与正式公共ECEC的比例（%）	2016年政府购买ECEC相关服务的支出占GDP比例（%）	2016年公共教育支出占GDP比例（%）	2015年对老年人的公共支出占GDP比例（%）
西班牙	34.8	0.8	4.3	9.3
瑞典	46.5	2.2	7.6	9.1
瑞士	—	0.4	5.1	6.3
土耳其	0.3	0.2	4.3	5.7
英国	31.5	1.4	5.6	6.5
美国	—	0.6	5.3	6.4

资料来源：OECD统计数据库。

（四）社会冲突对总和生育率空间分异的影响

一些国家生育率变动趋势没有遵循传统的生育率转变路径，生育率经过几十年的下降后稳定下来或呈现增加的态势。在某些情况下，偏离传统的生育率转变路径是受到社会冲突或经济冲击的影响的结果。当然，也有一些国家，因为获得全面计划生育方法和服务的机会有限，特别是在贫穷和农村地区，可能导致生育率保持不变或者上升。

社会冲突对生育率和移民率都具有潜在的重要作用。在某些情况下，如在第一次波斯湾战争期间的科威特，冲突可能会降低生育率；但也有其他例子表明，冲突导致了年轻人结婚早和生育率提高。因此，不能预测冲突对生育率变化的影响。比如，也门在1990—2020年期间减少4.36个孩子，居全世界之首，另外也门5岁以下儿童中有一半长期面临营养不良问题，超过100万的孕妇或哺乳期妇女患有贫血症，均深刻地影响到生育率。阿富汗、埃塞俄比亚、乌干达由1990—1995年平均生育7个以上孩子降至2015—2020年平均生育4—5个孩子，叙利亚TFR由1990—1995年的4.8降至2015—2020年的2.84，阿尔及利亚TFR在20世纪90年代下降到了更替水平但2010年冲突结束回升3。以上都体现了国家动荡、冲突和经济危机对儿童和女性的影响。

此外，冲突也与大量移民流有关，其中许多移民流都记录在难民署的移民存量和衍生流量数据中。比如叙利亚冲突期间出现大规模移民，深入了解冲突前、冲突中和冲突后决定移民数量的因素将有助于规划公共卫生、社会和政策干预措施，以改善流迁对个人和家庭的影响。

（五）基于地理探测器的总和生育率空间分异影响因素综合分析

通过上述各因素对生育率空间分异影响的分析，可以看出，除婴幼儿死亡率和城镇化率对生育率空间分异具有显著负向影响之外，女性受教育程度、性别平等、经济发展、参与全球化程度、平均初育年龄、避孕措施使用率等变量对生育率空间分异具有非线性影响，这与很多学者的研究是一致的，即经济社会进步将引发生育率回升；并且，各种因素对生育率空间分异的影响随着时间演变而变动。哪些因素对生育率空间分异的影响更为关键？在此使用地理探测器进行分析。

1. 地理探测器原理

地理探测器用来探测空间分异性，其核心思想基于这样的假设：如果某个自变量对某个因变量有重要影响，那么自变量和因变量的空间分布应该具有相似性①。地理探测器既可以探测数值型数据，也可以探测定性数据，这是该方法的一大优势。在此笔者运用地理探测器探测世界生育率空间分异格局的影响因素，模型如下：

$$P = 1 - \frac{1}{\sigma^2} \sum_{h=1}^{L} N_h \sigma_h^2$$

式中，$h = 1, 2, \cdots, L$ 为因变量 Y 或探测因子 X 的分层，σ^2 为一级区域（全世界）生育率的方差，σ_h^2 为次级区域（层 h）生育率的方差。N_h 和 N 分别为层 h 和全区的单元数。P 值越大，说明因变量 Y 或探测因子 X 的空间分异性越明显。如果分层是由自变量 X 生成的，则 P 值越大表示自变量 X 对属性 Y 的解释力越强，反之则越弱。极端情况下，P 值为 1 表明因子 X 完全控制了 Y 的空间分布，P 值为 0 则表明因子 X 与 Y 没有任何关系，P 值表示 X 解释了 $100 \times P\%$ 的 Y。

2. 各因素对总和生育率空间分异影响的变动

依据上述影响生育率变动的人口学及宏观社会经济因素分析，结合数

---

① 王录仓、武荣伟、李巍：《中国城市群人口老龄化时空格局》，《地理学报》2017 年第 12 期。

据的可获取性,在此选取 5 岁以下婴幼儿死亡率 X1、女性劳动参与率 X2、人均 GDP X3、城镇化率 X4、女性受教育程度 X5 等 5 项代表性指标作为地理探测器分析的探测要素。原始数据源自世界银行数据库。对上述 5 项指标采用 K-means 算法进行离散化处理,作为自变量。地理探测器分析结果如表 3 – 2 – 2 所示。

表 3 – 2 – 2　　基于地理探测器的各要素对世界生育率空间格局影响分析

年份	X1	X2	X3	X4	X5
1990	0.688***	0.139***	0.318***	0.455***	0.538***
2000	0.773***	0.090*	0.193***	0.404***	0.439***
2010	0.737***	0.061	0.247***	0.319***	0.393***
2018	0.759***	0.034	0.248***	0.282***	0.555***

根据表中的 p 值,1990 年影响世界生育率空间格局的核心因素为 5 岁以下婴幼儿死亡率(0.688)、女性平均受教育年限(0.538)、城镇化率(0.455)、人均 GDP(0.318)、女性劳动参与率(0.139)。2000 年,核心因素为 5 岁以下婴幼儿死亡率(0.773)、女性平均受教育年限(0.439)、城镇化率(0.404)、人均 GDP(0.193)、女性劳动参与率(0.09),即婴幼儿死亡率对生育率空间格局的影响最大,其次是女性受教育程度,其他要素的影响相对较小。2010 年,显著的核心因素减少至 4 个,即 5 岁以下婴幼儿死亡率(0.737)、女性平均受教育年限(0.393)、城镇化率(0.319)、人均 GDP(0.247),女性劳动参与率的影响不再显著。与 2000 年相比,2010 年婴幼儿死亡率、人均 GDP 的影响有所增强,城镇化、女性平均受教育年限的影响略有下降。2018 年,显著的核心因素依旧为 4 个,即 5 岁以下婴幼儿死亡率(0.759)、女性平均受教育年限(0.555)、城镇化率(0.282)、人均 GDP(0.248),女性劳动参与率的影响继续不显著;女性受教育年限的影响比 2010 年有所回升,城镇化率的影响继续下降。因此,可以总结得出,一是婴幼儿死亡率是影响世界生育率空间格局变动的最主要因素,且影响逐渐增强;二是女性受教育年限对世界生育率空间格局变动的影响仅次于婴幼儿死亡率,且影响先降后升;三是社会因素对世界生育率空间格局变动的影响逐渐减弱,特别是女性劳动参与率的

影响在 2010 年以来降至不显著水平，城镇化水平的影响持续衰减；四是经济因素对世界生育率空间格局变动的影响随着经济增长而波动变化。

二 国际生育率新变动的影响因素模拟

(一) 方法和数据

1. 方法

根据前面的分析和基于数据可得性，笔者选择各国 TFR 为因变量，婴幼儿死亡率（U5MR）、女性受教育程度（EDU）及其平方（EDU^2）、人均 GNI 对数（lnGDPpc）及其平方（$lnGNIpc^2$）、城镇化率（URB）、女性劳动参与率（FLPR）7 个解释变量[1]，具体公式为：

$$TFR_{it} = \beta_0 + \beta_1 U5MR_{it} + \beta_2 EDU_{it} + \beta_3 EDU_{it}^2 + \beta_4 lnGNIpc_{it} + \beta_5 lnGNIpc_{it}^2 + \beta_6 URB_{it} + \beta_7 FLPR_{it}$$

式中，i 代表可获得上述 7 项指标的世界各国，t 从 1990 年到 2018 年。婴幼儿死亡率采用不满 5 岁的婴幼儿死亡数占活产婴儿数的比例来表示，女性受教育程度采用女性预期受教育年限来表示，经济发展水平采用按照购买力计算的人均国民收入来表征，在此取对数，各国城镇化率使用各国城镇人口占总人口的比例来表征，女性劳动参与率采用国际劳工组织估算的各国女性劳动力占 15 岁及以上女性人口的比例来表示。

需要解释的是，模型中人均 GNI 对数的平方用以检验人均 GDP 增长对生育率的影响，这与国外学者所采用的生育率趋势逆转检验是一致的[2]，当然也是基于前面利用截面数据分析得出经济发展水平与 TFR 之间存在二次函数关系而假定的。如果 $lnGNIpc_{it}^2$ 的估计系数为正且显著，$lnGNIpc_{it}$ 的估计系数为负且显著，则我们可以确定经济发展水平和生育率之间存在"J"形关系。此外，笔者同样验证受教育程度与生育率的关系是否也存在"J"形关系。在此，使用人类发展指数数据库中的女性预期受教育年限来衡量各国居民受教育程度。

---

[1] 受数据所限，笔者放弃考察女性平等特别是家庭中性别平等对生育率的影响。

[2] Luci-Greulich A., "Thévenon O. Does Economic Advancement 'Cause' a Re-increase in Fertility? An Empirical Analysis for OECD Countries (1960 - 2007)", *European Journal of Population*, Vol. 30, No. 2, January 2014.

2. 数据

各变量数据主要源自世界银行提供的 200 个国家或地区 1990—2018 年数据，仅预期受教育年限源自人类发展指数数据库。由于仅提供 171 个国家或地区的预期受教育年限，和世界银行所提供的 200 个国家或地区的数据进行匹配，最终得到 168 个国家在 1990—2018 年上述 8 个变量的历史数据，各变量的描述性统计分析结果如表 3-2-3 所示。

表 3-2-3   **各变量的描述性统计**

变量	均值	标准差	最小值	最大值
TFR	3.2	1.7	0.8	8.6
U5MR	50.5	53.6	2.1	326.5
EDU	11.6	3.4	2.1	23.3
ln$GNIpc$	8.8	1.2	5.4	11.7
URB	56.5	24.6	5.4	100.0
FLPR	50.4	16.3	6.1	90.8

（二）模拟结果分析

1. 全部样本国家

笔者选择面板数据的固定效应模型，因为固定效应模型聚焦于国家内部的差异，可以检验经济增长与一个国家内部生育率变化的关联程度。模拟结果显示，上述 7 个解释变量对 TFR 的影响都是显著的（见表 3-2-4）。第一，TFR 和婴幼儿死亡率呈现正相关，即 TFR 随着婴幼儿死亡率的下降而下降。第二，TFR 随着女性受教育程度的上升先降再升，即呈现"J"形变化，并且根据 β_2 和 β_3 计算得出女性预期受教育年限为 15.19 年时 TFR 出现逆转。第三，β_4 为负值且显著，说明 TFR 随经济发展水平的上升而下降，并且由于 β_5 也为负值且显著，说明 TFR 不随经济发展水平而呈现"J"形变化。第四，TFR 与城镇化率呈现负相关，即 TFR 随着城镇化率的提高而下降。第五，TFR 与女性劳动参与率呈现负相关，即 TFR 随着女性劳动参与率的提高而下降。

表3-2-4　　　　　世界总和生育率变动的影响因素模拟

自变量	全部样本 系数	t-统计量	高生育率国家 系数	t-统计量	中等生育率国家 系数	t-统计量	低生育率国家 系数	t-统计量
常数	8.164		11.370		6.28		1.618	
IMR	0.0059***	14.42	0.00365***	6.89	0.00986***	8.39	-0.0007	-0.19
EDU	-0.240***	-13.78	-0.0425	-1.64	-0.272***	-8.55	-0.127	-4.26***
EDU^2	0.0079***	11.49	-0.0032**	-2.5	0.0092***	8.08	0.00338	3.49***
$lnGNIpc$	-0.083**	-3.62	-0.5222***	-12.30	-0.0181	-0.55	0.1123	3.69***
$lnGNI^2pc$	-0.00071***	-4.07	-0.00177***	-4.10	-0.0003	-1.27	-0.00028	-2.69***
URB	-0.076***	-19.94	-0.030***	-10.99	-0.0146***	-7.59	-0.0016	-1.24
FLPR	-0.015***	-9.39	-0.017***	-7.58	-0.0237***	-12.29	0.0014	0.90
	$N=4333; R^2=0.59$		$N=2141; R^2=0.69$		$N=2141; R^2=0.583$		$N=911; R^2=0.079$	

2. 高生育率国家

通过前面分析可以得出，影响高生育率国家生育率变动的因素主要包括儿童需求高、未满足需求的家庭计划、初婚年龄、婴幼儿死亡率、女性受教育程度、收入、家庭计划生育服务等。但是，很难获取大多数高生育率国家的儿童需求、初婚年龄、家庭计划生育服务等数据，为此，在此分析婴幼儿死亡率、受教育程度、经济发展水平、城镇化率以及女性就业率等因素对生育率变动的共同影响。

以1990年总和生育率高于4的83个国家为样本，模拟这些高生育率国家在1990—2018年期间生育率变动的影响因素。模拟结果显示（见表3-2-4）：第一，婴幼儿死亡率对高生育率国家生育率具有显著负向影响。第二，经济发展水平、城镇化率和女性劳动参与率对生育率的影响也均为负，说明生育率随着经济发展水平提高、城镇化进程推进和更高比例女性就业而下降。第三，女性预期受教育年限对生育率的影响不显著，即生育率转变前社会受教育程度和生育率之间的关系是微弱的。第四，上述7个解释变量解释了高生育率国家生育率变动的69%，是分样本国家估计中解释能力最强的，说明影响高生育率国家生育率变动的大多数主要原因已经体现在上述解释变量中。

3. 中等生育率国家

以1990年TFR介于4和2.1之间的45个国家为样本,模拟这些中等生育率国家在1990—2018年期间生育率变动的影响因素。模拟结果显示(见表3-2-4):第一,TFR随着婴幼儿死亡率的下降而下降,并且婴幼儿死亡率对TFR的影响程度远远高于全部生育率国家为样本模拟的结果。第二,受教育程度与TFR之间具有"J"形关系,即TFR先随着受教育程度的提高而下降,随后逆转为随受教育程度的提高而上升,出现拐点的预期受教育年限为14.78年,接近于全部样本的模拟结果。第三,经济发展水平对TFR的影响不显著。第四,城镇化率、女性劳动参与率对TFR具有负向影响。第五,上述7个解释变量解释了中等生育率国家生育率变动的58.3%,说明影响中等生育率国家生育率变动的近六成原因体现在上述解释变量中。

4. 低生育率国家

以1990年TFR不高于2.1的38个国家为样本,模拟这些低生育率国家在1990—2018年期间生育率变动的影响因素。模拟结果显示(见表3-2-4):第一,婴幼儿死亡率、城镇化率、女性劳动参与率的变动对TFR的影响不显著。第二,受教育程度与TFR之间具有"J"形关系,出现拐点的预期受教育年限为18.78年,高于全部样本和中等生育率国家为样本的模拟结果。第三,经济发展水平与TFR存在正向关系,即TFR随着经济发展水平的提高而上升。第四,7个解释变量对TFR的解释能力较弱,仅解释了生育率变动的7.9%,说明影响低生育率国家的很多重要原因尚未包括在模型中。

(三) 不同生育率类型国家生育率变动的影响因素比较

比较三种生育率类型国家生育率变动的影响因素,可以看出差异很大,总结得出五个重要结论。

其一,对于尚未开始生育率转变的高生育率国家和正在进行生育率转变的中等生育率国家,婴幼儿死亡率、城镇化率、女性劳动参与率等社会因素对生育率的影响是一致的。对于完成生育率转变的低生育率国家,上述三个因素对生育率变动不再具有显著性影响。

其二,中等生育率和低生育率国家的女性受教育程度与生育率之间均存在"J"形关系,而高生育率国家女性受教育年限对生育率的影响不显著。这表明女性受教育程度对生育率的影响在生育率开始转变（TFR 降至 4 以下）后才显现。婴幼儿死亡率则在完成生育率转变后对生育率变动不再具有显著性影响。因此，婴幼儿死亡率和女性受教育程度对生育率变动的影响依赖于生育率水平，当 TFR 大于 4 时女性受教育程度不能发挥对生育率变动的影响，当 TFR 小于 2.1 时婴幼儿死亡率不再发挥对生育率变动的影响。

其三，婴幼儿死亡率对生育率的最大影响体现在中等生育率国家，说明提高儿童存活率可能是促进生育率快速转变的最有效手段。并且，女性受教育程度对生育率的影响从中等生育率国家开始体现，表明促使其完成生育率转变的两个最重要手段是降低婴幼儿死亡率和提高受教育程度。

其四，除了婴幼儿死亡率和受教育程度，经济发展水平对生育率变动产生不规则的复杂影响。一方面，经济发展落后并不是抑制生育率下降的障碍之一；另一方面，经济发展水平对低生育率国家的生育率变动具有同向影响。分析其中原因，可能在于收入增长对生育率的真实影响是异质的：既降低一些人对儿童的需求，也会提高另外一些人对儿童的需求。另外，经济发展和收入增长会通过降低婴幼儿死亡率和提高受教育程度等间接影响生育率，因此上面模型的参数也就低估了收入对生育率的实际影响。不过，即使考虑收入对生育率的直接和间接影响，大部分国家生育率下降的事实业已表明，收入增长本身并不是生育率下降所必需的。

其五，随着生育水平的不断下降，影响生育率变动的主导因素从婴幼儿死亡率转向受教育程度再转向经济发展水平，呈现递阶式。当各国经济社会发展水平达到发达国家程度时，对生育率影响最显著的因素是受教育程度，其次是经济波动。当然，根据第二次人口转变理论，生育观念、社会规范与行为等的变化是影响低生育率国家生育率变动的重要因素，但是由于数据难以获得而无法进行实证的计量分析。

第三节　国际生育率新变动空间分异的形成机理和作用结果

大多数人口转变理论强调死亡率或收入与经济增长对生育率的影响。其中人口学者更多强调死亡率对生育率转变的影响渠道，经济学者则更多强调经济发展的作用，以及与之相关的收入增长、人力资本需求增长以及性别工资差距下降等。综合前面的分析可以看出，由于越来越多的国家完成生育率转变和成为低生育率国家，目前影响世界低生育率国家生育率变动差异的原因主要有如下方面：不完善的"性别革命"、经济和劳动力市场的不稳定、青年人处境不稳（包括就业不稳定、收入低、住房负担不起等）、家庭政策和养育子女成本、工作与家庭冲突、互联网和技术变革的多方面影响、新价值观和新压力及新规范和新标准等对为人父母的影响、向追求孩子质量的转变等。因此，概括得出，婴幼儿死亡率及其变动的空间差异是高/较高生育率下降空间分异的根本驱动力，在此基础上进一步叠加经济社会发展的差异，从而导致生育率变动的总体差异；经济社会发展的空间差异是导致低生育率国家生育率变动空间分异的决定力量；不管是婴幼儿死亡率还是经济社会发展因素，对生育率变动空间分异的影响都要通过已婚女性百分比、避孕节育率、哺乳期不孕率、流产率等中介变量而实现。

一 婴幼儿死亡率下降：生育率变动空间分异的根本驱动力

死亡率通过生理机制和理想家庭规模作用于生育率。婴幼儿死亡率下降和儿童存活率提高是高生育率下降的先决条件。为此，婴幼儿死亡率及其变动的空间分异从根本上决定了生育率变动的空间分异，具体表现在两个方面：一是20世纪90年代很多低生育率国家婴儿死亡率已经降至很低水平，因此，不再具有生育率显著下降的根本条件，从而表现出1990—2020年期间生育率的缓慢下降或波动起伏；相反，中等生育率和高生育率国家在1990—1995年具有较高的婴幼儿死亡率，当婴幼儿死亡率下降时，生育率随之明显下降。二是1990—1995年婴幼儿死亡率越高的国家或地区，1990—2020年期间总和生育率下降幅度也越大，即基期婴幼儿死亡率与总和生育率的下降幅度呈现显著正相关，相关系数为0.52，在显著性水平0.001下显著相关。

分析上述现象的原因，1990年以来，大幅降低婴幼儿死亡率的技术条件得到推广和普及，使得世界范围内绝大多数发展中国家降低婴幼儿死亡率成为可能。大幅降低五岁以下儿童死亡率的方法简单而高效，且成本低廉，主要包括产前、分娩和产后的专业护理、母乳喂养、免疫接种、使用防虫蚊帐、改善水及环境卫生设施、使用口服补液治疗腹泻、肺炎抗生素疗法、营养补充剂及食物疗法等。比如印度在全国范围内提升卫生机构服务水平、扩大新生儿护理单位规模及加强常规免疫等努力,对降低本国婴幼儿死亡率发挥了重要作用。由于医疗技术的推广和普及,全球在保护儿童生存方面取得了重大进展,5岁以下儿童死亡率从1990年的每千名活产95.7例死亡,下降到2018年的40.7例,每千名活产死亡下降了55例。其中2000—2018年期间,5岁以下儿童死亡率平均每年下降4.7个千分点,下降幅度远远高于20世纪90年代的每年下降1.7个千分点[①]。

二 经济社会发展：生育率变动空间分异的外部驱动力

（一）经济社会发展驱动较高生育率国家生育率变动的空间分异

婴幼儿死亡率下降为生育率下降奠定了坚实的基础，社会和家庭变化为育龄夫妇生育行为改变做出了充分准备。因此，在婴幼儿死亡率及其变动空间分异的基础上，叠加了各国经济社会发展的差异，导致了生育率下降的空间分异。

首先，在较短时期内减少了婴幼儿死亡的较高生育率国家，如果经济发展带来居民收入水平、受教育程度、女性劳动参与率等提高、城镇化进程加快以及社会养老保障体系日趋完整等，夫妇生育意愿就会相应降低。前面使用不同时期的截面数据分析经济社会因素与总和生育率的关系，已经证实了这一点。国家之间女性学历提高及其影响的女性劳动市场参与率提高、女性价值观和态度变化等的差异直接影响到生育率下降的差异。

其次，在较短时期内减少了婴幼儿死亡率的较高生育率国家，如果社会推动广泛开展的避孕节育知识宣传和免费服务并得到育龄夫妇的积极响应，就有可能促使生育率快速下降，比如印度、泰国等国家实施计划生育政策，政府主要是提供避孕节育服务，并没有提出明确的行政命令和要求，但是生育率得以快速下降。而在撒哈拉以南非洲，育龄夫妇的孩子需求高、未满足的计划生育比例高以及无意怀孕比例高[②]，导致生育率下降过程非常缓慢。

---

① UNICEF, *Levels and Trends in Child Mortality* 2019, New York: the United Nations Children's Fund, September 2019.

② 根据《2018年世界人口年度报告》，在高生育率国家或地区，21%的妇女想要避免怀孕但没有使用现代避孕方法，即存在未满足需求的计划生育。同时，每年38%的怀孕不是有意的。

(二) 经济社会发展决定低生育率国家生育率变动的空间分异

在婴幼儿死亡率普遍很低的发达国家，没有了大幅度降低生育率的动力条件，并且婴幼儿死亡率还在持续降低。因此，经济社会发展是影响低生育率国家生育率变动差异的决定性因素。以欧洲为例，影响欧洲国家未来生育率上升的消极因素包括经济和就业的不确定性、工作的不确定性以及来自雇主的压力等、北欧人受教育年限延长、中欧人难以寻找性伙伴、东欧人削减家庭支持等；积极因素包括较高生育率国家的人口迁入西欧、北欧、南欧等国家、西欧和中欧国家允许晚育的辅助支持、北欧和南欧国家的家庭角色中女性更加平等、德语国家和中欧国家婴幼儿养育提供的扩大、东欧国家更加弹性的工作实践和住房支持等。可见，对于低生育率国家而言，影响生育率变动的社会经济因素存在显著差异。

第一，工作和劳动力市场的差异。工作的方方面面以及工作背景影响着生育决策。比如，中国香港、日本、新加坡、韩国等国家由于工作时间长使得承担父母角色变得困难。在很多情况下，幼儿母亲不得不被迫离职，当子女达到上学年龄后重返劳动力市场时，她们又很难找到一份有利于职业发展的正规工作；相反，更有可能找到安全感低、福利少、收入较低的工作。日本尤其如此。东亚社会的文化期望是无论女性做什么工作，她们都要对家务和照顾孩子负责，男性长时间的工作和通勤也使得他们很难帮助完成家务。荷兰的妇女和男子享有政府保护的非全日制工作权，不受工资歧视，享有与全职工人同等的福利，包括医疗保健、养老金和相关福利，因此，在以"不平等工作的报酬不平等"为特征的情况下，兼职工作的普及是荷兰在"男性养家"模式下生育率接近更替水平的重要原因。在美国和澳大利亚，劳动力市场通常比东亚更加灵活，兼职虽然没有荷兰的保障和福利，但是可得到的兼职职位使得再就业比日本和韩国更加容易。另外，由于经济全球化导致各国工作不安全和不稳定日益严重，比如荷兰和日本，经济全球化影响到就业的不确定性增加，促使婚姻和生育显著推迟。

第二，经济波动的差异。东欧10国和美国，自20世纪90年代以来婴儿死亡率持续下降，目前除摩尔迪瓦外，其余东欧9国和美国的婴幼儿死亡率均降至10‰。但是，经济发展对这些国家生育率产生了不同的影响。经济危机造成大多数东欧国家生育率暂时性下降，待危机过后，则出现了补偿性的生育。但是，美国作为具有较高生育率的发达国家，在2008年经济危机后生育水平一直没有恢复，持续微弱衰减，由2007年的2.12持续降至2018年的1.73。同样，加拿大在经济危机后也没有出现生育率反弹，由2008年的1.67持续降至2018年的1.50。

第三，非婚生育的差异。低生育率国家的非婚生育水平存在显著差异。在新加坡、韩国和日本，非婚生育仅占2%，中国香港大约5%。在亚洲国家，结婚和生育之间的关系是紧密的，结婚的主要目的是生育孩子。婚姻和生育作为一个"一揽子计划"联系在一起，社会规范和法律制度往往会使非婚生育的孩子处于不利地位，从而使得非婚生育率保持在较低水平。但是，欧洲和北美非婚生育比例远远高出亚洲上述极低生育率国家，比如荷兰非婚生育占20%，奥地利、捷克、匈牙利、美国、澳大利亚则接近40%，法国和挪威超过50%[①]。理论上，如果婚姻与生育的联系薄弱，那么妇女（或夫妇）在生育决策方面就有更大的灵活性。因此，欧美国家婚内或非婚生育的灵活性会导致较高的生育率，相反，亚洲国家针对非婚生育的严格规范可能是导致其低生育率的一个因素。

第四，性别平等的差异。家庭和劳动力领域的性别平等被认为是区分生育水平接近更替水平和极低生育率国家的一个重要因素。一方面，东亚、中欧和东欧，以及南欧的意大利和葡萄牙，无薪家务照护工作的性别不平等现象[②]持续存在；即使妇女在受教育和工作方面获得了平等，但她们在家庭和就业之间的抉择依旧受到养育孩子和管理家庭中"第二次转变"的限制，即女性仍然受到家庭内性别不平等的障碍。因此，这些国家共同表现为总和生育率低和女性不平等指数较高。同样，中国、中国香港、日本和韩国等亚洲国家或地区都由男性主宰文化，不仅家庭中存在着相当多的性别不平等，而且由于工作时间长对女性劳动力存在明显和无意的歧视，雇主倾向于雇用男性从事关键工作。另一方面，北欧国家、加拿大、美国、澳大利亚等妇女运动更为强烈，家务劳动更为公平，工作场所对女性的歧视更少，因而生育率比南欧、亚洲发达经济体更高，共同表现

[①] 欧盟关于"Marriage and divorce statistics"的统计。见欧盟统计网站https://ec.europa.eu/eurostat/statistics-explained/index.php? title=Marriage_ and_ divorce_ statistics。

[②] 根据调查，低生育率国家女性花在无薪家务劳动上的时间是男性的2倍多，女性一般是每天4个小时，男性则是每天1.7个小时。

出生育率接近更替水平和女性不平等指数较低。唯独荷兰例外。概括来说，一般原则是女性及其配偶在其他生命历程领域（包括接受教育、进入劳动力市场、建立独立家庭、实现家庭与工作角色的合理协调）看到明确的道路时，她们将生孩子。如果女性对未来充满信心，并且家务劳动男女平等时，她们更有可能生孩子。相比之下，极低生育率国家有一些共同点：工作和家庭角色的不相容性较高，教育体制使父母很难全职工作，包括照顾孩子在内的家务劳动存在比较明显的性别不平等。

第五，家庭发展支持政策及其实施的差异。低生育率国家生育率的变化还与家庭发展支持政策的制定及实施有关。各国家庭支持系统的形成和发展相对独立，政策措施发展的文化观念与社会政治目标、政策措施的国家福利范围和资金能力等存在国别差异。比如，托儿机构、产假、政府对抚养儿童的补贴以及为年轻家庭提供住房等，各国具有自己的特点。托儿所方面，中国、韩国、中国香港、日本等东亚国家，对3岁以下托儿所的需求远远大于供给；美国也只有1/4的5岁以下儿童进入托儿所或幼儿园，并且其中不到1/4的幼儿在政府支持的机构中。产假方面，美国没有强制性的带薪产假政策，不过一些雇主提供带薪产假；荷兰产假仅16周，但是全薪；澳大利亚于2012年开始实行带薪产假，但产假仅18周和按照最低工资水平发放；在日本，雇主被要求提供产假，但是遵从性并不普遍。平衡工作与家庭方面，很多国家授权雇主采取某些措施以缓解工作与家庭责任的不相容性，比如新加坡实施"兼顾工作与生活"的工作计划，雇主可以申请资金支持项目以帮助雇员平衡工作和家庭责任；能够维持适度低生育率的许多欧洲国家制定了工作与家庭平衡政策，比如英国20世纪90年代末开始实施一揽子工作与家庭协调政策。育儿补贴方面，一些低生育率国家提供大量的政府补贴以缓解儿童抚养成本问题，补贴包括政府提供的学校教育、婴儿奖金、税收减免、学校提供的膳食、对儿童保育和产前护理和生育费用的支持以及直接现金福利等，但是各国差异显著，其中新加坡有最慷慨的补贴，高达将一个孩子抚养到18岁所需费用的1/3。然而，新加坡TFR非常低，即新加坡政府慷慨的儿童成本补贴并未达到更替水平的生育率；相反，自2007年以来俄罗斯实施的"母亲基金"收效显著。此外，在欧美及澳大利亚和新西兰，一些国家的上述家庭发展支持政策往往随着不同政府上台而发生变化。

第六，教育制度的差异。教育制度与政策对低生育率国家生育率产生无意且强烈的影响。那些具有更灵活和更负担得起的教育体系的发达国家往往也具有较高的生育能力。教育对生育率的影响体现在潜在父母所接受的教育和他们孩子最终面临的教育制度两个方面：其一，潜在父母所接受的大学教育制度越开放、越灵活、学费越低，越有利于达到接近更替水平的生育率，比如荷兰、美国、瑞典等大学制度是开放的，改变学习领域相对容易，学生退学后可重新申请入学；相反，日本、韩国的大学辍学后再回到大学几乎是不可能的，大学期间改变学习领域也非常困难，更好的毕业生可获得更好的入门级工作。上述教育制度的差异导致了日韩出现很低的生育水平。其二，对儿童的教育期望对生育决策具有重要作用。比如，日本、新加坡、韩国、中国香港等亚洲国家或地区中小学教育经历是非常有竞争力的，被西方学者称为"教育军备竞赛"，这些国家或地区的父母为了"竞赛"而对孩子教育繁重投资，这无意中降低了生育水平。尽管澳大利亚、荷兰和美国的教育体系也存在明显的教育竞争，但远远没有达到上述亚洲国家的水平，比如荷兰的中小学教育竞争水平非常低，荷兰儿童被认为是世界上最幸福的儿童。

综上，一个低生育率国家如果出现经济和就业稳定增长、性别更平等、社会接受非婚生育、提供各种家庭发展支持政策、改革教育体系使之更加灵活和负担得起等，那么，生育率就可能长期保持或恢复到接近更替水平。反之，则可能促使生育水平继续降低，甚至陷入低生育率陷阱。

三 最接近因素：生育率变动空间分异的直接驱动力

根据生育率最接近因素理论及其实证分析，上述经济社会和环境因素为影响生育率变动的背景因素（background determinants），影响生育率的最接近因素（the proximate determinants）是生物学因素和行为因素，其明显特征是它与生育率直接相关。假定其他最接近因素保持不变，如果某个最接近因素发生变化，如避孕药，生育率将必然发生变化。但是，收入或教育等背景因素，一旦发生变化，生育率不一定随之变化。因此，人群中生育率的差异和生育率随时间变动的趋势通常可以追溯到一个或多个最接近因素，如果能够精确测度和建模，最接近因素可以解释生育率变化的100%。由于不同类型生育率国家生育率变动的最接近因素是不同的，笔者分别分析最接近因素对不同类型生育率国家生育率变动的分别影响。

(一) 较高和高生育率国家生育率变动的最接近因素

通常学者和机构将处在性结合中的女性比例、使用避孕措施的妇女百分比、哺乳期不育率（主要因母乳喂养而没有生育力的妇女比例）、流产率等视为最直接作用于生育率的四个因素，对这四个最直接因素①的了解为分析生育率的潜在变化提供了线索，有助于我们理解生育率变动的空间差异。

1. 已婚或两性结合的女性百分比

处在两性结合中的女性所占百分比有时与合法已婚育龄妇女的百分比是接近的，15—49岁已婚妇女占15—49岁全部育龄妇女的比例即合法已婚育龄妇女的百分比。2006年印度已婚育龄妇女占全部育龄妇女的74.8%。在分析时，分年龄组已婚育龄妇女的百分比也是非常有价值的。2006年，印度15—19岁育龄妇女中27%已婚，30—34岁育龄妇女中已婚比例高达93%。不论在发达国家还是发展中国家，婚外恋和婚外生育都越来越普遍。因此，在自愿结合很普遍的国家，可以将两性结合纳入正式婚姻中，以估计性结合的妇女所占百分比。此外，处于性结合状态的妇女所占比例受其他人口统计学因素的影响，包括初婚或两性结合时的年龄，婚姻和其他两性结合的普遍性，离婚、分居和再婚率，以及男性死亡率等。由表3-3-1可以看出，在调查的36个国家中，已婚或两性结合的女性百分比既有相对较高的国家，比如尼日尔、马里，分别为88%和87%；也有相对较低的国家，比如柬埔寨、菲律宾，仅50%。一般来说，已婚或两性结合的女性百分比越高的国家，总和生育率越高。

2. 哺乳期不孕率

掌握母乳喂养的妇女所占百分比有助于确定有怀孕风险的妇女数量，因为婴儿的纯母乳喂养可以延长月经恢复前的时间。母乳喂养的妇女百分比是指母乳喂养不满1岁婴儿的妇女占拥有不满1岁婴儿的全部妇女数量的百分比。2008年，几乎所有接受调查的拥有1岁以下婴儿的尼日利亚妇女都在母乳喂养，比例达到95.6%。一般情况下，哺乳期不孕率越低的国

---

① 也有学者将不孕率纳入最接近因素。但是，自20世纪90年代以来，各国不孕不育的差异极小。根据最近的DHS调查，40—49岁妇女中无子女的比例没有变化。在没有病理性不育的情况下，大约3%的妇女在生育末期是无子女的。因此，本书不考虑不孕率。

家，TFR 越低。

3. 避孕措施使用率

避孕措施使用率提供了特定时间有较低怀孕风险的妇女数量，可以分别计算所有妇女或已婚妇女、未婚妇女、性活跃妇女的避孕普及率。全世界妇女避孕方法使用率的差异很大，许多非洲国家不足 20%，而许多欧洲国家、澳大利亚、巴西以及东亚和东南亚的一些国家则达到 75% 甚至更多；有的国家，使用传统和现代的避孕方法比例差异很大，比如 2008 年玻利维亚 15—49 岁已婚妇女使用所有避孕方法的避孕措施使用率为 61%，使用现代避孕方法的避孕措施使用率仅为 35%。伴随着避孕方法使用率随时间的上升，与产后哺乳期不孕重叠的避孕措施使用率在母乳喂养时间长或禁欲时间长时，将深刻地影响生育率。根据表 3-3-1，避孕措施使用率是四个最接近因素中国家之间差异最大的指标；TFR 低于 3.0 的 6 个国家，避孕措施使用率显著高于 36 个国家的平均水平。有学者指出，经验证明，低生育率国家避孕措施使用率在 65% 或 70% 以上，甚至有些情况下达到 85%；如果中等生育率国家生育率要想降至更替水平以下，避孕措施使用率必须大幅提高[①]。

4. 流产率与流产比

表 3-3-1 显示，36 个国家的流产率差异相对较小，大多数国家在 0.9 附近，最高值与最低值相差 14.6%。一般情况下，流产率越高的国家，TFR 越高。不过，也有例外，莱索托和布基纳法索的 TFR 相差接近 2 倍，但是流产率均为 95%。

表 3-3-1　　36 个国家总和生育率及最接近因素比较　　单位：%

国家	年份	总和生育率	婚姻/两性结合比例	产后不孕率	避孕措施率	流产率	生育力
贝宁	2006	5.7	0.81	0.87	0.58	0.94	14.8
布基纳法索	2010	6.0	0.83	0.88	0.55	0.95	15.8
喀麦隆	2011	5.1	0.81	0.80	0.62	0.92	13.9

---

① Jean-Pierre Guengant, "The Proximate Determinants During the Fertility Transition", in United Nations eds., *Completing the Fertility Transition*, ST/ESA/SER. N/48-49, 2002, p. 308.

续表

国家	年份	总和生育率	婚姻/两性结合比例	产后不孕率	避孕措施率	流产率	生育力
乍得	2004	6.3	0.81	0.98	0.56	0.94	15.2
科特迪瓦	2012	5.0	0.82	0.83	0.61	0.93	12.8
埃塞俄比亚	2011	4.8	0.67	0.82	0.56	0.91	17.2
加蓬	2012	4.1	0.83	0.73	0.69	0.81	12.1
加纳	2008	4.0	0.70	0.80	0.59	0.92	13.3
几内亚	2012	5.1	0.83	0.94	0.49	0.95	14.0
肯尼亚	2008	4.6	0.66	0.70	0.63	0.90	17.5
莱索托	2009	3.3	0.67	0.68	0.58	0.95	13.3
马达加斯加	2008	4.8	0.78	0.75	0.64	0.90	14.2
马拉维	2010	5.7	0.75	0.74	0.60	0.92	18.5
马里	2006	6.6	0.87	0.94	0.62	0.95	13.8
莫桑比克	2011	5.9	0.86	0.89	0.55	0.93	15.1
纳米比亚	2006	3.6	0.74	0.62	0.57	0.95	14.6
尼日尔	2012	7.6	0.88	0.94	0.59	0.96	16.2
尼日利亚	2008	5.6	0.79	0.89	0.61	0.94	14.0
卢旺达	2010	4.6	0.57	0.78	0.59	0.90	19.1
塞内加尔	2010	5.0	0.69	0.91	0.60	0.93	14.1
坦桑尼亚	2010	5.4	0.78	0.77	0.62	0.92	15.8
乌干达	2011	6.2	0.74	0.79	0.64	0.92	18.1
赞比亚	2007	6.2	0.75	0.78	0.59	0.93	19.2
津巴布韦	2010	4.1	0.65	0.64	0.61	0.89	18.2
柬埔寨	2010	3.1	0.5	0.68	0.67	0.85	15.7
印度	2005	2.7	0.62	0.58	0.70	0.87	12.2
印度尼西亚	2012	2.6	0.54	0.57	0.68	0.83	14.9
尼泊尔	2011	2.6	0.67	0.61	0.66	0.88	10.8
菲律宾	2008	3.3	0.5	0.66	0.72	0.85	16.1
玻利维亚	2008	3.5	0.6	0.60	0.64	0.89	17.3

续表

国家	年份	总和生育率	婚姻/两性结合比例	产后不孕率	避孕措施率	流产率	生育力
哥伦比亚	2010	2.1	0.65	0.40	0.72	0.82	14.1
多米尼加共和国	2002	3.0	0.58	0.47	0.79	0.82	17.2
海地	2012	3.5	0.67	0.74	0.66	0.87	12.4
洪都拉斯	2011	2.9	0.61	0.50	0.65	0.88	16.9
尼加拉瓜	2001	3.2	0.62	0.51	0.68	0.89	16.8
秘鲁	2000	2.8	0.53	0.54	0.64	0.87	17.7
全部36个国家		4.5	0.7	0.73	0.62	0.9	15.4

资料来源：世界银行数据库。

（二）低生育率国家生育率变动的最接近因素

对于经济发达国家，低生育水平是个人期望拥有小家庭和使用避孕及流产的结果，作用于高生育率变动的生育生理极限和母乳喂养时间长度这两个最接近因素不再发挥作用。Bongaarts提出低生育率中介变量框架[1]，认为低生育率模型的核心是人口群体的既定偏好（DFS）与实际观察到的生育率（TFR）之间的不一致，有6个因素影响二者之间的差异，即

$$TFR = DFS * Fu * Fg * Fr * Ft * Fi * Fc * E$$

其中 Fu、Fg、Fr、Ft、Fi、Fc、E 分别代表非意愿生育率（unwanted fertility）的影响、性别偏好（gender preferences）、儿童替代效应（child replacement）、进度变化（tempo changes）、非自愿家庭限制（involuntary family limitation）、竞争偏好（competing preferences）和误差项。

Morgan进一步将上述模型深化，将低生育率概念模型表达为：

$$TFR = DFS * (Fu * Fr * Fsp) * (Ft * Fi * Fc)$$

其中 TFR 为总和生育率，等于在没有或不能纳入影响的因素和条件下女性的期望家庭规模 DFS(desired family size)。影响生育率高于期望家庭规

---

[1] Bongaarts J., "Fertility and Reproductive Preferences in Post-Transitional Societies", *Population and Development Review*, Vol. 27, Supplement: Global Fertility Transition, 2001, p. 260.

模的变量包括非意愿生育率(Fu)、儿童死亡的替代效应(Fr)、性别偏好①(Fsp),如果这些因素的影响大于1,则这些因素提高了相对于期望家庭规模的生育水平;促使生育率低于期望家庭规模的因素包括生育年龄推迟所产生的进度效应(Ft)、生育力低或不能生育(subfecundity and infecundity,Fi)、与孩子期望相竞争的其他期望(Fc),如果这些因素的影响小于1,则降低了相对于生育期望的实际生育率②。可见,Morgan、Bongaarts 两位学者的模型是一致的。

以美国为例,自20世纪70年代以来,美国大多数家庭生育1个或2个孩子,调查显示美国人整体上想要2个孩子,这一偏好源于一个普遍的愿望,就是拥有一个小家庭以及不愿无子女或只生一个孩子。由于影响人们多生孩子和少生孩子的因素大致平衡,美国人的期望家庭规模(DFS)和实际家庭规模(AFS)基本一致。提高生育率的因素包括计划外怀孕和意外生育的比例高和额外生育,前者使美国TFR提高了10%—15%,后者对平衡后代性别结构的影响非常小和促使TFR提高2%。降低生育率的因素,首先包括推迟生育,促使TFR降低10%;其次,生育活动和其他有价值活动之间的竞争,虽然难以估计,但是在过去几十年中,可能导致TFR降低10%—15%。

四 生育率新变动空间分异的综合形成机理及作用结果

(一) 生育率新变动空间分异的综合形成机理

笔者认为,不同国家经济、社会文化、政策等宏观层面因素与个人生活压力、发展抉择、婚姻意愿等微观因素之间细密复杂的联结互动,最终影响生育意愿和生育行为变动的空间差异。具体来说,不同生育率类型国家在婴幼儿死亡率这一先决条件各不相同的基础上,在各自不同的经济社会发展因素的继续作用下,影响不同的生育意愿变化及水平;进而在生育率最接近影响因素上继续产生分异,最终作用于生育行为变化的分异,体现出世界生育率变动格局的空间差异(见图3-3-1)。高或较高生育率国

---

① 在此生育偏好是指对生育数量的偏好,比如欧美很多低生育率国家育龄夫妇希望儿女双全。
② Morgan S. P., Zhigang G. and Hayford S. R., "China's Below-Replacement Fertility: Recent Trends and Future Prospects", *Population and Development Review*, Vol. 35, No. 3, September 2009, p. 605.

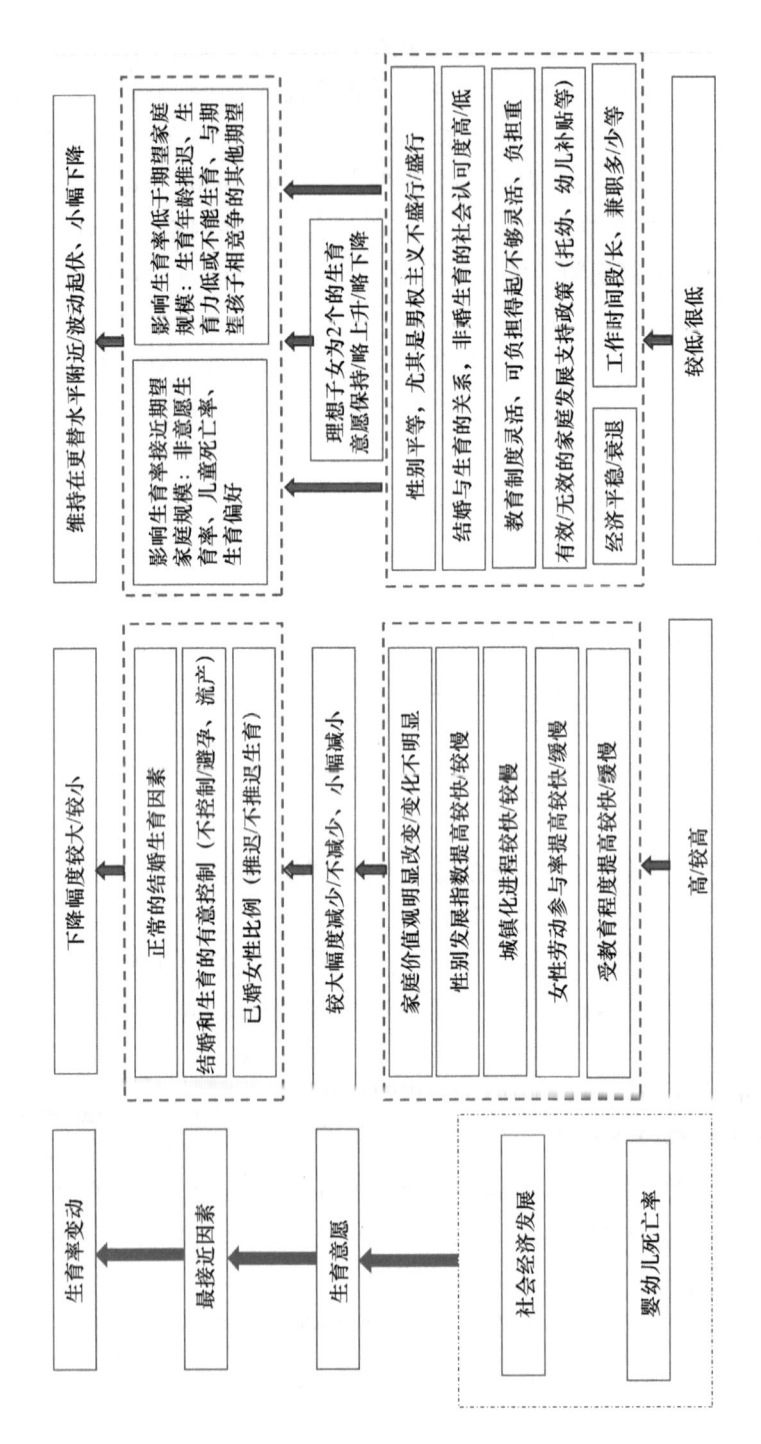

图 3-3-1 世界生育率变动空间分异的影响因素及作用机理

家之间在相似婴儿死亡率下降的情形下，社会经济发展的差异导致生育意愿的差异，即生育意愿较大幅度减少与小幅度减少或不减少的差异；在进一步影响结婚率、避孕措施使用率等最接近因素后，最终作用于生育率变动，使生育率变动出现下降幅度较大和较小的差异。完成生育率转变的低生育率国家，生育意愿基本相似，社会经济发展及政策措施的差异影响生育率最接近因素，进而导致生育率出现极低或维持在更替水平附近的差异。比如，在男权主义盛行的国家或地区，叠加上激烈的教育竞争、无效的家庭发展支持政策、对非婚生子女的社会认可度低等因素，必然导致实际生育率远低于期望家庭规模，例如东亚；相反，性别平等程度高的国家或地区，如果教育制度相对灵活、提高有效的家庭发展支持政策以及社会广泛接受非婚生子女，那么，将会影响实际生育率接近期望家庭规模即理想子女数为2，例如北欧国家、澳大利亚等。

（二）生育率新变动空间分异的作用结果

常规时空格局表达方法使用一系列地图，单独展示研究对象空间分布随时间的变化过程，使得时空格局识别较为困难，而双组分趋势成图（Bicomponent Trend Mapping，BTM）能够将强度、空间和时间的三维图像转换为二维地图，从而有效地显示空间格局随时间的动态变化过程[①]。国内外学者将此方法运用于美国及中国人口迁移时空格局研究中。在此，笔者引入双组分趋势成图以分析世界生育率新变动的时空动态变化，结果包括三部分：组分载荷图（component loadings）双组分矩阵图（the bicomponent trend matrix）和类型图（bicomponent map）。

首先，笔者运用195个国家或地区1990—2018年TFR（195*29数据）进行主成分分析，得到组成载荷图（见图3-3-2）。该图显示了每年前2个提取因子的载荷，第1因子PC1解释TFR方差的70%并显示了29年间TFR的整体水平，第2因子PC2解释TFR方差的18%并显示了29年间TFR随时间的变化（比如上升还是下降），两个因子的贡献率超过了85%，因此反映了TFR的总体水平和随时间的变化。在此，将PC1、PC2分别称为生育水平因子和生育水平变化趋势因子。

---

① Sander, N., "Internal Migration in Germany, 1995 – 2010: New Insights into East-West Migration and Re-urbanisation", *Comparative Population Studies*, Vol. 39, No. 2, August 2014, p. 217.

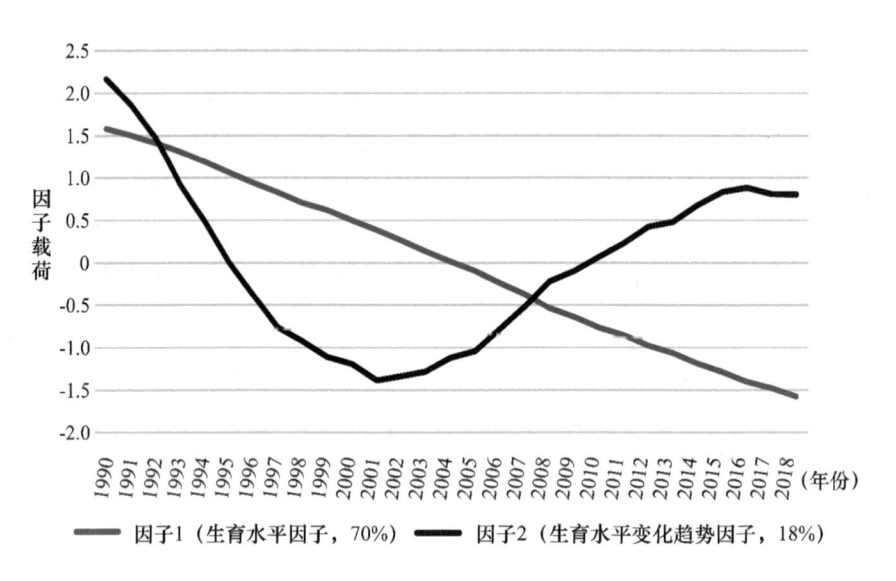

图 3-3-2 世界各国生育率主成分分析组分载荷图

资料来源：笔者自绘。

其次，依据各国或地区的 PC1 和 PC2 得分，将各国或地区分为九种可能组合类型，每一组内的国家或地区代表 PC1 和 PC2 的得分组合；进一步根据 PC1 和 PC2 的交叉，建立平均趋势的双组分矩阵（见图 3-3-3）。在图 3-3-3 中，显示的是每一类型的 TFR 平均水平和随时间的变化趋势，并非每一类型的 PC1 和 PC2 得分。比如，最左下角的类型表明 TFR 低且随着时间而下降的国家的平均生育率变动趋势，最右上角的类型表明 TFR 高且随时间而上升的国家的平均生育率变动趋势。

结合前面对生育率变动空间分异的影响因素分析，将 1990—2020 年生育率变动的作用结果划分为几种类型。九种类型显示的图存在显著不同，L-L 型、L-M 型、L-H 型、M-L 型、M-M 型、M-H 型六种类型显示的两个因子随时间变动复杂和波动起伏，H-L 型、H-M 型和 H-H 型三种类型显示的两个因子随时间变动相对简单。

第一种：L-L 型，即 PC1 和 PC2 均低型，包括比利时、法国、荷兰 3 个国家。

第二种：L-M 型，即 PC1 低且 PC2 中等型，包括德国、希腊、意大利、西班牙、以色列 5 个国家。

第三种：L－H 型，即 PC1 低且 PC2 较大型，包括英国、保加利亚、罗马尼亚、俄罗斯联邦、古巴、哈萨克斯坦、斯洛文尼亚 7 个国家。

第四种：M－L 型，即 PC1 中等且 PC2 低型，仅丹麦 1 个国家。

第五种：M－M 型，即 PC1 和 PC2 均中等型，包括澳大利亚、新西兰、爱尔兰、克罗地亚、海峡群岛、法罗群岛 6 个国家。

第六种：M－H 型，即 PC1 中等且 PC2 较大型，包括奥地利、白俄罗斯、捷克共和国、爱沙尼亚、格鲁吉亚、中国香港、日本、吉尔吉斯斯坦、拉脱维亚、立陶宛、中国澳门、蒙古、瑞典、瑞士、乌克兰 15 个国家或地区。

上述六种类型共计 37 个国家或地区，基本上都位于欧洲和大洋洲。与 1990—1995 年低生育率国家是基本一致的。也就是说，基期生育率是区分前六种类型和后三种类型的关键。

第七种：H－L 型，即 PC1 高且 PC2 较低型，包括 25 个国家或地区，均值由 1990 年的 5.3 降至 4.0，下降 1.3。既有美国、芬兰、卢森堡、巴巴多斯等期初较低 TFR 国家或地区，也有索马里、乌干达、阿富汗、布隆迪、乍得、埃塞俄比亚、几内亚、利比里亚、马拉维、肯尼亚、莫桑比克等期初 TFR 高于 5 的国家。TFR 低于 3 的 8 个国家，均值由 1990 年的 2.2 降至 2018 年的 1.8；TFR 高于 4.8 的 17 个国家，均值由 1990 年的 6.8 降至 2018 年的 5.0，这些目前 TFR 高于 5 的国家主要分在东非、中非、西非等，经济最贫穷，社会发展最滞后尤其是城镇化进程慢、受教育程度提高缓慢，因此，生育率下降相对缓慢。

第八种：H－M 型，即 PC1 高且 PC2 中等型，包括 103 个国家或地区，与基期相比，总和生育率下降幅度较大。TFR 由 1990 年的 4.5 降至 2.8，下降 1.7。其中葡萄牙、韩国、新加坡、波黑、挪威 5 个国家在 1990 年 TFR 就低于更替水平，期末 TFR 比期初较明显下降；其他国家在 1990 年 TFR 处在 2—8.7，同样期末 TFR 比期初较明显下降。

第九种：H－H 型，即 PC1 高且 PC2 较高型，包括 30 个国家或地区，期末 TFR 比期初明显下降。从这些国家的平均值看，由 1990 年的 3.7 降至 2.4，下降 1.3。这些国家中有地处亚洲的中国、越南、伊朗、印度尼西亚、斯里兰卡、马尔代夫、阿曼等，也有地处欧洲的亚美尼亚、阿塞拜疆、斯洛伐克、土库曼斯坦、乌兹别克斯坦、塔吉克斯坦、波兰、匈牙利、摩尔多瓦等，还有地处非洲的南非、利比亚、摩洛哥、纳米比亚、津巴布韦等。比如中国在1990年和1991年TFR高于2.1，持续降至目前1.6—1.7。

本章小结

第一，促使高生育率社会生育率下降的因素需要更多地从宏观经济社会背景方面考虑，比如婴幼儿死亡率下降、受教育程度提高、收入水平提高、城镇化进程等；影响低生育率社会生育率变动的因素更多从个人及家庭等微观层面考虑，比如生育偏好、价值观和行为的代际传递、家庭角色等。运用孩子供给与需求理论分析高生育率国家生育率变动的影响因素，主要表现在：（1）初育年龄和妊娠间隔是影响孩子供给的直接因素；（2）死亡率变化是影响生育动机的主要因素；（3）经济社会因素对高生育率社会孩子需求及生育行为的影响突出表现在宏观和微观两个层面，其中主要的社会经济宏观因素包括收入、城镇化和受教育程度等；（4）对孩子数量的需求高是高生育率国家的当前模式；（5）节育成本比如计划生育服务是有组织地降低生育率的最明确的干预措施。

第二，对于完成生育率转变、进入后转变时期的低生育率社会而言，影响生育率变动的因素应从个人/或夫妇（微观）、社会关系和社会网络（中观）以及文化和制度环境（宏观）三个层面予以考虑。微观层面包括生育决策过程中的生育意愿、婚配关系、劳动力性别分工、再婚、收入和教育及人力资本、经济和就业的不确定性、生育偏好、价值观和行为的代际传递、生物学和遗传因素、社会经济地位和家庭出身的文化背景等，研究上述微观因素与生育行为关系的主要障碍是难以建立因果关系；社会相互作用、居住地、社会资本是影响低生育率的中观层面因素；经济变动趋势、就业和失业趋势、政策措施、福利制度、价值观和态度的变化、历史和文化的延续性、避孕和生殖技术等在宏观层面影响低生育率。宏观层面的社会环境（比如现代化程度、生育政策和文化制度等）作用于中观的城乡区域及社会资本因素以及微观的个体与家庭，从而既影响家庭和个体的特征，也影响到全社会的生育观念。同时，社会环境、家庭因素和个人特征的综合作用，又导致不同家庭、不同人群对孩子成本和效用的不同认识，从而形成各自特定的生育意愿和生育行为。

第三，促进当前中等生育率国家生育率转变的因素主要有女性地位变化和性别平等制度、家庭结构变化、教育和女性劳动力参与率等。

第四，通过使用截面数据分析各因素对生育率空间分异影响的变化，可以看出：(1) 随着时间的推移，婴幼儿死亡率对 TFR、25 岁以下育龄妇女生育率、30 岁及以上育龄妇女生育率空间分异的影响不断增大。(2) 不同受教育程度女性的生育率差异正在减少，女性受教育程度对生育率空间分异的影响呈减弱态势。目前生育率随女性受教育程度的变化呈现 "U" 形变动趋势，拐点出现在（15.7，1.7），即当女性接受教育程度达到 15.7 年，即接近于大学本科，TFR 达到最低值 1.7；此后 TFR 再随着受教育程度的提高而上升。(3) TFR 首先随女性不平等指数的下降而下降，然后再随女性不平等指数的上升而上升，即呈现 "J" 形。(4) TFR 随城镇化率的提高而下降，但是城镇化进程对 TFR 的影响程度显著地持续减弱。(5) 随着人均 GDP 增长，TFR 先降后升；在人均 GDP 为 60083 美元时，TFR 达到最低，为 1.53；人类发展指数（HDI）与 TFR 呈现反 "J" 形关系，当 HDI＝1 时，TFR 达到最低值 1.4，即接近低生育陷阱的临界值；HDI 每上升 0.1，25 岁以上育龄妇女生育率则下降 60.2‰，随着 HDI 的上升，30 岁及以上生育率先降后升，拐点出现在（0.86，159.2‰）；TFR 随着人力资本指数的提高而下降，人力资本指数每上升 1 个百分点，总和生育率将下降 0.0428。(6) 女性劳动参与率对全球生育率空间分异的影响不显著。(7) 经济波动与 TFR 的关系表现为 TFR 不受经济波动影响而呈现简单线性变化、"U" 形或 "V" 形、转折型和交叉型四种。(8) 参与全球化程度对 TFR 具有非线性影响，同样呈现 "J" 形关系。(9) 从政策措施对 TFR 的影响看，随着初育年龄的提高 TFR 先降后升，终身生育率随着避孕措施使用率的上升而先降后升，当使用率为 100% 时，终身生育率达到 1.35；家庭生育计划实施状况可能减缓生育率下降或导致生育率上升；法国、英国、北欧福利国家用于家庭福利和公共教育的支出占 GDP 比例高，有助于降低家庭的养育成本，故生育率相对较高；希腊、意大利、西班牙、日本、韩国等国家则相反。在上述分要素对生育率变动空间分异影响的基础上，利用地理探测器分析方法比较各因素对生育率空间分异的不同影响及其变化，得出结论：婴幼儿死亡率是最主要的影响因素，并且在 2000 年对世界生育率空间格局的影响明显增强；女性受教育年限对世界生育率空间格局的影响仅次于婴幼儿死亡率，并且女性受教育年限对世界生育率空间格局的影响呈现先降后升的态势；社会因素对世界生育率空间格局的影响逐渐减弱，特别是女性劳动参与率的影响在2010年以来降至不显著，城镇化水平的影响持续衰减；经济因素对世界生育率空间格局的影响随着经济增长而波动变化。

第五，运用面板数据和构建计量模型综合分析社会经济发展要素对总和生育率的影响，进而解析影响生育率空间分异变动的主要来源，并将各国按照生育率类型分组，对比分析不同类型生育率国家影响生育率变动的主要因素。由此得出五个重要结论：(1) 对尚未开始生育率转变的高生育率国家和正在进行生育率转变的中等生育率国家而言，婴幼儿死亡率、城镇化率、女性劳动参与率等因素对生育率的影响是一致的。对于完成生育率转变的低生育率国家，上述三个因素对生育率变动不再具有显著性影响。(2) 女性受教育程度对生育率的影响只有在生育率开始转变（TFR降至4以下）后才显现，而婴幼儿死亡率则在完成生育率转变后对生育率变动不再具有显著性影响。即婴幼儿死亡率和女性受教育程度对生育率变动的影响依赖于生育率。(3) 婴幼儿死亡率对生育率的最大影响体现在中等生育率国家，说明提高儿童存活率可能是促进生育率快速转变的最有效手段。并且，女性受教育程度对生育率的影响从中等生育率国家开始体现，这表明促使生育率转变的两个最重要手段是降低婴幼儿死亡率和提高女性受教育程度。(4) 经济发展水平是死亡率和教育两个因素之外影响生育率变动的一个相对微弱因素，对生育率变动产生不规则的复杂影响。(5) 随着生育水平的不断下降，影响生育率变动的主导因素从婴幼儿死亡率转向受教育程度再转向经济发展水平，呈现递阶式；生育观念、社会规范与行为等的变化逐渐成为影响低生育率国家生育率变动的决定性因素。

最后，总结上述分析，婴幼儿死亡率及其变动的空间差异是高/较高生育率下降空间分异的根本驱动力，在此基础上进一步叠加经济社会发展的差异，从而导致生育率变动的总体差异；经济社会发展的空间差异是导致低生育率国家生育率变动空间分异的决定力量；不管是婴幼儿死亡率还是经济社会发展因素，对生育率变动空间分异的影响都要通过已婚女性百分比、避孕节育率等中介变量而实现。即不同类型国家经济、社会文化、政策等宏观层面因素与个人生活压力、发展抉择、婚姻意愿等微观因素之间细密复杂的联结互动，最终影响生育意愿和生育行为变动的空间差异。进一步引入双组分趋势成图分析方法将世界生育率新变动的时空动态变化分为九种类型，其中前六种类型共计37个国家或地区，基本上位于欧洲、北美洲、澳大利亚和新西兰等，后三种类型即H-L型、H-M型和H-H型分别包括25个、103个和30个国家或地区，即略多于一半的国家或地区属于H-M型，即2015—2020年TFR与基期相比出现较大幅度的下降。

第四章

基于经验事实的低生育率变动理论解释

根据人口转变理论，越来越多的国家将生育率降至更替水平以下，其中少部分国家降至极低生育率水平。极低生育率既严重影响人口长期均衡发展，也对一个国家的社会经济发展和政治稳定造成严重威胁。在这些极低生育率国家中，影响生育的因素更为多样和复杂，需要运用综合多维视角加以理解和分析，否则即使政府有决心并采取强大的政策干预，也难以达到预期效果。本章将针对适度低生育率国家不断增多和低生育率陷阱争论两大焦点问题，运用前三部分实证分析所得出的结论，重点剖析极低生育率是否持续存在和适度低生育率的稳定机制。

第一节 生育选择相关理论

生育选择是一个相当复杂的过程。学者们从不同视角解释生育选择，并形成了许多低生育率的相关论述。了解这些理论论述，有助于深入探究适度低生育率是稳定还是回升。

一 从人口学视角对生育选择的解释

目前一些学者从人口学视角对生育选择进行了合理的解释。

Becker 提出生育选择的四种观点：（1）数量质量替代理论（quantity-quality interaction theory），生育选择的背后因素是孩子的数量还是质量。（2）机会成本理论（opportunity cost theory），生育孩子对于个人和家庭尤其是女性对于工作所要付出的成本，包括无法工作必须照顾孩子，或是工作晋升受到照顾小孩的羁绊和影响，这些工作与家庭的两难问题，即所要付出的"代价"会影响生育意愿。（3）家务协商空间理论（intra-household bargaining theory)，当女性的包括照顾孩子等家务的空间小于女性可以接受的界限时，或者说，生了孩子，女性可能无法取得男性在照顾孩子等家务中的分担，女性也可能包括男性越难去选择生育孩子。（4）外部金钱效果（fiscal externalities），和东方人传统养儿育女价值观有关的是养儿防老的可依赖性或可靠性①。

Van De Kaa 提出多种观点解释生育选择，包括文化规范与价值观变化、死亡率下降、经济学功利主义、社会观点、家庭结构变化、对儿童价值观等。

McDonald 提出几种低生育率的论述，包括：（1）理性选择理论（theory of rational choice），选择小孩与否和生育之间是一种理性思考以及理性原则的运用所致。（2）物质主义，物质是夫妻或伴侣间是否愿意牺牲现在生活资源来养育小孩的重要原因。（3）预防风险理论（theory of risk prevention/prediction），认为许多人不生孩子是因为要避免不确定性和风险性的未来对小孩或家庭的影响。（4）性别平等理论。性别越平等的社会，生育率越高②。

Lutz 总结了影响 21 世纪世界人口生育的六大影响力，包括：（1）变化中的文化和社会力，包括关于社会文化环境中的特别因素，如生育的理想数、生育的社会规范或期待以及生育的期望等；（2）变化中的男女性别/伙伴关系以及性别差异；（3）变化中的政府政策角色，比如儿童照护设施和房屋政策等；（4）变化中的就业和经济环境；（5）变化中的生物—医疗状况，包括精子质量和数量、女性受孕能力以及帮助受孕的新方法；（6）变化中的受教育程度。对于低生育率国家，影响生育率趋势的积极因素包括来自高生育率国家的移民、提高工作实践的灵活性、公共托儿服务和当地家庭政策等，消极因素包括个人生命历程规划的不确定性增加、教育扩张和接受自愿无子女等。影响高生育率国家生育率变动趋势的主要因素包括提高女性受教育程度、在城市环境中抚养儿童的费用、改善获得计划生育服务的机会等③。

---

① Brian W., "Book Reviews: A Treatise on the Family", *Population and Development Review*, Vol. 8, No. 2, June 1982, p. 393.

② McDonald, P., "Low Fertility and the State: The Efficacy of Policy", *Population and Development Review*, Vol. 32, No. 3, September 2006, p. 485.

③ Lutz, W., Butz W. P. and Samir K. C., *World Population & Human Capital in the Twenty-First Century: An Overview*, Oxford: Oxford University Press, 2017, pp. 22 - 27.

二 从福利国家视角对生育选择的解释

从广义上讲，家庭政策包括"政府为家庭所做的一切事情"，家庭政策随着福利国家的发展而发展，同时受到国家类型以及福利制度的影响。Esping-Andersen 指出，传统解释生育率的两大理论是男性赚钱能力（earning capacity）和女性有小孩后终生可能可以赚到钱的母亲机会成本（opportunity cost of motherhood），这一论述观点可以解释为何高生育率多半集中在女性受教育程度低且没有就业市场的国家，但是时至今日，这些理论已渐不成立，跨国研究发现，就业率高的国家生育率也高，高生育率的国家女性就业率也高。而且在北欧国家，特别是教育程度低的国家，生育率相对也较低，教育可能也已经不再是重要的影响因素[1]。

Esping-Andersen 进一步否定了人口学者利用第二次人口转变来说明少子化的观点。人口学者指出，人口数较少的核心家庭将是长期发展趋势，这种现象的发展是和后现代的个人优先或个人自我实现优于父母责任的转变相关联的。Espin-Andersen 否定这一点，指出瑞典在 20 世纪 80 年代只有 1.5 的 TFR，90 年代上升为 2.0，瑞典的现代主义在 90 年代莫非比在 80 年代低？法国在 90 年代后期 TFR 为 1.8，意大利只有 1.2，难道法国现代主义的风气不及意大利？[2] 法国制定了一套连贯的一揽子家庭政策，相较于瑞典家庭政策模式的主要目标是实现两性平等，法国政策主要集中于改善家庭和儿童福利方面。因此，法国的家庭政策模式是建立在向家庭提供充裕的现金转移以及广泛的儿童托育服务的基础上。现金转移具有多生育主义特征，主要针对大家庭；税收减免是构成法国家庭政策体制的基石之一，应税收入可随着家庭规模的增加而减少，此外，法国还向 2 个及以上子女的父母提供全面家庭津贴、针对贫困家庭的特殊津贴和住房津贴。公共儿童托育服务的最初目标是致力于保障儿童的机会平等，后来，允许女性参与劳动的目标才变得越来越重要。

---

[1] Esping-Andersen, G., *Social Foundations of Postindustrial Economies*, Oxford: Oxford University Press, February 1999, p. 120.

[2] Esping-Andersen, G. and Billari, F. C., "Re-theorizing Family Demographics", *Population and Development Review*, Vol. 41, No. 1, March 2015, p. 1.

三 从生物政治学视角对生育选择的解释

Repo 从生物政治论（biopolitics）的观点解释生育率变动，揭示性别如何在性学、精神病学、女权主义、人口学、经济学和公共政策之间建立生物政治联系，重新思考性别观念对当今女权主义理论和政治的解放潜力。她提出一种新的性别问题理论和方法，认为性别是战后发明的一种生物权力工具，目的是调节资本和人口的再生产；性别平等就是一种权力武器或者科技，用以控制人口和生活。她认为，依据法国的哲学家 Michel Foucault（2007）所言，我们不能视人口问题为政治或经济问题，我们应该了解人口问题是一个出现在特别的时间、特别的地点以及特别的权力关系下的问题，人们为了追求生活和提升生活品质而检视自己的生活处境，以追求最好的利益；这是具有生物性和政治性的，从18世纪开始的人口生育率转变就可以看出来①。

Repo 进一步指出，欧盟的性别平等政策是一种生物政治和新自由主义政府治理的技术。她通过对欧盟政策文件和相关人口研究的深入研究，得出欧盟性别平等政策是作为重组妇女工作和个人生活的一种手段出现的，以便通过同时提高妇女的生育率和劳动力市场参与度来优化生物繁殖和资本主义生产力；性别是性机制的延伸，通过承诺同时再现生活和经济，实现了一种更复杂、更广泛、更有效的生物政治监管形式；此外，性别与新自由主义的背景是分不开的，在新自由主义背景下，性别被视为一只"看不见的手"，旨在通过对性取向者个人和工作生活的成本效益分析做出生育选择，使其能够自我管理和自我治理②。

第二节 低生育率社会生育率变动的理论解释

虽然低生育率国家逐渐增多，但是低生育率国家维持机制尚未形成共识，极低生育率国家未来变动趋势也存在分歧，因此笔者在前面实证分析的基础上尝试借鉴不同的理论学说分析低生育率社会生育率变动趋势。

---

① Repo, J., *The Biopolitics of Gender*, Oxford: Oxford University Press, October 2015, p. 22.

② Repo, J., "Gender Equality as Biopolitical Governmentality in a Neoliberal European Union", *Social Politics*, Vol. 23, No. 2, January 2015, p. 307.

一 转变后低生育率国家生育率变动的分歧及解释

(一) 转变后生育率变动的分歧表现

在第三章通过数据分析已经得出：随着越来越多的国家完成生育率转变和进入后转变时期，20世纪90年以来低生育率类型国家出现分化态势，一些国家维持着生育率略低于更替水平的状况，一些国家则继续降至极低水平。为此，笔者进一步考察两种分化国家低生育率的持续时间。

首先，根据世界银行各国生育水平数据①，2018年96个国家总和生育率低于更替水平，其中46个国家曾经出现5年及以上TFR低于1.5或至今仍然低于1.5，42个国家降至更替水平后始终保持5年及以上的适度低生育率，也就是说，保持生育率接近更替水平或极低水平5年以上的两类国家数量基本持平。在降至更替水平后始终保持适度低生育率的国家中，瑞典、美国、挪威、澳大利亚、英国、法国、比利时7个国家已经持续40年以上，生育水平在1.7—2.1之间波动；巴巴多斯、古巴、丹麦、荷兰4个国家持续30—40年，生育水平在1.6—2.1之间波动；中国、爱尔兰、冰岛、亚美尼亚、阿塞拜疆、格鲁吉亚、朝鲜、新西兰等12个国家持续20—30年，生育水平在1.7—2.1之间波动；越南、智利等20个国家持续5—20年，生育水平在1.7—2.1之间波动（见表4-1-1）。另外，伊朗、突尼斯在2017年之前曾完成生育率转变，但是2017年TFR重新升至更替水平以上。

表4-1-1　降至更替水平后保持适度低生育率超过20年的国家

国家	保持适度低生育率的时间	保持适度低生育率的年份	保持适度低生育率时出现的最低TFR	保持适度低生育率时出现的最高TFR	2017年TFR	2018年TFR
瑞典	51	1968—2018	1.50	2.09	1.85	1.78
美国	47	1972—2018	1.74	2.08	1.77	1.73
比利时	47	1972—2018	1.51	2.09	1.68	1.65
英国	46	1973—2018	1.63	2.04	1.79	1.74

---

① 在第二、第三章主要使用联合国数据分析国际生育率变动趋势，数据基本是平均5年的；在此使用世界银行分年度数据分析低生育率国家生育率变动情况。

续表

国家	保持适度低生育率的时间	保持适度低生育率的年份	保持适度低生育率时出现的最低TFR	保持适度低生育率时出现的最高TFR	2017年TFR	2018年TFR
挪威	44	1975—2018	1.66	1.98	1.71	1.62
法国	44	1975—2018	1.73	2.09	1.92	1.90
澳大利亚	43	1976—2018	1.74	2.06	1.77	1.74
巴巴多斯	40	1979—2018	1.61	2.06	1.62	1.62
古巴	40	1979—2018	1.57	1.99	1.64	1.62
丹麦	32	1987—2018	1.50	1.89	1.79	1.75
中国	27	1992—2018	1.60	1.98	1.68	1.69
越南	20	1999—2018	1.89	2.10	2.04	2.05
巴西	16	2003—2018	1.74	2.09	1.74	1.73
新西兰	8/14/8	1980—1987/1993—2006/2011—2018	1.81	2.09	1.81	1.71

资料来源：世界银行数据库。

对于那些曾经出现 5 年及以上 TFR 低于 1.5 或至今仍然低于 1.5 的国家，截至 2018 年，10 个国家的 TFR 低于 1.5 持续 20 年及以上，19 个国家的 TFR 低于 1.5 持续 10—20 年；TFR 低于 1.5 持续 10 年及以上的 13 个国家和地区回升到 1.5 以上，比如德国和奥地利已经摆脱了陷阱[1]；TFR 低于 1.5 持续 10 年及以上的 31 个国家中，有 23 个国家曾出现了最低点 TFR 低于 1.3（见表 4-1-2）。从地域分布看，南欧、东亚、东欧的极低生育率现象严重，特别是意大利、葡萄牙、西班牙、日本、韩国、中国香港、中国澳门、斯洛伐克 8 国或地区陷入低生育率陷阱已经长达 20 年以上，至今仍未摆脱陷阱。俄罗斯、乌克兰、白俄罗斯、立陶宛、罗马尼亚、保加利亚、匈牙利、捷克等前共产主义国家均已跳出了低生育率陷阱，特别是俄罗斯 2017 年 TFR 比最低点增长了 0.6 个孩子；不过，乌克兰近几年又

---

[1] 根据德国统计局数据，相比于 2015 年，德国 2016 年女性生育率跃升 7%，共有 79.2 万名婴儿诞生，其中 60.7 万例来自德国父母，增长 3%；而 18.5 万例来自外国父母，剧增 25%。德国统计局称，大部分外国父母都来自传统上生育率较高的国家。因此，德国生育率回升在很大程度上是由于近年来移民潮所致。

重新陷入低生育率陷阱。波多黎各、毛里求斯、圣卢西亚由于近年来的生育率持续下降，TFR 低于 1.5 持续 4—5 年，即面临着陷入低生育率陷阱的高度风险。由此判断，一个国家既可以长期维持极低生育率，也可以跳出低生育率陷阱，极低生育率持续时间存在明显的区域差异性。

表 4－1－2　降至更替水平后曾出现总和生育率低于 1.5 的国家

国家	到 2018 年 TFR 低于 1.5 的持续时间	TFR 低于 1.5 的持续年份	到 2018 年出现的最低 TFR	TFR 升至 1.5 以上的年份	2018 年 TFR
意大利	35	1984—2018	1.19	—	1.32
葡萄牙	32	1994—2018	1.21	—	1.38
西班牙	32	1987—2018	1.13	—	1.31
希腊	19/9	1989—2007/2010—2018	1.23	—	1.35
中国香港	34	1985—2018	0.90	—	1.07
日本	26	1993—2018	1.26	—	1.42
韩国	21	1998—2018	1.05	—	0.98
中国澳门	27	1992—2018	0.86	—	1.22
波兰	21	1998—2018	1.22	—	1.48
斯洛伐克	22	1996—2017	1.19	—	1.52
新加坡	18	2001—2018	1.15	—	1.14
摩尔多瓦	19	2000—2018	1.22	—	1.26
波黑	19	2000—2018	1.28	—	1.27
马耳他	18	2001—2018	1.35	—	1.26
塞尔维亚	14	2005—2018	1.38	—	1.49
塞浦路斯	13	2006—2018	1.38	—	1.33
德国	41	1975—2015	1.24	2015	1.56
拉脱维亚	13/5	1994—2003/2009—2012	1.09	2013	1.69
罗马尼亚	15	1994—2007	1.27	2008	1.71
保加利亚	16	1993—2007	1.09	2008	1.56
奥地利	6/23	1985—1990/1994—2015	1.33	1991/2016	1.52
捷克	14/3	1994—2007/2001—2003	1.13	2008/2004	1.69

续表

国家	到2018年TFR低于1.5的持续时间	TFR低于1.5的持续年份	到2018年出现的最低TFR	TFR升至1.5以上的年份	2018年TFR
瑞士	5/8	1994—1999/ 2001—2008	1.38	2000/2009	1.52
俄罗斯	15	1993—2007	1.16	2008	1.57
乌克兰	18/5	1994—2011/ 2014—2018	1.09	2012	1.37
立陶宛	13	1996—2008	1.23	2009	1.63
白俄罗斯	14	1995—2008	1.23	2009	1.45
卢森堡	10/4	1978—1987/ 2015—2018	1.38	1988/—	1.37
海峡群岛	13	1979—1991	1.43	1992	1.51
斯洛文尼亚	18	1990—2007	1.20	2008	1.62
克罗地亚	10/7	1998—2007/ 2013—2018	1.39	1998/—	1.47
匈牙利	6/22	1985—1990/ 1994—2015	1.33	1991/2016	1.54
波多黎各	6	2013—2018	1.36	—	1.04
毛里求斯	6	2013—2018	1.10	—	1.41
圣卢西亚	6	2013—2018	1.45	—	1.45

资料来源：世界银行数据库。

综上，生育率降至更替水平以下的国家，生育率变动复杂且差异较大：既有超过30年一直处在极低生育水平的国家，比如南欧国家及日韩；也有超过40年一直处在适度低生育水平的国家，比如北欧国家、美国、澳大利亚；还有在极低生育水平和适度低生育水平之间波动的国家，例如乌克兰、丹麦，其中乌克兰是走出低生育率陷阱又重新陷入的例子，丹麦则是走出低生育率陷阱后较长时期维持适度低生育率的国家（降至更替水平12年后，出现连续6年的极低生育率，此后又维持了至今31年的适度低生育率）。

（二）对分歧的解释

借鉴低生育率社会现有理论学说，笔者认为工作与家庭是影响低生育率社会生育率出现上述两大分歧的两个基本方面，故从影响工作和家庭的一系列因素入手，包括工作时间和劳动力市场、结婚与生育的联系、性别平等、儿童护理和工作父母休假、教育体系、年轻家庭住房可得性、养育孩子的政府补贴、移民、频繁的政策变化九个方面，解释了东亚、北欧、美国和澳大利亚等国家或地区出现的生育率变动分歧。总体上，任何使父母特别是母亲的养育更容易与其他角色结合的因素都会导致较高的生育率；反之，任何使这种角色结合更困难的因素都会导致较低的生育率。从各方面来看，雇主希望拥有受过更好教育的工人，妇女希望获得尽可能多的教育，大多数妇女希望全职或兼职劳动，父母希望能够平衡工作和家庭的义务，年轻人想要他们能负担得起的合适的住房，男人和女人想要孩子并且能够按照他们的喜好抚养孩子们。如果一个国家的制度、历史、文化和政策允许其公民实现上述目标，那么生育孩子和实现其他目标之间的冲突就会被最小化，生育率就可能接近替代水平；相反，这些相互竞争的目标之间的冲突越大，生育率就可能越低。

1. 工作时间长短和劳动力市场是否灵活：影响生育率分歧

首先，工作和工作环境的许多方面都会影响生育决策。比如在中国香港、日本、新加坡和韩国，就业妇女和男性的工作时间很长，很难成为母亲和父亲的角色。无论是雇佣者还是同事，通常都希望工作者长时间地工作，而很少考虑到工作者可能承担的家庭责任。并且，文化上的期望是无论妇女是否就业，她们都要对家务和儿童保育负全部责任。此外，当孩子入学后女性重返劳动力市场时，很可能找到没有安全感、福利很少和相对较低工资的工作。荷兰、美国、澳大利亚的劳动力市场比东亚更加灵活，其中荷兰妇女和男子享有政府保护的非全日制工作权利，不受工资歧视，享有与全职工人同等的福利，包括医疗、养老金和相关福利；美国、澳大利亚提供了兼职，且当地女性比日韩更容易重新进入劳动力市场。

2. 结婚和生育的联系：非婚生育率的高低影响生育率分歧

在亚洲，婚姻和生育之间的联系非常紧密，婚姻和生育作为一个"群体年龄"联系在一起，社会规范和法律制度往往使非婚姻家庭出生的儿童处于不利地位，故非婚生育率保持在较低水平，比如新加坡、日本和韩国等大约2%的出生是婚外生育。荷兰、美国、澳大利亚等国家20%—40%的出生发生在婚姻之外，在婚姻内部或外部生育的灵活性导致了更高的生育率。

3. 女性平等：区别极低和适度生育率国家的重要因素之一

性别平等，无论是家务劳动还是劳动力，都被认为是区别经济发达国家超低生育率或生育率接近更替水平的一个重要因素。中国香港、日本和韩国都有宗法文化，家庭中存在着相当多的性别不平等。相反，在澳大利亚和美国等国家，妇女运动有力，家务分担更为公平，工作场所对妇女的歧视更少。

4. 教育体系：是否灵活和负担得起的教育体系和对儿童的教育期望导致生育率出现分歧

教育体系和政策对生育率产生无意但强烈的影响。在荷兰、美国、瑞典等国家，妇女和男性有生育子女、完成教育和改变学习领域的灵活性。相比之下，在日本和韩国，大学辍学后回校几乎是不可能的，改变学习领域也极为困难。此外，对儿童的教育期望也在生育决策中发挥重要作用，比如，在中国香港、日本、新加坡、韩国等，中小学教育竞争激烈；虽然澳大利亚、荷兰和美国的教育体系也存在明显的竞争，但远不及亚洲国家；荷兰教育竞争水平非常低，荷兰儿童因此被称为世界上最幸福的儿童。

5. 托育和休假：缓解工作与家庭冲突

几乎所有经济发达国家都存在工作与家庭的冲突，有组织的托育中心是降低工作与家庭冲突的共同策略。但是，不论是适度还是极低生育率国家，都没有政府补贴的高入园率的托育中心，几乎所有的低生育率国家对儿童托育的需求都远远大于供给。此外，政府规定的带薪产假在经济发达国家也并不是非常慷慨。一些国家要求雇主采取某些行动以缓解工作与家庭责任的不相容。

6. 年轻家庭的住房可得性：住房政策对生育率产生无意且显著影响

组建家庭需要考虑的因素之一是获得适当的居住单元。如果年轻家庭难以找到负担得起的住房，可能推迟甚至避免结婚生育。各国通常有各种影响住房供应的政策，但通常不考虑其对生育率的影响。新加坡是个例外，政府在安排住房方面优先考虑已婚夫妇，但在这一强有力的政策杠杆下生育率仍然处在极低水平。对其他国家来说，住房政策对生育率的影响是无意的。美国有一系列政策，旨在使拥有住房的人比其他国家更能负担得起；韩国特殊的租房制度制约一些人推迟结婚和生育；中国城市的房价大幅上涨和农村的房价暴跌，也会产生推迟结婚的作用。

7. 养育孩子的政府补贴：可能影响生育率变动分歧

许多经济发达国家的政府提供了一系列补贴以帮助解决育儿成本问题，补贴包括政府提供的教育、婴儿奖金、税收抵免、学校提供的膳食、对儿童保育、产前护理和生育费用的支持，以及直接的现金福利。养育孩子的政府补贴在一定程度上刺激了生育，但是也有国家没有达到实施措施的预期效果，比如，新加坡有最慷慨的补贴，高达抚养至18岁儿童成本的1/3，然而并没有产生接近更替水平的生育率。

8. 移民：移民数量及年龄结构影响移入国的生育率

通常认为，移民有助于移入国保持相对较高的生育率，比如荷兰和美国的移民水平高、对两国相对较高TFR的贡献大。事实上，新移民对TFR的影响很小，新移民生育孩子数与本国父母生育孩子数是基本相当的。北欧及西欧国家、美国、澳大利亚等具有相对较高的移民率，移民很年轻，往往20多岁或30岁出头，他们往往移民后才进行生育，这才是导致移入国生育率有所提高的重要原因。亚洲国家很少有大量移民。

9. 人口和家庭政策：连续或频繁变化影响生育率产生分歧

理论上，如果影响生育或抚养孩子的政策保持不变，年轻夫妇容易做出生育决策。不过，澳大利亚是个例外，很多政策被反复修改，但是保持了30年不变的适度低生育率。

二 超低生育率是否持续及空间集聚的理论解释

西方绝大多数学者将20世纪90年代和21世纪初期出现的超低生育率（Lowest-Low Fertility）定义为TFR在1.3及以下。人口统计学者存在着广泛的一致性，即超低生育率的时代是普遍生育延迟的直接结果，但也有学者认为有关生育重要性的规范和价值观的变化导致超低生育率的出现，比如Perelli-Harris关于俄罗斯和乌克兰低生育率来源的研究[1]、Lutz关于导致韩国和其他一些亚洲国家低生育率陷阱的研究[2]。关于极低生育率如何持

---

[1] Brienna Perelli-Harris, "The Path to Lowest-Low Fertility in Ukraine", *Population Studies*, Vol. 59, No. 1, March 2005, p. 55.

[2] Lutz, W., "Has Korea's Fertility Reached the Bottom? The Hypothesis of a 'Low Fertility Trap' in Parts of Europe and East Asia", *Asian Population Studies*, Vol. 4, No. 1, March 2008, p. 1.

续，以及推迟生育以外的其他因素能否维持极低生育率，产生了一系列意见分歧。

(一) 超低生育率不会持续存在的理论解释

从理论上来讲，超低生育率不会持续存在的原因是生育推迟所致，一旦生育延迟停止，超低生育率将结束。学者们认为生育进度改变或生育时间对超低生育率具有突出作用，故极低生育率是一种暂时现象。大多数官方人口预测也遵循这一观点，预测最低生育率将从观察到的1.3极低水平提高到1.5以上。也有学者认为，超低生育率时代已经结束。就目前大多数发达国家而言，生育的推迟仍在继续，但是速度明显放缓。理解时期效应对于解释超低生育率具有三个重要含义。第一，尽管超低生育率国家具有区别于其他低生育率国家导致超低生育率出现的许多特征，但是如果没有时期效应所施加的决定性下行压力，它们不会经历长期的超低生育率。第二，随着推迟生育的速度继续放缓，甚至停止，超低生育率国家的TFR将存在提升的空间，因为目前1970年前后出生的队列生育率几乎都超过1.5。第三，超低生育率的再次出现有可能需要新的加速，不仅仅是生育推迟的延续。比如，随着全球经济普遍衰退，许多以前超低生育率的国家出生率有可能再次下降，不过，是暂时的；只有经济持续低迷，导致生育率推迟效应的长期复苏，才可能导致超低生育率持久。

Sobotka给出了"生育推迟导致的生育率转变"的概念性模型和典型国家实例，从中可以解释超低生育率是一种暂时现象。首先，图4-1-1给出了"生育推迟导致的生育率转变"过程的三个阶段。最初阶段，女性开始推迟生育行为，因此，TFR迅速下降和平均初育年龄上升，大多数发达国家这一阶段TFR显著下降和降至更替水平之下重叠在一起。第二阶段，生育推迟现象持续，可能持续几十年，TFR保持在低或极低水平，平均初育年龄持续上升，在现实中通常TFR上升和下降，但持续受到进度效应的影响；许多政府对极低生育率的长期负面效应予以关注和开始关注家庭政策，并且明确地以提高人口出生率为目标。最后阶段，生育率恢复、初育年龄上升的趋势缓慢下降和最终结束，进度效应消失和TFR上升，TFR最终达到与终身生育率相似的水平，这一阶段以30岁以下年轻育龄组生育率的逐渐平稳和较大育龄组生育率的持续上升为特征，TFR的实际增加值取决于进度效应所致转变过程中的生育率趋势。由于生育水平下降存在于生育推迟所致转变的全过程,大多数国家时期 TFR 最终将低于生育推迟转变开始前的生育水平。

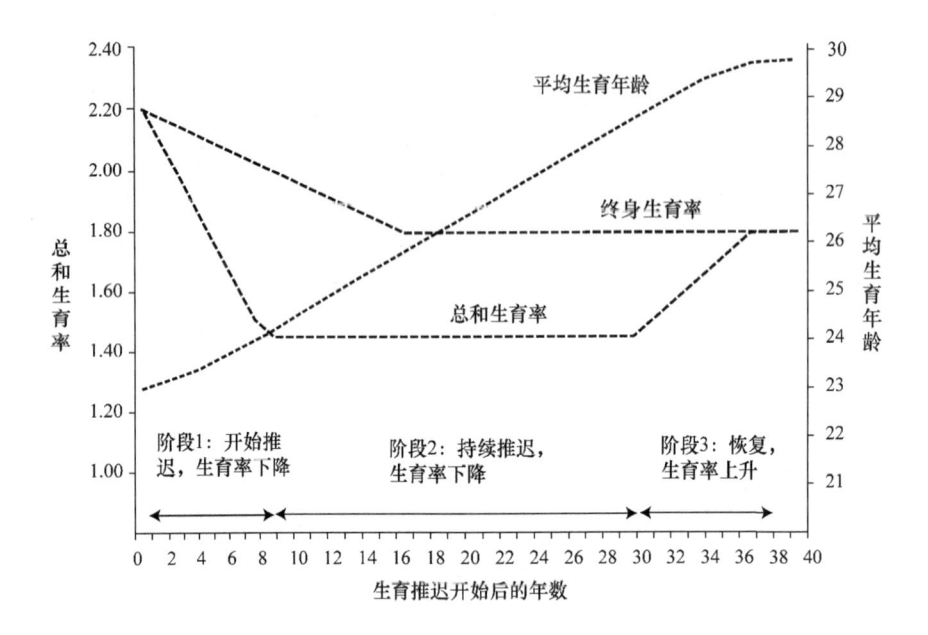

图 4-1-1 在"生育推迟导致的生育率转变"过程中总和生育率终身生育率(滞后30年)和平均初育年龄的变化

其次,"生育推迟导致的生育率转变"在低生育率国家存在相当大的差异,图 4-1-2 显示了 5 种轨迹,这 5 种轨迹的 TFR 在第一阶段下降的幅度和深度、在第二阶段受进度影响的生育率的持续性和稳定性、在第三阶段生育率恢复上升的幅度等均不同;因 TFR 下降的深度不同,导致出现极低生育率的两条轨迹(T3 和 T4)不同。5 种轨迹的第一条,用 T3 表示,加速转变,TFR 迅速下降到超低水平和同样迅速复原到原先水平;第二条,用 T4 表示,TFR 迅速降至超低水平,但复原时逐渐升至较低生育水平;第三条,用 T1 表示,TFR 适度下降和复原;第四条,用 T2 表示,TFR 略有下降和明显复原;第五条,用 T5 表示,TFR 下降、上升、再下降、再上升等,呈现不规则的变化。显然,T3 和 T4 均出现了暂时性的超低生育率现象。

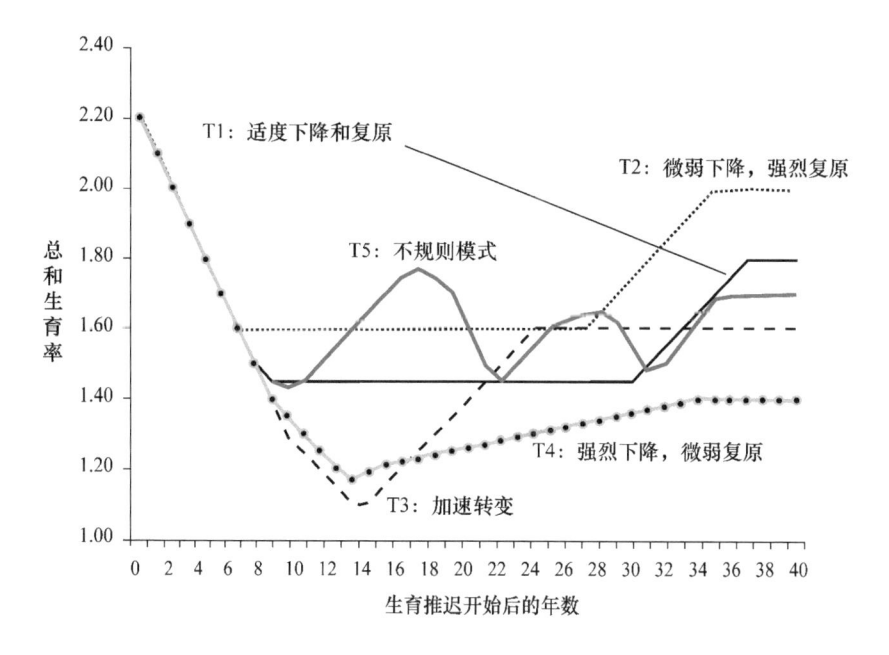

第四章 基于经验事实的低生育率变动理论解释 ◀◀◀ 269

图4-1-2 在"生育推迟导致的生育率转变"过程中总和
生育率下降和恢复的5条轨迹

最后，上述5条简化的轨迹在各国实际生育率变动趋势中表现得更加不规则和难以预测，但是每条轨迹都能够找到最近40年来观察到的国家实例（见图4-1-3）。在TFR恢复到1.6—2.1之间的适度低生育率国家中，荷兰、法国和瑞典分别显示出T1、T2和T5的模式；以TFR恢复到1.4—1.6之间的两条轨迹中，捷克共和国显示出T3的加速模式，日本显示出逐渐转向低生育率和随后微弱复原的T4模式。即捷克共和国和日本出现过超低生育率现象。

当然，超低生育率国家生育推迟有着重要的社会经济背景，比如，成年早期经济不确定性、教育回报提高、劳动力市场短缺以及其他刺激生育推迟的因素。并且，社会相互作用对生育时间的影响也加强了个人对社会经济变化所做出的生育意愿调整。

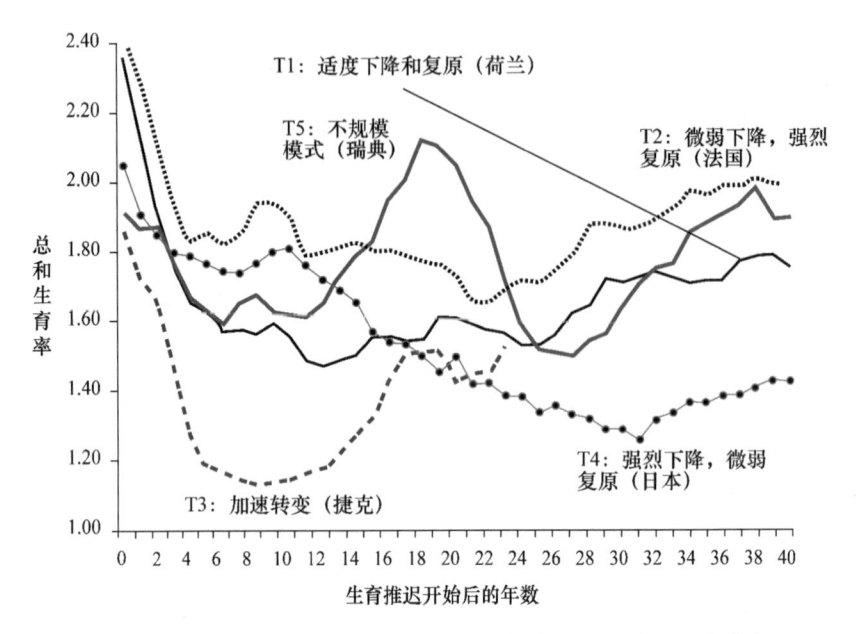

图4-1-3 在"生育推迟导致的生育率转变"过程中总和生育率下降和恢复的5条轨迹：1970—2015年几个国家的经验实例

资料来源：Human Fertility Database（2016），European Demographic Data Sheet 2016（VID, 2016），own computations using Eurostat（2015）data and national statistical offices.

（二）超低生育率可能持续存在的理论解释

Bongaarts和Lutz等学者提出了超低生育率可能会持久，这一观点可以分为两个阵营：一是强调了生育节奏导致TFR下降的持续性及其未来的潜在后果；二是强调超低生育率国家的社会经济条件和文化条件，具体如下。第一种观点认为，一旦延迟生育停止和与生育进度相关的因素消失，生育数量的额外下降就可能阻止TFR显著回升，因此，超低生育率会持续很长时间。比如，Lutz提出低生育陷阱，由于存在负反馈，超低生育率可能继续或甚至进一步下降，其中，由生育节奏引起的出生率下降导致期望家庭规模进一步下降。低生育陷阱假说认为，如果缺乏政策干预，低生育率国家的出生人数会因"自我强化机制"（self-reinforcing mechanisms）而持续减少。这三个机制分别是：（1）人口学机制，因人口负增长惯性，潜在母亲数量的减少将导致出生人数的减少；（2）社会学机制，即年青一代受父辈低生育率的影响而降低生育意愿；（3）经济学机制，即相对收入的减少会限制生育。这三个机制都是一种恶性循环，造成出生人数的"螺旋式"减少[①]。第二种观点认为，超低生育率是不利于生育的社会经济和文化条件长期作用的结果。TFR 维持在 1.5 以上的人口和不能维持 1.5 的人口之间存在"文化鸿沟"，不能维持 1.5 及以上的社会，儿童友好程度较低且提升生育率越来越艰难。在期望家庭养活自己和普遍性福利不发达的国家，生育率持续偏低的原因是家庭中的性别平等程度低和个人强烈依赖家庭网络。

可见，尽管学术界提出了上述不同的解释或假说，但尚未形成对超低生育率国家生育行为的综合理解。

(三) 超低生育率空间集聚模式及其变化的解释

笔者使用世界银行数据分析出现超低生育率的国家数量及其持续时间。

首先，超低生育率国家或地区数量在 2002 年和 2003 年达到峰值；此后明显减少，2018 年降至 8 个，即仅韩国、波多黎各、中国香港、中国澳门、新加坡、马耳他、摩尔多瓦、波黑 8 个国家或地区 TFR 仍然低于 1.3。也就是说，近十几年来，超低生育率现象越来越集中在极少数国家或局部地区。2002 年和 2003 年，19 个超低生育率国家或地区，其中欧洲 14 个，亚洲 5 个；2018 年，欧洲及亚洲分别有 3 个、4 个超低生育率国家，并且，马耳他和波黑两个南欧国家在 2018 年刚刚步入超低生育率，也就是说，仅亚洲的超低生育率国家或地区分布相对稳定。

其次，在世界范围内持续很久的超低生育率现象仅出现在个别国家或地区。欧洲曾经有摩尔多瓦、斯洛文尼亚、意大利、西班牙、希腊、俄罗斯、保加利亚、乌克兰、拉脱维亚、白俄罗斯、捷克共和国 11 个国家出现 5 年以上的超低生育率；这些国家大都在 20 世纪 90 年代初期或中期以后出现，在 21 世纪初期退出超低生育率；目前除摩尔多瓦（从 2002 年至 2018 年，已持续 17 年）之外，其余都已经脱离超低生育率。在亚洲，韩国、中国香港的超低生育率现象已经持续 20 年以上，日本仅出现 3 年的超

[①] Lutz, W., Skirbekk, V. and Testa M. R., "The Low-Fertility Trap Hypothesis: Forces that May Lead to Further Postponement and Fewer Births in Europe", *Vienna Yearbook of Population Research*, 2006, p. 167.

低生育率。

　　因此，笔者认为超低生育率的空间集聚显示三种不同模式：一是包括意大利和西班牙在内的南欧超低生育率国家，超低生育率与传统家庭模式的持续存在、成家晚、非婚同居的有限蔓延、生育晚、婚外生育的比例低、女性就业率相对较低以及年轻人失业率高等有关，此外表现出更明显的第一胎推迟和难以恢复的年长育龄妇女生育率；二是以摩尔多瓦、保加利亚、捷克共和国和匈牙利为代表的中欧和东欧国家，超低生育率是1990年前后国家社会主义崩溃后经济艰难转型的结果，表现出相对较早的家庭独立、结婚较早、非婚生育率和离婚率较高、初育年龄相对较早；三是以韩国、中国香港为代表的亚洲国家或地区，超低生育率持续时间最长，特别是韩国成为了全球唯一出生率进入"零时代"的国家，表现出极晚生育、非婚生育率低、女性就业率较高等特征。并且，超低生育率现象曾在南欧普遍出现，后来逐步退出，目前又开始出现；东欧也曾较普遍出现，但仅1个国家持续存在；在亚洲，4个国家或地区持续存在。可见，三种模式中仅亚洲的超低生育率国家或地区的分布表现出强烈的路径依赖，空前而持续的超低生育率逆转迹象有限。究其根本原因，首先在于根深蒂固的儒家文化体系和强大而僵化的家族主义、父权制（patriarchy）延续了传统的性别分工，这与社会的现代化（妇女地位提升和尊重妇女的基本权利等）发生冲突，并在儒家文化下性别革命停滞不前（stalled gender revolution）；其次是激烈的竞争压力和养育成本高，特别是儿童的照护成本和教育成本高、养育子女的机会成本高；最后是政策响应迟缓，政策过分关注提高生育率而未顾及结婚率下降和对生育压力的潜在厌恶，未能缓解工作与家庭冲突；此外，劳动力市场状况恶化，失业和工作不稳定。尽管主要由于生育推迟导致的欧洲许多国家已经经历了从极低生育率的回升，但是未来东亚国家从前所未有的超低水平提高到什么程度和以何种方式与欧洲大多数国家生育水平相一致，仍然存在很多疑问。如果东亚[①]国家或地区继续保持偏低非婚生育率和整个社会在使传统的家庭习俗适应妇

[①] 虽然新加坡严格意义上是东南亚国家，但是在过去的几十年里，由于其令人印象深刻的经济发展、儒家文化、重男轻女以及同样快速下降的生育率，经常与其他东亚国家并驾齐驱。故很多学者将新加坡与韩国、中国香港、中国台湾一起分析。

女的新角色方面进展缓慢的话，未来生育率将依然很低①。后面将从性别公平理论和工作与家庭冲突理论进一步加以阐释。

三　性别公平理论对极低生育率社会形成的理论解释

最近10年，欧洲将性别平等视为重新构建最适生育率（re-optimize fertility rate）公共政策中的新里程碑，欧盟委员会性别与就业专家组（Activity of European Commission Expert Group on Gender and Employment）② 提出了综合考量男女两性在工作、金钱、知识、时间、权利、健康、附加等领域的不平等状况。性别公平理论从性别公平在不同社会领域的制度设置的不相容性来解释生育率从更替水平向极低生育率的变化。在低生育率社会里，个人导向的社会制度领域（如政治、教育和劳动力市场方面）性别平等水平高，而家庭导向的社会制度领域的性别平等水平相对较低，这两个领域的性别平等水平不同步导致了女性在工作和生活中的尖锐冲突，如女性在职场的成功和家务的繁重，导致她们把将来的家庭角色（如妻子、母亲等）视为对个人发展的拖累，因而选择了少生甚至不生或不婚；并且，缺乏性别公平视角的家庭友好政策会有损女性的社会地位，并导致生育率进一步降低。因此，发达国家出现的低生育率现象是个体导向的社会机制所宣传的两性平等与家庭导向的社会机制导致的性别不平等之间冲突的结果。

（一）生育率向更替水平转变与家庭内部的两性平等化过程相伴随

基于不同的文化和经济背景，许多因素都能促进家庭内部的两性平等，并推动低生育水平的实现：（1）妇女教育水平的提升，改变了妇女传统的知识结构，视野更加开阔，也更容易接受新的思想和价值观；（2）随着儿童存活率的提高，限制家庭规模进一步扩大的措施势在必行；（3）生育的成本结构也在发生变化，比如义务教育制的推行，以及在城市的居住和生活都可能推动人们调整自己的生育行为；（4）较具包容性政治体制的

---

① Yen-hsin Alice, Cheng, "Ultra-low Fertility in East Asia: 'Babymaking Machines' Going on Strike?", paper delivered to Wittgenstein Centre Conference 2018, 3rd Human Fertility Database Symposium, Vienna, December 5 - 7, 2018.

② 该专家组每年编写涵盖30个国家的两份专题报告，评估会员国的国家就业改革方案在多大程度上促进两性平等，起草分析和监测劳动力市场中男女平等方面的工作。

社会也较易接纳避孕措施，在广大群众中也较易推广和使用；（5）在社会内部以及不同社会妇女之间有关信息的自由流传也是一个重要的因素；（6）专业医生更多地参与到孕期照护的过程中，并对妇女怀孕及生育提出意见；（7）避孕技术的进步发展也提高了生育控制的容易性；（8）最后，政府负责主导的家庭生育计划可取得社会大众的支持，也较易取得避孕服务。总之，家庭内部两性的平等化是生育率向更替水平转变的必要条件，图4-1-4显示了西方家庭型和个人型制度中性别平等水平随时间变化以及它们从高生育率到低生育率的相互作用。当家庭导向制度和个人导向制度下的性别平等均达到高水平时，就可能出现极低生育率。

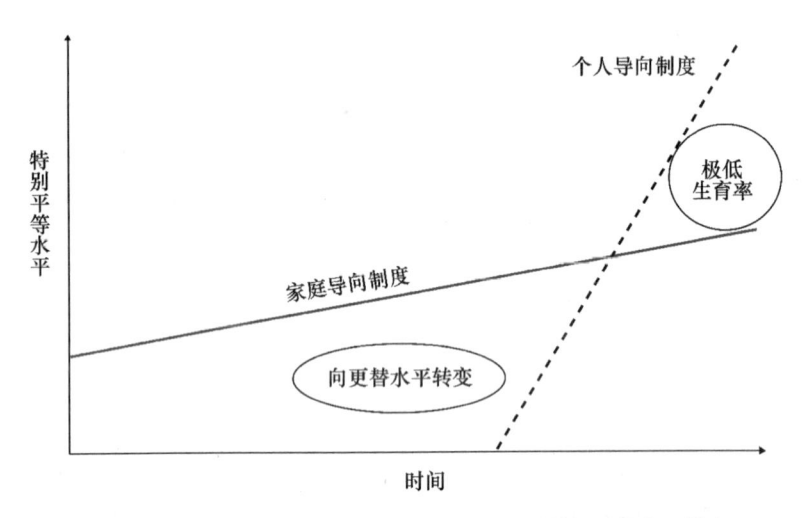

图4-1-4 家庭内部两性的平等化推动生育率向更替水平转变

资料来源：McDonald, P., "Gender Equity in Theories of Fertility Transition", *Population and Development Review*, Vol. 26, No. 3, September 2000, p. 427.

（二）个体导向的社会制度推动两性平权

两性平等的概念是由"性别分层"和"性别角色"的概念延伸而来的。前者指的是男女两性作为社会成员制度化的不平等，后者指的是男女两性的劳动角色分工。对个人权利和自由的需求的增加推动了个体导向的社会机制的建立和发展，并推动两性平权：例如，民主制度的建立倡导的是个人的投票权，而非家庭的投票权。在这样的制度中，女性的权利正在得到更多的重视，尤其是在所有权和投票权方面；在经历了很长时间以后，女性在受教育的权利与机会上已经与男性相同；而在就业市场上，女性的权利与机会也有了长足的进步。总体而言，社会正在促进女性在就业市场上获得"同工同酬"的待遇；至少在非经理级别的岗位上，女性已经可以和男性平等地进行竞争。

（三）家庭导向的社会制度中两性的平等化过程缓慢

家庭内部的两性平等，或者说家庭导向的社会制度中，两性的平等化过程却进展缓慢。完全的两性平等只有在养家糊口、老幼照料和养育以及操持家务三方面的家庭事务中不再有性别区分之后才可能实现。目前女性依然是家庭里最主要的照料提供者和家务的操持者，即使在西方国家和东亚发达的经济体中，性别分层依然盛行，男性获取经济资源、文化资源和政治资源的机会明显大于女性，而女性在家庭内的相对弱势地位尚无重大改变。在今日的经济发达国家中，只要女性不为家庭事务所羁绊，她们就有能力在劳动力市场上和男性进行公平的竞争。

在很大程度上，女性赋权的正常化要归功于家庭里两性平等的正常化。2018年，经济合作与发展组织公布了女性和男性每天从事清洁、购物和托儿等无偿家务劳动的时间。如果考虑每个国家的性别差距，就会出现一种规律：一个国家的家庭中两性关系越平等，女性在这个国家的政府中就会拥有更平等的地位。瑞典议会里有44%的席位都属于女性，家庭里每天男女家务时间的差距不到一个小时；美国国会里大约有23%是女性，家庭里男女日均家务时长差距为一个半小时；在匈牙利，女性议员的比例为10%，男女家务时长差距超过了两个小时。因此，在家庭层面促进两性平等，就有可能实现国家的民主。

（四）社会制度定义的角色冲突和两难困境

由于个体导向的社会制度推动两性平权和家庭导向的社会制度中两性的平等化过程缓慢，导致那些重视参与个体导向制度发展的女性面临两难困境，即个人发展与未来家庭角色的承担之间存在着明显的角色冲突。进而导致部分妇女远避家庭角色，选择不婚或少育的办法来维持两者之间的平衡，这与她们本来可以有的选择是截然不同的。今天，多数已受教育和社会化的年青女性都期望所扮演的个人角色远超越其所扮演的家庭角色。因此，个体导向的社会制度安排对两性平等的推动与家庭导向的制度安排对两性不平等的维持之间产生冲突时，将导致生育率下降(见图4-1-5)。社会制度和家庭均高水平的性别平等（见图4-1-5的左上部分）导致了比社会制度上高性别平等和家庭低性别平等（见图4-1-5的左下部分）更高的生育率。更重要的是，由于个体导向制度促成的两性平等不易逆转，在两性不平等的家庭导向制度水平低于两性平等的个体导向制度时，则会导致生育率向更低水平发展。除非能在家庭导向制度中取得两性的平等，否则超低生育水平难以有所改善。换言之，如果家庭导向的制度内部能够实现较高程度的两性平等，那么生育率就有重新上升的可能。只有个体导向和家庭导向的性别平等的差距关闭，才能带来实际生育率接近期望生育率。

	制度性别平等 高	制度性别平等 低
家庭性别平等 高	工作与家庭冲突弱 （接近）期望生育率	
家庭性别平等 低	工作与家庭冲突强 降低生育率	工作与家庭冲突弱 （接近）期望生育率

图4-1-5　制度性别平等与家庭性别平等的关系及其对工作与家庭冲突的影响

四　工作与家庭冲突理论对低生育率社会形成的理论解释

工作与家庭冲突理论主要关注女性的母亲角色和工作者角色的冲突，也就是育儿和有偿劳动（paid employment）之间的不相容性，认为工作与家庭政策、育儿安排、劳动力市场设置等制度性条件在结构层面上导致了性别角色的不相容性，即女性的工作与家庭冲突（Work-Family Conflict, WFC）。

（一）工作与家庭冲突理论

自工作与家庭冲突这一概念[①]提出以来，有关工作和家庭之间关系的理论经历了长足的发展。其中角色压力理论（role stress theory）认为，工作—家庭冲突是因为工作角色和家庭角色之间的不兼容导致的一种角色间

[①] Greenhaus, J. H. and Beutell, N. J., "Sources of Conflict between Work and Family Roles", *Academy of Management Review*, Vol. 10, No. 1, January 1985, p. 76.

冲突；边界理论（boundary theory）则认为，虽然工作和家庭分属两个不同的领域，但两者之间的边界却比较模糊，这导致当个体没有足够的时间和精力完成某一领域的任务时，就会调用原本分配给另一个领域的资源，导致两个领域发生冲突。

通常存在三种形式的工作与家庭冲突，即基于时间、压力和行为的冲突。基于时间的冲突被认为是最常见的冲突，发生在工作和家庭生活争夺个人时间的情况下，这种情况使得个人无法在两个领域都达到理想的水平。当一个人生活领域中经历的压力或紧张蔓延到另外领域时，就会产生基于压力的冲突，比如，对工作的担忧通常会导致在家里不耐烦或易怒的行为。基于行为的冲突是指一个角色（工作角色或家庭角色）所需的行为使其难以满足另一个角色的要求的情况，比如管理者的霸道性和客观性两种刻板行为之间潜在的角色冲突；当同一个人被期望在家庭中表达温暖和脆弱情感之时，将发生基于行为的冲突。上述三种不同类型的工作与家庭冲突经常重叠，很难从经验上加以区分。

基于上述理论，工作与家庭冲突是当个体面对多重角色压力时（同时兼顾工作和家庭时）产生的一种角色紧张和角色失衡，而这种紧张和失衡可能同时对工作和家庭产生消极影响，即工作与家庭冲突具有双向性，不仅工作会影响家庭（work-to-family conflict），即个人参与有偿工作阻止他们在所期望的范围内履行其家庭角色；同时，家庭也会影响工作（family-to-work conflict），即家庭角色的履行对有偿工作产生负面影响。在学术研究中学者们更多地关注工作对家庭的冲突。

（二）工作与家庭冲突对低生育率社会形成的解释

工作与家庭冲突对生育意愿和生育行为的影响主要基于对欧洲不同国家低生育率现象而开展的研究。

1. 工作与家庭冲突影响生育和主观幸福感之间的关系

人口学者越发关注儿童对个人主观幸福感（individuals' subjective well-being，SWB）的影响。孩子在追求幸福中扮演重要角色，这一"共同性"加深了对目前社会生育行为及其差异的理解。但是，现有文献中高收入国家生育对 SWB 的影响尚未达成共识，一些研究显示成为父母对 SWB 的影响是正向的，但是很微弱；大多数研究证明养育孩子对 SWB 没有显著或负面的影响。结论的不一致性是由于儿童对 SWB 的影响要受到其他若干因素的调节，比如工作与家庭冲突强度、儿童的数量和年龄、孩子出生前的初始幸福感、父母的生命历程阶段等。养育孩子对 SWB 的负面影响是由于工作与家庭紧张引起的。换言之，如果工作父母由于在兼顾工作和家庭义务的过程中没有得到足够的支持，感到工作与家庭压力大，那么在家庭规模增加后 SWB 可能会下降；但是，家庭规模扩大后 SWB 下降并不一定发生在所有父母身上，那些能够很好地获得高质量的外部托儿服务，比如得到伴侣、亲戚和朋友的支持，或者工作时间灵活或加班时间很少的人，更有可能从与孩子的亲密关系中获益；这些父母在孩子出生后，SWB 可能不会下降，甚至增加。Matysiak 进一步证实提出工作与家庭冲突程度具有影响养育孩子和 SWB 之间关系的双向性：作为例外，初次怀孕的母亲，她们的 SWB 不受工作与家庭冲突程度的影响；其余的，那些经历强烈或中度工作与家庭紧张关系的父母在孩子出生后的生活满意度会立即下降，那些最感受不到工作与家庭紧张关系的父母在怀孕和分娩前后生活满意度增加和随后 SWB 降至孕前水平[①]。

对于欧美西方发达国家而言，更加追求个人自由和主观幸福感，当养育孩子因工作与家庭强烈冲突而影响到个人 SWB 后，则自然选择不再生育。

2. 能否继续从事有薪劳动将调节工作与家庭冲突对再生育意愿的影响

实证研究证明，对于已有一个孩子的女性来说，更高程度的负性工作压力（通常是时间压力）对生育第二个孩子的意愿产生影响，并且只会在为幼儿提供正规育儿服务时。这是因为，如果一个人已经经历了无法在工作中完成所有事情，那么，在机构提供育儿支持水平较低的情况下，很难甚至不可能将工作和多生一个孩子结合起来。但是，还有一种可能，即工作与家庭冲突越大，越刺激再要一个孩子的愿望，这一影响归因于一个事实，就是一个孩子的母亲如果能够继续从事有薪工作，高度重视家庭生活和再想要一个孩子的她更有可能在有薪工作和家庭责任之间经历更大程度的冲突；这些妇女可能不想在家庭规模上妥协，但又仍然高度重视参与劳动。比如，在美国的双收入夫妇样本中，没有发现男性和女性工作与家庭

[①] Matysiak, A., Mencarini, L. and Vignoli, D., "Work-Family Conflict Moderates the Relationship between Childbearing and Subjective Well-being", *European Journal of Population*, Vol. 32, No. 3, Special Issue on The Parenthood Happiness Puzzle, August 2016, p. 355.

冲突对未来3年内想要孩子的意愿产生显著的直接影响；已有一个孩子的女性能否继续从事有薪工作起到关键性作用，将调节工作与家庭冲突对再生育意愿的影响。而能否继续从事有薪工作，有依赖于国家的女性兼职率较高和育儿服务可得性更高。

3. 缓解工作与家庭冲突的政策措施影响生育水平

针对工作地点或家庭采取降低女性工作与家庭冲突的政策和措施，可以刺激男性期望再生一个孩子。欧洲各国的家庭模式和文化背景将深刻影响与生育相关的公共政策的效果：在一些传统家庭观念较强的国家，公共政策有可能进一步强化了男性养家糊口（male-breadwinner）的传统（如德国）或难以改变传统的家庭安排模式（如意大利）；而另一些西欧国家的公共政策则在注重个人权利和社会平等的同时，也能关注到女性的权利和多元家庭模式（如法国和英国），从而促使生育率保持在 1.7 或更高。在北欧国家，劳动力参与率在整个家庭周期中普遍较高，而在南欧、东欧和西欧的德语国家，妇女和产妇的有偿就业仍然高度依赖于孩子数量和女性受教育程度。因此，育儿假和家庭现金福利等国家家庭政策的目标和范围是导致各国在女性劳动力参与和生育率存在差异的重要原因。

第三节 适度低生育率的稳定机制

前面分析看出，1990年以来世界范围内适度低生育率国家或地区的数量不断增多，其中北欧11国、北美2国、澳大利亚和新西兰等国家在1990—2020年期间基本上保持适度低生育率。未来适度低生育率国家或地区还将继续增多，2045—2050年世界将有六成国家或地区的总和生育率在 1.5—2.1 之间。在此分析适度低生育率国家或地区。为什么会出现适度低生育率国家数量不断增多？在此，笔者尝试从理想子女数、生育率下降逆转、性别平等追赶效应、经济发展和工作与家庭平衡及性别平等之间的互动等四方面探讨适度低生育率的稳定机制。

一 理想子女数在2附近是维持适度低生育率的前提条件

来自生育偏好调查的证据表明，即使在生育率极低的人群中，女性仍然表现出平均有2个孩子的愿望，即普遍的两孩规范（widespread two-child norm)。在过去的几十年里,更大理想家庭规模的国家随着时间的推移逐渐向两个理想子女数趋同,期望拥有两个孩子在欧洲女性中几乎是普遍存在的;欧洲60%的妇女认为两个孩子是理想的,而这一比例在世界不同地区也是如此,无论其生育模式和生育水平如何。同样,在其他很多国家或地区,比如加拿大、美国、澳大利亚、日本、韩国、中国台湾等低生育率国家或地区,平均理想家庭规模也相对集中在2.2左右。不过,那些已达到1.6或更低的低生育率水平的欧洲国家,其平均理想家庭规模降至1.95—2.15的相对较低水平。根据观测记录,越来越多的女性表达了理想子女数为一个孩子,很少女性不打算要孩子;这与3个或3个以上孩子的理想子女数下降是密切相关的。上述变动趋势在不同区域有所不同,在南欧、东欧和东南欧更为明显。然而,没有迹象表明,任何欧洲国家的女性正在放弃拥有两个孩子的愿望,转而追求独生子女的愿望;这在中国的城市中也是如此;几乎所有发达国家的意愿生育率都徘徊在2.0—2.2个孩子之间[1]。

  激励人们在低生育率背景下以两个孩子为理想子女数有以下五方面的原因。第一,拥有每种性别的孩子是期望两个孩子的强烈动机。与一个男孩和一个女孩的互动被视为与各种实际和心理收益、享受、刺激和游戏等相关联的不同的质的体验,"在许多不同的社会、经济和文化背景下,无论是在发展中国家还是在高度工业化的国家,每个性别至少有一个孩子的明显而稳定的偏好可被看为一种共同的模式"[2]。第二,独生子女被认为是被宠坏的。即使在目前的低生育率社会中,也存在着对独生子女的负面成见,他们通常被认为会被宠坏、以自我为中心、专横和爱吵架。第三,和第一个孩子作伴。许多父母认为应该为他们的第一个孩子提供一个伴侣,让第一个孩子可以与之玩耍、互动、争吵和相互发展。第四,两个孩子作为保险策略。独生子女可能死亡或受到严重伤害的可能性并没有完全消失,这种想法会影响到更焦虑的父母以及那些了解有这种经历的家庭的决策;一个孩子不满足父母的期望,另外一个孩子可以极大地提高一部分父母对孩子的期望和愿望得到满足的机会;在许多社会,孩子仍然是照顾生

---

[1] Sobotka, T. and Beaujouan, E., "Two Is Best? The Persistence of a Two-Child Family Ideal in Europe", *Population and Development Review*, Vol. 40, No. 3, September 2014, p. 399.

[2] Hagewen, K. J. and Morgan, S. P., "Intended and Ideal Family Size in the United States, 1970 – 2002", *Population and Development Review*, Vol. 31, No. 3, September 2005, p. 507.

病的父母的主要提供者，有两个孩子会大大增加父母老年后照顾他们的可能性。第五，符合社会规范。在欧洲和欧洲以外的许多国家，有两个孩子已经成为一代人和社会群体广泛认同的准则。因此，期望儿女双全、独生子女容易被宠坏、第一个孩子要有个伴儿、两个孩子更保险，遵从拥有两个孩子这一广泛认同的社会规则等刺激了目前低生育率背景下将拥有不止一个孩子作为理想家庭规模。

现实中，接近更替水平的理想子女数低于更替水平的最终生育孩子数，比如欧洲1972年出生女性的终身生育率为1.7，最近调查得到的理想子女数在2.2上下，两者相差0.5个孩子，其中意大利、希腊和西班牙等南欧国家相差0.6个孩子以上；英国、美国和法国具有较高的生育水平和较高的生育意愿以及两者差距在0.2—0.3个孩子。生育意愿和终身生育率之间存在差距且差距各国不一有很多原因所导致，比如育儿与高等教育和职业发展需求不相协调、对协调工作和家庭生活的支持很少、高龄妇女生育能力下降、性别不平等、劳动力市场不稳定等。生育偏好仍接近2个孩子的事实，表明即使已经实现生育率远低于更替水平的国家，仍然可能会随着人们学会管理和减轻某些或所有阻碍因素而提高生育率。为人父母的行为规范、工作与家庭政策、失业等是影响女性的生育目标、家庭总规模和二者之间差距的重要因素。许多国家趋向于性别平等和赋予女性权利，以及扩大生殖健康和服务机会的获得性，因此，目前低生育率国家的更多妇女有可能实现其所期望的家庭规模，最终提高整体生育水平。鉴于越来越多的低生育率国家采取提高生育率的政策，并且一些国家的政策实施取得显著成效，因此，从长期来看极低生育率国家生育率的反弹和回升应该是最合理的未来发展轨迹。

二 经济动力机制维持适度低生育率

近年国际上关于低生育社会的实证研究显示，高水平的经济发展和主观幸福感已经成为不被"困"在极低生育率中的一个必要（但不是充分）条件。也就是说，高度经济社会发展水平下生育率将出现逆转，特别是30岁及以上女性生育率。笔者通过前面的实证分析也得出结论，受教育程度、性别平等指数、经济发展水平、人类发展指数、参与全球化程度等均和生育率之间存在非线性的二次函数关系，即出现拐点，表明的确存在关系逆转。为此,笔者尝试从以下两个方面予以解释。

首先,性别平等与生育率的相关性是逆转发展和生育率之间关系的前提条件,并且逆转是由30岁以上女性生育率提高所致。经合组织国家逆转的重要因素是妇女的劳动力参与,即性别革命在发达社会具有影响生育率的重要作用。Goldscheide 将性别平等划分为清晰的两部分:一是女性劳动参与率的提高;二是男性参与女性的家务劳动;简单地说,前半部分是女性生活"男性化",后半部分是男性生活"女性化";伴随着女性工作转向劳动力市场,对家庭形成带来重大挑战并威胁到家庭稳定,即性别平等的前半部分导致家庭的削弱;性别平等的后半部分是家庭友好[①]。事实也证明,来自13个欧洲国家的时序数据研究表明受到高等教育的妇女对儿童保育和家庭工作的贡献越来越大。

其次,处于较低生育水平的社会可能会找到其他途径来逆转生育率。第一个途径是通过家庭支持,例如来自祖父母的支持,可能会增加并帮助父母获得更高的生育率。不过,考虑到这种支持更可能来自祖母,而且由于未来祖母可能对劳动力市场有更高的依恋度,她们在未来的就业机会不一定会增加。第二个途径是通过直接的政策干预,不过,迄今为止,单一政策似乎不会对成为父母具有长期影响。尽管如此,政策可能会起到缓解作用,但在受经济大衰退影响的社会中,政策又不太可能得到扩大。

三 性别平等追赶效应导致生育率维持在更替水平附近

Chesnais 认为,被视为最保守、最强调天主教信仰与家庭取向意识形态的地中海国家,其生育率在欧洲最低;然而,强调现代自由福利典范、主张赋予两性平等的瑞典,则拥有欧洲几乎最高的生育率[②]。要解释欧洲生育率的这种差异性,就必须比较妇女地位、家庭价值和家庭政策,在发达国家中提高妇女地位是提升生育率到更替水平的先决条件。

Anderson 提出了包含性别平等追赶效应的人口转变六阶段理论模型(见

---

① Goldscheider, Livia Sz. Oláh, Allan Puur, "Reconciling Studies of Men's Gender Attitudes and Fertility: Response to Westoff and Higgins Frances", *Demographic Research*, Vol. 22, January 2010, p. 189.

② Chesnais, J. C., "Fertility, Family, and Social Policy in Contemporary Western Europe", *Population and Development Review*, Vol. 22, No. 4, December 1996, p. 729.

图4-2-1）。在第四阶段，生育率降至更替水平，其中部分原因是由于工作与家庭的冲突。随着时间推移，体制、社会、文化、经济和人口等发生变化，以家庭为导向的实际性别平等"赶上"制度上的性别平等，将有效地减少工作与家庭的冲突；因此，事业和家庭变得更加融洽，导致更少的自愿无子女和生育率有所提高。根据如图4-2-1所示的扩展模型，西欧、北欧和英语国家作为人口转变和工业化的先驱，将大致进入第五阶段；而南欧和东亚国家将进入第四阶段。由于几乎不存在工作与家庭冲突和接近更替水平的生育率，瑞典和丹麦是最早达到第六阶段的国家。虽然Van de Kaa引证这两个国家作为第二次人口转变理论模型的先驱国家，假定生育率长期低于更替水平[①]。Anderson则认为，在第六阶段，实际生育率和期望生育率之间的趋同并不一定意味着必然回归到更替水平；但是，鉴于几乎所有发达国家的期望生育率徘徊在2.0—2.2之间，在此假定期望生育率大致等于更替水平。

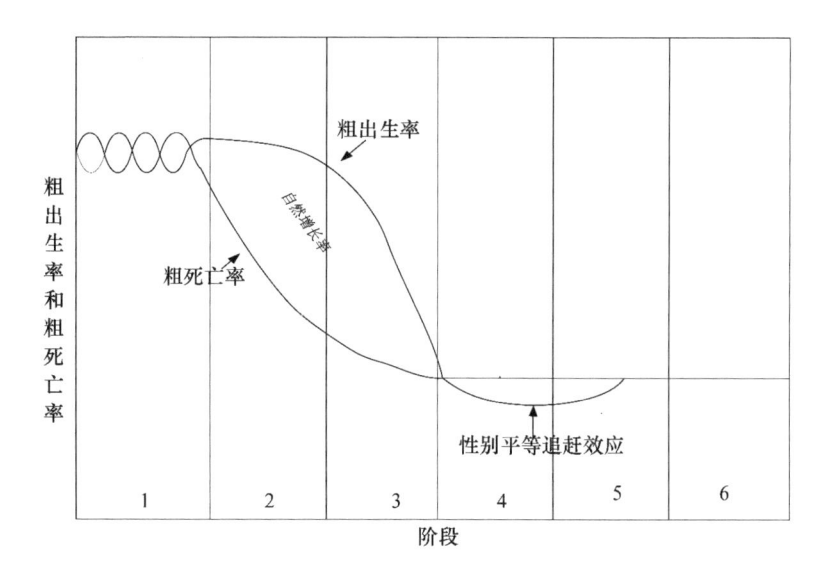

图4-2-1 包含性别平等追赶效应的人口转变六阶段理论模型

资料来源：Anderson T., Kohler H. P., "Low Fertility, Socioeconomic Development, and Gender Equity", *Population and Development Review*, Vol. 41, No. 3, September 2015, p. 392.

---

① Van De Kaa, D. J., "Europe's Second Demographic Transition", *Population Bulletin*, Vol. 42, No. 1, March 1987, p. 1.

四 工作与家庭平衡、性别平等和发展等共同维持适度低生育率

多数西方学者在运用工作与家庭冲突理论和性别平等理论解释低生育率时，并未考虑经济发展和性别平等之间的互动关系，也没有明确阐述经济发展因素的作用。事实上，不同的性别平等制度与经济社会发展的起点和速度是内在联系的，二者共同驱动了发达国家生育率变动的差异。并且，经济发展和女性就业不一定是生育率回升的障碍，比如在前面多次提及很多学者及笔者都分析得出生育率随着经济发展水平出现逆转。社会性别视角的引入可能是低生育社会中兼顾经济发展和生育率回升的机制，即有必要考虑经济发展和工作与家庭平衡、性别平等之间的互动关系对维持适度低生育率的作用。

Anderson 提出了"性别平等红利"（gender-equity dividend）的概念[①]，反映性别平等、经济社会发展和生育率变动的反馈机制。在性别平等红利期，由于低于更替水平引发成年人年龄结构较为年轻，考虑到结婚时两性年龄的差距，产生了结婚女性比结婚男性相对缺乏，这一人口年龄结构有利于女性通过议价能力的提升而提高性别平等；性别更平等则可能有助于高收入的低生育率社会提升或维持生育率。因此，低于更替水平的低生育率社会隐含着一种有利于提升生育率的中长期内在平衡机制，在一些性别高度平等的发达国家有这一状况的证据；并且，性别平等红利有助于解释韩国的生育模式，韩国在人口转变时期生育率快速下降导致了与家庭性别平等低水平相关的低生育水平。

北欧、西欧国家、美国、加拿大、澳大利亚、新西兰等国家能够长期维持 1.7—2.1 的生育水平，与那些曾经或仍然落入低生育率陷阱的南欧和东欧国家、东亚和东南亚国家相比，具有三个潜在的、必要的广泛条件：（1）青年人的地位相对较高；（2）经济发展程度和主观幸福感高；（3）通过推进性别革命，有更好的机会将工作和家庭生活结合起来。即经济发展和性别平等对稳定适度低生育率具有同等重要的作用。

不仅如此，对于类似于中国的许多发展中国家，仅仅使用工作与家庭

---

① Anderson T. and Kohler H. P. , " Low Fertility, Socioeconomic Development, and Gender Equity", *Population and Development Review*, Vol. 41, No. 3, September 2015, p. 382.

冲突理论和性别公平理论两个影响力最大的理论解释生育率下降历程也具有局限性，需要从工作与家庭平衡、性别平等和发展的综合视角，审视、分析和判断包括中国在内的越来越多国家出现的低生育率现象，这不仅有利于更为准确和全面地理解世界低生育率现状及其影响因素，也有利于对调整生育政策效果作出更为切合实际的判断。采取综合视角还能避免在低生育率下只考虑女性的社会再生产角色而忽视了她们物质生产者的身份，从而有助于制定精准有效的配套政策，降低对女性社会经济参与产生负面作用的风险。

此外，在降低工作与家庭冲突的家庭支持方面，中国不同于西方国家，西方国家以核心家庭为主，而中国有大家庭传统、来自父母的支持，比如祖父母照顾孙子女或帮忙料理家务，因此家庭支持的内涵远大于西方发达国家，仅使用西方国家的工作与家庭冲突理论也难以解释中国低生育率的形成与维持。

本章小结

本章重点剖析极低生育率是否持续存在和适度低生育率的稳定机制。

第一，降至更替水平以下的国家，生育率变动差异较大且出现明显分歧：既有超过30年一直处在极低生育率水平的国家，比如南欧国家及日本、韩国；也有超过40年一直处在适度低生育水平的国家，比如北欧国家、美国、澳大利亚；还有在极低生育水平和适度低生育水平之间波动的国家，例如乌克兰、丹麦，其中乌克兰是走出低生育率陷阱又重新陷入的例子，丹麦则是走出低生育率陷阱后较长时期维持适度低生育率的国家（降至更替水平后12年后，出现连续6年的极低生育率，此后又维持了至今31年的适度低生育率）。从工作、结婚与生育的联系、性别平等、儿童护理和工作父母休假、教育体系、年轻家庭住房可得性、养育孩子的政府补贴、移民、频繁的政策变化等方面可以解释上述生育率变动分歧。任何使父母特别是母亲的养育更容易与其他角色结合的因素都会导致较高的生育率；反之，任何使这种角色结合更困难的因素都会导致较低的生育率。从各国来看，雇主希望拥有受过更好教育的工人，妇女希望获得尽可能多的教育，大多数妇女希望全职或兼职劳动，父母希望能够平衡工作和家庭义务，年轻人想要他们能负担得起的合适的住房，男人和女人想要孩子并且能够按照他们的喜好抚养孩子。如果一个国家的制度、历史、文化和政策允许其公民实现上述目标，那么生育孩子和实现其他目标之间的冲突就会被最小化，生育率就可能接近替代水平；相反，这些相互竞争的目标之间的冲突越大，生育率就可能越低。

第二，关于超低生育率是否持续存在，从理论分析上有两种观点。一种观点认为不会持续存在，因为超低生育率是生育推迟所致，一旦生育延迟停止，超低生育率将结束；"生育推迟导致的生育率转变"的概念性模型和典型国家实例，解释了超低生育率是一种暂时现象和"生育推迟导致的生育率转变"在低生育率国家存在相当大的差异。另一种观点则认为超低生育率可能会持久，持有这一观点的学者分为两个阵营：一个阵营强调生育节奏导致 TFR 下降的持续性及其未来的潜在后果，认为一旦延迟生育停止和与生育节奏相关的因素消失，生育数量的额外下降就可能阻止 TFR 显著回升，故超低生育率会持续很长时间；另一个阵营则强调超低生育率社会的社会经济条件和文化条件，超低 TFR 是不利于生育的社会经济和文化条件长期作用的结果。笔者使用世界银行数据分析超低生育率国家出现的数量及其持续时间，发现在 2002 年和 2003 年数量最多，达到 19 个，近几年波动在 5—8 个；超低生育率的空间集聚显示三种不同模式，即南欧模式、中欧和东欧模式、东亚模式，仅亚洲的超低生育率国家或地区的分布表现出强烈的路径依赖，空前而持续的超低生育率逆转迹象有限，其根本原因在于性别革命停滞不前、激烈的竞争压力和样本成本高、政策响应迟缓和劳动力市场恶化等。

第三，性别公平理论从性别公平在不同社会领域的制度设置的不相容性来解释生育率从更替水平向极低生育率的变化，认为发达国家出现的低生育率现象是个体导向的社会机制所宣传的两性平等与家庭导向的社会机制导致的性别不平等之间冲突的结果，即生育率向更替水平转变与家庭内部的两性平等化过程相伴随，个体导向的社会制度较快推动两性平权，但家庭导向的社会制度中两性的平等化过程缓慢，因此当个体导向的社会制度安排对两性平等的推动与家庭导向的制度安排对两性不平等的维持之间产生的冲突时，将导致生育率下降；如果家庭导向的制度内部能够实现较高程度的两性平等，生育率就有重新上升的可能。

第四，工作与家庭冲突理论主要关注女性的母亲角色和工作者角色的冲突，也就是育儿和有偿劳动之间的不相容性，认为工作与家庭政策、育儿安排、劳动力市场设置等制度性条件在结构层面上导致了性别角色的不相容性，即女性的工作与家庭冲突。由于工作与家庭冲突，影响生育与主观幸福感的关系，工作与私人生活间的高度冲突影响已有一孩女性的再生育愿望，各国缓解工作与家庭冲突的政策措施，比如育儿假和家庭现金福利等国家家庭政策的目标和范围是导致各国在女性劳动力参与和生育率存在差异的重要原因。

第五，适度低生育率具有三个方面的稳定机制。首先，普遍的两孩规范，即理想子女数在 2 附近是维持适度低生育率的前提条件。激励人们在低生育率背景下两个孩子为理想子女数存在五个方面的原因和动机。其次，高度经济社会发展水平下生育率与经济发展水平之间的关系出现逆转，特别是 30 岁及以上女性生育率，具体表现在性别平等与生育率的相关性是逆转发展和生育率之间关系的前提条件，以及处于较低生育水平的社会可能会找到寻找家庭支持或政策干预等其他途径来逆转生育率。最后，性别平等追赶效应导致生育率维持在更替水平附近，比如瑞典和丹麦由于几乎不存在工作与家庭冲突和接近更替水平的生育率而率先成为进入人口转变第六阶段的国家。

综合以上分析，经济发展和工作与家庭平衡、性别平等之间的互动作用是越来越多的国家维持适度低生育率的重要机制。

第五章

国际生育率新变动的社会经济效应及政策响应

对封闭人口而言，影响系统人口总量、年龄结构等状态指标的主要人口学因素可以归结于期初人口结构、生育率、非生育率三类[1]。生育率作为主要影响因素，最近几十年以来大量国家终身生育率的显著下降影响着全球人口变化趋势，导致全球人口出生率由1990—1995年的24.3‰持续降至2015—2020年的18.5‰；同时全球人口死亡率也持续下降，由1990—1995年的9.1‰降至2010—2015年的7.5‰；二者共同导致全球人口增长减缓，人口自然增长率由1990—1995年的1.52%降至2015—2020年的1.1%[2]。同时，分年龄组生育率、死亡率和迁移等共同重塑人口年龄结构，特别是促使少儿人口比重下降和老年人口比重上升，其中15—64岁劳动年龄人口所占比重由1990年的60.9%升至2012年的65.6%，此后略有下降，2021年为65%，65岁及以上老年人口所占比重由1990年的6.2%持续升至2021年的10%，0—14岁少儿人口所占比重由1990年的32.9%降至2021年的25%[3]。生育率下降还引发家庭规模缩小和核心家庭比例的持续上升。生育率下降所带来的上述人口自身变动又进一步对经济社会发展、资源持续利用以及环境治理与保护等产生重要影响。由于不同生育率类型国家生育率变动的幅度和速度、变动机制等不同，各自的经济社会发展基础存在显著差异，因而生育率变动所引发的各种影响和政府所做出的政策响应存在明显差异。为此，本章将重点分析不同生育率类型国家生育率新变动对社会

---

[1] 于学军：《中国进入"后人口转变"时期》，《中国人口科学》2000年第2期。
[2] United Nations, Department of Economic and Social Affairs, Population Division, *World Population Prospects* 2019, ST/ESA/SER. A/423, November 2019.
[3] 世界银行数据库。

经济发展产生的影响及其作用路径，以及比较不同生育率类型国家对生育率新变动所做出的政策响应。

第一节 生育率变动影响经济社会发展的理论分析

生育率变动引起人口增长与分布、人口年龄结构、家庭规模和家庭结构、人口健康素质及文化素质等发生变化，进而继续作用于社会经济发展。换言之，生育率变动所引起的社会经济效应通过上述四种形式的人口变动而产生，人口变动是生育率变动与其社会经济后果之间的中间媒介。当然，这并不意味着生育率变动只能通过上述四种形式的人口变动来影响经济社会发展。更重要的是，速降型、缓降型、平稳型等不同形式的生育率变动，会产生显著不同的经济社会后果。

一 生育率变动的人口自效应

人口是一个具有许多规定和关系的丰富的总体。人口作为主体或客体所产生的影响统称为"广义人口效应"，其中人口事件对人口本身的影响称为"人口自效应"，人口事件对人口以外的经济、社会、资源环境的影响称为"人口他效应"；人口自效应是人口他效应产生的原动力，认识人口自效应的客观规律性是认识人口他效应的基础，人口自效应研究应处于优先位置[①]。借鉴这一定义，笔者将生育率变动对人口系统状态指标变化的影响界定为生育率变动的人口自效应，具体包括四种效应。

（一）生育率变动的规模效应

1. 生育率变动与人口增长惯性

在当今世界各国死亡水平越来越接近的情形下，生育率成为影响各国人口自然增长的主导力量。由于不同国家或地区生育率变化的速度存在差异，产生的规模效应也就存在显著差异。高生育率国家往往也是低收入和低教育程度的国家或地区，每年出生的大量人口占到世界出生人口的较大比例，生育率的变动趋势将主导世界人口增长与分布，"人口正惯性"效应增强。相反，对于长期维持低生育率的国家或地区，如果不

---

① 尹文耀：《简论人口效应与人口"红利"》，《人口与发展》2007年第4期。

考虑国际移民，将会产生人口负增长。如果一个国家或地区生育率下降，将导致本国或地区人口自然增长减缓，人口总量占世界总人口的份额相对减少。西方学者将逐渐老龄化和正在缩减的人口称为人口逆风（demographic headwinds），并提出持续不断的人口逆风加剧了生产力面临的挑战。

21世纪初，欧洲人口开始出现人口负增长惯性现象，即由于长达30多年的低生育率带来年轻人队列缩减，导致人口数量下降的趋势。"人口负增长惯性"的概念也就被欧洲人口学家所提出。人口惯性测度当前人口结构对未来人口增长的影响，一个年轻人口群体具有正惯性，低生育率导致子女数量少于父母时的一个年老人口群体则具有负惯性，因为它锁定了未来父母数量减少和人口下降的趋势。人口惯性可以使用一个仅考虑年龄结构影响人口规模变化的假想模型得以计算。欧盟15个成员国低生育率带来2000年前后人口由正惯性转为负惯性，目前负惯性很小；根据惯性预测，因20世纪60年代"婴儿潮"人口还会增长15年；但是，如果维持目前1.5的TFR至2020年，且保持目前死亡水平和忽视人口净迁入，人口负惯性将导致2100年比目前减少8800万人；进一步将维持20年以上低生育率导致的人口减少8800万加以分解，假定因婚姻推迟而产生的时期效应为0.3个孩子，这样调整后的生育率为1.8，由此产生的人口负惯性将导致2100年比目前减少4900万人，即人口减少的45%是持续20年以上的TFR为1.5所导致。总体上，欧洲维持当前1.5的低生育率，每10年人口规模将减少2500万—4000万，时期效应贡献40%左右（见表5-1-1）。

表5-1-1　　　　　　　　低生育率对欧洲人口的影响

低生育率维持时间（年）	2100年欧洲人口比目前减少		其中生育推迟导致的欧洲人口减少和贡献	
	生育持续推迟（TFR=1.5）（百万人）	不推迟生育（TFR=1.8）（百万人）	减少（百万人）	贡献（%）
0	15	15	0	0
10	56	34	22	39
20	88	49	39	45

续表

| 2100 年欧洲人口比目前减少 || 其中生育推迟导致的欧洲人口减少和贡献 ||
低生育率维持时间（年）	生育持续推迟（TFR = 1.5）（百万人）	不推迟生育（TFR = 1.8）（百万人）	减少（百万人）	贡献（%）
30	118	63	55	46
40	144	77	67	46

资料来源：Lutz, W., O'Neill, B. C. and Scherbov, S., "Europe's Population at a Turning Point?", *Science*, Vol. 299, April 2003, p. 1992.

总体上，生育率下降的速度和程度，决定了人口负增长和人口老龄化的速度和程度。如果低生育率国家生育率降至极低水平，那么，人口负增长出现的时间就更早一些，老龄化进程也会加快。比如，日本、保加利亚和意大利等国家，都在经历第二次世界大战后婴儿激增期后于20世纪七八十年代降至更替水平，随后又都陷入低生育率陷阱，这三个国家分别在低于更替水平30年后、10年后、15年后出现负增长；相反，新西兰、澳大利亚、美国、加拿大、挪威、英国、瑞典、法国等，婴儿激增期后降至更替水平的年份与出现人口负增长的年份分别相隔90年、85年、70年、65年、65年、65年、60年、55年（见表5-1-2），其主要原因在于没有出现低生育率陷阱和一直保持适度低生育率，并且长期保持更接近于更替水平的生育率，则相隔年份越长。

表5-1-2　部分国家降至更替水平至出现人口负增长的时间比较

国家	降至更替水平的时间	陷入低生育率陷阱的时间	出现人口负增长的时间	降至更替水平至出现人口负增长的时间（年）
日本	1975—1980	1990—1995	2005—2010	30
德国	1970—1975	1980—1985	1970—1975	0
保加利亚	1980—1985	1995—2000	1990—1995	10
匈牙利	1980—1985	1995—2000	1970—1975	0
西班牙	1980—1985	1980—1985	2015—2020	35
意大利	1975—1980	1980—1985	1990—1995	15

续表

国家	降至更替水平的时间	陷入低生育率陷阱的时间	出现人口负增长的时间	降至更替水平至出现人口负增长的时间（年）
中国	1990—1995	—	2035—2040	45
加拿大	1970—1975	—	2035—2040	65
美国	1970—1975	—	2040—2045	70
挪威	1975—1980	—	2040—2045	65
瑞典	1970—1975	—	2030—2040	60
英国	1970—1975	—	2035—2040	65
法国	1980—1985	—	2035—2040	55
澳大利亚	1975—1980	—	2060—2065	85
新西兰	1980—1985	—	2070—2075	90

资料来源：United Nations, Department of Economic and Social Affairs, Population Division, *World Population Prospects* 2019, ST/ESA/SER. A/423, November 2019.

2. 生育率变动与劳动力规模增长

从经济意义上讲，生育率变动对劳动年龄人口数量的影响可能会超过对人口规模的影响。劳动年龄人口增长率低对经济增长产生直接和间接的影响，其直接影响是工人减少、退休人员增多会给劳动者带来更大的经济负担；间接影响表现为较低的出生率导致二三十年后创业和竞争市场规模的缩小。比如，美国人口普查局数据表明，在2010—2015年新家庭数量平均比2008年减少了32%，这意味着从建筑商到油漆工再到家用电器的需求都下降[①]。

(二) 生育率变动的年龄结构效应

1. 劳动年龄人口占比和总和生育率存在长期关系

人口年龄结构既可通过劳动年龄人口所占比重、老年人口比重及其变化量来反映，也可通过总人口抚养比、老年人口抚养比及其变化量来反映。生育率是人口年龄结构最重要的驱动因素。将生育率和人口年龄结构联系起来的长期机制可以通过简单的人口模型加以解释。假定一个平稳人

---

① Narae Kim, "1930s Like Demographic Headwinds are Restraining the US Economy", 1/11/2017, https:// www.moneyweb.co.za/news-fast-news/1930s-like-demographic-headwinds-restraining-us-economy/.

口分为三个组：青年人、中年人和老年人，中年人的规模标准化为1。假定人口性别比为100和保持生育率 f，则必须有 $2/f$ 老年人、$2/f$ 年轻人才能保证在第二个时期结束时所有个体全部退出。在这一设定下，处于平衡的人口年龄分布为 $\left\{\frac{f}{2}, 1, \frac{2}{f}\right\}$。

进一步假定只有中年人工作，则劳动年龄人口所占比重 ω 定义为：

$$\omega = \frac{1}{\frac{f}{2} + 1 + \frac{2}{f}} = \frac{2f}{f^2 + 2f + 4} \tag{5.1.1}$$

在这一模型中，在更替水平，劳动年龄人口占比为1/3；生育率偏离更替水平时将导致劳动年龄人口占比下降，对于高生育水平，分母中的 $f/2$ 将变大，这就是典型发展中国家具有高少儿抚养比和低老年抚养比的情形；对于更替水平以下的生育率，分母中的 $2/f$ 将变大，导致相对于劳动年龄人口规模的老年抚养负担沉重。

上述简单模型中概括的基本机制忽略了影响人口年龄结构的另外两个重要因素，即死亡率和迁移。进一步将死亡率对人口年龄结构的影响考虑在内，高死亡率产生两个重要效应：第一，减少了45岁之前育龄妇女数量及其生育孩子数以及婴幼儿存活数量，因此，在总和生育率一定的情形下，年轻人队列的相对规模下降；第二，死亡率通过老龄化发挥作用，假定存活到老年人口的比例为 σ。这样，上述公式修订为：

$$\omega = \frac{1}{\frac{f}{2} + 1 + \sigma\frac{2}{f}} = \frac{2f}{f^2 + 2f + 4\sigma} \tag{5.1.2}$$

在此 $\sigma \leq 1$。如果老年人口存活率更低，意味着老年人口抚养比更低和劳动年龄人口占比更高。求解在稳定状态下劳动年龄人口占比最大时的生育水平，可以取一阶导数。

$$\frac{d\omega}{df} = \frac{-2f^2 + 8\sigma}{(f^2 + 2f + 4\sigma)^2} = 0 \tag{5.1.3}$$

因此，劳动年龄人口占比最大时的稳态生育率 $f^* = 2\sqrt{\sigma}$。如果 $\sigma = 1$，总和生育率 $f^* = 2$。即老年人口存活率越低，则劳动年龄人口占比最大时的生育率越低。如果 $\sigma < 1$，老年人所占比重将严格地低于年轻人所占比重，因此劳动年龄人口占比最大时的总和生育率将低于2。不同预期寿命对稳态

生育率具有差异化的影响：比如，法国预期寿命为 80 岁，对老年人的抚养负担会远远大于对年轻人的抚养负担，故劳动年龄人口占比最大时的稳态生育率为 2.6，明显高于更替水平；赞比亚预期寿命为 40 岁，年轻人抚养负担远远大于老年人，故劳动年龄人口占比最大时的稳态生育率仅为 1.7；也门预期寿命为 60 岁，劳动年龄人口占比最大时的稳态生育率为 1.9。

以上劳动年龄人口的界限是 15—64 岁，但是目前欧洲绝大多数劳动者在 60 岁左右退休，这意味着前面计算的劳动年龄人口占比估计过高。如果使用法国生命表模拟一系列退休年龄下稳定人口的劳动年龄人口占比，当退休年龄为 55 岁，劳动年龄人口占比最大时的稳态生育率为 3.1；如果一直工作到 70 岁，则劳动年龄人口占比最大时的稳态生育率降至 2.0。

除生育和死亡之外，影响人口年龄结构的第二个主要渠道是人口迁入。迁入者通常显示出与迁入国人口不同的再生育行为和直接影响迁入国的人口年龄分布。迁入者对人口年龄结构的精确影响依赖于迁入者的平均年龄和他们迁入后的持续时间。如果迁入者在劳动适龄迁入和退休前离开将增加迁入国劳动年龄人口和劳动力的相对规模，降低迁出国的劳动年龄人口占比。

影响人口年龄结构的第三个主要因素是行为变化。生育率变动通常改变女性劳动参与率，同时也改变人力资本和物质资本的积累。这些隐含着长期来看低生育水平产生正外部性，从而部分地弥补劳动年龄人口占比降低所产生的负效应。

2. 生育率下降对老年人口占比的影响超过死亡率下降

低死亡率和低生育率的人口体制必然导致人口老龄化，这一现象是工业化和经济增长的产物，并反过来威胁经济增长。然而，尽管老龄化是生育率下降和预期寿命延长的共同结果，但是人口学者研究表明生育率下降对老龄化的影响要比死亡率下降更为重要和显著。比如生育率下降解释韩国老龄化程度变化的 2/3，死亡率下降仅解释 1/3[1]。各国由于生育率下降的速度和持续时间不同，死亡率改善的程度不同，以及当前一代人的年龄结构不同，老龄化进程存在显著差异。对于发达国家中最早经历第二次人口转变的国家来说，人口老龄化正在顺利进行，人口将在三四十年内迅速

---

[1] [韩] 常金文：《韩国对低出生率与迅速老龄化的政策回应》，水木译，《东北亚研究》2009 年第 1 期。

老龄化，因为劳动年龄人口减少且不会被同等数量的年轻人代替。

与生育率变动所引发的老龄化相关的另一议题是年龄抚养比。低生育率的持续进行将最终导致劳动年龄人口数量减少和被抚养的老年人增加，老年抚养比随着老龄化速度的改变而改变。确定总抚养比何时达到最小值具有重要意义。全球在 2015 年总抚养比降至最低，发达国家要提早 10 年。

（三）生育率变动的素质效应

1. 对母婴健康的影响

首先，高生育率会使儿童面临更高的健康风险，出生次序越晚的儿童在婴儿期和幼儿期死亡的风险更大。Mahy 根据人口与健康调查（DHS）数据比较分析了儿童的死亡风险，他将儿童按年龄分为新生儿（0—4 周）、婴儿（4 周—1 岁）、幼儿（1—4 岁）和 5 岁以下的婴幼儿（0—4 岁），研究发现：出生次序为 2 和 3 的婴幼儿死亡率最低，出生次序在 7 个以后的新生儿死亡率高出 43%，幼儿死亡率高出 11%[1]。

其次，怀孕次数与孕产妇死亡有紧密的关联，怀孕次数越高，孕产妇死亡率也越高。比如，孟加拉国查德布尔区 Matlab thana 的监视系统数据显示，妇女在第五次和第六次怀孕时因妊娠原因而导致的死亡率大约要高出 50%[2]。虽然孕产妇死亡率从 20 世纪 70 年代的高水平下降到 2000 年以来的低水平，但是不同怀孕次数的孕妇死亡率的差异是持续存在的。降低高生育率还具有更深远的影响，即怀孕是降低产妇死亡率的前提，减少怀孕会降低死亡风险。印度的一项模拟实践表明，家庭生育计划是降低与怀孕相关的死亡率的最有效干预措施[3]。

最后，妊娠间隔对孕妇围产期健康及产妇健康也具有重要影响。与低生育率国家相比，在高生育率国家，妊娠间隔短更常见。比如，Rutstein 利用 52 个发展中国家的 DHS 数据进行多元统计分析，结果表明，从健康

---

[1] Mahy, M., "Childhood Mortality in the Developing World: A Review of Evidence from the Demographic and Health Surveys", DHS Comparative Reports No. 4, Calverton, USA, 2003, p. 89.

[2] Joshi, S. and Paul, S. T., *Family Planning as an Investment in Development: Evaluation of a Program's Consequences in Matlab*, Bangladesh, IZA DP No. 2639, February 2007.

[3] Goldie, S., Steve, S. and Natalie, C., et al., "Alternative Strategies to Reduce Maternal Mortality in India: A Cost-Effectiveness Analysis", *Journal of Family Planning and Reproductive Health Care*, Vol. 37, No. 1, April 2011, p. 25.

的角度看,最佳的妊娠间隔为36—47个月,较短妊娠间隔的婴幼儿死亡风险要高得多;如果避免妊娠间隔不足24个月,将会影响5岁以下婴幼儿死亡率下降13个百分点;如果避免妊娠间隔不足36个月,将会影响5岁以下婴幼儿死亡率下降25个百分点,这可能与母体营养缺乏有关;妊娠间隔时间短是低出生体重(小于2.5千克)、早产(小于37周妊娠)和胎龄小的直接影响因素[①]。Conde-Agudelo通过对近50万名拉丁美洲妇女数据的分析,发现妊娠间隔时间短(少于6个月)与产妇死亡、贫血、妊娠晚期出血、胎膜过早破裂和产褥期子宫内膜炎的高风险有关;不过,少于6个月的妊娠间隔很少见,因此也就难以证实较短妊娠间隔对产妇的健康影响[②]。根据UNFPA发布的2018年世界人口年度报告《生育权的选择权与人口转变》,15个高生育率国家的孕产妇死亡率在2015年仍高居400‰以上,而芬兰、挪威等大多数欧洲国家已降至10‰以下。

2. 对人力资本投资的影响

儿童健康、儿童正规教育都是重要的人力资本投资。在孩子数量质量替代理论模型中就有这一观点,父母们有意识地决定少生孩子以增加每个孩子的投资,其中教育投资尤为突出。降低生育率的政策也是为了鼓励育龄夫妇做出这一选择,因为养育更多的兄弟姐妹是家庭内每位成员全部接受良好教育的重要障碍之一。大量文献研究了生育率即兄弟姐妹数量对发展中国家教育成果的影响,这些研究主要是通过对家庭层面数据进行多元统计分析,认为资源的稀释(即每个孩子的经济和时间投入较少)使得大家庭的孩子受教育程度较低。比如孟加拉国的证据表明,在生育率较低的地区,儿童完成了更多的教育;在生育率迅速下降的地方,儿童受教育水平较高,资产积累更多,预防保健服务的使用也更广泛。

从宏观层面看,生育率和学校教育存在着相互联系。在高生育率社

[①] Rutstein S. O., "Further Evidence of the Effects of Preceding Birth Intervals on Neonatal Infant and Under-five-years Mortality and Nutritional Status in Developing Countries: Evidence from the Demographic and Health Surveys", *International Journal of Gynecology and Obstetrics*, Vol. 89, No. 1, November 2008, p. 7.

[②] Conde-Agudelo, A. and J. M. Belizán, "Maternal Morbidity and Mortality Associated with Interpregnancy Interval: Cross-sectional Study", *British Medical Journal*, Vol. 321, No. 7271, November 2000, p. 1255.

会，人口年龄结构相对较轻，特别是学龄人口的比例相对较大。此外，每个出生队列比前一个出生队列要大。在微观层面的家庭规模开始缩减以后，宏观层面的人口增长特征还将持续几十年。这就更加突出了人口年龄结构影响受教育程度这一问题的重要性。通常的假设是，规模相对较大且正在增长的儿童数量对每位儿童的教育支出施加了压力，例如学龄人口增长率的下降在一定程度上解释了巴西在 20 世纪 90 年代入学率的大幅增长。但也有一些跨国研究认为，相对队列规模对分配给学校教育的国家预算比例并未产生影响[①]。

总体上，高生育率的下降将有助于增加妇女儿童的人均卫生健康投资和教育投资，有助于提升妇女儿童的身体素质和文化素质。

(四) 生育率变动的家庭效应

家庭是社会的细胞，生育率变化是通过千千万万个家庭的生育行为来实现的，比如生育率下降从微观上讲就是每个家庭的"少子化"，家庭子女数由多到少的变化直接导致家庭规模和家庭结构的变化。不过，家庭规模和家庭结构的变化，并不唯一取决于生育率的变动，它们和一定社会中人们的居住条件和生活方式有着重要的联系。但是，当这些因素的作用处于相对稳定的状态时，生育率变动对家庭规模和结构的变化具有至关重要的意义。比如，伴随着长期低生育率，我国家庭结构日益趋向少子化和空巢化。1982 年人口第三次普查显示，我国平均家庭户规模为 4.41 人；1990 年第四次人口普查下降为 3.96 人，2005 年进一步降至 3.13 人；据 2016 年第二轮家庭追踪调查 (China Family Panel Studies，CFPS) 结果，超过一半的家庭为 2—3 人的家庭，平均家庭户规模为 3.28 人，老年家庭中近四成为空巢家庭，即生育政策调整对家庭结构产生显著影响，导致家庭户规模略有增加。

生育率变动对家庭规模变化的影响具有一种滞后趋势，即在生育率变动一段时间后才能在家庭规模上得到体现。同样，生育率的变动也必定要影响到家庭结构的变化，但这种影响同样存在滞后，这种"滞后效应"表

[①] Kelley, A. C., "The Population Debate in Historical Perspective: Revisionism Revisited", in: Birdsall N., Kelley A. C. and Sinding S. W., eds., *Population Matters: Demographic Change, Economic Growth, and Poverty in the Developing World*, Oxford: Oxford University Press, 2001, p. 24.

现只有到低生育水平下出生的孩子长大成人后才会出现，当生育率水平降至更替水平之下时，每对夫妇拥有孩子数的进一步减少就会使三代家庭比例再度下降而核心家庭比例再度上升，即滞后一代人①。

如果说随生育率变动的家庭规模和家庭结构变化是必然的话，事实上，政府及学者所关注的并不只是家庭结构变迁问题，而是家庭结构变化后的家庭养老、家庭文化变迁、子女教育成长等问题，比如中国独生子女政策导致的"四二一"家庭养老、独生子女教育、代际冲突②等。

另外，西方国家生育率下降伴随着家庭的转型，而东方国家生育率下降对传统家庭的影响至今相对微弱。在西方十分普遍的离婚现象、单亲家庭等在亚洲仍较少见。在欧洲，生育率下降和家庭结构的变化有着较强的互动性，第二次人口转变的概念解释了家庭观念、家庭结构的变化对欧洲国家生育率的影响。

二 生育率变动的社会经济效应

（一）人口转变影响经济社会发展的理论框架

人均国内生产总值增长不仅取决于劳动力的生产力，还取决于劳动年龄人口所占百分比。David S. R. 概括了人口转变过程中生育率变动直接或间接影响经济社会发展的路径，这些作用过程涉及人口年龄结构、城乡人口迁移和国际移民、家庭对教育、健康和消费的投资以及成年人健康等（见图5-1-1），即生育率变动的"人口他效应"③。其中一些过程是在社会层面上整体性进行的，而另一些则是单独进行的；一些过程有着直接的影响，而有些过程的影响只在中期或长期才会显现出来。分析生育率变动的经济社会影响，既要考虑生育率转变推动上述各种过程的方式，也要考虑生育率转变导致社会和经济变革的方式。并且，生育率变动产生人口自效应后，进一步影响经济活动人口比例、抚养比、城市增长、社会流动性、国际汇款、家庭生活水平、储蓄、妇女在家庭中的角色、婚姻制度、工作年限以及生活态度和策略等方方面面，即产生一系列经济社会影响。

---

① 朱国宏：《生育率变动的社会经济后果》，《社会科学战线》1992年第1期。
② 穆光宗：《中国生育率下降及其后果研究大纲》，《上海社会科学院学术季刊》1994年第3期。
③ David, S. R., "Economic and Social Implications of the Demographic Transition", *Population and Development Review*, Vol. 37, 2011, p. 11.

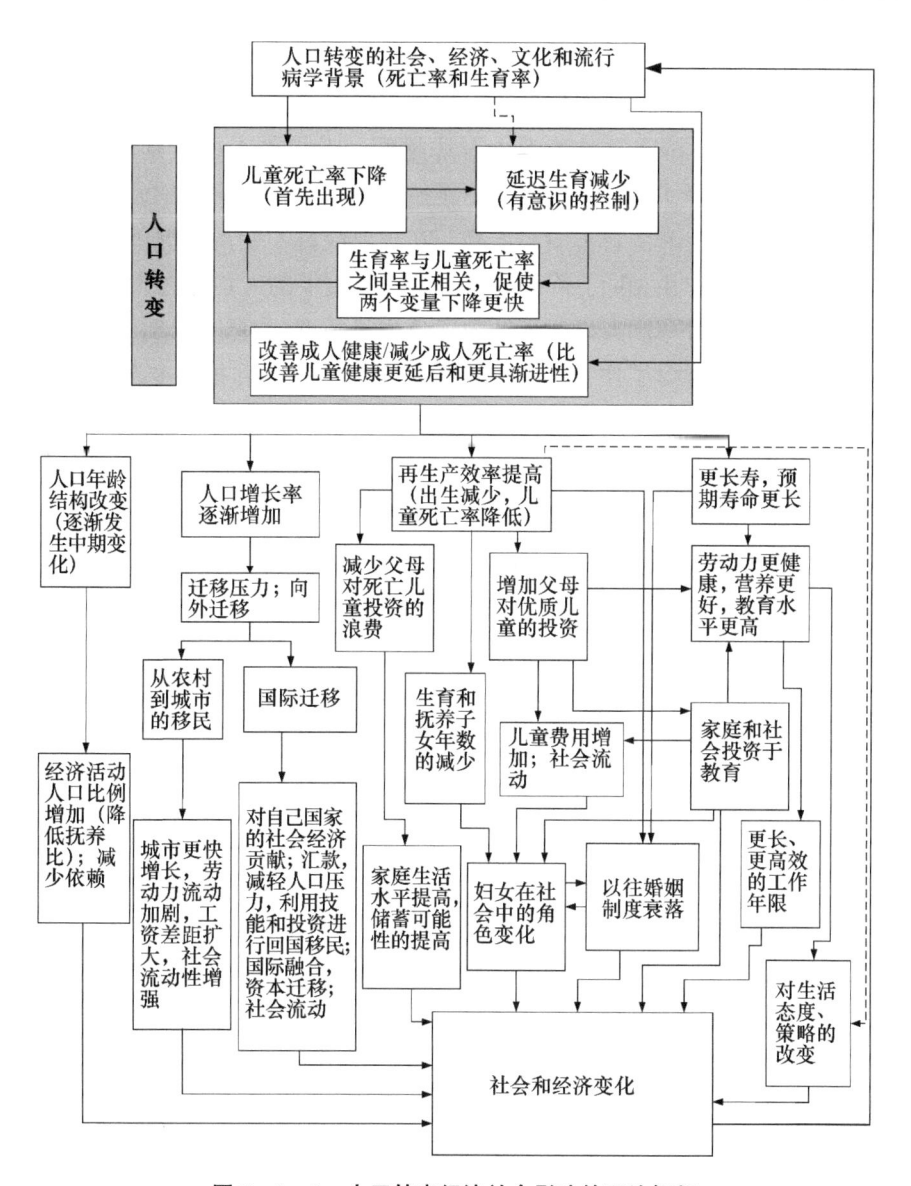

第五章 国际生育率新变动的社会经济效应及政策响应　◀◀◀　299

图 5-1-1　人口转变经济社会影响的理论框架

资料来源：David, S. R., "Economic and Social Implications of the Demographic Transition", *Population and Development Review*, Vol. 37, June 2011, p. 11.

(二) 人口变动影响经济发展的途径

人口变动通过固定资源的人口增长、索洛资本存量效应和年龄结构效应等途径作用于经济发展。

首先,根据马尔萨斯的假设,在一个固定因素存在的情况下(通常以土地为例),人口越多意味着人均资源越低,人均收入也就越低。其次,索洛增长模型阐释了一个类似的、更微妙的机制。在该模型中,资本存量建立在储蓄基础上和随着折旧而下降。在规模收益不变的情况下,人口增长与资本折旧的作用相同,降低了传统索洛模型下的人均稳态收入。Barro 提供了一个将生育率和人口增长纳入经济增长模型的理论框架,在该新经济增长模型中还包含了作为基本论点的人力资本投资和技术变革[①]。Barro 利用 100 个国家的面板数据(1960—1990 年)检验了上述模型,发现生育率对产出具有负向影响,这反映了育儿支出而非产品生产所带来的收入;进而提出从长远来看生育率下降提高了产出[②]。这项研究考察了总体生育水平和总体人口增长率,而不是近期研究中常常使用的不同年龄人口结构对经济增长的影响。此后 Barro 的研究跟随了大量的实证分析,得出两个重要结论:一是自 20 世纪 80 年代以来人口增长与经济增长之间越来越呈现负相关;二是资源稀释效应是间接的,即如果控制投资或储蓄,人口增长对经济增长的影响就会减少。

生育率变动与经济增长之间的第二个联系是人口年龄结构。目前关于人口结构和经济增长之间的关系主要有三种观点,这取决于它们是内生的还是外生的。第一,基于人口结构和经济增长都是内生决定的假定,人口老龄化导致人均收入下降,主要原因是储蓄率和劳动力供给的下降。由于产出是以人均来衡量的,劳动力参与率随年龄而变化的事实意味着劳动年龄人口占比通过影响人均劳动者数量进而影响人均收入。生育率下降减少了儿童数量,因此,只要劳动参与率不发生变化,就毫无疑问地提高了劳动年龄人口占比,即短期内增加了人均劳动力供给。但是,从长远来看,上述结论并不成立。一方面,持续的高生育率意味着人口年龄分布强烈地向处于稳定状态的年青一代倾斜;另一方面,持续的低生育水平意味着在稳定状态下老年人和经济上不活跃群体的相对规模非常大。因此,生育率

[①] Barro, R. J., "Economic Growth in a Cross Section of Countries", *Quarterly Journal of Economics*, Vol. 106, No. 2, May 1991, p. 407.

[②] Barro, R., *Determinants of Economic Growth: A Cross-Country Empirical Study*, NBER Working Paper 5698, August 1996.

变动所引起的劳动年龄人口占比变化，产生了影响国家经济和确定国家规划需求的人口红利和不利因素，即经济效益和不利因素。第二，基于人口结构外生决定和经济增长内生决定的假设，生育率下降和人口增长率下降以及老年抚养比增加将导致储蓄减少；但是，劳动力素质提高，即人力资本积累和全要素生产率提高，经济增长放缓的速度会有所减缓。第三，基于人口结构内生决定和经济增长外生决定的假设，在劳动力数量和质量交换的条件下，经济环境的变化极有可能导致人力资本投资收益率的提高[①]；在具有保护知识产权和开放的国内市场等制度因素的国家，生育率下降和儿童人力资本投资的扩大将导致人口结构的变化和经济持续增长。

（三）劳动年龄人口占比提高作用于经济发展的机制与条件

人口年龄结构对经济增长的影响是多方面的，有些影响是负向的，而有些是正面的；有些影响会立即体现，而有些影响则会滞后10—20年或更长时间。一般认为，高比例的劳动年龄人口促进经济快速增长往往通过几种作用机制，比如一些机制被称为"统计"途径，因为它们反映了衡量经济增长方式的机制变化，另一些机制被总结为"行为"途径，并且"统计"途径也要通过"行为"途径起作用。"统计"机制的第一个方面是如果大部分人口处于劳动适龄和就业状态，那么人均经济产出就会增加；第二个方面是劳动年龄人口比非劳动年龄人口储蓄更多，即劳动年龄人口占比越高，意味着储蓄总额将上升。如果一个经济体合理运行，当这些储蓄被引导到投资中时，将对经济增长至关重要。"行为"机制即由行为变化引发对经济增长的作用，具体表现在四个方面：第一，由于人口越来越长寿，劳动者就产生为养老而储蓄更多的动机。第二，一个儿童规模较少的国家通常能够负担得起为每个儿童的教育投入更多的资金。随着家庭规模的缩小，公共和私人（家庭）投资都会增加，从而导致儿童受教育程度更高，而这些儿童将会成为更有生产力的劳动者。随着不断的技术进步，社会也要求更多的受过高等教育的劳动者。这一途径尤为重要。现实中也是如此，低生育率社会的家庭更加重视孩子质量和投资孩子教育，在儿童教育方面的大量投资导致"以孩子为中心"的家庭体系，而不是老年人占主导地位的家庭体系。第三，与上述教

[①] Becker, G.S., Murphy, K.M. and Tamura, R., "Human Capital, Fertility, and Economic Growth", *Journal of Political Economy*, Vol. 98, No. 5, October 1990, p. 12.

育途径类似，儿童数量越少，花费在少数儿童身上的公共和私人卫生支出则越多，可以促进儿童和成人更加健康，从而产生素质更高的学习者和劳动者。第四，家庭规模越小，妇女劳动力参与率就越高，特别是随着人口转变的进行，将放大人均劳动者数量上升趋势。

尽管高比例劳动年龄人口可以刺激重要的经济增长，即产生"人口红利"，但是还需要其他的先决条件。第一，一个国家必须能够负责任地制定经济政策、进行关键的基础设施投资以及保证私营部门能够利用储蓄进行生产性投资等；第二，认真考虑并执行贸易政策以利用贸易开放促进经济增长；第三，需要有受过教育的民众以及伴随着经济的发展需要更高受教育程度的民众；第四，需要有相当健康的民众；第五，劳动力市场政策必须鼓励就业，而不是对就业构成不必要的障碍；第六，必须与邻国和更远的国家保持友好关系；第七，许多其他因素也发挥作用，在此仅列出对实现人口红利非常有益和至关重要的因素。如果缺少上述有利条件会造成人口因素驱动的"经济崩溃"（economic debacle）。即大批失业的年轻人引发社会动荡，没有受过教育、不健康的民众不可能在经济上具有高效生产力，将国家置于不适宜发展道路上的低效政府将无法从高比例劳动年龄人口份额中获益。Bloom将上述内容概括为：提高实现红利前景的条件包括人力资本投资（即健康投资和教育投资）、政府政策、为金融投资创造有利环境、鼓励家庭储蓄等[①]。

（四）劳动年龄人口减少及结构老化对生产率及增长的影响

首先，总人口规模的减少有可能导致劳动年龄人口数量减少。其次，人口老龄化最终将导致劳动力老龄化。最后，低生育率和低死亡率共同导致预期寿命提升和老年抚养比提高。以上人口发展将产生重要的宏观经济影响。不断缩减和趋于老龄化的劳动力将减缓潜在经济增长。

理论上，劳动力规模减少和结构老化将通过改变劳动力供给变化时的物质资本密集度来影响劳动生产率，全要素生产率（Total Factor Productivity，TFP）也会对这一人口变化做出三个方面的响应：(1) 正效应，年长劳动者可能有更多的工作经验，对生产力有潜在的积极影响。随着熟练劳动力的缺乏，应该增加对创新的激励和对自动化的回报。(2) 负效应，如果年

---

① David, S. R., "Economic and Social Implications of the Demographic Transition", *Population and Development Review*, Vol. 37, June 2011, p. 15.

长劳动者在劳动力中所占比例增加，与年龄相关的身心能力下降和知识贬值可能会对TFP产生不利影响，年长劳动者可能会发现适应随时间变化的工作要求更具挑战性。随着人口增长减缓，创新变得不再那么有利可图，比如可以通过缩小劳动力市场以获利；老龄化社会会失去一些活力，减缓技术进步速度。并且，随着人口和劳动力的老龄化，新公司和创业者的进入可能会放缓。如果大量劳动力受雇于体力劳动部门，其老龄化将导致与体力下降相关的生产力迅速下降。(3) 放大效应：当劳动者40多岁时，创意产生量和创新活动数达到顶峰。因此，劳动力的年龄结构会深刻地影响到创新的可能性，而这些创新是扩大技术前沿和提高所有劳动者生产率所需要尝试和完成的。由于源自最新教育的人力资本和经验型人力资本之间的权衡，促进技术前沿发展的新思想的采用会在一定的劳动年龄达到顶峰。此外，不管何种经济发展水平，个人收入在45岁左右达到峰值，在50岁之前消费随年龄的变化是一致的（见图5-1-2）。为此，随着年轻

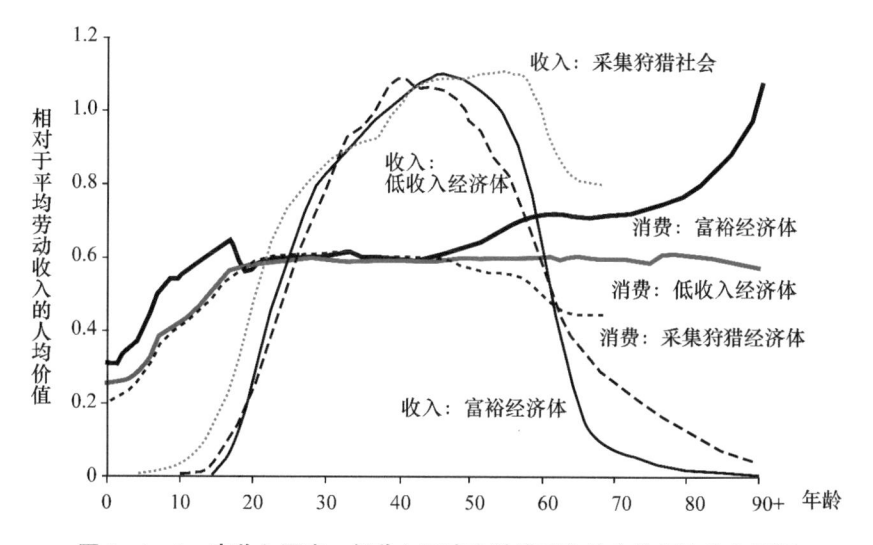

图5-1-2 高收入国家、低收入国家和狩猎采集社会的经济生命周期

注：笔者选取国民转移账户项目（National Transfer Accounts, NTA）官网中23个经济体，其中30—49岁劳动力平均收入的前1/4为高收入国家，包括奥地利、芬兰、德国、日本、西班牙和美国6国；末1/4为低收入国家，包括中国、印度、印度尼西亚、肯尼亚、尼日利亚和菲律宾等6国。

资料来源：Ronald L. and Andrew M., *Population Aging and the Generational Economy: A Global Perspective*, Cheltenham, UK: Edward Elgar Publishing, 2011, p.82.

劳动力比例的降低，劳动力老龄化在宏观层面产生的外部性影响会超过在个体劳动者身上所能观察到的。Cristina 的实证研究也表明，劳动力老龄化与生产率之间存在负相关；即劳动生产率通常先随着年龄增加而上升，直到劳动者 40 多岁；此后，直到退休，劳动生产率通常随年龄增长而下降；50 岁上下，即 45—55 岁劳动者的生产率是最高的[①]。

（五）低生育率和人口老龄化影响经济增长的三个方面

尽管低生育率和人口老龄化影响经济增长的机制是多种多样的，而且相当复杂，还是可以通过依次关注供给、需求和财政来进一步考察这些联系的。

从供给方面看，低生育率和人口老龄化通过降低劳动力和资本投入率，对经济增长放缓或下降起到作用。低生育率和人口老龄化会降低劳动年龄人口的规模，减少劳动力的投入，从而降低潜在的经济增长。在资本投入方面，低生育率和人口老龄化将通过增加被抚养老年人口数量、降低储蓄率和减缓资本积累，降低潜在的经济增长率。然而，低生育率和青年人口占比的减少可能通过减少教育支出、提高储蓄率以及资本积累从而对经济增长率产生积极影响。

从需求方面看，低生育率和人口老龄化将通过降低人口规模和提高抚养比，从而降低消费，对经济增长产生负面影响。通过老年人的增加而引起的消费者比例增长，可能对经济增长率产生积极影响。然而，由于老年人储蓄减少，投资需求减少，储蓄率可能会下降。因此，随着人口老龄化，严重依赖储蓄的家庭数量增加。这导致家庭储蓄率下降，从而导致国内储蓄率下降，这两种情况都会对投资产生负面影响。

从财政方面看，由于生育率下降和人口老龄化，税收收入可能随着劳动年龄人口的减少而减少，不断增长的医疗保健和养老金支出将对公共财政提出严峻挑战，故财政赤字会因老年人社会保障支出的增加而增加。人口老龄化倾向于增加养老金领取者、医疗保险支付和老年人护理支出，从而恶化财政平衡。老龄化可能威胁到社会保障金融的稳定，增加养老负担，从而削弱整体竞争力，并可能对潜在增长产生负面影响。人口老龄化

---

① Batog, C., Crivelli, E. and Ilyina, A., et al., "Demographic Headwinds in Central and Eastern Europe", IMF Departmental Paper No. 2019/011, October 21, 2019.

可能会增加人们的总体经济负担,并可能扩大政府对社会支出的分配制度;但是,如果这样一个分配制度变得无效,经济效率可能因经济缓慢增长而受损。

(六)人口规模减少及老龄化对国家政治的影响

尽管目前人口老龄化是欧美等低生育率国家与人口相关的社会、经济和政治问题的主要焦点,但是这些国家还存在着对人口数量缩减的根深蒂固的恐惧,因为人口缩减与国家认同感的削弱、国际政治和经济地位的损失是息息相关的。

快速老龄化将对一个国家的社会保障和卫生体系产生严峻挑战,可能阻碍生产力提高及影响全球竞争力及经济增长;同时也会使几代人之间的关系变得紧张,特别是那些在公共转移项目的捐助和接受方面的人之间的关系;此外,如果不断增长的劳动力需求导致大量移民,老龄化还可能会削弱社会凝聚力。

三 生育率变动的资源环境效应

关于生育率变动对资源持续利用和自然环境的影响,目前基础研究的结论不及生育率对经济增长影响的结论那么明确。这一方面反映了对该问题研究还相对薄弱,另一方面反映了土地、空气、水体、生物多样性和全球变暖等自然环境与生育率的关系是非常复杂的和要区别分析的。并且,生育率和其他人口因素对自然环境的影响受到诸如土地保护规制和农业实践等制度因素以及消费模式的严重制约,这种影响又因地区和时期的不同而不同。尽管如此,在许多全球和国家层面的研究中已经有明确的结论,高生育率和人口增长是影响自然环境的一个首要因素,并且影响是非常深远且难以精确计算的。具体而言,高生育率及其引发的人口快速增长对资源持续利用和环境保护产生的影响表现在以下五个方面。

第一,高生育率和高人口增长率可能对生态环境和自然资源产生负面影响。人口增长与森林砍伐和荒漠化有关,这对贫穷的农业国家特别是撒哈拉以南非洲国家尤为重要。人口增长影响土地利用模式的变化,即农村变得更加密集地耕种、放牧或砍伐,同时城市扩展吞并了以前的农村地区。比如,人口快速增长减少了哥斯达黎加、厄瓜多尔和巴西的森林覆盖率,同样的证据在非洲和亚洲也可以找到。但人口增长和人口密度对森林砍伐的净影响相对较弱，因为并不能明确森林砍伐有害于土地利用改变，是否有害取决于改变后的土地替代用途。荒漠化是一种明确的、不受欢迎的发展方式，但是其中人口因素的决定性作用在萨赫勒地区、北非、西亚和南亚等脆弱地带尚未确定，人口密度增加只是许多地方或国家组织改善土地利用方式的一个诱因。另外，农业集约化的影响也是局限的，对非洲37个高生育率国家的数据分析表明，人口压力与休耕时间缩短、土壤侵蚀、土壤养分耗竭等之间存在显著关系。

第二，空气质量下降主要是由工业排放、机动车排放等城市现象造成的，当然农业生产（如生物燃烧）对空气质量下降也会有影响。发展中国家的大城市空气质量差，在一定程度上归因于城市增长，而城市增长又是整个国家人口增长的函数。比如，Nagdeve全面分析了印度人口增长对大气污染的影响，认为城市空气污染加重归因于人口增长和消费模式，而农村则归因于使用燃木、农作物残渣、动物粪便和劣质煤等。农村地区的生物燃烧是空气污染的主要原因[1]。Gustafsson的研究表明，用于烹饪和农业目的的生物燃烧引起的碳质气溶胶排放几乎占南亚上空碳质气溶胶的2/3[2]。但是，降低空气质量的上述实践与人口增长和生育率下降没有必然的联系，生育率下降本身对空气质量的长期改善仅具有极小的贡献。

第三，人口过快增长加剧了淡水资源的紧缺。随着世界人口增长，人均可获得的可再生淡水数量在下降。每人每天需要1升饮用水，每天需要1600升以上的水才能生产出足够每人每天所需的粮食。许多高生育率国家或地区（如也门、阿富汗、萨赫勒地区）地处干旱地区，已经遭受缺水之苦。在2000年，31个国家的5.08亿人，面临水资源紧缺或稀缺的问题；预计到2025年，48个国家的30亿人面临缺水压力，其中包括印度和巴基斯坦2个人口最多的南亚国家；而且，这还是在保证可用的淡水资源被更有效地利用的前提下；事实上，在大多数国家，大量的淡水资源在农业及工业生产以及生活中被浪费。尽管如此，有限的淡水

---

[1] Nagdeve, D. A., "Impact of Population Growth on Environmental Degradation: Case of India", *Journal of Economics and Sustainable Development*, Vol. 2, No. 8, January 2011, p. 72.

[2] Gustafsson, O., Krusa M. and Zencak Z., "Brown Clouds over South Asia: Biomass or Fossil Fuel Combustion?", *Science*, Vol. 323, No. 5913, January 2009, p. 495.

资源及其在全球范围的不均衡分布，仍是水资源短缺的重要制约因素，高生育率以及由此导致的人口增长是许多国家目前和即将出现的淡水短缺的直接和最接近原因。

第四，引发生物多样性减少既有多种直接原因也有间接原因，其中间接原因包括全球变暖，而全球变暖的部分原因是人口增长。人口增长对生物多样性具有更直接的影响，一方面主要通过改变土地利用模式，另一方面人口增长增加了人与动植物物种的直接接触。Luck对人口密度和生物多样性之间关系的85项研究（包括401项分析）进行了综合分析，提出人口密度增加导致具有特定环境要求的受威胁和濒危物种的数量增加[1]。

第五，自然环境正在发生的各种变化中，全球变暖是人们最为关注的。全球变暖主要是由于化石燃料的燃烧向大气中释放二氧化碳以及其他温室气体，专家学者们对全球变暖的各种不同后果进行预测，包括对淡水、生物多样性、农业生产、人类健康和人类聚落模式等的影响。在过去的一个世纪里，温室气体排放的增长远远超过了全球人口增长，有些学者将温室气体的大量增长归因于人口增长，比如 Bongaarts 研究得出，温室气体排放增加的35%是由于人口增长；萨赫勒国家（布基纳法索、乍得、冈比亚、几内亚比绍、马里、毛里塔尼亚、尼日尔和塞内加尔等国家）尤其容易受到气候变化的影响，也是高人口增长率的国家[2]。不过，未来生育率变动的潜在贡献可能并不大，比如 Birdsall 估计，相比于生育率保持不变的情景，到2050年发展中国家生育率降低将使全球变暖减少10%[3]。不过，Wire 的研究却表明，与抑制全球变暖的其他替代战略相比，生育率降低的适度贡献是相当经济的[4]。

---

[1] Luck, G. W., "A Review of the Relationship Between Human Population Density and Biodiversity", *Biological Reviews*, Vol. 82, No. 4, November 2007, p. 607.

[2] Bongaarts J., "Completing the Fertility Transition in the Developing World: The Role of Educational Differences and Fertility Preferences", *Population Study*, Vol. 57, No. 3, November 2003, p. 321.

[3] Birdsall, N., *Another Look at Population and Global Warming*, World Bank Policy Research Working Paper WPS 1020, November 2001.

[4] Wire, T., *Reducing Future Carbon Emissions by Investing in Family Planning: A Cost-Benefit Analysis*, Ph. D. dissertation, London School of Economics and Political Science, 2009.

第二节 不同生育率类型国家生育率新变动的社会经济效应

整体而言，生育率稳步降低和预期寿命快速提高是人口增长速度放缓和人口老龄化等全球趋势的主要成因。但是，由于各国生育率变动幅度不同，一些国家或地区依然面临高生育率驱动下的人口快速增长所带来的严峻挑战，而一些国家则面临持续低生育率或人口迁出所导致的人口规模缩减，还有一些国家恰逢近期生育率下降所创造的有利于加速经济增长的人口条件。为此，从不同生育率类型国家分析 1990—2020 年期间生育率变动产生的不同经济社会后果。

一 低生育率国家生育率新变动的社会经济效应

在第二章，通过分析看出，在 1990—2020 年期间，9 个极低生育率国家或地区、22 个适度低生育率国家或地区（主要分布在亚洲、拉丁美洲及加勒比地区）表现出 TFR 降幅超过 30%，即呈显著持续下降的变动态势；11 个极低生育率国家或地区和 17 个适度低生育率国家的 TFR 降幅在 10%—30% 之间，即较明显下降；7 个极低生育率国家或地区和 24 个适度低生育率国家或地区（包括西欧、北欧、东欧等欧洲 17 国、加勒比地区 3 国、新西兰、澳大利亚、中国）变动幅度在 10% 以内；另外，德国、斯洛文尼亚和俄罗斯 3 个国家表现出 TFR 较明显上升，TFR 增幅超过 10%。总体上，93 个低生育率国家中，59 个国家或地区表现出 TFR 显著下降或较明显下降，即超过六成；另有三成国家或地区 TFR 微弱变动。这些 TFR 降幅不同的低生育率国家或地区产生了不同的社会经济影响。

（一）对人口发展的直接影响

越来越多的国家将生育率的急剧下降和长期低生育水平以及由此导致的人口老龄化和人口缩减视为严重危机，认为其会危害到社会经济发展的基础，甚至社会的生存。比如，劳动年龄人口的减少将削弱社会人力资本存量，并降低生产率以及提高劳动力成本；养老金和社会保障的开支负担急剧上升，家庭规模缩小给老年照护带来极大的困难，老年人群的增长带来庞大的健康和保健需求，并引起保健支出成本的大幅上升等。当然，经济上不利的人口年龄结构和劳动力短缺所带来的挑战需要补偿，可以通过

"第二次人口红利"以及政府鼓励提高劳动力参与率、推迟退休、减少养老金和社会福利制度的政策等。

1. 规模效应：长期低生育率导致人口规模缩减

首先，笔者采用 TFR＞或≤2.1、人口自然增长率＞或≤0 的定义，将各国分别落入四个象限。第一象限为 TFR＞2.1 和人口自然增长率＞0；第二象限为 TFR≤2.1 和人口自然增长率＞0；第三象限为 TFR≤2.1 和人口自然增长率≤0；第四象限为 TFR＞2.1 和人口自然增长率≤0。

其中落入第二象限的国家表明人口增长惯性的作用，即那些总和生育率低于更替水平但人口仍在增长的国家，其原因在于过去出生队列的高增长率使得育龄妇女数量较多，她们的生育在一段时间内相对于人口中的死亡人数来说仍然较高。如前所述，这两个指标之间的时期差异表明人口自然增长率是 TFR 的滞后函数。2015—2020 年 TFR 不高于 2.1 的 93 个低生育国家，主要分布在第二象限和第三象限，其中大多数低生育率国家的人口自然增长率集中分布在 -1‰至2‰之间；格鲁吉亚、立陶宛、拉脱维亚、罗马尼亚、叙利亚、乌克兰、希腊、匈牙利和克罗地亚 9 个国家人口负增长超过3‰；卡塔尔、科威特、黎巴嫩、土耳其、马尔代夫、文莱、巴林、孟加拉国、不丹、越南、马来西亚、阿塞拜疆 12 个国家的人口自然增长率超过10‰，其主要原因在于生育率的惯性作用或大量国际人口迁入。中等生育率国家全部分布在第一象限，并且，随着生育水平的提高，人口自然增长率显著上升。高生育率国家也全部分布在第一象限。如果运用全部国家的 TFR 和人口自然增长率建立模型，结果显示，$y = 22.707\ln(x) - 7.5608$，$R^2 = 0.908$，即说明人口自然增长率随着 TFR 的增大呈现指数型衰减；当 TFR 小于 2.1 时，人口自然增长率将低于 9.27‰；更重要的是，TFR 的变动可以解释人口自然增长率平均变动的 90.8%，表明了 TFR 是目前影响人口自然增长的主导力量。

其次，持续低生育率和负增长率加速积累人口负增长惯性。人口负增长的实现，最重要的是与育龄妇女总和生育率和人口结构老化密切相关。在没有移民的情况下，如果生育水平维持在更替水平以下，人口规模将开始减少。即当人口内在增长率降至零以下后，便会形成人口负增长惯性，这种惯性的强度受到人口内在负增长率大小和负增长持续时间的影响。自1990 年至今，世界人口负增长国家的空间分布没有发生显著变化。1995

年，13个国家呈现人口负增长，即死亡人数超过出生人数，均分布在欧洲①。2018年，27个国家呈现人口负增长，除日本之外，其余国家都在欧洲；并且，1995年呈现人口负增长的13个国家中有12个国家在2018年继续表现出人口负增长（见表5-2-1），仅捷克共和国由人口负增长转变为人口自然增长率为0.1‰；即12个人口负增长国家已经持续20年以上。长期人口负增长的典型国家包括：从1970年以来人口自然增长率一直为负的德国，匈牙利自1980年以来人口自然增长率一直为负，意大利、拉脱维亚、保加利亚、克罗地亚、爱沙尼亚、乌克兰、立陶宛、罗马尼亚、白俄罗斯9个国家自1990年以来人口自然增长率一直为负。上述人口负增长国家自1990年一直保持低生育水平。就理论而言，低生育率持续的时间越长，累积的人口负增长惯性就越大，人口规模缩减的幅度也就越大，从而引起公共基础设施投资效益缩减和公共服务成本上升②。

表5-2-1　　　　1995年和2018年世界人口负增长国家

国家	1995年 出生率（‰）	1995年 死亡率（‰）	1995年 自然增长率（‰）	2018年 出生率（‰）	2018年 死亡率（‰）	2018年 自然增长率（‰）
保加利亚	8.6	13.6	-5.0	8.9	15.4	-6.5
塞尔维亚	11.3	12.3	-1.0	9.2	14.6	-5.4
乌克兰	9.6	15.4	-5.8	8.7	14.8	-6.1
拉脱维亚	8.7	15.7	-7.0	10.0	15.0	-5.0
克罗地亚	10.9	10.9	0	9.0	12.9	-3.9
匈牙利	10.8	14.1	-3.3	9.6	13.4	-3.8
日本	9.5	7.4	2.1	7.4	11.0	-3.6
立陶宛	11.4	12.5	-1.1	10.0	14.1	-4.1
葡萄牙	10.7	10.3	0.4	8.5	11.0	-2.5
罗马尼亚	10.4	12.0	-1.1	9.6	13.5	-3.9
波斯尼亚和黑塞哥维那	13.2	8.5	4.7	8.1	10.7	-2.6

---

① 卢旺达由于种族灭绝导致1994年人口负增长。
② 贺丹：《把握人口发展趋势，推动人口长期均衡发展》，《中国政协》2019年第10期。

续表

国家	1995 年			2018 年		
	出生率（‰）	死亡率（‰）	自然增长率（‰）	出生率（‰）	死亡率（‰）	自然增长率（‰）
德国	9.4	10.8	-1.4	9.5	11.5	-2.0
希腊	9.6	9.5	0.1	8.1	11.2	-3.1
意大利	9.2	9.8	-0.6	7.3	10.5	-3.2
白俄罗斯	9.9	13.1	-3.2	9.9	12.7	-2.8
爱沙尼亚	9.4	14.5	-5.1	10.9	11.9	-1.0
摩尔多瓦	14.2	11.3	2.9	10.1	11.6	-1.5
俄罗斯	9.3	15.0	-5.7	11.5	12.4	-0.9
捷克	9.3	11.4	-2.1	10.7	10.6	0.1

资料来源：世界银行数据库。

未来世界人口负增长的国家数量将显著增长，根据联合国《2019年世界人口展望》中方案预测，到2045—2050年，59个国家将会呈现人口负增长，其中包括欧洲37个国家，即占欧洲国家的84%，中国、日本、韩国、新加坡、中国香港、中国台湾、中国澳门、泰国、朝鲜9个亚洲国家或地区，加拿大、波多黎各、古巴、特立尼达和多巴哥等12个美洲国家，以及非洲的毛里求斯。2019—2050年期间人口总量减少20%及以上的国家或地区有保加利亚、拉脱维亚、立陶宛、乌克兰、瓦利斯群岛和富图纳群岛等。显然，到21世纪中叶，人口负增长的国家数量是目前的3倍多，其中欧洲人口负增长国家数量将比目前增长2倍多；此外，还扩散到欧洲以外的亚洲和美洲部分国家。其原因同样主要在于上述国家处在低生育水平以及未来将长期维持低生育水平。另外，联合国人口基金在《2018年世界人口状况》中指出，2017年各国净再生产率从塞浦路斯每名妇女平均预期0.48个活产到尼日尔每名妇女平均预期3.00个活产，95个国家的净再生产率低于1，这意味着，如果不改变生育率、死亡率或净移民，这些国家的人口最终会减少。

2. 老龄化效应：老龄化程度加深或老年人口增长快以及高龄化进程加速

持续低生育率的最显著长期后果就是人口老龄化，换言之，低生育率是人口老龄化的主要驱动力。人口老龄化继续取代人口增长成为全球人口关注的焦点。

首先，低生育率国家的老龄化程度远远高于中等生育率、高生育率国家，1990—2020年期间老龄化进程也明显快于其他两种类型国家。93个低生育率国家2020年老年人口比重的平均值为14.8%，而中等生育率、高生育率国家老年人口比重平均值分别为5.9%、2.9%。而且，与1990年相比，2020年低生育率国家老年人口比重平均提高6.0个百分点；69个中等生育率国家中有65个国家老年人口比重提高，平均提高2.1个百分点；39个高生育率国家中有17个国家老年人口比重提高，平均提高0.47个百分点。可见，低生育率国家不仅老龄化程度深，而且老龄化进程快。在低生育率国家中，老年人口比重最高的是日本，2020年达到28.4%，另外意大利、葡萄牙、芬兰等22个欧洲国家超过20%，即23个国家已进入超老龄化社会；沙特阿拉伯、卡塔尔、巴林、马尔代夫4国老年人口比重在1990—2020年期间保持在5%以下，显然与大量青壮年劳动力迁入密切相关；1990—2020年期间老年人口比重提高幅度最大的是日本，提高了16.5个百分点，而沙特阿拉伯在此期间老年人口比重没有发生变化。

其次，刚刚完成生育率转变的低生育率国家老年人口数量增长迅速和比重显著提高。低生育率国家生育率变动对老龄化的影响分为两种情况。其一，1990—2020年，东欧、北欧等18个国家65岁及以上老年人口增长率在50%以下，比如俄罗斯和英国，2020年老年人口数量分别达到2263万、1266万，1990—2020年期间分别增长49%、41%，老年人口比重分别提升3.4个和2.8个百分点。其二，西亚、东南亚、东亚、南美等21个低生育率国家或地区65岁及以上老年人口数量快速增长，增长率基本在200%以上，特别是巴西、泰国和土耳其等老年人口数量大国，2020年老年人口数量分别达到2039万、904万和758万，分别比1990年增长221%、254%和205%，老年人口比重分别由4.3%、4.5%和4.6%提高到2020年的9.6%、13.0%和9.0%，即老年人口数量迅速增长和老龄化程度明显提升。也就是说，长期低生育率国家的老年人口数量增长相对较缓，刚刚完成生育率转变的低生育率国家老年人口数量迅速增长和占比大幅提高。

再次，极低生育率国家在1990—2020年期间高龄化进程明显加快。极低生育率国家1990—2020年期间高龄化进程明显快于其他类型国家，并且高龄化进程明显快于1990年之前。比如日本1990年85岁及以上老年人占65岁及以上老年人的比重仅为7.1%，2020年升至16.7%，年均提高0.32个百分点，1970—1990年期间年均提高0.16个百分点；西班牙85岁及以上老年人占65岁及以上老年人的比重在1990—2020年期间年均提高0.20个百分点，高于1970—1990年年均提高的0.16个百分点；意大利85岁及以上老年人占65岁及以上老年人的比重在1990—2020年期间年均提高0.25个百分点，高于1970—1990年年均提高的0.14个百分点。另外，随着"二战"后西方国家"婴儿潮"时期（1946—1964年）出生人口陆续进入老龄，美国、加拿大、澳大利亚、新西兰、英国、法国、挪威、瑞典等适度低生育率国家在2010年前后高龄化进程出现暂时性下降，导致1990—2020年期间85岁及以上老年人占65岁及以上老年人的比重年均增长幅度低于1970—1990年期间。

最后，老龄化严重的国家或地区可能面临更大的健康危机。根据世界卫生组织数据，截止到2020年6月22日，世界感染新型冠状病毒（COVID-19）人数达到886万，其中感染1万人以上的国家有65个，合计感染人数达到861万，占全球感染总数的97.2%，合计感染致死人数共45.9万人，占全球致死人数的98.6%；七国集团和中国的患者数量明显高于其他国家；COVID-19死亡率高于10%的国家基本上都在欧洲，比如法国、比利时、意大利和英国分别为19.1%、16.0%、14.5%和14.0%。进一步绘制这65个国家2019年老年人口比重和COVID-19死亡率之间的散点图（见图5-2-1），可以看出，尽管老年人口比重相同的国家，COVID-19死亡率存在显著差异；但是，总体上随着老年人口比重的提高，COVID-19死亡率呈现上升趋势。2019年老年人口比重为5%的6个国家（埃及、巴基斯坦、菲律宾、洪都拉斯、孟加拉国、危地马拉），COVID-19平均死亡率为4.4%；老年人口比重为20%的7个国家（奥地利、丹麦、法国、荷兰、捷克、瑞典、西班牙），COVID-19平均死亡率为9.1%。分析其中原因，主要是老年人更易受感染和更容易产生重症，即老年人是COVID-19感染重症率和死亡率最高的群体。当然，除人口年龄结构外，是否喜欢聚集、医疗条件、防控措施等也是影响各国感染率和死亡率的重要因素。

(%)
25.0

COVID-19 死亡率

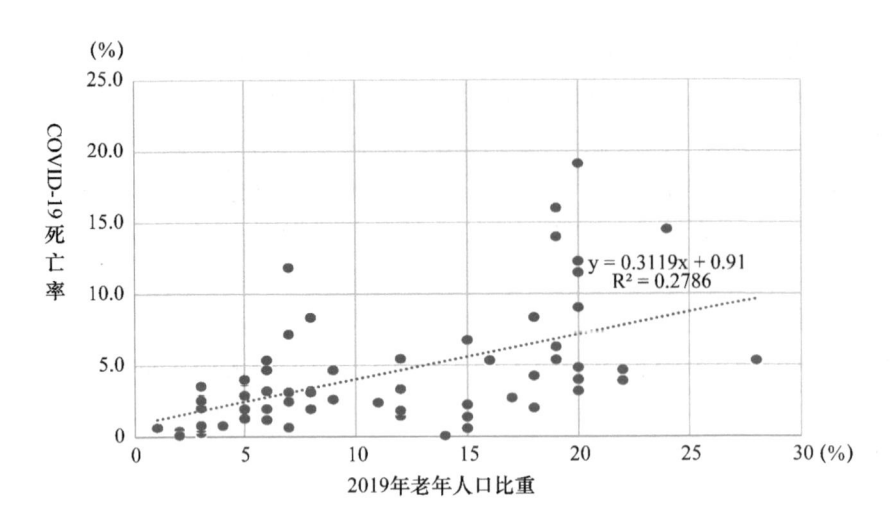

20.0

15.0

$y = 0.3119x + 0.91$
$R^2 = 0.2786$

10.0

5.0

0   5   10   15   20   25   30 (%)
2019年老年人口比重

图5-2-1　65个国家老年人口比重和新型冠状病毒感染死亡率散点图

资料来源：世界卫生组织。

3. 抚养比效应：持续低生育率促使老年抚养比提升和TFR速降促使少儿抚养比速降

首先，近20年来长期低生育率国家老年抚养比上升幅度非常大，近期完成生育率转变而进入低生育率类型的国家老年抚养比增幅较小。运用世界银行数据进行分析，日本老年抚养比从1990年的17.0%上升到2019年的47.5%，上升了30.5个百分点，年均提高1.05个百分点；同期，芬兰由1990年的20.0%上升到2019年的35.5%，上升了15.5个百分点，年均提高0.53个百分点。但是，作为近期刚刚完成生育率转变的伊朗，伴随着TFR由1990年的4.8降至2019年的1.6，老年抚养比从1990年的6.5%上升到2019年的8.6%，仅上升1.2个百分点，同期，越南随着TFR由1990年的3.55降至2019年的1.9，老年抚养比从1990年的10.1%上升到2017年的11.6%，仅上升1.5个百分点。

2019年，日本老年抚养比高居世界首位，意大利、希腊、葡萄牙、瑞典、丹麦、芬兰、法国、德国、拉脱维亚、爱沙尼亚、克罗地亚、保加利亚、英国、捷克、西班牙等22个欧洲国家的老年抚养比在30%—40%之间，这些国家在1990年TFR降至2.0以下。阿联酋、卡塔尔、科威特、文莱、伊朗、阿塞拜疆6个国家的老年抚养比非常低，2019年均在10%以下，且增长非常缓慢。包括中国在内的绝大多数低生育率国家老年抚养比在10%—29%之间，比如加拿大、新西兰、澳大利亚、美国4个国家的老年抚养比依次为27.3%、25.0%、24.6%、24.6%。

其次，1990—2020年期间绝大多数低生育率国家少儿抚养比明显下降，仅斯洛文尼亚、比利时、丹麦、瑞典、荷兰等少数国家保持不变或微弱上升。1990—2020年期间生育水平的下降幅度与少儿抚养比的下降幅度呈现正相关，TFR每减少1，少儿抚养比下降14.4个百分点（见图5-2-2）。比如1990—2020年期间马尔代夫、尼泊尔、不丹、阿联酋、孟加拉国分别减少3.28个、3.04个、3.0个、2.5个、2.01个孩子，少儿抚养比分别相应下降70.1个、34.4个、44.7个、28.2个百分点。

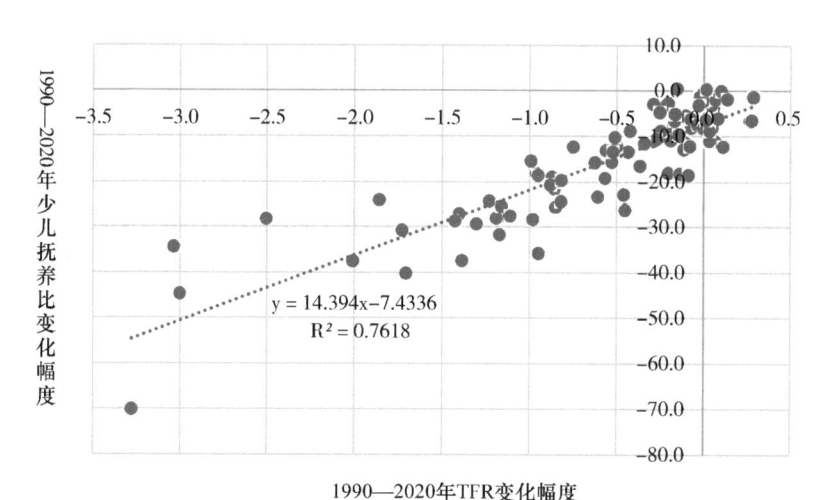

图5-2-2 低生育率国家TFR变化幅度和少儿抚养比变化幅度

资料来源：United Nations, Department of Economic and Social Affairs, Population Division, *World Population Prospects* 2019, ST/ESA/SER. A/423, November 2019.

4. 劳动力效应：长期低生育率导致劳动力数量减少及劳动力老龄化进程加速

低生育率带来的劳动力人口减少和老龄化加剧会导致人力资源供应不足，进而导致经济发展动力不足、劳动力成本上升、劳动生产率下降，从而阻碍国家的经济发展。另外，劳动力不足不仅使经济发展受到制约，而且也因人力资源不足影响国防力量的配合，从而使国家安全保障受到挑战。

首先，人口总量下降可能导致劳动年龄人口减少。1990—2020年期间24个国家出现劳动年龄人口数量缩减，其中20个国家1990年TFR不高于2.1，仅4个国家1990年TFR在2.1—2.8之间。1990—2020年期间劳动力缩减10%以上的国家有拉脱维亚、立陶宛、波黑、格鲁吉亚、保加利亚、克罗地亚、爱沙尼亚、罗马尼亚、波多黎各、乌克兰、日本、亚美尼亚、塞尔维亚13个国家，这13个国家1995年以来TFR均低于更替水平。当然，这些劳动力资源缩减的国家，本身劳动力资源相对较少，仅俄罗斯、日本、德国、意大利、乌克兰5国的劳动年龄人口总量在3千万人以上。笔者进一步绘制2015—2020年93个低生育率国家或地区1990年人口自然增长率与1990—2020年劳动年龄人口数量变化率的散点图（见图5-2-3），两者呈现显著正相关，拟合模型为：$y = 5.2908x - 19.504$（$R^2 = 0.2444$），即人口自然增长越缓慢的低生育率国家或地区，劳动年龄人口增长越缓慢，1990年人口自然增长率每低1个千分点，1990—2020年期间劳动年龄人口增长率低5.3个百分点。

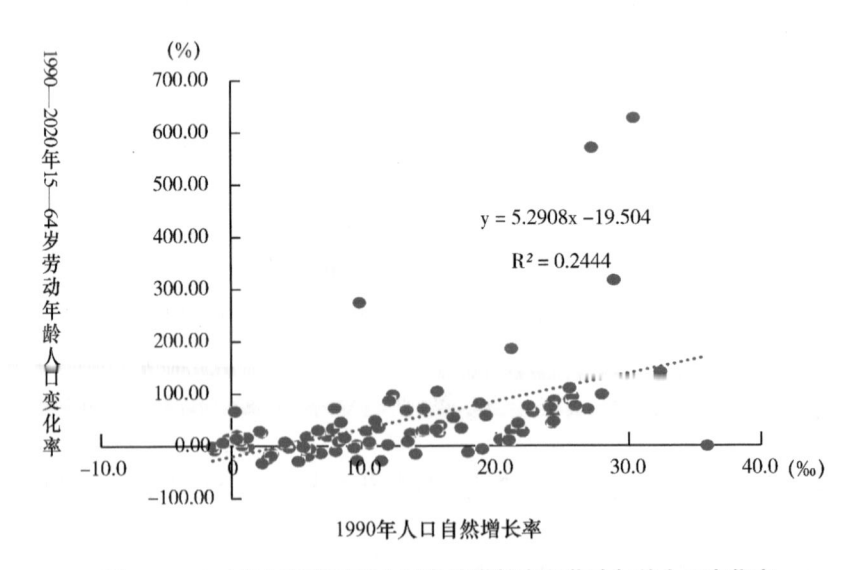

图 5-2-3 低生育率国家人口自然增长率和劳动年龄人口变化率

资料来源：United Nations, Department of Economic and Social Affairs, Population Division, *World Population Prospects* 2019, ST/ESA/SER. A/423, November 2019.

其次，长期低生育率可能导致劳动力老龄化。联合国国际劳工组织通常把劳动年龄人口中45岁及以上的劳动力划分为年长劳动力人口，欧洲学者则更多采用55岁及以上劳动者占15—64岁劳动者比例以反映劳动力老龄化进程，并认为该进程对劳动生产率和经济增长产生不利影响。在此，笔者继续使用《2019年世界人口展望》中201个国家分年龄组人口数，计算各国1990—2020年55岁及以上劳动年龄人口占15—64岁劳动年龄人口的比例。由表5-2-2可以看出，整体上，低生育率国家在1990—2020年期间55—64岁人口占15—64岁人口比例提高幅度均远远高于中等生育率和高生育率国家，即劳动力老龄化进程明显快于其他两种生育率类型国家。具体而言，93个低生育率国家该比例由1990年的8.9%提升至2020年的14.8%，即目前年长劳动者占1/7，30年间提高了5.9个百分点。2020年劳动力老龄化程度超过20%的国家主要有日本、意大利、葡萄牙、芬兰、希腊、马提尼克、德国、立陶宛、中国香港、拉脱维亚、西班牙等23个国家或地区，沙特阿拉伯、卡塔尔、马尔代夫、科威特、巴林、尼泊尔、孟加拉国、不丹、阿塞拜疆等10国不足7%。1990年以来92个低生育率国家均出现年长劳动者占比的提高，其中提高幅度最大的是日本、马提尼克、波黑、波多黎各、马耳他、韩国等9个国家，提高10个百分点以上，仅马尔代夫出现年长劳动者占比下降，降幅为3.2个百分点。

表5-2-2　不同生育率类型国家人口和劳动力老龄化进程

国家类型		老年人口比重（%）			55—64岁人口占15—64岁人口比例（%）			45—64岁人口占15—64岁人口比例（%）		
		1990年	2020年	1990—2020年变化幅度	1990年	2020年	1990—2020年变化幅度	1990年	2020年	1990—2020年变化幅度
低生育率国家	最高值	17.8	28.4	16.5	19.0	25.8	13.7	37.0	49.6	23.3
	最低值	1.2	1.3	0.1	3.2	6.3	-3.2	14.4	18.0	-5.5
	平均值	8.9	14.8	6.0*	12.4	18.1	5.8*	27.3	38.2	11.0*
中等生育率国家	最高值	8.9	19.4	10.9	13.5	23.5	13.1	29.4	47.0	23.3
	最低值	2.1	2.5	-2.1	5.7	5.7	-4.8	14.8	16.9	-5.3
	平均值	4.0	5.9	2.0*	8.4	11.0	2.6*	20.0	26.5	7.3*

续表

国家类型		老年人口比重（%）			55—64岁人口占15—64岁人口比例（%）			45—64岁人口占15—64岁人口比例（%）		
		1990年	2020年	1990—2020年变化幅度	1990年	2020年	1990—2020年变化幅度	1990年	2020年	1990—2020年变化幅度
高生育率国家	最高值	4.2	4.5	1.7	9.8	9.1	1.3	23.3	22.3	3.0
	最低值	2.2	2.0	-1.8	6.3	5.2	-4.6	16.5	15.1	-8.3
	平均值	3.0	2.9	0.5*	8.0	7.2	-0.8*	20.0	18.7	1.6*

注：*仅计算老年人口比重或45—64岁人口占15—64岁人口比例提高的国家的平均增幅。1990—2020年45—64岁人口占15—64岁人口比例提高的国家为92个低生育率国家、63个中等生育率国家和10个高生育率国家。

资料来源：United Nations, Department of Economic and Social Affairs, Population Division, *World Population Prospects* 2019, ST/ESA/SER. A/423, November 2019.

5. 净迁移效应：长期低生育率是驱动国际移民的重要因素之一

低生育率国家的另一个后果是越来越依赖积极的净移民来满足本国劳动力市场需求。尽管国际移民不是解决人口老龄化的长期结构性补救措施，但它有助于缓解人口老龄化的短期影响。移民可以增加劳动年龄人口，缓解劳动力不足，而且移民中多数女性处在育龄期，至少在最初移入时具有更高的生育率。从世界范围看移民数量和生育水平并不完全相关。在生育率较低的国家，移民数量也可能较低，比如乌克兰；反之，在生育率相对较高的地方，移民数量也可能较高，比如法国。移民作为低生育率的缓解策略可能不适用于所有低生育率国家，特别是那些经济发展停滞的低生育率国家或者对移民具有政治敏感性的国家。例如，东欧和东南欧国家经济不景气，生育率低，净移民率低，导致人口数量减少更为严重。另外，亚洲许多低生育率国家的移民水平也远低于欧洲国家。

《2030年可持续发展议程》认识到，国际移民可以成为经济和社会发展的积极力量，提供重新平衡来源地和目的地之间劳动力市场的机制，从而提高全球劳动力生产率。跨国移民还可以通过移民向国内家庭和社区汇款，促进投资和提高原籍国的生活水平，并加速新思想和技术在全球的传播。从人口统计学的角度来看，在世界上大多数国家和地区，移民是人口变化中比出生和死亡小得多的一部分。当然，在某些情况下，国际移民对人口规模或分布变化的贡献是相当大的，特别是对于那些离开或抵达的移民（包括难民）规模较大的国家或地区，国际迁移已成为人口变化的主要因素。

根据《2019年世界人口展望》中各国或地区净移民数量，1950—2015年期间，作为最早和较早完成生育率转变、长期处于低生育率、人口增长缓慢的欧洲、北美洲和大洋洲地区是国际移民的主要目的地，生育水平较高的亚洲、拉丁美洲和加勒比地区以及尚未完成生育率转变的非洲则是移民的主要来源地。从1980—2020年世界6大区净移民量的变化趋势看，在2000—2010年的10年中，每年流入欧洲、北美洲和大洋洲的净移民达到327万人；2010—2015年期间，每年流入上述三大洲的净移民缩至140万人，欧洲缩减更为明显，与此同时亚洲、拉丁美洲和加勒比地区的净迁出量显示出相应规模的下降；2010—2015年期间每年流入上述三大洲的净移民为136万人。即2010—2020年每年欧洲、北美洲和大洋洲的净移民为276万人，比2000—2010年减少了15%。2010—2020年10年间，有14个国家或地区接受超过1百万的净迁入移民，另有10个国家贡献超过1百万的净迁出移民。在一些国家，导致国际移民的主要因素是对劳动力的需求，如孟加拉国、尼泊尔和菲律宾，2010—2020年分别净流出人口420万人、180万人和120万人；另外一些国家，移民的主要原因是暴力、不稳定和武装冲突，如叙利亚、委内瑞拉和缅甸，2010—2020年分别净流出750万人、370万人、130万人。预计未来10年，白俄罗斯、爱沙尼亚、德国、匈牙利、意大利、日本、俄罗斯和乌克兰等国家将经历国际移民的净迁入，有助于抵消死亡人数多于出生人数导致的人口数量减少。

虽然亚洲、非洲、拉丁美洲和加勒比地区的人口向欧洲、北美洲和大洋洲的流动已成为近半个世纪以来全球移民模式的一个重要特征，但区域内的移民流动也很重要。一些位于非洲、亚洲或拉丁美洲和加勒比地区的高收入和中等收入国家多年来也吸引了大量移民。在可预见的未来，各国之间巨大而持久的经济发展和人口增长的不对称仍然是国际移民的主要驱动因素。预计在2020—2050年期间，国际移民的最大净受益者是美国、德国、加拿大、英国、澳大利亚和俄罗斯；印度、孟加拉国、中国、巴基斯坦和印度尼西亚则是移民净输出国，每年净移民超过10万人。移民政策作为补充普通劳动力吸引国际移民的策略，未来可能引发不同族群资源争夺和利益分配矛盾以及宗教文化冲突，带来政治、军事、外交等国家安全风险。

在 COVID-19 引发的全球严重经济衰退和维持社会凝聚力的挑战日益增加的情况下，迁移者受到 COVID-19 有关停工的直接和间接经济后果的严重打击，各国对积极移民政策的支持可能下降[①]。比如，经合组织国家为应对 COVID-19 流行，自 2020 年 3 月开始采取了短期移民政策响应并确定了全球卫生危机可能给移民管理带来的一些中长期挑战。到 2020 年 5 月底，除瑞典等少数国家外，大多数经合组织国家对允许入境的人实施通常 14 天的隔离期，实施对跨境工人、季节性工人和卫生专业人员的一些旅游禁令豁免。在大多数国家，移民和庇护办事处以及国外领事服务机构已关闭 1—3 个月，且积压的申请迅速增加等。

（二）对社会经济发展的间接影响

如前所述，生育率变动通过影响人口规模、人口结构、人口素质等的变化而对社会经济发展产生影响。在低生育率国家，老年人口占很大比例，政府可能在为社会保障系统提供足够的资金和重新调整服务方向（如卫生）方面等面临着巨大挑战，以应对不断老化的人口结构。低生育率也意味着最终进入劳动力市场的儿童数量减少，这引发人们对未来经济增长的担忧。在日本、韩国和新加坡等国家，年轻人在劳动力中所占的比例不断下降，意味着新技术的研发者和使用者更少。另外，缺乏年轻技术工人的国家可能会处于相对的经济劣势。

1. 对人均收入的影响

虽然很高的生育水平确实会通过较低的劳动年龄人口占比对人均产出产生负面影响，但降低高生育率所能产生的积极经济影响只存在于提高劳动年龄人口占比实现最大化的时期；如果使得劳动年龄人口占比最大化的生育率下降，则会降低均衡中的劳动年龄人口占比，并可能导致人均产出下降。比如，像赞比亚这样的高生育率国家，降低生育率将增加人均收入是非常清晰的。但是对于低生育率的欧洲国家来说，生育率下降的影响更为复杂：在短期内，生育率下降和低生育水平会降低少儿抚养比，增加劳

---

① OECD, "Managing International Migration under COVID-19", Updated 10 June 2020, http://www.oecd.org/coronavirus/policy-responses/managing-international-migration-under-covid-19-6e914d57/.

动年龄人口比重，从而提高人均收入；然而，从长远来看，老年抚养比上升将超过少儿抚养比下降，在没有大量移民流入的情况下，持续的低生育率将导致劳动年龄人口占比降低。因此，低生育率国家生育率下降在短期内会增加人均收入，但在长期内会降低人均收入。在此，笔者借鉴联合国经济社会事务部的定义，年龄中位数在40岁以下、0—14岁人口占总人口比重小于30%和65岁及以上人口占总人口比重低于15%的时期为人口机会窗口期[1]，即同时满足这二个条件时才认为处在人口机会窗口期，从机会窗口期的角度分析低生育率国家在1990—2020年期间人口结构变化对经济增长的影响。

由表5-2-3可以看出，欧洲最早进入人口机会窗口期，大约在20世纪50年代之前，直至2000年结束；北美洲由于具有较高的生育水平和较多的移民流入，人口机会窗口期比欧洲开始得晚，抚养比从1970年的62%降至2015年的49%；紧随其后，亚洲、拉丁美洲及加勒比地区在2005—2040年经历人口机会窗口期，具有相似的抚养比变化模式；非洲最迟进入人口机会窗口期，2045年进入，2080年退出；澳大利亚和新西兰与美国、加拿大类似，同时进入人口机会窗口期，大洋洲其他地区则晚一些，抚养比变化模式与发展中国家相似。如果从低生育率国家人口机会窗口持续时间看，欧洲国家持续时间最长，在50年以上；其次是北美、澳大利亚和新西兰，在40—50年；东亚国家（主要是日本和韩国）仅30年左右。在人口机会窗口期，大多数国家抚养比在40%—60%，多数情况下抚养比先下降触及最低点，然后再上升，直至机会窗口期结束。中国和东欧国家在机会窗口期，抚养比的最低点低于40%，分别为39.6%、38.6%。

表5-2-3 世界6大区和部分国家人口机会窗口期和对应的抚养比

主要地区	人口机会窗口期		总抚养比		
	开始	结束	开始	最低值	结束
世界	2005	2045	55.4	52.4	55.6
非洲	2045	2080	54.3	52.2	54.2

---

[1] United Nations, Department of Economic and Social Affairs, Population Division, *World Population to* 2300, ST/ESA/SER. A/236, 2004.

续表

主要地区	人口机会窗口期 开始	人口机会窗口期 结束	总抚养比 开始	总抚养比 最低值	总抚养比 结束
亚洲	2005	2040	52.7	48.6	52.9
印度	2010	2050	54.8	47.4	49.4
中国	1990	2025	49.8	39.6	46.1
其他东亚国家	1970	2000	54.9	43.9	44.9
拉丁美洲及加勒比地区	2005	2040	55.7	49.2	52.4
巴西	2000	2035	52.7	45.7	49.9
大洋洲	1980	2025	59.9	51.5	54.9
澳大利亚/新西兰	1970	2010	60.6	47.2	47.2
北美	1970	2015	61.7	49.3	51.9
欧洲	1950年之前	2000	52.4	47.5	47.5
东欧	1950年之前	2015	53.0	38.6	40.6
南欧	1950年之前	1995	54.5	46.9	46.9
西欧	1950年之前	1990	50.4	47.5	47.6
北欧	1950年之前	1985	51.5	51.5	52.6

资料来源：United Nations, Department of Economic and Social Affairs, Population Division, *World Population Prospects* 2019, ST/ESA/SER. A/423, November 2019.

2. 对劳动生产率的影响

人口机会窗口期结束即人口红利消失，不仅体现为人口结构变化即总抚养比上升产生的影响，也体现为劳动年龄人口绝对数量减少和老龄化产生的负面影响。长期低生育率导致的人口老化和萎缩是日本经济长期萎靡的主要原因，最为突出的表现是创新和创业能力的缺失、技术进步缓慢[1]。因此，无论是应对劳动力数量减少和老龄化还是总抚养比上升，都需要提高劳动者生产率。Cristina Batog 通过实证研究提出，45—54 岁年龄组劳动力的生产率最高[2]。笔者借鉴于此，根据 45—54 岁年龄组劳动力占 15—64

---

[1] 梁建章、黄文：《人口创新力：大国崛起的机会与陷阱》，机械工业出版社 2018 年版，第 154 页。

[2] Batog, C., Crivelli, E. and Ilyina, A., et al., "Demographic Headwinds in Central and Eastern Europe", IMF Departmental Paper No. 2019/011, October 21, 2019.

岁劳动力的比重与人均国民收入的关系，分析低生育率国家劳动力规模减小及劳动力老龄化对劳动生产率的影响。

结果显示，低生育率国家45—54岁年龄组劳动力占15—64岁劳动力的比重与其劳动生产率呈现正相关。除去沙特阿拉伯、卡塔尔、巴林、马尔代夫4个大量劳动力输入国家，绘制低生育率国家2017年人均国民收入对数值与45—54岁年龄组劳动力占比的散点图（见图5-2-4），可以看出，随着45-54岁年龄组劳动力占比的提高，劳动生产率对数值呈线性增长趋势，拟合模型为 $y = 0.161x + 6.9352$（$R^2 = 0.3141$）。即45—54岁年龄组劳动力占比每提高1个百分点，可促使劳动生产率提高17.5个百分点。

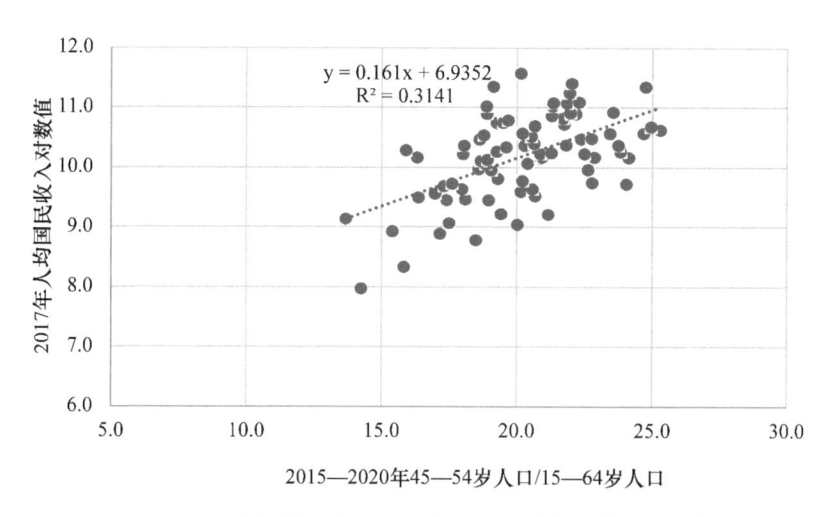

图5-2-4 低生育率国家45—54岁人口占比和劳动生产率散点图

注：仅获取86个低生育率国家或地区2017年的人均国民收入。

资料来源：United Nations, Department of Economic and Social Affairs, Population Division, *World Population Prospects* 2019, ST/ESA/SER. A/423, November 2019.

从45—54岁人口占15—64岁全部劳动年龄人口的比重变化来看，1990—2020年期间92个低生育率国家呈现上升趋势，仅马尔代夫呈现下降趋势；30年间，全部低生育率国家45—54岁人口占15—64岁人口的比重平均提高了5.1个百分点，中等生育率国家平均提高了3.9个百分点，39个高生育率国家中有28个国家出现了该比重的下降。在低生育率国家内部也存在显著差异,科威特、中国、中国澳门、新加坡、古巴5个低生育率国家或地区45—54岁人口占15—64岁人口的比重显著提高,2015—2020年比1990—1995年提高了10个百分点以上;乌克兰、德国、摩尔迪瓦、拉脱维亚、俄罗斯、爱沙尼亚、塞浦路斯、奥地利等长期低生育率或极低生育率国家同期提高幅度很小,不足3个百分点。

据此判断,1990—2020年期间各低生育率国家45—54岁人口占劳动年龄人口占比的提高,有力地促进了劳动生产率的提高;当然,国家之间存在着显著差异。

3. 对社会发展的影响

首先,持续低生育水平将影响社会福利制度和社会公平。一方面,如果人口增长缓慢,甚至为负,那么人们的住房需求就会随之下降,房价也会持续下降,这将可能使众多家庭资不抵债,进一步影响到社会保障和医疗保险的偿付能力以及股市表现。在持续低生育率国家,工人在退休前可能要更努力地工作更长时间。另一方面,经济增长缓慢,致使新公司更难以进入市场,原有的大公司具有更多的垄断能力,他们"要求"当地政府减税和提高其他福利或维持低工资。此外,虽然人口减少产生鼓励自动化和提高资本密集度等积极影响,但是被机器人解雇的工人面临更少的选择,即可能会增加不平等。根据挪威统计局报告,2018年育龄妇女生育率仅为1.56,创历史最低纪录,初育年龄不断升高是生育率下降的重要原因之一。低出生率将给挪威福利制度带来问题,政府希望挪威夫妇至少生2个孩子。为此,2017年底,挪威政府成立了一个跨部门工作组,研究修改现有的家庭援助计划,以鼓励挪威人生育更多孩子。

其次,与高收入国家相比,中等收入国家在解决低生育率带来的许多后果方面的资源更加有限。1994年联合国人口与发展大会时,低生育率主要是高收入国家的特征,尤其是欧洲。但是此后低生育率也逐渐成为中等收入国家的一个特征。这些中等收入国家中的许多国家经历了比以往更快的向低生育水平转变的过程,因此这些国家适应由此产生的宏观层面变化的时间更少。与欧洲、北美洲国家相比,中等收入国家向低生育率转变的国家以更快的速度转变和达到极低的水平,这意味着生育率比其他社会经济因素趋同的速度更快。这就使得没有人口迁移的快速生育率转变国家面临各种严峻挑战,比如老年人口数量快速扩张,支付不断增长的社会服务和养老金，以及驱动经济增长的劳动力不断减少。

最后，在极低生育率国家，过低的生育率现象已成为一个社会问题。如新加坡，不仅在于过低的生育率导致人口缩减和年轻劳动力短缺，而且导致想要孩子的愿望受挫、对儿童不友善等。

（三）低生育率国家生育率新变动综合效应的区域差异

由于生育率的下降首先影响出生人口及人口增长，进而影响人口年龄结构和抚养比的变化、家庭结构的变化，因此可能引发劳动力短缺、经济增长放缓、资产市场崩溃、财政压力、养老金和医疗体系的财政崩溃以及人口红利消散等。生育率下降与长寿、城市化、移民等共同作用于低生育率国家未来人口变化，并预示着重大的社会、政治、经济和环境后果。并且，生育率变动引发出生人口数量变化和少儿抚养比的上升是短期内即可显现的，而生育率变动引起人口年龄结构和劳动力数量的变化以及对劳动生产率的影响需要在较长时期后方可显现。因此，鉴于生育率变动所产生的影响分为短期和长期，低生育率国家内部生育率变动存在着显著差异，共同导致了低生育率国家生育率变动的人口发展、经济社会发展等综合效应存在差异（见表5-2-4）。不论哪种类型的低生育率国家，虽然上述挑战是艰巨的，但是行为调整、技术创新、政策和体制变革等具有抵消上述各种负面影响的很大潜力。

表5-2-4　　　　　低生育率国家生育率变动的综合效应

低生育率国家类型	对人口发展的影响					对经济社会发展的影响		
	老龄化效应	抚养比效应	劳动力效应	净迁移效应	规模效应	劳动生产率	人均收入	社会发展
长期低生育率的国家	老年人口数量增长相对较缓，老龄化程度深	老年抚养比快速提高	劳动力减少，劳动力老龄化程度加深	人口净迁入以缓解劳动力匮乏	人口逐渐负增长	在一定程度上促进劳动生产率	长期内会降低人均收入	社会福利制度和社会公平
生育率迅速降至更替水平及以下的低生育率国家	老年人口数量增长快和比重大幅提高	少儿抚养比迅速降低	45—54岁/15—64岁比重提升	—	人口增长减速	有力地促进劳动生产率提高	出现人口机会窗口	面临各种严峻挑战

二 中等生育率国家生育率变动的社会经济效应

第二章分析得出，中等生育率国家是 1990—2020 年期间下降幅度最大的生育率类型国家，其中 55% 的中等生育率国家 TFR 降幅超过 30%；35% 的中等生育率国家 TFR 降幅在 10%—30% 之间，主要分布在撒哈拉以南非洲的大部分地区以及亚洲、拉丁美洲和加勒比的部分地区。这些中等生育率国家生育率的明显变动对这些国家人口自身发展、经济社会发展产生重要影响。

（一）对人口发展的直接影响

1. 规模效应：多数国家人口自然增长率明显降低

从人口增长来看，68% 的中等生育率国家在 2015—2020 年期间人口自然增长率比 1990—1995 年下降 10 个千分点；而同期 44% 的低生育率国家下降 10 个千分点，同期 2% 的高生育率国家下降 10 个千分点。因此，更高比例的中等生育率国家在 1990—2020 年出现人口自然增长率的显著下降。并且，仅以中等生育率国家作为样本，人口自然增长率随着 TFR 的下降而呈指数型下降，拟合公式为：$y = 22.21\ln(x) - 6.3253$（$R^2 = 0.7523$）。可见，中等生育率国家 TFR 每下降 1，即每减少生育 1 个孩子，将导致人口自然增长率下降 22%；中等生育率国家 TFR 的变动可以解释人口自然增长率平均变动的 75.2%，表明了 TFR 是目前影响中等生育率国家人口自然增长的主导力量。

2. 老龄化效应：老年人口数量快速增长和比重提高较缓

在四种生育率类型国家中，中等生育率国家老年人口数量在 1990—2020 年期间增长最快，平均增长率为 149%，高于世界平均增长率（137%）、高生育率国家平均增长率（123%）、适度低生育率国家平均增长率（136%）和极低生育率国家平均增长率（130%）。其中，秘鲁、多米尼加、巴拉圭等 16 个中等生育率国家的老年人口数量增长了 200% 以上。

由于中等生育率国家生育率迅速下降时间相对较短，对老龄化程度的显著影响尚未明显显现。仅瓜德罗普、斯里兰卡、留尼汪岛、关岛 4 个国家或地区的 65 岁及以上老年人口比重在 1990—2020 年期间提高了 5 个百分点以上，绝大多数中等生育率国家同期提高幅度不足 3 个百分点。

2015—2020年仅瓜德罗普进入深度老龄化社会，18个中等生育率国家进入老龄化社会，其余50个中等生育率尚未进入老龄化社会，即七成中等生育率国家尚未进入老龄化社会。

3. 抚养比效应：少儿抚养比较快下降

作为中等生育率国家，1990—2020年期间生育水平的下降同样带来少儿抚养比的较快下降，每减少1个孩子将促使少儿抚养比平均下降9.97个百分点（见图5-2 5），该影响系数略低于低生育率国家每减少1个孩子所带来的少儿抚养比平均下降幅度（14.4个百分点）。少儿抚养比随着TFR下降而出现显著下降的中等生育率国家主要有伊朗、阿曼、佛得角等国家或地区，其中伊朗1990—2020年期间减少1.55个孩子，带来少儿抚养比降低了53个百分点，2015—2020年少儿抚养比降至36%；阿曼减少3.34个孩子，带来少儿抚养比降低了56.3个百分点，2015—2020年少儿抚养比降至30%；佛得角减少2.77个孩子，带来少儿抚养比降低了51个百分点，2015—2020年少儿抚养比降至41.8%。

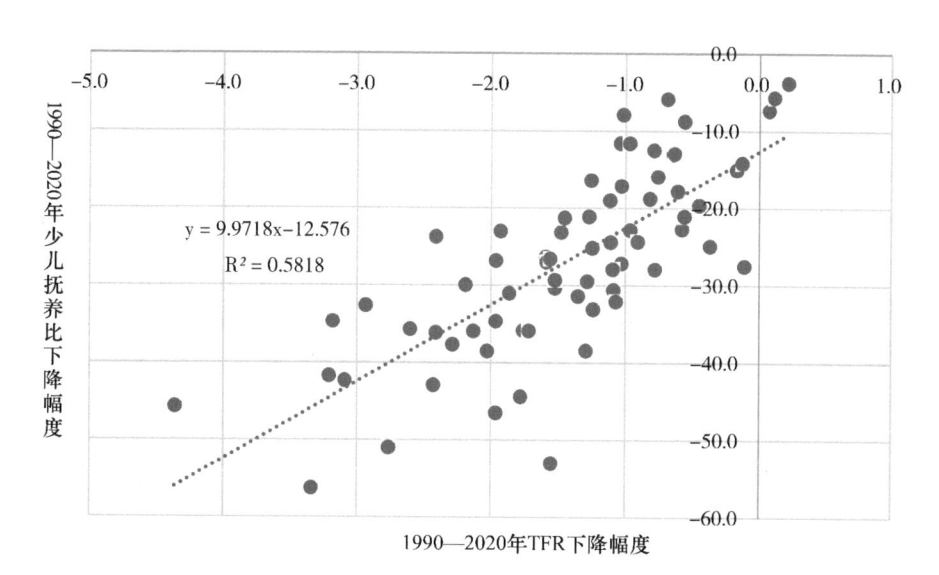

图5-2-5 中等生育率国家TFR变化幅度和少儿抚养比变化幅度散点图

资料来源：United Nations, Department of Economic and Social Affairs, Population Division, *World Population Prospects* 2019, ST/ESA/SER. A/423, November 2019.

(二) 对经济社会发展的间接影响

根据《2019年世界人口展望》世界各国抚养比数据，可以分析得出，绝大多数中等生育率国家近期生育率的明显下降意味着劳动年龄人口比其他年龄组的人口增长更快，以及少儿抚养比显著下降，为加快经济增长提供了一个机会窗口，即人口红利。

1. 生育率下降开启人口机会窗口

图5-2-6显示，中等生育率国家平均减少1个孩子，劳动年龄人口占比平均上升3.73个百分点。最突出的是也门、伊朗、沙特阿拉伯、阿曼以及佛得角等国家，其中也门在1990—2020年期间减少4.36个孩子，劳动年龄人口占比上升12.3个百分点，2015—2020年升至58.2%；伊朗同期减少1.55个孩子，劳动年龄人口占比上升17.5个百分点，2015—2020年升至68.7%；沙特阿拉伯同期减少3.21个孩子，劳动年龄人口占比上升16.6个百分点；阿曼同期减少3.34个孩子，劳动年龄人口占比上升22.5个百分点，2015—2020年升至75%；佛得角同期减少2.77个孩子，劳动年龄人口占比上升17.5个百分点，2015—2020年升至67.1%。当然，大量青壮年劳动力迁入也是上述国家劳动年龄人口占比提升的重要原因。

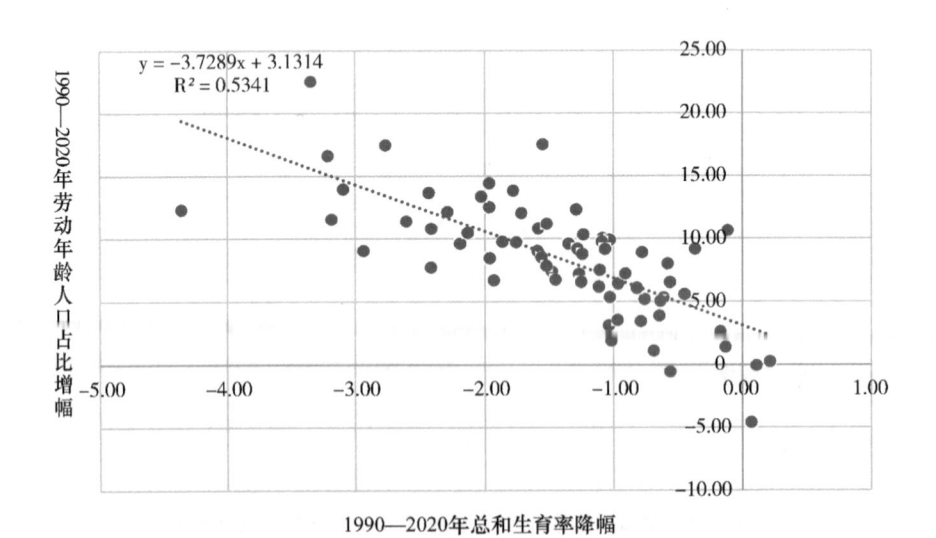

图5-2-6 中等生育率国家劳动年龄人口占比增幅与总和生育率降幅散点图

资料来源：United Nations, Department of Economic and Social Affairs, Population Division, *World Population Prospects* 2019, ST/ESA/SER. A/423, November 2019.

由表 5-2-5 可以看出，53 个中等生育率国家在 1995—2035 年期间开启人口机会窗口，占全部中等生育率国家的 77%，即近八成。并且，亚洲和拉丁美洲及加勒比地区的许多人口大国在 1990 年以后纷纷开启人口机会窗口。比如，伊朗、印度尼西亚、印度、墨西哥、菲律宾 5 个中等生育率类型的人口大国在 2005—2020 年期间开启，从时间上看略迟于低生育率国家。中国、泰国、越南、巴西、土耳其、孟加拉国 6 个低生育率类型的人口大国在 1990—2015 年开启。

表 5-2-5　　　　　1990—2070 年开启人口机会窗口的国家

年份	非洲	亚洲	拉丁美洲及加勒比	大洋洲	北美洲	欧洲
1990	毛里求斯**	中国**	美属维尔京群岛**			
1995	留尼汪岛*	亚美尼亚**、以色列*、哈萨克斯坦*、科威特**、斯里兰卡*、泰国**	阿根廷*、智利**			
2000		巴林**	巴哈马**、巴西**、特立尼达和多巴哥**	新喀里多尼亚**		阿尔巴尼亚**
2005	利比亚*、突尼斯*	阿塞拜疆**、文莱*、印度尼西亚、伊朗*、黎巴嫩**、土耳其**、越南**	哥斯达黎加**、圭亚那*、牙买加**、圣卢西亚*、圣基茨和尼维斯和格林纳定岛**	法属波利尼西亚**		
2010	阿尔及利亚*、摩洛哥*、南非*、西撒哈拉*	沙特阿拉伯*、吉尔吉斯斯坦*、马来西亚**、蒙古*、土库曼斯坦*、乌兹别克斯坦*	哥伦比亚**、多米尼加*、厄瓜多尔*、墨西哥*、巴拿马*、秘鲁*、苏里南*、委内瑞拉*	斐济*、关岛*		
2015	佛得角*	印度*、塔吉克斯坦*、不丹**、孟加拉国**、缅甸*	萨尔瓦多**、法属圭亚那*			
2020		菲律宾*、约旦*、叙利亚*	伯利兹*	汤加*		

续表

年份	非洲	亚洲	拉丁美洲及加勒比	大洋洲	北美洲	欧洲
2025		东帝汶***、柬埔寨*	玻利维亚*、洪都拉斯*	密克罗尼西亚*		
2030	加蓬*、加纳*、圣多美和普林西比***、苏丹***	老挝*、尼泊尔**、阿曼*	危地马拉*、海地*、尼加拉瓜*、巴拉圭*	巴布亚新几内亚*、萨摩亚*、所罗门群岛***、瓦努阿图*		
2035	埃及*、科摩罗***、科特迪瓦***、冈比亚***、肯尼亚***、塞内加尔***	伊拉克*、马尔代夫**、巴基斯坦*				
2040	喀麦隆***、尼日利亚***、多哥***、坦桑尼亚***					
2045	贝宁***、博茨瓦纳***、中非共和国***、吉布提**、赤道几内亚***、厄立特里亚***、几内亚***、马达加斯加***、毛里塔尼亚**、纳米比亚**、卢旺达***	巴勒斯坦*				
2050	埃塞俄比亚***、莫桑比克***、塞拉利昂***、津巴布韦***	阿富汗***				
2055	乍得***、刚果(布)***、刚果(金)***、莱索托**、马拉维***、赞比亚***					

续表

年份	非洲	亚洲	拉丁美洲及加勒比	大洋洲	北美洲	欧洲
2060	安哥拉***、布基纳法索***、布隆迪***、几内亚比绍***、利比里亚***、马里***、乌干达***	也门*				
2065	索马里***					
2070	尼日尔***					

注：*表示2015—2020年低生育率国家，**表示2015—2020年中等生育率国家，***表示2015—2020年高生育率国家。

由图5-2-7可以看出，中国在机会窗口期总抚养比下降幅度最大，显然这得益于生育率的快速下降，当然接着因老年抚养比的快速上升导致总抚养比快速上升，总抚养比呈"U"形；日本在机会窗口期总抚养比波动降至最低点后再上升的幅度最大；印度、墨西哥和菲律宾在机会窗口期

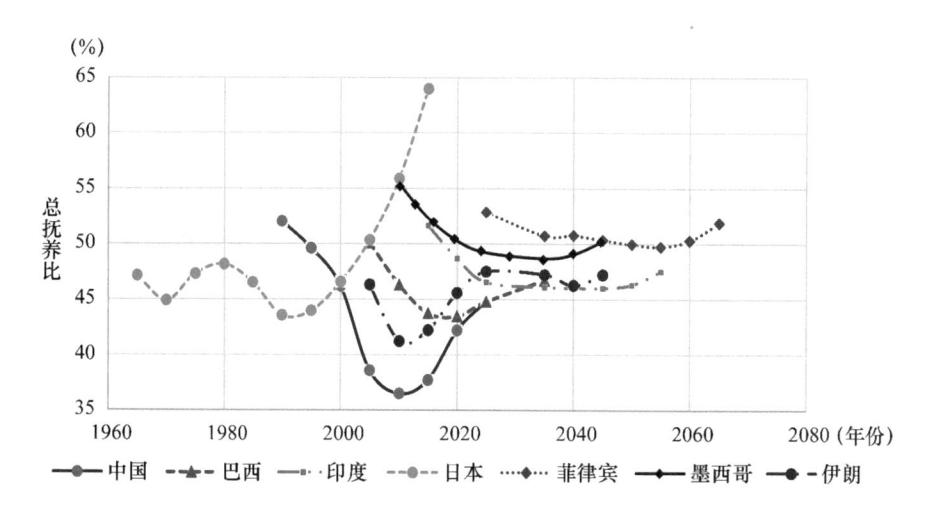

图5-2-7 部分国家人口机会窗口期的总抚养比变动趋势

资料来源：United Nations, Department of Economic and Social Affairs, Population Division, *World Population Prospects* 2019, ST/ESA/SER. A/423, November 2019.

总抚养比降至最低点后平稳上升，且上升幅度较小；巴西和伊朗类似于中国，在机会窗口期总抚养比降至最低点后迅速上升，但是"U"形变化相对较小；整体上，2010—2020 年期间，中国、伊朗、巴西的总抚养比降至最低点，印度、墨西哥、菲律宾的总抚养比迅速下降，为这些人口大国、中等收入国家提供了重要的发展条件。

2. 少儿抚养比下降促进人均产出提高

Kelley 提出了分析人口在经济增长中作用的灵活框架，该框架包括一个解释人均产出增长的"生产率"模型和将增长转为人均产出的"转化"模型，运用抚养比、人口密度和人口规模等变化相对缓慢的人口学特征以及青年人口和劳动年龄人口增长率等变化相对迅速的人口学特征，详细说明了生育率对经济增长的影响；利用 1960—1995 年间 86 个国家的经验数据进行实证分析的结果显示，在所有人口统计变量中，生育率下降所导致的少儿抚养比下降对人均产出的影响最大，这一结果适用于除非洲以外的所有大陆[①]。

三　高生育率国家生育率变动的社会经济效应

高生育率社会具有宏观和微观两个层面的人口学影响以及社会经济效应。在宏观层面，高生育率通过人口规模对自然环境、人口增长对经济预算或者人口年龄结构对劳动生产率等路径，进而作用于经济社会发展、资源持续利用和环境保护；在微观层面，高生育率不仅意味着大多数育龄妇女生育历程中产生更多的出生，而且意味着年轻育龄妇女怀孕、未计划怀孕以及离上次分娩太近的怀孕等产生的高危险性，这些将影响家庭和个人福祉（见图 5-2-8）。在第二章分析指出，10 个高生育率国家在 1990—2020 年期间 TFR 显著下降，降幅超过 20%；29 个高生育率国家 TFR 降幅在 10%—30% 之间，即较明显下降。上述 39 个国家的高生育率是否对人口增长、人口年龄结构、公共服务提供、妇幼保健、环境和自然资源等产生显著影响呢？以下进行实证分析。

---

① Kelley A. C. and Schmidt R. M., "Evolution of Recent Economic-Demographic Modeling: A Synthesis", *Journal of Population Economics*, Vol. 18, No. 2, June 2005, p. 275.

第五章 国际生育率新变动的社会经济效应及政策响应 　333

```
                    ┌─────────────┐
                    │ 高生育率下降 │
                    └──────┬──────┘
        ┌──────────┬───────┴───────┬──────────┐
   ┌────┴────┐ ┌──┴───┐ ┌─────────┴─┐ ┌──────┴──┐
   │怀孕生育 │ │人口增长│ │人口年龄结构│ │ 人口规模 │
   └────┬────┘ └──┬───┘ └─────────┬─┘ └──────┬──┘
        │         │               │          │
   ┌────┴────┐ ┌──┴───┐      ┌────┴──────────┴──────┐
   │ 人口发展│ │经济增长│      │ 资源持续利用和环境保护│
   └────┬────┘ └──┬───┘      └───────────┬──────────┘
```

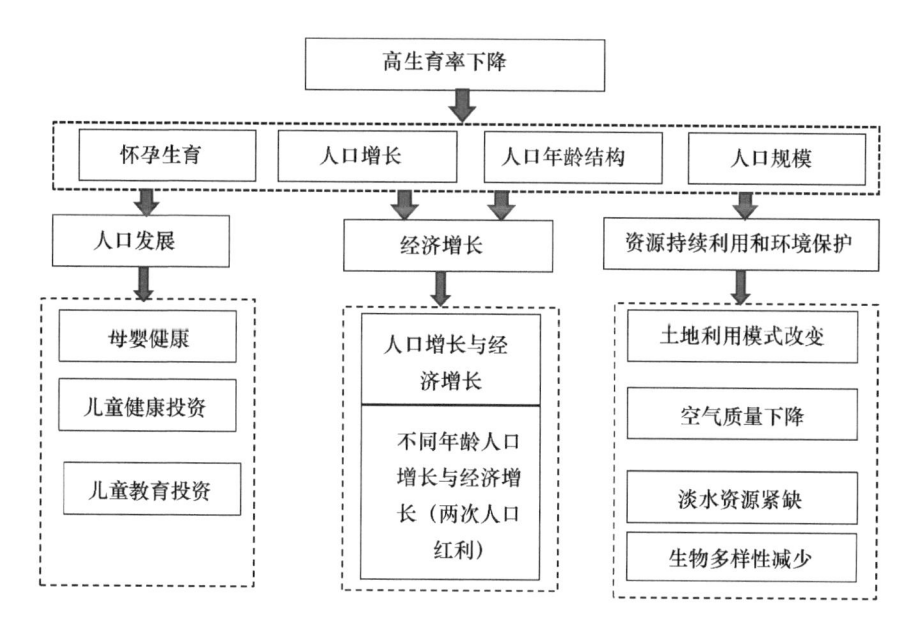

图 5-2-8　高生育率国家生育率下降的社会经济后果

（一）对人口发展的直接影响

1. 规模效应：尚存在人口阻力

尽管目前全球高生育率国家数量大大减少，而且许多非洲国家的生育率已大幅下降，但目前撒哈拉以南非洲依旧集中着大量高生育率国家。这些高生育率国家的人口快速增长，将继续为全球人口增长和随之而来的发展贡献越来越大的比例。2015—2020 年世界人口自然增长率为 1.09%，而在撒哈拉以南非洲的全部 50 个国家中，41 个国家的人口增长率超过 2%，其中 10 个高于 3%，尼日尔高达 3.8%。这些人口增长最快的国家，往往也是最贫困的国家，政府必须为越来越多的儿童和青年提供医疗服务、教育和最终就业机会，因此人口过快增长使得为儿童提供教育、为所有人提供医疗保健和为年轻工人提供就业机会等方面面临更加严峻的挑战，即对实现减贫（SDGs1）、获得更大的机会平等（SDGs5，SDGs10）[①]、战胜饥饿和营养不良（SDGs2）、加强健康和教育体系的覆盖面和平等性

---

① 全球可持续发展目标（Sustainable Development Goals, SDGs）明确指出了 2015—2030 年全球发展的目标和方向。

（SDGs3，SDGs4）等可持续发展目标进一步施加挑战。另外，高生育率国家农村地区缺乏就业机会促使许多年轻人移居到已经缺乏就业机会的城市，因此高生育率国家预计未来城市人口将快速增长。

2. 年轻化效应：少儿所占比重和少儿抚养比居高不下

大多数高生育率国家，高生育率导致少儿所占比重和少儿抚养比居高不下以及15—64岁人口所占比重偏低（见图5-2-9）。2015—2020年高生育率国家少儿所占比重平均为42.5%，仅比1990—1995年下降3.3个百分点；2015—2020年中等生育率国家少儿所占比重平均为30.3%，比1990—1995年下降10.5个百分点；2015—2020年适度低生育率国家少儿所占比重平均为19.1%，比1990—1995年下降8.6个百分点；2015—2020年极低生育率国家少儿所占比重平均为14.5%，比1990—1995年下降9.2个百分点。可见，高生育率国家少儿所占比重不仅高而且下降缓慢。

大多数高生育率国家少儿抚养比在70%以上，远远高于中等生育率国家和低生育率国家。在高生育率国家中，仅仅赤道几内亚少儿抚养比降至60%以下。八成低生育率国家的少儿抚养比在17%—30%之间，仅尼泊尔超过40%。八成中等生育率国家的少儿抚养比在30%—60%之间，仅津巴

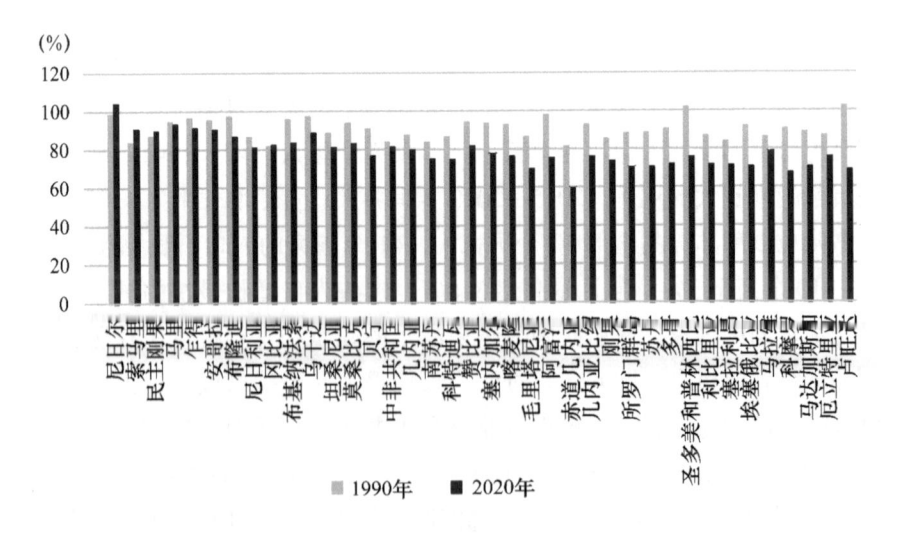

图5-2-9 高生育率国家少儿抚养比变化

资料来源：United Nations, Department of Economic and Social Affairs, Population Division, *World Population Prospects* 2019, ST/ESA/SER. A/423, November 2019.

布韦超过70%。从下降幅度看，中等生育率国家下降幅度最大，1990—2020年少儿抚养比平均下降26.8个百分点。高生育率国家的下降幅度最小，仅平均下降11.5个百分点，还有4个高生育率国家出现少儿抚养比上升。低生育率国家的下降幅度居中，平均下降15.8个百分点，有3个低生育率国家出现少儿抚养比上升。

3. 素质效应：影响儿童教育和妇幼健康

首先，高生育率对教育具有显著的影响。人口快速增长伴随着高生育水平，使得提供诸如教育等公共服务变得更具挑战性，因为这些服务需要跟上人口增长。并且，教育与生育的反比关系可能进一步加剧不平等，因为受教育程度较高的母亲，其生育率通常首先下降，这样使得不同受教育程度者的生育率差异更大。因此，高生育率的降低有助于增加人均教育投资。

其次，高生育率的降低有助于降低孕产妇死亡率。生育率的降低通常会导致风险较小的妊娠，如减少出现非常年轻或非常年长的母亲、高生育率的母亲以及怀孕间隔很近的妇女。家庭计划不仅是实现生育率下降和降低孕产妇死亡率的一个关键要素，而且还有助于减少意外怀孕次数，进而减少女性不安全堕胎导致的死亡率和发病率等。

最后，高生育率下降有助于提高儿童健康素质。高孩次出生（4个及以上孩子）在儿童期死亡的风险更大，降低生育率来减少意外的高孩次出生率，进而导致儿童死亡率下降。2015—2020年期间，世界低出生体重婴儿占比为14.6%，其中高于平均水平的22个国家中7个为高生育率国家。此外，与孕产妇死亡率相似，孕产妇年龄也对儿童存活率有影响，18岁以下的母亲所生的孩子在整个童年期间死亡的风险显著较高；对于35岁以上高龄母亲所生的儿童，过度的风险只存在于新生儿死亡率中。

（二）对经济增长的影响

一方面，持续快速人口增长对可持续发展提出严峻挑战；另一方面，长远来看高生育率的外生性下降将提高经济产出和通过年龄结构的有利变化来促进劳动生产率。联合国指出，47个最不发达国家也是世界人口增长最快的国家，预计其中很多国家在2019—2050年人口倍增，对旨在实现全球可持续发展目标的政策和已经很紧张的资源进一步施加压力。笔者进一步绘制2000—2018年期间各国人均GDP增长率与TFR的散点图（见图5-2-10），并未显示出高生育率国家人均GDP增长缓慢，即快速人口增长并未引发经济发展水平的缓慢增长。2000—2018 年期间全球人均 GDP 增长率的平均水平为 0.29%，在有数据的 34 个高生育率国家中 15 个国家人均 GDP 增长率高于世界平均水平。

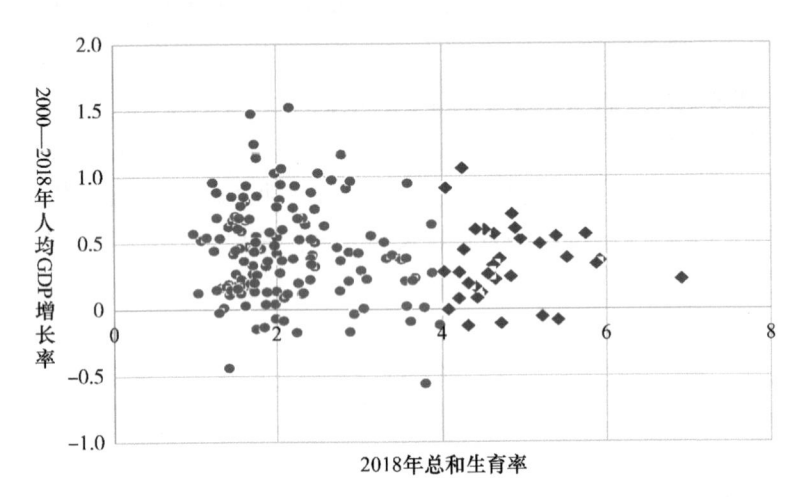

图 5-2-10　世界各国总和生育率与人均 GDP 增长率散点图

资料来源：United Nations, Department of Economic and Social Affairs, Population Division, *World Population Prospects* 2019, ST/ESA/SER. A/423, November 2019.

（三）对资源持续利用与环境保护的影响

笔者利用世界银行数据，分析高生育率国家生育率与自然环境指标的关系，即是否高生育率导致人口增长过快和增加了对资源环境的压力。

1. 人口持续增加在一定程度上加剧了淡水资源使用压力

首先，使用 165 个国家 1992—2014 年人均可再生内陆淡水资源变化率和 2014 年 TFR 绘制散点图（见图 5-2-11），可以看出，TFR 越高的国家，1992—2014 年期间人均可再生内陆淡水资源量减少越多；1992—2014 年期间世界平均人均可再生内陆淡水资源量减少 26%，其中减少量前 30 位的国家中，有 14 个国家是高生育率国家，即接近一半。

其次，使用 189 个国家 1990—2016 年期间森林面积变化率和 2016 年 TFR 绘制散点图，并没有出现森林面积随着生育水平的提高而锐减的状况。1990—2016 年期间森林面积减少率前 30 位的国家中，分别有 6 个高生育率国家、8 个中等生育率国家、11 个适度低生育率国家和 3 个极低生育率国家。

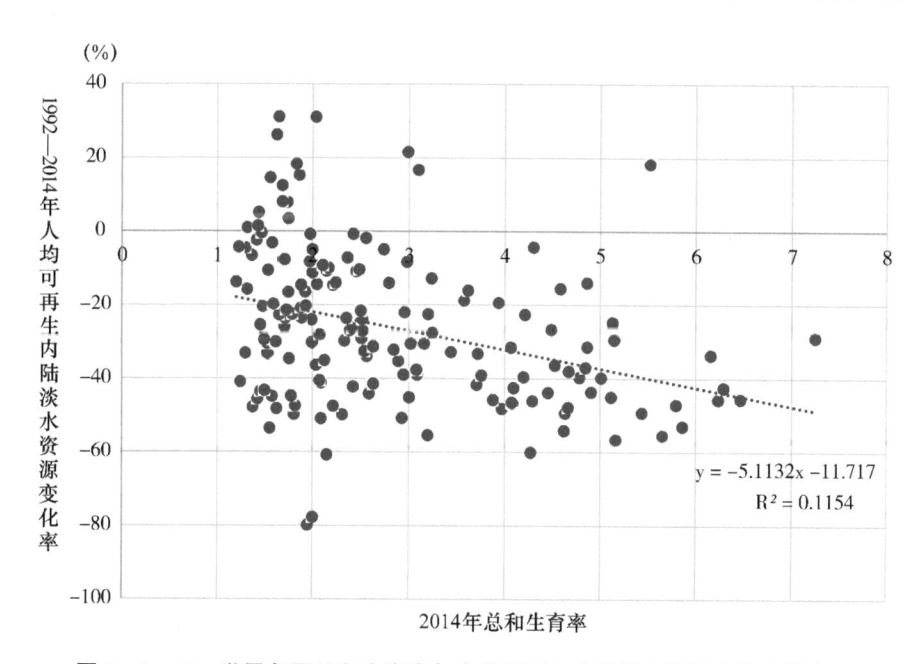

图 5-2-11　世界各国总和生育率与人均可再生内陆淡水资源变化率散点图

资料来源：United Nations, Department of Economic and Social Affairs, Population Division, *World Population Prospects* 2019, ST/ESA/SER. A/423, November 2019.

2. 人口过快增长并未引起能源消耗过快增长

高生育率国家人口增长对全球变暖起到了推波助澜的作用，贡献可能高达 1/3，通过扩大计划生育服务来降低生育率是抑制全球变暖的更具成本效益的战略之一①。笔者继续使用 GDP 单位能源使用量（购买力平价美元/千克石油当量）反映各国能源消耗情况。计算 1990—2014 年期间 GDP 单位能源使用量变化率与 TFR 的关系，其中可以获取 107 个国家的数据，结果显示，两者并不呈现显著的相关关系（见图 5-2-12）。1990—2014 年期间全球 GDP 单位能源使用量增长 136%，其中增长前 30 位的国家中有 5 个高生育率国家、7 个中等生育率国家、15 个适度低生育率国家和 2 个极低生育率国家。可见，高生育率国家人口增长过快并未引起单位产值能源消耗增长过快。

---

① Bongaarts, J., "Population Growth and Global Warming", *Population and Development Review*, Vol. 18, No. 2, June 1992, p. 299.

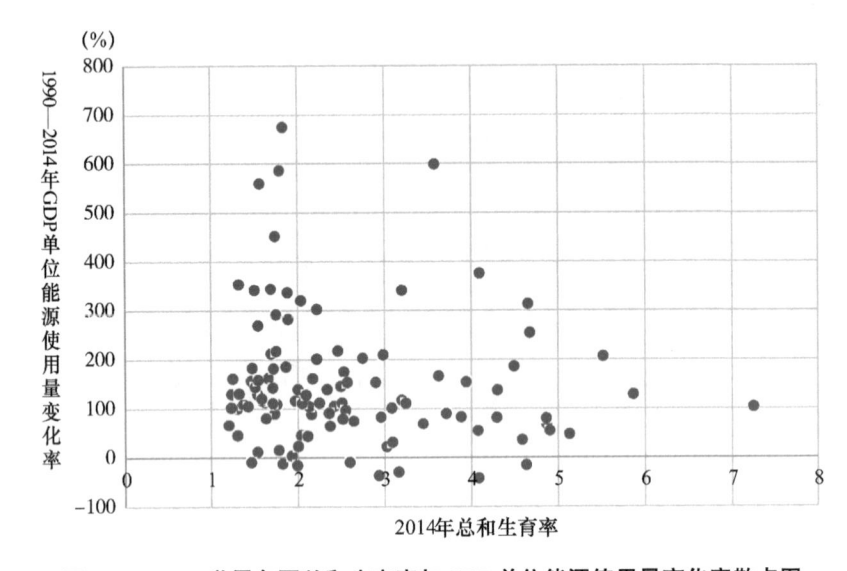

图 5-2-12 世界各国总和生育率与 GDP 单位能源使用量变化率散点图

资料来源：United Nations, Department of Economic and Social Affairs, Population Division, *World Population Prospects* 2019, ST/ESA/SER. A/423, November 2019.

第三节 不同生育率类型国家生育率新变动的政策响应

各国生育率变动及其社会经济后果不同，要求政府做出不同的政策响应。对于仍然保持高生育率的国家，应该为满足不断增长的儿童和年轻人需求而做出准备；对于生育率下降正在为人口红利创造机会的国家，需要通过确保所有年龄段人口的医疗保健和教育机会以及生产性就业机会来投资人力资本；对于长期维持低生育率的人口老龄化相对严重国家，则应采取措施使公共规划①适应老年人口比重的较快增长，以及面对晚育和对过低出生率的担忧采取多样化的政策响应。另外，所有国家都采取措施有利于促进安全、有序和定期的移民。鉴于各国针对人口发展变动及其社会经济后果的政策响应是多种多样的，在此，笔者仅总结分析各国对生育率变动本身所做出的政策响应。

---

① 2010—2015 年，全世界 68% 的国家采取了改善人口老龄化问题的措施，其中提升最低退休年龄的政策和提升就业者社会保障贡献的政策是最为普遍的。

一 人口政策和家庭生育计划变动的区域差异

(一) 人口政策的变动趋势和区域差异

1. 对人口规模及增长的认识发生变化

自20世纪后半叶以来，世界经历了有史以来的最快速人口增长和最大年均人口增加。为响应这些前所未有的人口变化，各国政府制定了各种各样的人口政策和实施了宽泛的措施。这些政策和措施以提高人口福利为国家发展目标，具体看，世界范围内人口政策演变经历了五个阶段：(1) 联合国建立以来的25年(1945—1970年); (2) 1974年布加勒斯特世界人口发展大会的10年(1970—1980年); (3) 1984年墨西哥城国际人口会议的10年(1980—1990年); (4) 1994年开罗国际人口发展会议(ICPD)的10年(1990—2000年); (5) 从21世纪开始。

自20世纪70年代以来，各国对生育率的认识、态度和政策发生了深刻的变化。1976年，大多数政府表示本国生育率是令人满意的。但是此后认为生育水平令人满意的政府所占比例平稳下降，2011年降至33%。1976年，1/3的国家和地区政府认为生育水平过高。随后的20年认为生育水平过高的政府所占比例上升，但是90年代末期开始降低，2011年降至41%。与此同时，认为生育水平过低的政府所占比例从1976年的11%增至2011年的26%。高生育率国家政府仍然趋向于关注其生育水平居高不下。2011年，61个TFR高于3.1的生育率国家中有54个视本国的生育水平太高，占89%，10%认为本国生育率是令人满意的；在这54个视生育水平太高的国家和地区中，87%持有降低生育率的政策，11%持有生育率不干预政策，仅1个国家（安哥拉）持有维持生育水平的政策。加蓬是唯一一个政府认为生育率太低和持有提升生育水平政策的TFR高于3.1的国家。

随着对人口增长率的认识不断深化，更多的发展中国家或地区认识到降低较高人口增长率的重要性，更多的发达国家或地区表示对较低人口增长率和老龄化的担忧。根据UNFPA发布的《2018年世界人口状况》(见图5-3-1)，2010—2015年期间，TFR不高于1.5的22个极低生育率国家中，86%的国家认为应该提升人口增长率，14%的国家认为应该既不提升也不降低人口增长率。TFR介于1.5—2.5之间的62个国家中，65%的国家认为应该既不提升也不降低人口增长率。TFR介于2.6—3.9之间的

30个国家中，53%认为应该降低人口增长率，37%认为应该既不提升也不降低人口增长率。TFR在4.0及以上的43个高生育率国家中，86%认为应该降低人口增长率。

总和生育率	国家数量（人口至少100万以上）	应该提升人口增长率	应该降低人口增长率	应该既不提升也不降低人口增长率
4.0及以上	43	1	37	5
2.6—3.9	30	3	16	11
1.5—2.5	62	12	10	40
1.5及以下	22	19	0	3

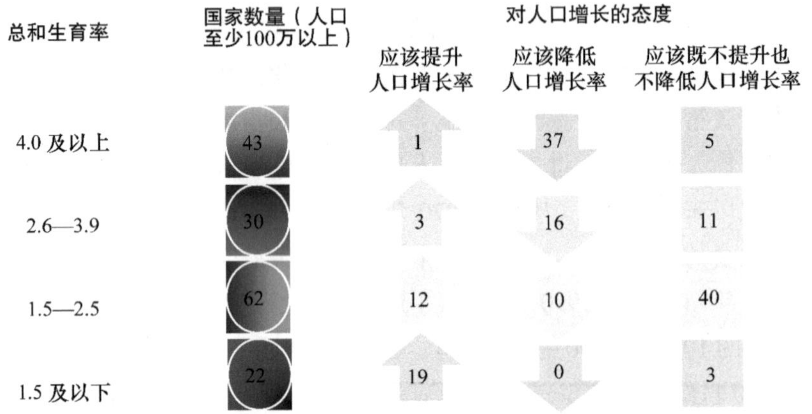

图5-3-1　不同生育率类型国家对人口增长率的态度

资料来源：United Nations, Department of Economic and Social Affairs, Population Division, *World Population Policies* 2015, ST/ESA/SER. A/374, 2018.

可见，大多数每名妇女生育4个或4个以上的高生育率国家表示要降低人口增长率，几乎所有生育率为1.5或更低的极低生育率国家则都希望提高生育率，生育率在1.5至2.5之间的国家通常对本国的人口增长率感到满意和表示希望维持现状。即无论生育率很高或极低的国家，政府通常认为本国的生育率变动趋势是不符合需要的，需要实施政策予以解决。

2. 各国影响生育率政策和生育水平密切相关

首先，高或中等生育率国家倾向于实施降低生育率的政策。2015年，全球42%的国家采取了1项或多项旨在降低当前生育水平的政策，其中非洲采取降低当前生育水平政策的国家所占比例最高，达到83%；其次是大洋洲，56%的政府采取降低生育水平的政策；亚洲、拉丁美洲和加勒比地区该比例分别为38%、33%（见表5-3-1）。所有高生育率国家和64%的中等生育率国家制定了降低生育水平的政策，这些国家通过合适的政策以降低生育率，从而有利于获得1994年目标和2030年可持续发展议程中的目标，特别是那些与贫困、营养、健康、教育和性别平等相关的目标。世界各国降低生育率的政策措施包括：提高法定结婚最低年龄，提供包括降低成本、安全而有效的避孕方法在内的生殖健康照护，将家庭生育计划和安全母亲措施融入基本健康照护体系，以及改善女性受教育和就业机会等。

其次，低生育率国家倾向于实施提升生育率的政策。全球28%的政府已采取了提升生育水平的政策，其中欧洲达到66%，是寻求提升生育水平国家所占比例最高的大洲；其次是亚洲，38%的政府制定了提升生育水平的政策。在所有低于更替水平的低生育率国家中，62%的政府采取了提升生育水平的政策，这些政府采取的特别措施包括婴儿津贴、家庭津贴、产假及陪护假、税收减免刺激以及弹性工作制等。

另外，全球各有15%的政府采取了维持或不干预生育水平的政策。其中采取维持现状生育水平政策的政府所占比例较高的分区是拉丁美洲及加勒比地区和亚洲，前者为27%，后者为21%；采取不干预生育水平政策的政府所占比例较高的分区是北美洲、拉丁美洲和加勒比地区、欧洲，北美洲2个国家均采取不干预政策，30%的拉丁美洲和加勒比地区国家、1/4的欧洲国家采取了不干预政策。

表5-3-1　世界各大洲影响生育率的政策（政府所占比例）

地理分区	提升	维持	降低	不干预	国家数量（个）
世界	28	15	42	15	197
非洲	4	7	83	6	54
亚洲	38	21	38	4	38
欧洲	66	9	0	25	44
拉丁美洲和加勒比地区	9	27	33	30	33
北美洲	0	0	0	100	2
大洋洲	19	19	56	6	16

注：197个国家或地区数据可得。

资料来源：United Nations, Department of Economic and Social Affairs, Population Division, *World Population Policies* 2015, ST/ESA/SER. A/374, 2018.

进一步观察各国 2015 年生育率政策①和 2015—2020 年 TFR，可以看出，在采取提升生育率政策的 34 个国家中，30 个国家的 TFR 在更替水平以下；在采取降低生育率政策的 71 个国家中，仅英国和越南的 TFR 低于更替水平，53 个国家的 TFR 高于 3；在采取维持生育率政策的 39 个国家中，21 个国家的 TFR 在 1.8—2.5 之间；在采取不干预生育率政策的 21 个国家中，14 个国家的 TFR 在 1.5—2.5 之间，最高为 5.1；在采取没有官方政策的 17 个国家中，除巴勒斯坦的 TFR 较高之外，其余 16 个国家的 TFR 在 1.4—2.6 之间。可见，在采取提升生育率政策的国家中，绝大多数国家的 TFR 在更替水平以下；在采取降低生育率政策的国家中，绝大多数国家的 TFR 比更替水平高出 1；在采取了维持或不干预或没有官方政策的国家中，大多数国家 TFR 在更替水平上下。即生育政策与生育水平密切相关。

3. 实施提升生育率政策的国家增多

自 1996 年以来，伴随着生育水平的世界性下降，全球持有提高人口增长率政策的政府所占比例在平稳提升，从 1996 年的 13% 升至 2015 年的 28%；持有降低人口增长率政策的政府所占比例则基本未变。2015 年，42% 的政府持有降低人口增长率的政策，30% 的政府持有维持当前人口增长率或不干预的政策（见表 5-3-1）。其中持有提升生育率政策的政府所占比例出现显著增加的是欧洲和亚洲，其中欧洲从 1996 年的 26% 升至 2015 年的 66%，提高了 40 个百分点。亚洲是唯一一个实施提升生育率政策的政府所占比例和实施降低生育率政策的政府所占比例一致的大洲，均为 38%。在非洲，尽管生育水平依然很高，但是，持有提升生育率政策的政府所占比例维持在 4% 或以下；持有降低生育率政策的政府从 1996 年的 60% 升至 2015 年的 83%，提高了 23 个百分点。

值得一提的是，在 1990—2020 年期间出现生育政策重大转变的国家。首先，中东国家自 20 世纪 80 年代以来生育率加速下降，在 21 世纪头 10 年黎巴嫩、伊朗、沙特阿拉伯、卡塔尔、土耳其等就降低至更替水平以下或略高于更替水平。这些国家近期具有生育率继续下降的态势，

---

① 根据数据可得性，既有 2015 年影响生育率的政策数据又有 2010—2015 年总和生育率数据。

为此政府逆转为积极鼓励人口生育的政策以打断或部分地逆转生育率下降，途径是通过限制计划生育措施，比如伊朗①和土耳其。其次，新加坡、日本、韩国、中国台湾则通过提出明确支持人口生育的政策干预及时调整了生育政策，比如新加坡在1987年TFR为1.62时转为鼓励生育，日本在1990年TFR为1.57时转为鼓励生育，韩国在2005年TFR为1.12时转为鼓励生育，中国台湾在2008年TFR为1.1时转为鼓励生育；这4个国家或地区在转为鼓励生育之前还有3—25年的中立政策实施期，整体上都遵循了欧洲国家鼓励政策的政策框架，主要通过降低生育与抚养子女成本以及促进就业的性别平等化来实现②。最后，中国自1971年实施计划生育，1980年启动以城市一胎化为特征的严厉生育限制政策，2016年实施"全面两孩"政策则是人口政策的重大逆转。

（二）家庭生育计划的变动趋势及区域差异

1. 绝大多数政府提供对家庭生育计划的直接支持

目前，全球84%的政府提供家庭生育的直接支持，意味着可以通过政府运营的设施或途径提供家庭生育服务；9%的政府提供了对家庭生育的间接支持，意味着不能通过政府途径提供家庭生育服务，但是，政府可以支持包括非政府组织在内的私人参与者而提供家庭生育服务；6%的政府没有提供任何家庭生育支持，但是也允许私人参与者合法提供家庭生育服务；只有一个主权国家，不允许在其管辖权内开展家庭生育项目或服务③。目前对家庭生育提供间接支持的国家主要分布在南欧、东欧以及加拿大、澳大利亚、日本等；没有提供任何家庭生育支持的国家包括列支敦士登、摩纳哥、波兰、圣马利诺、斯洛伐克、瑞士、安道尔、德国8个欧洲国家，伊朗、沙特阿拉伯、阿联酋3个亚洲国家，以及非洲的利比亚。

---

① 2003年埃尔多就任土耳其总统后，在不同场合明确反对节育和家庭计划。1989年当选伊朗总统的拉夫桑贾尼，鼓励每个家庭只生两个孩子；之后生育率迅速下降，由1990年的4.8降至2001年的2.1；2006年新任伊朗总统内贾德表示反对"两个孩子就够了"的政策。

② 汤梦君：《中国生育政策的选择：基于东亚和东南亚地区的经验》，《人口研究》2013年第6期。

③ United Nations, Department of Economic and Social Affairs, Population Division, *World Population Policies* 2015, ST/ESA/SER. A/374, 2018.

2. 避孕措施使用率和总和生育率呈现负相关，现代避孕方法使用率普遍提高

越来越多的育龄夫妇使用避孕措施，尤其现代避孕方法，这是促使各国生育率下降的主要因素之一。尽管婚姻模式和生育偏好的变化在生育率下降中起着重要作用，但安全、有效、负担得起和可接受的避孕方法是使人们达到所需生育水平的关键因素。2010—2011年各国避孕措施使用率存在显著差异，最高的是挪威，达到88.4%，最低的是乍得，仅2.8%。避孕措施使用率和生育率是密切相关的，表现在避孕措施使用率的中位数随着生育率的提高而下降，其中TFR低于2.1的低生育率国家，避孕措施使用率的中位数为73%；TFR在2.1—3.1之间的生育率国家，避孕措施使用率的中位数为61.3%，TFR不低于3.2的生育率国家，避孕措施使用率的中位数为26.7%。

从地理分区看，15—44岁使用现代避孕方法的女性占全部已婚或性结合妇女比例最高的是东亚，由1990年的74.9%增至2017年的80%；使用现代避孕方法的女性占比最低的是中非和西非，2017年均低于20%。在1990—2017年期间，使用现代避孕方法的女性占比提升幅度最大的是东非，由1990年的7.7%增至2017年的39.5%；东欧和南欧使用传统避孕方法的女性占比出现较大幅度的减少，使用现代避孕方法的女性占比则出现较大幅度的提升，2017年分别增至55.8%和54.0%；同期，西欧和北美使用现代避孕方法的女性占比保持基本稳定，接近七成（见表5-3-2）。

表5-3-2　1990—2017年世界各大洲使用传统和现代避孕方法的
女性占15—44岁已婚或性结合女性的比例　　　　单位：%

地区	亚区	1990年		2017年		1990—2017年变动	
		现代避孕方法	传统避孕方法	现代避孕方法	传统避孕方法	现代避孕方法	传统避孕方法
非洲（57）	北非（7）	33.1	4.7	50.6	3.9	17.5	-0.8
	西非（15）	3.5	4.7	16.3	3.1	12.8	-1.6
	东非（20）	7.7	4.1	39.5	3.0	31.8	-1.1
	中非（9）	2.9	9.8	13.6	9.6	10.7	-0.2
	南非（5）	45.7	1.1	56.3	0.6	10.6	-0.5

续表

地区	亚区	1990年 现代避孕方法	1990年 传统避孕方法	2017年 现代避孕方法	2017年 传统避孕方法	1990—2017年变动 现代避孕方法	1990—2017年变动 传统避孕方法
拉丁美洲和加勒比地区（38）	中美（8）	48.2	7.4	66.2	4.3	18.0	-3.1
	加勒比地区（17）	52.9	8.2	69.4	4.9	16.5	-3.3
	南美（13）	54.9	9.1	72.0	5.3	17.1	-3.8
北美洲（2）		67.7	5.2	67.0	6.5	-0.7	1.3
亚洲（51）	西亚（18）	26.4	17.4	41.1	16.4	14.7	-1.0
	中南亚（14）	38.7	6.7	52.0	4.8	13.2	-1.9
	东南亚（11）	41.2	7.1	56.7	6.7	15.5	-0.4
	东亚（8）	74.9	1.6	80.0	1.2	5.1	-0.4
欧洲（40）	北欧（11）	69.1	4.4	74.3	2.2	5.2	-2.2
	西欧（7）	66.8	7.7	67.3	2.2	0.5	-5.5
	东欧（10）	36.3	30.9	55.8	12.2	19.5	-18.7
	南欧（12）	34.6	32.3	54.0	13.1	19.4	-19.2
大洋洲（13）	澳大利亚和新西兰（2）	68.5	2.6	64.8	2.2	-3.7	-0.4
	其他国家（11）	24.4	5.4	32.0	4.8	7.6	-0.5

资料来源：United Nations, Department of Economic and Social Affairs, Population Division, *World Population Prospects* 2019, ST/ESA/SER. A/423, November 2019.

由于避孕方法的广泛使用，自1990年以来，世界范围内流产率出现了较为明显的下降。Sedgh Gilda估计2010—2014年每千名15—44岁育龄妇女中35次流产，比1990—1994年39—48岁育龄妇女流产率下降5个百分点。在发达国家或地区，流产率显著下降，从46%下降至27%；在发展中国家或地区，流产率微弱下降，从39%降至37%[1]。从各地理亚区的流产率看，东欧流产率的下降趋势最为显著。东欧具有相对较高意外怀孕率的部分原因是现代避孕手段尤其是避孕药使用有限，缺乏性教育，以及对怀

---

[1] Sedgh, G., Bearak, J. and Singh, S., et al., "Abortion Incidence Between 1990 and 2014: Global, Regional, and Subregional Levels and Trends", *The Lancet*, Vol. 388, No. 10041, May 2016, p. 258.

孕预防知识有限。自20世纪90年代初以来，该地区现代避孕措施使用率大幅提高，特别是避孕药使用率提高，促使流产率显著下降。另外，流产在东亚也很常见，2010—2014年东欧和东亚均有3/4以上的意外怀孕流产。

3. 未满足需求的家庭生育计划存在区域差异

尽管全球育龄妇女获得家庭生育计划的途径不断增加，但是全球仍有12%的15—49岁已婚或类似结婚结合的育龄妇女存在未满足需求的家庭生育计划，这意味着她们表达了想要停止或推迟生育而没能使用任何避孕方法的想法。2019年较发达国家和地区、欠发达国家和地区、最不发达国家和地区的15—49岁妇女中未满足家庭计划需求率分别为10%、12%和21%；26个国家15—49岁妇女中未满足家庭计划需求率在20%以上，其中大部分是非洲、拉丁美洲及亚洲的高生育率国家。此外，在未满足家庭生育计划需求率达到20%或以上的国家中，93%已经实施了5年内拓宽有效避孕方法的政策；相比之下，在未满足家庭生育计划需求率低于10%的国家中，77%已经实施了5年内拓宽有效避孕方法的政策[①]。

（三）工作与家庭平衡政策的变动趋势及区域差异

1. 不同经济类型国家之间存在差异

生育水平受到社会、经济和制度等多重因素的影响，其中性别平等是重要影响因素之一。2015年，全球99%的国家制定法律保护女性产假期间的工作安全，不过，仅54%的国家保证了男性在陪产假期的工作安全，67%的国家提供了儿童或家庭津贴，63%的国家提供了儿童照护补贴，41%的国家为妇女提供了婴儿津贴，31%的国家允许职场中的父母可以弹性工作或兼职工作，28%的国家提供抚养孩子的税收减免。除了产假之外，所实施的上述措施在发达国家比在欠发达国家更为流行，其中发达国家提供儿童或家庭津贴、儿童照护补贴的比例均高达96%，而欠发达国家提供儿童或家庭津贴、儿童照护补贴的比例仅略超过一半；发达国家允许职场中的父母可以弹性工作或兼职工作的比例、提供抚养孩子税收减免的比例分别为69%、61%，而欠发达国家这两个比例均低于20%（见图5-3-2）。

---

① United Nations Population Fund, *State of World Population* 2018: The *Power of Choice-Reproductive Rights and the Demographic Transition*, October 2018.

图 5-3-2 2015 年提高工作与家庭平衡的分娩和育儿政策措施

注：表示出台不同政策的政府所占比例；根据得到数据的 196 个国家进行统计汇总。

资料来源：United Nations, Department of Economic and Social Affairs, Population Division, *World Population Policies* 2015, ST/ESA/SER. A/374, 2018.

2. 不同生育率类型国家之间存在差异

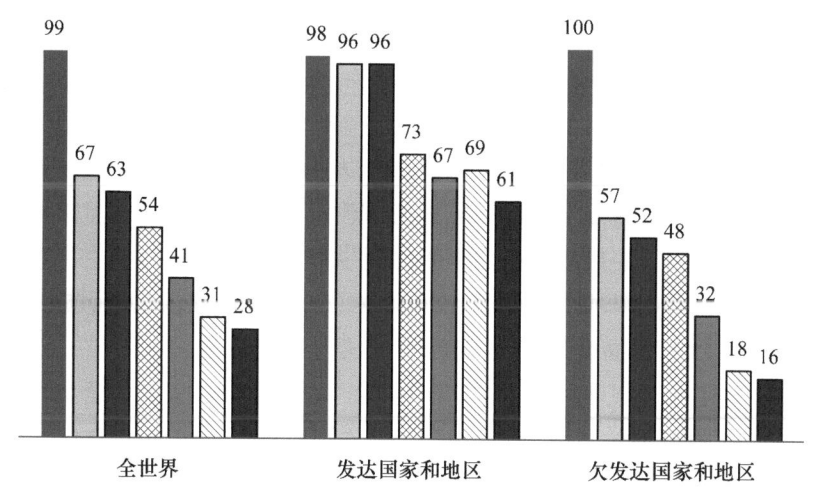

尽管越来越多的妇女获得更高的教育水平，越来越多的妇女进入并留在有薪劳动力中，但是在许多国家养育子女的大部分责任仍然落在女性肩上。平衡家庭生活和职业生涯对那些享有有限或无法负担得起的儿童保育服务、雇主或政府没有提供带薪育儿假或灵活工作安排的妇女们提出了挑战。

根据 195 个国家的生育率政策和 196 个国家的工作与家庭平衡政策的数据[①]，可以看出，在不同生育率类型国家，促进工作与家庭平衡的政策措施存在差异，生育率越低的国家采取的政策措施种类越多。比如，TFR 低于 2.1 的低生育率国家，采取 7—8 项措施以促进工作与家庭平衡的国家占 39%，采取 4—6 项措施的占 45%，采取 2—3 项措施的占 14%，仅采取

---

① World Population Policies Database 2015, https://esa. un. org/poppolicy/about_ database. aspx.

产假措施的仅占2%；TFR高于2.1的生育率国家，采取7—8项措施以促进工作与家庭平衡的国家仅占5%，采取4—6项措施的占33%，采取2—3项措施的占44%，仅采取产假措施的占18%[①]。可见，在低生育率国家中，更高比例的国家采取了多项政策措施以促进工作与家庭平衡。

TFR低于2.1的低生育率国家，产假政策几乎是普遍的，但男性陪产假政策仍然是相对滞后的。提供产假的低生育率国家占全部低生育率国家的99%，而提供陪产假的低生育率国家占比仅64%；提供儿童照护的低生育率国家占88%，提供儿童或家庭津贴的低生育率国家占85%。

TFR在1.5及以下的极低生育率国家，平衡工作和家庭的政策往往有限，比如，在大多数东欧和中欧国家，像保加利亚、捷克共和国、匈牙利、波兰、罗马尼亚和斯洛伐克等国家提供的政府资助婴儿保育只有不到15%的2岁以下儿童享受，而OECD该比例达到34%。有限的政府资助婴儿保育阻止了许多妇女提前返回劳动力市场，并增加了生育的机会成本。

TFR介于1.5—2.1之间的适度低生育率国家，则以强劲稳定的经济和更容易启动或扩大家庭政策等为标志，各种支持家庭政策培养了夫妻间组建家庭的信心，比如加拿大和几个欧洲国家已经减少了母亲就业的障碍，达到今天大多数有孩子的妇女都被雇用的程度。一人全职一人兼职的一人半模式（A one-and-half-earner model）在澳大利亚、奥地利、荷兰和英国等国家越来越常见，这个模式在荷兰政府确立了兼职工作的法定权利并授予兼职员工与全职员工相同的医疗保险、社会保障和养老金等之后流行起来。不过，该模式影响了女性的生育意愿，因为兼职工作无法获得更大的职业发展，而倾向于全职工作的女性会影响其选择不生育或少生育[②]。

另外，依据47个国家影响人口出生率的政策数据，可以得出，在低生育率国家，促进工作与家庭平衡的政策措施旨在提高人口出生率的占38%；如果仅仅是极低生育率国家，该比例达到63%。并且，在低生育率国家，政府采取影响生育水平和促进更好的实现工作与家庭平衡的政策的比例在提高，由1996年的35%提高至2015年的59%。

---

① United Nations, Population Policies: World Population Policies Database 2015. https://esa.un.org/poppolicy/about_database.aspx.

② 汤梦君、张芷凌：《法国与德国生育率差异：家庭政策的作用?》，《人口与健康》2019年第1期。

二 低生育率国家生育率新变动的政策响应及评价

许多低生育率国家关心持续低生育率的负向影响，这些国家的人口政策自1994年以来发生了相应重要改变。具体来说，2015年低生育率国家中约70%制定了提升生育率的政策，在1996年该比例仅为30%；不干预生育率的国家占比从1996年的46%降至2014年的16%。特别值得注意的是，亚洲、拉丁美洲和加勒比地区的低生育率国家在1996年还坚持降低生育率政策，并且从那时起迅速完成了生育率转变；但是，2013年不再有坚持降低生育率政策的低生育率国家。并且，尽管越来越多的低生育率国家政府试图提升生育水平，但生育年龄偏早仍然是许多低生育率国家的典型特征。一些国家由于存在与生育年龄偏早和青少年生育率相对较高等相关的社会经济不利条件，提升生育水平或防止生育水平进一步下降的政策将需要聚焦于对年龄较大的育龄妇女采取措施。在这方面，地处欧洲的爱尔兰和英国表现突出，因为它们存在明显的"两极化"生育模式，即无子女率和青少年生育率都偏高。青少年生育率偏高和社会经济不平等现象还表现在拉丁美洲和加勒比地区的许多国家。为了防止年轻人意外怀孕，这些低生育率国家的政策干预仍然需要加强。

由于低生育率国家的低生育水平特征和达到低生育水平的路径不同，低生育率所产生的后果和所采取的政策响应也就不同。McDonald提出了影响适度低生育率和极低生育率的一揽子公共政策，包括三个方面：第一，财政激励措施，包括：（1）定期现金支付，通常以定期付款的形式支付给每个孩子的父母；（2）一次性付款或贷款，包括婴儿出生时的付款（婴儿奖金，生育福利），在孩子开始上学或其他年龄时的付款；（3）基于子女数而给予的退税、抵免或扣减；（4）免费或补贴的服务或商品，包括各级教育、医疗和牙科服务、公共交通和娱乐服务，如体育、娱乐、休闲或艺术活动；（5）住房补贴，包括定期现金支付，如住房福利、一次性现金，在每个孩子出生时，作为第一次购房者给予的付款或抵押贷款减免，税款住房费用的回扣或扣除，或住房相关服务的补贴。第二，平衡工作和家庭的激励措施，包括：（1）产假和陪产假，包括与孩子出生有关的假期后返回工作岗位的权利；（2）儿童保育，包括提供免费或补贴的儿童保育，并且作为家庭友好就业政策的一部分还应包括为非就业者提供的儿童保育；（3）灵活的工作时间和短期假期，用于家庭相关目的；（4）就业实践中的反歧视立法和性别平等。第三，支持儿童和父母的广泛社会变革，包括：（1）提高青年男女就业前景的就业举措，尤其是在兼职部门；（2）儿童友好型环境，包括交通安宁、安全邻里政策、游乐场等公共娱乐设施、在娱乐场所和购物中心为儿童提供设施等；（3）性别平等，包括没有特定性别要求的工作场所政策、社会保险中的性别中性税收转移政策、支持不考虑性别的承担家庭责任的工人、消除家庭中男性养家糊口模式的体制残余、接受父亲为父母责任的服务提供者和对父亲作为父母养育者的普遍认可和支持；（4）婚姻和两性关系支持，包括在两性关系形成、两性关系教育、两性关系咨询和可能的结婚经济激励（如通过住房援助）等方面提供更大的鼓励；（5）培养对孩子和养育孩子的积极的社会态度，包括明确而简单的信息，即让那些渴望拥有孩子的人得到社会的支持，但又不会对自愿或非自愿无子女产生不公平[1]。具体从各国或地区鼓励生育政策的模式来看，主要包括四个方面：利用财税金融手段改变家庭的生育成本和收益、对女性家庭与工作平衡的支持、对儿童卫生健康发展的支持以及强调公民责任等社会动员手段。其中前两者是生育政策的核心。

（一）财政激励措施的实施及评价

1. 财政激励措施种类

利用财税政策弥补家庭生育成本是最为常见和传统的方法。除了部分东欧国家外，欧美各国的生育补贴（public transfers paid for children）往往贯穿于孩子出生、抚养到教育的全过程。财政激励采取不同的形式，包括婴儿出生时的支付、儿童津贴和税收减免等，具体包括：（1）生育奖励（baby bonus）。如法国、芬兰、比利时、意大利、英国等给予新生儿家庭人民币 2000—6000 元不等的一次性奖励。（2）幼儿养育津贴（child allowance）和教育津贴。如法国的头胎家庭每月可获得约 177 欧元的幼儿照顾补贴，补贴金额随儿童数量递增；德国新生儿家庭可领取 14 个月每月 300—1800 欧元不等的父母津贴等。（3）税收减免或优惠（child tax relief）

---

[1] McDonald, P., "Gender Equity in Theories of Fertility Transition", *Population and Development Review*, Vol. 26, No. 3, September 2000, p. 427.

政策。如法国7岁以下儿童的托育费用可税前抵扣；德国、意大利、瑞典、丹麦和比利时的生育奖励和每月生活津贴不需缴税等。(4) 其他政策。如对多子女家庭的房贷优惠及住房津贴等。总的来说，这些财税政策在一定程度上减轻了家庭生育成本，因此各国的生育率水平与财税支持力度大体呈现正相关。

2. 财政激励措施的实施效果

Becker 认为，如果财政支付足以降低抚养孩子的直接货币成本，那么可能会影响生育决策[1]。在财政激励特别充足的地方，比如在法国或加拿大的魁北克省，有证据表明，对高收入家庭来说，财政刺激有助于提高生育率。法国于1985年推出家庭护理津贴（home-care allowance）作为育儿假的补充，对有3个或3个以上孩子的在职父母来说，"似乎在维持生育方面做出了特别大的贡献，即使很难量化其精确影响"；当补贴扩大到第二胎时，增加了生第二胎的可能性，但显著降低了生第三胎的可能性；即儿童补贴对生育率产生很重要的影响，但是政策成本高昂，也就不具有成本收益。然而，Hoorens 提出，关于财政激励提高生育率的证据是复杂的，而且往往是暂时的和短暂的效果[2]。Kalwij 通过对16个西欧国家的研究发现，直接儿童津贴（family allowance）对生育时间和终身生育率没有显著影响[3]。Thévenon 则认为，在大多数国家，这些支付还不足以满足抚养孩子的直接和间接费用，而且往往对那些最低收入家庭或每个孩子边际成本较低的大家庭产生最大的影响[4]。但是，任何支付需要至少覆盖孩子出生第一年，因为在这段时间内支付的影响比分娩时获得的福利更为重要[5]。Balbo 研究指出，在英国，充足的儿童津贴对于鼓励年轻母亲提

---

[1] Becker, G. S., "A Theory of the Allocation of Time", *The Economic Journal*, Vol. 75, No. 299, September 1965, p. 493.

[2] Hoorens Stijn, Jack Clift, Laura Staetsky, et al., *Low fertility in Europe: Is there still reason to worry*? Cambridge: RAND Corporation, 2011, p. 19.

[3] Kalwij, A., "The Impact of Family Policy Expenditure on Fertility in Western Europe", *Demography*, Vol. 47, No. 2, May 2010, p. 503.

[4] Thévenon, O., "Family Policies in OECD Countries: A Comparative Analysis", *Population and Development Review*, Vol. 37, No. 1, March 2011, p. 57.

[5] Luci-Greulich, A. and Thévenon, O., "The Impact of Family Policies on Fertility Trends in Developed Countries", *European Journal of Population*, Vol. 29, No. 4, July 2013, p. 387.

高整体生育率也几乎没有影响①。另外，还有一些学者提出降低养孩子机会成本的诸多政策似乎比直接的经济刺激对生育率的影响更大。综上可见，关于财政激励措施影响生育率的实证分析结果迥然不同。

OECD 国家家庭福利开支比例与生育水平存在一定相关性。2015 年，除土耳其外的 32 个 OECD 国家家庭福利开支占 GDP 比例均在 1%—4% 范围，平均为 2.4%，其中法国为 3.68%，比重最高，土耳其为 0.38%，比重最低。家庭福利开支占比越高的国家，生育水平越高。如冰岛家庭福利开支占比为 3.4%，2015 年总和生育率为 1.8；而韩国家庭福利开支占比仅为 1.43%，总和生育率为 1.24（见图 5-3-3）。即总体上 OECD 国家发放经济补贴有助于提高生育率。

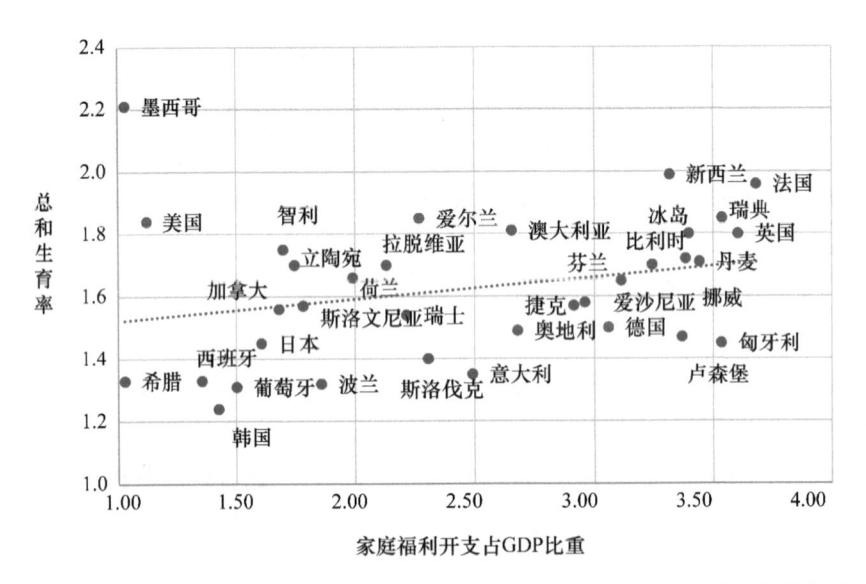

图 5-3-3　经合组织国家 2015 年家庭福利开支占 GDP 比重与总和生育率散点图
资料来源：经合组织国家家庭及经济社会发展数据库。

目前关于财政激励措施实施效果的学术研究共识是，如果生育率低于预期水平，生育的财政刺激可能会导致短期或中期的婴儿潮，但促使生育

---

① Balbo, N., Billari, F.C. and Mills, M., "Fertility in Advanced Societies: A Review of Research", *European Journal of Population*, Vol. 29, No. 1, September 2013, p. 1.

率持续增长的情况非常少见，而且每多生一个孩子的高额成本令人望而却步；比如瑞典等北欧国家为母亲们带来了一系列的福利扩张，每一次都创造了短暂的婴儿潮，但长期看生育率几乎没有增加。

（二）平衡工作与家庭的激励措施及评价

对于妇女来说，生育和从事劳动之间的兼容性是影响生育率的一个关键因素，对工作与生活平衡的有力支持有助于提高生育率。因此，生育政策的另一个核心问题是如何解决现代女性在工作与家庭角色的矛盾。各国已经采取了不同的方法来解决这一问题，并取得了不同程度的成功。一个政策取向是制定有利于家庭（尤其是妇女）照顾儿童的财税政策和休产假制度；另一个则是通过国家或市场化的托育机构，分担儿童照顾责任。由此分为三种工作与家庭的再平衡模式：第一类是以强化家庭和妇女对儿童照顾功能的传统保守型模式，如德国、奥地利、卢森堡；第二类是由国家托幼机构分担儿童照料责任，同时有利于家庭照顾的北欧社会主义模式，如瑞典、挪威、丹麦、冰岛等；第三类是主要依靠市场服务来分担儿童照料责任，但对家庭照料功能不重视的自由市场模式，如美国、英国。从政策实施绩效来看，北欧模式最为成功，英美的自由主义模式次之，传统保守模式的效果较差。即不同的政策模式导致北欧社会主义模式和盎格鲁－撒克逊国家（美英国家）自由主义模式的生育率更高[①]。

在北欧国家，工作与生活的平衡通过重大的国家干预措施而实现。盎格鲁－撒克逊国家倾向于把有小孩的父母（主要是母亲）的兼职工作作为私人选择，但税收仍然是结构性的，以提供对这一私人选择的支持。与此相反，在南欧国家，强势的家庭倾向导致生育率下降，很少有公共政策能够将父母与工作或教育结合起来。总的来说，北欧和西欧国家通过采取家庭友好政策、增强儿童保育的可获得性、增加和实行包括父亲在内的更灵活的产假等来适应低生育率是最成功的。尽管很难确定直接归因，但这些国家在避免低生育率方面已经是最成功的。

因此，家庭友好型综合政策（combined family-friendly policies）旨在为家庭提供假期、灵活的工作安排和对工作父母的生活支持，该政策证明是

[①] Neyer, G. and Andersson, G., "Consequences of Family Policies on Childbearing Behavior: Effects or Artifacts?", *Population and Development Review*, Vol. 34, No. 4, December 2008, p. 699.

非常有益的。北欧国家在过去 50 年中推行的家庭友好政策，以及与之相关的女性就业增长，将人均国内生产总值增长 10%—20%。政策决策有助于解决儿童保育不足、平衡工作和家庭生活的问题以及其他为人父母的障碍。虽然大多数现有证据表明，个别家庭政策对生育率的影响通常较小，但是在很多国家实施的一揽子家庭友好型补充性干预措施对生育率的确产生了积极影响。

1. 产假和陪产假

各国妇女享受的产假、陪产假以及在休假期间可享受的薪资水平存在显著差异。比如美国无国家法定带薪生育假，联邦政府只设置了 12 周的无薪产假，但加州等地有规定带薪产假；德国和日本的产假均为 14 周，育儿假均为 44 周，但产假补偿率分别为 100%、67%，育儿假补偿率分别为 65%、60%。为对各国的产假和育儿假时长进行对比，OECD 国家把休假期间薪资统一换算成平时薪资的 100%，计算出女性总假期长度（见表 5-3-3）。换算后，OECD 国家女性总假期平均为 30 周，约 7.5 个月；德国、瑞典、日本等国家的女性总假期周数较长，美国最短。中国规定产假为 14 周、无育儿假，各地在实践中一般将产假设为 18—23 周，并有 7—30 天的男方陪产假。

关于产假对生育率的影响有着各种各样的证据，在不同的国家差异很大，是否存在影响和影响大小取决于休假的性质[1]。在北欧国家，有证据表明，有父亲休产假的地方，更可能发生第二次和第三次生育[2]。瑞典的研究表明，父母的休假津贴减少了生育推迟。从表 5-3-3 所显示的部分 OECD 国家来看，女性休假长度和生育率高低相关性很弱，其中原因在于延长女性休假时间与保障其就业权益存在一定矛盾。产假过长可能会让女性在职场中面临更大的歧视和排斥，提高就业门槛、降低职业升迁机会。

---

[1] Kalwij, A., "The Impact of Family Policy Expenditure on Fertility in Western Europe", *Demography*, Vol. 47, No. 2, May 2010, p. 512.

[2] Duvander, A. Z., Lappegard, T. and Andersson, G., "Family Policy and Fertility: Fathers' and Mothers' use of Parental Leave and Continued Childbearing in Norway and Sweden", *Journal of European Social Policy*, Vol. 20, No. 1, February 2010, p. 45.

表5-3-3　部分经合组织国家2015年生育假、家庭福利开支占比等比较

国家	产假（周）	育儿假（周）	产假补偿率（％）	育儿假补偿率（％）	换算后假期时长（周）	陪产假（周）	陪产假补偿率（％）	家庭福利开支占比（％）	现金补助占比（％）	托幼服务占比（％）	税收返还占比（％）
美国	0	0	0	0	0.0	0.0	0	1.1	0.1	0.6	0.4
英国	39	0	31	0	12.0	2.0	20	4.0	2.4	1.4	0.1
法国	16	26	94	15	19.0	2.0	93	3.7	1.6	1.3	0.7
德国	14	44	100	65	42.6	0.0	0	3.0	1.1	1.1	0.9
意大利	22	26	80	30	25.0	0.4	100	2.0	0.8	0.7	0.6
西班牙	16	0	100	0	16.0	2.1	100	1.5	0.5	0.8	0.1
瑞典	13	43	78	58	35.0	1.4	61	3.6	1.4	2.2	0.0
日本	14	44	67	60	36.0	0.0	0	1.5	0.8	0.5	0.2
韩国	13	52	79	28	25.0	0.6	100	1.3	0.2	0.9	0.2
澳大利亚	18	0	42	0	7.6	2.0	42	2.8	1.9	0.9	0.0
新西兰	18	0	43	0	7.7	0.0	0	2.8	1.7	1.1	0.0
经合组织国家平均	18	37	—	—	—	1.0	—	2.4	1.2	0.9	0.2

资料来源：经合组织国家家庭及经济社会发展数据库。

2. 儿童保育

在家庭友好型各项政策中，提供托儿服务是决定生育的一个强有力的因素。欧洲国家的比较证实了这一点，"在法国多年来实行的所有政策中，提供儿童保育服务似乎对鼓励有子女的家庭和妇女继续留在劳动力队伍中是最有效的方法，这也表明支持健康的工作与家庭平衡的政策可以提高生育率"[1]。Olivetti 对 30 个 OECD 国家（包括法国、日本和韩国）的 6 类家庭休假政策效果进行了分析，发现只有早教、托育支出和生育率具有显著的正相

---

[1] Thévenon, O., "The Influence of Family Policies on Fertility in France: Lessons from the Past and Prospects for the Future" in Rindfuss, R. and Choe, M. eds., *Low Fertility, Institutions, and their Policies*, Springer, Cham, 2016, p. 46.

关，从 GDP 中多支出 1 个百分点，每名妇女多生育 0.2 个孩子①。日本 2000—2010 年儿童托育提供的扩大导致 25—39 岁就业率很高的育龄妇女生育率有所提高。

笔者绘制了 OECD 国家 0—2 岁入托率和生育率之间的散点图（见图 5-3-4）分析两者之间的关系。2015 年 OECD 国家 0—2 岁入托率平均为 33.2%，有 85% 的国家 0—2 岁入托率在 10%—60% 之间；总体上，入托率越高的国家，其生育水平越高。大部分 OECD 国家通过政府新建托幼机构和鼓励私营托幼机构发展来支持生育，此外，韩国、日本、新加坡、澳大利亚等国还出台政策鼓励（外）祖父母隔代照料孩子，以减轻父母压力。

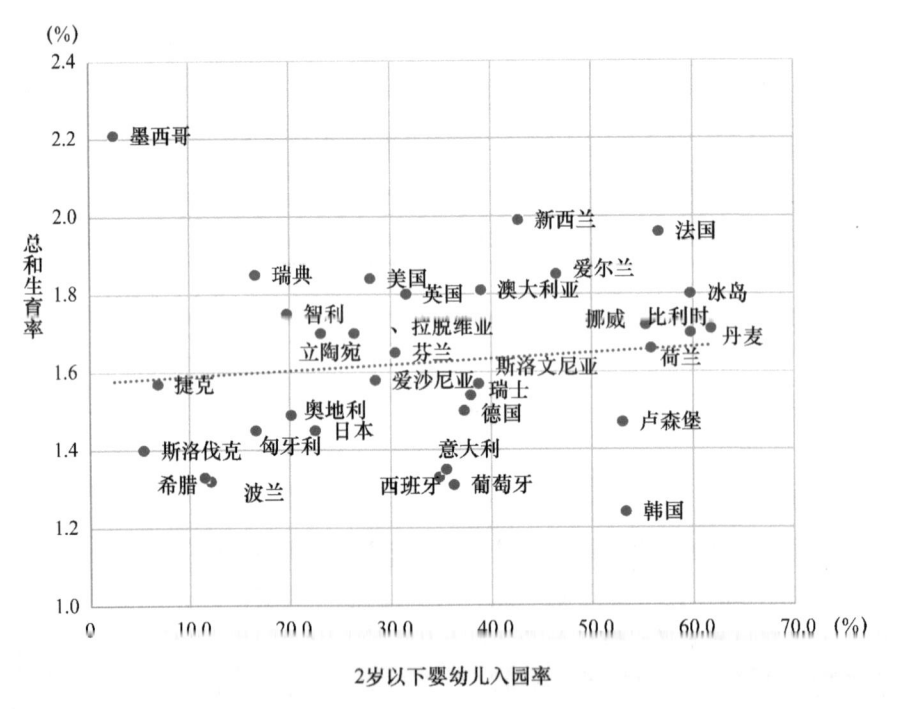

图 5-3-4　经合组织国家 2015 年 2 岁以下婴幼儿入园率与总和生育率散点图
资料来源：经合组织国家家庭及经济社会发展数据库。

---

① Olivetti, C. and Petrongolo, B., *The Economic Consequences of Family Policies: Lessons from a Century of Legislation in High-income Countries*, NBER Working Paper No. 23051, January 2017.

当然，儿童保育补贴依据更广泛的社会和经济背景、儿童保育体系结构以及父母的不同需要而对生育率产生不同的影响①。例如，在具有长工作时间文化的国家，机构儿童保育补贴的影响是有限的。韩国是在 OECD 国家中工作时间最长的，公共提供的儿童保育是很有限的；几乎有一半的女性有孩子后就辞掉了工作，因为为人父母和就业是难以兼容的。日本和新加坡通过采取对生育子女的直接补贴和补贴育儿、带薪产假等家庭友好型政策，把重点放在促进婚姻和生育的政策上；韩国也支持儿童保育补贴和育婴假，但不直接支持生育。然而，东亚的低生育率国家，由于父权环境和政策响应缓慢，女性在做母亲和职业生涯之间面临着严峻的抉择，这使得生育率持续下降至非常低的水平，因而这些国家中没有一个在政策影响生育率方面取得巨大成功②。相比之下，其他的 OECD 国家，相比于提供分娩期间的津贴和福利，为 3 岁以下孩子提供儿童保育服务被认为是提高生育率的更有效的政策杠杆③。为了有效地影响生育率，儿童保育服务必须在适当的时期内可以获得，并且要在儿童时期持续地提供。在这方面，东欧、南欧以及日本和韩国落后于其他 OECD 国家；新加坡的儿童保育政策在一定程度上解释了为什么生育率会高于社会文化背景相似的其他东亚国家④。

3. 弹性工作时间和育儿假

Nagase 对日本规定的有 3 岁以下孩子的雇员缩短工作时间的调查发现，这一政策产生显著影响，导致初育增加了 33%，但对总体生育率没有显著影响⑤。类似地，Boling 研究发现，日本三年的育儿假导致休假长的女性很难恢复职业生涯，因此并未产生更高的生育率⑥，即不会产生更高的生育率是"因

---

① Gauthier, A. H., "The Impact of Family Policies on Fertility in Industrialized Countries: A Review of the Literature", *Population Research and Policy Review*, Vol. 26, No. 3, February 2007, p. 323.

② Frejka, T., Jones, G. W. and Sardon, J. P., "East Asian Childbearing Patterns and Policy Developments", *Population and Development Review*, Vol. 36, No. 3, September 2010, p. 576.

③ Thévenon, O., "Family Policies in OECD Countries: A Comparative Analysis", *Population and Development Review*, Vol. 37, No. 1, March 2011, p. 57.

④ Jones, G. W., "Population Policy in a Prosperous City-State: Dilemmas for Singapore", *Population and Development Review*, Vol. 38, No. 2, June 2012, p. 311.

⑤ Nagase, N., The Effect of Family-friendly Policies on Fertility and Maternal Labor Supply, Stanford Asia Health Policy Program Working Paper No. 42, Tokyo: Ochanomizu University, 2017.

⑥ Boling, P., "The Politics of Japan's Low Birth Rate: Families, Work and Fertility", *The Oriental Economist*, Vol. 83, No. 4, April 2015, p. 13.

为休长假的妇女很难恢复她们的事业"。同样，Olivetti 的研究指出，育儿假对生育率的影响"微不足道"，如果没有足够的带薪假期，人们并不对育儿假做出积极的生育决策反应①。不过，对奥地利从一年育儿假改为两年育儿假的政策进行研究，延长育儿假对生育的影响很大，每 100 名妇女增加生育 12 个孩子；另外，德国基于收入的带薪产假政策也导致生育率的大幅提高。

（三）支持儿童和父母的广泛社会变革评价

首先，对婚姻和两性关系的支持。尽管想要孩子的愿望趋于弱化也可能导致结婚率下降，但是，与其他地区相比，东亚和东南亚的低生育率国家非自愿的不结婚被认为是无子女的主要原因②。任何提高生育率的政策都需要考虑推迟或拒绝婚姻是否是生育的障碍，特别是亚洲大多数低生育率国家制定提高生育率的政策时需要解决可能存在的婚姻障碍。新加坡是唯一一个明确关注通过住房和政府婚配服务的政策来增加婚姻的国家，并取得了一定的成功③。

其次，加强女性就业权利保护。一般而言，男女就业差距越小的国家，意味着女性的就业权利得到了更好的保障，生育率越高。OECD 国家重视女性就业权利保护，如瑞典政府主导的公共服务事业为女性提供了大量的就业岗位，德国、韩国、日本、新加坡都为产后女性的再就业提供培训等（见图 5-3-5）。根据世界银行数据库，1990—2017 年 OECD 成员女性劳动参与率（15 岁及以上）从 47.8% 上升至 51.3%，男女劳动参与率差距从 26.1 个百分点降至 17.2 个百分点。瑞典 2014 年男女就业率差距仅为 3.4 个百分点，总和生育率为 1.88；而意大利男女就业率差距为 18.2 个百分点，总和生育率仅为 1.37。2006—2016 年 OECD 国家的男女收入中位数差距从 15.6% 下降至 13.5%。相比之下，1990—2017 年中国女性劳动参与率从 73.2% 降至 61.5%，劳动参与率差距从 11.6 个百分点扩大到 14.6 个百分点。

---

① Olivetti C. and Petrongolo B., "The Economic Consequences of Family Policies: Lessons from a Century of Legislation in High-Income Countries", *The Journal of Economic Perspectives*, Vol. 31, No. 1, Winter 2017, p. 205.

② Jones, R. S., *Public Social Spending in Korea in the Context of Rapid Population Ageing*, OECD Economics Department Working Papers, No. 615, May 15, 2008.

③ Frejka, T., Jones, G. W. and Sardon, J. P., "East Asian Childbearing Patterns and Policy Developments", *Population and Development Review*, Vol. 36, No. 3, September 2010, p. 576.

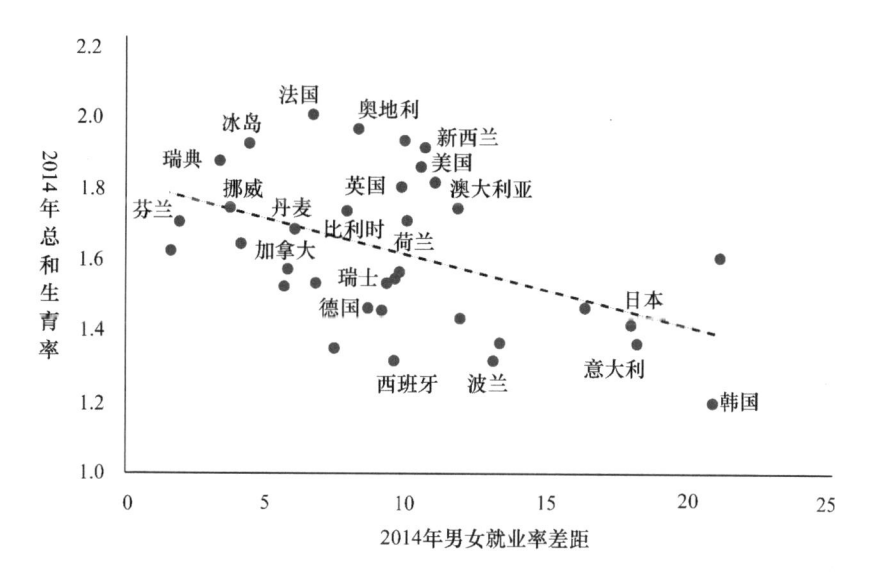

图 5-3-5　经合组织国家男女就业差距与总和生育率散点图

最后，由学校教育体制改变所引发的生育年龄的变动对人口动态的趋势有显著和长期的影响。比如，根据 Lutz 的研究，与分年龄时期生育水平保持不变的结果相比，学校教育体制改变后，在未来的几十年内，绝对新生婴儿数将有 8%—16% 的增长。这是由于这些队列不仅提早了生育时间，而且终身生育水平也有所上升[①]。

(四) 对鼓励生育政策的整体性评价

评估政策对生育率的影响是非常困难的，原因有几个方面：第一，正在评估的某一政策往往得到其他政策的补充；第二，生育决策发生在一个很长的时期，在此期间各种政策都可能影响一个人的生育计划；第三，生育政策在个人和社会层面产生影响需要一定的时间；第四，评估一项政策对生育控制的影响是困难的或是不可能的；第五，家庭生育政策具有间接影响其他政策的不同目标，因此衡量每种家庭支持的各自贡献几乎不可能。并且，即使欧洲的生育政策实践具有指导作用，但是其他国家的国情和欧洲社会是不同的，"生育观念也不会随着生育政策的改

---

① Lutz, W. and Skirbekk, V., "Policies Addressing the Tempo Effect in Low-fertility Countries", *Population and Development Review*, Vol. 31, No. 4, December 2005, p. 701.

变而改变，因此很难找到可以从一个国家移植到其他国家的生育政策"。为此，必须仔细分析研究结果，以了解政策的使用范围、限定条件和局限性。

总体上，大多数政策评价研究显示了某一家庭政策对生育率具有微小的影响，低生育率国家多数影响生育率的政策并未取得显著效果。比如，联合国评价日本的育儿假、货币援助和儿童保育补贴对结婚和生育的影响甚微。在低生育率国家，社会、文化和经济因素似乎比具体的政策干预更能影响生育水平。以支持生育为明确目标的措施，如现金补贴，对提高生育率产生了相当有限的影响；旨在支持工作与家庭平衡或提高生活水平的措施对提高生育率具有更明显的影响。另外，在衡量政策的影响和了解政策作用机制方面，研究还有待提高。

在欧洲，尽管家庭价值观和行为发生了重大转变，但拥有两个孩子的家庭理想规模仍然占据主导地位，包括受教育程度最高的群体也是如此；并且，即使那些很早就经历生育率降至很低水平的国家，理想家庭规模依旧接近于更替水平。此外，尽管东欧和南欧的生育水平达到极低，但是没有人认为无子女是令人满意的，大多数人表示希望至少有一个孩子。因此，有效的政策应该有助于为人们达到所期望的家庭规模提供有利条件。

三 高生育率国家生育率新变动的政策响应及评价

高生育率国家即使未来生育率下降，仍将面对人口逐渐增长和大量年轻人口，这些国家如果增加人力资本投资，促使就业增长和实施其他支持性政策，随着生育率的下降，将从人口年龄结构年轻化中获取人口红利。

高生育率和相关的人口增长给政府带来了巨大挑战。为了应对这些挑战，各种公共政策被考虑或实施以降低生育率。自1994年的国际人口与发展大会（ICPD）以来，虽然高生育率国家对生育率变动的政策响应各不相同，但是，许多国家都采取了降低生育率的政策，保持降低生育率政策的国家占全部高生育率国家的比例由1996年的不足70%升至2013年的90%。高生育率国家对降低生育率的政策的普遍改变，是追溯到20世纪70年代的一种更长期趋势的一部分。截至2013年，赤道几内亚是唯一一个保持采取提高生育率政策的高生育率国家。

(一) 家庭生育计划方案

加速生育率降低的最常见方法之一是投资高质量的家庭生育计划方案。家庭生育计划被认为是具有高成本效益的，在拥有充分的政治意愿和资源的条件下，良好的运作方案通过满足未满足的需求使亚洲大部分地区、中东和拉丁美洲的生育率持续下降。没有任何一个人类发展水平低的国家在没有强有力而坚定的政府家庭生育计划方案实施下，可以实现生育水平大幅度地持续下降。例如，肯尼亚在20世纪80年代和卢旺达2022年前后的经验表明，在非洲，强有力的政府主导的努力可以使他们像亚洲及其他地方30年前一样有效地降低生育率。亚洲和拉丁美洲以及加勒比地区高生育率的迅速下降主要是由于对小家庭需求的实现。但是，在如今的高生育率国家，需要改变对孩子的需求方可实现类似的下降。另外，家庭生育计划方案也会影响到家庭期望规模和生育偏好。

但是，目前许多非洲国家还存在着家庭生育计划各种基本使用的障碍。例如，相比于邻国的肯尼亚、卢旺达和津巴布韦，乌干达生育率要高得多，避孕药具的使用率也更低，2/5的15—24岁年轻女性没有得到满足家庭生育计划的需求。尽管年轻女性希望避孕，但对于避孕药具使用方法的强烈误解和恐惧在内的多种障碍阻止了她们使用避孕措施。因此，提高对避孕信息的传播，尤其是通过媒体，并且特别关注年轻、未婚、贫穷和乡村等弱势群体，应该是家庭生育计划实施的优先事项。另外，鉴于在许多高生育率国家中妇女在生育决策权力方面的不平等这一弊端，将家庭生育计划方案与促进性别平等规范的其他策略结合起来会更有效。

(二) 教育和其他影响生育率下降的措施

首先，提升女性获得教育的机会是高生育率国家持续生育率转变的必要条件。提升女性受教育机会不仅直接对生育率下降产生影响，而且它与以后的婚姻、获得和使用避孕药具的需求和能力以及婴幼儿死亡率下降等都具有密切关系。

其次，改善社会经济条件也与生育率持续下降有关。例如，在肯尼亚，尽管女性识字率和受学校教育水平很高，但较低的且不断恶化的生活水平被认为是导致生育率下降停滞的部分原因。并且，在加纳，与计划生育服务的改变相比，社会经济状况的变化更决定了生育率下降。另外，农村贫困人口往往认为家庭计划是不可能作为优先事项的，经常对计划生育方案感到不满，因此需要社会经济干预家庭计划的实施。

再次，在那些大多数女孩仍然在 18 岁之前结婚的国家中，促进晚婚的政策和方案有效地减少了早育。例如，在埃塞俄比亚的 Berhane Hewan 项目中，项目组为那些在项目期间没有嫁出女儿的家庭提供了经济激励，并为已经结婚的女孩提供了支持。与对照区的女孩相比，实验区的青少年女孩上学的可能性要高出近 3 倍，结婚的可能性降低了 90%，使用计划生育方法的可能性也要高出近 3 倍。

最后，婴儿和儿童死亡率的下降是生育率下降的先决条件，未来生育率变化取决于未来婴儿和儿童死亡率变化。尽管改善儿童生存条件是必不可少的，但是，在大多数非洲高生育率国家，儿童存活率的显著提高已经超过了其他地区的许多国家，生育率开始急剧下降。

（三）撒哈拉以南非洲的独特性

目前高生育率国家集中在撒哈拉以南的非洲地区，未来生育率下降的步伐可能明显不同于其他地区。例如，满足那些未满足的计划生育需求对非洲高生育率国家的生育率影响较小，妇女通常推迟生育以便实现工作与家庭的平衡而不是限制家庭规模。而且，比起那些最近从高生育率向低生育率转变的国家，未来高生育率国家开始生育率转变将发生在更低的经济社会发展水平上。这与历史模式的差异不仅对规划和执行降低生育率政策来说是非常重要的，而且这一差异可能对经济社会发展产生深远影响。

四 中等生育率国家生育率新变动的政策响应及评价

中等生育率国家和高生育率国家基本类似，一方面通过实施家庭计划生育措施直接作用于生育率的降低，另一方面通过提高受教育程度等措施引发生育率下降。比如中等生育率国家的避孕措施使用率具有以下典型特征：上升趋势非常平稳；没有出现停滞；存在显著差异，其中亚洲、拉丁美洲、北非和中东等国家的使用率明显偏高；当达到 75%—85% 之间时将与更替水平生育率基本一致。由于 2015—2020 年中等生育率国家数量多达 69 个，经济社会发展水平及文化背景等存在巨大差异，在此仅以墨西哥和伊朗为例，评价政策响应。

墨西哥的人口政策可追溯到 1974 年，当时政府对计划生育与失业和贫困之间关系的观念更加开放。人口政策产生了很大的影响，2001—2019年避孕措施使用率一直保持在70%以上，2019年采用现代方法的避孕措施使用率达到68%；TFR从1990年的3.47持续降至2018年的2.13，预计到2044年人口将开始下降。1990—2020年期间劳动年龄人口和老年人口的大量增加带来机遇与挑战，其中出生人数的减少促使保健服务和教育实现更高的覆盖率和更高质量，提供就业机会的压力减少，人们移居国外的压力也减少；挑战了包括人口老龄化和对老年人保健服务需求的增加以及养老金制度改革等。

对伊朗来说，教育和保健是显著影响生殖健康方案、计划生育方案和生育行为的两大因素。1988年伊朗发起了一系列广泛的生殖健康和计划生育方案，将各项措施纳入初级卫生保健体系并大力实施，比如在社区诵读《古兰经》的传统会议也要包括生殖健康问题的问答环节；农村是减少贫困、投资发展、教育、保健和免疫的重点；卫生部和教育部以及妇女非政府组织都成功地参与到了家庭计划生育中。社会经济发展和文化进程的综合作用使得上述领域取得了巨大成就，短短的10年，即在20世纪90年代末，所有儿童中97%以上接受了小学教育，成人识字率从1988年的不到60%升至20世纪90年代末的80%以上，妇女识字率则从46%升至60%；每10万名妇女中产妇死亡数从1988年的237名降至20世纪90年代末的37名，每1000名出生婴儿中死亡数从1988年的173名降至20世纪90年代末的33名；采用现代方法的避孕措施使用率在20世纪90年代末升至55%。伊朗的生育水平在1990—2017年期间迅速下降，TFR由1990年的4.69降至2017年的1.64；2019年采用现代方法的避孕措施使用率达到65%，采用任何方法的避孕措施使用率达到78%，超过发达国家平均水平。2012年伊朗废除了实施20多年的计划生育政策，并斥巨资鼓励民众多生育，2018年显示出效果，TFR回升至更替水平以上。伊朗政府认为，人口发展所面临的主要挑战是高失业率，这使得公共资源紧张；并且，教育和卫生保健在很大程度上依赖于政府资助，这使它们容易受到政府收入和支出模式变化的影响，加强私营部门在这些活动中的作用可以减少这种脆弱性。

本章小结

第一，从理论上，生育率变动引起人口增长与分布、人口年龄结构、家庭规模和家庭结构、人口健康素质及文化素质等发生变化，进而继续作用于经济社会发展。将生育率变动对人口系统状态指标变化的影响界定为生育率变动的人口自效应，具体包括年龄结构效应、规模效应、素质效应和家庭效应四方面，年龄结构效应表现在劳动年龄人口占比和总和生育率之间存在长期理论关系，规模效应体现在收入低和受教育程度低的国家因出生人口过多产生人口阻力以及长期低生育率国家人口负增长，素质效应体现在高生育率下降有助于增加妇女儿童的人均公共卫生健康投资和教育投资，从而有助于提升妇女儿童的身体健康素质和文化素质，家庭效应体现在生育率变动对家庭规模变化的影响具有滞后性以及欧洲国家生育率下降和家庭结构的变化具有较强的互动性。生育率变动产生人口自效应后，进一步影响经济活动人口比例、抚养比、城市增长、社会流动性、国际汇款、家庭生活水平、储蓄、妇女在家庭中的角色、婚姻制度、工作年限以及生活态度和策略等发生变化，即产生一系列经济社会影响。具体来看，人口变动通过固定资源的人口增长、索洛资本存量效应和年龄结构效应三个途径作用于经济发展；劳动年龄人口占比提高作用于经济发展包括"统计"和"行为"两大机制，其中"行为"机制即行为变化引发对经济增长的作用；劳动年龄人口比例高刺激重要的经济增长，即产生"人口红利"，但是还需要其他的先决条件；劳动力规模减小和老龄化通过改变劳动力供给变化时的物质资本密集度来影响劳动生产率，全要素生产率也会对这一人口变化做出正效应、负效应和放大效应。此外，生育率高和人口增长过快可能对环境和自然资源产生负面影响，发展中国家的大城市空气质量差，在一定程度上归因于城市增长，而城市增长又是整个国家人口增长的函数，人口过快增长加剧了淡水资源的紧缺，以及全球变暖的部分原因是由于人口增长以及间接引发的生物多样性减少等。

第二，对低生育率国家来说，低生育率变动对人口发展产生五个方面的直接影响：(1) 老龄化效应表现为长期低生育率国家老龄化程度加深、刚刚完成生育率转变的低生育率国家老年人口快速增长及比重大幅提高、劳动力老龄化进程加速以及老龄化严重的国家或地区或面临更大的健康危机，特别是COVID-19死亡率随着老年人口比重的提高呈现上升趋势；（2）抚养比效应体现在持续低生育率促使长期低生育率国家的老年抚养比大幅提升和刚刚完成生育率转变的低生育率国家TFR速降促使少儿抚养比速降和老年抚养比较少增长，TFR每减少1，少儿抚养比则下降14.4个百分点；（3）劳动力效应表现为长期低生育率导致劳动力数量减少，1990年人口自然增长率每降低1个千分点带来1990—2020年期间劳动年龄人口数量增长率降低5.3个百分点；（4）净迁移效应表现为低生育率国家的后果之一是越来越依赖积极的净移民来满足劳动力市场需求；（5）规模效应表现为低生育率持续的时间越长，累积的人口负增长惯性越大，人口规模缩减的幅度越大，引起公共基础设施投资效益缩减和公共服务成本增加。低生育率变动对经济社会发展的影响体现在三个方面：（1）生育率下降在短期内会增加人均收入，但在长期内会降低人均收入；欧洲国家因最早完成生育率转变而最早进入人口机会窗口期，并且机会窗口期持续时间最长；（2）根据45—54岁年龄组劳动力的生产率最高和低生育率国家在1990—2020年期间45—54岁年龄组劳动力占比提高幅度远大于其他生育率类型国家，判断低生育率国家45—54岁年龄组劳动力占比提高有力地促进了劳动生产率的提高，占比每提高1个百分点，促使劳动生产率提高17.5个百分点；（3）持续低生育水平影响社会福利制度和社会公平，中等收入国家在没有人口迁移的快速生育率转变下面临着需要支付不断增长的社会服务和养老金以及驱动经济增长的劳动力不断减少等严峻挑战，此外过低的生育率现象已成为部分国家的社会问题之一。因此，鉴于生育率变动的影响分为短期和长期、低生育率国家内部生育率变动存在差异，总结得出低生育率国家生育率变动的人口发展、经济社会发展等综合效应存在差异。不论哪种类型的低生育率国家，行为调整、技术创新、政策和体制变革等都具有抵消各种负面影响的很大潜力。

第三，对中等生育率国家来说，生育率变动对人口发展的直接影响表现在三个方面：（1）老龄化效应，老年人口数量在1990—2020年期间增长最快，但老年人口比重提高相对较缓；（2）抚养比效应，每减少1个孩子促使少儿抚养比平均下降9.97个百分点，该影响系数略低于低生育率国家生育率下降所导致的少儿抚养比平均下降幅度；（3）规模效应，多数国家人口自然增长率明显降低，TFR 每下降 1 导致人口自然增长率下降 22%。生育率变动对经济社会发展的影响表现在：（1）生育率下降开启人口机会窗口，近八成的中等生育率国家在 1995—2035 年期间开启人口机会窗口；（2）生育率下降所导致的少儿抚养比下降促进人均产出提高。

第四，对高生育率国家而言，居高不下的生育率对人口发展和经济社会发展的影响表现在：（1）规模效应，尚存在人口阻力，即人口过快增长使得为儿童提供教育、为所有人提供医疗保健和为年轻工人提供就业机会等方面面临更加严峻的挑战；（2）年轻化效应，高生育率导致少儿所占比重和少儿抚养比居高不下以及 15—64 岁人口所占比重偏低；（3）素质效应，高生育率影响儿童教育和妇幼健康；（4）居高不下的生育率并未显示出对经济增长的负面影响大，但是在一定程度上加剧了水资源使用压力，以及并未引发能源消耗过快增长。

第五，在生育率变动的政策响应方面，越来越多的发展中国家或地区认识到降低人口高增长率的重要性，越来越多的发达国家或地区表示对低人口增长率和老龄化的担忧；高或中等生育率国家倾向于实施降低生育率的政策，低生育率国家倾向于实施提升生育率的政策，全球各有 15% 的政府采取了维持或不干预生育水平的政策；提升生育率政策的政府所占比例逐渐增加，最显著的是欧洲和亚洲，伊朗、土耳其、新加坡、日本、韩国、中国台湾等国家或地区在 1990—2020 年期间出现了生育政策的重大转变。从家庭生育计划的变动趋势看，绝大多数政府提供对家庭生育计划的直接支持，避孕措施使用率和总和生育率呈现负相关，现代避孕方法使用率普遍提高；未满足家庭计划需求的主要是非洲、拉丁美洲及亚洲的高生育率国家。在平衡工作与家庭政策方面，发达国家在提供儿童或家庭津贴、儿童照护补贴、允许职场中的父母可以弹性工作或兼职工作的比例、提供抚养孩子税收减免等的比例高于欠发达国家，生育率越低的国家采取更多种类的促进工作与家庭平衡的政策措施。

第六，不同生育率类型国家之间或内部，面对生育率变动做出不同的政策响应。比如低生育率国家具有不同的低生育水平特征和达到低生育水平的路径，所产生的后果和所采取的政策响应也就不同，其中利用财税金融手段改变家庭的生育成本和收益、对女性家庭与工作平衡的支持、对儿童卫生健康发展的支持以及强调公民责任等是各国或地区采取的主要鼓励生育政策，并且前两者是生育政策的核心。从实施效果看，用于鼓励生育的财政刺激可能会导致短期或中期的"婴儿潮"，但促使生育率持续增长的情况非常少见，比如 OECD 国家发放经济补贴有助于提高生育率，北欧和西欧国家通过采取家庭友好政策、增强儿童保育的可获得性、增加和实行包括父亲在内的更灵活的产假等来适应低生育率是最成功的，支持儿童和父母的广泛社会变革包括对婚姻和两性关系的支持、加强女性就业权利保护以及学校教育体制改革带来生育年龄提前等。总体上，在低生育率国家，社会、文化和经济因素似乎比具体的政策干预更能影响生育水平，以支持生育为明确目标的措施，如现金补贴，对提高生育率产生了相当有限的影响，旨在支持工作与家庭平衡或提高生活水平的措施对提高生育率具有更明显的影响，有效的政策应该有助于为人们达到所期望的家庭规模提供有利条件。

第七，对于高生育率国家，投资高质量的家庭生育计划方案是加速生育率下降的常见方法之一，但目前许多非洲国家还存在着家庭生育计划各种基本使用的障碍，改善女性获得教育的机会是高生育率国家持续生育率转变的必要条件，改善社会经济条件也与生育率持续下降有关，促进晚婚的政策和方案有效地减少早育。此外，撒哈拉以南非洲具有独特性，未来高生育率国家开始生育率转变将发生在更低的经济社会发展水平上。

第六章

国际视野中的中国生育率变动及未来调整思路探讨

全球化进入大发展、大变革、大调整的新时期，在新一轮全球化进程中，生产要素在全球市场的优化配置是大势所趋[①]，对外开放意味着在世界更大范围内进行资源配置，特别是人力资本配置。随着中国逐渐成为全球科学中心、科技中心，以及日渐活跃的国际人口迁移，需要我们站在全球视野高度，从全球产业布局、人口发展格局等统筹谋划中国人口发展战略，进行人力资源的统筹配置和清晰定位。为此，本章跳出中国框架，从国际比较的角度审视中国生育水平及其变动，在国际视野中对中国生育率变动及政策响应予以评价，总结典型国家近些年来鼓励生育的若干政策措施，最后提出未来中国生育政策的调整方向和主要途径。

第一节 国际视野中的中国生育率变动及政策响应评价

一 国内外学者对中国生育水平变动趋势、影响因素及政策响应的分析与判断

(一) 对中国生育水平及生育政策调整效果的判断和认识

进入21世纪以来，探讨中国生育水平变动及生育政策评价的文献不断增多，涌现出各种观点和看法。其中关于中国生育水平的争论始于1992年的中国生育率抽样调查，由此，对中国实际生育水平的判断也开始陷入"统

[①] 当然，有学者提出，新冠疫情在全球持续蔓延，全球产业链、供应链正在受到波及，全球化有回归"经济主权"时代的态势，全球化将转变为"有限的全球化"；全球化会出现回落，部分产业链将迁回西方发达国家（郑永年，2020）。

计怪圈"①。无论政府部门还是绝大多数研究者，对1992年及以来历次人口普查和抽样调查的总和生育率结果均持怀疑态度，坚持认为调查数据受出生瞒报和漏报的影响而被低估。于是，学者们利用不同的数据源、不同的分析方法、不同的视角来评估中国生育水平及其变动趋势（见表6-1-1）。

1. 国内学者

首先，国内学者对2000年以来中国总和生育率的判断，分为三类观点：第一类，认为中国TFR低于1.5，主要根据尹文耀、郭志刚、易富贤、顾宝昌等学者以及国家统计局直接调查结果。比如尹文耀等的分析结果表明，21世纪开始的10年中国大陆生育率总体上稳定在1.5以下，并呈稳中有降的态势②。郭志刚对2015年1%人口抽样调查的生育率进行多角度分析，认为2005—2010年TFR从1.338下降到1.188后，2015年进一步降至1.047③。易富贤提出，2000年以来中国的生育率比日本、欧盟还低，2000年只有1.22，2015年、2017年分别是单独两孩、全面两孩的出生高峰年，但生育率只有1.05、1.20；2010—2015年中国生育率只有约1.17，同期日本、欧盟、俄罗斯、美国、印度分别为1.42、1.58、1.68、1.88、2.37④。顾宝昌等考察了2000年、2010年、2015年三次普查/小普查的分年龄生育率的变化，分析提出2010—2016年TFR均在1.3以下，2017年达到1.59⑤。梁建章认为，根据国家统计局数据，2019年出生人口为1465万人，生育率为1.47。第二类，认为中国TFR在1.5以上，代表性学者主要有陈卫、贺丹、刘金菊、翟振武等。比如，陈卫等估计2005—2013年中国生育率在1.5—1.65之间⑥。贺丹等提出，根据2017年全国生育状况抽样调查的数据，2016年我国的TFR为1.77⑦。刘金菊等利用广义稳定人口

---

① 郭志刚：《六普结果表明以往人口估计和预测严重失误》，《中国人口科学》2011年第6期。
② 尹文耀、姚引妹、李芬：《生育水平评估与生育政策调整——基于中国大陆分省生育水平现状的分析》，《中国社会科学》2013年第6期。
③ 郭志刚：《中国低生育进程的主要特征——2015年1%人口抽样调查结果的启示》，《中国人口科学》2017年第4期。
④ 易富贤：《从全球视角探求中国人口新政》，《中国经济报告》2018年第5期。
⑤ 顾宝昌、侯佳伟、吴楠：《中国总和生育率为何如此低？——推迟和补偿的博弈》，《人口与经济》2020年第1期。
⑥ 陈卫、杨胜慧：《中国2010年总和生育率的再估计》，《人口研究》2014年第6期。
⑦ 贺丹、张许颖、庄亚儿等：《2006~2016年中国生育状况报告——基于2017年全国生育状况抽样调查数据分析》，《人口研究》2018年第6期。

模型估计、2017 年生育调查数据推算、2017 年户籍统计数据推算得到 2000—2010 年间的平均 TFR 分别为 1.56、1.57 和 1.58①。翟振武对中国生育水平的基本判断是"全面两孩"政策实施前的 10 年间，全国平均 TFR 应该在 1.65 左右；"全面两孩"政策实施后，TFR 有所上升，超过 1.7；从全球视野看，中国 TFR 与发达国家的平均水平基本持平②。王金营等基于 2017 年全国生育状况抽样调查中北方 7 省市数据，评估得出中国生育水平处于 1.5—1.9 之间③。第三类，认为中国 TFR 在 1.3—1.6 之间。王广州等认为 2006—2016 年国家统计局直接调查的结果显示中国生育水平稳定在 1.48 以内，根据 2017 年全国生育状况调查数据，采用 TFR 间接估计方法、队列要素人口预测方法和孩次递进人口预测方法等，测算得出 2016 年和 2017 年中国生育水平略高于 1.6，最近 10 年中的其他年份在 1.3—1.6④（见表 6-1-2）。

表 6-1-1　近期公开发表论文中关于中国总和生育率估计值汇总

作者	发表年份	基础数据和估算方法	全面两孩政策实施前 TFR 估计值	全面两孩政策实施后 TFR 估计值
尹文耀	2013	各省 2005 年 1% 人口抽样调查数据	21 世纪开始的十年中国大陆生育率总体上稳定在 1.5 以下	
郭志刚	2017	2015 年全国 1% 人口抽样调查推算	2005—2010 年总和生育率从 1.338 下降到 1.188 后，2015 年进一步降至 1.047	
易富贤	2018	人口普查数据	2000 年中国生育率为 1.22；2010—2015 年中国生育率只有约 1.17	2015 年、2017 年分别是单独两孩、全面两孩的出生高峰年，但生育率只有 1.05、1.20
贺丹	2018	2017 年全国生育状况抽样调查数据	2006—2011 年总和生育率在 1.60—1.70 之间	

---

① 刘金菊、陈卫：《中国的生育率低在何处？》，《人口与经济》2019 年第 5 期。
② 翟振武：《科学研判人口形势 积极应对人口挑战》，《人口与社会》2019 年第 1 期。
③ 王金营、马志越、李嘉瑞：《中国生育水平、生育意愿的再认识：现实和未来——基于 2017 年全国生育状况调查北方七省市的数据》，《人口研究》2019 年第 2 期。
④ 王广州、王军：《中国人口发展的新形势与新变化研究》，《社会发展研究》2019 年第 1 期。

续表

作者	发表年份	基础数据和估算方法	全面两孩政策实施前TFR估计值	全面两孩政策实施后TFR估计值
刘金菊	2019	国家统计局公布的出生人数、2017年生育调查数据、2017年户籍统计数据	2000—2010年间的平均总和生育率在1.56—1.58	
顾宝昌	2019	2000年、2010年和2015年三次普查/小普查	2010—2015年均低于1.3	2016年、2017年分别为1.25、1.59
陈卫	2014	利用普查、教育、公安数据推算	2000—2010年前期低至1.5，后期回升接近1.7	
王广州	2019	国家统计局2017年人口变动调查推算	2007—2015年TFR在1.3—1.6之间	2016年和2017年略高于1.6
翟振武	2019	国家统计局数据、公安部门户籍登记数据和教育部门的小学入学人口数据倒推还原当年出生的人数量	全面两孩政策实施前的10年间全国TFR应该在1.65左右	全面两孩政策实施后，超过1.7以上
王金营	2019	2017年全国生育状况抽样调查		处于1.5—1.9之间
Zhang, Sobotka和Brzozowska	2018		1990—2010年在1.2—1.6之间	
《2017年全球疾病负担研究》人口和生育率合作者	2018	Lancet		2014—2017年活产婴儿增长11.7%
经济学人智库	2019		1992年降至更替水平以下，2006—2015年在1.65上下	2016年略微升至1.7

资料来源：笔者汇总。

表6-1-2　　　　不同统计口径的中国育龄妇女生育率

年份	原国家卫计委*	国家统计局直接调查数据**	国家统计局2017年人口变动调查推算***		
			均值	下限	上限
2006	1.62	1.38	1.54	1.52	1.56
2007	1.69	1.45	1.57	1.55	1.59
2008	1.71	1.48	1.47	1.43	1.50
2009	1.68	1.37	1.45	1.41	1.50
2010	1.64	1.18	1.38	1.33	1.43
2011	1.61	1.03	1.34	1.30	1.39

续表

年份	原国家卫计委*	国家统计局直接调查数据**	国家统计局2017年人口变动调查推算*** 均值	下限	上限
2012	1.78	1.25	1.41	1.37	1.45
2013	1.55	1.22	1.55	1.51	1.59
2014	1.67	1.26	1.59	1.53	1.64
2015	1.41	1.05	1.44	1.37	1.50
2016	1.77	1.24	1.63	1.56	1.70
2017	—	1.58	1.70	1.63	1.77

资料来源：*贺丹等；**国家统计局各年人口变动抽样调查和人口普查；***王广州根据2017年人口变动抽样调查年龄结构推算。

其次，关于是否落入低生育陷阱，学术界同样存在三种观点。第一种观点认为中国已陷入低生育率陷阱，比如蔡泳提出，中国已经掉入低生育率陷阱，其中很重要的原因是生育成本太高，中国很难走出这个"陷阱"，至少在未来的10年之内看不到任何希望，走出"陷阱"需要社会环境的变化，而不是政策的变化。穆光宗认为，制约二孩生育的因素大致包括强生育控制、低生育意愿和高生育成本三个方面，其早已驱使中国进入持续稳定、内生性的低生育陷阱[1]。易富贤明确提出，中国已进入低生育率陷阱，应努力创造再生育的良好环境[2]。陈友华提出，进入21世纪，中国生育率下降至超低水平，已经陷入低生育率陷阱[3]。第二种观点，明确提出中国目前并未掉进低生育率陷阱。第三种观点则认为中国处在低生育率陷阱的高风险期或边缘或日渐突出。计迎春等认为，在一定程度上，中国已经进入低生育率陷阱的高风险期，使生育率回升到更替水平应成为公共政策的重点[4]。吴帆提出，虽然中国目前还没有落入低生育率陷阱，但是已经面临着高度风险，如果意愿生育水平不能出现显著提高，生育率极有可能降到很低甚至极低的水平[5]。

---

[1] 穆光宗：《"全面二孩"政策实施效果和前景》，《中国经济报告》2017年第1期。
[2] 易富贤：《从全球视角探求中国人口新政》，《中国经济报告》2018年第5期。
[3] 陈友华：《中国人口发展：现状、趋势与思考》，《人口与社会》2019年第4期。
[4] 计迎春、郑真真：《社会性别和发展视角下的中国低生育率》，《中国社会科学》2018年第8期。
[5] 吴帆：《低生育率陷阱究竟是否存在？——对后生育率转变国家（地区）生育率长期变化趋势的观察》，《社会科学文摘》2019年第9期。

刘金菊认为中国存在陷入极低生育率的巨大风险①。王广州等认为，尽管"全面两孩"政策实施提升了二孩生育率，由于一孩生育率下降和整体预期终身生育水平偏低，计划生育政策调整的预期效果大打折扣；一孩终身生育率下降不仅预示低生育水平的特征没有因为政策的调整而发生根本变化，而且意味着低生育陷阱问题日益突出的变化趋势没有发生变化②。

再次，关于"全面两孩"政策的实施效果评价，学者们的观点基本一致。2016 年实施"全面两孩"政策以来，许多学者仍然继续严重怀疑人口调查数据的可靠性，有的学者认为 2015 年 TFR 达到 1.41，2016 年显著回升到 1.77。王广州等测算得出 2016 年和 2017 年 TFR 略高于 1.6，即"全面两孩"政策实施后，二孩 TFR 上升了 0.3—0.4③。任泽平提出，2018 年中国出生人口比 2017 年减少 200 万人，约 12%，TFR 降至 1.52。石人炳等认为，生育政策调整的初期效果是明显的，二孩出生人数显著增加，妇女二孩生育水平提高，但没有从根本上改变低生育率状况。出生人口数量变动受作用方向相反的两方面因素的影响，即导致出生人口减少的因素和促进出生人口增加的因素，前者包括育龄妇女特别是生育旺盛年龄妇女数量减少、一孩生育率持续降低、生育政策调整对低年龄段妇女影响小；后者主要是政策调整释放了长期累积的被抑制的二孩生育愿望④。计迎春等认为，在低生育率持续近 20 年之后，以社会性别和发展的视角审视"全面两孩"政策前后的生育情况，可以看到，当其他抑制生育的因素都没有改变时，仅放宽生育政策，在短期内只能释放有限的生育潜力，不会对长期生育率变化有明显的影响；同时由于育儿与工作的冲突，女性中断工作的风险升高⑤。

最后，关于未来中国人口政策新的定位和新的取向该如何选择，学术界存在争论，实践部门也有不同声音，社会各界更是众说纷纭。党的十九届四中全会审议通过的《决定》指出"优化生育政策，提高人口质

---

① 刘金菊、陈卫：《中国的生育率低在何处?》，《人口与经济》2019 年第 5 期。
② 王广州、王军：《中国人口发展的新形势与新变化研究》，《社会发展研究》2019 年第 1 期。
③ 王广州、王军：《中国人口发展的新形势与新变化研究》，《社会发展研究》2019 年第 1 期。
④ 石人炳、陈宁、郑淇予：《中国生育政策调整效果评估》，《社会科学文摘》2018 年第 10 期。
⑤ 计迎春、郑真真：《社会性别和发展视角下的中国低生育率》，《中国社会科学》2018 年第 8 期。

量"。张车伟提出，让人们自主决定生育已成为大势所趋，是今后人口政策的调整方向①。穆光宗提出中国生育导向政策上应鼓励奖励生育，但不强迫多生也不惩罚少生，以倡导二孩及以上的"合适之家"为核心②。任泽平提出立即全面放开并鼓励生育的政策建议。李建民认为，依惯例 2020 年全国人口普查和有最新监测数据后，中央会考虑出台新的生育政策；新的生育政策可能是先取消生育数量的限制，但还不会到鼓励生育的层次。钟水映等提出，进一步放宽生育限制，废止目前人口政策中生育控制内容，是下一步完善人口政策使其合乎逻辑的变化方向③。

2. 国外学者

首先，Zhang、Sobotka 认为 1990—2016 年期间中国时期 TFR 一直在 1.60 以下，目前 TFR 的变动趋势是一孩政策结束后的"丢失"孩子还原，即 2014 年以来，由结婚和生育推迟导致的一孩出生率下降和二孩"预期"爆炸式增长叠合在一起（见图 6-1-1）。

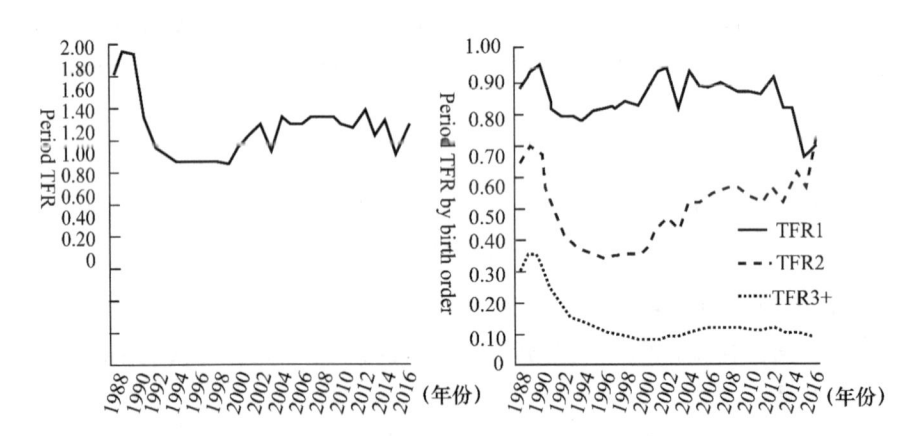

图 6-1-1　1988—2016 年中国总和生育率和分孩次生育率的变动趋势

资料来源：Sobotka T., "Global low fertility: Key trends", paper delivered to International Seminar on Indicators and Policies on Low Fertility, KOSIS-UNFPA, December 10, 2018.

---

① 张车伟：《中国的生育率下降太快要彻底放开》，《新民晚报》2018 年 11 月 7 日第 7 版。
② 穆光宗：《中国的人口危机与应对》，《北京大学学报》（哲学社会科学版）2019 年第 5 期。
③ 钟水映、张其：《大转折时期的中国人口政策新取向：无为而治与积极有为》，《武汉科技大学学报》（社会科学版）2020 年第 2 期。

其次,《2017年全球疾病负担研究》提出,中国由独生子女政策改为允许生育二孩政策,与2014—2017年活产婴儿总量增长11.7%是密切相关的,即一孩政策放松和放弃产生了预期的"婴儿激增",生育率的突然显著变化凸显了理解生育率政策变化对生育率变化幅度的重要性,特别是在生育率已降至更替水平以下时。1990—2017年中国女性劳动参与率与男性的差距从11.6个百分点扩大到14.6个百分点,而全球、美国、欧盟、日本的男女性劳动参与率差距均呈缩小态势。中国政府对育儿资金投入较小,对生育机会成本的分担较少;相关政策的针对性、可操作性有待改进,监管力度有待加强[1]。

最后,经济学人智库指出,中国伴随着一孩政策的实施,TFR在1992年降至更替水平以下,在2005—2015年期间达到历史最低,保持1.65上下,2016年由于"全面二孩"政策的实施TFR缓慢升至1.7。尽管中国保持低生育水平,但是老年人口仍在持续增长,家庭规模缩减,人口结构的这一逆转给公共服务带来巨大的负担[2]。

综上可见,国内外多数学者认为2000年以来我国TFR在1.5—1.6,也有部分研究认为在1.5以下。不论哪种观点,我国已经较长时期处在低生育水平。

(二) 对中国生育率变动影响因素的认识

1. 国内学者

随着中国生育率变动的趋势越加明显和国内学者研究的不断深入,对生育率变动影响因素的看法逐渐一致。尹文耀等提出,生育率下降的主要推动力是发展,突出表现为生育旺盛期育龄妇女比总人口和育龄妇女的城镇化、非农化水平高、人口外出流动比例大,以及城镇生产、生活方式和文化观念对农业人口的同化作用[3]。Wang F.认为,中国的生育

---

[1] GBD 2017 Population and Fertility Collaborators, "Population and Fertility by Age and Sex for 195 Countries and Territories, 1950 - 2017: A Systematic Analysis for the Global Burden of Disease Study 2017", *Lancet*, Vol. 392, No. 10, November 2018, p. 1995.

[2] The Economist Intelligence Unit, *Moving on from One: How can China Manage its Declining Fertility?* The Economist Intelligence Unit Limited, 2019, https:// www. eiu. com/n/how-can-china-manage-its-declining-fertility/.

[3] 尹文耀、姚引妹、李芬:《生育水平评估与生育政策调整——基于中国大陆分省生育水平现状的分析》,《中国社会科学》2013年第6期。

控制政策，包括晚稀少政策和独生子女政策，在早期生育率下降中发挥了重要作用。但是，中国生育率下降到替代水平以下和中国社会进入历史新阶段是同时发生的。20 世纪 90 年代初，低生育率开始出现在经济大改革和历史性经济繁荣时期，经济发展引发了生育背景的根本转变。这 20 年见证了中国历史上城市化、高等教育扩张和生活水平提高的最快速度。与这种快速经济变化相关的两个重要因素促成了中国生育率的再次下降，即抚养孩子的成本从国家和集体完全转向家庭、在经济高速增长时期由机遇和不确定性施加的个人前进压力增强①。郭志刚提出，20 多年来，中国低生育水平发展的主要特点是一孩生育水平不断下降，并且伴随着生育旺盛期育龄妇女中未婚比例的显著提高；经济社会发展水平的大幅提高、生育年龄推迟、胎儿性别选择性流产、人口流动和城镇化、受教育程度提高、婚育观念和婚育行为的转变等，都是目前中国社会中抑制生育的重要因素；此外，总和生育率下降受育龄妇女未婚比例不断提高的影响也很大②。计迎春等提出，有关中国生育率下降的讨论，主要集中在生育政策驱动和社会经济发展的主导作用方面；由于严格的生育政策实施和改革开放之后的经济发展几乎同步，且两者都在较短时期内经历了较大幅度的重要变化，更增强了生育率下降影响因素研究的复杂性；20 世纪 90 年代以来，经济因素作用逐渐大于政策因素③。王广州采用人口年龄结构间接估计方法对新中国成立 70 年来人口变化历史进行定量分析，提出：在过去 70 年里，前 35 年（1949—1984 年）主要是社会经济发展影响中国人口快速增减和大起大落，后 35 年（1985—2019 年）是严格生育政策和社会经济发展共同促进快速人口转变和低生育率的长期趋势④。吴帆通过中国与泰国比较，中国的总和生育率是在远比

---

① Wang F., "China's Long Road toward Recognition of Below-Replacement Fertility", in Rindfuss, R. R. and Minja Kim Choe eds., *Low and Lower Fertility: Variations across Developed Countries*, Springer International Publishing Switzerland, 2015, p. 98.
② 郭志刚：《中国低生育进程的主要特征——2015 年 1% 人口抽样调查结果的启示》，《中国人口科学》2017 年第 4 期。
③ 计迎春、郑真真：《社会性别和发展视角下的中国低生育率》，《中国社会科学》2018 年第 8 期。
④ 王广州：《新中国 70 年：人口年龄结构变化与老龄化发展趋势》，《中国人口科学》2019 年第 3 期。

泰国落后的社会经济条件下降到更替水平以下的，表明计划生育政策在中国生育率快速转变中确实发挥了关键性作用。但是20世纪90年代中期以来，中国经济发展加速，超过了泰国。总体来看，中国目前的社会经济发展水平已超过泰国，这意味着现代化因素是中国现阶段低生育率形成的根本原因[①]。任泽平等借鉴Bongaarts低生育率理论，提出低生育率模型（见图6-1-2），认为中国目前生育率低的原因在于生育基础削弱和生育成本约束，晚婚晚育、单身丁克、不孕不育等削弱生育基础，住房教育医疗等直接成本、养老负担、机会成本高等抑制生育行为，特别是中国独生子女约1.8亿人，"四二一"家庭结构养老负担重挤压生育意愿；此外，女性劳动参与率高但就业权益保障不够，导致生育的机会成本高[②]。

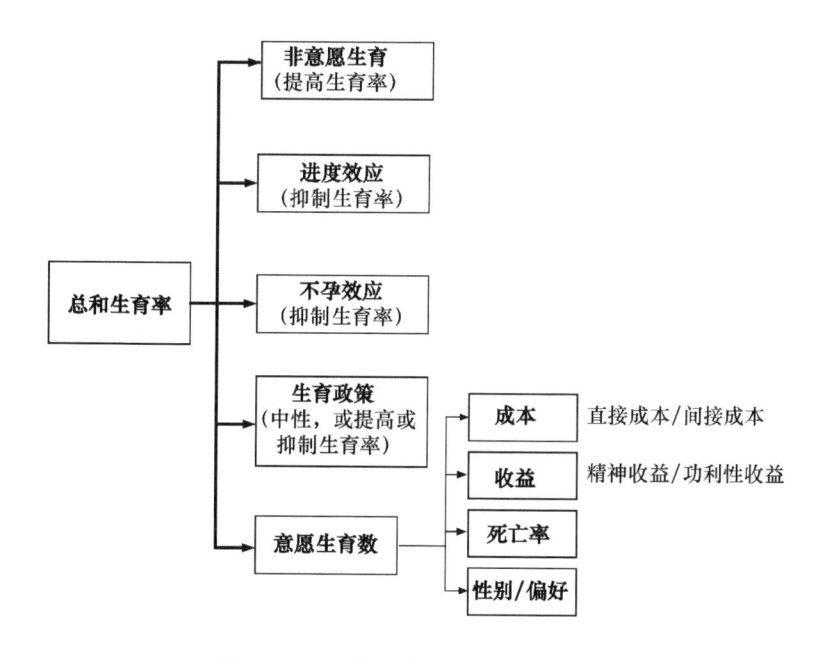

图6-1-2　中国生育行为的动力模型

资料来源：任泽平、熊柴、周哲：《中国生育报告2019》，《发展研究》2019年第6期。

[①] 吴帆：《低生育率陷阱究竟是否存在？——对后生育率转变国家（地区）生育率长期变化趋势的观察》，《社会科学文摘》2019年第9期。

[②] 任泽平、熊柴、周哲：《中国生育报告2019》，《发展研究》2019年第6期。

2. 国外学者

Morgan 等认为，推迟结婚和推迟生育已成为中国生育率向低于更替水平演变的主要因素[①]。Whyte 通过研究目前中国生育孩子状况的演变，得出结论：中国自 1980 年以来经济高速发展才是出生率下降的主要因素[②]。经济学人智库提出，20 世纪 90 年代以后，养育小孩的显性成本和隐性成本，比如育儿经济支出、对女性事业的影响等，成为降低生育率的主要原因，具体来说，驱动中国生育率下降的关键力量包括四个方面：（1）在育儿和家务方面，男女不平等依然存在。尽管目前女性就业率高，但她们仍然承担着大部分家务。（2）中国教育制度的改善延迟了女性结婚年龄和初育年龄[③]，也就降低了生育二孩的可能性。（3）平衡工作与家庭的压力不断加剧，特别是住房方面的经济压力很大，这些压力阻碍了人们建立家庭。（4）由于二孩带来了更多成本，大量流动劳动力不愿生育二胎[④]。

综上国内外学者的观点，育儿成本高、教育制度改善导致女性初育年龄推迟、女性就业率高[⑤]、男女性别不平等、缺乏 3 岁以下幼儿保育资源和育儿假有限、已形成独生子女文化等是影响中国自 20 世纪 90 年代以来生育率下降的重要因素。

（三）对中国生育率变动后果和政策响应的认识

由于"全面二孩"政策实施时间相对较短，相对于运用多种数据源分析中国生育水平及变动趋势的相关研究，定量分析中国生育率变动的经济社会影响和评价"全面二孩"政策实施效应的文献明显偏少。在此，从四个方面总结已有观点。

第一，绝大多数学者讨论中国持续低生育率与少子化、老龄化、经济增

---

① Morgan S. P., Zhigang G., Hayford S. R., "China's Below-Replacement Fertility: Recent Trends and Future Prospects", *Population and Development Review*, Vol. 35, No. 3, September 2009, p. 605.

② Whyte, M. K., Feng W. and Cai Y., "Challenging Myths About China's One-Child Policy", *China Journal*, Vol. 74, October 2015, p. 144.

③ 中国女性初婚年龄从 2006 年的 23.6 岁推迟到 2016 年的 26.3 岁，初育年龄从 2006 年的 24.3 岁推迟到 2016 年的 26.9 岁。

④ The Economist Intelligence Unit, *Moving on from One: How Can China Manage Its Declining Fertility?* The Economist Intelligence Unit Limited, 2019, https://www.eiu.com/n/how-can-china-manage-its-declining-fertility/.

⑤ 截至 2016 年，我国女性职业者的劳动参与率为 69.4%，比世界平均水平仍要高出 10% 左右。

长的关系。伴随长期低生育率的是严重的少子化，即0—14岁人口数量和占总人口的比例的快速下滑；持续低生育率、死亡率下降和平均预期寿命增长，必然导致人口老龄化。比如，Wang F. 提出，从20世纪90年代以来中国生育率低于更替水平的持续存在，导致人口老龄化急剧加速。为支持不断增长的老年人口需求，可能会牺牲用于儿童保育设施和学校的资源，这将进一步降低生育能力。此外，长达30年之久的独生子女政策导致中国一孩家庭所占份额很大。许多只有一个孩子的家庭将面临向年老父母提供经济支持，或通过税收，或在家庭内部，或二者兼有。更重要的是，当父母需要时，他们将面临时间需求，以提供不可替代的身体和情感支持，这就可能影响到他们再要一个孩子，即在赡养父母和再生育之间作出艰难选择。因此，中国长期低生育率导致老龄化进程快、经济增长以及一孩家庭占比多；这些又反过来影响未来生育率[1]。梁建章提出，与其他国家相比，中国老龄化更严重的根本原因是长期低生育率导致儿童和年轻人比例太低；抚养压力自1980年起可大致分为如下三个阶段：抚养压力下降阶段（1980—2012年）、抚养压力上升阶段（2013—2054年）、抚养压力稳定阶段（2055年及以后）；所谓生育率持续走低会导致经济相对萎缩是指与正常生育率的情况比较，低生育率下的经济增长相对更慢，并不是说经济规模在绝对意义上会很快萎缩。周天勇观察中国1950年以来的人口与经济等数据时，发现人口增长变动与滞后20年的经济增长变动高度相关[2]。马丁·肯尼等通过研究中国经济发展与人口出生率的关系，预计在2013年到2050年间，中国每年的经济增长速度会因为人口问题而降低0.45个百分点；1985—2007年间中国劳动年龄人口平均增长率为1.58%，2008—2015年间下降到0.61%，2016—2020年间将进一步下降到-0.4%。也就是说，经济主力人口增长上行时，有支付能力的需求处于扩张阶段，导致经济增长；经济主力人口增长下行时，有支付能力的需求处于收缩阶段，导致经济下行[3]。穆光宗提出，种种迹象和

---

[1] Wang F., "China's Long Road toward Recognition of Below-Replacement Fertility", in Rindfuss, R. R. and Minja Kim Choe eds., *Low and Lower Fertility: Variations across Developed Countries*, Springer International Publishing Switzerland, 2015, p. 98.

[2] 周天勇：《经济下行：什么症结，怎么办？》，《经济研究参考》2015年第67期。

[3] 乐文睿、马丁·肯尼、约翰·彼得·穆尔曼：《乐观还是悲观——中外学者眼中中国跨越"中等收入陷阱"前景》，《中国改革》2016年第388期。

研究均表明，我国的低生育、少子化、老龄化和人口生态失衡已经常态化，而且会演变为长期化的趋势；结构性人口危机渐行渐近，对我国社会经济方方面面的发展带来巨大风险①。

第二，由于长期偏低的生育率是促使人口负增长产生的必要条件和重要原因，越来越多的学者关注中国人口负增长和低生育水平应对策略。关于中国人口出现负增长的时间，基本认为将在2030年前后。比如，《国家人口发展规划（2016—2030）》指出总人口将在2030年前后达到峰值后持续下降，王广州预测中国将于2026—2027年出现人口负增长，翟振武预测中国将于2028年出现人口负增长，《人口与劳动绿皮书：中国人口与劳动问题报告No.19》则提出从2030年开始中国将进入持续的人口负增长，黄匡时提出，联合国方案，预计从2032年开始中国人口将长期处于负增长，陈友华提出，2017年北京、天津、辽宁、吉林、黑龙江、上海6个省（市）的常住人口均出现了不同程度的负增长，未来一段时期内，我国将会有更多的省份步入人口负增长行列，全国层面上的人口负增长也将在2025年前后到来。陆杰华指出中国人口负增长具有到来时间速度快、年龄结构发生扭曲、少子化与老龄化并存、人口总量下降速度快、老龄化和高龄化速度快、程度高和规模大等变化特征②。关于低生育水平应对策略，更多的学者借鉴西方发达国家尤其是欧洲国家的政策实践并提出中国应对措施。

第三，国外学者尤其是美国学者更加关注生育率变动导致"战略不安全"。Stone L. 认为，如果每个国家都面临生育率下降，将会使世界更加和平，因为无法弥补损失会使各国变得更加谨慎；美国在其长期战略地位上所做的最好的事情不是核武库或军费开支，而是中国的战斗年龄男性人口在1995年达到顶峰和目前正在稳步下降，而美国及其西北太平洋盟国的战斗年龄男性人口是稳定的③。Joseph S. 等分析中美优势时提及美国具有地理区位优势、能源独立优势、人口优势、关键技术优势等，人口优势是指未来5年全球15大经济体中的7个将面临劳动力萎缩，其中中国人口将减

---

① 穆光宗：《中国的人口危机与应对》，《北京大学学报》（哲学社会科学版）2019年第5期。

② 陆杰华：《极低生育率现象：现实、判断与应对》，《市场与人口分析》2005年第4期。

③ Stone L., "The Global Fertility Crisis", National Review, https://www.nationalreview.com/magazine/2020/01/27/the-global-fertility-crisis/.

少9%，而美国的劳动力可能会增长5%，中国劳动年龄人口在2015年已达到顶峰①。

第四，关于中国对持续低生育率的政策响应的评论以经济学人智库最具代表性，他们提出：（1）"全面二孩"政策仅对少数夫妇（主要是38—40岁）产生影响。两孩政策的最大受益者是出生于20世纪70年代末的公共部门职员。因此，由一孩政策转变为两孩政策只影响了一小部分人口。（2）产假延长，但各省份不同，且由雇主出资。尽管全国各地在当地的人口和计划生育法规中延长了产假和陪产假，但这些只是法规，并没有写入国家劳动法。生育保险由雇主出资，加大了企业雇用女性员工时的经济负担。（3）国家对三岁以下婴幼儿保育的补助明显不足，中国人选择不生二胎的主要原因之一是缺乏托儿资源，仅4%的3岁以下婴幼儿在托儿机构，而OECD国家该比例达到34.4%。（4）中国的税制仍然偏向于个人所得税，而不是基于整个家庭的收入水平。如果为家庭提供更慷慨的税收减免和其他措施，可能有助于更多的人做出生育第二个孩子的决定。（5）辅助生殖技术很昂贵，但夫妻往往愿意支付；辅助生殖技术中心受到高度管制，质量参差不齐。（6）一个首要问题是拥有一个孩子已成为许多家庭的标准，即使在"全面二孩"政策下，独生子女政策对人们心态的影响依然存在，导致许多年青一代不愿意生育第二个孩子。

二 中国生育率变动及政策响应的国际考察

中国不是世界上唯一实行计划生育的经济体，日本、印度、韩国、中国台湾等都曾实行过计划生育，但日本、韩国、中国台湾的计划生育政策多为指导性而非强制性，印度因为国内宗教、种族、地方势力的反对而未能有效实施。生育率大幅下滑也并非只发生在中国，国际上诸多经济体均是如此，只是下降的速度和幅度存在差异。笔者将中国置于国际视野，进行生育率变动及其政策响应的国际比较。

（一）中国生育率变动的国际考察

前面指出了国内外学者依据不同数据来源分析中国生育水平和得出显

---

① Joseph S. Nye, JR., "Perspectives for a China strategy", *Prism*, Vol. 8, No. 4, June 2020, p. 121.

著差异的判断，笔者认为，联合国发布的《2019年世界人口展望》中关于中国总和生育率及分年龄生育率基本反映了中国1990年以来生育水平的变动趋势。其主要有三个依据：

第一，理论上中国实际生育率与政策生育率基本接近。1984—2013年19个省（区）执行一孩半政策、6个省（区）执行一孩政策、5个省（区）执行二孩政策以及极个别省（区）的少数民族执行多孩政策（见表6-1-3）。人口学界广泛引用的政策生育率为1.47。当然，也有学者提出不同的看法，比如尹文耀等认为，2010年政策生育率为1.416[①]；蔡昉提出，2010年之前，独生子女政策、一孩半政策、二孩政策、三孩及以上的政策分别覆盖全国35.9%、52.9%、9.6%、1.6%的人口，依次计算政策生育率为1.39[②]；陈友华提出政策生育率在1.6左右[③]。尽管执行不同政策的地区生育实际结果与政策要求结果存在一定的差异或距离，但是学者们基本认同到"十一五"期末全国实际生育水平与政策生育率基本持平。

表6-1-3　　　　　　　1982—2013年中国各地生育政策概况

政策	适用范围
一孩	1）绝大多数城镇居民； 2）北京、天津、上海、江苏、四川、重庆6省市的农村居民
一孩半	农村居民第一胎为女孩，可生育第二个孩子。范围为河北、山西、内蒙古、辽宁、吉林、黑龙江、浙江、安徽、福建、江西、山东、河南、湖北、湖南、广东、广西、贵州、陕西、甘肃19个省（区）的农村居民。
二孩	1）海南、宁夏、云南、青海、新疆等5省（区）的农村居民； 2）1000万人口以下（1984年）的少数民族； 3）西藏的汉族居民、城镇居民。
三孩	1）一些人口较少的少数民族（22个人口在10万以下的少数民族）； 2）青海、宁夏、新疆、四川、甘肃等地区的少数民族农牧民； 3）海南、内蒙古等地前两胎均为女孩的少数民族农牧民。
不限制	西藏的少数民族农牧民及边远地区。

资料来源：各地地方性法规。

[①] 尹文耀、姚引妹、李芬：《生育水平评估与生育政策调整——基于中国大陆分省生育水平现状的分析》，《中国社会科学》2013年第6期。
[②] 任泽平、熊柴、周哲：《中国生育报告2019》，《发展研究》2019年第6期。
[③] 陈友华：《中国生育政策调整问题研究》，《人口研究》1999年第6期。

第二，根据人口大省判断中国生育水平。比如，山东省户籍人口仅次于河南省，常住人口仅次于广东省，笔者一直跟踪山东省生育水平变动。根据山东省人口信息中心提供的育龄妇女信息系统（WIS）中分年龄育龄妇女人数和生育数，2000—2015年期间TFR在1.4—1.5之间，2016年高达2.31[①]；依据2016年和2017年人口抽样调查，2016年、2017年TFR分别达到1.98、2.45[②]。同样，根据尹文耀估算，广东省生育水平由2001年的1.61持续降至2010年的1.38；广东省卫计委预测，全面二孩政策实施后，广东户籍人口TFR将从2016年的1.61上升至2018年的1.96。2016年以来，人口总量在9000万人以上的山东、广东两个人口大省出现了人口显著增长，即两省对全面两孩政策响应积极，显示出两孩累积生育需求的集中释放。可见，山东、广东两人口大省在21世纪头10年生育水平在1.4—1.6之间。

第三，国际机构关于中国生育水平变动趋势的判断基本一致。根据世界银行提供的数据，中国生育水平在1999年降至谷底，达到1.49，此后缓慢持续上升，2012年TFR回升至1.6，2017年TFR达到1.63；1990—1994年、1995—1999年、2000—2004年、2005—2009年、2010—2015年TFR平均依次为2.03、1.55、1.52、1.58、1.60。《2019年世界人口展望》中上述五个阶段，中国TFR依次为1.83、1.62、1.61、1.62、1.64。可见，尽管世界银行数据库和联合国估算数据存在一定程度的差异，但是二者显示出中国生育水平一致的变动趋势，即在20世纪末达到历史最低，在1.5上下；进入21世纪后缓慢上升，2015年升至1.6。

为方便开展国际比较，笔者使用《2019年世界人口展望》中的数据作为原始数据。通过比较，发现以下特点。

1. 与相似经济社会发展水平的国家比较：生育水平偏低且相对稳定

目前中国与高收入国家、发达国家的整体生育水平基本一致，低于中等收入国家的生育水平。1990—1995年，中国生育水平与高收入国家基本一致，1995—2015年期间均略低于高收入国家，2015—2020年受生育政策

[①] 尹文耀估算，山东省2001—2003年总和生育率在1.25—1.31之间，2004—2010年在1.47—1.54之间。可见，笔者估算与尹文耀老师的估计是基本一致的。

[②] 依据笔者主持完成的2018年山东省卫健委委托课题"关于山东省全面两孩政策实施效果影响因素及推进实施路径的调研"。

调整的原因导致生育率略高于高收入国家。目前与墨西哥、巴西、马来西亚、俄罗斯等人均 GDP 相近的国家相比，中国总和生育率偏低（见表 6-1-4）。根据 2017 年人均 GDP 与总和生育率的拟合曲线，中国目前经济发展水平下的总和生育率拟合值为 2.02。这进一步说明中国的生育水平低于同等经济发展水平国家的生育水平。此外，1990 年以来，类似于高收入国家和发达国家，中国生育水平变化幅度相对较小，特别是 1995 年以来维持在 1.6—1.7 之间。

根据《2019 年世界人口展望》中的方案预测，中国生育水平将出现缓慢提升，2025—2030 年将达到 1.72，2045—2050 年进一步升至 1.75。即未来 10 年，中国生育率将稍稍超出高收入国家和发达国家的平均水平，仍低于中等收入国家；与中等收入国家相比，中国、俄罗斯生育率回升，但是俄罗斯回升的空间更大，巴西、墨西哥、马来西亚继续下降；2025—2030 年中国总和生育率将高于巴西，低于墨西哥、马来西亚和俄罗斯（见表 6-1-4）。

表 6-1-4　中国与不同收入国家总和生育率变动趋势比较

国家	1990 年	2000 年	2000—2005 年	2005—2010 年	2010—2015 年	2015—2020 年	2025—2030 年
中国	1.83	1.62	1.61	1.62	1.64	1.69	1.72
高收入国家	1.82	1.73	1.71	1.76	1.72	1.67	1.68
中等收入国家	3.04	2.74	2.57	2.47	2.39	2.35	2.24
发达国家	1.67	1.57	1.58	1.68	1.67	1.64	1.67
美国	2.03	2.00	2.04	2.06	1.88	1.78	1.79
法国	1.71	1.76	1.88	1.98	1.98	1.85	1.84
澳大利亚	1.86	1.79	1.77	1.95	1.89	1.83	1.76
墨西哥	3.23	2.85	2.61	2.40	2.29	2.14	1.93
巴西	2.72	2.47	2.13	1.86	1.77	1.74	1.61
马来西亚	3.44	3.13	2.45	2.22	2.11	2.01	1.85
俄罗斯	1.55	1.25	1.30	1.46	1.70	1.82	1.83

资料来源：United Nations, Department of Economic and Social Affairs, Population Division, *World Population Prospects* 2019, ST/ESA/SER. A/423, November 2019.

2. 与基期生育水平接近国家的比较：变化幅度小

与基期生育水平相近的国家相比，中国生育率在1990—2020年期间变动幅度相对较小。根据上下10%的范围，即1990—1995年总和生育率在1.65—2.0之间，共计25个国家，与中国1990—1995年生育水平相近。由图6-1-3可以看出，与中国基期生育水平相近的国家，在1990—2020年期间生育水平的变动趋势分为三种情况：（1）始终保持在1.8上下（1.75—1.88之间），包括法国、澳大利亚、爱尔兰、马提尼克、丹麦、英国、美国7国；（2）期末比期初略有下降，2015—2020年在1.5—1.75之间，包括白俄罗斯、中国、挪威、立陶宛、捷克、巴巴多斯、泰国、芬兰、加拿大9国，其中白俄罗斯、立陶宛、捷克在1990—2020年期间"大落大起"，泰国持续下降；（3）期末比期初明显下降，2015—2020年降至1.5及以下，包括斯洛伐克、匈牙利、塞尔维亚、卢森堡、波兰、波黑、

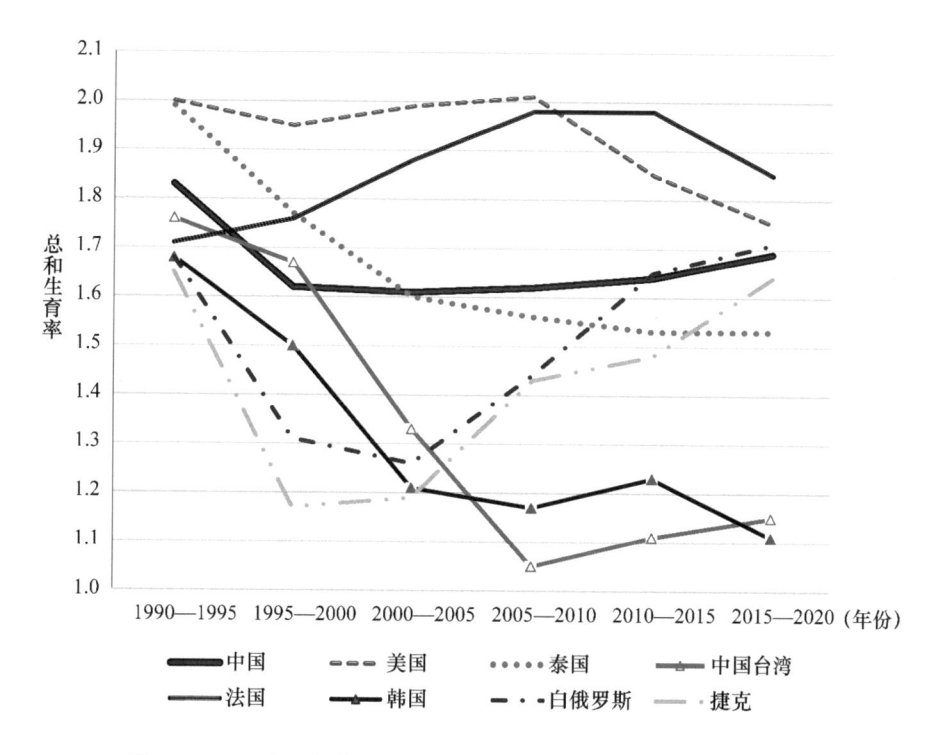

图6-1-3 中国与基期生育水平相似国家总和生育率变动趋势比较

资料来源：United Nations, Department of Economic and Social Affairs, Population Division, *World Population Prospects* 2019, ST/ESA/SER. A/423, November 2019.

新加坡、中国台湾、韩国9个国家或地区。并且，相比于白俄罗斯、立陶宛、捷克、斯洛伐克等部分欧洲国家在1990—2020年期间的"大落大起"和韩国、新加坡、中国台湾的显著持续下降，中国生育率仅在1995—2000年出现明显下降，其他时期生育率的变动幅度均较小。未来10年，中国、白俄罗斯、挪威、立陶宛、捷克等1990—2020年期间略有下降型国家将出现生育水平的微弱回升，回升至1.70—1.75之间；中国将与西欧国家、澳大利亚的生育水平非常接近。

3. 与人口大国比较：生育水平偏低且相对稳定

在目前世界前20位人口大国中，中国的生育水平仅高于日本、德国和泰国（见表6-1-5）。未来10年，大部分人口大国的生育水平继续下降，中国、俄罗斯、日本、德国则出现不同幅度的上升；2025—2030年，人口大国中，中国生育水平仍然仅高于日本、德国和泰国，低于其余人口大国。即在人口大国中，中国与日本、德国、泰国长期维持低生育率；其中日本、德国的经历基本相似，两国早已完成生育率转变，日本自1995年以来生育率低于1.5，已经持续20多年，德国自1975年开始生育率低于1.5，已经持续40多年；中国、泰国类似，均为发展中国家和经济社会发展现代化所驱动，泰国总和生育率从1990—1995年的接近2降至2015—2020年的1.42，作为发展中国家，具有佛教和东方文化特征，也没有实行生育控制政策，因此主要是现代化推动了低生育率。

表6-1-5　　中国与其他人口大国总和生育率变动趋势比较

国家\年份	1990—1995	1995—2000	2000—2005	2005—2010	2010—2015	2015—2020	2025—2030
中国	1.83	1.62	1.61	1.62	1.64	1.69	1.72
印度	3.83	3.48	3.14	2.80	2.40	2.24	2.05
印度尼西亚	2.90	2.55	2.53	2.50	2.45	2.32	2.14
巴基斯坦	5.96	5.37	4.71	4.17	3.78	3.55	2.99
尼日利亚	6.37	6.17	6.05	5.91	5.74	5.42	4.74
孟加拉国	4.06	3.43	2.94	2.48	2.21	2.05	1.82
俄罗斯	1.55	1.25	1.30	1.46	1.70	1.82	1.83
日本	1.48	1.37	1.30	1.34	1.41	1.37	1.40

续表

年份 国家	1990—1995	1995—2000	2000—2005	2005—2010	2010—2015	2015—2020	2025—2030
埃塞俄比亚	7.09	6.83	6.18	5.45	4.85	4.30	3.43
菲律宾	4.14	3.90	3.70	3.30	3.05	2.58	2.34
越南	3.23	2.25	1.92	1.93	1.96	2.06	1.99
埃及	4.15	3.60	3.15	3.02	3.45	3.33	2.96
德国	1.30	1.35	1.35	1.36	1.43	1.59	1.63
伊朗	3.70	2.40	1.92	1.82	1.91	2.15	2.04
土耳其	2.90	2.65	2.37	2.20	2.12	2.08	1.92
刚果（金）	6.77	6.77	6.72	6.63	6.40	5.96	4.98
泰国	1.99	1.77	1.60	1.56	1.53	1.53	1.42

资料来源：United Nations, Department of Economic and Social Affairs, Population Division, *World Population Prospects* 2019, ST/ESA/SER. A/423, November 2019.

4. 与同样低生育率国家相比：经济社会发展水平低

2015—2020年中国总和生育率为1.69，比这一数值还低的有45个国家或地区（见表6-1-6）。根据世界银行所定义的，2017年人均GNI超过12055美元为高收入经济体，生育水平低于中国的45个国家中有32个国家达到"高收入"标准，只有13个还不属于高收入国家。因此，中国属于全球少数的未富裕低生育率国家之一。并且，未富裕的低生育率国家主要是苏联、南斯拉夫以及泰国。事实上，苏联、南斯拉夫等曾经是经济发达国家，这样，从人口大国看，只有中国和泰国是真正的未富裕低生育率国家。

表6-1-6 目前总和生育率低于中国的国家生育水平和经济发展水平

地区	国家	2015—2019年总和生育率（%）	2018年按照购买力计算的人均GNI（美元）	2018年人均GDP（万美元）
苏联共和国（4）	立陶宛*	1.67	31920	1.91
	爱沙尼亚*	1.59	35050	2.29
	乌克兰	1.44	9020	0.3095
	摩尔多瓦	1.26	7680	0.3189

续表

地区	国家	2015—2019年总和生育率（%）	2018年按照购买力计算的人均GNI（美元）	2018年人均GDP（万美元）
南斯拉夫（4）	波黑	1.27	13670	0.5951
	塞尔维亚	1.46	15360	0.7233
	马其顿	1.50	14690	0.6083
	斯洛文尼亚*	1.60	38050	2.62
捷克斯洛伐克（3）	捷克*	1.64	37870	2.31
	斯洛伐克*	1.50	33600	1.95
	克罗地亚*	1.45	25830	1.49
东欧集团（5）	罗马尼亚*	1.62	25940	1.23
	匈牙利*	1.49	29790	1.59
	阿尔巴尼亚	1.62	12960	0.5253
	波兰*	1.42	31110	1.54
	保加利亚	1.56	21220	0.9272
迷你小岛国（6）	圣卢西亚	1.44	12970	1.03
	毛里求斯	1.39	26030	1.12
	古巴	1.62	—	0.8541
	巴巴多斯*	1.62	17640	1.63
	波多黎各*	1.22	26560	3.17
	海峡群岛	1.50	—	—
东亚（7）	中国	1.69	18140	0.9770
	日本*	1.37	45000	3.93
	韩国*	1.11	40450	3.14
	新加坡*	1.21	94500	6.46
	中国香港*	1.33	67700	4.87
	中国澳门*	1.20	112480	8.64
	中国台湾*	1.15	—	2.46
南欧（4）	希腊*	1.30	29600	2.03
	葡萄牙*	1.29	31840	2.31
	西班牙*	1.33	40840	3.05
	意大利*	1.33	41150	3.43

续表

地区	国家	2015—2019年总和生育率（%）	2018年按照购买力计算的人均GNI（美元）	2018年人均GDP（万美元）
西欧（6）	德国*	1.59	55800	4.82
	荷兰*	1.66	57380	5.30
	瑞士*	1.54	69220	8.28
	卢森堡*	1.45	80640	11.43
	马耳他*	1.45	37700	3.01
	奥地利*	1.53	55960	5.15
北欧（2）	芬兰*	1.53	48490	4.96
	挪威*	1.68	66390	8.18
其他（5）	加拿大*	1.53	47280	4.62
	泰国	1.53	18160	0.7273
	阿联酋*	1.42	55650	4.30
	塞浦路斯*	1.34	35170	2.82
	智利*	1.65	24250	1.59

注：*为高收入国家。

资料来源：世界银行数据库。

因此，笔者判断，中国目前生育水平不仅低于欧美加拿大、澳大利亚、新西兰等发达国家，而且低于中等收入国家、多数人口大国。此外，相对于基期TFR接近的国家、人口大国等生育率相对稳定。未来生育水平会略微上升，但是上升的空间相对较小。

（二）中国持续低生育率后果的国际考察

中国生育率下降后果包括直接后果和间接后果，直接后果表现在人口年龄结构的老化、独生子女和家庭结构的变化等，间接后果包括家庭养老问题、代际间关系问题、婚姻挤压问题、生育健康和妇女地位问题，以及经济社会发展影响等。

1. 老龄化进程显著快于发达国家

中国在20世纪90年代初期进入低生育率社会，65岁及以上老年人口比重由1990年的5.6%提升至2020年的12.2%，目前老龄化程度低于低生育率国家平均水平，期间提高幅度略高于低生育率国家平均水平。中国目前的人口老龄化程度与日本 1990 年非常一致，根据联合国预测，中国总和生育率由 2020 年的 1.70 持续增长至 2050 年的 1.75，2045—2050 年老龄化程度将达到 29.8%；即中国将用 30 年时间（2020—2050 年）从超过 12% 提升至接近 30%①，日本也用了 30 年时间（1995—2025 年）。根据世界部分发达国家老龄化时间表，在"少儿高龄"双重作用下从进入老龄化社会到深度老龄化社会②，法国、瑞典、美国、澳大利亚分别用了 115 年、85 年、73 年和 67 年，而日本、中国仅用了 25 年；从深度老龄化社会进入超老龄化社会的时间往往在 20—40 年，像瑞典和法国进入深度老龄化社会之后保持 1.8 以上的生育水平，则深度老龄化与超老龄化社会的间隔在 40—45 年，而中国和日本仅间隔 10 年（见表 6-1-7）。因此，对比中国、日本、法国、瑞典 4 国的老龄化进程，总体上中国和日本均出现了从进入老龄化社会到深度老龄

表 6-1-7　　　　部分低生育率国家的老龄化时间表

国家	进入老龄化社会时			达到深度老龄化社会时			达到超老龄化社会时		
	年份	届时生育水平	届时预期寿命	年份	届时生育水平	届时预期寿命	年份	届时生育水平	届时预期寿命
中国	2000	1.61	72.3	2025	1.72	78.3	2035	1.73	79.9
法国	1865	2.76 (1950)	67.3 (1950)	1980	1.86	77.8	2020	1.85	83.1
瑞典	1890	2.24 (1950)	71.9 (1950)	1970—1975	1.91	74.8	2020	1.84	83.3
德国	1932	2.13 (1950)	67.5 (1950)	1975	1.51	72.3	2010	1.43	79.7
意大利	1936	2.36 (1950)	66.5 (1950)	1990	1.27	77.5	2010	1.42	81.5
日本	1970	2.13	73.3	1995	1.37	80.5	2005	1.34	82.7
美国	1942	3.31 (1950)	68.7 (1950)	2015	1.88	78.8	2030	1.79	81.0
澳大利亚	1948	3.18	69.4 (1950)	2015	1.89	82.4	2035	1.75	85.2

资料来源：United Nations, Department of Economic and Social Affairs, Population Division, World Population Prospects 2019, ST/ESA/SER.A/423, November 2019.

---

① 王广州（2019）估计中国 2019 年 65 岁及以上老年人口比重超过 12%，2019—2049 年持续上升，2049 年前后接近 30%；平均预期寿命的变化对人口年龄结构的影响远没有生育率敏感，老年人口的高低主要取决于生育水平的高低和稳定态势。

② 65 岁及以上老年人口所占比例在 7%—14% 之间，称为老龄化社会（ageing societies）；65 岁及以上老年人口所占比例在 14%—21% 之间，称为老龄化社会（aged societies）。65 岁及以上老年人口所占比例达到 14% 为深度老龄化社会，超过 20% 则进入超老龄化社会。

化社会再到超老龄化社会的加速上升期，呈"S"形的加速；而法国、瑞典则是平稳持续上升至超老龄化社会，呈缓慢爬坡式。这进一步说明生育率的快速下降及长期维持低生育水平、平均寿命的延长是人口老龄化的主要原因。

快速向低生育率转变和引发的人口老龄化构成了巨大的挑战，表现在劳动年龄人口和老年受抚养人口之间的比例发生巨大变化。由于年轻劳动力的持续下降，老年抚养比的重大变化极大地增加了劳动年龄人口的税收负担。其经济后果是多方面的，从劳动力供应、储蓄、投资和税收负担到消费模式等。与西欧发达国家相比，中国老龄化表现出显著的未富先老的特征。

2. 人口机会窗口期相对较短

目前中国老年抚养比的变动幅度介于长期低生育率国家和刚刚完成生育率转变的低生育率国家之间，由1990年的8.6%持续升至2017年的14.8%，上升了6.2个百分点，年均提高0.22个百分点。根据联合国预测，所有低生育率国家的老年抚养比将持续上升，特别是欧洲国家，预计2015—2035年将翻倍。老年抚养比上升将对这些低生育率国家造成严峻挑战，特别是有些中等收入国家或者照顾老年人传统上是家庭责任的国家，养老压力更为沉重。根据其中方案，预计中国老年抚养比将进入加速提升阶段，2020—2055年期间年均增加0.97个百分点，2055年达到51%。因此，持续低生育率作为人口老龄化的主要驱动力，将促使人口结构性矛盾更为突出，给养老、医疗等社会保障制度带来长期压力。

根据《2019年世界人口展望》，判断并比较中国、日本、美国、澳大利亚4国的人口机会窗口期。中国1990年0—14岁少儿所占比重降至30%以下；2025年65岁及以上人口比重为14%，2030年升至17%；2025年年龄中位数为39.7岁，2030年升至41.7岁。因此，中国人口机会窗口期在1990—2025年。同样判断日本的人口机会窗口期，2000年之后人口年龄中位数超过40岁，1965年0—14岁少儿所占比重降至30%以下，2000年老年人口比重升至17%，即人口机会窗口期为1965—1995年。美国1970年少儿所占比重降至30%以下[1]，2020年老年人口比重升至16.6%，2035年年龄中位数超过

---

[1] 由于20世纪60年代初期的婴儿潮，美国1960年和1965年少儿所占比重略超过30%，分别为30.7%和30.1%。

40 岁，因此人口机会窗口期在 1970—2015 年。澳大利亚比美国更长，人口机会窗口期在 1965—2015 年。可见，与美国和澳大利亚相比，中国和日本两国生育率快速下降并很快达到很低的生育率水平，导致少儿抚养比下降很快为老年抚养比的上升所替代，人口红利期相对较短，意味着迅速进入人口负债期。而且，在未来一段时期内的人口老龄化速度较之大多数经济体更为迅猛。正确理解中国人口红利的变化趋势，充分认识到人口负债带来的负面冲击，对于我们应对未来的调整有着重要的影响。

3. 劳动力资源数量快速减少

比较中国、美国、印度、日本和俄罗斯 5 国 15—64 岁劳动力资源变化，可以看出，仅美国在 1950—2100 年 150 年间劳动力资源一直呈现持续增加趋势，显然这得益于美国生育率长期保持在 2 附近。中国和印度的劳动力资源将分别在 2015 年和 2050 年达到峰值后迅速下降，其中中国 2015—2100 年期间年均减少 521 万人，印度 2050—2100 年期间年均减少 518 万人（见图 6-1-4）。从下降速度看，达到峰值后直至 2100 年，中国、印度、俄罗斯、日本的劳动力资源年均降速分别为 0.7%、0.5%、0.4% 和 0.8%，即日本和中国的下降速度更快一些。2015 年，中国劳动力

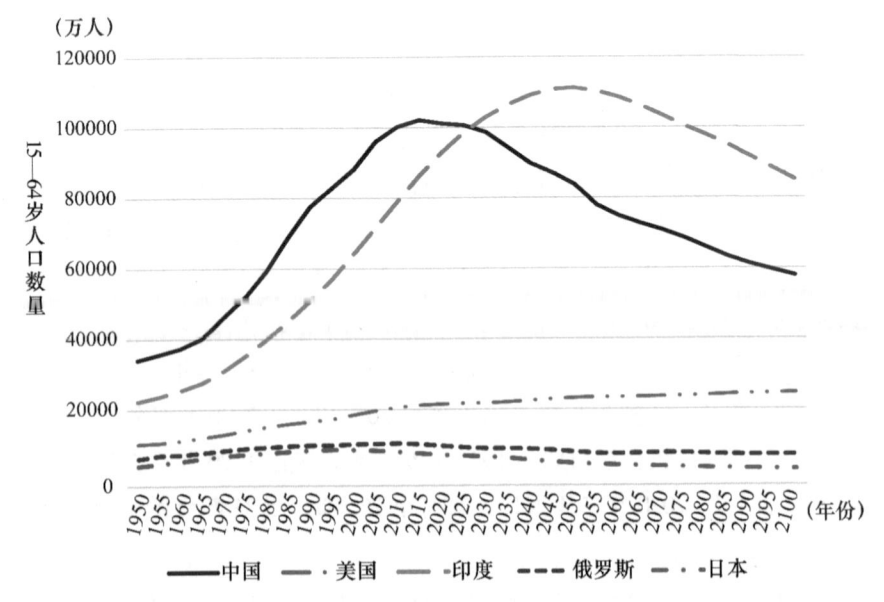

图 6-1-4　1950—2100 年中国、美国、印度、俄罗斯、日本 5 国劳动力资源变动趋势

资源占中国、美国、印度、俄罗斯、日本5国劳动力资源总量的44.9%，2035年降至40%以下，2100年降至32.5%；美国劳动力资源占5国劳动力资源总量的比例由2015年的9.3%升至2100年的13.7%；2030—2100年，中国劳动力资源数量将低于印度，即由劳动力资源第一大国退居第二位。

（三）中国生育政策响应的国际考察

1. 抑制生育政策持续时间长，对低于更替水平做出的政策响应缓慢

首先，韩国、中国台湾、日本、新加坡和伊朗分别于1962年、1964年、1949年、1970年、1989年开始通过各种方式抑制生育，抑制政策分别持续了34年、26年、25年、18年、13年；这些国家或地区停止抑制政策前一年的TFR都在1.6以上。日本、韩国、中国台湾分别于在停止抑制政策20年后、9年后、15年后开始实施鼓励政策；新加坡和伊朗则是在停止生育抑制政策时，立即转为鼓励生育。目前，这些国家或地区几乎没有能够成功将生育率提升到更替水平。中国从1980年开始实施计划生育政策，直到2015年政府出台全面两孩政策以期提升生育率和缓解严重的老龄化问题，其间持续了35年。可见，中国抑制生育政策长于东亚其他国家。

其次，经历了快速生育率下降的东亚和东南亚国家，在生育率降至更替水平以下和开始改变生育政策之间都有一个时间差，比如韩国滞后10年，新加坡滞后12年，中国台湾滞后15年，日本滞后26年。法国TFR于1975年跌至更替水平以下，但早在1939年就开始鼓励生育。中国从1992年低于更替水平到2015年实施支持生育政策，其间滞后23年，可见，对低于更替水平和迅速人口老龄化所做出的政策响应是比较缓慢的。

中国抑制生育政策持续时间长、对生育率低于更替水平作出的政策响应相当缓慢是与中国特殊的人口、社会和政治背景密不可分的。20世纪后期，鉴于中国庞大的人口群体和快速的人口增长投下了长期关注人口过剩的马尔萨斯阴影，政府的政治任务是增加人均收入，并与控制生育的合法性紧密联系在一起。同样是政治因素继续导致领导层在反对公众反复提出建议和呼吁的情况下调整生育政策的步伐非常缓慢。

2. 目前提升生育率政策的措施明显偏少

第一，1996—2015年期间，具有提高人口生育率政策的发达国家占全部

发达国家的比例由23%提高到45%。中国、伊朗是2005—2015年期间生育率政策发生重大变化的两个国家,中国由维持生育率政策转变为提升生育率政策,伊朗由降低生育率政策转变为提升生育率政策(见表6-1-8)。

第二,世界上大多数国家都设立了产假、陪产假、家庭育儿假。有工作保障的带薪或无薪产假是极其普遍的,不到1/3的国家或地区有为受抚养的儿童提供税收抵免的政策,或允许父母灵活或兼职工作时间。美国例外,没有产假和陪产假,有育儿假。表6-1-9显示绝大多数低生育率国家均实施了育儿假,只有中国、巴西尚未实施。

第三,除美国外,大多数发达国家实施了6项以上促进工作和家庭平衡的措施,其中法国、英国、俄罗斯、新加坡4个国家实施了全部8项,澳大利亚和韩国仅缺少婴儿奖金,挪威仅缺少依据子女的税收抵免。2015年中国采取了4项措施用以平衡工作和家庭,尚未实施婴儿奖金、有薪或无薪的育儿假、父母弹性或兼职工作时间、依据子女的税收抵免等。与中国人均GDP相近的巴西已采取6项,比中国多出婴儿奖金和依据子女的税收抵免;墨西哥已采取5项,比中国多出家庭育儿假(见表6-1-9)。2018年,中国新个税改革时将3岁及以上子女的教育费用纳入税前抵扣范围,金额为固定1000元/孩/月,即增加了依据子女的税收抵免措施。2019年9月,个别省份开始实施育儿假,比如宁夏通过条例,鼓励用人单位对育有0—3周岁子女的夫妻,每年给予双方各10天共同育儿假。

第四,2015年,91%的政府至少实施了一项提高青少年生殖和性健康(Sexual and Reproductive Health, SRH)的措施。中国仅提供学校性教育一项措施。印度、印度尼西亚、孟加拉国、菲律宾、埃塞俄比亚、埃及等发展中国家采取了全部3项提高SRH措施。

第五,2010—2015年期间,68%的国家或地区已采取措施解决人口老龄化问题,其中提高最低退休年龄或提高劳动者社会保障缴款的政策最为普遍,各占32%。中国2005年没有实施相关政策,2015年则实施了提高劳动者的社会保障缴费水平、实行或者提高非缴费性养老金、推进个人退休储蓄计划三项措施。英国、美国、日本、德国、法国、澳大利亚等发达国家实施了提高最低退休年龄的举措。

表6-1-8　　　　2015年中国与其他人口大国生育政策比较

国家	对生育率的政策 2005年	对生育率的政策 2015年	促进家庭和工作平衡的措施	青少年生殖和性健康措施	政府对家庭计划的支持	应对老龄化的举措
中国	维持	提升	1, 2, 5, 8	3	直接支持	2, 3, 4
印度	降低	降低	1, 2, 5, 8	1, 2, 3	直接支持	3
印度尼西亚	降低	降低	1, 2	1, 2, 3	直接支持	1, 2, 3, 4
巴基斯坦	降低	降低	1, 5, 8	1, 2	直接支持	都不是
尼日利亚	降低	降低	1, 6	1, 2, 3	直接支持	2
孟加拉国	降低	降低	1, 5	1, 2, 3	直接支持	1, 4
埃塞俄比亚	降低	降低	1, 2	1, 2, 3	直接支持	1, 3, 4
菲律宾	降低	降低	1, 2, 3, 5, 6, 7, 8	1, 2, 3	直接支持	2, 3, 4
越南	维持	维持	1, 4, 5, 6, 8	3	直接支持	2, 3, 4
埃及	降低	降低	1, 5, 7, 8	1, 2, 3	直接支持	4
伊朗	降低	提升	1, 2, 4, 5, 8	都不是	不支持	都不是
土耳其	提升	提升	1, 7, 8	1, 2	直接支持	4
刚果（金）	不干预	降低	1, 2, 5, 8	1, 2, 3	直接支持	都不是
泰国	提升	提升	1, 2, 4, 5, 6, 8	3	间接支持	2, 3

资料来源：United Nations, Department of Economic and Social Affairs, Population Division, *World Population Policies* 2015, ST/ESA/SER. A/374, 2018.

表6-1-9　　　　2015年中国与部分低生育率国家生育政策比较

国家	对生育率的政策 2005年	对生育率的政策 2015年	促进家庭和工作平衡的措施	青少年生殖和性健康措施	政府对家庭计划的支持	应对老龄化的举措
中国	维持	提升	1, 2, 5, 8	3	直接支持	2, 3, 4
墨西哥	降低	降低	1, 2, 3, 7, 8	2, 3	直接支持	2, 3, 4
巴西	不干预	无官方政策	1, 2, 4, 5, 6, 8	2, 3	直接支持	3, 4
马来西亚	不干预	维持	1, 2, 3, 6, 7, 8	3	直接支持	1, 2, 3, 4
俄罗斯	提升	提升	1, 2, 3, 4, 5, 6, 7, 8	1	间接支持	2, 3, 4
挪威	维持	不干预	1, 2, 3, 4, 5, 7, 8	3	直接支持	4
新加坡	提升	提升	1, 2, 3, 4, 5, 6, 7, 8	3	直接支持	2
韩国	提升	提升	1, 2, 3, 5, 6, 7, 8	没有	直接支持	1, 2, 3

续表

国家	对生育率的政策		促进家庭和工作平衡的措施	青少年生殖和性健康措施	政府对家庭计划的支持	应对老龄化的举措
	2005 年	2015 年				
澳大利亚	提升	提升	1, 2, 3, 5, 6, 7, 8	1, 3	间接支持	1, 2, 3, 4
法国	提升	提升	1, 2, 3, 4, 5, 6, 7, 8	3	直接支持	1, 2
美国	不干预	不干预	3, 5, 6, 8	3	直接支持	1
加拿大	不干预	不干预	1, 3, 5, 6, 7, 8	3	间接支持	都不是
英国	不干预	不干预	1, 2, 3, 4, 5, 6, 7, 8	1, 3	直接支持	1, 4
日本	提升	提升	1, 3, 5, 6, 7, 8	3	间接支持	1, 2
德国	不干预	提升	1, 3, 5, 6, 7, 8	3	不支持	1

注：促进家庭和工作平衡的措施：1. 有工作保障（有薪或无薪）的产假；2. 有工作保障（有薪或无薪）的生育陪产假；3. 有薪或无薪的家庭育儿假；4. 婴儿奖金（一次性支付）；5. 子女或家庭津贴；6. 依据子女的税收抵免；7. 父母弹性或兼职工作时间；8. 用于托幼的公共补贴。对青少年生育和性健康的措施：1. 提高或强制规定结婚时的最低年龄；2. 扩大女孩的中学入学率/维持率；3. 提供学校性教育。应对老龄化的措施：1. 提高最低退休年龄；2. 提高劳动者的社会保障缴费水平；3. 实行或者提高非缴费性养老金；4. 推进个人退休储蓄计划。

资料来源：United Nations, Department of Economic and Social Affairs, Population Division, *World Population Policies* 2015, ST/ESA/SER. A/374, 2018.

第二节 维持适度低生育率的国际经验及对中国的借鉴

第五章分析了生育政策的制定与实施对实际生育率、期望家庭规模和生育偏好等具有显著的影响。本节将选择部分适度低生育率国家维持适度生育率的具体实践及其效果，总结国际经验与教训，以期对中国提供重要借鉴。

一 维持适度低生育率的国际经验与教训

（一）法国、英国、荷兰及北欧国家

通过第五章第三节的分析得出，提升生育率的重点主要取决于国家是否能协助女性兼顾工作与育儿。北欧在这方面做得最好，作为成功逆转生育率下降的典范成为了其他欧美国家相继学习的对象。其中 3 岁以下的公

第六章　国际视野中的中国生育率变动及未来调整思路探讨　397

共托育的普及化而非市场化托育是促进女性在工作与家庭间平衡的关键。另外，高福利、自由经济这一经济社会背景制度也是维持适度低生育水平的关键因素。

1. 法国：帮助女性平衡职场与家庭和构建全面生育政策的文化基础

比较1990—2020年期间欧洲各发达国家的平均生育水平，法国仅次于爱尔兰。与德国、意大利或韩国、日本、中国香港等国家或地区生育率始终在低位徘徊相比，法国总和生育率保持较高位运行，1990年为1.77，此后持续升高，至2006年突破2，此后在2上下波动。即使在2009年金融危机期间，在政府补贴打折的情况下，生育率仍然出现了35年来从未有过的出生率高峰，经济衰退和事业风险并没有影响到法国的生育率，成为欧洲的一个例外，这也从侧面反映了法国家庭对政府长期性政策的信任。

从法国的各项生育政策来看，首先，儿童津贴补助丰厚和养育成本社会化。每生一个或领养一个小孩，可领4700法郎的奖励生育津贴；2006年法国通过专门法律鼓励生育，第三胎的家庭可以得到约960美元/月的补助，比二胎的津贴多1倍。税收体系也向三胎及以上家庭倾斜。孩子3岁起就可以免费上幼儿园。直至子女满20岁以前均有多元补助方案，帮助家庭照顾子女，大幅减轻养育子女的经济负担。正如法国经济研究所人口研究负责人Pascale Breui所言，"生育一个孩子的成本在很大程度上社会化了"。其次，托幼机构覆盖面扩大，目前可以覆盖法国境内一半3岁以内的儿童照料需求，这些政府开办的托管中心省去了许多家庭照料的财务和时间成本。以上两项都还不是法国生育政策的核心吸引力，帮助职场母亲平衡职场和家庭责任是生育政策最有特色的部分，具体包括产假、多元的工作形态、儿童照护政策等，许多国家羡慕法国妇女兼顾事业与家庭的能力。比如，产假设计旨在解决女性的核心需求，一般法国孕妇可以享受一年的产假，产后原公司的职位必须予以保留，产后女性也可根据自身需要，辞职或者兼职以照顾家庭。法国除了女性生孩子时有带薪假期，陪伴妻子生产的男性也有14天的带薪假期，如果是多胞胎，则假期可以延长到21天。小孩3岁前，每个月可再领940法郎的津贴，如果妈妈决定专职在家带小孩，每个月补助的金额可提高至千元以上，而且妇女可留职休假三年专职带小孩。此外，第二次世界大战后法国政府在面对生育率降低时灵活的手段，包括逐渐切割婚姻与生育之间的联系，保证婚内生子与非婚生子的平等待遇，鼓励父母中的一方脱产三年，等等，也为其他低生育率国家拉动生育率回升提供了良好的经验。

因此，有效的生育补贴、完善的托管服务、职业保障、保证非婚子女的平等待遇等是促使法国生育率自1993年以来持续上升的四个重要方面[①]。并且，法国上述全面的生育政策并非一日促成，有其文化和历史的因素。从20世纪初面临生育率下降时起，整个法国社会就达成"以家庭为中心"的共识，法国的公司和机构会对刚刚添丁的年轻父母予以适当的补助；第二次世界大战期间，国家正式接棒生育政策，经过近百年的坚持和完善，法国的生育政策成为欧洲做得最全面的国家，支撑起20世纪后期及21世纪的较高生育率。

2. 英国：独特的制度环境刺激了较高且两极分化的生育率

与大多数富裕国家一样，英国人口正在老龄化，并将在未来几十年继续老龄化。但是，与大多数其他欧盟国家相比，英国老年人口占比在近期和未来变化相对缓慢。尽管自1998年以来移民发挥了一定作用，但是英国相对温和的人口变化与其相对较高的生育率有着密切联系。

在英国，人口问题，特别是低生育率，并不被视为一个主要的政策问题或政府干预的适当目标。较高生育率和女性就业率高的结合是在没有实施工作与家庭协调政策的情况下实现的，而这一政策是法国、瑞典等其他欧洲国家保持较高生育率的重要原因。对经济采取自由放任的态度，以及剩余型的社会福利模式[②]，很可能刺激那些社会经济地位较低的家庭生育更多，从而维持了英国较高的生育水平。特别是在20世纪80年代和90年代，英国提供了一个平稳连续的制度环境，支撑了较高的生育率。并且，在政策背景下，1981—2000年期间生育率两极分化，素质和技能最高的家庭，推迟生育的人数更多，家庭规模更小，无子女的程度更高；素质和技能较低的家庭，提前生育的人数更多。这又进一步加剧了收入不平等，并导致儿童贫困率明显偏高。

直到20世纪90年代末，英国才制定了一整套工作与家庭协调政策。

---

① 王磊：《法国：小孩如何养得起》，《中国报道》2011年第11期。
② 剩余型的社会福利模式是指国家在社会福利方面扮演有限的角色，政府除了在社会救助和基本的社会服务方面承担主要责任外，在其他社会服务和福利领域基本上依靠市场、非政府组织和就业者个人。

一套新的家庭友好政策的出台和扩大，标志着英国政治在意识形态上发生了重大变化。照顾儿童不再被视为一个"私人"问题，而是一个需要政府支持和参与的问题。与此同时，英国政府避免对劳动力市场运作的干预，或通过将目标锁定在收入分配方面来解决不平等问题，而这些又影响了家庭友好型新政策的设计和实施方式。从表面上看，这些新政策本应降低生育和养育成本，但是，这些新政策被纳入一个基本上没有改变的社会体制环境中，当新政策偏离了以前的路径、政策逻辑和方法时，广泛的社会体制背景就会以潜在的复杂和无意的方式对新政策的作用效果产生限制。因此，更广泛的体制背景对家庭友好型政策的实施和降低生育成本具有极大的影响力。

3. 荷兰："生育率悖论"和灵活的劳动力市场

荷兰是富裕国家，大量人口接受了高等教育。自 1973 年人口生育率降至更替水平后，除去 1983 年和 1984 年 TFR 低于 1.5 之外，其余年份在 1.5—1.8 之间。第三章曾经提及"生育率悖论"：荷兰人支持男性养家糊口的模式并希望女性留在家里带孩子；初育年龄很大，但许多夫妇生完第一个孩子后很快又生第二个孩子；20 世纪 90 年代伙伴关系立法新开辟了婚外生育的可能性，目前 1/5 以上的儿童是婚外出生，其中 90% 的儿童得到父亲的正式承认；与其他西欧国家相比，有 16 周的短期但全额带薪产假；与生育率相关的唯一直接政策是儿童津贴，但并不是为了鼓励生育，且近年来儿童津贴减少；荷兰人不喜欢使用正规儿童保育所，正规儿童保育制度是荷兰在 20 世纪 90 年代中期才认真推行的，并且这一制度经历了许多变化，儿童在正规保育所中度过的时间有限，这与大量女性兼职工作和强调母亲或父亲或祖父母等其他亲生家庭成员照顾儿童的强烈文化规范有关。那么，为什么能够长期维持适度低生育率？怎样解释这一"生育率悖论"？

欧洲家长式福利国家的发展主要是为了保护公民，但它也规定了理想的生活过程和家庭结构，男子被视为主要养家糊口者，妇女则负责家庭事务。即使在今天，这种观点仍然渗透到荷兰家庭。荷兰的性别角色仍然是传统的，由一名男性养家糊口和一名女性兼职组成"一人半"挣钱模式。妇女的兼职工作往往处于边缘地位，其特点是"不平等工作的不平等报酬"。兼职妇女在离婚或配偶死亡的情况下，往往陷入贫困，在经济上仍然脆弱。

荷兰女性受教育程度很高，但她们往往就业于研究领域，在劳动力市场处于边缘地位。这可能因为她们被社会化到这些职位，如教育或医疗，可以相对容易地将工作与家庭结合。荷兰具有国家资助的高等教育，招生相当开放，课程或大学排名很少，这意味着家长不必因为担心送孩子上大学的费用或其他障碍而限制孩子数量。

荷兰自建国后一直是一个以基督教信仰为主导的国家，但是在经历了极端的世俗化后，现在成为了欧洲最为世俗化的国家之一。今天似乎宗教对生育只在高度宗教化的群体中具有影响。根深蒂固的规范和价值观以及基督教领导的政府在20世纪90年代颁布的政策仍然强烈地关注传统的家庭和性别角色。此外，慷慨的政府抵押贷款和共同融资政策使年轻人能够购买自己的住房或有资格获得负担得起的公共住房。

综上，从荷兰得到以下经验：第一，关注生育率的直接家庭政策并不一定能够形成较高生育水平，强有力的规范和价值观对生育率具有重要影响。第二，晚育率和低水平的青少年怀孕率反映了应该重点关注个人或夫妇对生育的控制，包括对怀孕时间和孩子数量的控制。荷兰人在儿童教育、日常辩论和公共媒体等方面都对性持非常开放的态度。尽管荷兰妇女在工作场所的性别平等和家庭劳动分工方面的得分低于其他一些国家，但比男性同龄人受教育程度更高，故在家庭和生育方面有很强的发言权。第三，也是最重要的，灵活的劳动力市场为妇女提供兼职工作机会，不仅有助于提高生育率，而且转化为相对幸福和健康的父母和子女。

4. 挪威：根深蒂固的社会自由主义或社会民主观念刺激较高生育率

尽管挪威、瑞典、芬兰、丹麦和冰岛北欧5国的生育水平尚未恢复到2008年之前，但是1990—2020年期间平均生育水平还是远高于西欧、南欧和东欧国家。在挪威，2000—2013年期间TFR平均为1.86，1968年出生的妇女平均生育2.03个孩子；只有13%的人没有孩子，83%的父母至少有2个孩子；近1/4世纪以来，挪威TFR高于北欧国家平均水平，丹麦和芬兰比挪威低0.1个孩子，瑞典大多数时期是偏低的，冰岛一直比挪威高出0.2个孩子。不过，统计报告显示，挪威TFR在2009年达到1.98后逐年下降，2017年降至1.62，2018年又创新低，仅为1.56，为历史最低。初育年龄不断升高是生育率下降的重要原因之一。2018年，挪威初育平均年龄为29.5岁，父亲为31.8岁，分别创下历史最高。当然，生育的机会成本上升和教育的强力扩张也是重要原因，特别是女性受教育程度的提高，不仅有助于提高女性工资，而且因受教育年限延长影响初育年龄推迟。

挪威保持较高生育率，首先在于优越的经济地位，个人家庭不存在收入无保障，包括年轻人在内的个人失业风险很低，国家对父母的支付是非常慷慨的，特别是在日托和育儿假方面。国家优先考虑对父母的支出，并不反映政府对生育率低于更替水平的关切，而是反映出北欧社会根深蒂固的社会自由主义或社会民主观念，即公众对个人福祉的责任观念以及被广泛接受的两性平等思想。这些观点和思想通过促进男子参与照料儿童和家务劳动而对生育产生积极影响。挪威较高生育率的另一个解释是，尽管与大多数富裕国家一样，挪威人不结婚的现象明显，但被广泛的同居和同居夫妇的大量生育所抵消，这可能在一定程度上反映了他们对福利国家和自由价值观的信任。

（二）美国、加拿大、澳大利亚、新西兰

美国、加拿大、澳大利亚、新西兰4个主要讲英语的发达国家，美国、加拿大、澳大利亚在20世纪70年代TFR降至更替水平以下，此后基本在1.5—2.2之间波动。2008年金融危机以来，4国TFR均呈现明显的下降趋势，2020年美国、澳大利亚、新西兰三国均降至1.6上下，加拿大则略低一些。尽管4国生育水平变动趋势基本一致，但是实施了不同的人口政策。

1. 美国：不直接干预人口增长和以静止人口为目标

由于美国近40年来生育率徘徊在更替水平附近并且高于大多数发达国家，以及相应的适度老龄化进程，美国政府认为生育率是足够的，因此没有旨在改变整体生育水平的政策。美国没有直接干预人口规模和人口增长的全国性人口政策，各州有自己的政策。不过，与许多其他高度发达国家的情况相比，美国政策制定者对青少年生育率高以及意外或不想要的生育比例大表示关切。《健康人口2020》制定了增加使用高效避孕药具的目标，制定了旨在减少意外生育的政策，特别是在意外生育最严重的年轻人和未婚者中，当然，政府为计划生育服务提供的资金也减少了穷人的意外怀孕。

虽然美国对生育实行不干预政策，但现行的一些措施，比如减少贫困和帮助中产阶级的政策措施，实际上具有某些鼓励提高人口出生率的作用；再如，旨在通过政府支持的抵押贷款使住房更负担得起的货币政策，有助于年轻人建立家庭。不过，导致劳动力全球化和生产全球化的宏观经济政策降低了美国大部分工人和中产阶级的就业和收入保障，这种不安全感可能会推迟家庭形成。简言之，美国的公共政策对家庭形成具有普遍的潜在影响。当然分析政策干预对生育率的影响还是应该主要来自低生育率国家的有意干预。

静止人口是美国政府人口发展政策的目标。移民政策是美国人口政策的重要部分。美国是世界上接收移民最多的国家，特别是第二次世界大战后，推行"人才进口"政策，以优厚的待遇和良好的条件，吸引世界各地有名望、有成就的科学技术专家移居美国。美国对外人口政策的目标只是提升健康和教育水平，不支持任何稳定或控制人口的政策。虽然美国国内没有宗旨明确的人口干预政策，但美国法律被认为是鼓励生育的。比如，美国的税法有利于多孩家庭，而移民法则确保美国大规模吸引海外移民。

2. 加拿大：各省不同的体制背景和经济发展影响生育率变动和水平

加拿大的低生育率已经持续30多年，1972年TFR降至2以下；1990年，进一步下降至1.83，此后持续下降，2000年降至1.49；2001—2008年期间缓慢上升，2008年达到1.68；2009年以来持续下降，2020年为1.4。当前加拿大的生育率，一方面低于其他英语国家和北欧国家，另一方面高于欧洲大多数低生育率国家以及世界上其他低生育率国家；加拿大TFR长期稳定下降，随后是低水平的稳定，标志着加拿大独特的生育路径。

在提升生育率方面，加拿大政府为了减轻父母育儿负担提供了多种补助措施。如牛奶金、产假、怀孕津贴、托儿补助金、教育储蓄计划、家庭补贴等。在第二次世界大战结束之后加拿大政府出台新生婴儿奖励制度，旨在补贴有孩子家庭的经济开销。任何一个家庭有16岁以下的孩子都可以每月定期拿到一笔补助。到1988年，在加拿大政府新生婴儿补助计划下，一个有新宝宝出生的家庭可以拿到高达8000美元的补助金。由于加拿大本地孩子从小学至中学的义务教育都是免费的，但是学前教育是自费的，一个小孩的月托费要600—800加币，很多低收入家庭无力把小孩送去接受早期教育，政府就专门拨款成立托儿补助金，政府根据申请人的具体情况，有时补贴一半，有时全额补助。即婴儿红包、税收优惠与家庭津贴、非常低成本的儿童保育等非常有利于生育。

各省在执行自己的政策和建立自己的社会制度方面有相当大的自由。因此，不同的体制背景支持了不同的生育率变动趋势和水平。阿尔伯塔省和土著人口相对较多的省的生育率较高，而不列颠哥伦比亚省和安大略省的生育率较低。魁北克省的生育率在20世纪80年代是最低的，但此后提高，逐渐缩小和其他省的差距，20世纪90年代中期超过加拿大平均水平，2005年超过安大略省。分析其中原因，自20世纪80年代末以来，魁北克省的家庭政策最为慷慨，一些家庭政策的实施是导致魁北克省不断上升的独特生育率路径的原因；魁北克省的整个体制环境与加拿大其他地区相比，具有较短和更容易获得的高等教育、开始普遍提供的5岁儿童全日制幼儿园、为幼儿提供大量补贴的日托、更慷慨的育儿假以及对租房者的保护等，这些意味着更多的家庭支持和更加鼓励生育的环境。阿尔伯塔省则提供了宏观层面影响生育率的一个独特案例。魁北克省在文化上与加拿大其他地区有很大的不同，但阿尔伯塔省与安大略省和不列颠哥伦比亚省在文化相似的情况下却表现出较高的生育率，其主要因素是经济，即阿尔伯塔省强劲的石油和农业经济比其他地区能够更好地支持生育。

当然，加拿大各地的制度差异并不是引发生育行为和生育率地区差异的唯一原因，各地制度反映了许多差异，其中一些与根深蒂固的文化特征有关，影响生育行为地区差异的很多重要因素就在其中。虽然许多国家在文化、规范、意识形态和地方政策等方面也存在显著的地区差异，但是，加拿大联邦制中的省独立程度加上魁北克省长期的独立历史，形成了加拿大一系列社会制度的不同寻常的巨大差异。

3. 澳大利亚：多种措施鼓励生育

澳大利亚TFR在1975年大幅度降至更替水平后继续逐步下降。在20世纪80年代，TFR大致在1.9波动；90年代继续逐步下降，并于2001年降至历史最低水平，即每个妇女平均生育1.74个孩子；2002—2008年期间持续上升，2008年TFR升至1.98；2009年以来持续下降，2017年和2018年均为1.74，在世界发达国家中处于中上水平。在近30年里，澳大利亚TFR一直高于加拿大，低于美国和新西兰。澳大利亚的家庭政策分为1907—1945年、1947—2003年和2004年以来三个阶段，其中2004年开始推出鼓励生育的婴儿红包、家庭税收福利A部分。具体来看，采取了以下多种鼓励生育的政策及措施。

（1）婴儿红包。澳大利亚是最早采用奖励新生婴儿的做法以提高生育率的国家之一。1912年，政府就出台了奖励新生婴儿的制度。2002年，政府第一次发布《代际报告》，指出如果不采取积极措施，伴随着不可避免的人口老化，劳动力供应、经济增长、财政收入、医疗费用和老年看护等方面都面临严峻挑战；为此，2004年政府决定立即采取积极的措施促进生育率提高，主要的方法是实行婴儿红包，2007年每个新生婴儿获得的奖励金额提高到4000美元，而出于对通货膨胀的补偿，实际上每个符合条件的新生婴儿拿到的奖励是4133美元，并且奖励是一次性支付的。从2008年1月开始，奖励金额又提高到每个新生婴儿5000美元。从2009年1月开始，这笔奖励将分13期（每两周一期）付给婴儿父母。2013年该政策被正式取消。McDonald发现，高龄生育的妇女的终身生育孩子数比正常生育妇女高一些，这表明实行的家庭福利政策有助于很多推迟生育的妇女最终补偿生育。2000—2010年的10年间，尽管只有澳大利亚实施了鼓励生育的育儿奖励政策，但是美国、加拿大、英国、澳大利亚、新西兰这5个主要讲英语的发达国家生育水平都有所回升。因此，澳大利亚生育水平的变化，不仅有其独特的因素，即育儿奖励政策，也有国际共同的因素即生育的时期进度效应和补偿效应发挥了作用[①]。（2）带薪育儿假。包括18周的儿童主看护者假和两周的陪伴假期，由政府资助，根据国家最低工资的周工资率来计算。除政府资助的带薪育儿假外，雇主还可以根据注册协议、雇佣合同和工作地点政策来提供带薪产假。家庭育儿假就可供儿童或其他亲属生病、参加学校活动时使用。（3）儿童保育补贴。政府对有子女家庭的支持支出，从1980年占国内生产总值的0.9%提高到2014年的2.9%。政府通过预付款或年度付款提供家庭税收优惠。自2018年7月2日起，根据家庭收入、父母双方的经济活动水平、儿童保育服务的类型以及儿童是否上学等，政府支付儿童保育福利和14岁以下儿童的退还款。除儿童保育补贴外，政府还向祖父母和正在寻求工作或暂时经济困难的父母提供额外资金。（4）弹性工作时间。通过延长无薪的工作时间，雇员可以

---

① 张广宇、顾宝昌：《用津贴能促进生育吗？澳大利亚实施鼓励生育政策始末记》，《人口与发展》2018年第6期。

积累未来的休假积分。女性经常使用休假积分来支付孩子学校假期期间在家看护孩子所需要的较长假期。(5) 税率相对较低。其效果是将钱交到父母手中，用于支付子女的各种费用。

4. 新西兰：社会保障和家庭支持共同支撑较高生育水平

根据新西兰官方统计，平均每对育龄夫妇生育孩子数由20世纪60年代婴儿激增期的4.1个持续降至1985年的2个，此后TFR基本保持在1.9—2.2之间，2020年为1.61，达到历史最低。学者分析，2008年以来生育水平持续缓慢下降的主要原因是15—29岁育龄妇女生育意愿下降，另外随着青少年女性受教育程度的提高，15—19岁青少年生育率从2008年的33‰降至2017年的15‰。

新西兰政府采取了以下鼓励生育措施：(1) 免费生育和牛奶金，从怀孕到生产的所有费用由国家负责，除一次性奖励一笔金钱外（$1500纽币），每周220新元计发10周的牛奶金；家庭收入少于每年8.8万新元，可以申请一份福利津贴到孩子18周岁。(2) 儿童托育补贴，孩子满3岁上幼儿园时，可获得幼儿园补贴，每周20小时。(3) 免费医疗，孩子从出生一直到14周岁，都可以享受免费医疗，疫苗全部免费。(4) 带薪产假，有稳定工作的女性可享受22周的带薪产假，费用由政府承担，2020年7月1日之后，带薪产假将延长到26周；没有工作的女性，则可在孩子出生后享受政府提供的新生儿父母退税。(5) 女性职业发展，雇主不能以员工或求职者怀孕或将来可能怀孕，作为不雇用的理由，或者加以歧视，否则就是违法。(6) 鼓励父亲参与带孩子。

（三）德国及俄罗斯

1. 德国：实施工作和家庭平衡政策在一定程度上促进了生育率缓慢回升

德国是欧洲人口老龄化最严重的国家，生育率持续走低和老龄化严重是德国最大的问题。德国早在1926年生育率低于更替水平，20世纪50年代经历了短暂的婴儿潮，1964年升至2.53；60年代后期，生育率急剧下降，1975—2014年期间TFR一直低于1.5，长达39年，其中1994年TFR降至历史最低，为1.24；1995年以来缓慢上升，2013—2019年升至1.5—1.6。

德国长期陷入低生育率陷阱主要源于根深蒂固的生育观念。作为世界第四经济大国，机械化水平高，没有发展中国家依靠多养孩子减轻家庭负担的考量，加之本土居民受教育程度高，崇尚小而美的优质生活，反对大家庭观念。因此，很多德国家庭选择通过工作改善居住环境及提升生活质量，而非生育孩子。长此以往，在很大程度上降低了人口出生率。

近十几年来德国政府加快完善家庭福利政策，出台政策鼓励更加平等的家庭模式，正在从一个"男性养家糊口"的模式走向"父亲全职工作、母亲兼职工作"的"一人半"模式。这种就业模式直接影响了女性的生育意愿，虽然兼职工作会影响女性无法获得更大的职业发展，但倾向于全职工作的女性往往选择不生育或少生育。并且，德国政府大力推进3岁以下婴幼儿托儿所的建设，让父母在子女出生不久后就可以回到工作岗位上，兼顾工作与孩子；一再提高儿童补助金以及家长补助金标准也大大减少了家庭的经济压力。因此，德国育龄妇女在可以很好实现工作和家庭之间的平衡之后，生育意愿出现缓慢的提高。也有学者指出，2016年德国生育率升至1.59，创1973年以来最高，很大程度是近年来移民潮所致。

2. 俄罗斯：不断增加的"母亲基金"有效刺激生育

俄罗斯具有促进人口增长政策措施的长期历史。一套为职业母亲提供更多育儿选择的综合性一揽子计划早在20世纪80年代初就被引入。苏联解体后，持续多年的高死亡率和低出生率的人口负增长模式使俄罗斯社会出现了人口危机，以及由此导致的劳动力不足使俄罗斯经济发展受到了极大的制约。提高出生率、降低死亡率和实施良好的移民政策被认为是解决俄罗斯人口危机的关键。俄罗斯在1996—2002年TFR降至1.3以下，其中1999年降至1.16；此后逐渐回升，2008年升至1.5，2015年升至1.78，2018年又降至1.57。俄罗斯政府和之前的苏联政府都高度重视治理低生育率问题，普京政府更是坚持制定长期的家庭支持政策，尤其是推出人口新政，出台"母亲基金"、《健康俄罗斯国家规划》等一系列法律法规，颁布人口政策构想等纲领性文件，以此保障应对人口危机战略的实施。俄罗斯的生育鼓励政策几乎总是与人力资源、自由时间、灵活就业或性别角色有关，这些政策首先体现在金钱奖励上，母亲基金是最重要的国家奖励计划之一，面向生育第二胎的妇女提供，旨在针对妨碍年轻家庭生育二胎或二胎以上所遇到的普遍问题而提供住房、医疗、教育、收入补贴等方面的家庭保障；该计划出现于2007年，在全国范围内实施，奖励金额从25万卢布增加到了45万多卢布,可用于偿还房贷、翻修房屋、支付教育费用、进行养老金储蓄等,并且计划不断延长,目前官方提出至少延长到2026年12月31日。此外,从2020年1月开始,家庭总收入低于两倍最低生活标准的家庭的头两个孩子将每月获得补贴,这份补贴将持续发放直至孩子年满三岁,补贴金额取决于该地区的最低生活保障线。

"母亲基金"是以社会福利的优化为导向、以分娩和育儿资助为方式的一项大规模生育福利制度。这项颇受民众欢迎的福利政策,对缓解俄罗斯人口问题起到了积极的作用[1]。俄罗斯官方认为,目前人口出生率已开始上升,母亲基金发挥了特殊作用,一个家庭有两个孩子变成稳定的趋势。国内也有学者通过分析2006—2017年"母亲基金"证书发放数量和期间每年出生人口数、出生率、总和生育率的同向上升,说明"母亲基金"对俄人口出生率提高的贡献[2]。但是,俄罗斯国内部分学者在分析了有关数据之后得出结论,"母亲基金"计划实施以来,每名妇女的生育数量仅增加了0.15%;"母亲基金"和其他计划对俄罗斯人关于家庭最佳成员人数的看法影响甚微,多子女家庭并未成为普遍现象。并且,"母亲基金"在实施过程中暴露出一些瓶颈问题,主要体现在使用效率不高、各地区实施成效差异明显以及资金来源紧张等方面;从长远来看,俄罗斯国内人口形势依然严峻,总和生育率远未达到更替水平。"母亲基金"作为一项直接刺激居民生育意愿的物质激励措施,俄政府可能仍有必要继续保留并进一步完善。

(四)韩国、日本、新加坡

韩国、日本和新加坡都是极低生育率国家,具有相似的社会文化基础,无孩率和不结婚率均呈现上升趋势;与欧洲极低生育率国家相比,极低生育率形成的制度因素不同、没有显著的国际人口迁入以弥补出生人口减少;并且,推迟生育对生育率变动的影响作用在减弱。日本和新加坡被视为鼓励生育政策失败的例子,通常提及的原因是家庭资助计划的不一致性、未能针对不论收入水平和受教育程度的全部妇女、未能在工作场所创造一个更有利于

---

[1] 于水镜:《俄罗斯低出生率问题治理及其成效研究——以母亲基金为例》,《人口与计划生育》2018年第6期。

[2] 王佳:《俄罗斯"母亲基金"的实施成效及瓶颈问题探析》,《俄罗斯研究》2017年第1期。

家庭的环境。对韩国、日本、新加坡3国而言，需要解决长期以来对怀孕及产后女性存在的严重歧视问题，帮助女性平衡职场与家庭冲突。

1. 韩国：鼓励生育的支出不断增加并未阻止生育率持续下降

首先，2018年韩国成为世界上第一个总和生育率降至1以下的国家。促使韩国生育率下降的大量因素与日本相似，比如推迟结婚或不结婚、一半的男子因经济原因没有结婚、妇女面临传统的性别角色和承担家庭与儿童责任，以及缺乏儿童护理等。在韩国比在日本更加强有力的因素是父母为了支付昂贵的教育费用将所有资源投入到一个孩子身上以应对竞争。与日本相似，韩国婚外出生非常少。房价上涨和就业稳定性下降等也是导致生育率下降趋势严峻的重要因素。

其次，韩国的育儿假制度包括12.9周的带薪产假和52周的带薪育儿假和家庭护理假，平均支付率分别为79.5%和28.5%。父亲有6周带薪陪产假和52周带薪育儿假/家庭护理假，平均支付率分别为100%和32%。然而，雇主们在执行休假政策方面滞后，与日本类似，雇主们也不愿意使用休假政策。政府试图通过扩大日间护理和实行灵活的工作时间来构建家庭友好的工作场所，但仅取得了有限的成功[1]。此外，在2002—2015年期间，私营部门将产假延长5倍。

再次，韩国儿童保育补贴包括为护理中心提供费用或为家庭儿童提供津贴以及免费的课后教育津贴。随着入学率的不断提高，扩大儿童托育护理的政策，已为护理中心提供了普遍的帮助。韩国最近设定了在国家、公立或公司日托中心各护理1/3儿童的目标，同时也提高了儿童护理质量[2]。

最后，在儿童津贴方面，韩国有子女的家庭有资格享受减免税款，并享受住房贷款。韩国用于家庭的全部支出占GDP的1.32%，低于OECD国家平均水平；从2003年到2009年，用于5岁以下儿童的支出大幅增加[3]。

---

[1] United Nations Expert Group Meeting on Policy Responses to Low Fertility, "Can the Republic of Korea Afford Continuing Very Low Fertility?", January 1, 2015, https://www.un.org/en/development/desa/population/events/pdf/expert/24/Policy_ Briefs/PB_ RepofKorea.pdf.

[2] Ministry of Health and Welfare, "It Takes a Village: The Importance of a Support System for New Parents", Seoul: Ministry of Health and Welfare, November 13, 2019, https://share.upmc.com/2019/11/newborn-support-system/.

[3] Adema W., Ali N., Thévenon O., "Changes in Family Policies and Outcomes: Is there Convergence?", OECD Social, Employment and Migration Working Paper 157, July 2014.

总体上，尽管韩国用于家庭和鼓励人口出生政策上的支出不断增加，但是 TFR 在全球范围内依旧最低。

2. 日本：缺少充足资金支持的家庭友好型政策实施未能达到预期效果

日本是世界上第一个制定限制生育率与人口增长政策的国家。日本国会于 1948 年通过了《优生保护法》，以应对战后婴儿激增、公共保健政策导致死亡率下降而带来的人口快速增长。自 20 世纪 70 年代以来，伴随着结婚率的下降，日本生育水平快速下降；1971 年，TFR 达到最高值 2.16；2005 年，TFR 降至最低点 1.26；2015 年，TFR 缓慢升至 1.46，14% 的 50 岁女性和 23% 的 50 岁男性从未结婚；2016—2018 年 TFR 连续 3 年下降，2018 年降至 1.42。并且，日本生育率还存在显著的区域差异，冲绳县的生育率最高，为 1.94，东京最低，为 1.13，各地区的生育率与人口密度存在显著负相关[①]；农村比城市更有可能生育孩子，故日本内阁指出有必要提供不同区域的解决对策。由于长期低生育率，日本 1/3 的人口超过 60 岁，预计 2060 年 2/5 的人口在 65 岁及以上和 1/4 的人口在 75 岁及以上；2015 年，老年抚养比为 42.7%，远高于东亚平均水平（15.5%）。日本不仅面临着老年人口及其相关护理需求的增长，而且面临着劳动力的不断减少，自 1990 年以来减少了 200 多万人。

最近 40 年来日本直接的人口驱动力是年轻男女婚姻的减少以及晚婚晚育，不能拥有理想孩子数的原因之一是"年龄太大不能生育更多孩子"。即不结婚率提高、婚姻推迟、已婚夫妇选择少生孩子是日本持续低生育率的重要因素。与推迟结婚密切相关和交织在一起的是财政挑战。在日本，抚养孩子成本高，即使是那些有家庭背景的人，抚养孩子的成本上升也往往会强加事实上的独生子女政策；推迟结婚是由于经济增长乏力、缺乏劳动力市场机会以及缺少在家庭建立之前安全就业的文化先决条件。低生育率的三个相关经济原因是在已婚妇女婴幼儿托育和就业之间缺乏充分的协调支持体系、育儿直接成本和机会成本上升、对收入和经济增长以及生活质量的未来预期。现在的工作使女性经济上独立，也导致了结婚或晚婚的可能性较小。妇女在工作上的进步和"男主外女主内"思想普遍及缺乏文化习俗的相应进步影响了结婚和生育，比如越来越多的女性接受高等教育和女性劳动参与率达到

[①] Hisakazu, K., "Declining Population and the Revitalization of Local Regions in Japan", *Meiji Journal of Political Science and Economics*, Vol. 3, 2014, p. 25.

65%，但是育龄妇女不管工作与否，花在家庭责任上的时间是男性的9倍[1]。此外，育龄妇女人数减少也是日本出生婴儿数减少的重要原因。

从20世纪90年代开始，日本制定并扩大了家庭政策，通过提供育儿假、儿童托育和儿童津贴等来解决生育率下降问题。2010年，日本制定了一项支持四项主要政策的五年计划：怀孕、分娩和育儿，社区育儿能力，青年发展，平衡工作与家庭。2016年和2017年推出了将生育率提升至1.8的新举措，包括支持年轻人结婚的政策，为所有家庭提供免费的托儿服务，通过灵活的工作安排、更短的工作时间和"更多的女性参与"来提高工作与生活的平衡，为有几个孩子的家庭提供财政支持等。通过实施上述政策，政府支出1.49%的GDP用于所有家庭福利，其中0.80%的现金、0.46%的服务和0.23%的减税；在OECD成员国中，日本的家庭友好型政策排在倒数第二位，其中包括"特别弱势"的婴幼儿托育和育儿假。由于投票的老年人占据更大比例，故在政策制定和公共服务上更有利于老年人，从而进一步加强了低生育率趋势。更重要的是，相对于抚养孩子的实际成本，日本的家庭友好型政策提供了最少且远远不够的刺激。因此，没有充足的资金支持和"半心半意"的政策实施，使日本的家庭友好型政策没有达到期望的效果。正如联合国评价报告所指出的，日本的育儿假、财政支持和儿童护理补贴等对结婚和生育几乎没有产生影响[2]。此外，也有学者指出鼓励生育政策未取得明显成效的其他原因，比如日本错过了调整生育政策的最佳时期，总和生育率在1974年就跌至更替水平以下，但直到1990年才开始鼓励生育，而法国总和生育率于1975年跌至更替水平以下，但早在1939年就开始鼓励生育。

3. 新加坡："婚姻和养育一揽子计划"与高额育儿成本共同影响生育率变动

新加坡的生育率自1975年以来就低于更替水平，2020年降至1.1。根据联合国预测，2025—2030年略微升至1.30。

---

[1] United Nations Expert Group Meeting on Policy Responses to Low Fertility, "Government Response to Low fertility in Japan", January 1, 2015, https:// www.un.org/en/development/desa/population/events/pdf/expert/24/Policy_ Briefs/PB_ Japan. pdf.

[2] Tsuya, Noriko O., "Low Fertility in Japan: No End in Sight", *Asia Pacific Issues*, Vol. 131, June 2017, p. 1.

新加坡政府在 2001 年采取"婚姻和养育一揽子计划"（Marriage and Parenthood Package，M&P Package），并于 2004 年、2008 年、2013 年、2015 年加强了这一计划①。该计划包括住房、社区和工作场所的支持，学前教育、更好的健康，以及儿童保育等，引入了弹性工作安排的标准，旨在帮助雇员和求职者识别具有弹性工作条件的公司，设立了工作生活补助金，以支持采用灵活的工作安排。目前 77% 的公司为雇员提供了特别灵活的就业机会。这些弹性工作安排导致了新加坡女性就业率相对较高，2017 年为 60.5%，高于香港（54.0%）、韩国（52.2%）和日本（50.5%）。除了鼓励灵活就业外，政府还设立了建筑和施工无障碍基金，占施工成本的 60%，用以改善具有友好家庭特征的私用建筑，包括母婴室。

在育儿假方面，在新加坡，工作母亲有权享有 16 周的带薪产假，其中 4 周父亲也共同享有。该休假由雇主和政府共同出资。父亲可享受两周的带薪陪产假，由政府单独出资。此外，对于不想要照护需求的直系亲属，员工有权享受长达 4 周的无薪假期。新加坡还提供了保育假，即父母每年有 6 天照护 2 岁以下儿童的无薪育儿假，6 天照护 7 岁以下儿童的政府有薪育儿假，以及 2 天照护 7—12 岁儿童的无薪育儿假。

新加坡政府对家庭的财政支持越来越慷慨，婴儿奖金包括现金礼物和共同储蓄。现金礼物包括第一个和第二个孩子 8000 新元，第三个孩子 10000 新元。共同储蓄项目为政府提供"儿童发展账户"匹配供款，为第一和第二个孩子提供 6000 新元，第三和第四个孩子提供 12000 新元，第五个孩子及以上提供 18000 新元；父母有资格使用其存入儿童发展账户的资金以及政府注入的等额匹配资金。除婴儿奖金外，还有一系列税收措施，包括退税和税收减免。父母有资格申领生育退税，第一个孩子退税 5000 新元，第二个孩子退税 10000 新元，第三个和每个后续孩子 20000 新元的退税。可见，政府资助孩子的教育和保健，并且对父母实施大幅度减税退税制度以减少抚养孩子的费用。

除了产假与津贴的发放外，新加坡政府也积极设置婴幼儿托管服务，

---

① United Nations Expert Group Meeting on Policy Responses to Low Fertility, "Do Pro-fertility Policies in Singapore Offer a Model for other l", January 1, 2015, https://www.un.org/en/development/desa/population/events/pdf/expert/24/Policy_ Briefs/PB_ Singapore.pdf.

目前有 20 多家婴儿托管中心，每家可照料 300 个婴儿，政府计划在未来五年将婴儿托管中心增加至 3000 个。有子女登记在儿童护理中心的家长，有资格获得最高 600 美元的婴儿基本补贴和 300 美元的儿童抚养费。

尽管新加坡政府采取了上述一系列措施，但是，根据新加坡政府的调查，本国 35—39 岁的妇女有将近四成只有一个小孩或是没有小孩。与日本和韩国相比，新加坡的父母面临着来自儿童的高额经济成本和机会成本，特别是在竞争激烈、昂贵的教育体系中，妇女必须艰难地处理工作与生活的平衡。

二 对中国的借鉴与启示

（一）鼓励生育政策是长期过程，短期效果有限

首先，使生育率能回升到更替水平是理想的愿望。为实现此目标，政府的"政策"扮演着十分关键的角色，政府通过策略性的决策组合，来调整财政、经济、法律以及社会机制的运作方向，从而实现生育率政策目标。

其次，鼓励生育政策的实践表明，如果政策得当，可以抑制生育率的持续走低，并促使生育率得到一定程度的提升。但是，也有一些政策在实施中不仅没有得到预期成效，反而收到适得其反的效果，比如产假延长往往带来女性重返就业岗位的困难或错失职业发展机遇而抑制生育率。

最后，各国鼓励生育的政策作用效果有大有小，但均未促使生育率提升至更替水平以上，即政策可能有效，但总体效果有限。从国家来看，法国、瑞典、俄罗斯的鼓励生育政策效果较为显著，生育率有明显回升；加拿大、韩国、新加坡的鼓励生育政策效果未见呈现或收效甚微，生育率未见抬升甚至有所下降。其中法国成功的秘密在于"宽泛的、持续的、长久的"家庭政策有助于生育率保持稳定，各种各样的支持体系为父母养育孩子提供了金钱、时间和服务等各种充足资源[①]。法国从鼓励生育政策的实施到生育率稳定提高用了近 60 年的时间，但是 2015 年开始又有下降趋势。

（二）生育政策的实施时间宜早，旨在影响生育时机的选择

首先，法国和意大利的实践表明，生育政策对于总和生育率的影响效果与其开展时间密不可分。法国在生育率下降初期就开始出台生育支持政

---

① Thévenon, O., "Family Policies in OECD Countries: A Comparative Analysis", *Population and Development Review*, Vol. 37, No. 1, March 2011, p. 57.

策，意大利则在总和生育率低于更替水平 30 多年后才开始逐步出台综合干预措施。因此，相对于生育率下降的后期，在初期或中期实施鼓励生育政策的效果更好。

其次，家庭政策的目的是要影响人们对生育时机的选择，而非对生育数量选择。影响生育时机选择的政策是非常重要的，实施那些能够扭转延迟生育过程而又不影响夫妇在生育数量偏好上的政策。其中一项是通过教育制度来影响人们的生育时间选择。在欧洲，主要采取的做法是缩短获得同样教育程度所花费的教育年限，这样可以有效提前完成教育的时间并提早初育年龄，有利于终止或有效弱化时期生育水平持续降低的生育进度效应。

（三）平衡工作与家庭角色+经济刺激是政策成功实施的两个关键

首先，由于各国福利体制以及福利发展理念存在差异，所以各国家庭友好政策实践的侧重点会有所不同，但是它们却有一个共性，即实施向女性尤其是职业女性的政策倾斜。家庭友好型的公共政策旨在帮助女性平衡生育与就业之间的冲突与矛盾。法国和瑞典就是成功的两大案例。

其次，劳动力市场的僵硬性和在儿童照料安排方面家庭所面临的制度性的局限与紧张感，是影响妇女在家庭角色与工作角色之间协调和平衡的两大类制度安排。上述两类局限都会对由于照料儿童所引发的工作机会成本造成深远影响。为此，灵活就业和性别平等是协调家庭和工作角色的两大关键。一方面，正是由于灵活的工作时间安排，以及兼职就业或半职就业的广泛流行，才能导致北欧地区的妇女在生育与工作之间取得较好的平衡，从而保证在较高的女性劳动力参与率的基础上，刺激了该地区形成较高的生育率。另一方面，欧洲各国的经验和教训还表明，仅有家庭友好型的公共政策不足以对妇女平衡家庭和事业产生明显的帮助，还需要有效改变男女在家庭中的角色分工。传统的男女分工和向现代女性角色的推迟转变阻碍了生育率提升，尤其需要重视性别平等对生育率的重要影响。那些对两性角色具有较开放及平等观念的国家，同时也是具有较高劳动力参与率和较高生育率的国家；而对那些在两性角色方面比较保守和不平等的国家，不仅家庭规模较小，妇女的劳动参与率也较低。

再次，每一种家庭政策都会对生育率产生微弱影响，比如各种财政刺激、产假和陪产假、可获得的和负担得起的儿童保育、弹性工作时间以及育儿假等。其中对育儿的家庭现金支付、母亲育儿假时间长度、2 岁以下婴幼儿的入托率是驱动欧盟和 OECD 国家总和生育率变化的统计上最显著因素。即现金福利、育儿假和托育服务是最重要的因素。事实也证明，迄今为止，那些实施最为成功的政策都是能推动夫妇双方共同承担照料孩子和家庭的责任，而不仅仅对父母实行大幅补贴的政策。

最后，考虑到低生育率的不同路径和生育行为发生的社会、经济和体制环境，各国应该根据具体情况制定相关政策。各地制定的生育政策和根深蒂固的文化相结合，才可能影响生育行为和生育率的变化。

第三节　未来中国生育政策调整的思路探讨

一　中国生育率调整目标及实现可能性分析

（一）总和生育率调整目标是 1.8、2.1 还是其他？

关于生育率调整目标，政府和不同学者提出不同观点。

第一种，我国政府、部分学者及日本政府将总和生育率调整目标确定为 1.8。国务院印发的《国家人口发展规划（2016—2030 年）》中提出总和生育率的预期发展目标，即 2020 年和 2030 年达到 1.8。盖文·琼斯的研究提出，总和生育率在 1.8 左右是调整生育政策较为理想的水平[1]。再如，日本 2016 年和 2017 年的更多生育措施旨在提高总和生育率至 1.8，比如支持年轻时结婚、向所有家庭提供免费的儿童保育、通过灵活的工作安排和较短的工作时间以及更多的女性参与等改善工作与生活的平衡、为有几个孩子的家庭提供财政支持等一系列政策[2]。

第二种，一些学者建议通过政策调整把生育率提高到更加接近更替水平。比如，涂肇庆指出，使生育率能回升到更替水平是比较理想的愿望[3]。计迎春等提出，使生育率回升到更替水平应成为公共政策的重点[4]。陈友

---

[1] 盖文·琼斯：《东亚国家和地区的低生育率：原因和政策回应》，载王丰、彭希哲、顾宝昌等《全球化与低生育率：中国的选择》，复旦大学出版社 2011 年版，第 128 页。

[2] Jones G. W., "Ultra-low Fertility in East Asia: Policy Responses and Challenges", *Asian Population Studies*, Vol. 15, No. 2, March 2019, p. 1.

[3] 涂肇庆：《"超低生育率"现象分析——超低生育率演变途径及苏缓政策》，《人口与发展》2005 年第 4 期。

[4] 计迎春、郑真真：《社会性别和发展视角下的中国低生育率》，《中国社会科学》2018 年第 8 期。

华认为，生育率维持在更替水平附近，是人口自身可持续发展的基础与前提条件，也是社会经济可持续发展的基础与前提条件；应该尽快取消限制性生育政策，并转而实施鼓励性生育政策，促使生育率回升至更替水平附近①。

第三种，部分学者提出总和生育率保持在 1.5—2.1 之间。McDonald 认为，各国通过生育支持政策努力避免平均每个妇女生育孩子数少于 1.5 是明智之举，生育率并非一定要回升至更替水平，在更替水平与 1.5 之间有一个安全区；在这个安全区内，低生育率对未来劳动力供给的影响可以通过移民抵消，或者可以使劳动力供给减少的速度减缓或可控；但是，生育率低于 1.5 的国家则需要采取政策把生育率提升到 1.5 以上的安全区②。

第四种，今后的人口政策调整的重点应放在儿童照料、家庭支持、就业保障、公共服务等经济社会方面，努力创造家庭友好型、生育友好型社会环境，力争将总和生育率保持在 1.6 以上。

第五种，人口政策的宏观目标应该是维持年出生人口的基本稳定③，人口政策应根据人口出生率的变动进行调整。

第六种，从东亚和欧洲经验来看，将总和生育率作为生育政策调整的判断未免有些简单；虽然我国生育政策调整为全面两孩政策，但从人口惯性和生育政策调整的国际经验来看，目前中国可能面临生育率失去弹性和人口负增长惯性强化陷入低生育率陷阱的双重危机。

可见，关于总和生育率的调整目标，学者们存在广泛的争议。笔者认为，鉴于我国自 1990 年中期以来持续低生育水平和即将出现人口增长拐点，确定总和生育率 1.8 是相对合理的目标。

(二) 现行政策下中国实现总和生育率维持在 1.8 的可行性有多大？

笔者认为存在以下方面抑制中国总和生育率升至 1.8。

第一，三孩占比明显偏低。从法国、美国等国家保持 1.8 的生育水平看，需要有较高的三孩比例。美国、澳大利亚、法国、瑞典、英国、芬兰、荷兰、加拿大 8 个国家 1974 年出生女性终身生育率在 1.7 以上，其中

---

① 陈友华：《中国人口发展：现状、趋势与思考》，《人口与社会》2019 年第 4 期。
② Mcdonald, P., "Low Fertility and the State: the Efficacy of Policy", *Population and Development Review*, Vol. 32, No. 3, September 2006, p. 485.
③ 黄文政：《中国人口政策需要重大逆转》，《中国发展观察》2015 年第 8 期。

三孩及以上占20%以上。也就是说，只有三孩占据1/5以上，才有可能达到1.8。根据王广州（2019）估算，2017年一孩、二孩、三孩的比例分别为42.3%、51.0%和6.7%。根据山东卫生健康宣传教育中心（2019）依据全国生育状况调查数据推算的妇女孩子构成，2019年7月山东省35—39岁妇女的多孩比达到10%。梁建章（2020）估计，一孩、二孩、三孩及以上孩次的比例分别为40.5%、57.0%和2.5%。可见，只有尽可能提高三孩占比至20%，才有可能达到维持总和生育率1.8的目标。

第二，生育意愿子女数低于2且低于发达国家。大多数学者提出，目前我国政策生育率大于2，但是育龄妇女平均理想子女数不到2个孩子，平均意愿子女数在1.1—1.9之间，2018年展开的12.3万人生育意愿调查结果显示，意愿总和生育率为1.73；2019年展开的第二次生育意愿调查的意愿总和生育率为1.75。几乎所有发达国家的意愿生育率徘徊在2.0—2.2个孩子之间，可见中国生育意愿不仅低于更替水平，而且低于发达国家，故生育潜能释放仍有较大空间。国际经验表明，在后生育率转变阶段，意愿生育子女数小于理想子女数，平均实际生育孩子数低于平均意愿生育子女数，如果中国按照意愿子女数1.9计算，借鉴欧洲平均意愿生育率比终身生育率的可能水平要高出0.3—0.4，估算中国实际生育率可能在1.5—1.6之间。中国要达到实际生育水平1.8，理想子女数应该在2.1以上。只有调整生育政策和更好地解决女性就业和生育的冲突，才可能改变育龄妇女生育意愿低迷状况，促使生育意愿和生育行为得以提升。

生育意愿和行为受到社会经济、文化、生育观念等原因的综合影响。比较国内外影响育龄夫妇意愿子女数的因素看，经济负担过重是影响国内外育龄夫妇不愿生儿育女的首要因素，但是排名第二的原因则国内外不同。国内育龄夫妇是因为没人带孩子，比如2017年山东省生育意愿调查显示影响生育二孩意愿的前三位因素是经济负担重（占29.5%）、没人带孩子（占18.5%）、养育孩子太费心（占15.5%）[①]；相比之下，德国、美国、日本的调查则表明，"担心自己的自由受到限制"或"希望有额外的休闲时间"是第二位原因，即生育使得休闲减少的机会成本上升影响到人

[①] 张晓青、黄彩虹、张强等：《"单独二孩"与"全面二孩"政策家庭生育意愿比较及启示》，《人口研究》2016年第1期。

们做出减少生育的决策。因此，除了家庭养育成本高之外，女性的家庭职业两难选择是影响女性生育意愿较低的次要原因。

第三，结婚和生育的适龄群体数量趋于锐减，一孩生育率显著偏低。育龄妇女人数特别是生育旺盛期育龄妇女人数快速减少是出生人数下降的主要原因，即便在生育率保持不变或者小幅度上升、下降的情形下，出生人口规模减少的情况也难以扭转。根据联合国预测，中国15—49岁育龄妇女总量在2010年达到峰值，此后迅速下降，到2050年育龄妇女总量比2010年下降1/3，2100年比2010年下降1/2；处于生育旺盛期的25—34岁育龄妇女总量在2000年达到峰值，2050年25—34岁育龄妇女总量比2000年减少35%，2100年比2000年减少55%（见图6-3-1）。并且，根据2017年国家统计局人口变动抽样调查结果，2017年一孩生育率降至0.67，比2001年下降0.39。

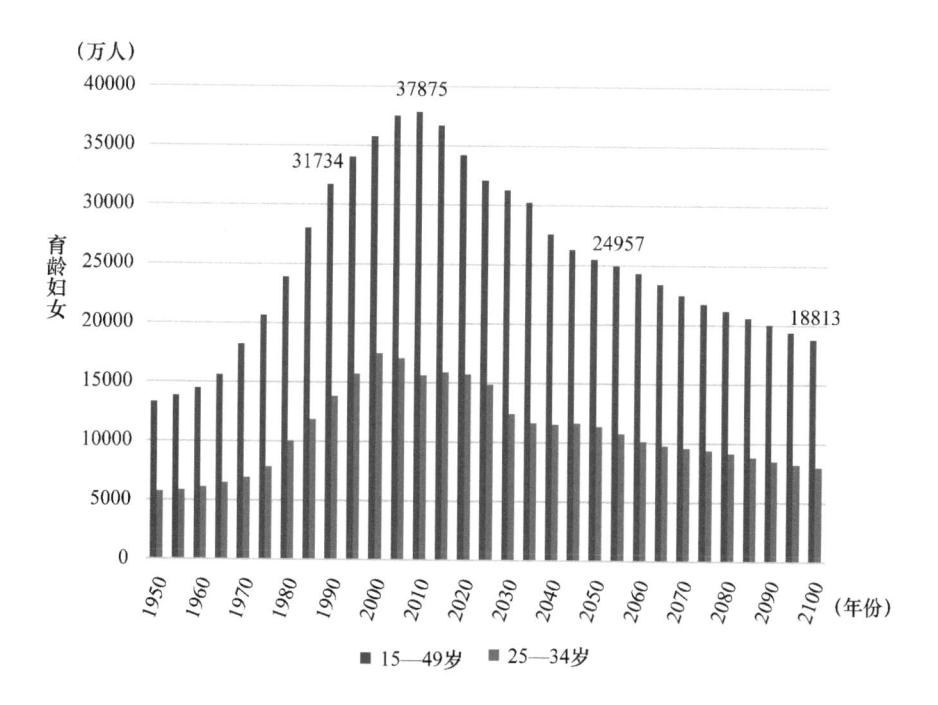

图6-3-1　1950—2100年中国育龄妇女数量变动趋势

资料来源：United Nations, Department of Economic and Social Affairs, Population Division, *World Population Prospects* 2019, ST/ESA/SER. A/423, November 2019.

第四，家庭出现满足个人需要的趋势，更加追求个人自由，导致结婚推迟、婚前同居增加、非婚生育率上升、离婚率上升，即类似于西方国家第二次人口转变的驱动力。但是，有一个驱动力尚未变化，即未出现家庭关系从以孩子为中心转向以夫妇为中心，即子女中心主义（即子女是家庭中最重要的，孩子至上）仍然存在，这又导致了婚外生育率和已婚不育率很低，离婚率的增加也有限。

第五，国家关于鼓励或刺激人们生育的辅助政策配套明显不足（陆杰华，2020）。面对2019年全国出生率再创新低，多地陆续出台鼓励生育政策，如北京调整生育医疗费用待遇、山西省鼓励用人单位发放婴幼儿保教费、广东提出全面落实产假和配偶陪产假等政策。但是，鼓励生育的政策措施明显不足，比如目前妇女权益保护面临一些挑战，根据调查，64.4%的女性被访者认为生育减少了个人收入，67.7%反映生育减少了培训或晋升机会，85.8%的单位没有提供哺乳或孕妇休息的地方①。为此，支持职业女性平衡工作与生育是落实生育政策的重中之重。

第六，联合国对中国TFR的预测是中方案从目前1.70缓慢升至21世纪中叶的1.75，高方案则认为持续升至21世纪中叶的2.25，低方案则认为持续降至21世纪中叶的1.25②；华盛顿大学健康指标与评估研究所认为到21世纪中叶中国达到1.44（0.97—2.56），2095—2100年达到1.47（0.96—2.55）。当然，也有学者认为中国未来生育率趋势具有不确定性。

综上，理性判断中国达到总和生育率1.8的预期目标是困难的。其实，早在2009年Morgan等学者就预测了中国在去除家庭规模和生育时间限制的情景下TFR为1.62和去掉进度效应后的TFR′为1.90；这一预测是基于低生育率最接近因素模型和中国低生育率的典型特征：（1）生育意愿为2个或2个以下孩子；（2）初育和第二次生育的预期年龄上升将对生育率产生长达20至30年的抑制作用；（3）影响夫妻实际生育孩子数超过生育意愿的力量微弱；（4）在许多不同环境中的强大力量导致很多夫妇实际生育的孩子数比他们最初想要的要少③。

---

① 谭琳：《加强生育妇女劳动权益保护》，《法治日报》2020年5月27日第7版。
② 联合国通常将一个国家陷入持续的超低生育率作为低方案（low scenario）。
③ Bongaarts J., "Fertility and Reproductive Preferences in Post-Transitional Societies", *Population and Development Review*, Vol. 27, Supplement: Global Fertility Transition, 2001, p. 260.

二 中国生育政策调整的主要方向和路径选择

中国经济发展出现新常态的同时，人口再生产模式和人口经济关系也出现重大转折。在新的转折时期，中国的人口政策需要有新的定位和新的取向。面对低生育率、老龄化、少子化、人口结构失衡、劳动力短缺等多重挑战，政府在尝试更加开放的生育政策的前提下，还可以采取像俄罗斯、法国等一些国家出台的强有力生育补贴政策和家庭福利制度，千方百计减轻非一孩生育的压力、成本和负担，从而促进人口长期均衡发展。

（一）支持家庭生命周期的不同发展阶段

生育行为终究是一种理性的经济行为，父母和家庭会预估生育的成本与效用、风险与保障的关系，然后做出理性选择。因此，推行以家庭整体为单位的社会政策，利用经济杠杆提高家庭福利，降低家庭内部的生育成本是提升生育率的有效途径。与发达国家相比，我国缺乏生育友好、儿童友好和家庭福利政策的实质性支持，既缺位相关的政策和制度，也没有相关的主管部门。因此，亟须打通家庭经济负担和养育成本社会化的渠道，确保为各阶段的家庭，包括从怀孕前到分娩，到抚养孩子成长（包括孩子入托上学和医疗保障），以及促使父母最终重新融入劳动力等，提供各种支持体系服务；并改善有孩子、抚养孩子和作为父母生活的各项政策；为鼓励生育以促进人口可持续发展，政府加大家庭福利的财政投入是完全有必要的。

1. 建立完整的家庭政策体系。目前，我国的家庭政策与欧洲发达国家相比，较为单一且未形成完整的体系。为母亲制定的相关政策，比如生育津贴、生育保险等侧重于经济补贴，对缓和工作与家庭之间矛盾冲突的作用是非常有限的。为儿童量身定制的家庭政策可以说存在空白，与儿童福利、照料相关的政策大多以关怀特殊儿童群体的形式散见于数个政策文本中。单一化、碎片化的家庭政策降低了国家和家庭为母亲劳动者提供帮助的可能性。

2. 大力发展托管服务、增加对托管服务的公共性支出、提高托管服务的可得性，降低女性生育收入惩罚效应。现阶段，虽然与0—3岁儿童早期发展有关的财政投入涉及疾病预防、儿童津贴、早教设施等多个方面，但总体投入仍较低，0—3岁婴幼儿在各类托育机构的入托率仅为4.1%，隔代照料非常普遍。为此，大量兴建托幼机构，加大托育服务供给，大力提升 0—3 岁入托率至 40%。国务院办公厅于 2019 年 5 月下发《关于促进 3 岁以下婴幼儿照护服务发展的指导意见》，国家卫生健康委也已草拟了托育机构设置标准和管理规范，建议省级尽快制定相关配套文件，加大对幼托行业的财政支持与政策扶持力度；在此基础上引导、鼓励个人、社区、企业等社会力量兴办幼托机构，形成全日托、半日托、计时托和临时托等多种形式的服务网络。同时，加强托育机构的从业人员职业培训、设施配备、食品监管的规范，完善机构准入和定期评估机制，推进托育机构建设的专业化和规范化，为育龄群众生育子女提供优质的托育服务，切实解决生育子女的后顾之忧。

3. 随着女性更多地参与劳动力市场，改革现有劳动力市场制度以促进适龄女性职场发展和家庭与工作平衡。中国女性劳动力参与率高，而且在保持着强烈男权文化传统的现实下，女性员工更难应对工作角色和家庭角色之间的冲突。促进女性工作与家庭平衡的具体措施包括提供稳定的就业环境、促进全职就业、保障青年稳定就业、完善兼职就业的法律法规等。以上措施将有利于民众树立生育信心、减轻生育负担和规避生育风险等，从而达到鼓励生育的目的。

4. 增加和稳定家庭收入。稳定收入是孩子抚养投入和教育投入的基本保证，特别要提高低收入群体的家庭收入。

（二）促进生育政策和相关社会经济政策配套衔接

生育政策通常是从未来人口发展角度考虑，而其他社会经济政策往往从各自的发展角度，而不会过多地顾及生育政策。由于未来人口发展和人口管理不仅受到生育政策的影响，而且在很大程度上受社会其他政策的影响[1]。因此，在实施生育政策时必须充分考虑相关社会经济政策的配合，以及相关社会经济政策可能对人口发展产生的作用。来自法国和北欧国家的证据表明，在一系列相互关联的领域（比如经济政策、就业政策、住房政策、性别政策、核心家庭政策等）协调使用公共政策，应该有可能维持相当高的最终生育率，而且这些政策更多的是以一种促进生育的精神来实现，而不仅仅是向几种状况的已婚家庭提供更多的钱。具体来说，促进现

---

[1] 乔晓春：《关于 21 世纪中国生育政策研究的思考》，《人口研究》1999 年第 2 期。

行生育政策与中国的农村发展政策、老龄政策与规划、婚姻法和收养法、劳动法、城乡就业政策、健康和妇幼保健政策等合理衔接与协调配合。

1. 逐步建立家庭友好型的就业政策，将生育导致的女性就业歧视纳入法律规范或行政条例中。目前我国女性劳动参与率高但就业权益保障不够，导致女性生育机会成本较高，比如国有企业、集体企业、外资合资企业、私营企业等劳动人员不生育二孩的比例较高，这与孕产、哺乳等影响就业和职业发展是密切相关的。因此，尽快完善就业的法律制度，制定《反歧视法》，从而实现消除女性就业歧视不仅有法可依、有渠道维权，更可增加用人单位的举证责任，使其不敢轻易违法。

2. 实行非婚生子女合法化政策。不管是婚生子女还是非婚生子女，都应该一律平等对待。在单身、丁克、不孕不育等极大地削弱了生育基础、离婚率迅速上升、结婚年龄逐渐推迟、社会生活个体化等背景下，给予非婚生子女与婚生子女平权身份和地位，特别是在落户、入学等方面，不得歧视。

3. 实施教育制度改革，降低女性生育的教育监禁效应。受教育年限越长，女性生育的年龄越晚，这被称为教育的"监禁效应"或收入惩罚效应。为此，借鉴欧洲做法，通过改变学位完成年限或改变入学年龄来缩短获得同等教育程度所花费的教育年限，从而有效提早初育生育年龄，有利于终止或有效弱化时期生育水平持续降低的生育进度效应。

（三）支持地方政府实施差异化的生育政策与措施

一方面提高地方政府制定的指导方针和倡议的可执行性，另一方面为寻求改善国家劳动法规定的现有标准的地方政府提供充分支持。

1. 鼓励地方政府出台刺激生育政策。采取先实验再普及的方式，率先在大城市或超大城市户籍人口老龄化尤其严重的地区，出台刺激生育政策，为新生儿提供生活补贴费用，特别是为生育第二孩的家庭实行既定额度的生活补贴政策。

2. 鼓励地方政府探索有条件放开生育的可能性。比如，探索完全释放人们生育意愿。目前国内育龄夫妇的意愿生育率低于2，略低于更替水平。理论上，完全释放生育意愿，不仅不会出现人口暴涨，而且可以避免陷入低生育率陷阱。

3. 实行地方差异化的个税抵扣及经济补贴政策，覆盖从怀孕保健到18

岁或学历教育结束。探索建立从怀孕保健到孕期分娩再到18岁或学历教育结束的全面鼓励生育体系，包括孕期保健补助、住院分娩补助、托育津贴、教育津贴、家庭个税抵扣，以及对不符合交个税标准的低收入人群实行直接经济补贴等。并且，各地根据实际情况可在全国政策基础上进一步差异化。

4. 鼓励各地打破辅助生殖技术（ART）障碍。地方政府一方面提高获得辅助生殖技术（ART）的机会，同时提高服务质量，考虑为 ART 提供资金支持；另一方面建立针对不孕不育女性的政策支持体系，考虑将不孕不育的治疗费用纳入医保报销范围。

本章小结

对国内生育水平到底多低存在争议，基于不同的数据源、分析方法和视角得出三种结论：中国总和生育率低于1.5、高于1.5和介于1.3—1.6之间。由此对中国是否陷入低生育陷阱同样存在三种观点：已经陷入、并未陷入和处在低生育陷阱的高风险期或边缘或日渐突出。关于"全面二孩"政策的实施效果评价，学者们基本认同短期内只能释放有限的生育潜力且不会对长期生育率变化有明显的影响。关于未来中国人口政策新的定位和新的取向，学者争议很大，党的十九届四中全会审议通过的《决定》指出"优化生育政策，提高人口质量"，一部分学者认为让人们自主决定生育已是大势所趋和今后人口政策的调整方向，应全面放开并鼓励生育。综合来看，育儿成本高、教育制度改善导致女性初育年龄推迟、女性就业率高、男女性别不平等、缺乏3岁以下幼儿保育资源和育儿假有限、已形成独生子女文化等是影响中国自20世纪90年代以来生育率下降的重要因素。中国长期低生育率影响到老龄化进程快、经济增长以及一孩家庭占比高，这些又反过来影响未来生育率；结构性人口危机渐行渐近，对我国社会经济方方面面的发展带来巨大风险；人口负增长具有到来时间速度快、年龄结构发生扭曲、少子化与老龄化并存、人口总量下降速度快、老龄化和高龄化速度快、程度高和规模大等特征。

运用联合国发布的《2019年世界人口展望》数据，对中国生育率进行国际考察，得出结论：（1）不论是与经济社会发展基础相似的国家比较，还是与人口大国比较，中国生育水平偏低且相对稳定；与基期生育水平接近的国家比较，中国生育率变化幅度小；与同样低生育率国家相比，中国经济社会发展水平低。中国生育水平低于中等收入国家、多数人口大国以及美国、澳大利亚等发达国家，未来生育水平会略微上升，但是上升的空间相对较小，到21世纪中叶难以达到预期目标1.8。（2）老龄化进程显著快于发达国家，中国和日本老龄化进程呈"S"形的加速，法国、瑞典老龄化进程则呈缓慢爬坡式；中国人口机会窗口期相对较短，老年抚养比的变动幅度介于长期低生育率国家和刚刚完成生育率转变的低生育率国家。（3）目前及未来劳动力资源数量显著减少，2015年劳动力资源数量达到峰值，2015—2100年年均减少521万人；2030—2100年，中国由劳动力资源第一大国退居第二位；达到峰值后直至2100年的下降速度略低于日本，高于印度和俄罗斯，而美国在1950—2100年劳动力资源呈现持续增加的态势。（4）抑制生育政策时间长，对低于更替水平做出的政策响应缓慢，目前提升生育政策的措施明显偏少。

关于总和生育率的调整目标，鉴于我国自1990年中期以来持续低生育水平和即将出现人口增长拐点，确定总和生育率在1.8是相对合理的目标。但是，三孩占比偏低，生育意愿不是特别强烈，结婚和生育的适龄群体数量趋于锐减，国家现有关于鼓励或刺激人们生育的辅助政策配套明显不足等影响总和生育率难以实现1.8的目标。

为此，未来中国提高生育率和促进人口长期均衡发展，需要从以下三个方面采取措施：（1）支持家庭生命周期的不同发展阶段，包括建立完整的家庭政策体系，大力增加对托管服务的公共性支出、提高托管服务的可得性，降低女性生育收入惩罚效应，改革现有劳动力市场制度以促进适龄女性职场发展和家庭与工作平衡，以及增加和稳定家庭收入。（2）促进生育政策和相关社会经济政策配套衔接，包括逐步建立家庭友好型的就业政策，将生育导致的女性就业歧视纳入法律规范或行政条例，实行非婚生子女合法化政策，实施教育制度改革以降低女性生育的教育监禁效应。（3）支持地方政府实施差异化的生育政策，包括实行地方差异化的个税抵扣及经济补贴政策，鼓励地方政府出台刺激生育政策，鼓励地方政府探索有条件放开生育的可能性，以及鼓励各地打破辅助生殖技术（ART）障碍。

参考文献

中文专著

蔡昉、张车伟：《人口与劳动绿皮书：中国人口与劳动问题报告 No. 17》，社会科学文献出版社 2016 年版。

蔡昉：《中国经济发展的人口视角》，中国社会科学出版社 2013 年版。

蔡昉：《中国经济发展的世界意义》，中国社会科学出版社 2019 年版。

梁建章、黄文：《人口创新力：大国崛起的机会与陷阱》，机械工业出版社 2018 年版。

梁中堂：《中国生育政策研究》，山西人民出版社 2014 年版。

彭松建：《现代西方人口经济学教程》，北京大学出版社 2014 年版。

宋健：《人口统计学》，中国人民大学出版社 2019 年版。

王丰、彭希哲、顾宝昌等：《全球化与低生育率：中国的选择》，复旦大学出版社 2011 年版。

王广州：《人口预测方法与应用》，社会科学文献出版社 2018 年版。

中文期刊

陈友华：《中国生育政策调整问题研究》，《人口研究》1999 年第 6 期。

穆光宗：《"全面二孩"政策实施效果和前景》，《中国经济报告》2017 年第 1 期。

蔡昉：《生育政策调整的路径选择》，《现代人才》2013 年第 6 期。

陈卫、杨胜慧：《中国 2010 年总和生育率的再估计》，《人口研究》2014 年第 6 期。

陈友华：《中国人口发展：现状、趋势与思考》，《人口与社会》2019 年第 4 期。

顾宝昌、侯佳伟、吴楠:《中国总和生育率为何如此低?——推延和补偿的博弈》,《人口与经济》2020年第1期。

顾宝昌:《生育意愿、生育行为和生育水平》,《人口研究》2011年第2期。

郭志刚:《六普结果表明以往人口估计和预测严重失误》,《中国人口科学》2011年第6期。

郭志刚:《中国90年代的生育水平分析》,《中国人口科学》2000年第4期。

郭志刚:《中国低生育进程的主要特征——2015年1%人口抽样调查结果的启示》,《中国人口科学》2017年第4期。

贺丹、张许颖、庄亚儿等:《2006~2016年中国生育状况报告——基于2017年全国生育状况抽样调查数据分析》,《人口研究》2018年第6期。

贺丹:《把握人口发展趋势,推动人口长期均衡发展》,《中国政协》2019年第10期。

黄文政:《中国人口政策需要重大逆转》,《中国发展观察》2015年第8期。

计迎春、郑真真:《社会性别和发展视角下的中国低生育率》,《中国社会科学》2018年第8期。

乐文睿、马丁·肯尼、约翰·彼得·穆尔曼:《乐观还是悲观——中外学者眼中中国跨越"中等收入陷阱"前景》,《中国改革》2016年第388期。

刘华军、张权:《中国高等教育资源空间非均衡研究》,《中国人口科学》2013年第3期。

刘金菊、陈卫:《中国的生育率低在何处?》,《人口与经济》2019年第5期。

陆杰华:《极低生育率现象:现实、判断与应对》,《市场与人口分析》2005年第4期。

茅倬彦、申小菊、张闻雷:《人口惯性和生育政策选择:国际比较及启示》,《西北人口》2018年第2期。

穆光宗:《发展水平越高生育意愿越低吗》,《党政视野》2016年第1期。

穆光宗:《中国的人口危机与应对》,《北京大学学报》(哲学社会科学版)2019年第5期。

穆光宗：《中国生育率下降及其后果研究大纲》，《上海社会科学院学术季刊》1994年第3期。

钱明亮：《生育水平变动的人口效应分析》，《中南大学学报》（社会科学版）2007年第2期。

乔晓春：《关于21世纪中国生育政策研究的思考》，《人口研究》1999年第2期。

任泽平、熊柴、周哲：《中国生育报告2019》，《发展研究》2019年第6期。

沈可、王丰、蔡泳：《国际生育政策调整的实践与成效》，《行政管理改革》2013年第5期。

盛亦男、杨文庄：《西方发达国家的家庭政策及对我国的启示》，《人口研究》2012年第4期。

石人炳、陈宁、郑淇予：《中国生育政策调整效果评估》，《社会科学文摘》2018年第10期。

石智雷、杨雨萱：《女性权益、社会地位与生育选择：相关文献评述》，《人口学刊》2019年第1期。

宋健：《转折点：中国生育率将往何处去——基于欧洲的经验与启示》，《探索与争鸣》2017年第4期。

汤梦君：《中国生育政策的选择：基于东亚和东南亚地区的经验》，《人口研究》2013年第6期。

田渊六郎、雷妍贞（译）、朱安新（校）：《日本年轻人生育意愿的影响因素》，《青年探索》2017年第1期。

涂肇庆：《"超低生育率"现象分析——超低生育率演变途径及苏缓政策》，《人口与发展》2005年第4期。

王广州、王军：《中国人口发展的新形势与新变化研究》，《社会发展研究》2019年第1期。

王广州：《新中国70年：人口年龄结构变化与老龄化发展趋势》，《中国人口科学》2019年第3期。

王广州：《中国人口预测方法及未来人口政策》，《财经智库》2018年第3期。

王佳：《俄罗斯"母亲基金"的实施成效及瓶颈问题探析》，《俄罗斯研究》2017 年第 1 期。

王金营、马志越、李嘉瑞：《中国生育水平、生育意愿的再认识：现实和未来——基于 2017 年全国生育状况调查北方七省市的数据》，《人口研究》2019 年第 2 期。

王磊：《法国：小孩如何养得起》，《中国报道》2011 年第 11 期。

王录仓、武荣伟、李魏：《中国城市群人口老龄化时空格局》，《地理学报》2017 年第 12 期。

王茜、张芷凌：《部分发达国家生育率变动及政策启示》，《人口与健康》2020 年第 3 期。

吴帆：《低生育率陷阱究竟是否存在？——对后生育率转变国家（地区）生育率长期变化趋势的观察》，《社会科学文摘》2019 年第 9 期。

许昕、赵媛、张新林等：《江苏省人口老龄化空间分异演变及影响因素》，《地理科学》2017 年第 12 期。

杨菊华：《意愿与行为的悖离：发达国家生育意愿与生育行为研究述评及对中国的启示》，《学海》2008 年第 1 期。

易富贤：《从全球视角探求中国人口新政》，《中国经济报告》2018 年第 5 期。

殷沈琴、张计龙、任磊：《基于关键词共现和社会网络分析法的数字图书馆研究热点分析》，《大学图书馆学报》2011 年第 4 期。

尹文耀、姚引妹、李芬：《生育水平评估与生育政策调整——基于中国大陆分省生育水平现状的分析》，《中国社会科学》2013 年第 6 期。

尹文耀：《简论人口效应与人口"红利"》，《人口与发展》2007 年第 4 期。

于水镜：《俄罗斯低出生率问题治理及其成效研究——以母亲基金为例》，《人口与计划生育》2018 年第 6 期。

于学军：《中国进入"后人口转变"时期》，《中国人口科学》2000 年第 2 期。

翟振武、刘爽、陈卫等：《稳定低生育水平：概念、理论与战略》，《人口研究》2000 年第 3 期。

翟振武：《科学研判人口形势 积极应对人口挑战》，《人口与社会》2019 年第 1 期。

张广宇、顾宝昌：《用津贴能促进生育吗？澳大利亚实施鼓励生育政策始末记》,《人口与发展》2018 年第 6 期。

钟水映、张其:《大转折时期的中国人口政策新取向:无为而治与积极有为》,《武汉科技大学学报》(社会科学版) 2020 年第 2 期。

周天勇:《经济下行:什么症结,怎么办?》,《经济研究参考》2015 年第 67 期。

朱国宏:《生育率变动的社会经济后果》,《社会科学战线》1992 年第 1 期。

英文文献

Aaronson, D., Dehejia, R. H. and Jordan, A., et al., *The Effect of Fertility on Mothers' Labor Supply over the Last Two Centuries*, NBER Working Paper 23717, February 2018.

Adema W., Ali N., Thévenon O., "Changes in Family Policies and Outcomes: Is there Convergence?", OECD Social, Employment and Migration Working Paper 157, July 2014.

Adsera, A. and Menendez, A., "Fertility Changes in Latin America in Periods of Economic Uncertainty", *Population Studies*, Vol. 65, No. 1, March 2011.

Anderson T. and Kohler H. P., "Low Fertility, Socioeconomic Development, and Gender Equity", *Population and Development Review*, Vol. 41, No. 3, September 2015.

Andersson, G., Hank, K. and Rønsen, M., et al., "Gendering Family Composition: Sex Preferences for Children and Childbearing Behavior in the Nordic Countries", *Demography*, Vol. 43, No. 2, May 2006.

Angeles, L., "Demographic Transitions: Analyzing the Effects of Mortality on Fertility", *Journal of Population Economics*, Vol. 23, No. 1, January 2010.

Annabel S. Erulkar and Eunice Muthengi, "Evaluation of Berhane Hewan: A Program to Delay Child Marriage in Rural Ethiopia", *International Perspectives on Sexual and Reproductive Health*, Vol. 35, No. 1, March 2009.

Arpino, B., Esping-Andersen G. and Pessin L., "How Do Changes in Gender Role Attitudes Towards Female Employment Influence Fertility? A Macro-Level Analysis", *European Sociological Review*, Vol. 31, No. 3, June 2015.

Bachrach, C. A. and Morgan, S. P., "A Cognitive-Social Model of Fertility Intentions", *Population and Development Review*, Vol. 39, No. 3, September 2013.

Balbo, N., Billari, F. C. and Mills, M., "Fertility in Advanced Societies: A Review of Research", *European Journal of Population*, Vol. 29, No. 1, September 2013.

Baochang G., Yong C., *Fertility Prospects in China*, United Nations Population Division Expert Paper, No. 2011/14, United Nations New York, 2011.

Barro, J. R. and Sala-I-Martin, X., "Convergence", *Journal of Political Economy*, Vol. 100, No. 2, June 1992.

Barro, R., *Determinants of Economic Growth: A Cross-Country Empirical Study*, NBER Working Paper 5698, August 1996.

Barro, R. J. and Lee, J. W., "A New Data Set of Educational Attainment in the world, 1950 – 2010", *Journal of Development Economics*, Vol. 104, No. 1, September 2013.

Barro, R. J., "Economic Growth in a Cross Section of Countries", *Quarterly Journal of Economics*, Vol. 106, No. 2, May 1991.

Basten, S., Sobotka, T. and Zeman, K., "Future fertility in Low Fertility Countries", Vienna Institute of Demography Working Papers, No. 5/2013, Austrian Academy of Sciences (6AW), Vienna Institute of Demography (VID), Vienna.

Batog, C., Crivelli, E. and Ilyina, A., et al., "Demographic Headwinds in Central and Eastern Europe", IMF Departmental Paper No. 2019/011, October 21, 2019.

Beaujouan, E. and Berghammer C., "The Gap Between Lifetime Fertility Intentions and Completed Fertility in Europe and the United States: A Cohort Approach", *Population Research and Policy Review*, Vol. 38, No. 4, February 2019.

Becker, G. S., "A Theory of the Allocation of Time", *The Economic Journal*, Vol. 75, No. 299, September 1965.

Becker, G. S., Murphy, K. M. and Tamura, R., "Human Capital, Fertility, and Economic Growth", *Journal of Political Economy*, Vol. 98, No. 5, October 1990.

Billari, F. C. and Kohler, H. P., "Patterns of Low and Lowest-low Fertility in Europe", *Population Studies*, Vol. 58, No. 2, June 2004.

Billari, F. C., Philipov, D. and Testa, M., "Attitudes, Norms and Perceived Behavioral Control: Explaining Fertility Intentions in Bulgaria", *European Journal of Population*, Vol. 25, No. 4, November 2009.

Birdsall, N., *Another Look at Population and Global Warming*, World Bank Policy Research Working Paper WPS 1020, November 30, 2001.

Birdsall N., Kelley A. C. and Sinding S. W., *Population Matters: Demographic Change, Economic Growth, and Poverty in the Developing World*, Oxford: Oxford University Press, 2001.

Bloom, D. E. and Canning, D., "Global Demographic Change: Dimensions and Economic Significance", *Population and Development Review*, Vol. 34, No. 2, August 2004.

Bloom, D. E., Canning, D. and Fink, G., et al., "The Cost of Low Fertility in Europe", *European Journal of Population*, Vol. 26, No. 2, July 2010.

Bloom, D. E., Canning, D. and Sevilla, J., "The Demographic Dividend: A New Perspective on the Economic Consequences of Population Change", *RAND Corporation*, 2003, p. 25.

Blossfeld H. P., Klijzing E. and Mills M., *Globalization, Uncertainty and Youth in Society*, London/New York: Routledge Advances in Sociology Series, 2005.

Boling, P., "The Politics of Japan's Low Birth Rate: Families, Work and Fertility", *The Oriental Economist*, Vol. 83, No. 4, April 2015.

Bongaarts, J. and Casterline, J., "Fertility Transition: Is Sub-Saharan Africa Different?" *Population and Development Review*, Vol. 38, Suppl 1, February 2013.

Bongaarts, J. and Feeney, G., "On the Quantum and Tempo of Fertility", *Population and Development Review*, Vol. 24, No. 2, June 1998.

Bongaarts, J. and Sobotka, T., "A Demographic Explanation for the Recent

Rise in European Fertility", *Population and Development Review*, Vol. 38, No. 1, March 2012.

Bongaarts, J. and Susan C. W., "Social Interactions and Contemporary Fertility Transitions", *Population and Development Review*, Vol. 22, No. 4, November 1996.

Bongaarts J., "Completing the Fertility Transition in the Developing World: The Role of Educational Differences and Fertility Preferences", *Population Study*, Vol. 57, No. 3, November 2003.

Bongaarts J., "Fertility and Reproductive Preferences in Post-Transitional Societies", *Population and Development Review*, Vol. 27, Supplement: Global Fertility Transition, 2001.

Bongaarts, J., "Fertility, Biology, and Behavior: An Analysis of the Proximate Determinants", *Social Forces*, Vol. 9, No. 3, June 1985.

Bongaarts, J., "Fertility Transitions in Developing Countries: Progress or Stagnation?", *Studies in Family Planning*, Vol. 39, No. 2, June 2008.

Bongaarts, J., "Population Growth and Global Warming", *Population and Development Review*, Vol. 18, No. 2, June 1992.

Bongaarts, J., "The End of the Fertility Transition in the Developed", *Population and Development Review*, Vol. 28, No. 3, January 2004.

Bongaarts, J., "The End of the Fertility Transition in the Developed world", *Population and Development Review*, Vol. 28, No. 3, September 2002.

Bongaarts J., "The Fertility-Inhibiting Effects of the Intermediate Fertility Variables", *Studies in Family Planning*, Vol. 13, No. 6, July 1982.

Brian W., "Book Reviews: A Treatise on the Family", *Population and Development Review*, Vol. 8, No. 2, June 1982.

Bryant, J., "Theories of Fertility Decline and the Evidence from Development Indicators", *Population and Development Review*, Vol. 33, No. 1, March 2007.

Caldwell, J. C. and Caldwell, B., "Pretransitional Population Control and Equilibrium", *Population Studies*, Vol. 57, No. 2, July 2003.

Caldwell, J. C. and Mcdonald, C. P., "Policy Responses to Low Fertility and its

Consequences: A Global Survey", *Journal of Population Research*, Vol. 19, No. 1, March 2002.

Caldwell, J. C., Orubuloye I. O. and Caldwell P., "Fertility Decline in Africa: A New Type of Transition?" *Population and Development Review*, Vol. 18, No. 2, Jun 1992.

Caldwell J. C., "The Globalization of Fertility Behavior", *Population and Development Review*, Vol. 27, Supplement: Global Fertility Transition, 2001.

Casterline, J. B., Mendoza J. and el-Zeini L. O., "Wanted Fertility, Unwanted Fertility, and Fertility Decline: A Fresh Assessment", paper presented at the Annual Meeting of the Population Association of America, Dallas, Texas, April 2010.

Chesnais, J. C., "Fertility, Family, and Social Policy in Contemporary Western Europe", *Population and Development Review*, Vol. 22, No. 4, December 1996.

Cleland, J., "The Effects of Improved Survival on Fertility: A Reassessment", *Population and Development Review*, Vol. 27, Supplement: Global Fertility Transition, 2001.

Cleland, J., Wilson, C., "Demand Theories of the Fertility Transition: an Iconoclastic View", *Population Studies*, Vol. 41, No. 1, March 1987.

Coale, A. and Watkins, S., *The Decline of Fertility in Europe*, Princeton: Princeton University Press, 1986.

Conde-Agudelo, A. and Belizän, J. M., "Maternal Morbidity and Mortality Associated with Interpregnancy Interval: Cross-sectional Study", *British Medical Journal*, Vol. 321, No. 7271, November 2000.

Currie, J. and Schwandt H., *Short and Long-Term Effects of Unemployment on Fertility*, Iza Discussion Papers No. 9299, August 2015.

David, S. R., "Economic and Social Implications of the Demographic Transition", *Population and Development Review*, Vol. 37, No. 2, June 2011.

Dreze, J. and Murthi, M., "Fertility, Education and Development: Further Evidence from India", *Population and Development Review*, Vol. 27, No. 1, March 2000.

Duvander, A. Z., Lappegard, T. and Andersson, G., "Family Policy and Fertility: Fathers' and Mothers' use of Parental Leave and Continued Childbearing in Norway and Sweden", *Journal of European Social Policy*, Vol. 20, No. 1, February 2010.

Easterlin, R. A., "An Economic Framework for Fertility Analysis", *Studies in Family Planning*, Vol. 6, No. 3, March 1975.

Easterlin R. A., *Birth and Fortune: The Impact of Numbers on Personal Welfare*, University of Chicago Press (Second edition), 1987.

Eastwood, R. and Lipton, M., "The Impact of Change in Human Fertility on Poverty", *The Journal of Development Studies*, Vol. 36, No. 1, June 1999.

Eloundou-Enyegue P. M. and Williams L. B., "Family Size and Schooling in Sub-Saharan African Settings: A Reexamination", *Demography*, Vol. 43, No. 1, February 2006.

Esping-Andersen, G., *Incomplete Revolution: Adapting to Women's New Roles*, Cambridge: Polity Press, 2009.

Filoso, V., Papagni, E., "Fertility Choice and Financial Development", *European Journal of Political Economy*, Vol. 37, March 2015.

Freedman, R., "Do Family Planning Programs Affect Fertility Preferences? A Literature Review", *Studies in Family Planning*, Vol. 28, No. 1, March 1997.

Frejka, T. and Gietel-Basten, S., "Fertility and Family Policies in Central and Eastern Europe after 1990", *Comparative Population Studies*, Vol. 41, No. 1, March 2016.

Frejka, T., Jones, G. W. and Sardon, J. P., "East Asian Childbearing Patterns and Policy Developments", *Population and Development Review*, Vol. 36, No. 3, September 2010.

Frye, M. and Bachan L., "The Demography of Words: The Global Decline in Non-numeric Fertility Preferences, 1993 – 2011", *Population Studies*, Vol. 71, No. 2, April 2017.

Gauthier, A. H., "The Impact of Family Policies on Fertility in Industrialized Countries: A Review of the Literature", *Population Research and Policy Review, Vol. 26, No. 3, February 2007.

GBD 2017 Population and Fertility Collaborators, "Population and Fertility by Age and Sex for 195 Countries and Territories, 1950 – 2017: A Systematic Analysis for the Global Burden of Disease Study 2017", *Lancet*, Vol. 392, No. 10, November 2018.

Gietel-Basten S. and Scherbov S., "Is half the World's Population Really Below 'Replacement-rate'?", *PLoS ONE*, Vol. 14, No. 2, December 2019.

Goldie, S., Steve, S. and Natalie, C., et al., "Alternative Strategies to Reduce Maternal Mortality in India: A Cost-Effectiveness Analysis", *Journal of Family Planning and Reproductive Health Care*, Vol. 37, No. 1, April 2011.

Goldstein, J. R., Kreyenfeld, M. and Jasilioniene, A., et al., "Fertility Reactions to the 'Great Recession' in Europe: Recent Evidence from Order-Specific Data", *Demographic Research*, Vol. 29, No. 29, July 2013.

Goldstein, J. R., Lutz, W. and Testa, M. R., "The Emergence of Sub-replacement Family Size Ideals in Europe", *Population Research and Policy Review*, Vol. 22, No. 5, December 2003.

Goldstein, J. R., Sobotka, T., and Jasilioniene, A., "The End of 'Lowest-low' Fertility?", *Population and Development Review*, Vol. 35, No. 4, December 2009.

Greenhaus, J. H. and Beutell, N. J., "Sources of Conflict between Work and Family Roles", *Academy of Management Review*, Vol. 10, No. 1, January 1985.

Grusky, D. B., Western, B. and Wimer, C., *The Great Recession*, New York: Russell Sage Foundation, 2011.

Gustafsson, Ö., Krusa M. and Zencak Z., "Brown Clouds over South Asia: Biomass or Fossil Fuel Combustion?", *Science*, Vol. 323, No. 5913, January 2009.

Hagewen, K. J. and Morgan, S. P., "Intended and Ideal Family Size in the United States, 1970 – 2002", *Population and Development Review*, Vol. 31, No. 3, September 2005.

Hakim, C., "A New Approach to Explaining Fertility Patterns: Preference Theory", *Population and Development Review*, Vol. 29, No. 3, September 2003.

Hertrich, V., "Trends in Age at Marriage and the Onset of Fertility Transition in Sub-Saharan Africa", *Population and Development Review*, Vol. 43, 2017.

Herzer, D., Strulik, H. and Vollmer, S., "The Long-run Determinants of Fertility: One Century of Demographic Change 1900 – 1999", *Journal of Economic Growth*, Vol. 17, No. 4, October 2012.

Hisakazu, K., "Declining Population and the Revitalization of Local Regions in Japan", *Meiji Journal of Political Science and Economics*, Vol. 3, 2014.

Hoem, J. M., "Overview Chapter 8: The Impact of Public Policies on European Fertility", *Demographic Research*, Vol. 19, No. 1, July 2008.

Jayakody R., Thornton A. and Axinn W., *International Family Change Ideational Perspectives*, Routledge, 2007.

Jones, G. and Tay-Straughan P. C., *Ultra-low fertility in Pacific Asia: Trends, causes and policy issues*, London: Routledge, 2008.

Jones, G. W., "Population Policy in a Prosperous City-State: Dilemmas for Singapore", *Population and Development Review*, Vol. 38, No. 2, June 2012.

Jones G. W., "Ultra-low fertility in East Asia: policy responses and challenges", *Asian Population Studies*, Vol. 15, No. 2, March 2019.

Joseph, S. Nye, Jr., "Perspectives for a China strategy", *Prism*, Vol. 8, No. 4, June 2020.

Kalwij, A., "The Impact of Family Policy Expenditure on Fertility in Western Europe", *Demography*, Vol. 47, No. 2, May 2010.

Kane, J. B., "A Closer Look at the Second Demographic Transition in the US: Evidence of Bidirectionality from a Cohort Perspective (1982 – 2006)", *Population Research and Policy Review*, Vol. 32, No. 1, February 2013.

Keyfitz, N., "On the Momentum of Population Growth", *Demography*, Vol. 8, No. 1, February 1971.

Kohler, H. P., Billari C. F. and Ortega J. A., "The Emergence of Lowest-low Fertility in Europe During the 1990s", *Population and Development Review*, Vol. 28, No. 4, December 2002.

Kreyenfeld, M., "Uncertainties in Female Employment Careers and the Postponement of Parenthood in Germany", *European Sociological Review*, Vol. 26, No. 3, June 2010, p. 351.

Kulu, H., "Why Do Fertility Levels Vary between Urban and Rural Areas?", *Regional Studies*, Vol. 47, No. 6, July 2013.

Lacalle-Calderon, M., Perez-Trujillo, M. and Neira, I., "Fertility and Economic Development: Quantile Regression Evidence on the Inverse J-shaped Pattern", *European Journal of Population*, Vol. 33, No. 1, February 2017.

Lichter, D. T., "Integration or Fragmentation? Racial Diversity and the American Future", *Demography*, Vol. 50, No. 2, April 2013.

Lichter, D. T., "Natural Increase: A New Source of Population Growth in Emerging Hispanic Destinations in the United States", *Population and Development Review*, Vol. 34, No. 2, June 2008.

Luci-Greulich, A. and Thévenon, O., "The Impact of Family Policies on Fertility Trends in Developed Countries", *European Journal of Population*, Vol. 29, No. 4, July 2013.

Luci-Greulich A., "Thévenon O. Does Economic Advancement 'Cause' a Reincrease in Fertility? An Empirical Analysis for OECD Countries (1960 – 2007)", *European Journal of Population*, Vol. 30, No. 2, January 2014.

Luck, G. W., "A Review of the Relationship Between Human Population Density and Biodiversity", *Biological Reviews*, Vol. 82, No. 4, November 2007.

Lutz, W., O'Neill, B. C. and Scherbov, S., "Europe's Population at a Turning Point?", *Science*, Vol. 299, April 2003.

Lutz, W., Skirbekk, V. and Testa M. R., "The Low-Fertility Trap Hypothesis: Forces that May Lead to Further Postponement and Fewer Births in Europe", *Vienna Yearbook of Population Research*, 2006.

Lutz, W., Skirbekk, V., "Policies Addressing the Tempo Effect in Low-fertility Countries", *Population and Development Review*, Vol. 31, No. 4, December 2005.

Mason, K. O. and Jensen, A. M., *Gender and Family Change in Industrialized Countries*, Oxford, UK: Clarendon Press, 1995.

Mason, K. O., "Explaining Fertility Transitions", *Demography*, Vol. 34,

No. 4, November 1997.

Matthews, B., "The Gender System and Fertility: An Exploration of the Hidden Links", *Canadian Studies in Population*, Vol. 26, No. 1, December 1999.

Matysiak, A., Mencarini, L. and Vignoli, D., "Work-Family Conflict Moderates the Relationship between Childbearing and Subjective Well-being", *European Journal of Population*, Vol. 32, No. 3, Special Issue on The Parenthood Happiness Puzzle, August 2016.

Matysiak, A., Sobotka, T. and Vignoli, D., "The Great Recession and Fertility in Europe: A Sub-national Analysis", *European Journal of Population*, Vol. 33, No. 1, April 2020.

McDonald, P. and Moyle H., "Women as Agents in Fertility Decision-making: Australia, 1870 – 1910", *Population Development Review*, Vol. 44, No. 2, April 2018.

McDonald, P., "Gender Equity in Theories of Fertility Transition", *Population and Development Review*, Vol. 26, No. 3, September 2000.

Mcdonald, P., "Low Fertility and the State: the Efficacy of Policy", *Population and Development Review*, Vol. 32, No. 3, September 2006.

Merli M. G. and Morgan S. P., "Below Replacement Fertility Preferences in Shanghai", *Population*, Vol. 66, No. 3/4, January 2011.

Merrick, T. W., "Population and Poverty: New Views on an Old Controversy", *International Family Planning Perspectives*, Vol. 28, No. 1, March 2002.

Miller, A. R., "The Effect of Motherhood Timing on Career Path", *Journal of Population Economics*, Vol. 24, No. 3, July 2010.

Miller, W. B. and Pasta, D. J., "The Behavior of Child Behavior Ratings: Measurement Structure of the Child Behavior ChecklistAcross Time, Informants, and Child Gender", *Journal of Applied Social Psychology*, Vol. 29, No. 4, August 1994.

Miller, W. B., "Comparing the TPB and the T-D-I-B Framework", *Vienna Yearbook of Population Research*, Vol. 9, 2011.

Mohanty, S. K., Fink, G. and Chauhan, R. K., et al., "Distal Determinants of Fertility Decline: Evidence from 640 Indian Districts", *Demographic Research, Vol. 34, No. 1, March 2016.

Morgan, S. P. and Bachrach, C. A. , "Is the Theory of Planned Behavior an Appropriate Model for Human Fertility?", *Vienna Yearbook of Population Research*, Vol. 9, 2011.

Morgan S. P. , Zhigang G, Hayford S R. , "China's Below-Replacement Fertility: Recent Trends and Future Prospects", *Population and Development Review*, Vol. 35, No. 3, September 2009.

Mundigo, A. , *Los programas de planificación familiary su función en la transición de la fecundidad en América Latina*, UN: LC/DEM/G. 124, Notas de Población, No. 55, 1996.

Myrskylae, M. , Kohler H. P. and Billari, F. C. , "Advances in Development Reverse Fertility Declines", *Nature*, Vol. 460, No. 7256, August 2009.

Nagdeve, D. A. , "Impact of Population Growth on Environmental Degradation: Case of India", *Journal of Economics and Sustainable Development*, Vol. 2, No. 8, January 2011.

National Research Council and Institute of Medicine, *Growing up Global: The Changing Transitions to Adulthood in Developing Countries*, Washington: The National Academies Press, 2005.

Neyer, G. and Andersson, G. , "Consequences of Family Policies on Childbearing Behavior: Effects or Artifacts?", *Population and Development Review*, Vol. 34, No. 4, December 2008.

Oláh, L. S. , "Gendering fertility: Second births in Sweden and Hungary", *Population Research and Policy Review*, Vol. 22, No. 2, April 2003.

Oláh L. S. , "Should Governments in Europe be More Aggressive in Pushing for Gender Equality to Raise Fertility? The Second 'Yes'", *Demographic Research*, Vol. 24, No. 9, February 2011.

Philipov, D. , "Fertility Intentions and Outcomes: The Role of Policies to Close the Gap", *European Journal of Population*, Vol. 25, No. 4, December 2009.

Poston L. D. , *Low Fertility Regimes and Demographic and Societal Change*, Springer Cham, 2018.

Repo, J. , "Gender Equality as Biopolitical Governmentality in a Neoliberal European Union", *Social Politics*, Vol. 23, No. 2, January 2015.

Rindfuss Ronald R. and Minja Kim Choe, *Low and Lower Fertility: Variations across Developed Countries*, Springer, 2015.

Rindfuss, Ronald R. and Minja Kim Choe, *Low Fertility, Institutions, and their Policies*, Springer, Cham, 2016.

Rindfuss, R. R., Choe, M. K. and Brauner-Otto, S. R., "The Emergence of Two Distinct Fertility Regimes in Economically Advanced Countries", *Population Research and Policy Review*, Vol. 35, No. 3, March 2016.

Rønsen, M. and Skrede K., "Can Public Policies Sustain Fertility in the Nordic countries?", *Demographic Research*, Vol. 22, No. 13, December 2010.

Rutstein S. O., "Further Evidence of the Effects of Preceding Birth Intervals on Neonatal Infant and Under-five-years Mortality and Nutritional Status in Developing Countries: Evidence from the Demographic and Health Surveys", *International Journal of Gynecology and Obstetrics*, Vol. 89, No. 1, November 2008.

Sander, N., "Internal Migration in Germany, 1995 – 2010: New Insights into East-West Migration and Re-urbanisation", *Comparative Population Studies*, Vol. 39, No. 2, August 2014.

Schneider, D., "The Great Recession, Fertility, and Uncertainty: Evidence From the United States", *Journal of Marriage and Family*, Vol. 77, No. 5, July 2015.

Sedgh, G., Bearak, J. and Singh, S., et al., "Abortion Incidence Between 1990 and 2014: Global, Regional, and Subregional Levels and Trends", *The Lancet*, Vol. 388, No. 10041, May 2016.

Seltzer, N., "Beyond the Great Recession: Labor Market Polarization and Ongoing Fertility Decline in the United States", *Demography*, Vol. 56, No. 4, June 2019.

Simmons, R., "Women's Lives in Transition: A Qualitative Analysis of the Fertility Decline in Bangladesh", *Studies in Family Planning*, Vol. 27, No. 5, October 1996.

Smallwood, S. and Chamberlain, J., "Replacement Fertility, WhatHas it Been and What Does it Mean?" *Population Trends*, Vol. 119, Spring 2005.

Sobotka, T., "Is Lowest-low Fertility in Europe Explained by the Postponement of Childbearing?", *Population and Development Review*, Vol. 30, No. 2, June 2004.

Sobotka, T., "Post-transitional Fertility: Childbearing Postponement and the Shift to Low and Unstable Fertility Levels", *Journal of Biosocial Science*, Vol. 49, No. S1, November 2017.

Sobotka, T., Skirbekk, V. and Philipov, D., "Economic Recession and Fertility in the Developed World", *Population and Development Review*, Vol. 37, No. 2, June 2011.

Strulik, H. and Vollmer, S., "The Fertility Transition around the World", *Journal of Population Economics*, Vol. 28, No. 1, January 2015.

Tazi-Preve, I., Bichlbauer, D. Goujon, A., "Gender Trouble and its Impact on Fertility Intentions", *Yearbook of Population Research in Finland*, Vol. 40, Jaunary 2004.

Thévenon, O., "Family Policies in OECD Countries: A Comparative Analysis", *Population and Development Review*, Vol. 37, No. 1, March 2011.

Timaeus, I. M. and Moultrie, T. A., "On Postponement and Birth Intervals", *Population and Development Review*, Vol. 34, No. 3, November 2008.

Tsuya, Noriko O., "Low Fertility in Japan: No End in Sight", *Asia Pacific Issues*, Vol. 131, June 2017.

Van De Kaa, D. J., "Europe's Second Demographic Transition", *Population Bulletin*, Vol. 42, No. 1, March 1987.

Van De Kaa, D. J., "The Idea of a Second Demographic Transition in Industrialized Countries", Paper Presented at the 6th Welfare Policy Seminar, sponsored by the Japan National Institute of Population and Social Security, Tokyo, January 29, 2002.

Van De Walle, E., "Fertility Transition, Conscious Choice, and Numeracy", *Demography*, Vol. 29, No. 4, November 1992.

Vollset, S. E., et al., "Fertility, Mortality, Migration, and Population Scenarios for 195 Countries and Territories from 2017 to 2100: A Forecasting Analysis for the Global Burden of Disease Study", *The Lancet*, Vol. 396, No. 10258, October 2020.

Walle, V. D. , "Population Growth and Poverty: Another Look at the Indian Times Series Data", *Journal of Development Studies*, Vol. 21, No. 3, October 1985.

Wei-Jun Jean Yeung, Shu Hu. *Family and population changes in Singapore: A unique case in the global family change*, Routledge, 2018.

Westoff, C. F. , Mishler, E. G. and Kelly, E. L. , "Preferences in Size of Family and Eventual Fertility Twenty Years After", *American Journal of Sociology*, Vol. 62, No. 5, March 1957.

Whyte, M. K. , Feng W. and Cai Y. , "Challenging Myths About China's One-Child Policy", *China Journal*, Vol. 74, October 2015.

Wilson, C. , "Thinking about Post-transitional Demographic Regimes: A Reflection", *Demographic Research*, Vol. 28, June 2013.

Wu X. , Ali A. , Zhang T. , et al. , "An Empirical Analysis of the Impact of Gender Inequality and Sex Ratios at Birth on China's Economic Growth", *Frontiers in Psychology*, Vol. 13, October 2022.

Zaidi, B. and Morgan, S. P. , "The Second Demographic Transition Theory: A Review and Appraisal", *Annual Review of Sociology*, Vol. 43, No. 1, July 2017.

后　　记

本书是我 2015 年 6 月申报的国家社会科学基金项目"近 20 年国际生育率新变动的空间分异研究"（项目批准号：15BRK012）的最终研究成果，该成果于 2020 年 12 月被全国哲学社会科学规划办公室鉴定为优秀等级予以结项。现在呈现给读者的是在课题结项报告的基础上进行的修订，主要是文中注释的修改、部分数据的更新以及个别图的删减，篇幅基本未动，字数为 30.7 万字。

人口问题是影响一个国家或地区经济社会可持续发展的关键因素，中国式现代化的首要特征是人口规模巨大的现代化。笔者长期致力于区域人口、区域经济研究，在分析区域人口发展特征的基础上开展区域人口长期变动趋势情景分析及对策研究。在研究过程中，笔者更多聚焦于山东这一人口大省以及东部沿海省份，为了更加科学地预测省域生育水平变动态势，查阅了大量关于工业化国家低生育率、制度及政策方面的文献资料，发现在解释近期国际生育率变动的空间分异及影响机制、维持适度低生育率的动力机制、低生育率陷阱的形成机制及政策响应等方面还有待进一步深入探索，以及中国急需站在国际生育率和人口发展研究的国际舞台。为此，在前期成果的基础上，我申报了国家社会科学基金项目"近 20 年国际生育率新变动的空间分异研究"并顺利立项。立项后，我首先确立了完整的技术路线和框架结构，对 1990 年以来国际生育率变动的空间分异特征、因素、后果、响应及借鉴等开展了定量研究和深入探讨，撰写成基础性文稿，近期又进一步补充新数据和完善观点，形成了一本逻辑体系更为严密的专著。

在当前中国学术界，人口规模巨大的现代化研究展现出无限生机，如何推动实现适度生育水平和促进人口长期均衡发展是需要解决的重要问题。然而，通过该课题的研究，我深感欧美、日韩、新加坡等国家应对低生育率政策的复杂性、艰巨性、长期性，需要学者开展丰富的调查研究、定量研究、追踪研究等。人口学需要结合家庭社会学、经济学、人类学等理论对维持适度低生育率动力机制进行科学的理论解释，进而对中国实现适度生育水平提出多角度、全方位的政策建议。本专著的研究可谓初步探索，还有大量的研究工作有待后期继续深入开展，例如学习西方人口学者使用更加贴近实际的理论模型和计量模型，深入挖掘生育延迟、男女平等、工作与家庭冲突、儿童成本与收益比率提高、受教育程度提高、技术创新、文化规范变化等社会变迁对中国生育率变动的影响，当然，也要注重分析中国长期低生育率的潜在负面影响。总之，未来任重道远，本书中存在的不足，恳望同行批评指正。

最后，我作为课题主持人要特别感谢"近20年国际生育率新变动的空间分异研究"课题组成员在课题申报、课题研究过程中所做出的贡献；感谢多位评审专家在项目结项评审中给予的较高评价以及非常宝贵的修改补充意见，有助于我在本书出版之前能有针对性地予以充实、修订和完善；感谢全国哲学社会科学规划办公室对该课题的肯定；感谢此书的责任编辑中国社会科学出版社刘艳女士。对"近20年国际生育率新变动的空间分异研究"这一项目以及给予该专著关注与鼓励的学人一并表示衷心的感谢！

本书的形成过程交代如上，专为记录这段值得铭记的学习时光，是为后记。

张晓青
2023年春于山东师范大学